国家出版基金项目
NATIONAL PUBLICATION FOUNDATION

民国报刊载
南海史料汇编

◎ 门贵臣　张　伟　谢宇鹏 编

山东画报出版社

图书在版编目（CIP）数据

民国报刊载南海史料汇编 / 门贵臣，张伟，谢宇鹏编. —济南：山东画报出版社，2020.4
（中国近代海军史研究丛书）
ISBN 978-7-5474-2458-2

Ⅰ. ①民… Ⅱ. ①门… ②张… ③谢… Ⅲ. ①海军－军事史－史料－中国－民国 Ⅳ. ①E296.53

中国版本图书馆CIP数据核字（2019）第272512号

民国报刊载南海史料汇编
门贵臣　张　伟　谢宇鹏　编

项目统筹　怀志霄
责任编辑　布吉帅
装帧设计　王　钧

出 版 人　李文波
主管单位　山东出版传媒股份有限公司
出版发行　山東畫報出版社
　　社　　址　济南市市中区英雄山路189号B座　邮编 250002
　　电　　话　总编室（0531）82098472
　　　　　　　市场部（0531）82098479　82098476（传真）
　　网　　址　http://www.hbcbs.com.cn
　　电子信箱　hbcb@sdpress.com.cn
印　　刷　青岛国彩印刷股份有限公司
规　　格　716毫米×966毫米　1/16
　　　　　34.75印张　617千字
版　　次　2020年4月第1版
印　　次　2020年4月第1次印刷
书　　号　ISBN 978-7-5474-2458-2
定　　价　98.00元

说　明

本册文集所收录的史料为民国部分报刊刊载的有关南海问题的新闻、报道、通讯、评论等，档案文献不在收录之列。为方便读者参考起见，所选史料以报刊名称排列，同一报刊刊载史料以发表时间排列。

民国报刊林林总总，不仅风格不同，而且编辑水平、印刷质量、纸张成色等也各异。同一报刊，不同年份的情况也不尽相同。有些报刊编排、文字等错误较多，有些报刊印刷质量较差，存放时间过久，字迹难以辨认。对此我们做了专门处理。对于一些文字中的明显错误，我们直接予以纠正；对于难以判断正误的用词，或明知有错误而对研究者有一定参考价值的词语，则用“( )”标出；对于模糊、漏印或其他难以辨认的字，用“□”代替；对于连载文章中间缺期的，用“……”注明。

本文集所选文章均注明报刊名称及发表时间，文章内容所涉及的专业名词术语，一概不作注释，仅对少量特殊情况加以说明。

本文集所辑录的史料，均是全文登录，对于有些史料存在的观点和方法上的不妥，为保持原貌，不作处理。

由于我们掌握的报刊资料不够充分，编辑能力有限，错误和疏漏一定不少，敬请读者批评指正。

编　者

2018年10月于山东烟台

目 录

北洋画报

挽李直绳将军

诗　瘫

开疆功业在南溟（海南有群岛焉，昔为某国人私占，公据理交涉，并检陈氏《海国闻见录》旧图示之，始得收回），卫道心长晚写经。菊部竞传新乐府（斗山山人所著戏曲约数十种，梨园争相表演），何殊红袖唱旗亭。

解甲归来鬓未皤，壮怀历劫不消磨。遗编在笥高盈尺，蕴蓄光宣史料多。（公尝出所著笔记二十余册示余兄弟，中多晚清朝野轶闻，足资参考。）

（录自《北洋画报》1936年第30卷第1497期）

挽李直绳将军

马仲莹

儒冠抛却思飞将，壮岁登坛话粤东。津市寓公知蜀叟，郑虔座上识元戎（识公于海藏楼）。若云正乐犹余事（所撰戏曲，梨园争相表演），所惜传经未竟功（以大篆写十三经，尚欠数卷）。遗著堪珍《巡海记》（曾载《国闻周报》），长留伟绩一编中。

（录自《北洋画报》1937年第31卷第1501期）

李直绳轶事

雨　文

逊清广东水师提督李直绳，近年息影津门，不预政事，终日以诗酒自娱。尤善书篆隶，求书者纷至沓来，终不拒也。只以老境坎坷，愁病兼侵，卒于日前去世。李名准，四川邻水县人，其父铁船（徵庸），曾宰南海，为当时红员。直绳纳粟指篆广东，历任善后局提调，又曾统领缉捕营，时年未三十也。嗣由北海总镇升至广东水师提督。适南海剧盗为虐，狡猾难捕，直绳率部下擒其魁斩之，民间得以奠定，因是得邀奖叙。

时西江缉捕问题发生，为免外人借口计，直绳遂建江大、江清、江巩、江固等舰，负缉捕之责，而西江缉捕之权，得免旁落外人之手，是直绳之于南海治安，固有足称者。迨辛亥年广东反正后，直绳迫于时势，悄然离粤，蛰居平津垂廿余年，终至余资渐罄，老境窘迫。传有旧日同僚某君，道出津门，闻李困阨，献以五百金，并邀其同赴关外，直绳却之。其廉洁之风，殊令人景慕。又前广东省长李紫云氏微时，曾经直绳之提挈，使其投效麾下，屡建军功，擢升省长，饮水思源，固不忘直绳提拔之恩也。年前，紫云探悉直绳在津窘况，因忆直绳素爱肇庆风景，乃于端江（肇庆别名）建一新庐，并致书直绳云："粤为公旧游之地，端江风景，更足流连，兹已为公建庐一所于端江之上，作公高隐之地。如肯惠然南下，谨当拥帚欢迎。彼此都在暮年，聚首为欢，为日不可多得，请公行旌早临……"云云。直绳接此信后，拟即挈少妾南下，旋因事中止。今竟一旦捐馆，难酬紫云之厚谊矣。

（录自《北洋画报》1937年第31卷第1504期）

边疆通讯

西沙南沙两岛接收专员抵任

西沙群岛及南沙群岛，粤省政府自奉行政院令接收后，已派省府委员萧次尹为接收西沙群岛专员，顾问麦蕴瑜为接收南沙群岛专员，两氏于十一月五日晚十时率团员乘舰前往。按两群岛位于海南岛之西南，地当要冲。西沙群岛鸟粪极丰，此种鸟粪为最佳之肥料，敌人于占领期间，大事采运。现经济部正与粤省府合作，着手开发，据估计该岛鸟粪足供粤全省有余。

（录自《边疆通讯》1947年第4卷第1期）

政府派员接收西沙群岛

政府派往南海接收西沙、中沙与南沙诸群岛之工作队，现已大部返京，正积极整理此行之各项材料中。该工作队系由国防部与内政部所组成，于去年十二月初自京首途出发，待至广东后，粤省府重又指派专人会同前往。嗣榆林港复派出熟习各群岛之人员于该队抵港后随同至各岛接收，现该处若干地区已竖立我国界碑，并由守军驻防中。

（录自《边疆通讯》1947年第4卷第3期）

边事研究

西沙形势益严重

（七月十四日）广州当局据情报，广州湾西沙间，法舰增至三十艘，附航空母舰一艘，潜艇数艘，布成阵势。海南至西沙间，敌舰亦增至二十五艘，渔船三十余艘，惟未敢登陆。又广州湾海陆空防已加强，法司令马亭十日赴西沙，势紧张。

（录自《边事研究》1938年第7卷第6期）

东沙群岛与西沙群岛

陈献荣

弁　言

吾国地大物博，朝野每多牢固，易于自足，而尤以对于边陲为甚。当清之时，库页岛未归日俄以前，某国劝告注意，政府始派人查勘。归报曰："弹丸地耳。"遂弃之。非独库页岛为然，即远处粤省琼海东南之东沙与西沙群岛，平时亦弃如敝屣，惟为外人暗夺，乃群起号曰："要地也，不可失也。"可见国人对于边陲，多无深远之观念也。

夫东沙与西沙群岛，为吾国领土内仅有磷矿之产地，吾国以农立国，得此天然肥料，为益正当不少。且其珊瑚礁石，均可作灰，运销内地，建筑培田，为利至溥。余如海产丰富，尤为余事。乃国人不知爱惜，坐失利源，致启日人觊觎，是亦可引为耻辱之事也。著者喜治本国沿海地理，而尤注意粤南之琼岛，前者既著海南岛专篇，在本刊陆续发表，乃复搜罗东沙与西沙群岛材料，以成此篇。惟诸岛记载，无专书可供参考，错误疏漏，知不能免，尚望海内识者，予以纠正，或更有继为精密之著作，然则是编特导海之一勺耳！

一、东沙群岛

（一）引言

东沙群岛位于我国粤省之东南，对于国防经济及航海安全，均占重要位置。其与内地经济发生关系，远在前清雍正八年，距今约二百余年。其对航海安全，传报飓风之便利，则始于民国十五年观象台成立之后。查诸岛对于国防上设施，可建筑水陆机场及电油库等。其地势之优越，气候之温和，海产之丰富，在足予国家以莫大之利益，他日果能积极建设，则不但诸岛之利益而已。

（二）历史

东沙群岛者，英名为蒲拉他士岛（Pratas I.）。其所以名此名者，盖以英人蒲拉他士曾遇风至此也。诸岛向为粤闽渔人出捕鱼避风及驻足之地，查二百年前，有陈伦炯者所著《海国闻见录》中之沿海全图，已见记明此岛为广东属岛之一。其书原系译自英国海图官局，于一千八百九十四年辑之*China Sea-Directory*一书，则发现东沙岛。远在道光二十年间，此两书固当时所据以争回领土权之最有力证据。英人金约翰氏所著之《海道图说》内载西人之来东沙岛探测，实始于嘉庆十八年。光绪中叶，有王之春所著之《柔远记》与陈伦炯所著之《海国闻见录》大致相同。光绪三十四年，驻广州英总领事致粤外务委员温宗尧函称“中国海内距香港东南一百七十英里，有一小岛，名蒲拉他士岛，并无居民，显系无所统属。但每年之中，间有中国渔船驶至。英政府拟在该岛建设灯塔，查询该岛是否中国属岛，有无宣布明文”等话。除函复确为中国属岛外，旋由粤督张人骏转呈请政府，派飞鹰舰前往调查，发现日人西泽吉次于光绪三十二三年间，驱逐我国渔民，强占该岛，据为己有，改为西泽岛，暗礁改为西泽礁，并将我国渔民所建之大王庙、兄弟所有坟墓等，完全毁灭，以图灭迹。经多年之交涉，始获于宣统二年由广东省库备毫洋十三万元收回。我政府鉴于外人之屡次谋夺，经迭次委员经营及招商承办，均无效果，究其失败原因：（一）政府保护不力，以致日本渔人乘机盗采；（二）政府缺乏彻底计划，并无指定永远之经费；（三）承商则资本短少，我国商人，重在急利，短期内无利可图，则毅然放弃；（四）我国大资本家，又乏远大眼光，且不注意于孤岛事业，以致屡办屡缀，卒至停办，任由日本渔人盗采。利权外溢，领土堪虞，良深浩叹也！

（三）地势

东沙岛位于东经线一百一十六度四十分至五十五分，北经线二十度三十五分，在广东省之东南，距香港与菲律宾均约一百七十里，距西沙群岛约三十七海里。该岛附近礁石颇多，自东偏南，自西偏北，长一哩半，实半哩，高四十尺，为积沙所成，形如马蹄，天气清朗时，隔九浬至十浬即能望见。自西视之，如两岛交互，以其中央稍凹也。从南视之，接近始能见，不若西北向之显熟也。出产有磷矿，石贝壳亦多。东向有大沙环绕，西名蒲拉他士浅滩，形如圆环，为珊瑚质，状微圆，周约四哩，阔一哩。北向稍平扁，东南二向，水低时，干涸出者约三分之二。其东北角为航船停泊处，其东南角为一千八百六十六年英船触坏处。西向以东沙岛分为南北二水道，北水道阔约一浬，大潮退尽时，仅深三拓，南水道水深十拓，少珊瑚礁，东北恒风时，泊船最稳。

（四）气候

东沙群岛地位虽处热带，但气候温和，不燥不湿。温度在夏季最高达百度，炎热异常，惟夜后常在八十余度，在冬季最冷约五十五度。湿温度在八十度之间，雨水周年皆有，惟以夏季为多。气压则甚悬殊，但平常约在七百六十二粍之间。常年多吹东北风，尤以冬季为烈，是则飓风时也。岛上太阳不恒见，计自三月二十八日至四月九日十三天中，仅犹见四天而已。天色阴暗时，风势常在五六度之间，昼夜风声呜呜，每到下午六时至翌晨六时，风势亦在二度至四度之间。

（五）建设

1.岛中建设有大王庙，为清初粤闽出海渔民所建，曾于光绪三十二年间被日人西泽吉次所毁。至民国十四年，由建筑观象台工人因病亡相继，迫而趋于迷信，联请于主持工程者，用土复建，惟较前庙略小及改易位置而已。

2.岛中有东沙海产有限公司，乃商人陈齐朝于前数年呈请广东实业厅承办开采该岛海产事业者。其代表人冯德安，曾多次到岛经营，建有办事处、货仓、宿舍、厨房、锌铁木屋等，旋因经营失败，经已弃置。除公司办事处，尚堪居住外，余皆被风吹坏，只余木架而已。

3.岛中有观象台，缘民国十二年英人有鉴于该岛四周多礁，航行经此，常多遇险，于是旧事重提，欲借该岛建筑观象台，以传风警而利航行。我政府以主权攸关，乃决于十四年出资大洋二十万自建观象台、灯塔各一座，十五年工竣开幕。但灯塔自二十一年飓风后，一部分曾失效，现已修理完竣矣。兹将东沙岛电台气象广播时间、波长及呼号表列下：

呼号XPL

时间	下午一时正	下午一时一刻左右	下午一时三十分正	下午七时正	下午七时一刻左右	下午七时三十分正
波长	六百米远火花式	一千四百五十米远（真空管）	四十六米远（短波）	六百米远火花式	一千四百五十米远（真空管）	四十六米远（短波）
附记	如遇飓风在中国海者，则每隔一小时以六百米远（火花式）传布风警一次，遇有航海警报时，须俟下午一时及七时气象警报拍完后，立即继续传布。					

二、西沙群岛

（一）史略

1.名称之由来

西沙群岛，简名西洋，名曰西者，对东沙岛而言也。西图作Paralls Islands and Reeps，译名拔拉塞尔（邹作钧图），或帕拉西尔（童世亨图），或称七洲（Taichow or Svern islits），见夏之时《中国坤舆详志》（按七洲洋有二,一在海南岛东，一即北。《海国闻见录》曰：七洲洋在琼岛万州之东南，凡往南洋者，必经之所……风极顺利，亦必六七日始能渡过，偏东则犯万里长沙千里石塘）。诸岛孤悬海外，与大陆隔绝，自古即少人莅止。距今数十年前，琼崖之琼东县业渔之民，始行来此。该处本多暗礁，来往邮航，常有覆没，所积珍货，不知凡几。琼民之初抵该岛采取者，恒致暴富。惟以风涛险恶，业此者仅少数人耳。后琼民探知此岛，不特渔产丰富，抑且雨量充足，气候温和，土地肥沃，青草满野，可以畜牧，兼有贝壳特产为全国各岛所未有，于是群起注意。惟当时所注意者，仅限琼产一隅。始至清季东沙岛交涉时，国人多瞩目及之，而西沙群岛之名，至是乃闻于国人。

按东沙岛交涉起时，粤督张人骏致外部江电中有言及西沙群岛者，如“查该岛名东沙与附近琼岛之西沙对举”，又有“现既查明距粤界甚近，且有琼岛西沙岛对峙之称，西沙岛已派员往查”等话。执此以观，西沙群岛之名，是由其姊妹岛东沙群岛而得，殆无疑义。

2.史之回顾

西沙群岛发现于何时，因书缺有简，无由可考。惟西人航海图，对西沙群岛之记载，愿为详晰，且定有名称，书有专图。凡经纬线度分，地势高低广袤，内外沙线，水泥深浅，及附近四周明暗礁石，砂底石底潮汐趋向，皆有测验之标志。其图有三：一为西历一八八一年荷人A. D. Hutoie所编之《粤门附近图》；一为一八八三年德国政府测量局所制，一九一五年复经Trgaois测量舰舰长A. L. Toehson修正；一为西人E. D. Exesteace P. W. Position于一八八四年编纂，均有记载，详图可考。由此可知在距今四十余年前，西沙群岛已为西人所注意。惟吾国地志上对于诸岛，向无其一席地，而名词亦湮没不彰。往者我国地志之述中国位置者，仅曰："南起海南岛，北讫萨阳北脊。"自清光绪初，郭嵩焘、张德彝于其赴欧游记中，其《纪程》曰："……在赤道北十七度三十分，计当琼南二三百里，船主名曰齐纳细，犹言中国海也。左近有拍拉苏岛，出海参，中国属岛也。系荒岛，无居民……"始言其为中国属岛。（见《使西纪程》及《随使日记》，郭氏作"帕拉苏"，张氏作"巴拉赛"。）又邹代钧之《西征纪程》有曰："……测处西北至万州岸一百一十四里，东南二百余里海中，有巴拉塞尔群小岛，小者仅拳石湾环散列（海面约方二百里，上仅生草木，中间亦有寄碇处，即《海国闻见录》所谓千里石塘），是则西沙群岛，谓即《海国闻见录》之千里塘矣。"清光绪三十三年秋，台湾日商西泽吉次，占据东沙群岛，肇起衅端。粤督张人骏据理向日本理事力争，并曾派补用道王秉恩率领文武官多人，于查勘东沙岛之后，即至西沙群岛探要履勘，树国旗而归，有《查勘西沙群岛小纪》报告。宣统元年各国曾请我国于西沙建设灯塔。次年，清政府因鉴于东沙之覆辙，曾派广东水师提督李准率舰勘量，以图发展。曾耗国帑四十余万，并在东岛林岛，竖旗鸣炮，公布中外。民国初年，日本技师曾率探险员一队，费五十余日实地探验，据谓岛之磷矿，藏量约有五十六万余吨，价格三千余万元。日人见其产物丰饶，时为垂涎，迨至民国九年九月，乃运动汉奸何瑞年、罗叔雅、卫志清等出面，创立西沙群岛实业公司，向官厅立案。继于十年正月间，遣日舰南兴丸前往测量，采取鸟粪肥料等，并着手经营。事为粤省人士所闻，群以何等有勾结外人丧权辱国情弊，纷向政府攻讦。经粤省署查明属实，即将承案撤销。迨民国十一年，何等不知用何手段，复呈准粤省署，恢复矿权。至民十七年，以琼崖人士攻讦甚力，由粤省府核明，将该岛磷矿拨归中山大学保管，以为制造肥料之用。中大接管后，旋会同广东南区善后公署，组织西沙群岛调查委员会，以沈鹏飞为主席，乘海瑞舰，前往调查。事后曾编《调查西沙群岛报告书》及《西沙群岛成案汇编》，二书均报告该岛情形，甚为详实。民十九年四月间，香港召集远东观象台会议，安南观象台台长法人勃鲁逊（F. Brujon）及上海徐家汇法国观象台主任劳积勋（E. Jroe）亦与该会，曾共同向我国代表建议在西沙群岛建设观象台，然尚未见实现。最近法人占领太平洋上九小岛，国人初以为西沙群岛，但经证实，知系指鹿为马，并非西沙矣。

（二）土地

1.沿革

今日之西沙群岛，实为昔日之珊瑚虫窠及其他动物遗壳所构成。至于如何构成，查民国十七年五月间广东南区善后公署曾派遣技师前往调查，据报告该群岛情形甚为详实。兹撮举其大要如后：

“昔日海面较高，珊瑚在水，结成环形之礁。及海面低落，礁乃露出水面，珊瑚离水死去，遂成今日各岛之形状。而其他各种软体动物如头足类、腹类、足类、瓣腮类等，又如棘皮动物之海胆类、海百合类等，以及甲壳类之壳鱼类之首，均为构成各岛物质之一。岛上除坚硬之珊瑚遗骸及各种甲壳外，只有鸟粪及粪化石堆积其间。表面作灰色，内作棕色，此即所谓磷酸矿也。岛中土壤，俱由珊瑚介壳类风化而成。”

又沈鹏飞氏所编《调查西沙群岛报告书》中，亦有关本群岛之沿革者如下：

“昔日海面较高，珊瑚水内成环形之礁，一如今日。礁内或原有石岛早已沉没，仅留穴隙，作各种遗物沉积之所。及海水低落，礁乃露出水面，珊瑚离水即死，留其躯壳，积成今日之岛。岛中为珊瑚所填积，其未填漏者，则为小湖，遂成今日之形状。而一部珊瑚又向外生长，故又成今日所见之礁也。由此观之，珊瑚类遗骸为造成各岛之主要物质，其他各种软体动物如头足类、腹足类、瓣鳃等，棘皮动物如海胆类、海百合类等，以及甲壳鱼类之首，均为造成各岛物质之一。除坚硬之珊瑚遗骸及各种介壳外，岛上尚有鸟粪与粪化石堆积，细如粉末者作棕色，凝结成块者面作灰色，击开其中，亦作棕色，此即所称磷酸矿也。实则并非矿类，仅鸟粪含磷质极富，用作肥料，为无上天然佳品，不须加工即可使用，效力甚大……”

2.位置

西沙群岛位于琼崖榆林港之东南海中，东南向菲律宾群岛，北与榆林港对峙，西北临东京湾而望安南，当香港和新加坡航海线之卫，□□□□□□，离南洋群岛最近，以经纬言位于北纬十五度四十六分至十七度五分，东经一百一十度十四分至一百十二度四十五分，包括大小岛屿共二十四座，计为滩为礁者约十余处，其为岛者计八处，分东西两群，迤东者西人统名为Amphitrite群岛，迤西者名为Chroissant群岛。兹将其两侧大小岛屿二十四座之名称及位置条列于下：

西沙群岛（Paracels Islands）

西沙东侧群岛（Amphitrire）：

林康岛（Lincoln Island）当北纬十六度四十分七秒，东经一百十度四十三分三十二秒间。

高尖石（Pyrmid Bk）当北纬十六度四十五分二秒，东经一百十二度二十六秒。

勃利门滩（Bremon Bk）当北纬十六度十九分至十六度二十六分。

孟买礁（Bombay Bf.）当北纬十六度一分至十六度六分，东经一百十二度二十四分至一百十二度三十八分间。

树岛（Tree Island）在林康岛之西北。

中岛（Middle Island）同上。

南岛（South Island）同上。

石岛（Rocky Island）同上。

林岛（Woody Island）同上。

约翰滩（Johang Bank）在林康岛之南。

台图滩（Dido Bank）在林康岛东北。

羚羊礁（Antelope Rf.）。

西沙西侧群岛（Paracel Ioseln）（Chraoissant）：

乌拉多礁（Valeddore Reef）当北纬十六度十九分至十六度二十二分，东经一百十一度五十七分至一百十二度四分间。

南极岛（即土莱塘岛）（Triton Island）当北纬十五度四十六分，东经一百十一度十四分间。

拍苏奇岛（Passu Keok）在南极岛东北三十七哩。

发现礁（Discorery Rf）当北纬十六度九分至十六度十七分，东经一百十一度三十五分至一百十一度五十三分间。

珊瑚岛（Pattle Island）在乌拉多礁岛之西北。

甘泉岛（Robort Island）在乌拉多礁岛之西北。

金银岛（Money Island）同上。

林门岛（Drummond Island）同上。

近登岛（Dumoan Island）同上。

天文岛（Observation Island）同上。

北砂岛（北礁）（North Reef）。

羚羊礁（Ant lopo Rf）。

3.面积

西沙群岛□□□□□□□，经清末及民十七年之调查，地理形势已颇明了，成案可考。惟对于面积之勘测，向无精确测计，纵观各种地志，皆无正确记载，殊不足餍研究者之望。兹姑就著者个人搜罗所得者，列表如下：

岛名	面积（方公尺）	矿区（方公尺）
多树岛	一六九，七一五	一三六，八三二
玲洲岛	二四二，三二五	一九五，六一一
群岛	二三六，九四〇	一六一，二〇三
中岛	三九九，六〇〇	一四一，九五六
北礁	三八，九六〇	二〇，二六二
吕岛	三二，三七三	一六，七二五
都岛	二一，六八八	七，〇四一
南岛	二五，七五一	九，四二六
树岛	一九，〇五四	六，四六六
登岛	二六，八三三	一，七〇三

以上诸岛之面积，为崖县委员陈明华之实地测量者。诸岛之名词，多用土名，至其术名，无从考证，姑录之耳。又据中山大学派员勘西沙群岛，以林岛面积最广，平

面约一,五〇〇,一〇〇方公尺（约四方里），作不整齐椭圆形，东西间较长。石岛甚小，面积为六八,七五〇方公尺（长一千二百尺，阔九百尺），作东西凹凸形。登近岛面积为四三二,五〇〇方公尺（阔约三公哩之二，长约一哩又四分之一），作半月形，东北边为外弧，西南为内弧。掌岛面积亦小，为七六,二五〇公尺，与登近岛有相似之形势。各岛高出水面，以石岛为最，约得十五公尺。林岛高处约十公尺，登近岛与掌岛仅数公尺而已。

4.地质与土壤

西沙群岛为珊瑚虫窠及动物遗壳所构成，已如上述。兹再列一表，以明其地质：

西沙东侧群岛（Amphitrire）

岛名	地质
林康岛（Lincoln Island）	珊瑚滩
高尖石（Pyrmid Bk）	大而尖圆之石
勃利门滩（Bremon Bk）	珊瑚滩
孟买礁（Bombay Bf）	珊瑚质
树岛（Tree Island）	白沙质
中岛（Middle Island）	浅滩
南岛（South Island）	珊瑚礁
石岛（Rocky Island）	沙质
林岛（Woody Island）	白沙质
约翰滩（Johang Bank）	浅礁
台图滩（Dido Bank）	白沙质
羚羊礁（Antelope Rf）	滩地

西沙侧群岛 Paracel Island（Chroiseant）

岛名	地质
乌拉多礁（Valeddore Reef）	浅礁
南极岛（即土莱塘岛）（Triton Island）	沙质
柏苏奇岛（Passu Keok）	浅礁
发现礁（Discovery Rf）	沙质

（续表）

岛名	地质
珊瑚岛（Pattle Island）	珊瑚礁
甘泉岛（Robert Island）	珊瑚滩
金银岛（Money Island）	沙质
林门岛（Drummond Island）	白沙质
近登岛（Dumcan Island）	浅礁
天文岛（Observation Island）	珊瑚礁
北砂岛（北礁）（North Reef）	浅礁
羚羊礁（Antelope Rf）	滩地

（三）气候与海流

1.气候

我国人谈及西沙群岛者，辄以为气候炎热，瘴疠甚多，且海中风雨不时，航行尤险，此系未明了诸岛气候之故。按西沙群岛位置，正当热带之中，气候炎热，冬令之时，寒暑表犹在六十度以上，居住此地之渔民，绝不知霜雪何物。渔民多衣不蔽体，然夏期亦不甚热，盖以其有海风调剂故也。夏期寒暑表升至九十五六度，即达极点。惟夏季甚长，由二月至十月，皆暑热之期也。又本群岛为海洋气候，终年时见骤雨，多南风。一日之中，午前六时与午后二时，温度相差常十余度，可知其气候一日之中，常有变更也。兹将林岛气候调查统计分别列表如下：

月份	气温（华氏）			气压（公厘）			风速二十四小时千公尺			风向方位
	最高	最低	平均	最高	最低	平均	最大	最小	平均	
一	81.00	70.00	75.45	765.25	759.5	762.36	1447.5	206.3	585.77	南，南东，东
二	82.80	69.00	77.75	766.75	758.75	763.27	1365.0	255.3	677.81	南，南东
三	89.90	96.75	82.05	766.00	758.00	761.57	144.85	215.0	645.27	南东，北，北东
四	88.15	78.00	83.93	765.50	757.50	760.80	1519.0	155.0	604.05	南东，北，北东
五	93.75	81.75	89.99	760.75	751.00	756.57	738.8	214.8	45.03	北，北东
六	91.00	84.13	87.99	757.00	751.25	754.76	817.5	207.5	499.33	北，北西
七	09.75	84.40	88.34	758.75	751.25	754.48	1007.5	613.8	378.58	北，北东
八	90.00	85.50	87.39	756.50	751.00	753.95	620.0	111.0	302.98	西北，东北
九	91.00	83.00	88.06	757.00	750.00	754.78	575.0	112.5	302.73	西北，西南
十	88.00	83.85	83.85	762.00	752.00	754.78	700.0	135.0	992.45	北西，南
十一	82.50	80.57	80.57	762.25	758.00	757.23	875.0	150.0	302.00	南，南西
十二	79.63	70.30	78.15	766.13	759.75	760.67	1260.0	368.5	745.98	南东，南

2.海流

吾国南海沿岸各处之海流，每因洋海之深浅，气压之变化，风向之差异，不能一律，即其发生之时亦颇不同。西沙群岛之海流尤无规则，常因风向而变，由十月至四月间，因东北风而生之西南水流，较之由五月至十月间因西南风而生之东北水流为大而有常。水流之急，以十二月及一月为最，其速度为一海里至一海里半。群岛中间之水流，又与东西两侧不同。东侧林岛及石岛附近，常有由西至西北之水流，其速度约二海里，亦有由东而来极缓之水流。西侧甘泉岛及金银岛附近，亦常有西或西北之水流，而东北水流，亦间有之。其复杂如此者，盖因位置关系，风向无定，遂生此不规则之现象焉。

（四）物产

西沙群岛，处粤省琼海之东，为吾国唯一磷矿产地，亦为粤省之一大富源。则我国诚有非设法速起开发，以杜绝外人觊觎不可者，如椰子、木蔗、甘蔗、波罗等物，均可种植，且树林长生迅速，敌害甚少。余如龟贝类亦为水产之要物，其他海绵、海藻、海参、珊瑚等，不一而足。兹将其各物产分类述之：

1.动物与植物

西沙群岛以鸟粪著称，是等鸟粪概由鲣鸟科之一种白腹鲣鸟所排泄。白腹鲣鸟多生长于热带岛屿，成群栖飞，其卵较鸡蛋略小，有斑褐色。雏鸟羽纯白，成鸟羽灰黑色，腹部白色，嘴绿足红，其肉味劣，不供食用。林岛及小林岛栖息极盛，金银岛中亦多见之。至各岛之植物，大概为三亚、榆林一带所通有者。乔木有三亚树一种，高三数丈，林岛、掌岛均甚茂盛。灌木属于大戟科、桑科者皆有之，亦有相思子。杂草中有羊齿类者一种，禾本科者一种，马齿苋科者二种。林岛及掌岛有椰树数株。珊瑚岛有榕树三株；皆高十丈左右。其余各岛之植物生长情形，大略相同。

2.矿物与水产

A.矿物

西沙群岛既由珊瑚礁所构成，故除砂石及海鸟粪外，并无其他矿产。鸟粪与粪化石积成之磷酸矿，其色状有二，细如粉末者作棕色，凝结成块者内作棕色，外作灰色。其分布状况，在林岛则成一层于表面，平均厚皮为二五珊之米突，每块重约数斤至数十斤，鲜有极大块者，其下为白砂。此种鸟粪层，以林岛为最多，石岛次之，其余登近岛、掌岛、金银岛、珊瑚岛、林门岛、树岛等，亦有少量存在。

B.水产

各岛周围浅海中，有海藻、海菜、海草、海绵、海参、海胆、珊瑚、蝶螺、蚌蛤、墨鱼、巢蟹、海龟、玳瑁、鱼虾、石斑、贝类等。由琼崖来渔，多捉龟拾蚌，所获甚多。龟大径三四尺，重逾百斤。蚌类极美，其闭壳筋长约二三寸，渔人干晒之，视同瑶柱也。鱼及海参墨鱼，水产亦多，渔人不能就地干制，不便运输，但少取之以供日常食用而已。海南渔船，每船可容渔夫二十余人，年中来往凡二次，春初来者夏初归，秋末来者冬末归，春来多捉龟，秋来多拾蚌。海龟、玳瑁、蚌蛤，各岛均有之，海参则登岛为独多。

（五）日人经营之过去

光绪末，东沙岛交涉起时，官厅始注目西沙群岛。曾派补用道王兼恩率领文武官多人，于查勘东沙岛后，即至西沙择要履勘，树国旗而归，有《查勘西沙岛小记》报告。宣统二年曾陈列其所产之鸟粪及珊瑚状肥料于南京南洋劝业会，惟任其荒废，从未经营，致启外人之觊觎。民国九年九月，已常发现日人在群岛偷采磷矿。至九年九月，竟有华商何瑞年、罗叔雅、卫志清等，偕同冒充闽籍之日人高瑞南等假称华商，呈请广东政府，开垦群岛，定名西沙群岛实业公司，瞄准政府，承办西沙群岛垦殖、采矿、渔业各项，饬由崖县发给承垦证书。同时并案请领昌江港外浮水洲开办渔垦，其实际上经营者，则为日本人所组织之南兴实业公司。始至十二月崖县委员陈明华会同该商人，乘汽船南兴丸，前往测量群岛地图，始发见该公司资本为日人所有。高瑞南亦系日人，他如雇用之人，所乘之汽船，亦无不属日本。至十年春季，该公司更运多数日人、台湾人，往群岛大兴土木，工厂医院相继成立，从事渔矿。凡群岛五六十里内之中国渔人，或遭其枪击，或收没其所获之水产，种种虐待，不堪言状。迭经琼崖人士开会拍电，及省议员之严重责问，奔走呼号，几及一载，始于十年十一月，由广东政府撤该公司成案矣。查日人经营时之建筑物，计林岛西南隅有管理人办事室住室一所，广六十三尺，深十八尺；办事室后方有食料及杂物储藏室一所，广六十六尺，深二十四尺；办事室左旁有小卖店一所，广二十四尺，深十二尺；小卖店之左有工人宿舍二所，离立成曲尺形。此外在储藏室左侧，有网室一所，大约为栖养鸡豚之用；迤右有仓库一所，长二百二十八尺，宽四十八尺。

（录自《边事研究》1936年第3卷第1期）

晨　光

九小岛概况与中日法问题

德　川

一、小引

自从法国占领南海九小岛后，国人对于领土权之丧失，除大声疾呼此响彼应外，显然的又陷于一种“临事抱佛脚”之丑态。盖我国边疆界限，清季以还，向来不及计议。今一旦外人将此远隔重洋之九小岛占领，其不知谁属，不知所在地，固属当然。惟是事关国家版图，不能任人蚕食，此理甚明。且际此太平洋问题，为各国处心积虑，日夜摩拳擦掌，咸欲以杀伐为最后孤注一掷之时，则此九小岛虽属沧海之一粟，在国防及国际关系上，更仍须尺寸必争也。

二、九小岛之位置及物产

九小岛为凯夷（Caye）、达姆巴赛（Damboise）、伊吐巴（Ituaba）、杜克斯（Deux Is.）、莱吐（Laito）、梯都（Thitu）、斯拍拉脱雷（Spartly），及二附岛。地位在赤道北纬十一度三十秒，东经一百十五度之间，介于安南与菲律宾之中途，距我国海南岛东南五百三十海里，距波罗洲北岸为五百海里，距西贡约一千海里，距菲律宾爬拉湾岛二百海里。九小岛面积合计三百亩，不足半平方哩。该岛区总名曰提萨尔班克（Tizardbank Is.），位在我国领土之最南点。

一说谓九小岛即海南岛崖县东南海中之西沙群岛，亦称七洋洲。考西沙群岛系在北纬十五度四十六分至十七度五分，东经一百十度十四分至一百十二度四十五分，距海南岛榆林港东南约一百五十海里，西人名为班拉赛群岛（Paracels Is.）。据此，西沙群岛之与九小岛，以其经纬度之不同，显然不是同一所在地。在法国政府所发表，谓该九小岛系北纬十一度，东经一百十五度，又据日本台湾总督之见解，亦以为法国所占据之各岛，非属与台湾关系较切之西沙群岛。即我国政府驻菲律宾领事馆报告，亦谓该九小岛系在西沙群岛之南约三百七十海里。据此则两地不能混为一谈，彰彰明矣。

九小岛生产以其居于世界著名渔场之一，故渔业甚盛。紫檀椰子，到处成林。矿产有玳瑁、珊瑚、珍珠。又以年深代久，海鸟栖息原因，出产大量制造火柴之石磷及农田肥料鸟粪层。其他如海兽、海藻等，亦所在多有，洵非不毛之荒岛所可同日而语。惜乎国人不知经营，与东北四省及西北等地之富藏，同沦于废物，任人觊觎侵夺也。

三、九小岛被占之经过

我国边疆各地，百余年来，从未有精确之厘订，我为鱼肉，人为刀俎，任人宰割而不自觉者，边境所在多有。如云南江心坡与英领印度之禾莫稜，新疆伊犁及外蒙沿边与苏俄之争执，领土权属不分，实为一件隐忧大事。以言今日被法侵占表海负嵎之九小岛，又岂偶然之事哉！

法海军于一九三〇年由玛利修兹号（Maliceuse）炮舰占领斯拍拉脱雷岛作初步侵略，至本年四月七日树立三色旗正式占领凯夷、达姆巴赛二岛，四月十日占领伊吐巴、杜克斯二岛，十一日占领莱吐，十二日占领梯都及其他二岛。迨至七月十四日事泄于外，于二十五日乃正式宣布占领。兹将法报最初发表该九岛占领略情，以明其侵夺之程序，据称："……在安南与菲律宾群岛间，有一群珊瑚礁，覆沙、暗礁错杂其间，航行者视为危险区域，不敢轻近。惟其处亦有草木繁生之地，琼崖之中国人，有居住珊瑚礁环绕之区，从事渔业者。据一八六七年法国水路调查船莱芙尔满号船员所制精图，此数海岛有长至十英里之地方，如用为水上飞机、潜水艇、小舰艇等暂时休息避难之所，并无不同。故此等岛屿，主权一经确定，则战争之际，对于法国海底电线之安全，殊足与以威胁。法政府于此乃决定对此等群岛，开始行动。……一九三〇年炮舰玛利休兹号正式占领斯拍拉脱雷岛，一九三三年四月六日报告舰亚斯脱洛拉卜号及亚列尔达号复与调查舰达勒逊号访斯拍拉脱雷岛，揭法国三色国旗。当时岛中住有华人三名，椰子之树，至极繁茂，海龟之属，多数栖息。四月七日亚斯脱洛拉卜号又占领达姆巴赛、凯夷岛。其地一无住人，只有白腹海鸟，成群而栖，鸟性奇驯，见人不畏。由此沿东北行，即到盐田广漠之杜克斯岛，更进则为椰树覆阴之伊吐巴。其地亦无居人，惟似曾有人住过，盖既有树业搭盖之屋，复有奉祀神人之像，景物殊神秘也。该舰复向北部莱吐、梯都、多几尔等岛揭挂法旗，各该岛情形，大率相同。杜克斯等两岛，有由琼州渡来之华人居住，每年有小艇载食物来岛，供华人食用，而将龟肉及龟蛋转运以去……”读此，则知被侵夺之经过矣。

四、九小岛领土权问题

我人既知九小岛被占领经过情形，再进应研究该地之谁属。考九小岛为中国之领土，已数百年，一八八三年德政府曾派员测量该群岛，经政府严重抗议而罢。光绪三十三年中政府曾派军事大员开发该地，其后亦曾准商业团体前往开采。数年前广州中山大学曾派学生多人前往调查。民国二十年粤省当局曾允许某商业团体，采取该地鸟粪料。去年西南政委会通过之《华南建设三年计划程序》中，亦有开发该岛及建设一无线电台，以通消息之计拟。观此九小岛主权之属我国，事实已无疑义。且九小岛位置在我国南海中（外人亦称支那海），该海以岛屿连绵，粤闽渔民，每年前往捕鱼者达数千人，人民生息其间，亦有悠久之历史。故琼崖民众亦起而力争，并述该九小岛近状，谓该群岛在琼崖之南，确属中国领海。粤闽渔民，每岁轮流前往，借作捕鱼根据地者有数百人。惟因四面均属咸水，饮料缺乏，到此者均需携水而往，故不能久居，均属流动性质。岛上居民，言语习惯，亦与琼人无异。该岛渔利，渔民每年春季必有数十捕鱼帆船，自琼崖出发到岛捕鱼，及至残秋，乃满载而归。惟距离琼崖较远，一切设施，鞭长莫及耳。

法占据该九小岛，吾人可不问其对于国际法所具条件是否合理，亦可不问其目的为商业关系抑或军事上如何作用，总之政府亟宜提出有力证件，昔年占领该岛时，有无举行国际表示，如升旗、鸣炮、通告各国等事。如果有案，该岛可立即收回，否则众口虽可铄金，但其事却费周章矣。

五、九小岛与中日法关系

九小岛领权之属我国，在英国人士亦有作此说者。且此次法海军所据莱吐与梯都二岛之名称，早见于伦敦《泰晤士报·世界舆图》之《马来群岛图》内，其经纬度亦与今此九小岛相符。由此益信该九岛必有相当历史，其不为法人所新发现者，亦可断言矣。但此次彼竟毅然宣告占领者，其一种有组织有计划，吾人不可等闲视之也。

一九二九年后，因世界经济之衰落，使各帝国主义者侵夺殖民地愈形急进，而各帝国主义者之视为生命线，亦莫不以太平洋为焦点。换言之，即孰能战胜太平洋，则其国家政治经济立可解决，以是即知法国占领九小岛之严重性。据此次法国占领九小岛，虽其自辩谓为该处满布珊瑚岛，航行极为危险，将举办航海设施，安置浮标，以利航运，事关公共利益，绝无设立新海军根据地之念，且谓法国在中国海中已有属地——广州湾，无事他求，并声明此举绝无帝国主义意味。但法国内部经济纠纷，危险四伏，事实如是，不容讳饰，其占领九小岛为一种准备国际竞争之野心，固路人无不知之也。

更使吾人注目者，日本亦于是时有与法争据九小鸟之意向，若是则法占九小岛，匪仅限于中法两国领土权之剖解，且形成法日利益冲突严重问题。日本自从法占据九小岛后，外务省初则谓法占九小岛，将掌握南海制海权，因法国于西贡与广州湾备有容纳一万吨级巡洋舰之军港，占此九小岛后，可建筑飞机根据地，并可配备潜水艇。如是，则使英国向远东发展的坚垒之新加坡与香港之海上交通，横加切断，嗣后英法势力难免冲突等挑拨游词，思欲从中渔利。继则向法抗议，谓该九岛在十七八年前，日本人即在岛内发现磷矿，经营不遗余力，一九一八年该岛代表贵族院议员桥本，曾向当时外相内田请愿，要求政府确认为日本领土，同年十一月有日本探险队六人前往调查，其中莱吐岛，日名为双子岛。一九二〇年五月，日人又发现十二岛屿，亦曾向海部请收归版图，一九二九年又有居住岛内日人，向外相田中作同样之请求，期以先占论掩尽天下之耳目，以灵巧外交辞令讽示法国，俾得参与争占之地位。但先占条件，必基于国家具有得取领土权之意思，与树立国家实力之事实，今日本以私人发现或在该处有所经营，固不能作为争占权利之理由也。

但此次日本竟昧此不顾，不惜巧设辞令而与法国角逐海上势力者，以其对我中华之统制上有深远之企图也。故九小岛虽为弹丸蕞尔之地，而关系国际及海疆国防，除引起中法问题、日法问题外，更成为中日问题。盖日本自侵夺我广大陆地以还，其野心之炽，正方兴未艾，并思欲独为东亚主人翁，执太平洋之牛耳计，不惜将其足以阻碍称霸争雄之困难，廓清而扫除之。如前之欲窥伺荷属东印度，劫取葡属提谟尔岛，欢迎美属菲律宾独立，及百方劫持南洋德属委任统治地等，虎视眈眈，其大欲实令人惊忧者！且我国海疆，自台湾海峡以北之海上势力，自亡清一再将台湾、琉球、大连等岛被割后，已受日包围达数十载，在战时若欲封锁吾国沿海各口岸，诚不啻为瓮中捉鳖之易事。今一旦将足以制控南海并久思染指之九小岛，为法所占据，在日人心目中，诚有卧榻之旁，岂容他人鼾睡之愤慨。故不惜牺牲，坚欲争为己有，使与朝鲜、大连、旅顺、台湾及澎湖列岛等处，联成一线，大气包举，以施其暴力，而满足其亚陆之凶残！

六、结语

九小岛之被占，已将两月，政府除曾拟一度派舰调查暨准备抗议外，并无有若何新途径发展，但九小岛关涉领土主权既如此，而国际竞争关切又如彼，实不容有丝毫迟缓顿挫。且自“九一八”以还，东北四省相继沦亡，太平洋上风云又若是日形恶劣，日本处此情形，谋我益亟！我国朝野人士，宜如何注意日本对法占九小岛后之意外举动？况据最近报载，日人于最近数日来，竟将离琼州不远之西沙群岛附近尚有八小岛，欲以武力占领作为建设新海军根据地。并将由台湾总督于九月二十一日，召集自大正十年迄今未举行之华南五埠（福州、厦门、汕头、广州、香港等）日领会议，以讨论闽粤关系事业之实施方法。我国处此强敌环伺、视眈欲逐之下，更应如何自策自励，修明政治，以培养民力，建树国力耶？否则匪仅九小岛继续东北四省而瓯脱一隅，亦且国亡无日矣！语云：亡羊补牢，未为晚也。愿国人今后勿再空山人语，快意于蛮镯之争可耳！

（录自《晨光》1933年第14期）

西沙群岛之危机

排　子

读者诸君还记得去年法国人占据九小岛的事情吗？九小岛是我国海南岛渔民的渔场，是一个群岛，日人所称新南群岛的便是。岛的数目，实在不止九个，不过较大较重要，被法人所据的是九个罢了。群岛分布于北纬七度至十二度，东经一百十一度至一百十八度之间，以据于北纬十度二十二分四十二秒，东经一百十四度二十一分十秒之长岛为最大，以南北双子岛暨三角西鸟等岛为最重要。该群岛上多珊瑚，船舶航行常感危险。惟岛成江河甚多，河水颇深，成自然之良港，为船舰碇泊之绝好场所。岛上地势极为平坦，实为最良好之飞机场或飞行站，于军事上之价值甚大。但竟为法人所占，国人大哗。西南当局主张派人实地调查，国民政府也曾提出抗议，且令海军部派舰测量，以为交涉之根据。乃事隔不过数月，案事犹延未解决，而法人竟又有占据西沙群岛之倡议，咄咄逼人，真是欺我太甚了。

法人对于西沙群岛垂涎已久，曾借口百年以前安南嘉隆各王，曾在该岛树碑建塔，主张安南有先有权。今更宣称夏秋飓风进袭安南，必先经该岛，以该岛无气象台之设置，所以安南一带，事前无报告可接，不能有相当之预防，以致损失甚大，故非及时占领，实难施展。由此可知法人对于西沙群岛必欲得而甘心，现正在无理寻衅之中。

法人占据西沙群岛，是不是就是为气象台的关系呢？绝对不是的。我们要知道法人占据西沙群岛的原因，还当在它所具有的地理环境中去找的。西沙群岛现属广东省的崖县（在海南岛上的），旧称七洲洋，西人称为班拉赛尔群岛（Paracels Is.）。它的位置在崖县东南一百四十余哩的海中，岛屿凡三四十，大者有十，列表于下：

岛名	面积（英井）	矿区（华亩）
笔岛	三三六,九四〇	一,六一二.〇三
中岛	二九九,六〇〇	一,四一九.五六
玲洲	二四二,三二五	一,九五六.一一
多树	一六九,七一五	一,三六八.三二
北岛	三八,一九六	二〇二.六二
吕岛	三二,三七三	一六七.二五
登岛	二六,八三三	一七.〇三
南岛	二五,七五一	九四.二六
都岛	二一,六八八	七〇.七四
树岛	一九,〇五四	六四.六六

右表所谓矿区，皆为磷矿，即所谓鸟粪层是也。鸟粪层可为肥料及火柴，面积多

至七千余亩，为西沙群岛之大富源。西沙群岛又为南海中之大渔场。琼崖渔民每于秋末冬初，借西北季风之便，驾舟前往捕鱼，至翌年春季东南季风之时，扬帆满载而归。海南居民恃以为生者，不下一二百万人。所出鲍鱼、海参、玳瑁、海螺、鱿鱼诸物，颇为驰名，亦为西沙群岛之大富源。不特此也，西沙群岛的位置，适当南海航路之冲，实为新加坡与香港间之航行孔道，与安南岸的距离，又复甚近，所以西沙群岛实为南中国海之心脏，欧亚交通之门户。若将此地筑成军事要塞，与海南岛之榆林港有表里相应之美，足以控制南海之交通，安南海防，势必为之大震。法人又见于此，故先将九小岛据为己有，复图占据西沙群岛，以固安南的海疆，为进攻退守之张本。当此太平洋形势的时候，日美、日俄方摩拳擦掌，作汹汹之势；英国又将新加坡筑港问题旧事重提，且复扩而充之；菲律宾行将独立（独立案在最近已成为法案），日人势力，必将侵入菲岛，南海霸权势须重行支配。以中国之积弱，西沙迟早为他国所占，所以法人的企图，实为快鞭先着之计，万一事情和缓，各国以妥协手段，为分赃之约，法人亦可以互相承认的方法，得他国的允诺。所以气象台之云，不过一种借口，富源也不是法人惟一的目的，他的惟一的目的还是在军事方面，使西贡、九小岛、西沙群岛、广州湾，成为四个军事顶点，以保护安南，以抗衡英日，更以侵略我国，这才是法国的大欲。

垂涎西沙群岛，不只是法国人，还有日本人。日本人对于西沙群岛，是用经济侵略的方法的。先是日本人在光绪末叶，占据了我们的东沙岛，几经交涉，始以十万元赎回。随即派员前往查勘，并及西沙群岛。东沙岛自收回后，即从事于垦牧事业之提倡，全国海岸巡防处且建灯塔一座，以利航行，更有观象台一，装置无线电收发机，与舟山等处互相报告，以防飓风，经营略具规模。惟西沙群岛则以经费关系，任其荒芜。日人见于占据东沙之计未售，更想在西沙群岛发展势力，初仅偷采磷矿，运往台湾及日本本部，继复利用广东香山（即今之中山模范县）县之汉奸何瑞年，与冒充闽籍之台湾商人高瑞南，以日本资本组织西洋群岛实业公司，伪称为中国资本，向广东政府请求注册，并请准予开发该岛，竟获许可。该公司雇用大批日人及台湾人，工厂、医药局等纷纷建筑，五六十里以内之中国汉民非被枪杀，即被没收渔货船只，所受虐待不一而足。事发，公司被广东政府所注销，然日人二三百，台湾人五六百，至今尚在该岛，仍作偷矿的勾当。日本轮船之偷运鸟粪，每周必有二次，可见开采之盛，更可知日本人对于西沙群岛的野心。

法日二帝国主义者对于西沙群岛，既然皆思染指，法人既已吹放占据的空气，日人当亦未甘落后，默尔而息。所以西沙群岛的危机，可以说已在眉睫，预为之谋，自然是必要的。西沙群岛既然是一群的海岛，那末防御的工程，自然要在海军方面着想，这就是非同小可的问题了。原来中国海军的幼稚，是无可讳言的，在这军缩变为军扩的现在，列强纷纷成立大海军计划，从事于造舰的竞争，我国有这样长的海岸线，当然也要注重海军。这样不但西沙群岛的问题可以解决，就是全国的国防也解决了一半，但就财力而论，这个可能性是不大的。只有另想办法之一途，我的建议如下：

1.建筑气象台

西沙群岛无气象台，使法国人有占据的借口。今我国就从这一点上做起，使他无所借口，以为救济之第一步。建筑无线电台、观象台等之费用，约需十八万元，已由中央研究院呈请行政院，已由行政院令饬财部照拨，海军部亦已一再请财政部按期拨款，以资兴筑。惟财政部总以金融之来源枯竭，须宽以时日，俟财政稍裕时，再行筹拨。所以直至今日，西沙群岛的观象台，仍是款项无着，兴筑无期。我们希望中央研究院和海军部再行通力合作，与财政当局再兴洽商，更希望财政当局鉴于西沙群岛前途之危险，观象台之建筑，实属必要，撙节他费，勉允所请，那么目前对于法国人的无理取闹，总算可以了事了。

2.组织大规模的磷矿公司

西沙群岛以产鸟粪层（即磷矿）著名，鸟粪层可作肥料之用。方今东三省被夺，内地肥料来源之大豆也同时被夺，所以我们有另觅肥料来源之必要。开辟西沙群岛的磷矿，不特可以裕经济，并且可以适需要，所以是一个莫大的利源。不特此也，我们的磷矿公司，还要对付日本人的。日本觊觎我们的西沙群岛，偷采我们的鸟粪层，这是我们自己不去注意的缘故。我们假使能办理一个大规模的公司，专门负起经营的责任，日人虽狡，断不能行使他们的鬼蜮伎俩。公司的性质，我以为官督商办的较为有效。方今海外华侨，纷纷被迫回国，利用他们的资本，辅以政府的权力，轰轰烈烈的办理起来，真是一举数得的事情。

3.建设海军根据地

以上两个方法的实行，不过治标而已。要使西沙群岛的主权终久是我们中国的，那么还须作武力的准备，那就是海军根据地的建设了。南海上的重要海军根据地如广州湾已被法帝国主义者所租，香港已为英帝国主义者所占，今硕果仅存者惟一榆林港。榆林港在海南岛之南端，距崖县约一百三十里，港水颇深，两岸峰峦叠峙，可以避风，可以建置要塞。清季曾拟辟为军港，至今尚未实行。今海军部方在拟议扩充与整理之计划，甚望注意于榆林港之开辟，以保护西沙群岛，使不为九小岛之续，则南海心脏不致为他人所握，国防幸甚，国家幸甚！

（录自《晨光》1934年第2卷第47期）

大公报

南洋九岛素由崖县管辖

南京二十日下午十时发专电　海军部发言人称，法国所占九小岛，断定为西沙群岛，当名三洲洋，位于崖县之东南海中，距离海岸一百三十余里，素由崖县管辖。该部为调查实际状况起见，拟派舰前往，俟陈绍宽返京可完全决定。

（录自《大公报》1933年7月29日）

粤海九岛问题英方认为属诸中国

法方宣称纯为便利航海　日本竟欲主张既得权益

巴黎二十九日哈瓦斯社电　勃瑞斯氏在“日报”著论，评论法国占领中国海内之九珊瑚岛，称法国占领各岛，纯为便利测绘海道及设立灯塔。该处珊瑚岛暗礁甚多，如有灯塔，对于国际航海利益甚大，法国永无意在该处建海军根据地。“此事毫不涉及帝国主义问题，凡有恶意诬法有帝国主义之行为者，此时宜明晓此事实真相如何”云。

东京二十九日日本新联电　法政府宣言占领菲律宾与安南间之九小岛，日本外务省以该岛自数十年前即有日人居住，创办事业，俟详细调查后，即对法政府主张之所谓领土权谋应对方案，现外务省方面正与海军当局磋商中。盖日人自十七八年前即在岛内发现磷矿，乃开始经营，又一千九百十八年该岛代表者曾向当时之日外相内田请愿，称“各岛屿均住有日人，于是要求日政府，确认为日本领土”。又一千九百二十年以该岛住民连名调查结果，于昭和四年田中内阁时代亦发生同样问题，外务省亦曾与海军方面磋商办法。惟因当时英国于马来半岛，美国于希特尼，法国于安南，各皆占有势力，而位于三处中间之该岛，如日本宣言占领，则恐惹起国际问题，作平地风波，于是乃未实行。又鉴于最初发现该岛之日人，因开发磷矿，乃敷设轨路延至海岸，并建设船只码头等，所费甚巨。因以上情形，故对法国此次领有宣言，于反对一层，殆可谓有充分的把握，目下正在考究对策。

东京二十九日日本电通社电　外务省方面，于昨日下午邀请海军方面人员，会商关于粤海九小岛问题，结果认为法政府无视日人平田氏之先住权，而主张其占取权，在国际法尚有疑义，故决调查其先例，如判明其确有违反国际法情形时，即向法政府提出抗议。又纵令其无违反国际法情形，亦将就平田氏既得权益之保护，提出严重要求。

东京二十九日日本新联电　法政府以菲律宾、安南间之九岛为法国领土，乃竟发出宣言，实行占领。刻有台湾实业家平田末次来此声称，彼曾于二十年前发现该岛，而于大正六年（民国六年）开始采集磷矿，后因思及为永久的事业，须谋领有岛权，乃于大正七年岁末垦托当时之台湾总务长官木村代向英领香港总督府及法领安南总督府探问该岛之领土权究属诸何方。嗣据英方回答称：“该岛领权颇疑为属诸中国，然究属何方，则完全不明。”至法方有无答复，当时无暇专候云。

（录自《大公报》1933年7月30日）

外部调查粤南九岛　日本各方面聚讼纷纭

南京三十日下午九时发专电　外交部研究珊瑚岛，确非西沙群岛，将呈政府请海军参谋部派员前往，实地调查真相，以作交涉根据。

香港三十日下午十时发专电　外交二十九日电甘介侯，令调查粤海九岛名称、方向、面积详复。甘与省府商请派舰偕专员往查。

南京三十日日本电通电　关于法政府宣言占取之拔拉色尔群岛（粤海九岛），日人平田末次虽称系彼所先发现者，而大阪之拉抄岛磷矿公司，则谓所谓平田群岛，实与现在成为问题之群岛相异。盖拔拉色尔群岛乃属大正七年以来，即为该公司所重视之九岛云云。此外在大仓大楼内设有事务所之前东方时论社长东则正氏，亦谓拔拉色尔群岛虽曾一度称为平田群岛，但其后已由粤人名何庆年者获得采矿许可权，而于昭和三年起之以后十年间，将此项权利让给东氏。又台湾高雄市杂货商小林胜太郎，更谓在大正七八年左右，虽曾发见拔拉色尔群岛，而非现在成为问题之各岛。

粤南九岛问题

自法国于本月二十五日正式宣布将法国在南中国海中菲律宾与安南间所发现之群岛，依国际法先占之法理作为本国领土以后，连日电讯传来，中外注意。大抵中国认系中国所有，谓即系西沙群岛之一部；日本则因密迩台湾之故，声言该地曾被日人发现，且有日商在彼经营磷矿之事实，主张保护其既得权益。英美两国因其与香港、菲律宾接近，在地理上亦有密切之关系，其甚瞩目，自无待论，惟其表面尚无何种表示。查国际公法本有先占之法理，其客体须为国际上无主之土地。易言之，即并不属于任何国家领土之土地是也。此项法国宣布先占之土地，如系中国所有，则法国当然无攘夺之可能，惟如何可以证明为中国土地，必须举出实据。再者，先占之主体，须为国家，故纵令一私人或团体对当该地方确有先占之必要的实际行动，然并非基于国家之委任，未尝以国家名义实施先占者，则在国际法上不能发生先占之效力。要之，按国际法理，土地之有效的先占，须以国家具有取得领土权之意思与树立国家实力的事实为条件。此所谓树立实力者，或为殖产之经营，或置守卫之人员，或为行政之治理，皆无不可。苟执此条件以相绳，则日本官方所称“一九一八年七月十日有巨商贵族院议员桥本，曾向当时外相内田呈请，宣布该地归日本统治；是年十一月有日本探险队六人赴九岛调查，其中有莱杜锡岛，日名为双子岛。一九二〇年五月，又有日人发现十二岛，向海军省呈请收入版图。一九二九年又有日人向当时外相田中作同样请求”等等，皆不能成为日本争执该岛权利之理由。盖纵令有私人发现，或在该处有所经营，要非基于国家之意思，自不得以先占论也。

就上述视察，法国先占权之能否成立，仍视中国在该岛等有无领土关系为断。查自兹案发生，中国官方表示，殊嫌模糊不辞，真相尚待续报。依吾人考查地图，西沙群岛系北纬十六七度与东经一百一十、一百十一度中间，而此次成为问题之九岛则在北纬十度以北东经一百十五度以西，相距殊为辽远，似难混为一谈；其海南岛即广东琼州则在北纬十八度至二十度与东经一百零九至一百十一度间，更觉不相关涉。尤可异者，据二十五日法国公布：九岛内之莱杜（Laito）系四月十一日占领；西杜（Yhitu）系四月十二日占领。兹两岛之名称，早见于伦敦《泰晤士报·世界舆图》之《马来群岛图》内，其经纬度恰与成为问题之九岛相符。由此益可见此等小岛，必有相当历史，断非法人所新发现者。今日问题焦点，惟在中国如何举证以明其地之属我版图耳。

抑吾人重有感者，发现无主之地，昔时尝盛行于非洲。至若交通便利之区，如南中国海，则除非中国放弃，卧榻之侧，谁能从而取得其先占权？今中国不能自固其围，一旦发生争议，犹复传信传疑，一无定说，宁不更令外人齿冷？且也，华府会议之时，英国声明不能放弃九龙而允交还威海，法人则于广州湾租借地之交还，游移其辞焉。今于广州湾外，进一步占领粤南九岛，是太平洋未来风云中，英美日三国之外，法国显将有所准备，于此益可见远东大势险恶日甚。独不解供人鱼肉之中国，丁兹危局，何以不自奋发，依然一意内争，加紧自杀。于此而欲汲汲与人争穷海荒岛之领土主权，抑又何益？言念及此，为之泫然！

（录自《大公报》1933年7月31日）

粤南九岛问题中央交外部负责交涉

法使昨抵京谒罗外长

南京二日下午六时发专电　关于粤南九岛事，中央一日会议，原则上决定交外交部负责交涉，惟我方以调查证据尚欠明了，尚待顾使及海部之详细报告。依外部所得报告，九小岛并非西沙群岛，故此事尚须从详查考后，方能提出交涉。法使二日晨由沪来京，上午十一时谒罗，闻系关于越南商约事，即可得有结束，与九岛事无何等关系。

中央社东京二日路透电　今日外务省发言人声称，在法属越南及菲律宾中间中国南海内之一群小岛，现虽由法国声明统治，日方已将各种根据搜集，交法学家研究。

发言人续称，此问题由专家详细研究后，日本即将对法国占领诸岛之照会予以答复，同时外务省宣布日本制磷西盐公司在诸岛中已有企业，自一九一八年起，公司在岛中开磷酸盐矿。

（录自《大公报》1933年8月3日）

粤南九岛确系我国领土　西南当局正研究对策

中央社广州三日路透电　法国宣布占领九小岛事，广州以该九岛与华南地理上之关系，特别注意之。据今日半官式消息，去年西南政委会通过之华南建设三年计划程序，规定开发该群岛，并准备建设一无线电台。西南当局现严重研究此问题，认为该岛为中国之领土。据省政府人员声称，该岛为中国之领土，已数百年，一八八三年德政府曾派员测量该群岛，旋经中国政府严重抗议而罢。光绪三十三年中国政府曾派军事大员开发该地，其后中国政府亦曾准某商业团体开发该地。距今数年前，中山大学由省政府建设厅指导之下，曾派学生多人调查该地。一年前，粤省政府曾允许某商业团体采取该地鸟粪肥料，并在该地建设无线电台。

中央社东京三日路透电　日本法学家现正研究，法国占领九小岛问题，日政府俟彼等提出报告后，即将决定保留日本或日人在该岛所有权利之办法，若干日人均已纷纷要求该岛之权利。据拉沙岛磷质矿产公司宣称，自一九一八年至一九二九年该公司曾投资百万元，以开发该岛之石磷及鸟粪肥料，并建筑码头及轻便铁路，现该项工作已受压迫而停止。

法占南海九岛问题

非惟对法，抑且对日，究之有成为中日问题之势

尝谓法占南海九小岛问题，系中法问题，而亦可成为日法问题，究之且有成为中日问题之势。盖日本自侵略我国广大陆地以还，于□造成北急于南之势，以□迫我（此点本刊各期屡有文论及之）其野心之炽有已思独为东亚之主人翁。故关于海，其有足以为彼之称霸争雄亚东之阻者，莫不思廓而除之，以遂其大欲，其视眈眈，其逐

弥远。见于事者，如于南洋委任统治地，虽其已退出国联，而必欲保之以为己有，至百方劫持，亦在所不辞，此事之前途多险。其关于亚东南面者，则如前者日本窥伺荷属东印度之说盛传，虽一时未见为事实，要其心目中，实无时而或忘。又前者日欲劫取葡属提谟耳（Timer）岛之讯，亦时时传之，今始寂然。总之日之欲得志于亚东南迤之海，是固其独霸亚东根本政策之一。而于其处，毗英连法，触美邻荷葡，成为各国海上势力交错纠纷之中心点。接此中心点而近之，则我国南部之海疆，实迫其处。因考近者我国人之论我国海疆形势者，多谓我国海疆大体可分为两大段落：一自台湾海峡以南为一段落，二自海峡以北为一段落（关于此节前者本刊尝伸其论）。今兹且舍其详而不论，要之自台湾海峡以北，我国海疆形势之被包围于日，所以成为我国海疆北危于南之势。至若台湾海峡以南，固为我国海疆，为被日本海上势力迫压绞杀之处。至少其处，为我国海疆非被日本包围，手足之驰，活动较灵。今之日之有突破亚东南迤各国海上势力交错纠纷中心点之势，是直接即所以加紧迫薄我国南部海疆，以使之与我国迤北海疆形势相等，而非第有以排各国在亚东南面之所有海上势力。大气包举，铁桶成圆。吁，宁非我国不第在陆无以逃日本之暴力以自外，即在海亦已头头无道哉。又宁非纵日于陆在我国南部暴力为杀，而于海之方面，终将有以困我国之南部，以及其势于陆，使终无所逃，以补其陆力之杀哉。则又尝谓使日本在我国南部，而如欲由海以凌转我国，则如台湾、澎湖列岛等，将为其得力之策动地。拟之于北，有如朝鲜、大连、旅顺等处为满洲昔日肘腋之患，而延其势以西□。若更益之以在南中国海（南海西名南中国海South China Sea）方面，而得有其海上势力之根据地，则其基将倍巩固，形成不拔之势。虽然，自非若此，日固非与英、美、法、荷兰等国，先在亚东迤南方面，为其海上势力之争夺战不可。吁，斯日之所以殷图夫荷属东印度等处，欢迎夫美国菲律宾岛之独立，以与永据南洋委任统治地之谋相应，而至近日且有与法争据南海九小岛之意向之所由来也欤！则有如近者（七月二十六日）东京电通社电文称云：

“关于法政府公布将法舰在南中国海中所发现之群岛，依国际法上先占之法理，作为本国领土事，日海军方面，以其足招致该国掌握南中国海全部制海权之事态，故颇为重视。盖法国即已在西贡与广州湾，获有足容一万吨级巡洋舰之处。则依此项之占领，自可筑造飞机根据地，停泊潜水舰，而完全获得南中国海之制海权。如是，则势难免使现成为英国向东亚发展的坚垒之新加坡与香港间海上交通，横被隔断，而至引起英法势力之冲突。”

又同日东京中央社路透电称：

“日外务省现正考虑，法国声明占领介于越南、菲律宾间九小岛之事件，或有提出抗争之可能。据外务省宣称：自一九一八年以还，注意该岛之日本商人，即呈请政府将该岛占领而管理之。但截至目前，日政府尚无任何表示。”

盖据此二电，日人意向已明。而如同月二十八日东京电通社所称：则日政府之意更显豁，即电文云：

“据驻法长冈大使致外务省报告，法政府已于二十四日（七月）向该大使通告，取得华南九岛屿，惟外务省方面，以该岛在先即住有日人。故拟于调查各种情形后，再事答复。”

再者上海二十七日（七月）宣称：

“法领署讯，法国占珊瑚礁（即九小岛）后，将设灯塔于岛上，为求航海便利，别无作用。”

凡统以上各电（其余电多不录），是为法日两方关于南海九小岛占有问题意见之表示。盖如七月二十五日中央社巴黎路透社电称：“法国政府二十五日正式宣称，已占领菲律宾与安南间之九岛，并称此后该岛，将属法国领土云云。”以知法之宣布占领九岛，已成事实。此后惟视日之对之之行动如何，以及我之对之之行动如何，以卜兹事此后之推演奚若。要之三方交错之形势已定，中法之争，法日之争，究之且成为中日间海上势力之争。如近日之台湾总督表示，欲效法法国办法，占领西沙群岛，其兆已露。循环激荡，利害迫薄。曰“法国已于西贡与广州湾，获有足容一万吨级巡洋舰之根据地”，斯固为法国于亚东南面发展其海上势力之所凭借，要已为日人之所忌。又曰“法依九小岛之占领，自可筑飞机根据地，停泊潜水舰，而完全获得南中国海之制海权”，此尤为日人之所忌。然其继乃曰势难免现成为英国向亚东发展的坚垒之新加坡与香港之海上交通，横被隔断，而至引起英法势力之冲突。斯则明明系日之忌法也，而故借口于占领九岛或致引英法之冲突，以讽示法。是其言在此，而意在彼，诚极外交辞令之灵巧。而其卒乃曰“自一九一八年以还，注意该岛之日本商人，即呈请政府将该岛占领而管理之”。补之曰“该岛在先即住有日本人”，借此以为其参与争占之地位，理由宁能充分？盖占领必以国家具有得取领土权之意思，与树立国家实力之事实为条件，宁日之对于九岛，今可语此。顾日昧此不顾，斯则诚见夫日之欲争占南中国海南部九小岛，其志在排各国在其处之海上势力，紧其势以迫我南部海疆，因侵循以及陆，而于此先为之兆。斯岂法之在岛上不设军备之表示，所能释彼之疑于万一者哉？

抑谓法占南中国海南部九小岛，系属中法间问题者，以据报纸之所传称，似属九小岛所在地，我国当局亦尚未弄明白。盖一说谓法占九小岛，即系我国崖县东南海中之西沙群岛，距离海岸为一百三十余里，素由崖县管辖，亦称七洋洲，为我国领土之最南点。一说则谓法所占之九小岛，系在北纬十度，东经一百十五度，其处介居于安南与菲律宾之中途上，距波罗洲北岸约为五百公里，距西贡约一千海里，距马尼拉约一千一二百公里。（有王谟君者，主此说。）其说孰是，现正调查。夫按海图言，法之所占九岛，其方位所在，当以后说当。则以法政府所自称其所占九岛所在地，系在北纬十度，东经一百十五度之故。至若西沙群岛所在地，其纬度为北纬十六度，而非属十度。以云经度，更为东经约一百十三四度，而非属十五度。二地有判，其事显然。（有谓七洋洲亦非即为西沙群岛者，则以七洋洲在海南岛东北，西沙群岛系在其东南之故，其说待证。余参看后附系争地略说。）而要之吾人有说者，则以为法之所占，如系属西沙群岛，则侵害我主权，我国自当严重抗议，以至其撤销占领为止。则以斯岛为我国之领土，为毫无疑义之故。乃至法所占非即为西沙群岛，而另有其所在，则如外电所传，九岛实国际所认为我国之属土，苟调查而得有我国先占之实据，则他国一纸宣告，自不能即成为法律上有效力之占领。我国仍当本诸调查所得之真相，据以为合理之折简。如此非惟所以对法，抑且有以对日，然则宁又事之漫然已哉！

抑吾人因之有感者，以事之关于主权国土之得丧，乃至我国当局，临时至不能确定其系争地之何在。纵使事后周章，几何不令人齿冷。再者，国家之所谓负海上卫国之责者，平时不知何所务，乃不能派一舰以巡海，以周察海上形势，而知所保附。独患至而始以派舰调查闻，其之为失，复无待论。最后吾人有一义以奉告政府与国人者，以溯自世界形势迭幻以还，每以国际政治之推荡，而使海之所重，频移其位置。更降自海军新兵器之日益发明以来，往往于海，在昔于军事上无若何价值，而于今转型其重要者。如寻其证，大之有如全太平洋，今已为全世界最高潮所在地，（诡）谲万分，昔非如是。近之有如我国之海疆，北危于南，乃至于今，即云南亦其势日迫。试再推之，有如日之南洋委任统治地，大有将利用之以为飞机、潜水艇活动根据地。而法之所占九岛，日视之以为具有同等性能，故每欲阻法有之。夫若斯之迁演，总之在今日，海之为国际之利害关系，激荡愈甚，尤关于我为然。则以前者我国对于海，多加忽视，以致海疆轻失，有海尽陆及之患。今者其势更迫，倘际此而犹不知所以应之，则陆海互祸何已？曰，我国关于法占九岛问题，非惟对法，抑且对日，得失之间，所关者巨，苟政府国人而有以明其义，斯所望已。

二二，八，一〇

附　法占九岛问题系争地略说

按法占九岛之非即西沙群岛，近渐已证明。其重要之证据，是为两地之经纬度，皆相差颇远（外交部驻菲律宾领馆报告最足为凭）。顾有疑者，既两地之相去殊遥，何以多误指法占九岛，即为西沙群岛？此其故殆有二。即一当法占九岛之初，九岛之总名，未及详查，一般即谬以为即巴拉色尔群岛（Paracel Island），以之相当。又此次法所占九岛，其地虽航，多珊瑚岛，此则与巴拉色尔群岛情形相似。故巴拉色尔群岛，亦名Paracels Reefs。Reefs者西言多礁，而中名即为西沙群岛，故二地相浑。二则曩者我国与法关于西沙群岛（即巴拉色尔群岛）向有领权之争，迄今尚未解决。此为事属连类，每可因此及彼，故多以法占九岛，即为西沙群岛，而不察其另有所在。乃至我国政府所特重者，亦在西沙群岛问题。

法占九岛，转成旁触。此外如报载法所占九岛，已有七岛，其名可知，即加夷、汉保夷斯、夷特拉巴、远齐尔斯、莱多、齐德及史普拉勒是。而考西沙群岛，岛仅二十二，按之中外名称，无一与之相符者，此尤可为法占九岛与西沙群岛系属两地而非一之证明。

考法占九岛，总名为提萨尔班克（Tizardbank），距菲律宾爬拉湾Palawan岛二百海里，在我国海南岛东南五百三十海里，西沙群岛之南约三百五十海里，位置北纬十度十二度，及东经一百十五度之间，前传九小岛即西沙群岛不确。如上系我国驻菲领事所调查，当较翔实。

乃至如日本台湾总督之见解，亦以为法国所占领之各岛，似非属与台湾关系较深之西沙群岛。

独有可注意者，如日本报纸所载，法之占九岛，日拟与之争。于是可问日拟起争者，为系对提萨尔班克，抑系对西沙群岛。盖如其实言之，日毋宁起争西沙群岛。有如台湾总督之所言，其意已显。惟如事实之所昭示，现日与法之所系争者，乃为提萨尔班克。所据理由，纷纭错杂，总之不外曰，日于是等岛上，已有其事实上之先占权，法已为后。其之指提萨尔班克（即法占九岛），即以为西沙群岛（即巴拉色尔群岛）者，如一般所推测，或者彼意在以此淆彼，使我闻海疆之被占，而即起而与法相竞，以遂其挑拨之谋。次之则如最近台湾总督之所表示，谓如法占九岛，则彼亦拟采同样手段，占领西沙群岛。倘是讯而果信，是日之指提萨尔班克，即以为西沙群岛，意在牵西沙群岛，故入于系争漩涡，而以造其谋占口实。要之，与我之一时讹法占九岛，即以为西沙群岛者，其命意全异。

最后关于法占九岛问题，有可注意者，即昨据巴黎哈瓦斯社电称，法国所占九岛中之最大岛，名曰史普拉勒（Sparltey），系于一九三〇年四月十三日由法国Mallcleuse炮舰予以占领，其后次第及其他岛云云。顷检海图，载史普拉勒实为英领。此外与之相邻者，尚有英岛Amboyna等。是知其处，各国关系复杂，其事固非仅为中法日三国间之问题已也。（完）

（录自《大公报》1933年8月4、5、6日）

粤海九岛法方竟称与中国无涉

香港六日下午十时发专电　甘介侯谈，昨驻粤法领接法使电，九岛在安、菲、婆罗间，位北纬十一度零三十秒，在中国极南国界特里屯岛之南，相距数百海里，与中国无涉。此说殊难承认，按国际公法，毗邻国赋有优□权益，且我渔民栖息该岛，更有历史关系，我政府不能稍予放弃。

东京六日日本新联电　对于法政府宣言，占粤南九岛之事，日外务省正慎重调查中。日方对于法之宣言，正欲发出保留日本有提出抗议权利之通告时，乃法政府以驻西贡之日本领事曾于一九三〇年向安南总督要求认可在上述九岛中一部开采磷矿之理由，将对于日本之抗议予以推翻。故日本外务当局目下之意见如下：一、上述问题目下正调查中，虽未判明真相，但于该九岛中日本之拉沙磷矿会社停止开采之时为一九二九年，日本领事安能于一九三〇年向法国方面请求认可；二、上述请求认可之问题，与此次之九岛问题似系全然个别之问题。总之，无论如何，在日本领土附近发生之此种领土先占问题，实系重大问题，日外务当局对此不能迅速的采取适当措置，军部及其他方面颇为忧虑。

（录自《大公报》1933年8月7日）

唐绍仪谈必须收回粤南九岛

中央社香港七日电　唐绍仪谈，九岛案发生，粤当局非常注意，连日均开会议讨论。该岛为琼岛咽喉，若不收回，影响我国渔业不浅，并有丧国权。中央与西南当局无论如何，应将该岛设法收回。

中央社南京七日电　陈绍宽谈，法占九岛事，仍在调查中，如遇必要，当派舰前往缜密调查。

（录自《大公报》1933年8月8日）

粤南九岛前清时我国曾鸣炮升旗

十七年亦一度派员勘测

南京八日下午七时发专电　粤省电中央，认九岛为我国最南领土。前清时曾派李准至该岛调查，并鸣炮升旗。十七年粤政分会亦一度派员勘测，现拟派舰详查后再呈中央交涉。

中央社巴黎七日路透电　兹悉法政府仍在等候日政府正在起草中关于法海军占据九小岛之抗议。法政府对于悬旗占领该小岛之正式通知，已于三星期前送达日政府，并指出欲在该岛经营磷矿之日商，已于一九二五年失败退出，故现信日政府致法政府之公文，将为请求解释，并非抗议。英政府业已宣布，对法海军占领九小岛事，并不反对，因该岛并不在航线之内，除少数中国渔人外，并无居民。惟该岛对于法国、越南沿海各航线交通实为重要，同时亦可停泊水面飞机及潜水艇云。

（录自《大公报》1933年8月9日）

九岛问题法日两方钩心斗角

日本竟欲占我西沙群岛

东京九日日本新联电　对于法政府宣言先占华南诸岛之详细情形，日外务省前命驻法长冈大使调查，昨接法政府答复如下："法政府对于诸岛认为无主之物，且法国船舶航行于印度支那时，航路上极感困难，法国方面因设置灯塔及立标识之必要而举行该项工事。惟当工事进行中，一九三〇年曾接英政府之询问，经说明后，英政府并无异议，即其他诸国亦未接有何项照会。迄至今日，法政府对于上述诸岛并无军事的施设之意，对于该岛之日本的经济利益，愿充分予以尊重，特此通告。"又法国宣言先占之诸岛为下列六岛：一斯布拉特里岛，本岛于一九二〇年四月十三日为法舰马里修兹号占领；二安保庵岛，本岛及下列诸岛于本年四月七日至十二日之间为法舰亚斯特洛拉塞号及亚拉亚特号两舰占领；三伊兹亚巴岛；四格鲁布徒吉尔岛；五罗亚伊德岛；六吉周岛。

日拟对法严重抗议

东京九日日本新联电　日外务当局对于法政府之先占宣言，最初以为若予保留：一、在各岛屿之停泊上陆自由；二、日本船舶停泊之际予以便利；三、确认日本人在该岛屿之磷矿采掘权及财产权等之条件下，或可承认。唯其后因日人之占有，曾于大正七年完毕，且该岛屿对于南洋方面之军略上占有重要位置，均已两次认其具有重要性，是以关于起草致法政府之通牒，业已采取极慎重之态度。缘日人之占有该岛屿，系在法国之先，此事既可证明，则本件自应依据国际公法之原则解决。□日政府对于法政府之领土主权之宣言，似不能不采取严重抗议之方针。

日本图占西沙群岛

东京九日日本新联电　法政府主张先占之岛屿以外，已判明在该岛附近由日本臣民发现之岛屿甚多。日外务省此际对于尤有密接关系之岛屿，颇有主张日本亦采先占手续之意见，目下正与关系方面磋商中，最近将表示积极的意志。此项岛屿为乌得岛、林肯岛、诺斯登夏岛、布拉特岛、南夏岛、伟斯特约克岛、那莫伊岛等。（按即西沙群岛）

社评：粤南九岛与西沙群岛

法国宣布先占粤南九岛以后，首先引起日本之抗议，纷扰多日，近且自知先占权不易争，乃进而谋效尤之计，欲将绝对属于中国之西沙群岛，强行占领，此真无理至极也。顾此案利害关系最大最切之中国，则以中央地方，平日缺乏调查准备之故，问题发生以来，对外迄无所表示，此尤足憾也。关于九岛之位置，据法方披露，与中国西沙群岛之经纬度，殊不相符。惟据前清光绪三十三年曾赴西沙群岛一带勘查之李直绳先生昨日向本报记者谈称，法国所占各岛中，似有彼往年查勘所及鸣炮竖桅之区，惜乎遭际丧乱，详图遗失，遽难考证，但当时既经呈报海陆两部及军机处有案，则此时调阅旧卷，当可得其真相，作交涉之根据。吾人虽认法占九岛，与西沙群岛未必相符，而于李君之查勘记录，则以为此际刊布，颇足供公私各方面之参考，且至少可证明西沙群岛之领土权完全在于中国，丝毫不容日人诡辩。其于护持国权，不无裨益，初不因该件曾见报载而失其参考价值也。查自此案发生，中外各方咸无详报，兹据法国最初发表兹事之报纸记载，颇值注意。

据法报略称："在安南与菲律宾群岛间，有一群之珊瑚礁，覆沙暗礁错杂其间。航行者视为危险区域，不敢轻进。惟其处亦有草木繁生之地，琼崖之中国人，有住居珊瑚礁环绕之区，从事渔业者。据一八六七年法国水路调查船莱芙尔满号船员所制精图，此类海岛有长至十英里之地方，如用为水上飞机、潜水艇、小舰艇等暂时休息避难之所，并无不可。故此等岛屿，主权一经确立，则战争之际，对于法国海底电线之安全，殊足与以威胁。法政府于此乃决定对此等群岛，开始行动。一九三〇年炮舰玛利休兹号正式占领丹伯特岛。一九三三年四月六日报告舰亚斯脱洛拉卜号及亚列尔特号复与调查舰达勒逊号访丹伯特岛，揭法国国旗。当时岛中住有华人三名，椰子之树，至极繁茂，海龟之属，多数栖息。四月七日亚斯脱洛拉卜号又占领安布哇岛。其地一无住人，只有白腹海鸟，成群而栖，鸟性奇驯，见人不畏。由此沿东北行，即到盐田广漠之地萨尔岛，更进则为椰树覆阴之依秋伯岛。其地亦无居人，惟似曾有人住过，盖既有树叶搭盖之屋，复有奉祀神人之像，景物殊神秘也。该舰复向北部洛依塔、西杜、多几尔等岛揭挂法旗，各该岛情形，大率相同。地萨尔与多几尔两岛，有由琼州渡来之华人居住，每年有小艇载食品来岛，供华人食用，而将龟肉及龟蛋转运以去。"以上为法报所纪，试与李君所纪伏波等岛等处情形，对照观之，诚多类似也。

夫法国宣布先占九岛，明明声言仅为消极作用。以中法交谊之笃，中国果有正当确据，明示归属，则一经交涉，当可收回，籍曰无之，则法国有其先占之权利，亦不容日本嫉视，强欲仿行。惟此际成为问题者，仍在中央地方主管官署之不能尽职，如海军部何以不查档案，粤省府何以未定办法？盖果为我有，应举实证，果非我有，毋取强争。自本案揭破，吾人甚注意粤省公私表示，乃翻阅最近港粤报纸，仍不外察省问题，党政纠纷，满幅内争新闻，对此案从无详确可信之调查报告。由此益证国人浮而不实，虚矫疏阔之习，任经国难，一无进步。吾人近甚感觉日本殆将有事于华南，迭有申说，非同杞忧。今西沙群岛，显为日本觊觎之目标，林肯岛即为李准命名之丰润岛，日人竟公言在其企图占领之列。海陆主权，南北同危，此际犹不能团结一致，则国民真不知死所矣！

（录自《大公报》1933年8月10日）

李准巡海记

近因法占南海九岛，引起国际纠纷，据日前南京电讯，粤省电中央，认九岛为我最南领土，前清时会派广东水师提督李准至该岛调查，并鸣炮升旗云。李直绳先生亲来本社，与记者谈此事。谓彼于清光绪三十三年四月间（西历一九〇七年五月间），奉两广总督张人骏之命，巡阅南海，发现十四个岛，各为勒石命名，悬旗纪念。缘是年春，李氏先巡海至东沙岛，见悬有日旗，经交涉收回，因思中国领海中恐尚有荒弃之地，乃更有南巡之举，有《巡海记事》一册。此外并有测绘之图，在辛亥革命时遗失。惟海陆军部及军机处尚有存案可稽也。据李氏之巡海记事，是年四月初四日（西历五月十五日）乘伏波、琛航两舰自琼州启椗，因避风，十一日（西历五月二十二日）始自榆林港放洋，翌午抵珊瑚岛，命名为伏波岛。继续巡行，共发见十四岛，各为勒石命名。二十三日回航。李氏自谓其地或即法国所占者。然以海程计之，大抵为西沙群岛。李氏笔记明言其地“西人名之曰怕拉洗尔挨伦”，自系Paracel Is. 之译音。笔记且有“林肯岛”之名，经李氏易为“丰润岛”，林肯岛固西沙群岛之一。李氏此记虽不能证法所占者即我领土，然西沙群岛固我之疆域无疑也。据谓此笔记前曾登报，然少人注意。今当海疆多事，此记之价值乃显。爰为刊露，以谂读者。

东沙岛之案交涉既终，因思粤中海岛之类于东沙者必不少。左翼分统林君国祥，老于航海者也，言于余曰："距琼州榆林港迤西约二百海里，有群岛焉，西人名之曰怕拉洗尔挨伦(按即Paracel Is.)，距香港约四百海里，凡从新加坡东行来港者，必经此线。但该处暗礁极多，行船者多远避之。"余极欲探其究竟，收入海图，作中国之领土，因请于安帅(按即两广总督张人骏，字安圃)，而探此绝岛。安帅极然余说。同寅中之好事者，亦欲同往一观焉。乃以航海探险之事属之林君国祥，乘伏波、琛航两舰。林君曰："此二船太老，行驶迟缓，倘天色好，可保无虞，如遇大风，殊多危险。"余以急欲一行，故亦所不计。因偕林君下船，考验船上之锅炉机器，应修理者修理之。凡桅帆缆索，无不检查。其铁链之在舱底者，概行拉出船面，林君节节以锤敲之，其声有坏者，立以白粉条画之为记，概用极粗之铅线扎之，防其断也。备食米数百担，其他牛羊猪鸡等牲畜、罐头食器汽水称是，各色稻粱麦豆种子各若干。淡水舱满储淡水，炭舱满储烟煤。除船员外雇小工百名，木石缝工油漆匠若干，备木材桅杆国旗之属又若干。盖将觅此群岛为殖民地也。余带卫队一排，以排长范连仲领之。吴君敬荣为伏波管带，刘君义宽为琛航管带。余乘伏波，以林君为航海之主，悉听其指挥，王君仁棠随行参赞。同行者为李子川观察(哲濬)、王叔武太守(文焘)、丁少荪太守(乃澄)、裴岱云太守(祖泽)、汪道元大令(宗珠)、邵水香二君(思源)、刘子仪大令、德人无线电工程师布朗士、礼和洋行二主布斯域士。

三十三年四月初二日启行，初三日抵琼州之海口，采买鱼菜，添盛淡水。道府来迎，应酬一日夜，初四日下午启椗，沿琼岛南行，初五日入崖州属之榆林港。清风徐来，余于甲板上观之，见此港山环水绕，形势极佳，而水深至二三十尺。入口不三里，下锚，四围皆山，不是水口，诚避风良港也。惜局面太小，不能多容军舰，有七八艘已不足以回旋。港内水波不兴，上下天光，一碧万顷，以为正可直驶西沙矣。国祥曰："天气不可恃，须看天文，有三五天之西南风，乃可放洋，且亦须于此添盛淡水。"少顷，偕各员登岸，每人各持木棍一根，备倚之行，且可以御禽兽。此国祥之言也。余以为御兽可也，禽岂能为人害乎？国祥曰："西沙群岛多大鸟，不惧人，且与人斗，非此不足御之。"上岸后，沿平原而入山凹，一路遍地皆椰子树，结实累累，大可逾抱，高约百数十尺，其直如棕，叶长大似蕉，但分裂而不相连属。其时天正炎热，行人若渴，以枪向椰子树击之，其实纷纷下坠，人拾一枚。其有为弹穿者，汁流出，即以口承之，味甘而滑，解渴圣品也。步行约六七里，有居人焉，披发赤足，无衣，以布围盖下身，其黑如漆，前后心及两肘两腿，毛茸茸然，两耳贯以铁环，大如饭碗之口。老少可辨，男女殊难认也。其所住室，以椰子树为之，高不及丈，宽约一二丈，横梁门柱，皆椰树也。上盖及壁，都以椰叶编作人字形之厚箔为之。有门无窗，屋内之地，亦铺以椰席，厚可数寸。无桌几床帐，饭食起居，咸于此焉。余以手镜为之照像，各嘻嘻笑不已。又与同人行至一处，有男女多人，于野外草地上跳舞。有老者壮者于旁，敲锣吹笛及击瓦器，跳舞者女子居多，间亦有男子与偕，皆青年也。其齿白，而口吐红色之沫。询之，乃含槟榔使之然也。此男女跳舞者，如两情相合，即携手相归而为夫妇矣。其语不可辨，国祥能懂一二，盖黎山之生黎也。旋亦觅得一能谙汉语之熟黎作舌人。据云：山中马鹿极多，以其大如马，可以代步，故以马鹿呼之。余极欲猎，苦无猎犬，熟黎曰："可以黎人代之。"余即令此熟黎觅数人来带路，并驱马鹿。生黎手持一棍，举动如飞，其山中之木椿，尖如刀锥，履之过，如履平地。余率卫兵多人追随于后，乏极傍石而坐，稍事休息。正打火吸雪加烟，群鹿自林奔出，大若牛马，余持枪击之，殪其一，倒地而起者再，卫兵捉之。其角大如碗，长约三尺，余开三四叉，倒地时跌损一角，血淋淋出，一卫兵以口承而吮之。嗣以五六人用大木杠抬之回船，权之重四百斤。去皮分食其肉，茸则悬之船面，以风吹之，以为可以保存也。三两日后，生蛆腐烂，臭不可近，弃之大海中矣。一日雨后，余正在船面高处坐而纳凉，忽见一黑色之物自海面向余船而来，昂首水面，嘴锐而长。余问曰："此何物也？"国祥曰："此鳄鱼也，韩文公在潮作文驱之者，即此是也。"语时鳄鱼已及船边，攀梯而上。余命梯口卫兵击之以枪，而卫兵反退后数武，不敢击。余速下，夺枪击之，鳄鱼下坠，白腹朝天，距船已四五丈矣。即令水手放舢板往捞，水手以挠挑之，长约丈余，重不可起，恐其未死，不敢下手。再击二枪，反沉水底而不见踪迹矣。连日风色不佳，夜间月光四围起晕，必生有风，不能放洋。国祥于此购买柴薪无数，船面堆如山积，备缺煤时之用也。又购黎人椰席数百张，为建屋作墙壁上盖铺席之用也。第四日约集同人往三丫港观盐田。去此约二十里，以藤椅贯以竹作杆代步，雇黎人抬之。议定每人小洋二毛，黎人力极大，行甚速，惟不善抬，一路殊多危险，不一时而至其地矣。其盐田界两山中，绵亘十余里，皆盐田也。其水咸头极重，一日即可成盐，两三日成者亦有之。然较之他处盐田则不可多见矣。其价极贱，每石不过二三百钱，故香港、澳门一带之私盐，皆由此运往焉。沿途树林内多红绿色之鹦鹉，大小不等，白色者较大而少，又多小猴，飞行绝迹，擒之不易。回榆林港后，抬轿之黎人，每人给以银二毛，不肯受，以其求益也，增之至四毛，不受如故。询之，乃知其议价时以为每一乘轿两人共二毛，今多与二毛，故不受。其朴野如此，真上古之民哉！有黎人以大竹笼抬大蚺蛇一条来卖，给以银二元，令抬去。又抬薏米酒若干坛来，每坛给以银一元，其色黑而味甜。又有此间之回民，操北方语者，将石蟹飞蛇来卖。其石蟹鲜有完好者，磨醋可治疮毒，飞蛇可以催生。人争购之。又有一种椰珠，如鱼目，闻系数百年之椰壳内实结成，岱云购得之。其回民相传为马伏波征交趾时遗留于此者，至今人不多，然仍操北方之音，与粤人异。国祥云天色已好，可放洋矣。

四月十一日下午四钟启椗，出口，风平浪静，七钟，忽见前面似一山形，若隐若现，国祥曰："此处向无山，必鲸鱼也，当绕道避之。"余以千里镜窥之，见一黑影，横亘于水面，不甚高，同人争欲一堵为快，无何渐渐沉下矣。船仍按经纬度直行。国祥、敬荣经夜不睡，行于甲板上，监视舵工。其桅杆顶尚有一人持望远镜观察前面之岛，不敢一毫懈也。国祥曰："以船之速率及海程计之，此时应可见最近之岛，今不见，必有误。以天文测之，差一度几秒，危险万分，此为本船马力不足，为大流冲下之过。宜仔细，此处暗礁极多，稍不慎，则全船齑粉矣。"少顷，桅顶人报告，已见黑影，然在上游。国祥、敬荣乃心定而直驶向该岛。十一点二十分下椗，锚链几为之尽。其处水清，日光之下，可见海底多红白珊瑚，大如松柏之树。有一种白色带鱼，长约丈余，穿插围绕于珊瑚树内，旋转不已。饭后，余率诸人乘舢板登岸。国祥请余勿坐舢板，宜乘大号扒艇平底者，乃可登岸。余从之，果至最近岸之浅滩内，乘舢板者果不得入。此项扒艇，国祥于海口购七八只之多，余初以为无用，今乃知为得用也。余仍持木棍，离扒艇，践石堆超越以过。此石跳彼石，相距有远有近，有高有低，扒艇不能前，非此不能登彼岸也。余正站圆形之大石上，欲再跳，而相距稍远，恐坠水中，迟回者再，而所立之石动矣。余以为力重为之也，而此石已起行而前，余惊惧欲仆者屡矣，石行较近彼石，乃跳过焉。余惊问："石何能行？"国祥、敬荣同曰："此石乃海内大蛤也。其壳已生绿苔，不知若干年矣。"又见一鱼，其色黑而杂以红黄。国祥曰："此小鲸鱼也，亦长七八尺。潮水退，不能出，困于此浅水滩耳。"

余以棍拨之，头上一孔，喷出之水高可一丈。余急登岸，见沙地上红色蟹极多，与他蟹异，爪长而多，其行甚速。以棍击之，即逃入一螺壳中而不见。拾壳起，见其爪拳屈于壳内，了无痕迹。每蟹必有一壳，大不逾二寸。有一蟹之壳先为人拾起，致无所归，即拳伏于沙上，如死者然。余以竹筐拾归者数百枚，分赠亲友，名之曰寄生蟹。工人持铲锄上岸，在各处掘地及泉，而求淡水。掘十余处，至二三丈，均不可得，其实非岛，乃一沙洲耳。西人亦谓之挨伦。

此岛长不过六七里，行不数钟，即环游一周矣。岛上无大树，有一种似草非草似木非木之植物，高约丈余，大可合抱，枝叶横张。避此林中，真清凉世界也。其地上沙土作深黑色，数千百年之雀粪积成之也。岛中无猛兽虫蛇，而禽鸟极多，多作炭黑色。大者昂头高与人齐，长嘴，见人不惧。以棍击之，有飞有不飞。其大者恒与人斗，不自卫，将啄人目。遥见大群之鸟，约千余百只，集沙滩上。余击以鸟枪者三，均不见飞，以为未中。遣兵往视之，已击倒三十余鸟。卫兵逐之始群飞去。盖不知枪之利害，人为何物也。其椰树及石上，多德人刻画之字，皆西历一千八百余年所书，德人布朗士以笔抄其文记之。其石亦非沙石，乃无数珊瑚虫结成者，因名之曰珊瑚石。又至一处，有石室一所，宽广八九尺，四围以珊瑚石砌成，上盖以极大蛤壳两片为之。余于此而休息焉。石上亦有刀划德文，盖千八百五十年所书也，均有照片，改革后不知失于何处矣。余督工刻字珊瑚石上曰："大清光绪三十三年广东水师提督李某巡阅至此。"勒石命名伏波岛。以余乘伏波先至此地，故以名之。又命木匠制成木架，建木屋于岛，以椰席盖之为壁，铺地，皆椰席也。竖高五丈余之白色桅杆于屋侧，挂黄龙之国旗焉，此地从此即为中国之领土矣。夜宿岛中，黄昏后听水中皙皙有声，国祥曰："此海中大龟将上岸下蛋也，从此不忧乏食矣。"率众各将牛眼打灯，反光怀内，候于河上，月下见大龟鱼贯而上，为数不可胜计。群以灯照之，龟即缩头不动，水手以木棍插入龟腹之下，力掀之，即仰卧沙上，约二十只。国祥曰："可矣，足敷吾辈数百人三日之粮矣。"国祥又引水手，持竹箩，在树下拨开积沙，有龟蛋无数。其色浅红，而圆大如拳，壳软而不硬，拾两大箩筐。归后，烫以开水，撕开一口，吸而食之，其味厥美。国祥曰："雀蛋更多，但不能如龟蛋之可口。"黎明率同人于树下拾各种雀蛋，大小不等，有如鸡鸭卵者，有大如饭碗长六七寸者，均作淡绿色。其极大者，有黑点无数，剖之多腥，而此极大之卵，如鸵鸟之蛋，壳坚如石，了不可破，后携至省垣，在大新街嘱刻象牙之匠人，开天窗，镌山水人物形，作陈列品。其仰卧之大龟，长约一丈，宽亦六七尺，各水手工人，以刀斧从事去壳，宰割其肉，各分一脔，色红如牛肉，其裙边厚二寸，每龟得二三十斤，其全数重量盖四五百斤也。尚留八只，不许宰割，即以生者抬于舢板或扒艇上，运之上船，以起重架起之，始得上。八龟已将官舱前面隙地占满，致水手工人无休息食饭处，众即于龟腹上围坐而食，且于此斗牌焉。夜间余怜其仰卧，令人返仆之，夜深人静，群龟鸣如鸭，乒乓之声极厉，致同人不得睡，仍令水手反之仰卧，始无声焉。午后率同人回船，留牲畜之种山羊、水牛雌雄各数头于岛。布朗士对之泣曰："可怜此牛羊将渴而死，以其无淡水也。"

正午开行，约三十里，又至一处。两面皆岛，海底有沙，可以寄碇，非如伏波岛之尽珊瑚石，难于寄碇也。且岸边有沙，舢板扒艇，皆可登岸。又率同人偕上。其林木雀鸟，一切与前岛同。工人之掘井者，少顷来报曰："已得淡水，食之甚甘，掘地不过丈余耳。"余尝之，果甚甘美，即以名曰甘泉岛。勒石竖桅，挂旗为纪念焉。此岛约十余里，宽六七里，余行两三小时，尚未能一周也。在沙滩上拾得一物，其状如金瓜，大如蜜橘，其色为青莲，其分瓣处，间以珍珠白点，似石非石，质轻而中空，上面有蒂，如罂粟壳之状，下空一孔，甚为美观，不知为何物也。敬荣曰："此动物而兼植物，有生者当寻与军门一看。"其他尚有种种色色千奇百怪之物，为内地所未见者。有一石杯，盛之凉水，不漏而易干，盛热水，则发腥臭之味。手摩之直如石制，然其质软，物本圆者，可以为方，可以为椭圆形。其红白珊瑚，遍地皆是。其红者大逾一寸，然质粗而少纹，白者更多。余曾拾得一大者，百数十枚结于一块，如一山形，以玻璃匣盛之，后与石瓜石杯同陈列于江南劝业会中。阅此岛毕，亦放牲畜于上。又过对岸之岛，较小于甘泉岛，纵横不过八里耳。其珊瑚比前更多，因名之曰珊瑚岛，亦勒石悬旗为纪念。下午回船开行，约二十海里，又至一岛，定碇后，乘舢板上岸，海内带草极多，长不知若干丈，开小白花。舢板之桨桡，亦为之阻滞，不得进行。见一石，上有物圆如金瓜，其蒂上开紫色之花，如蝴蝶状。余曰："此必昨日海岸拾得石瓜之生者。"即泊船近之，余亲手抚其根，长约四五寸，似为石质而长于石上者，力拔之始下，而根断矣。有白浆自根下流出，其腥异常，如蟹爪之肉，其花甚硬，亦似石质，然鲜艳无比，究不知其为动物植物也。拾回数日，其花自凋落，壳内之浆亦流尽，而为空壳，并与前拾之瓜，一并呈于安帅，送江南劝业会矣。上岸阅视一周，情形与各岛粗同，名之曰琛航岛，勒石竖旗，回船。是夜即下椗于此。

第三日黎明又开行，约十余海里，而至一岛。登岸后见有渔船一艘于此，取玳瑁大龟，蓄养于海边浅水处，以小树枝插水内围之，而不能去。余询其渔人为何处人。据言为文昌陵水之人，年年均到此处，趁天清气明，乘好风，即来此取玳瑁、海参、海带以归。余询以尔船能盛淡水粮食若干，敢冒此险乎？渔人曰："我等四五人，食物有限，水亦不能多带，食则龟肉、龟蛋、雀蛋、雀肉、鱼、虾之属，饮则此岛多椰子树，不致渴死。"余告以前方有甘泉之岛，如往彼处，不忧无淡水也。余视其船内，以石灰腌大乌参及刺参一舱，皆甚小者。余问以海边之大乌参，有大逾一丈几尺者，何不腌之？渔人曰："内地不消此大者。"因引余视海边之浅水内有一大乌参，长丈余，色黑如死猪然。余以棍挑之，其肉如腐者，脱去一块。皮虽甚黑，而肉极白，但无血耳。不少动，以为其死也。一工人以十字锹锄之，又脱一大块，而此参乃稍行而前，真凉血动物也。岛上情形与各岛相同，游览既周，名之邻水岛。勒石竖旗，而往他岛，均皆命名勒石。有名曰霍邱岛者，以余妹倩裴岱云太守为霍邱人也；有名归安岛者，以丁少荪太守为归安人也；有名乌程岛者，以沈季文大令为乌程人也；有名曰宁波岛者，以李子川观察为宁波人也；有名为新会岛者，以林瑞嘉分统国祥为新会人也；有名为华阳岛者，以王叔武为华阳人也；有名曰阳湖岛者，以刘子怡大令为阳湖人也；有名为休宁岛者，以吴荩臣游戎敬荣为休宁人也；有名为番禺岛者，以汪道元大令为番禺人也。尚有一岛距离较远，约六十余海里，其岛长二三十里，向名曰林肯，改名为丰润岛，以安帅主持大事也。以天色骤变，不敢再为流连，恐煤完水尽，风起不得归也。四月二十三日鼓浪而行，历四十八小时而抵香港，次日即回省，盖出门已将一月矣。将经过情形一一为安帅述之。安帅惊喜欲狂，以为从此我之海图，又增入此西沙十四岛也。所拾得之奇异各物，陈列于厅肆中。同寅中及士绅争来面询，余口讲指划，疲于奔命。所历各岛，皆令海军测绘生绘之成图，呈于海陆军部及军机处存案。此次之探险，以极旧行不过十海里之船，数百人之生命，付与林瑞嘉之手，实乃天幸，非尽人力可致也。

（录自《大公报》1933年8月10、11日）

粤南九岛问题法使照复外部说明位置

日本将对法国提出抗议

中央社南京十八日电　自法国宣布占领南洋九小岛后，外部于八月四日照会法使，请将各岛经纬度分别查明见复。兹法使已照复我外部，抄送各岛名称及经纬度如次：斯巴拉脱来，北纬八度三九分，东经一一二度五五分；开唐巴亚，北纬七度五二分，东经一一二度五五分；伊脱巴亚，北纬十度二二分，东经一一四度二一分；双岛，北纬一一度二九分，东经一一四度二一分；洛爱太，北纬一〇度四二分，东经一一四度二五分；西德欧，北纬一一度七分，东经一四度一□分。（双岛系二岛名称）闻法政府已将详细地图邮寄，此间法使馆收到后或将抄送外部一份。

东京十八日日本新联电　日外务当局对于法国政府宣言先占华南九岛事件，曾与陆海军两当局协议，请求适切之方策，并由民间方面搜集参考资料。一方对于国际法上采取如何处置之事，在慎重考究中，其腹案业已拟就，将于下周末，命驻法泽田代理大使向法国外交部提示日本方面之抗议的宣言不承认之书翰。惟该案不过只腹案之程度，故正式提出时，似难免略有修正。该案之要点系阐明日本人于法国宣言以前在该岛居住及营业之事实，并列举国际法上之解释及先例等，而对法国之领有，予以不承认。

（录自《大公报》1933年8月19日）

我驻法大使馆声明西沙群岛为我领土

路透社巴黎十九日电　中国政府昨日正式声明中国南海内的西沙群岛为中国领土，该地最近已由中国军队驻防。该项声明系由中国驻法大使馆所发出，内称：西沙群岛自古即在中国治下，向归广东省政府管辖。按法政府前曾声称西沙群岛为越南的一部分。

（录自《大公报》1947年1月20日）

王外长向法使郑重表示西沙群岛权属中国

并询法海军行动意义何在　法使答称非法政府所指使

本报南京二十三日发专电　外长王世杰于十九日下午四时在外交部约见法驻华大使梅理霭，郑重表示西沙群岛主权属于中国，且询法大使法海军在西沙群岛之行动究属于何种意义。据悉，法使当答复谓：法海军在西沙群岛之行动，并非出于法国政府之指使。

本报南京二十二日发专电　外交部于二十一日接驻法大使钱泰报告，谓巴黎方面已传出，法海军之东京号小军舰已在西沙群岛之拔陶儿岛上登陆。

本报南京二十二日发专电　国防部长白崇禧二十一日谈称：西沙群岛主权属于我国，不仅历史地理上有所根据，且教科书上亦早载明。去年敌人投降，退出该群岛后，我政府即派兵收复。本月十日有法国侦察机一架至该岛侦察，十八日法海军复有军舰一只行至群岛中之最主要一岛，我守军当即表示守土有责，不许登陆，并令其退走。至巴黎电传法海军已在群岛中之拔陶儿岛登陆，据余之臆测，此岛距国军主要驻防之岛约五十海里。白氏相信，以中法邦交之敦睦，此事可获得圆满解决。

（录自《大公报》1947年1月24日）

西沙群岛事件　法使将赴越调查

本报南京二十四日发专电　法驻华大使梅里霭将于旬日内赴越南，调查法海军登陆西沙群岛之拔陶儿岛事。

（录自《大公报》1947年1月25日）

西沙群岛主权问题外部将向法提抗议

历史地理均证明其为我领土　何凤山称法方强词夺理

本报南京二十六日发专电　外部情报司长何凤山谈称，关于西沙群岛之主权问题，外部现正拟向法提出抗议。按王外长及白部长均曾声明该群岛主权属于中国。汉朝马伏波曾到该群岛，清宣统二年李准曾悬旗鸣炮，正式认为中国领土，且根据一八八七年《中法条约》规定，红线以东属法国，以西属于中国，故无论在历史上地理上均为中国领土。法国之登陆，无疑系属非法。法政府前曾声明两点：一、战前越南曾声明西沙群岛属于越南，中国并未否认；二、某年外国帆船在该群岛遇难，曾向粤省府抗议，该省府置之不理。何氏认为此两点理由均不充分。因：一、法并未正式声明；二、省府并外部，不能向外行使职权。

（录自《大公报》1947年1月27日）

外部刘次长谈西沙群岛主权　主权属我无可争辩

本报南京二十九日发专电　外部刘次长锴二十九日午后在中宣部记者招待会上答复问题如次：

问：据传法军于西沙群岛之两小岛登陆，政府已采取何种步骤？中国政府关于此事已向法国政府有所表示否？

答：就中国政府所知，有若干法军自一巡逻艇登陆于西沙群岛之拔陶儿岛，武德岛则无人登陆。今日余可报告者仅此而已。惟本人拟借今日之机会，郑重否认法外部之声明，谓中国于一九三八年同意法国占领西沙群岛。中国于彼时仅重申其一向之立场，中国对该群岛之主权为无可争辩者。

（录自《大公报》1947年1月30日）

岂容法人觊觎西沙群岛

一

太平洋战争结束后，关于我国南海中四个岛屿所引起的国际争执，最先所见刊载报纸的一段新闻，是菲律宾共和国外交部长奎林诺于一九四六年七月二十三日所发表的讲话：“中国已因西南群岛之所有权与菲律宾发生争执，该小群岛在巴拉旺岛以西二百浬，菲律宾拟将其合并于国防范围以内。”

我国行政院于同年七月三十一日间用“来世六印电”令知台省公署，电令内容说：“东沙、西沙、南沙及团沙四岛，已饬粤省政府接收。惟据报载菲律宾外长声称拟将新南群岛并入菲国版图，除由外交部、内政部及国防部妥为应付，并协助粤省政府接收外，仰即知照。”

九月以后，报端连续刊载国防部机构会同粤省政府接收四个岛屿的消息。到了今年一月八日，中宣部长彭学沛举行记者招待会，有记者问：“报载政府请求收回西沙群岛，同时报载祖国国旗已飘扬于西沙群岛，请问真相如何？”彭氏答称：“中国政府已由日本占领中收回西沙群岛，该群岛主权本属中国，故无须经过向任何方面‘请求’收回之手续。”

但同月九日路透社即自巴黎传出消息，谓：“□最近报载中国军队已占领南中国海西沙群岛之消息后，法外交部发言人今日发表声明称：‘法国亦认为该列岛屿，系属于越南者。’法政府在上述传说未证实前，尚未决定应采取何项行动，该发言人又称，该列岛屿之重要性为战略方面者，但战时法国从未将该群岛作为战略目的之用。”

引述至此，须先说明疑点：

联合社所称“西南群岛（Shinan Gunto）”，即为我国所称之“西沙群岛”，亦即日本所称之“新南群岛”（Shinan Gunto），所以“西南群岛”实系电文或译文的错误。

当我国宣布收复西沙群岛领土后，法国外交部突然表示该岛系属于越南者。法方此语，如果用来争论团沙群岛问题，还有一点过去的历史纠纷作为强词夺理的“依据”，今竟用作对于西沙群岛问题□□，实在不明根据何在。南海中四个岛屿，都是荒凉的珊瑚礁岛，过去很少人注意，当然也很少人弄得清楚。例如这次菲律宾提出新南群岛问题，我国外交部曾电台省公署，询问：“新南群岛是否即系团沙群岛？”同时，过去在我国人士的观念中，素来视团沙群岛为西沙群岛的一部分，而在一九三三年至一九三九年法国占领团沙群岛期间，法方系由越南政府派遣舰只及人员前往治理，依据日人的记录，一九三九年岛上尚有越人十九人，法人两人。因此，现在法国说西沙群岛系属于越南等语，倘非法国有意要认团沙群岛为西沙群岛，即系法方因袭了我国过去素视团沙群岛为西沙群岛的一部分之观念，而认为过去越南政府既曾治理团沙群岛，亦必与西沙群岛有关，故谓西沙群岛系属于越南者。

或谓日本于一九三八年十一月三日占领海南岛后，法国曾拟占领西沙群岛，后来且曾一度占领（对于此事，缺乏资料）。但即使法国曾一度占领，亦不过是战时藉同盟国关系发生的战略上的措施，而法国发言人称“战时法国从未将该岛作为战略目的之用”，此语更说明了即使战略上的目的也未达到，自然法方更未经营该岛了。依一九四五年十二月台省气象局派员前往该岛所摄之照片，岛上留有盟军的英文路标，该局事后调查，获悉西沙群岛测候所的工作人员包括日籍二人，台籍三人，目前均在旧金山集中营内。此事说明美国海军战时亦曾登陆该岛，但因为岛上一无军事设备，并无军事价值，可能和法军一战（如果法军也确曾一度登陆的话），登陆看看便离开了。现在，美国却未说该岛是属于菲律宾（或）美国的。日本过去曾占领该岛相当长久的时期，采掘磷矿鸟粪，留下若干设备，现在日本降伏了，我国派舰收复失去了的领土，应无任何国际纠纷发生。岂料法国竟作姿态，觊觎此岛。眼看今日越南纷乱未已，法国的远东殖民地政策正受最后的考验，又想争夺我国的西沙群岛，野心毕露。我国政府亟宜严正表示，打断法方的企图！

二

西沙群岛（Pacacels Is.）位于海南岛之榆林港东南的一百四十五哩，北纬自十五度四十六分至十七度五分，东经自一百十度十四分至一百十二度四十五分。自北纬之北砂岛（North Reef I.）至南端之南极岛（Thiton I.），自东侧之林康岛（Linconin I.）至西侧之金银岛（Money I.），大小岛屿共有二十多个（没有确数，四周有些新岛屿没于水下，尚待发现），面积约为二百余平方里。东部诸岛外人称为Amphitrite Group，西部诸岛外人称为Oreacont Group。这都是一群珊瑚礁结成的岛屿，形成环状或椭圆状，大岛面积约为数十平方里，小岛则不及十分之一平方里。林岛（Woody I.）面积约一百五十万零一百平方公尺，石岛（Rocky I.）约有六八,七五〇平方公尺，登近岛（Duncan I.）约为四三二,五〇〇平方公尺。石岛海拔最高，约为十五公尺，其他则仅数公尺，有些岛屿尚在水中，或者中央有类似水洼之盆地，例如登近岛上即有一个小湖。

林康岛是香港与南洋群岛间航海的要道，金银岛是越南与香港间交通的要道。树岛（Tree I.）至海南岛之海口距离二百四十浬，树岛至林岛九浬，林岛至林康岛二十四浬，林岛至登近岛四十浬，登近岛至金银岛十三浬，金银岛至海南岛之榆林港一百四十五浬。□岛屿海拔甚低，远方才见岛影，常有飓风，风向不定，港湾不良，水流亦多变化，航行既颇危险，也无抛锚停泊之地。每年五月至十月海水向东北流，十月至四月回向西南流，十二月及一月间水流速度为一浬至一浬半，这是最急的时期。

依林岛而言，常年最低气温亦在华氏七十度以上，没有严寒和酷暑，每天午前六时和午后二时的气温，相差十度以上。一月气温最低，平均华氏七十五度；夏季气温最高，平均华氏八十五度以上。冬季风势强烈，夏季较为缓和。全年雨日共有一百天。

三

西沙群岛的物产，分述如下：

（一）动物：热带生长的白腹鲣鸟（鲣鸟科）岛上很多，翼羽是纯白色，腹部也是白色，嘴绿色，足红色，所生的蛋较鸡蛋略小，呈斑褐色，肉味恶劣，不堪供食，栖息林岛者最多，金银岛亦有。除白腹鲣鸟外，另有少数海燕。兽类有老鼠，栖于林岛。爬虫类有蜥蜴，栖于林岛及堂岛。昆虫类有蝶、蛾。但蛇、蝎、蚊、□、蚁、蝇等，似已绝迹颇久。

（二）植物：种类不多，大概和三亚及榆林一带无异。乔木高达三十多尺，林岛及堂岛均多。灌木皆属大戟科及桑科，也有相思树。杂草约有四种，属于羊齿类者一种，禾本科者一种，马齿苋科者二种。林岛及堂岛有椰树数株。珊瑚岛有棕榈树三株，高达数十丈。

（三）矿物：珊瑚礁构成的岛屿，只有砂石和鸟粪，鸟粪下层则仅有磷矿。白腹鲣鸟排泄的鸟粪，是岛上最著名的资源。鸟粪化石形成的磷酸矿，分为两种，细如粉末者，呈鸢色；凝结块状者，内部亦呈鸢色，外部则为灰色，每块重约数斤或数十斤，大块不多。鸟粪分布于林岛最多，石岛次之，他如登近岛、堂岛、金银岛、珊瑚岛、树岛等，只有少量，不值开采。依据民国十七年的调查，林岛鸟粪及磷矿所占之面积，约为一,二九一,六〇〇平方公尺，平均厚度二十五吋，因此，储藏量约为三二二,九〇〇立方公尺。其中由植物根堆积而成者达十分之一，实在储量为二九〇,六一〇立方公尺，约合二二三,五五〇吨。那时已由日本人采掘之面积达二二八,〇〇〇平方公尺，约合四八,五〇〇吨，即十七年之储藏量为一七五,〇五〇吨。嗣后日人又往采掘，依日人二十八年之调查，林岛以自东北至西南至横断道路为界，分为南北两个矿区。北区已采面积达六二,三〇〇坪，未采之鸟粪仅九,三〇〇坪，藏量约有二,二〇四吨，鸟粪下层磷矿之面积，则为五千坪，埋藏量一四,七六〇吨。南区尚未采掘，面积共有一一四,九八八坪，鸟粪藏量约二一,〇〇七吨，磷矿藏量约一三,九九二吨。石岛之鸟粪及磷矿亦未开采，面积共有八,六九二坪，鸟粪藏量约九一九吨，磷矿藏量约六,九二三吨。目前实际上的藏量，则待我国人员前往实地调查。闻日人采掘时，每一工人每日可采一吨（不知确否），工资则仅二元（日元），运至大阪溶解配合后，每担售价二十余元，获利甚巨。

（四）水产：岛屿四围的浅海中，有海藻、海菜、海绵、海参、海胆、珊瑚、蝶螺、蚌蛤、墨鱼、巢蟹、海龟、玳瑁、鱼虾、石斑贝等。海南岛人前往捕捉者甚多，他们最喜捕捉海龟和蚌蛤。海龟大者身长三尺或四尺，重逾一百斤。海参及墨鱼出产亦多，但运输不便，且无法干制，捕者不多。登近岛出产海参特多。

四

西沙群岛是我国的领土，这是没有疑问的，但关于我国历史上的记载，这里没有书籍稽考。我国人士至今尚未注目这一片星罗棋布的岛屿，相信记载亦不详细，依据推测，最先发现这些岛屿的，不是朝廷的官员，而是滨海的渔民。他们来来去去，目的只是捕鱼。台湾总督府昭和十四年（即一九三九年）出版的著作中，提及西沙群岛时有下列记载：“海南岛的渔船，每船载渔夫二十人，每年往返两次，春初来而夏初去，秋末来则冬末去，春季多捕海龟，秋季均捉蚌蛤。”我国海洋学家马廷英博士于一九三七年曾发表一篇论文□□*Data on the Thine Required for the Building of Coral Reefs*，文中说：“在西沙群岛，活着的珊瑚礁下的五英尺深处，曾发现大量的中国铜币永乐通宝。”永乐通宝是明成祖所铸，明成祖在位是自一四〇三年至一四二四年，铜币则铸于一四〇八年至一四一二年，距一九三七年约为五百三十年。因此，马氏的结论说：“珊瑚礁之构成所需要的时间，每一英尺约为一百年。”马氏现任台湾大学地质系主任，兼任台湾省海洋研究所长。他这论文，即证明五百多年前西沙群岛已有我国渔民的足迹。岛上尚有海南岛渔民建立的孤魂庙，庙中有一石头，高约六尺，惜年代无法查考。

西沙、东沙及团沙诸岛，向归广东省政府管辖，欲在台湾找点我国政府治理时期的资料，颇不易得。现在摘录关于粤省治理西沙群岛的□实如下：

“一九〇七年，清廷曾派副将吴敬荣驾轮查勘该岛。宣统元年，粤督张人骏复派吴敬荣等率领化验师、工程师、测绘员、医生、工人等一百七十余人，分乘伏波、琛航、广金三兵轮前往复勘，水师提督李准亦偕行，历二十二日始返广州。当时拟定各岛名称，绘成总分图，力向清廷奏请及时经营，但张人骏奏报未久，即行卸任，继任总督袁树勋对此毫无兴趣，直至民国初年才再有人提起。”

但自民国六年起，日本人即开始图占西沙群岛。日人于昭和十三年（一九三八年）十一月三日曾在西沙群岛竖立石碑，正面上端刻有太阳旗，下端书“大日本帝国”；背面记载日本开发西沙群岛之经过。译文如下：

“大正六年（即一九一七年）六月，日人平田末治乘南兴丸探查多树岛（按即林岛）以外之十二岛。大正七年三月，同人在小柳七四郎及齐藤庄四郎两氏之指导援助下，计划采掘磷矿，并着手调查。同年九月，同人在（积）哲氏援助之下，着手采掘磷矿事业。大正十一年三月，台湾总督府小野勇五郎及高桥春吉两技师偕长屋裕技手出发去该岛调查。昭和四年（一九二九年）九月，暂时停止工作。昭和十二年十月，再度开始采掘磷矿。”

一九三三年，中、日、法三国皆争团沙群岛的主权，日本人硬说它不是中国领土（更不是法国的领土了）。但日本政府虽一再宣传日人已在西沙群岛开发多少年，却从未说过西沙群岛是日人发现的，日人只在实际的占领之下，从事开发工作。而日人占领该岛，则又曾先经过与华人合作，采掘磷矿的过渡阶段。

“民国六年，广东商人何承恩请求承办西沙群岛磷矿，及后又有商人四人请求，广东省长公署皆未批准。”上引日本碑文说，大正六年（即民国六年）及七年期间，平田末治曾三次前往西沙群岛查勘及采掘。这个时期，华人与日人之间有无勾结，无从稽考。但民国十年，广东香山县商人何瑞年集资五万元，设立“西沙群岛实业公司”，则系受了台湾专卖局长池田等人的利用。这次何瑞年的请求，获得了内政部的批准，取得磷矿、渔业的开采权，同时获得了海南岛□□□□□□□□□□□□。而事实上，操纵此项权利的，则是日人组织的“南兴实业公司”，但终于遭人告发，原案旋被注销。十二年三月何瑞年再请承办，而至十六年六月又被注销开发权。从那时日人在林岛所遗留之日记中观之，民国八年即有台湾人及琉球人死于岛上，南兴实业公司且曾于十四年七月十四日派花轮前往悼祭亡灵。那时，日人在林岛西南隅建有管理人事务室及住宅一栋，阔六十三尺，深六十八尺，宅后有一食料及杂品贮藏所，阔六十六尺，深二十四尺。宅左有一零售铺，阔二十四尺，深十二尺。铺左有职工宿舍二栋，宿舍前有食堂及厨房。傍有唧筒水井，备有巨大的水管和贮水池及蒸水机相通。贮水池共有大小四个，贮藏雨水，小者用薄铁板造成，容积约四立方尺；大者用铁筋水泥筑成，长十二尺，高六尺，蒸水机装置海边。屋顶及墙均用亚铅板钉成，尚有铁网房一栋，供养鸡豚。仓库长约二百二十尺，阔四十八尺，存有鸟粪一千五百吨。岛上筑有轻便铁道，长约五里，沿东南海岸分为数条伸入中央，自仓库至码头之干线上，建有铁桥，长约一千二百五十余尺，阔十尺，高十八尺，桥面枕木均用美国红松木材，共有六百二十九根。铁桥价值约八万元，铁道价值约一万余元，房金价值约二万余元，及其他设备，总值约二十万元。岛上派有医生，先后数年间从事治疗工作，工作人员均能安心工作。从此可见日本人的经营苦心，虽侵占了我国的权益，但和我国“视若无睹”的政策比较起来看，我们岂不羞愧！

民国十七年，戴季陶氏发起组织“粤省西沙群岛考察团”，中山大学农学院长丁颖充任团长，团员有当时的粤省水产公司经理陈同白、盐务所长朱廷祐、现任台湾省博物馆长陈兼善以及粤省建设厅技师等多人，乘海绥舰（一说海瑞舰）由广州出发，经海南岛，到达西沙群岛，先后登陆林岛、树岛、石岛及登近岛，共留十日，才回广州。他们出发前，只有一点极不详细的关于该岛的资料，后从香港总督府借到《全中国海图》，才知一些海风和气候情形。他们到林岛时，日本人都已走了，也无其他居民，只有三艘我国渔船，渔民中没有女性（可能岛上从来未有女性到过），如果所带的食粮吃完了，就捕海龟吃，血作饮料，肉作菜肴。海龟上岸生蛋，夜间很容易捉。他们所见日人的遗物中，有机帆船二艘，大小舺船各二艘，皆被风浪毁坏，不堪使用。贮藏所及宿舍中，有锄数十柄，搬运车数十辆，铁筛数十个，水泥约一百包，炭化加里燃料数罐，铁匠工具及厨房用具，均尚完整。

考察团回粤后，曾拟整理计划，所记大要如下：“（一）关于移民，须先建筑蓄水池，解决食水问题，然后可先移一批犯人前往，开矿、筑路、捕鱼。（二）关于兴业，岛上鸟粪为最大富源，他如椰树及海产，均可经营，珊瑚亦可烧成石灰运销各地，倘将三亚港（海南岛）整理，定期来往航行，则该岛实一良好殖民区域。（三）关于领海，宜于岛上装设无线电台，与各处联络，便利航海。”可是，显然未见实行。

日方的记载，日人自民国十八年停止采掘工作后，直至二十六年十月才去再采磷矿。这个时候，中日战争已爆发了，日本人何时正式占领该岛，以及占领后做了些什么工作，尚未寻出资料。只知这时期内的开采工作，是由“开洋磷矿公司”经营，此公司现由台湾肥料公司接收，目前尚留用日籍技师与仪喜代藏一人。民国三十三年，日人又设立了西沙岛测候所，观测气象，规模甚大。

三十四年十月二十五日我国光复台湾，西沙群岛也算失土重归版图了。十二月八日，台省气象局派技手徐普淮（台湾人）及大内幸雄（留用日籍人员）二人前往该岛接收测候所。他们乘机帆船“成田号”（载重四十五吨，八十匹马力）自高雄出发，携带陈仪氏签署的航行许可证，请沿途盟国海军放行，途中曾见美国军舰七艘。十一日到林康岛，停船修理机器，十二日下午五时三十分到达林岛登陆，树立祖国国旗，开始接收。十三日调查岛上情形，摄取照片，嗣又至他岛调查。三十五年一月三日再登林岛，二十日返抵高雄，均极憔悴。

他们在报告中称：“十二日下午六时，在测候所风力塔上竖立青天白日满地红旗。翌日拍照，并在塔南五公尺处植一木牌，正面写‘台湾省行政长官公署气象局接收完了’，背面写‘民国三十四年十二月十二日’。战时岛上曾遭盟机轰炸，测候所的办公室、仓库、无线电室、厕所全毁，风力塔半毁，塔身的北面有炮弹痕三个，南方三个，东西二个，塔的阶梯亦毁，不堪使用，水槽七个仅留残迹，其他建筑物全无。水银气压计及观测记录，亦均失散，同年四月二十五日曾由海南岛驶来救助船一艘，料为该船携去。该所原有工作人员五人，行踪不明，亦无死尸或埋葬痕迹，或许亦为该船救去，去处不明。”此事后来查明，五人均在旧金山集中营内，现拟交涉领回。

台省公署曾将接收测候所情形，呈报行政院，并拟拨款重建测候所，但行政院于去年七月电令改归粤省管辖，国防部已与粤省府前往接管。现在测候所仍未建立，采掘鸟粪及磷矿问题，资源委员会正与粤省府洽商，亦未着手。

（一月十五日，台北）

（录自《大公报》1947年1月30、31日、2月1日）

关于西沙群岛

希望大家提供材料　证明确为我国领土

编辑先生：贵报二十九日刊载西沙群岛交涉事件，事关国土主权，仅就鄙人当时所能记忆者，略述一二以供参考。

在光绪末年，张人骏任两广总督，温宗尧任督署洋务文案，李准任水师提督，比时鄙人充提署先锋卫队排长。光绪三十三年冬（年月记忆不甚清楚），日本突由台湾方面开来兵舰一艘，商轮二辰丸一艘，满载军火及日民，图占领我东西沙岛。当地蕃黎人民，群起反对，日舰开炮轰击，张人骏派李准率舰前往交涉。结果，日舰向我方道歉了事，日船二辰丸及兵舰旋即退去，当将出事及交涉经过，呈报清廷总理衙门。事后，李准复奉命往该岛巡视勘察，并饬海防总办刘冠雄在该岛设立旗台，派水师驻守。于此证明，东西沙岛属于我国领土，则毫无疑义。

迄辛亥革命，李准首先反正，使广东全省兵不血刃而光复矣。李准乘宝璧兵舰至港，迎胡汉民先生回粤任都督，由胡电呈临时大总统孙中山先生，报告李准光复广东功绩，当蒙授以陆军中将。李将军加入革命党，系在辛亥年六月间，由胡清瑞（展堂先生之兄）、黎凤翔二氏介绍，由其弟李涛代表到港签誓。此事经过，革命老前辈谅多知之。关于当时李将军对东西沙岛交涉经过详情，补充上海统税局长汪宗洙知之较详，汪现侨居澳门，当时参与其事者，或仍有人。希尽量贡献政府，为对法交涉之根据。提仁辅谨启，一月三十日于南京中央饭店二三二号。

（录自《大公报》1947年2月2日）

南沙群岛实踏纪

克　夫

出发前后

“中业”舰于三月底便奉到了命令，从上海开往南沙群岛，但因为该舰机器破旧，时常要修理才能行驶。当海军总部下命令给“中业”舰的时候，它正在上海大事修理中，四月中旬始修理竣工，从上海开至高雄装载运往南沙群岛的物资、粮食等。但开到高雄，修理未久的机器又有损坏了，迫得重新再修理。因此一拖再拖，五月三日方□到广州，逾中尚在香港停泊了两日。我于五月六日登该舰，原定当晚十二时从广州开航的，旋因雇不到“领江”，又改七日开，再改八日午十二时开，但实际上开航的时间是五月八日下午三时三十分。从白鹅潭开到黄埔，机器又小有故障，迫得又在黄埔泊了一夜，延至九日中午，始走出珠江口，驶向海洋。

兵舰上

登舰不久，即听到一片诉苦之声。经济部、中央研究院各机关派随员前往南沙考察的人员诉说，船从上海开出后，沿途耽搁太多，他们在船上已耽误了一个多月了。又说船上的伙食非常坏，饭粗菜劣，甚难下咽，菜淡而无味，量亦甚少，六七人一桌，没有一餐可吃饱的。住在坦克舰舱，油味很重，令人感到窒闷。开航之后，管制了淡水，任天气如何炎热，汗臭满身，也不能洗澡洗衣服，大家都担心会弄出病来。官兵们则诉说待遇低薄，舰长每月钱四十余万元，士兵仅三四万元。据说不少技术优良、年资很老的海军员兵，都因此而脱离了岗位，转到民航轮船公司去了。

离开珠江口之后，海上风光颇为绮丽，绿波白浪间，渔帆飘荡，极目浩瀚的海洋，胸怀为之爽朗。可惜缺乏海洋生活的经验，受不了浪涛的激荡，随时晕眩欲呕，未能在甲板上尽情浏览。由广州出发，历两昼夜，抵达海南岛两端的榆林港，始终未进饮食，到榆林港登陆时已俨然病人一样了。

船到榆林港，适遇南中国海为低气压所袭，西南沙群岛均电告白浪滔天，潮水涌到营门口，树木船筏被折损甚重。因航行不便，迫得在榆林港避风，等候了七天，至五月十八日下午八时，才由榆林港赴南沙。

（录自《大公报》1947年6月29日）

大　学

法占琼南九小岛

最近法国跟上日本的路走，宣布占领琼南九小岛。这九个小岛的面积虽是很小，但从中国的国际及渔民生计看来，却是极其重要。

法国在远东的根据地是越南，它无时无刻不提防日本。所以它在陆地方面，向我们的边省云南大加扩充。云南的中越疆界已是人影未绝。在海口方面法国需要第一防线的海军根据地。为了这个问题，法国曾花了几年时间在越南外海探巡。在三年前，琼南一个较大小岛早已竖起法国旗帜，最近才把其余的小岛一并占领。这九个小岛，倘加以工事的设备，便成越南的第一瞭望台，越南不能说没有得较稳固的保障。

从中国方面来讲，法占琼南九小岛影响中国的前途很大。日本的无故出兵侵领东北四省，在国际法上是毫无根据的。可是它究是一个强国，虽是破坏了世界和平，不讲国际法，各国也没有它的办法。日本更甘冒天下之不韪，毅然退出国联，以贯彻其自由行动的主张。九一八到现在，已是二年了，世界对于日本的舆论慢慢地冷淡下去，既成事实经过适当期间，常常成为最有力的占有权。法国对于西南九岛的占领，可以说是和日本异曲同工。先派军舰占领后，以待中国的抗议交涉。报载法国占领九岛的理由，是因为该处未有灯塔的设备，对于航海甚是危险，法国占领九岛，无非谋航业的利益，并没有什么作用。这种堂皇的宣言，原是列强的惯技。诚如此说，则今后中国沿海各岛屿，各国均可借同一的理由去占领。我国也就没有办法了。

琼南九岛既非无主土地，国际法的先占当然不适用。法国占领九岛，无论从何方而来辩护，都是没有理由的。我们希望政府当局对于此事要彻底交涉，否则，此例一开，我国领土将为列强俎上肉，国虽名义上不亡，而实际上较亡国更悲惨了。（平）

（录自《大学》1933年第1卷第2期）

法占九岛后的回应

东省失地尚未收复，南海九岛又被法国占领去了。九岛总名蒂沙钵克，系由凯夷、达姆巴赛、伊吐巴、杜克斯、莱吐、梯斯、史伯拉德雷及二附岛组成；中以史伯拉德雷为最大，距菲律宾的巴拉望（Palawan）岛西二百海里，在我国海南岛东南五百三十海里，西沙群岛之南约三百五十海里，处北纬十度十二度及东经一百十五度之间，可算是中国极南的疆域。面积虽仅三百亩，不足半平方英里，但处婆罗洲、越南、菲律宾之间，如设港置坞，与海洋交通，极为便利，如筑炮垒飞机场，与军事方面，又极重要。它更是我国粤南沿海的藩屏，与东沙群岛、西沙群岛成犄角之势，形势极为险要，此外每年出产鱼类，为数颇巨，中国人每年在这九岛上捕鱼谋生的有一千多人呢。

据巴黎的消息，法国政府在一九三〇年四月十三日派炮舰“麦里休士”号占领史伯拉德雷，当时因时令风，不能将附属小岛同时占领，直至今年四月七日至十二日才由通报舰“阿斯德罗拉勃”“阿莱尔德”号陆续将其余八岛完全占领。我国那时曾提出抗议，但未继续交涉，又未提出保留。今年七月二十五日法国即宣布正式占领。消息传来，我国各方无不惊骇，外交海军两部亟谋应付办法，西南政府也搜集九岛隶粤版图及经纬度证据等，以备交涉。同时政府当局一再声明决不放弃九岛，人民团体又各通电呼吁。可见我国朝野上下，对此都想据理力争，以求维护主权，守卫国土。

法国占领九岛的原因，据电：“此等小岛仅属暗礁沙滩，几无人烟，时被海水淹没，且其位置在海洋危险地带，为谋法国亚洲属地及大洋洲属地间之联络起见，有在此等岛上设置航海标识的必要。”又据法政府致日本的复文称：“法国政府因认南海小岛为无物主，故占领之。从来法国船舶航行越南方面者，在航路上感种种不便，故在九岛建筑灯塔工作，以便各船航行。”再据法国著名记者圣蒲里斯的论文辩护道：“法国起意占领各该岛，系因举办航海设施，安置浮标，以便航行起见，则以该处满布珊瑚小岛，航行极为危险也。”据此，法国自认占领的原因有二：（一）无物主之先占；（二）安置浮标，便利航海。可是仔细研究，法方第一理论毫无根据，第二理论也是越俎代谋的行动。

第一，九小岛系中国的领土，并非无主物。岛上居民都是中国人，每年来往粤、琼人数约有一千多名，在国际上久已确认为中国领土。一八八三年德政府曾派员测量，经中国政府抗议而罢；到了一九〇七年中国政府曾派军事大员开发该地；后来民国政府也曾派某商业团体开发各岛利源；数年前广东中山大学在省政府建设厅监督之下，派学生多人调查该地；一年前粤省政府曾允某商业团体采取该地鸟粪，并拟在该地建设无线电台。从这几点证明该九岛实系中国的领土。法国在三年前由“麦里休士”号炮舰占领史伯拉雷德岛，怎能说是无主物？怎样说是先占呢？确确实实是侵占中国的领土，帝国主义的行动罢了。

照国际法的规定，国家土地的取得，“占领”本为正当方法之一，凡世界尚无地主的土地，列强均可从而占领之。可是要符合四种条件：（一）尚无地主并可从而建立主权之地段；（二）有占领之切实志愿，如派兵驻守，移民垦荒等事；（三）确实占领，在该地面上建设法治机关，委派文武官员，设立警察及行政司法等办事所；（四）通知各国，由外交人员或由政府直接通告友邦。有了这四种条件才是真正的占领，否则在国际法上是毫无根据的。法国现在的占领九岛，算能履行这四条件吗？第一，它是中国的领土，并非无地主的土地；第二，法国虽有占领之志愿，但并未派遣移民，垦殖土地，反之，我国有一千多人在这里谋生；第三，法国并未在该地建立机关，但我国一再派员前往调查，显然有设立机关的决心和准备；第四，该九岛久为中国领土，各国皆已默认，德政府虽曾一度派员测量，但因我国抗议而罢，不像法国一经宣布正式占领，即为中国日本所抗议所反对，所以法国所谓无主物之先占，完全是无根据的话。

第二，法国拟在九岛建筑灯塔，设置浮标，以便各船行驶，是越俎代谋的行动。因为九小岛既是中国领土，则建筑灯塔，设置浮标等事，当然由中国布置，法国无权代为安置的。

法国之占领该南海九岛，完全是帝国主义的行为，因为九小岛处于菲律宾、越南、婆罗洲之间，居于南海之中，是海洋贸易、军事设备重要地带。日本所谓：“法国于西贡与广州湾备有容纳一万吨级巡洋舰之船坞，此次将因占领该群岛建筑飞机根据地，并因配备潜水舰而得掌握南海之制海权。”亦非无因。圣蒲里斯虽声辩：“法国此举有关公共利益，绝无设立新海军根据之意，法国在中国海内已有属地，无事他求，绝无帝国主义意味。”但在海洋交通及政治上，法国也自认：“此项小岛系在法属越南领海中，由越南南圻往大洋洲法属新加莱多尼亚岛最直接之路线。”“为谋法国亚洲属地及大洋洲属地间联络起见，有在此等岛上设置航海标识之必要。”可见法国的占领，显然系侵略行为了。一九二〇年法国举行“七月革命”百年纪念，同时又举行占领北非百年纪念。因为一八三〇年法国占领阿尔日里亚，在北非建立殖民根据地，从此继续在非洲占领突尼斯、摩洛哥、法属苏丹、上服尔泰、马达格斯加、法属几内亚、阿服利海岸、舍马利海岸与康果等地，大战后又代管德属托果与喀麦隆二地，完成法国对非殖民政策。所以法国现正趾高气扬夸张她的殖民政策完功，这时她的殖民欲念正高，有此数岛，邻近越南，为软弱无能的中国所占有，怎不见猎心喜呢？靠近九小岛的西沙群岛三年前也曾为法国占领，经一再交涉，至今还未解决，这次又想在九岛再度尝试，“中国海内已有属地，无事他求”，一见便知是骗人的话了。

中国政府虽屡次宣言决不放弃九岛，现正在缜密调查中，并拟一方面向法提出抗议，一方面派遣较大的军舰，驶往实地调查。可是考虑至今，仍无办法，派遣军舰未见实行，敷衍因循，毫无积极行动。横地里反跳出个日本来，思欲染指，真是滑稽之至。

日本本有南进政策，在北占满洲热河时，南进政策迄未放松，眼看南海有这样重要的群岛，给法国占据了去，增厚法国在南洋的势力，与她的南进政策大大不利。所以毫不迟疑地乘法国占领尚未为国际正式承认时，先行宣传各岛早为日商所发现。先则曰日商桥本于一九一八年十月七日要求日政府占领该岛，继又曰日商平田末次曾在岛上经营磷矿，并曾名该岛为平田群岛，并又向法国提出条件，声明保留：（一）日人在各岛登岸之自由，（二）日轮到各岛时之便利，（三）确认日商在该岛之磷矿采种权及财产权。后更进一步竟声明：“日人既于大正七年发现该岛，且该九岛在军事作战方面有重要性质，故颇重视本问题，乃以慎重之态度起草致法通牒。日人比法先占九岛之事实，既然证实，则本来由国际公法原则解决，日政府拟决方针，对于法政府领土主权之宣言，提出重大抗议。”他方面又散播空气谓：“英国进出远东根据地之新加坡，与香港之海上交通将被切断，而英法两国之势力，恐将因此而发生冲突之危机。”以挑起英人的嫉视。其欲望之高，手段之毒，实令人望而生畏。法政府无如之何，就在复文里声明：“日本在该九岛之经济利益，当予保护。”日本无根据的宣传，反得意外收获，而名正言顺，主权所有的中国，反肃静无声，岂不令人气短。

然则中国对此将取何种态度呢？自法国宣言占领九小岛后，至今已有多月，中央及西南虽很注意，但迄今未有何种举动。外交部固应一方面向法国提出极严重的抗议，一方面亦应将该九岛隶属我国的确证，法国占领九岛的事实，宣告世界，使法国也知有所顾忌。并令世界各国明了此事的真相，免为日本颠倒黑白，从事挑拨，于中取利。在事实上，航空署、海军部为保障国土起见，应在该九岛建筑必要的军事设备。实业部、内政部应在该岛即日设立行政机关，并发展渔业矿业，奖励国人迁往居住。而交通部又应令各大国营商船公司，新辟九小岛广东间的航线，同时在岛上设置昔日预定设立的无线电台。如能照这样积极做去，日本既不能施其狡技，而法国也无所借口了。（平祖）

（录自《大学》1933年第1卷第3期）

地理之友

南海诸岛地理志略

震　明

南海诸岛为胜利后我国最后接收的故土，分为四群，东沙群岛位南海之最北，西沙群岛在海南岛之东南，中沙群岛（旧称南沙）在西沙之东侧，南沙群岛（旧称团沙群岛）在南海之最南部，抗战时先后被日本强占。三十五年十二月，内政部会同广东省政府及海军当局分乘军舰四艘，前往接收。内政部接收专员郑资约先生将其所见闻并参考有关书刊，撰成《南海诸岛地理志略》一书，列为内政部方域丛书之一种，由商务印书馆出版。全书分绪言、地质地形、气象气候、岛屿滩险志要、经济产物、地位价值、史之回顾七章，附内政部公布南海诸岛新旧名称对照表，并插有地图及照片数幅。本书为叙述南海岛最详之本，可供研究南海地理者参考之用。

南海诸岛过去只有西洋人所定名称及日本人所命之名。此次内政部将群岛另订新名，颇有重要的意义。其所名岛名，有用历史上经略南洋之人物者，如道乾群岛、郑和群岛、道明群岛、尹庆群礁等是，其中不无有应讨论之处，如测量滩，命名森屏礁，注明黄森屏使婆罗。按黄屏森为马来人之传说人物，英文作OngSun Piny，黄森屏为自英文转译之音。拙著《南洋华侨史》初介绍入中国纪录，但对于此人颇加怀疑。后至新加坡与陈育松先生讨论此点，陈先生定为王三保（郑和或王景宏）之传讹，此种传疑之人名，用以定订地名，似有考虑之必要。又日人小仓卯之助于一九一八年至南沙群岛探险，回而著有《暴风之岛》一书，据云群岛上的中国渔人，对于各岛皆有名称，如双子礁称为双峙，Thitu岛（今命名中业岛）称为铁峙，Loaita（今命名南钥岛）称为第三峙，太平岛为黄山马峙，平岛（今命名贵信岛）称为罗孔等。内政部对于群岛命名时，于固有名称，亦似有考虑之必要。

（录自《地理之友》1948年第1卷第1期）

砥 柱

三角竞争中之南海九珊瑚

自本年四月七日——十二日，法人占据南海拍拉沙呐（Paracels）各岛后，至本年七月，吾国始注意及之。有关系当局，或派人调查，或宣言谓属于中国。同时日人复提出二三证据，谓各岛与日本有相当关系。此岛主权，究属何国？位置何方？是否即属吾国西沙群岛（西名Paracels）？既无文献可征，复无官方新鲜证据，无从悬断。由私家著述及菲岛总领事报告观之，似法人占领者系另一珊瑚群，而非吾国之西沙岛。若系另一珊瑚群，吾国究有何种先占或时效之佐证，亦无从查考。因此吾人对于三角竞争中之九珊瑚，实难作任何之批评与判断。兹就国际公法关于领土获得之原则，作普通介绍。读者可知九珊瑚应如何归宿矣。

依国际法领土取得方式大别为五：一先占，二时效，三增附，四征服，五割让。此五种与九珊瑚有关系者为第一与第二，故仅就此二者略言之。

先占云者，即以不统属于何等国家之土地，编入自国主权所及之范围以内者是，应具备之条件有五：一、取得者为国家；二、必有取得之意思；三、必有取得之事实；四、必为无主之土地；五、主权所及，必有继续之行为。取得之意思，必存于国家。然始为私人取得，而表示为国家所有者之意思，视为国家有取得之意思。或私人行为，其后经国家追认者亦同。

主权实行之继续，为先占之最要条件，反之则不得认为先占。例如西班牙先占加罗零群岛（Caroline）继而德人据之，西班牙抗议。德意志答曰：西班牙先占是岛为事实，然未尝继续实行其主权于此土地之上，故终不能承认。又如一六三九年，英先占圣露西亚（Santa Lucia），翌年因土人之袭杀放弃之，后十年法人据为己有。英法龃龉，英且主张为中立地，法不允。一七六三年谈判结局，认为法领。盖英一时据有而放弃之，法人再度先占，其所占者，实等于无主之地也。有谓先占为不法者，谓所据之地，多为土人滋生息餐之所。夺于土人之手，而号先占，于人道主义何？国际法所以维正义人道，若认先占为取得领土之正当方式，是何异认盗窃所得，为合法取得，斯说陈义甚高。然今世一强盗假带文明面具之世耳，何足以语此！吾人生于强盗世界，亦唯有暂行适用强盗所公用之法而已！又有谓先占不可不向外宣言者，例如欧洲诸国，对于亚非利加之先占，当实行之，但一九一九年《圣日尔曼宫条约》已取消之矣。

次言时效。国际法家斐烈模曰：“国家据有土地，经过一定时间，则他国不得从而问津。易词言之，有所谓国际时效者，或曰无始所有（Immemorial Possession）为国家领土取得之方式。凡世间和平，人类最高利益，国家因此而成立者，无不要求编此种原则，为国际法。”又一公法家阿本海云：“无始所有权，有承认之者，有拒绝之者。然而承认现时事实的如实进行，似不错误。何者？国社（family of Nations）社员所有之土地，无论其取得合法或非法，倘使经过一定时间，无人究问，且承认其不背国际现状，则所有者，实为合法之主人。此种时效，当然系承认一种事实。”又一公法家罗稜思云：“文明国人，取得私有财产，其依时效而来者，既为人所承认，则国家间何莫不然。盖个人间所有权之争议，有制限之法规；则国际间领土所有权之争议，不能无限制之法规明矣。”（以上所引各家学说，均系意译。）唯国内法时效之规定，有一定年限，而国际法则无之。公法家斐奥黎主张二十五年，凡占有土地经过二十五年，无人过问，则认为己有。此为学者之主张，未经各国之同意。美人莫尔氏《国际法粹编》关于时效一节，曾举出一八九七年二月二日《英委条约》，其第四款中有云：“对方领有，经过五十年，视为合法。”此则一具体先例矣。

南海九珊瑚为西沙群岛乎？抑离越南吕宋之间距婆罗洲数百海里之拍拉沙呐乎？如为西沙，则据《密勒氏评论报》载，琼州某七十老人言，谓明末清初，郑成功举事不成，即入此土。满清之世，派官置守，属琼崖管辖，华人住者多渔业，岛中物产丰富。由此观之，则西沙依时效言，实为中国所有。即依先占言，亦不虞他国之责言。

且吾人检阅地图，西沙东沙，赫然为吾国版图。若法所先占，日所争执，果为此岛，是为无理取闹，实现其帝国主义者之兽欲而已。若所争者，并非西沙，而为另一拍拉沙呐，在吾国方面，能举出时效或先占之确证，则法日虽强，终不可为无理之雄辩。然而我国即胜，抑何免于失牛问鸡！今东北何在？即南洋各岛、澳洲、新西兰、大希地、珍珠港诸处，何莫非国人先入而外人继进因而据有之。反客为主者，如是如是！何必云云。

（录自《砥柱》1933年第1卷第3期）

地理教学

关于西沙群岛

法军一队，于一月二十日在西沙群岛之拔陶儿岛登陆，法国于一九三八年提出该群岛主权之要求，而我国一向未予承认。（此与一九三三年起，法曾强行占领团沙群岛，为同样行动。）去年七月二十三日，菲律宾外长奎林诺声明，谓拟将该岛并入菲律宾，我国曾一度与之发生争执。

按西沙群岛位于海南岛之东南约150浬，在北纬十五度四十六分至十七度五分，东经一百十度十四分至一百十二度四十五分，介乎越南与菲律宾之间，共大小岛屿二十余个，皆为珊瑚礁所结成。岛上富源以鸟粪化石结成的磷酸矿为著，日本磷矿公司曾在此设局采掘，以林岛为最富，所占面积约1,291,600平方公尺，储量约322,960立方公尺，合计二十五万吨。环岛浅海，并有海参、蚌蛤、墨鱼、巢蟹、珊瑚、玳瑁、海藻、海菜、海绵等水产，海南岛人前往捕鱼者甚多。

（录自《地理教学》1947年第2卷第1期）

南沙群岛名称的来源

南中国海为我国领海的一部，岛屿罗列，不可数计，计有东沙、西沙、中沙及南沙群岛。南沙群岛的位置在北纬七度半至十二度之间，东经一〇九度至一一七度之间，共包括大小岛屿九十六个，其大部区域均为暗礁险滩。航海上闻名的“危险区域”(Dangerous Area)即位于本区南部。

南沙群岛原名团沙群岛，西人称斯帕特来群岛(Spartly Islands)，日人称为新南群岛。民国六年为日人占用，民国十九年为法人强行占去，第二次世界大战后复为日本所侵占。民国三十四年，大战结束后，曾一度为美海军占领。三十五年十二月，中国海军前往接收后，始重归中国管辖。政府为使南中国海诸群岛的名称符合其位置起见，始将团沙群岛易今名，原来的南沙群岛(位于西沙与团沙之间)改称中沙群岛。

转载三十六年九月《科学新闻》第六期

（录自《地理教学》1947年第2卷第4期）

地学杂志

东沙岛及西沙群岛

李长傅

月前京沪各报宣传日人近又在台湾附近发现无人岛云云，国人虽薄视地学，而对于日人侵略防止之念，无时或已。投函本会询问真相者，每周必有数起。缄三会友此文，揭穿日人之诡谋，颇中肯要，而结论自责，尤慨乎言之。

一、引言

十余年前，我国地志之述中国位置者曰“南起海南岛之南端，北迄萨阳山脊”，自姚明辉《小学地理课本》出，谓“中国之极南端，为西沙群岛之土莱塘岛”，我国地志始有西沙岛之名。东沙岛我国地志上亦向无其一席之地，自童世享《中国形势一览图》出，载入广东省图中，并加以说明，而东沙岛亦成我国沿海地理上一重要资料矣。惟纵观各种地志，皆语焉不详，殊不足餍研求者之望，兹姑就长傅个人搜罗所得者，试述之如下。

二、其历史

（甲）东沙岛　东沙岛向为我国图籍所未详，据长傅之所考查，旧志载有东沙之名者，只谢清高《海录》一书而已（注一）。清同治五年（西历一千八百六十六年），英人普拉他士曾遇风至此停船，故西图作普拉他士岛（Pratas I.），向为闽越渔户经营之所，沿海渔船，不下数百艘，而在此捞海采矿之小舟，亦不可胜计。岛上有大王庙，即众渔户所公立者，粤谚有云“欲发财，趁东沙”，其渔利之溥，概可想见。清光绪三十三年秋，台湾日商西泽吉次率一百二十余人前往该岛，拆毁大王庙，驱逐渔户，易名西泽暗屿，自立木牌，大书“明治四十年八月立”，采取磷矿石百余吨，贝壳二千余斤，而以觅得无人岛，归报本国。复于岛上敷马路、建屋舍、立埠头、筑煤厂、移民居住，意图占领。事为我国政府所闻，屡电广东当道，派员前往调查，由广东洋务局，与日领事交涉，起强硬之争执，示以种种确据，始认为我领土，惟索偿经营该岛之费。清宣统元年五月，广东洋务局员魏瀚会同日领事濑川及西泽前往该岛踏勘一切，日人索偿六十万元，我索拆庙及渔户财产偿金亦巨，日人旋减至十六万元，于此数内划扣三万元以偿拆庙之费，遂于九月间签约结案。领土被占，卒至出资赎回，亦可慨矣。

最近报载日本恒籐农学博士率领五十人，于台湾及马来间，双子岛、长岛及其他三岛之间，发现一无人岛，林木参天，海鸟极多。本年（十一年）七月间，日本农学士福岛自该岛载鸟粪二千吨回日，定名曰新南群岛，拟开辟经营云。长傅按其记载不明，不知其位置何在，惟南海之中珊瑚岛礁罗列，在此航道大通时代，皆已载入海图，何来有无人岛供人采觅，此日人滑稽的大发现，殆亦西泽暗屿之流亚欤?

（乙）西沙群岛　西沙群岛西图作普拉西尔岛礁（Paracel Is & Rs.），我国图籍向无其名，邹代钧谓即《海国闻见录》所谓千里石塘（注二），郭嵩焘西使欧洲道经南海，始言其隶属中国（注三），向无居民，清季东沙岛交涉起时，国人始注目及之。清宣统元年，粤督张人骏曾建议开辟，遣员调查，取其所产之鸟粪与珊瑚状肥料，与东沙岛之磷同陈列于南洋劝业会。近年来，日人见其产物丰饶，颇垂涎及之，运动汉奸何瑞年、罗叔雅、卫志清等出面创立西沙群岛实业公司，向官厅立案。继于本年（十一年）正月间，遣日舰南兴丸前往测量采取鸟粪肥料等，拟着手经营，事为粤省人士所闻，群起而反对之，开会讲演，散布传单，结果尚不知如何也。

三、其地理

（甲）东沙岛　东沙岛一名大东沙，属广东碣石镇，北距甲子门一百二十浬，西北距香港一百七十浬。当赤道北纬二十度四十二分三秒，格林威治东经一百十六度四十三分二十二秒。自东偏南，自西偏北，长一哩半，宽半哩，高四十呎，为积沙所成，形如马蹄。天气晴朗时，隔九浬至十浬即能望见，自西视之，如两岛交互，以其中央稍凹也，从南视之，接近始能见，不若西北向之显熟也，出产有磷矿石、贝壳亦多。东向有大沙环绕，西名普拉他士浅滩，形如圆环，为珊瑚质，状微圆，周约四哩，阔一哩，北向稍平扁，东南二向，水低时，干涸出者约三分之二。其东北角为帆船停泊处，其东南角为一千八百六十六年英船触坏处。西向以东沙岛分为南北二水道，北水道阔约一浬，大潮退尽时，仅深三拓，南水道水深十拓，少珊瑚礁，东北恒风时，泊舟最稳。

（乙）西沙群岛　西沙群岛在海南岛东南一百浬，当北纬十六七度附近，为我国极南之境。大小岛屿、沙礁共二十四座，而以罗弼岛、琛航岛、魔壳岛、毕杜劳岛为巨，罗列海面，约方二百里，半为珊瑚组织而成，大者约方数十里，小者仅如拳石，上生细草或丛树，间亦有寄椗处，出产有鸟粪肥料，气候酷暑，多瘴疠。岛西洋面，华名七州洋（注四），多飓风，为帆船畏途，明人谚云"上怕七州，下怕昆仑（注五），针迷舵失，人船莫存"，即指此也。

西沙二十四岛礁，我国图籍无考（罗弼、琛航等虽系土名，然不知其确实位置），兹就西图所载者，条列如下，以供参考。

土莱塘岛（Triton I.）或译作特里屯岛，当北纬十五度四十六分，东经一百十一度十四分间。沙质长一哩，阔三分哩之二，高二十呎。诞生各种禽鸟，□□□□□□。

巴徐峙（Pasu Keah）在上岛东北三十七哩，为浅滩，长五哩，阔三哩。

觅出礁（Discovery Rf）当北纬十六度九分至十六度十七分，东经一百十一度三十五分至一百十一度五十三分间，浅滩，椭圆形，长约十八哩，为群岛中最大者。多磐石绕其旁，产鱼。

符勒多儿礁盘（Vuladdore Rf）当北纬十六度十九分至十六度二十二分，东经一百十一度五十七分至一百十二度四分间，长七哩，阔二哩又四分之三，周围有小磐石。

傍俾礁（Bombay Rf）当北纬十六度一分至十六度六分，东经一百十二度二十四分至一百十二度三十八分间，长约十二哩，珊瑚质。

蒲利孟滩（Bremen Bk.）当北纬十六度十九分至十六度二十六分，为珊瑚滩。

则衡志儿滩（Iehangire Bk.）当北纬十六度十九分至十六度二十六分，为珊瑚滩。

林康岛（Hincoln L.）当北纬十六度四十分七秒，东经一百十二度四十三分三十二秒间，阔半哩，高二十呎，东北有矮树，中央有一椰树，但不甚大，四围珊瑚树，中央有井，琼州人以取咸水者。

高尖石（Pyramid Bk.）在上岛西南，大而尖圆之石，高十七呎。

台圆滩（Dids Rk.）在林康岛东北，珊瑚礁。

康列生特列岛（Crescent Oroup）当北纬十六度二十六分至十六度三十七分，东经一百十一度三十分至一百十一度四十八分间，沙质。

檀坚岛（DunCan I.）在上岛西南，浅礁，阔三分哩之二，长一哩又四分之一，高十三呎，覆生矮树，南有一椰树，高十呎，中央有一椰树，高三十五尺，可以寄泊。

都兰莽岛（Prummond I.）在库列生岛南，长五缆，阔二缆又四分之一，浅礁，上覆生小草如毛。

偪陶尔岛（Pattle I.）在上岛西北，长五缆，阔二缆半，高三十呎，浅礁，覆生小树，中有一槟榔树，为最精美者。

罗摆特岛（Rodert I.）在上岛西南，椭圆形，长三缆又四分之三，阔二缆半，高二十六呎，浅礁，覆生卉草。

钱财岛（Money I.）在上岛西南，长六缆，阔三缆，高二十呎，沙质，可寄泊。

羚羊礁（Antelope Rf.）在罗摆特之南，长三哩，阔二哩，滩地。

莺非土莱特列岛（Amphitrite Group）当北纬十六度四十六分至十七度，东经一百十二度十二分至一百十二度二十二分间，浅礁，延长约四哩，可寄泊。

林岛（Woody I.）在上岛南，周三哩，白沙质，覆生树木，可寄泊。

石岛（Rooky I.）在莺非土莱特南，长二缆又四分之一，阔一缆半，高四十五呎，沙质，可寄泊。

亦尔剔斯滩（Ietis Bf.）在上岛西南，长三哩，阔一哩半，滩地。

树岛（Tree I.）在莺非土莱特西北，白沙质，产榛栗草木等，又产槟榔树，有高至三十呎者。

北礁（North Rf.）在北纬十七度一分至十七度四分，东经一百十一度二十九分至一百十一度三十六分间，长六哩，阔三哩，高二十六呎，处群岛之极北。

核子牌浅（Hotspur Shoal）当北纬十六度五十分，东经一百十一度三十分间。

四、结论

姚明辉及其弟子之述东西沙形势，有曰："西沙东对台湾，西对安南，南对婆罗洲，实南海之中心点，将来规划南洋，可根据此地，而图进取。东沙介台湾琼州间，与西沙相犄角，苟利用之，可东联金厦以谋复台澎，北合潮汕以图南洋之发展。”长傅不敏，殊不敢赞同太平洋先生之伟论。考西沙一藐尔珊瑚群岛，处赤道烟瘴之境，当南海飓风之冲，虽可寄椗，不能称为海军良港。言其位置，则居南海北偏，何来称为南海中心，又何足作规划南洋之根据地耶？至于东沙，悬居海中，大仅数里，既非航道冲途，又非停舟要港，又何能策应西沙，恢复台澎哉？盖訑谈形势，好尚空言，乃为我国地理学者之积习，不足为姚氏咎也。就鄙见而言，东西沙之价值，在乎生产之丰饶，不在形势之险要。东沙为闽粤渔户之大本营，所出之磷矿，我国之特产也。西沙之鸟粪肥料亦为七省岛屿之所无，苟能扩充渔业，采取磷矿，运贩鸟肥，设市港于东沙，辟西沙为农场于我国，水产上、农业上、工业之影响，当非浅也。

所可叹者，以此南海金银岛之东沙（粤人有“欲发财趁东沙”之谚），国人乃视若瓯脱焉，及至为日人所占，乃群起而号曰：“要地也！不可失也！”费口舌，偿金钱，赎回而弃置之。十余年来，西泽之煤厂码头不知尚巍然无恙否？若西沙者，其见名于世亦十余年矣，未闻有起而经营之者，及至日人前往游弋焉，乃群起而号曰：“要地也！不可失也！”然而，迟矣！

若彼日本者，其野心其阴谋，岂不令人可惧哉？强占他人之领土，而曰发现焉，此强取也。借汉奸作傀儡，利用官厅为护符，此暗夺也。强取公理尚存，犹可偿款赎回，暗夺其如之何耶？吾恐西沙将来之结果，存中国之名而日本其实耳噫！

长傅喜治本国沿海地理，参考中西图籍，采取新旧报章，对于东西沙岛所得仅此而已，东沙之现状若何？西沙之岛礁何名不可得而知也。（童世亨之《七省沿海形胜全图》以改正沿海译名著称，而对于西沙群岛，则尚存译音之旧。）此长傅所万分抱憾者。粤省人士，海内同志，必有亲历其地者，肯将其见闻所及公之于世，此长傅拜祷者也。

（注一）《海录》曰：“船由吕宋北行，四五日可至台湾，若西北行，五六日经东沙，又日余见担干山，又数十里即入万山到广州矣。东沙者，海中浮沙也，在万山东，故呼为东沙……”

（注二）《西征纪程》曰：“……测处西北至万州岸，一百一十四里，东南二百余里海中，有巴拉塞尔群小岛，小者仅拳石湾环，散列海面，约方二百里，上仅生草木，中间亦有寄椗处，即《海国闻见录》所谓千里石塘。”长傅按巴拉塞尔即Paracel之译音，千里石塘见注四。

（注三）《使西纪程》曰：“……在赤道北十七度三十分，计当琼南二三百里，船主名之曰齐纳细，犹言中国海也。左近有拍拉苏岛，出海参，中国属岛也，系荒岛，无居民。”长傅按齐纳细即China Sea之译音（即南海西名支那海），拍拉苏亦即Paracel之译音也。

（注四）长傅按，七州洋有二，一在海南岛东，一即此。《海国闻见录》曰：“七州洋在琼岛万州之东南，凡往南洋者必经之所。……风极顺利，亦必六七日始能渡过。——偏东则犯万里长沙千里石塘。”

（注五）昆仑山岛，一作仑屯，在安南平顺芳梨湾东有百余里海中，分大小二昆仑，即西图塞塞岛（Pulo Ceicer de Mer）、克特围岛（Gt Catwick I.）。《元史》弼征爪哇，明郑和下南洋，皆经此，今法人筑牢狱于此，以囚安南之国事犯云。

（附）粤东查勘西沙岛小记

西沙岛之罗弼岛，鹅卵形，长约三里，高出海面三十尺，中有清水井一，矮林甚密，多礁石环绕，西北有毕杜劳岛。岛上有大椰树一株，可为指引路途之记号，下有济水井一，岛之南有沙滩可登岸。又登群岛，即现改名之魔壳岛也。分东西二岛，东岛稍大，高十三尺，其南有大椰树一株，旁有井。西岛亦有大椰树一株，岛高十尺，又本岛改名琛航，西沙以此岛为最大，长约三里许，岸边许多沙滩，有渔船停泊该处。群岛十余处，以东北三岛为稍大，西南亦有一岛，均可开作商埠。惟四岛间之无礁石阻碍、可以畅行轮船者仅得二处，此外并无可行轮船之岛，且岛屿面积甚小，不宜开埠，因暂将东面一二岛经营开埠事务，其余则一律兴办种植、实业、渔业、盐田。

此记系本篇作完后，长傅在通俗教育馆江苏省立学校成绩室，所见陈列之学生笔记《史地丛抄》中，笔录而得者。谅系清末调查该岛委员所记，其于二十四岛礁，则略称曰十余岛，踏勘所及，且仅仅四岛，而四岛亦不过敷衍之视察而已。物产居民如何，不可得而知也；位置经纬如何，不可得而知也；水量潮汐如何，不可得而知也。岂我国官所调查之记载，固如是乎？抑尚有详细之报告乎？不可得而知矣，姑录之以供参考。长傅渴望实地调查之记录，不意固若是也噫！

民国十年十月二十三日李长傅又记

（录自《地学杂志》1922年8月第8、9合期）

西沙群岛志略

啸　秋

西沙群岛，在琼州陵水县榆林港东南二浬许，旧称七洲洋，西人名拔拉塞尔，为往来香港南洋必经之点，海水虽深，而多暗礁、石花、浮沙，故称险道群岛，分东西两会，东曰阿非特里特群岛，西曰忌尼先群岛。

阿非特里特群岛在北纬十六度四十分至五十七分，西经五度三十九分至五十七分之间，又分西北东南两会，中隔四英里阔之海面。在东南者二岛，一曰乐忘，一曰活地。而活地较大，周围可三英里，近海处皆白沙滩；乐忘岛在其东北，长约及英里五分之一，阔约及英里十五分之一，南尽处有小沙，如臂伸出。活地岛之南有石礁，长排斜向；乐忘东迤阔约及英里三分之一，春潮最低时，辄露出水面。在西北者四岛，附近石礁两大排，甚长。最北曰的利岛，石排自此西迤，长约六英里，阔一英里又四分之一，与南方大石排相对，中隔一水，名曰涉比巴斯，相距仅及英里三分之二。南排自西北迤于东南，长约四英里，全排之上平列北、中、南三岛，岛上多栲树，其子可作染料。

忌尼先群岛在北纬十六度二十分至三十七分，西经六度至五分之间，有大小登近、杜林门、八杜罗、罗拔、文尼等六岛，暗礁连络，形如新月，忌尼先即新月之意也。登近二岛间，有海道向南，阔约五英里，水深三十尺至百八十尺，皆石花底，惟岛北近石排处是浮沙底。杜林门岛在极东，有查探滩环绕之。文尼岛在极西，八杜罗岛在西北，诸岛周围皆不满一英里，多矮林、鲜乔木，罗拔之南，文尼之东，更有晏的利滩，亦著名之暗礁也！

此外尚有帕苏加岛、连可伦岛等。而特里屯岛为最南，在北纬十五度四十六分，西经五度十二分之间，为中国版图最南之点，由浮沙堆积而成，长可一英里，阔约及英里三分之二，环以石花海岛，群翔栖宿，卵育其间，所遗粪壤甚富。

（录自《地学杂志》1914第4期）

地质专报

西沙岛磷酸矿

西沙群岛在海南岛之东南，地居东经一百一十度至一百三十度间，北纬十五度半至十七度半之间。小岛凡十七八个，其中以林岛、石岛、灯擎岛、钱岛等存磷酸矿甚夥，为粪化石与鸟粪所成之矿层。矿含磷酸百分之二十五，氮素百分之一。林岛所存矿量，据朱庭祜君之估计，约为一七五,〇五〇吨。该矿前由华商领得矿权，嗣与日人共同经营，沿革甚久。现由广东省政府收归中山大学保管，至于磷酸矿为天产肥田料，实我国之重要矿产也。

（录自《地质专报》1929年丙种）

东方杂志

法国占领九小岛事件

七月二十五日，法政府正式宣布占领南洋九小岛。这九个小岛的正确地位，到现在还没有证实，只知道它们在安南和菲律宾之间或是西沙群岛的一部分。我国外交部与海军部正在着手调查，如若认为侵犯我国的主权，预备向法政府严重交涉。

关于西沙群岛，民国十七年曾经发生过侵占事件，到现在还是一个悬案。那时我国组织了调查团，前往该处，实地勘察，因此对于西沙群岛的位置等等，有相当可靠的根据。但是有人问起我国的当局，这九个小岛是否西沙群岛的一部分。当局的回答是：据法政府的报告，该九个小岛的经纬线和西沙群岛里小岛的地位不相符合；但又说十七年的测量，或有错误，也说不定。可见我国当局对于我国的领土，却是随便得很，而没有自己可以相信的准确和可靠的调查或测量。因为这样，我国历史上总有好几次被人占据领土的事。几万平方哩肥腴的土地，都会被人占去，这几个面积不到半平方哩的荒芜小岛，哪值得注意！

但是这几个小岛，无论他们的位置在什么地方，总是和西沙群岛很近的。那么我国南部的海防方面，就免不了会受着直接的影响。并且那九个小岛，乃南洋重要航线必经之地，对于国际贸易上的重要，也可想见。因为这些问题，虽然现在觉得弃之并不可惜，但是后日又要感觉到求之而不可得的痛苦了。为日后计，我们虽然在百忙之中，也不宜轻视。

现在我们最感觉到遗憾的，就是在国防上和贸易上这样重要的地方，被人占领了以后，竟不能立刻知道是否侵犯我国的主权。法国的占领，已是事实。依照国际公法，她或者有很充分的理由。假使这几个岛上没有一定的居民，或者不在某一国或某一国属地的领海范围以内，隶属问题在国际间也没有一定的了解，并且从来就没有关于统治方面的正式声明，那么法国这次占领以后，谁又能够依理强迫她还出来？如若说这些小岛与国防上有重要的关系，而没有实力来做这种理论的后援，要达到目的，绝非易事。因此关于这几个小岛的命运，虽然外交部预备严重交涉，结果也不难预料了。

总之，无论什么事情，在事前有了预备，总不难操胜算；事前毫无预备，临事还要迟疑，不能依理直争，要有完满的结果，那就困难了！我国的事情，大都是这样，不能不使人感觉得进步的迟缓。

（录自《东方杂志》1933年第13卷第16期）

法占南海诸小岛事件

王龙舆

一

在最近国际关系中，发生了一桩事情，具备着相当的重要性。它虽不能给予各国以深重的刺激，但亦足以引起各国的注视——尤以我国和日本为最。这一件事情是表明在七月二十五日。此日法国政府在其公报上发表一个通告，宣称在安南与菲律宾间西北方中国海内之诸小岛，现已属于法国主权之下，各该小岛系于本年四月上半月先后由法国军舰竖立法国国旗，作为占领。于是全世界的视线，便不得不稍为集中到这一件事情上面。

当法国正式宣布先占之初，其先占的标的地，外间尚未十分明了，仅悉各该岛的位置，是在北纬十度十二度及东经一百十五度之间，致各国朝野均极尽其揣摩之能事。日本政府别具用心，含沙射影，迳指之为西沙群岛。而上下懵懵的我国，一时亦众说纷纭，莫衷一是。据地理专家国防委员会委员某氏谈称，法占各岛即系西沙群岛，因西沙群岛以外，从未发见新岛。琼崖旅京同乡会亦竟自改定经纬度，把法占各岛迳认为西沙群岛，呈请中央执行委员会转饬国府切实交涉。此外同具此种眼光者，颇不乏人。然当时亦有有识之士，力辟其妄。例如七月二十七日王谟君尝函《北平晨报》云："查贵报十五日所载巴黎十三日合众社电，谓该群岛在北纬十度东经一一五度。又二十六日所载谓系菲律宾与西贡间我国之珊瑚礁，则所谓即广东属之西沙群岛，当不确矣。盖西沙群岛即外人所称之Paracel Island，在中国海（即南海）北部，约占北纬十六七度东经一百一十三四度。而据巴黎合众社电报与二十六日之记载，此次所占领之珊瑚礁，约在北纬十度东经一百十五度，即在西贡与菲律宾之间。按诸地图，此群岛当为西沙群岛东南约距七八百公里之堤沙浅洲（Tiznrd Bank）中之珊瑚礁也无疑矣。此群岛乃南海南部之一群珊瑚礁，大部为高潮则没低潮则现之暗礁，此次法人所占之九岛，恐系其中之大而离海面高者。"我们综观上述二说后，虽自承谫陋，亦知后者之确当性为较大也。

果然，近日可靠的消息传来，法国在中国海所占之诸小岛，总名为堤沙浅洲，位于印度支那（即安南）及法属新加勒唐尼亚海面间之正面路线，距菲律宾爬拉湾岛（Palawan）西二百海里，在我国海南岛东南五百三十海里，西沙群岛之南约三百五十海里，处北纬八度、十一度与西经一一一度、一一五度之间。且所占各岛，有些业为我们所判明，其名称，与我西沙群岛完全二致。（按西沙群岛北起北礁，南至特里屯岛，东界林康岛，其余诸岛如树岛、石岛、林岛、福陶尔岛、钱财岛和都兰莽岛等，与上述法占各岛名称，无类同者。）盖在它们之中，一是斯巴拉特里岛，于一九三〇年四月十三日为法舰玛利修兹号宣布占领，其余是开唐尼亚岛、伊脱尼亚岛、双岛、洛爱太岛和西欧德岛等，于本年四月七日至十二日之间，为法舰亚斯特洛拉塞号及亚拉亚特号二艘宣布占领之。是则法国所占各小岛，非为西沙群岛，可无疑义焉。

二

南海诸小岛固是戋戋的地方，比诸已经丧失了的东北四省，相去何啻天壤？可是当地的蕴藏富源和形势，如从经济上、政治上和军事上的地位看来，却有一类的价值。该岛陆上积着含有磷质之鸟粪层，甚为丰富。而磷质之用途，又异常广大，以前曾有日人作采掘磷层试验于此。

岛上草木繁生，椰树尤为茂盛，香蕉及芋等，则有居住其地之琼崖人栽种之。动物有海鸟和海龟之属，足供吾人很大的利获。每年琼人有小艇载食品来岛，供居住其地之人食用，并得龟肉及龟蛋转运以去。

据法水路调查船"莱夫尔满"号船员于一八六七年所制精图，此类海岛有长亘十英里之礁湖，为水上飞机、潜水艇、小舰艇等理想的临时休息及避难所，且足容一万吨级之巡洋舰。而各该岛又以其居地安南、菲律宾和婆罗洲之间，对于法属越南沿海各航线之交通，实为重要，并足以将英国在东亚发展的坚垒之新嘉坡与香港间的海上交通，横加隔断，而完全获得南中国海之制海权。其地位之重要，可想而知。

三

南海诸小岛有如此丰富的蕴藏，其形势又如此的重要，尤其是对于法领安南沿海的通航，关系更为重大。且诚如日人所云，法占有此等小岛后，可进而完全获有南中国海之制海权，已如上述。则法人欲攫取此等小岛，处心积虑，由来已久，当无疑义。据法报载称，此一群珊瑚岛，因有沙滩点在其东方，船近其傍，辄遇危险，故地图上有"未探之危险区域"之称。惟一八六七年时，法国水路调查船"莱夫尔满号"曾经到过珊瑚岛之西方，并制有此等小岛之精图。后法政府以此等小岛有上述之重要，如其主权一经确立，则战争之际，对于法国海底电线之安全，殊足与以威胁，法国政府于此乃决定对于此等群岛，开始行动。故于一九三〇年，法炮舰"玛利修兹号"便已正式占领斯布拉特里岛，其他附近各小岛，当时因大风关系，未便即予占领，必经过相当时日之后，方行占领。而此项形式的先占，直至本年七月方完成之。

法国炮舰占领此等小岛时，在岛上高揭法国国旗，并于七月二十五日在政府公报上正式登载一通告，即作为正式先占之完成。且认定《华府条约》及其他公约中，对于此等岛屿并未提及，不发生任何关系，并此等小岛既无灯塔之设备，又未经过海道测量，实为航海之威胁，法国占领之后，该岛将受真确之测量及灯塔之设备。他日来往船舶，皆可依照国际航海条例，寄碇于此。其措辞态度，宛若其先占权业已确定，且不得不确定者。

法国占领此等岛屿之动机若何，而此等岛屿对于法国的国运，果具有若何的重要性，我们皆可暂置不论。今仅就其法律的观点观之，法国对于此等岛屿之先占权，似乎不能成立。盖所谓先占，至少须具备二个要件。第一个要件是，先占的标的地须是无主的土地（vacant land, ves nullius）。这就是说，"惟没有国家领有的土地，方可为先占的客体。这些土地，或者是完全没有人类居住，例如荒岛；或者是为土人所居住，而其社会组织不能被认为国家者。土人所居住之地域，即有部落的组织，不得视为国家”[注一]。又“凡曾属于一国之土地而后来被此国抛弃者，亦可再成为先占之标的地”[注二]。今此等岛屿，在我中国海之内(Dans la iner de china)，为中国渔民历来居住往来渔猎稼穑之所，对于我国——特别是琼崖——的经济生活，予以充分的帮助，已为法报所承认。且民国十七年时，广州政治分会亦曾一度派员测勘。则此等岛屿，不得视为无主的土地，盖已彰明昭著。即退一万步言，此等岛屿原非我有，惟仅距我特里屯岛数百海里，按诸国际公法，我国实赋有毗邻国的优先权益，法国自不得以《华府条约》及其他公约中未曾提及为理由，予以占领，则又事理所应尔者也。

第二个要件是，先占须是有效的占领。“所谓有效的占领，包含着占有(possession)和管理(administration)二种主要的事象”[注三]，而“占有常是经过公告或悬旗，惟此种形式的行为，除非在其土地之上，有一种行政设备，足以维持该国旗之权力，则其本身仅能构成假定的先占(fictitious occoupation)”[注四]。是则一个国家要去占领一块无主的土地，非仅须经过一种形式的行为，如公告和悬旗等，还须在这一块土地上面，设有一种行政的设备，方算有效。今法国关于此等岛屿之先占，只略尽其形式的行为，至为有效占领的重要因素之管理，则毫无端倪。其不满足先占之第二要件，盖已尽人皆知，法人虽聪明，要也不能一手掩盖天下人的耳目。

抑有进者，此等岛屿即令位于公海之中，而“公海是自由的，任何部分皆不得作为先占的标的物，即至礁石及浅洲，虽可建设灯塔于其上，但先占亦不可能”。[注五]今法国政府虽屡次声明，对于此等岛屿之先占，非含有以海陆军占领某地之后而设立政府之意味，并在此等岛屿上，将不为任何的军事设备，仅以之供设置灯塔及测量海道之用，颇可符合国际公法之原则。惟他方面又正式宣称，此后该岛将属诸法国领土云云，则又与国际公法之精神，相去弥远。世界之猜疑，又将焉得而冰释乎？

四

我们从上面所述看来，知道法国之占领南海诸小岛，目的是在于做成一军事活动的根据地，以保持其海上交通之安全，并谋求南中国海制海权之略取。因为世界政治的重心，已辗转而到于远东方面，第二次世界大战，似将在太平洋面上爆发。法国为未雨绸缪计，不得不从早在这一方面着想，否则它将要被摈于世界列强之林了。

可是此等岛屿所在之海面，国际关系殊为复杂，不消说，首先是与英国有相当关系的。因为此等岛屿位于新嘉坡与香港航线之间，与英国南洋各地相逼近，彼此间要发生利害冲突，当属难免。固然，据外电所传，英政府业已宣称，该岛不在航线之内，对于法国之占领，不予反对。但此不过因有其他更为重要的问题，使英国无暇顾及此事罢了，要说是英国对于此事之态度，犹秦人视越人之肥瘠，则又谁能相信？同样，法之占领南海诸岛，对于美国太平洋上之霸权及菲律宾之安全，焉得谓无威胁？今美国之熟视若无睹者，乃其国内外经济问题有以使之然也，岂其漠不关心哉？

然则关系于日本之处，果何如乎？缘日本自甲午战役以后，略取我台湾、琉球诸岛，其内周防线业已完成，一方面既足以包围我国北部的海疆，他方面又足以觊觎太平洋上之霸权。欧战以降，日本复攫得德国在南洋之诸岛，而为其受任治理国，致它在南洋方面，更得伸展其势力。同时，其窥伺荷属东印度，劫取葡属提谟耳岛，攫夺我西沙群岛，以及煽动菲律宾独立等念头和行动，实在无时或息。盖不如此，将无以造成其外周防线也。

今法国忽在其外边防线上，占得此数个重要的岛屿，自然足以引起它的愤恨，而有拼死力争之概。于是便捏造不少似是而非的理由和事迹，并图采用卑鄙恶劣的手段，以期达到获得此等岛屿先占权之目的。其用心之深，可谓苦矣。

日本对于法国抗争的理由和事迹是：

一、齐藤荣吉氏等五名大正九年五月在北纬十度、东经一百十余度之海上，发现无人岛十二，且悉其中富有磷矿。

二、在拉萨磷矿公司所开采之岛屿中，亦于法政府宣告获得先占权之六岛外，尚有二子岛、西青岛及南子岛三岛。而拉萨磷矿公司曾于此作过几次探险，屡有调查和发现，并在岛上设有仓库、根据地，建立石碑，以及谋求着手事业之开始。

上述日本对抗法国，同时亦即对抗我国之理由，实不值一驳。夫所谓先占者，必须根据国家之意思而行动，非二三私人或公司团体即可为先占之事实。故Oppenheim有云："先占必须是一种国家的行为，就是说，必须是为国家服务而作为者，或是于作为之后，为国家所曾经承认者。"（注六）今日本持出十数年前私人和公司所为而毫无国家意思之事迹，以为获取此等岛屿先占权之根据，天下宁有此理？

不仅此也，日本尚欲指鹿为马，把法占各岛迳认为西沙群岛，以挑拨国际间的感情，而收染指之实效。后知其计不售，便由台湾总督府毫无顾忌地宣称，法国所占各岛，似非属与台湾关系较深之西沙群岛，惟法国既依简单之声明，而决定其属籍，则我方亦拟采同样手段，而占领西沙群岛。是其用意，一方面固欲乘机攫夺我西沙群岛，他方面实欲促成中法间的严重交涉，而阻止法国获得南海诸小岛。盖日本对于其“南洋委任统治地，大有将利用之以为飞机潜水艇活动根据地，而法之所占九岛，日视之以为具有同等性能，故每欲阻法有之”（注七），此我们所不可不深切地加以了解者。

五

法国所占之诸小岛，对我更有密切的关系。此等岛屿，富有磷质之鸟粪层，繁生海鸟、海龟之属，且其土壤性质宜于椰子、香蕉及芋等之种植，对于我国工业、渔业和农业等前途，皆必有所裨补。我们试仅就渔业一事言之，“渔船每年每艘多的可捞两三万块钱，少的也八九千”（注八），则其余便可得而想知矣。

同时此等岛屿，在军事上具有重大的意义。它们有长亘十英里的礁湖，可为水上飞机、潜水艇和小舰艇的活动根据地。今如归诸法国领有，则与安南、广州湾二地成鼎足之势，而包围我最南之海南岛，并扼住我南部之海疆，于我国的陆地安全和海洋发展，实予以严重的威胁。

况且综合上面各方的报告，此等岛屿实系我国的领土，即最低限度，亦必属诸我国的优先权益。今若拱手让人，则实紧乎领土或权益之丧失，是否吾人所能忽视者乎？

顾自事件发生以还，日本态度颇为积极，时以毫无理由之口词，斤斤争辩，一若其领土主权非归属日本不可者。而我则对于诸小岛之位置，毫不明悉，甚至有自作聪明，迳明白或暗里指为西沙群岛者，致一方面误中日人造谣之奸计，他方面复贻“不知领土何在”之讥。近者，法占各岛之情况固已略明，人皆知其与西沙群岛有别，惟其地究竟是否为我国境，似亦无意深加测勘或稽考，遂致屡次哄传派舰前往调查测勘一事，亦未见诸实行。苟且因循之处，孰有过于此者？

今者，吾人管窥所及，惟望政府对于此事，切莫认为偌大东北四省，尚可断丧，此蕞尔荒岛，又何与利害？亟宜从速派遣专员舰队，前往当地测勘及调查，俾一切真相以明，而为对法对日折冲之根据。否则人言凿凿，吾则徒嚣，于事无补，盖必然也。

（注一）Oppenheim, *International Law*（*4th edition*）P.449, Vol. I.

（注二）周鲠生：《国际法大纲》，一二二页。

（注三）Oppenheim氏前书第一卷，四五〇页。

（注四）前书第一卷，四五一页。

（注五）Oppenheim氏前书第一卷，四五〇页。

（注六）前书第一卷，四四九页。

（注七）心兵：《法占南海九岛问题》，八月四日至六日《大公报》转录《四海半月刊》。

（注八）见八月三日《北平晨报》斋堂君之《道听途说的西沙》。据作者所知，琼崖人在西沙群岛及堤沙浅洲一带捕鱼者，多系东南方面沿海一带之渔户，故他们在此二处所得之利广，当必不甚轩轾。

（录自《东方杂志》1933年第30卷第21期）

法国觊觎西沙群岛

西沙群岛位于海南岛之东南约一百五十浬，在北纬十五度四十六分至十七度五分，东经一百十度十四分至一百十二度四十五分，共有由珊瑚礁结成之大小岛屿二十余个。群岛之属于吾国，本无问题。本年一月六日中宣部彭部长曾发表声明，中国政府已由日本占领中收回西沙群岛，乃法国政府即于翌日声明，西沙群岛属于越南所有。至本年一月下旬法国即派遣军舰在西沙群岛一带巡逻，并有登陆的企图。十九日外交部长王世杰约见法国驻华大使梅理蔼，询问法海军在西沙群岛之行动，究属何种意义。当时法大使覆称，该次行动并非出于法国政府的命令。二十一日外交部接获我国驻法大使钱泰报告，谓巴黎方面已传出法国海军“东京号”军舰，在西沙群岛之拔陶儿岛登陆。据法国新闻社二十日巴黎电称：

“据中国方面消息，法国巡洋舰‘东京湾’号司令官业已通知中国现驻西沙群岛之波亚斯岛之军队撤退云云，此说顷由法国负责人士予以否认。并谓：‘东京湾’号司令官依照训令行事，先与波亚斯岛中国军司令接触，然后驶往拔陶儿岛（距波亚斯岛二十公里），命法军一分队登陆，旋即驶往托伦港。此外法国政府对于西沙群岛问题，业向中国政府提出备忘录，声明法国系以安南名义行军，并且提议以仲裁方法解决此一问题。”法军在拔陶儿岛登陆之举已经证实了。

二十七日越南的法国当局又发表声明，以辩护其行动，声明略称：

“法国在两个月前即已准备占领该群岛，但派遣船只前后一事，因海上气候恶劣，遂一再迁延至今。自托伦港开出之法军舰‘东京人’号载有少数军队，一部分奉命在波西岛登陆，余者在巴特尔岛登陆。上述二岛有一九三八年法军所建军队营房、码头及气象台，可见主权属于法国。‘东京人’号于本月十七日驶抵波西岛，获悉岛上驻有中国军队，法军司令乃往告知驻军长官此系法国领土，华军无驻在岛上之权。法军继即奉命重行登船，在该岛附近停泊二十四小时后，乃于十九日载一部分至巴特尔岛登陆，发现该岛并无人驻防。”视其语气，颇有久占之意。在二十九日中宣部记者招待会中，外交部刘锴次长，对于记者所询政府将何种步骤的问题，曾有所答复。渠称：“就中国政府所知，有若干法军自一巡逻艇在西沙群岛之拔陶儿岛登陆，武德岛则无人登陆。今日余可报告者仅此而已。惟本人拟借今日之机会，郑重否认法外部之声明，谓中国于一九三八年同意法国占领西沙群岛，实属不确；该时中国仅重申一向立场，认为中国对该岛之主权，无何争辩。”至于法国是否将知难而退，或一意孤行，则须视将来之事实。

按西沙群岛之属于吾国，在法理与事实，皆无疑义：第一、中国渔民一向每年由海南岛往西沙群岛各岛屿捕鱼；第二、咸丰八年（一八五八年）《中法天津条约》所附地图，亦可证明西沙群岛属于中国；第三、由一九三二年至一九三八年止中国迭次照会法国，申明中国对该群岛之主权。一九三三年七月二十五日法国突然侵占团沙群岛时，我国当时驻法大使顾维钧曾向法国提出抗议，要求归还中国。

（录自《东方杂志》1947年第43卷第3期）

东吴学报

法占华南九小岛事

孙曾运

一、导言

自法国于本年七月二十五日正式宣布，依国际法先占之原则将在中国海中菲列宾与安南间所发现之群岛，作为法国领土后，连日报载电讯，引起中外之注意。中国认系中国所有，谓该岛为西沙群岛之一部；日本声言该群岛曾为日本人发现，因与台湾相近，曾有日本商人在该处经营磷矿之事，主张保护其已得之利益。同时英美二国因该群岛与香港、菲列宾接近，在地理上有密切之关系，亦极注目。各方互相提出抗议，争执甚烈，而尤以中日法三国为最甚。吾人欲研究此项问题，必须先明了其背景，以及其历史并目前之情形，然后再推究之于理论，则可知此次法国占据该群岛究属合法与否。

二、华南九小岛之背景

（1）九小岛之位置与名称——该九岛位于北纬十度与东经一百十五度，在琼崖之南一百三十五英里（注一），处于印度支那（即安南）及法属新加勒唐尼亚海面间之正面路线，距菲列宾爬拉湾岛西二百海里，在我国海南岛东南五百三十海里，西沙群岛之南约三百五十海里。此等群岛因处于海洋之危险地带，时受海水淹没，但及海水退后，则又显出，故极危险。

（2）九小岛之面积——此等群岛，面积极小，计其总面积仅三百方哩（注二），或不足一平方里（注三）。其面积之小，是所罕见者也。

（3）人口——关于该岛上之人口，各方均无所闻，惟知岛上居民寥寥，而皆系海南之渔民，在该岛捕鱼。因其为危险地，时受海水淹没，居民当然时常迁移，且昔时并无发现，故无人口之统计可言。

（4）风俗、习惯、言语——该岛上之居民风俗、习惯、言语，均与琼人相仿（注四）。虽不能完全相同，而相差亦无几。盖该九岛距琼崖最近仅一百三十五英里，其言语、风俗等当相差不多耳。

（5）出产——该岛本系荒岛，积有鸟粪甚厚，渔民前往捕鱼，曾从事于椰、茶、甜薯与香蕉、芒果等之种植，因土肥而出产丰盛，渔民颇获大利。

（6）岛之名称及经纬度——（A）斯巴拉脱来（Spratly）处于北纬八度三十九分，东经一百十一度五十五分。（B）开唐巴亚（Caye Dambolse）处于北纬七度五十二分，东经一百十二度五十五分。（C）伊脱巴亚（Ituaba）处于北纬十度二十二分，东经一百十一度二十四分。（D）双岛（Deux Iales）处于北纬十一度二十九分，东经一百十一度二十一分。（E）洛爱太（Laito）处于北纬十度四十二分，东经一百十四度二十五分。（F）西德（Thitu）处于北纬十一度七分，东经一百十四度十分。（注五）

三、历史上之观察

（1）九小岛与中国之关系：该九小岛位于琼州之南，粤闽渔民每岁轮流前往，藉作捕鱼根据地者，有数百人。惟因该岛地面均属咸水，饮料缺乏，到者均携水而往，故不能久居。去岁西南政委会通过之华南建设三年计划程序，规定开发该群岛，并准备建设一无线电台，故该群岛确为中国之领土，且据广东省政府人员声称该岛为中国之领土已数百年。当一八八三年时德政府曾派员测量该群岛，后经中国政府严重抗议而休。光绪三十三年中国政府曾派军事大员开发该地，其后中国政府亦曾准某商业团体开发该地。距今数年前，中山大学由省政府建设厅指导之下，曾派学生多人调查该地。一年前粤省政府曾允许某商业团体探取该地鸟粪肥料，惟以来往不便，未曾实行（注六）。

（2）九小岛与日本之关系：当法国政府发表取得华南海之九小岛领土权时，日本政府颇行注目，并称该岛于十五年前，已有日本人居住，经营磷矿采掘。此日人原籍秋田县，横千町，现住台湾，名平田末次，于田健次郎总督台湾时代，调查该方面渔场时，发现该岛磷矿，采掘颇有希望，遂在该岛经营磷矿采集，命名九小岛为平田群岛。并谓该岛上有日本渔民多人居住，故日本政府认为该群岛早为日人发现。

（3）九小岛与法国之关系：法国远居欧洲，本无历史上之关系。此次法国占领后即宣布其于一九三〇年四月十三日，依照国际公法所规定之条律，由炮舰“麦尼休士”号占领九小岛中之最大之史柏拉德电岛（Spratly）。当时因有时令风，未能将附属各小岛同时占领。直至今年四月七日至十二日间始由通报舰“阿斯德罗拉勃”及“阿莱尔德”号将其余各岛完全占领。该岛上并无法国人民居住，惟有法国占领后所树立之法国旗耳。

四、事实上之检讨

（1）九小岛地位之重要：此等群岛，虽处于危险地带，然它日灯塔设立后，航行亦可较便，且该群岛又近法国所属之越南领海，于军事上占据极重之地位，缘法国于西贡与广州湾，备有容纳一万吨级巡洋舰之船坞。此次将因占领该群岛，建筑飞机根据地，并因配备潜水艇，而得握南海之制海权。如是则各国进出远东根据地之新嘉坡与香港之海上交通，将被切断，而英法二国之势力，恐将因此而发生危机。总之，该岛所处之地位，实为太平洋上航路枢纽，无论自菲列宾至夏威夷，香港至新嘉坡，日本沿海海岸至欧美各国，广州湾至西贡，航轮往返所必经之旁道也。此就军事与航路而言，其重要已显然而知。其经济利益之重要，各方均未重视，然据余之推测，亦匪浅也。盖是地每年所产之水产物及磷矿，亦颇丰富。往昔无智渔民既得获利，将来再以机器运往以捕鱼，其利更加百倍。岛上既积有鸟粪甚厚，栽种相当果木，出产必盛。故是岛居于经济上之重要，亦莫可忽视也。

（2）法国占领后与各关系国之影响：

（A）法国占领九小岛后与中国之影响：九小岛之面积虽小，然其所处之地位殊为重要，该群岛离吾琼州甚近，乃中国南海之锁钥，军事之重镇，今为法国占领，必将建筑飞机根据地，并配置潜水艇，而将有控制南海之威权。且目前法国在广州湾与西贡，已有容纳一万吨巡洋舰之船坞，与此地可以鼎足而立，航行无阻，既可以保护安南、西贡、海防、顺化、广和等地之门户，又可以控制吾国沿海各省。中国又将在列强势力包围之中，危及我国领土之完整。且该地渔民数百，均系华人，皆赖捕取海参、介壳、鱼类为活，今该地被法占领，是等渔民之既得权利，势必为法国侵夺无余矣。由此观之，法国之占华南九小岛实与中国有莫大之影响也。

（B）法国占领九小岛后与日本之影响：日本因鉴于法国将掌握南中国海海权之事态，深恐有不利于日本之事发生，且该九小岛距日属台湾不远，将来法国建设军事于该地，日本亦必受其影响及控制，故日人亦深惧之。至于日政府所谓设立之拉萨磷矿公司系政府保护之下，在该岛进行采取磷矿事业，一时之停业，并非放弃岛屿之占有使用等等，虽不能成立，因日本政府并无相当之宣告占领，然其在该岛所占之经济利益，或可存在。此次该岛为法占领，日人已得之经济利益，势必发生问题，故法国之占领九小岛与日本亦稍有影响也。

（C）法国占领九小岛后与英国之影响：九小岛既位于香港与新嘉坡之间，为欧亚航路之要枢，如此九小岛为法国所占领，将来太平洋一旦发生战事，法国之海军潜水艇、飞机，可以横断欧亚之交通，断绝英属地之香港、新嘉坡，以至上海等处之联络，而制止英国远东舰队在吾国南海之活动。在军事上，法国占领九小岛后与英国有莫大之影响也。

五、理论上之推究

根据国际公法而推究此次法国占领九小岛事，法国并无充分之理由。查国际公法本有先占之原则，其客体须为国际法上无主之土地，这就是说“惟没有国家领有之土地，方得为先占之客体。此项土地，犹如荒岛，无人类居住于该岛上，或为土人所居住，而其社会之组织不能认为国家者。土人所居住之地域，部落之组织不得视为国家”（注七）。又“凡曾属于一国之土地而该国抛弃之，亦得为先占之标的地”（注八）。今此项岛屿在我中国海之内，为中国渔民历来居住、往来渔猎之所，且西南政府曾一度派员测勘，则此等岛屿不得视为无主之土地，盖已彰明昭著矣。且巴黎八月廿一日电称关于此次法国占领九岛中，内有二岛住有中国渔民。由此可知，法国所占领之九岛中，至少二岛有华人居住。有人居住之土地，岂能称为无主之土地乎？更进而言之，此项法国宣布先占之土地，即系中国所有，则法国当然无攘夺之可能。盖先占之成立必须为有效之占领，所谓有效之占领者须包含占有与管理（Possession and Administration）之现象。而“占有须经公告、悬旗，惟此种形式之行为，除在其土地上有行政之设备，则其本身仅能成假定之先占。盖惟行政之设备得以维持保护该国旗之权力”（注九）。今法国于此等岛屿占领后，虽曾尽其形式之行为——即公告、悬旗——然于有效占领之重要元素如管理或行政，则毫无设施。故于国际公法之推究，此次法国占领九小岛事，并不得认为有效之占领也。

根据国际公法而推究日本对抗法国占领九小岛事，日本更无理由。盖所谓先占者必须根据国家之意思而行动，非私人或公司团体即可为先占之事实，“先占必须一种国家之行为”(注十)。今日本以十数年前私人与公司所为，以为获取此等岛屿先占权之根据，实非合理。虽日政府于发觉此法理后，谓平田末次去该岛时曾为日政府保护之下采取磷矿，然此为十数年前之事，虽日政府曾一度占领，然其已属实在之放弃无疑。一国放弃之土地，他国当然可以占领(注十一)。

六、结论

顾自此事发生以远，日本态度颇为积极，时以毫无理由之口词，斤斤争辩，一若其领土主权非归属日本而不可者。反视我国当局，则问题发生而后尚不能确定群岛之所在。虽屡次报载国府决拟派员前往调查测勘，然终未见诸实行，不亦大可叹乎。

七、注解

（注一）《东方杂志》第三十卷第二十一期。

（注二）《时事新报》二十二年七月廿七日。

（注三）《外交评论》第二卷九期。

（注四）《外交评论》第二卷九期。

（注五）《时事新报》二十二年八月十八日。

（注六）《时事新报》二十二年八月四日。

（注七）Oppenheim: *International Law*（Vol. I Page 449）

（注八）周鲠生：《国际法大纲》一二二页。

（注九）Oppenheim: *International Law*（Vol I Page 450）

（注十）Oppenheim: *International Law*（Vol I Page 449）

（注十一）Hersbey: Essentials of International Public Law and Organizations, Page 292.

（录自《东吴学报》1934年第2卷第1期）

读书通讯

西沙群岛与李准

戴　锡

敌侵安南后，有若干之企图，自敌报之记载中，可略窥其梗概。最近敌报忽连篇累牍，大谈其西沙群岛，此本我有，属于海南岛之陵水县，数年前，法人忽宣布占领之，对于此岛之主权谁属，认为无法判明。

我国之地理学家，当时多为文驳之。《大公报》时犹在津出版，废清广东水师提督李准，亦居津，遂出其旧作《巡海口》，送请《大公报》刊载，述其巡视该岛树帜而返之经过甚详，可确定此岛之我属。法人始终不允交出，未几，抗战发生，海南岛失陷，法人遂宣称在该岛为必要布置，不意今日乃成为倭寇之口中食也。

李准此记，颇自夸其功绩，尚不甚戾事实，惟其人素为革命之敌。民元以前，党人屡谋击杀之，史坚如烈士且以杀李不成而遇害。鼎革后，李氏蛰居天津，恃房产为活，忽以武人而好文事，遂称“书家”，为商人写市招甚多。将死之前数年，投机失败，境况甚窘，携两老妾居陋巷中，欲以书法易米。日辄挟雨伞，着旧胶皮鞋，遍访市上各书肆，托代兜揽生意，且函张人骏后人告贷，张氏后人拒之。晚景凄涩至此，然始终不走关外，平心言之，尚不失为晚节之士也。

（录自《读书通讯》1940年第16期）

法律知识

西沙群岛是我们的

李　朋

西沙群岛即我国南海中二十余小岛屿之总称，较著者为东沙、西沙、南沙及团沙四岛，此外尚有伏波岛、南极岛、林岛、金钱岛、石岛、钱岛、登近岛、甘泉岛、拔陶儿岛、珊瑚岛、武德岛等。大岛面积约为数十平方里，小岛则不及十分之一平方里，群岛总面积约为二百余平方里。其位置在我国广东省、海南岛之东南，离榆林港约一百四十五里，北纬自十五度四十六分至十七度五分，东经自一百十度十四分至一百十四度四十五分。

我国历经变故，对于海疆荒岛，少人注意；抗战胜利后，我派兵前往接收，法方竟认为系法国领土，且派兵登陆，意图非法侵占。兹分述证据与理由于后。

西沙群岛为什么说是我们的？列举证据如下。

1.远在汉代，伏波将军马援，曾至该岛。

2.一八八七年（清光绪十三年），《中法条约》划定中越边界时，曾有红线标帜，说明红线以东属中国，西属越南，西沙群岛即在红线以东。

3.一九〇八年（清光绪三十四年），我国海关为船只航行安全计，曾拟在其中一岛建筑灯塔。

4.宣统元年，粤督张人骏派副将吴敬荣，率领多人，前往勘查拟定各岛名称，绘成总分图。水师提督李准亦偕至该岛，并悬旗鸣炮，正式认为中国领土。

5.一九二六年（民国十九年），我国海军海岸巡防处，曾设立东沙观象台于东沙群岛。

6.一九三〇年（民国二十三年），国际气象会议开会于香港，曾建议我国政府在西沙群岛中之一岛上设立气象台，备测气象，发布信号，以便利航船。

7.根据我国疆域表及一切地图，广东省岛屿栏内均列有东沙及西沙群岛之名。

8.西沙群岛上有我海南岛人所建之孤魂庙及石碑。

9.一九三七年，我国海洋学家马廷英博士发表之论文中，谈及西沙群岛时说："在西沙群岛活着的珊瑚礁下，约五英尺深处，曾发现大量中国铜币——永乐通宝。"永乐通宝是明成祖所铸的，可见五百年前西沙群岛已有我国渔民足迹。

10.一九三九年，日本台湾总督府所出版之文献中，有"海南岛的渔船，每船载渔夫二十人，每年往返两次，春初来而夏初去，春季多捕海龟，秋季均捕蚌蛤"。可证明我国沿海居民，常去该岛捕鱼。

如上所述，西沙群岛当然属于中国，但"法国一向认为该岛屿系属于越南者"（今年一月九日法外部之声明），其何所据？

在一九三三年至一九三九年间，中法两国对于西沙群岛之领土地位，不断交换意见，法国并于一九三八年冬，利用越南政府派人登陆团沙岛，曾一度占领，但我国照会明白申言，对于西沙群岛的主权，在所有照会中，从未有过放弃主权或同意法国占领该岛之表示，如有，请拿证据来！

太平洋战争爆发后，日军即进据西沙群岛。日军投降，我国派军接收，复我主权。今法国竟以巡逻艇登陆于拔陶儿岛，武力侵占，实属违反国际公法，有伤中法邦交。兹就法律立场，略抒管见。

查《联合国宪章》第一条："联合国之宗旨为（一）维持国际和平及安全……制止侵略行为或其他和平之破坏。"又第二条："为求实现第一条所述各宗旨起见，本组织及其会员国应遵行下列原则：（三）各会员国应以和平方法，解决其国际争端，避免危及国际和平安全及正义；（四）各会员国在其国际关系上，不得使用威胁或武力，或以与联合国宗旨不符之任何其他方法，侵害任何会员国或国家之领土完整或政治独立。"法以武力进驻西沙群岛中之拔陶儿岛，有损我主权，有侵害我领土完整之嫌。法国为联合国安全理事会五常任理事国之一，对《联合国宪章》有忠实履行之义务，妨害和平，不顾正义，此就法律观点，应予指摘者一。

再查《开罗会议宣言》内称："在使日本窃自中国领土，例如满洲、台湾、澎湖群岛等归还中国。"无论过去现在，凡系日本窃自中国之领土，均应归还。西沙群岛历属中国，我自日军手中接收主权，乃法国对该岛主权欲施予剥夺，有违《开罗会议宣言》之宗旨，此就法律观点，应予指摘者二。

中日战争紧张之际，法国封闭滇越铁路，将越南置于日本管制之下，帮助日军断绝我海外接济，并将我存海防之物资，转送日军，与日"友好"，而欲迫中国屈服。但日军投降，我国却"以怨报德"，履行盟国之义务，而以劲旅开赴越北，受降缴械，维持治安，不干预政治，不助长内乱，任务完成，即行撤兵。如当时稍有偏颇，法人尚能顺利接收越南否？法人"以德报怨"期期以为不可，此就道义观点，应予谴责者三。

法、我两国，均为爱好自由和平之民族，中法邦交，向称友善，希法人勿见小利而忘大义，自动放弃对西沙群岛之企图。更希我政府据理交涉，以求解决，力求领土主权之完整，勿以事小地瘠而忽视之也。

（录自《法律知识》1947年第1卷第2期）

法学杂志

法占九岛之法律问题

吴芷芳

绪　论

法占九岛，举国惊骇。九岛之面积虽小，其军事上、经济上之重要，未可漠视。吾人方为东北失地疾首痛心之时，粤南领土，岂可拱手让诸他人，造成一错再错之局面。况华南门户洞开，保持其邻近岛屿之主权，非特为我国政府人民应尽之职责，亦且为巩固华南国防之惟一要件。

中法之商业关系，并无重要可言，故法国之对华政策，最显著者，即为土地侵略。安南广州湾事，乃其例耳。当一九二一至一九二二年华盛顿会议时，法国代表费维爱尼（Viviani）曾郑重声明，愿将广州湾租借地交还中国。而迄今事隔十有一载，尚未能践约。反视英之威海湾租借地，则早于三年前物归故主矣。沈阳事变后法政府之袒日态度，尤足证明法国对华政策之不当。最近法国又引用国际公法之先占原则，占领南海九岛。惟其法律上之是否合理，吾人不得不加以深切之研究。是篇之目的，即从法律方面论占领之非。

取得土地之方法

按诸国际公法原则，土地取得之方法有五（注一）：曰征服，曰割让，曰增添，曰时效，曰先占。征服者，以武力取得土地之谓也。割让者，即一国土地，依据条约，转移于他国也。增添者，即以自然或人力而取得土地也。如一国领海内，以海水之冲动，而有新岛屿或三角洲之发现，或如荷人之沿海筑堤，以扩张其领土是。时效者，以长时期占有他国之土地，而遂取得土地主权之谓也。然国际法时效与国内法时效不同之点有二：（一）国际法时效对于占有之方法，不论其为欺诈强占与否，并不注意；（二）时效之期限，亦无规定。先占者，占有无主土地之谓也，其要件有四：（1）先占之标的物，必为无主土地。所谓无主土地，即不属于任何国家之地。故土地虽有居民，然如为未成国家之土人，以公法意义言之，仍可谓之无主土地。（2）先占者须为国家机关，或其代理者。私人或私立会社，纵有先占之行为或事实，非得本国政府之追认概不生效。（3）先占者须有占有之意旨，即升旗鸣炮，表示并合占有地，而加入其版图也。然此项占有意思，无须以正式之通牒行之（注二）。（4）先占须具实力，即设置政治机关，以行使国家之主权于占有地。

法占九岛之事实与法律根据

国际公法之原则既如上述矣，法人占领九岛之事实与法律根据，究如何乎？七月二十七日《新闻报》南京消息谓："此间各界获悉，法政府公报忽于廿五日登一通告，谓在菲律滨、西贡间，我国领海内九小岛，于本年四月上半月，先后由军舰树立法国国旗作为领占，现已属于法国主权下……"卅日同报哈瓦斯社二十九日巴黎电谓："关于外国所传，婆罗洲、越南、菲律滨间九小岛一事，在巴黎方面探得情形如下：法国政府于一九三〇年四月十三日，依照国际公法所规定之条件，由炮舰'麦里休士'号占领九小岛中最大之史拍拉德雷岛。当时因有时令风未能将附近各小岛同时占领，直至今年四月七日至十二日，始由通报舰'阿斯德罗拉勃'及'阿莱尔德'号将其余各岛完全占领……且在巴黎方面以为该小岛中之史拍拉德雷，经法国占领已三年余，并未经中国政府提出抗议，且亦未提出保留云。"七月二十九日《密勒氏评论报》、八月三日《中国评论周报》且谓法政府已将九岛一一定名矣（注三）。综上观之，法国之占领九岛，始于三年前，至本年四月前半月，占领完成。而占领之事，则于本年七月二十五日公布。其所引用之法律，则为国际法之先占原则。

尚待证实之九岛位置及九岛与中国之关系，在未讨论法国之占领是否合乎国际法原则前，吾人所最应注意者，莫如九岛之位置，与夫九岛与中国之关系。关于九岛位置一点，传说不一。据菲律滨领馆电，九岛之总名为堤闸板，距菲律滨爬拉湾岛二百海里，在南海岛东南五百卅海里，西沙群岛南约三百五十海里，位处北纬度十度十二度及东经一百十五度间（注四），然海次李世甲则以谓九岛系西沙群岛之一部（注五）。二说孰是孰非，吾人在未得政府公报前，似尚不能断定。惟如海部所云，九岛即西沙群岛之一部，则九岛之为中国领土无疑。征之地理历史，西沙群岛属崖县管辖，在海南岛榆林港之东南海中，距海岸百四十余英里，位于北纬度十六度十分，东经一一二度二〇分。民国成立以前，即有日人潜往，偷采磷矿。迨至民国九年，广东香山奸商何瑞年竟与日人勾通，蒙蔽广东省政府而得开垦群岛之权，于是即有西沙群岛实业公司之设立。直至十一年十一月，广东省政府方撤销实业公司（注六），然日人在岛之势力已根深蒂固矣。

西沙群岛之情形如此，中国与九岛之关系，亦有事实可据。八月四日《新闻报》路透社三日广州电谓："西南当局认为该岛（九岛）为中国之领土，隶于西南政府直接管辖之下。据省府人员声称，该岛为中国之领土已数百年，一八八三年德政府曾派员测量该群岛，旋经中国政府严重抗议而罢。光绪三十三年时，中国政府曾派军事大员开发该地，其后民国政府亦曾准某商业团体开发该地利源。距今数年前，中央大学由省政府建设厅指导之下，曾派学生多人调查该地。一年前，粤省政府曾允许某商业团体采取该地鸟粪肥料，并拟在该地建设无线电台……"九月一日同报天津电谓："李准发表清光绪三十三年四月奉前粤督张人骏派赴西沙群岛一带探险，携海军分统林国祥等数百人同行，历廿余日，共发现十四岛，所至鸣炮、升旗、勒石、树桅。四月十二号到珊瑚岛，见有一八五〇年德人探险刻石，李特名伏波岛。此外各岛并予定名，由海军测绘生制详图，呈海陆军部及军机处。有样据，李断定法占各岛，实有彼所到之岛在内……又云当年随员生存者，有海军管带刘义宽，现在闽，参赞王仁棠在沪，年均过六十，可征询。"诚如以上二电所云，则九岛与中国之关系，已有悠久之历史，可为之证。法人之占领，可谓喧宾夺主矣。

法国之占领是否合乎国际公法

如九岛为西沙群岛之一部，则法国之占领，但为侵占而已。即或不然，法国法律上之理由，亦不充足。第一，法国之占领九岛，不合乎国际公法先占原则之第一条件，即占领之土地，必为无主物。今九岛早为中国所领有，何得视为无主土地乎？琼崖人民每年之往九岛从事渔业者，不知凡几。彼之视九岛，实为本国领土，惟以时令风关系，不便久住，故时往时返耳。第二，法国之占领，始于三年前，而成于本年七月。而我之占领九岛时，无论其为数百年（按西南省政府半官消息）或数十年（按前清水师提督李准《巡海记》，该记见八月十二日《新闻报》），然究在法国之先。根据先前（Priority）原则，法国之占领，不能视为合理。第三，我国占领九岛，至少已有数十年。在此久长之时期中，各国并无争议。盖九岛之属于中国，已因时效之关系而成立矣。或以中国占领九岛之后，何以不设置政治机关，何以人民不往居住见问（注七）。该项问题甚为重要。惟吾人应知九岛之面积甚小，且有时令风之故，琼崖人民虽欲久住，事实上实有所不能。惟以中国人民之时往时返，故亦无设置政治机关之必要。因此，中国之不设置行政机关，不得视为放弃群岛也。英国际公法名家霍尔氏（Hall）有言曰："以先占之名义，而占领之土地，必有实力以维持之，除非以长时期之占领，则先占之名义，可一变而为时效之名义也。"（注八）由此可知我国长时期之占领九岛，实为抗争之一大理由。综上所述，法国之占领九岛，实不合乎国际公法原则。甚望政府从速断定九岛之位置及搜集史料，以为我国法律上之辅助。

（注一）对于取得土地之方法参考周鲠生，《国际法大纲》，一百二十至一百三十二页；宁协万，《现行国际法》，一百六十四至一百七十二页；Oppenheim: *Internatiolal Law*, vol I, 1928, pp.437-470; Lawrence: *Principles of International Law*, 7th ed. pp.145-160; Fenwick: *International Law*. pp.221-242; Hershey: *Essentials of International Public Law and Organization*, pp.276-287.

（注二）Westlake: *International Law*, Vol I. p.100.（英国际公法家魏斯监克所著《国际法》第1册第一百页）

（注三）九岛之名为Caye, d'Hmboise, Ituba, Deaux, Illes, Laito, Shitu and Spratly.

（注四）见八月一日《新闻报》南京电。

（注五）见八月四日《新闻报》南京电。

（注六）王金绂，《中国分省地志》下册第九十六页。

（注七）英国际公法家罗伦斯甚主张此二事，见其《国际公法原则》第一百五十页。（Lawrence: *Principles of International Law*, p.150）

（注八）霍尔，《国际公法》，第一〇〇页。（Hall: *International Law*, 5th ed. p.100）

（录自《法学杂志》1933年第7卷第1期）

方志月刊

法占南海诸小岛之地理

凌纯声

自去年（一九三三年）七月二十五日，法国政府在其公报上发表一个通告，宣称在安南与菲律滨间西北方，位于西贡平行之中国海内诸小岛，现已属于法国主权之下。各该小岛系于一九三〇年至一九三三年四月先后由法国军舰竖立法国国旗，作为占领。此项消息宣布以后，一时颇引起中外的注意。国内的大报及重要的杂志都发表文字评论此事，然大部偏于国际法方面的探讨，而对于该诸小岛之地望，虽确定其非西沙群岛，至于其实际之情形，尚未见有一文明白叙述，所以现在还有把诸岛之地理及其占领之经过详述的必要。

这许多小岛并非法人所发现，在一八六七年，英国测量船名来福曼（Rifleman）号曾至其地测量。一九三〇年法属印度支那政府派小舰拉背罗斯（Laperouse）号、阿斯特罗拉白（Astrolabe）号及奥克当（Octant）号三艘，偕炮舰马立西安士（Malicieuse）号同往测量。适海上天气骤变，几不见航路，只在史柏拉德岛（Ile Spratily）树立法国国旗而还。至一九三三年四月法属印度支那政府再组远征队，遣派水上测量船阿斯特罗拉白（Astrolabe）号、炮舰阿勒特（L Alerte）号及海洋测量船兰纳商（de Lanessan）号，由西贡海洋研究所所长塞弗氏（Chevey）及其助手达费多夫氏（Davidoff）率领前往，实行占领诸岛。

诸小岛散布于北纬八度、十一度与东经一一一度、一一五度间之中国海中，西距菲律滨派拉弯岛（Palawan）二百海里，在我国海南岛东南五百三十海里，西沙群岛之南约三百五十海里，总名为堤沙浅洲（Bane Tizad）。堤沙（Tizad）为英国军官之姓，因一八六七年率领来福曼号船在此测量者为Tizad氏也。今法人所宣称占领诸岛即为堤沙浅洲中及其左近，珊瑚岛之大而离海面高者。兹自南而北分述如下：

（一）盎白纳岛（La Caye Amboyne）约在北纬七度四〇分与东经一一三度间之一珊瑚小岛，长二〇〇公尺，阔亦二〇〇公尺。岛面积三分之二为沙石，三分之一堆积鸟粪石，可见此岛为海鸟栖息之所。岛上无淡水亦无植物，然到处有渔人在岛暂住之遗迹。

（二）当贝特岛（Ile de la Tempete）即暴风雨岛，又名史柏拉德岛（Spratily），在北纬八度三九分，东经一一一度五五分，岛成三角形，每边约长三〇〇公尺，高二公尺，岛上生有植物。

一九三〇年，法人曾在此岛树立法国旗帜，至今旗杆尚存，而杆上之旗则已为岛上之中国人更换自海南购来之一新旗。一九三〇年马立西安士船（Malicieuse）到此时，岛上已有四个中国人，在此掘有淡水井一，种植椰子树、香蕉树、番薯及蔬菜，主要职业则为捕捉海龟。阿斯特罗拉白（Astrolabe）与阿勒特（Alerte）之舟子，以米、糖及火油等物与渔人换得二个海龟。

日本人曾在此岛开掘磷矿，然于一九二九年已完全放弃。岛上海鸟很多。当法人到此岛时，天色暗黑，似暴风雨将作，意即该岛又名暴风雨岛之由来也。

（三）伊都阿巴岛（Ile Itu-Aba）即在堤沙浅洲（Bane Tizad），约在北纬一〇度二二分，东经一一四度二一分，为群岛中之最大者，长一三〇〇公尺，阔四〇〇公尺，高出海面三公尺。岛上植物较多，有新生之檬树及椰子树等。岛中现无居民，而居住之遗迹甚多。约在一九二〇年有人在此采掘磷矿，现已废弃，有水井三口，一为淡水井。有水池一，建筑甚潦草，尚有轻便铁轨之残物，及一船埠废址。植物有椰子、香蕉、菠萝、番瓜（Papayer）等树。以上种种遗迹可以证明该岛最近尚有华人居住。法人找到中国字碑，为一供给食粮杂船船主所书，略谓船到之日，岛上已无人迹，在一铁铅皮之下，储藏食粮而去，法水手曾寻得此地。岛上无兽类，亦无海鸟。该岛虽适于亚洲人居住，然非乐土。

（四）劳达岛（Ile Loai-Ta）约在北纬一〇度四二分，东经一一四度二五分，长四五〇公尺，阔二五〇公尺，高出海面三公尺。岛上植物有新生之檬树，六颗椰子树及其他杂树。现虽无人居住，然居住之遗迹犹新，在神座前所插棒香之香棒尚存。在一大树之下，有茅屋一间。尚遗有一茶壶，一炉灶。岛上无兽类，亦无海鸟。

（五）帝都岛（Ile Thi-tu）约在北纬一一度〇三分，东经一一四度一六分，岛长四〇〇公尺，阔三〇〇公尺，高出海面四公尺。岛之四周在水面之下围有珊瑚暗礁，礁上满布蠔类。岛上植物有檬树（Manglier），椰子树一棵及其他大树数株。本年有中国海南岛之渔夫五人在此居住，有淡水井一口，足供五人之饮料。捕鱼而外，从事于椰子、香蕉、番瓜之种植，且采掘磷矿。

（六）双岛（Les Deux-Iles）为诸小岛中最北者，约在北纬一一度九分，东经一一四度一六分，为危险浅洲（Bane Danger）之两珊瑚小岛。在东北一岛法人已名为阿勒特岛（Caye Alerte）。岛中磷矿未曾开掘，现亦无人在此居住，仅留茅屋数间。法人在一茅屋上用白粉大书曰："法舰曾至此岛，树立法国国旗，法国已占领两岛，中国渔人在此捕鱼，已为过去之事。"

在西南一岛有中国人七人，其中有二小孩皆来自海南岛。去年供给食粮之船虽未到此岛，然彼等之余粮尚足，并养有鸡数十只。自一九二六年始，日本人曾在此开采磷矿二年，今已废弃。

上述七岛之外，尚有与伊都阿巴岛相邻之奈伊脱岛（Namyit）及劳达岛附近之郎基阿岛（Lankian cay）二小岛，共计九岛，其中有三岛有华人居住，其余各岛华人亦时来时去。此种有人居住之土地，是否为国际法上所谓无主之地；此项土地，法国能否擅自占领，据为己有，诚为问题。但中国政府因其非西沙群岛，即不向法抗议，坐视国土沦失，良可慨叹！今法人得陇望蜀，既侵占诸小岛，近又谋夺我西沙群岛矣（附注）。

附注：法人谋占西沙群岛见*Saix Iles Paracels*一文，已由胡焕庸先生译出，登载《外交评论》三卷四期。

附文献：

（一）Vivielle, Les Ilots des Mers de Chine, Le Monde Coloniate No 121.

（二）Saix, Iles Paracels, La Geographie Tome L X Nov. Dec.1933.

（三）China Sea Pilot. Vol. Ⅲ .1923.
（四）徐公肃：《法国占领九小岛事件》，《外交评论》二卷九期。
（五）王龙舆：《法占南海诸小岛事件》，《东方杂志》三十卷二十一号。
（六）吴正芳：《法占九小岛之法理律问题》，《法学杂志》七卷一期。

（录自《方志月刊》1934年第7卷第4期）

译文：法人谋夺西沙群岛

本篇译自法国地理学会出版《地理杂志》（*La Geographie*）去年十一及十二月号所载石克斯船长（Olivier A. Saix）之论文。

近数年来，法国及安南报纸，颇注意南海中之西沙群岛。一九三一年，西贡《舆论报》（*L Opinion*）及法国之《海洋杂志》（*Revue Maritime*）登载文字尤多，是年《海洋杂志》十一月号，有爱尔波船长（Capitaine de Corvette Herbout）之记载。

仅仅根据西沙群岛之地图或航海指南，关于西沙群岛之记载，不能认识西沙真正之重要。试取一范围较广之地图，就全部南海中观察西沙群岛之所在，则其地位之重要，可以立见。

西沙群岛位于安南倍达陇角（Cap Padaron）至香港之中途，南北往来之船只，不经其东，即经其西，西则行于西沙群岛与安南、海南岛之间，东则行于西沙群岛与马克勒斯菲浅滩（bane de Maeclesfield）之间。因此就其所处地位，对于海上交通之间关系，实为一居中之要枢。

其地西北至海南岛，西南至安南之会安港（或称土伦Teurrane）其距离大致相等，正当东京湾之门户，为一重要经济区域之出入口，海南岛北之琼州海峡水量较浅，巨舰不能通行，一旦有事，又必易被封锁。

因此多数意见——至少在安南之法人——对于此种情势，非常焦急。故上年西贡《舆论报》曾由海事委员会副委员长上议院议员裴雄（Bergeon）氏署名，两次发表社论，要求占领西沙群岛，归并于越南联邦。

为实行合并起见，其先决而必须之条件，即须注意我等是否有此权利，是否有此方法。关于必须合并之理由，可有数种，航海、科学、经济以外，尤要者，在于军事地位之关系，即不为一国利害计，抑亦国际公共安全之所关也。下分述之：

1.为便利航海而合并西沙群岛。为便于航海起见，如能于群岛之西部，至少首先设一灯塔，实为当今之急务（马克勒斯菲水道亦急需设一灯塔），此在远东航行者，类能知其重要。通常夜间或天气不佳时，为避免西沙群岛变化无常之洋流起见，船只多绕道以避之。

拉比克君（Lapique）在其所著之《西沙群岛问题》（*A Propos des Paracels*）小册中，曾作下列之记载。（当一八九九年，已故总统杜美Doumer，当日之越南总督，曾指定于西沙群岛设立一灯塔，其计划曾经详细研究，惜其后竟为海务局所搁置。因其关闭费用既巨，常年维持亦不易，属地预算之不足以应急需，类多如此。）

一九〇九年，中国方面曾遣炮舰两艘，载有礼和洋行德籍二人前往西沙群岛，当时广州之《国际报》（*Koua Che Pao*）曾记其事，并称为目前计，当先于东侧群岛中两岛上开辟两港口。（译者案：此即一九〇七年广东水师提督李准之调查，有《李准巡海记》见《国闻周报》十卷三十三期。）

当此时也，中国似可于其地设立航标，建树灯塔，以便船只之往来矣。然实际亦并未有所举动，航海之危险依旧，船只在此失事者，仍数见不鲜。依拉比克君所述，每届船只失事，香港之商人公会常向英国政府要求，至少于其地建立灯塔两座，惜亦始终未曾实现。

2.为建立气象台与无线电台而合并西沙群岛。当一九〇九年，中国人亦只计划开辟港口，并未有意建立气象台。一九三〇年广州法国领事曾向法国外交部作下列报告："本月九日，南京政府行政院举行第七十七次行政院会议，由谭延闿院长主席，共同讨论交通部海军部联合提议关于西沙群岛建设无线电台及气象台之计划。初，一九二三年，海军部即有前项建议，最近广东省政府提议实行斯议，故国民政府令饬两部会核。两部决议进行，并请行政院转饬财政部，立即分期拨付经费十八万元，以为建筑与设备之用。交通部专员设立电台之责，两部会请行政院批准，并通饬关系各处遵行。行政院当即照准，并将转饬所属。一九三〇年七月九日发自广州。"

自此以后关于此事之消息，寂然无闻。中国政府之财政，行将破产，且亦另有其野心企图，远较建设气象台为尤重要者。故当一九三一年三月小艇"不永久"号（Inconstant）前往西沙群岛考察，在任何岛上，未见有何工程迹象也。

事虽如此，当一九三一年七月，旧时船副现任越南中央气象台台长勃吕宋（Bruzon）告余，谓曾接得上海徐家汇天文台台长龙相齐（R. P. Cherzi S. J）报告，有中国海军官佐二人，正由龙氏指导，学习气象，准备将来主持西沙群岛之气象台。由此可知此事尚在进行之中，惟不先建台而先学测候，缓急未免倒置耳。

此岛气象台，如能由越南政府建立，并将来亦能由法国专家主持，则与中国海上已建各台，可有联络与合作，而法国国家之荣耀，亦将由此益见光大焉。

类此之气象台，其价值异常重大，勃吕宋君知之甚审。越南境内当然已有极精而完备之测候网，一日均有数次电报报告于海防（Phu-lien Hai-phong）之中央气象台，然后再由中央气象台会集研究，发出预报。惟所有测候地点均在越南境内，不在内地，即在沿海，至于越南以东，除位置较远之香港、东沙群岛与马尼拉三处外，附近再无其他测候所可与越南通达消息。海南岛上之中国人，除日事纷争以外，不知设立测候所。马尼拉与安南之间，相隔八百英里，无一测候设备，间有往来之船只，电送断续无常之报告，然于风向风力等项，殊难得有正确完备之数字，因此等现象非有精确之仪器，不能知其真情也。

西沙群岛之位置，离安南沿岸约三百公里，其地位异常重要，所有台风趋达于印度支那半岛者，均将经行西沙群岛。七八月间则由此转向北行，九月则由此直趋东京湾，十月十一月则南行达于安南南部。凡此种种，西沙群岛均可供给丰富之材料。他如危险航行尤甚之小台风，往往构成于吕宋以西，经西沙群岛后，不达安南沿岸，即已消灭。类此情形，除来往之船只以外，菲律滨与越南均不能察觉。为弥补此种缺憾起见，非建立西沙群岛气象台不可。又为研究台风中心各种电力作用起见，亦非借助西沙群岛之气象台不可。因来往船只，不特无此设备，而一遇台风以后，趋避且不暇，亦再不能从容以作此研究也。

3.为经济原因而合并西沙群岛。西沙群岛之经济价值，就目下所知，似不甚大，平和（Nhatrang, Binhhhoa）“海洋研究所”所长克洪氏（Krempf）在此区作有极详细之科学研究。克洪氏乘“拉姆松”舰（de Lamessan）亲临其地，详加探测，对于海底之性质构造，以及群岛构成之情形，均已洞悉，其所得结论，对于经济前途，未许乐观。数年以前，林岛及罗摆脱诸岛，积有磷酸矿甚富，嗣为日本南兴实业公司所探悉，乃于一九二〇年九月二十日，向西贡海军司令函询西沙群岛是否为法国属地。海军司令答复谓："海军档案中，并无关于西沙群岛之材料，惟就个人所知，虽无案卷可稽，可敢负责担保，西沙群岛并不属于法国。"日人接此答复，大为满意，因即前往开采，并在罗摆脱岛上（据《海南岛志》为林岛）敷设轻便铁道，并建一长达三百公尺之铁桥，在其有计谋的开采之后，虽未必尽去各岛之所有，然日后再不容有类此大规模之经营矣。（译者案：日人既于一九二〇年探悉西沙群岛并非法国所有以后，即于次年利用华人何瑞年，以"西沙群岛实业公司"名义，瞒着我国政府，饬由崖县发给承垦证书，从事开采，及一九二八年，因受各方反对，始撤销原案。详见《海南岛志》。）

通常多以为群岛上富于鸟粪，实则不然。据克洪氏之报告，海鸟之食物，如鱼类与海上动物，均富于磷酸，当夜间来岛上栖息，乃积粪于地面之上。如智利、秘鲁沿岸各岛，因天气干燥，故其鸟粪多积留岛上，南美太平洋沿岸以产磷酸著名者此也。惟西沙群岛之气候，炎热而潮湿，大雨时下，因此鸟粪难于积留。

群岛附近，通常亦以为富于渔产，在其附近设立渔场，可获大利。惟实则附近海底甚深，克洪氏探测之结果，宜可证明。据"拉姆松"考察队之报告："我等对于本群岛之研究，所急盼明了者，即各岛附近之海底情形若何，是否可供渔业之经营，结果乃知海底均为珊瑚所覆盖，任何渔网，不可下沉。""本届考察所得科学上之收获甚多，惟关于利用曳网机器之渔业，则可证明完全不能实行，因海底均为珊瑚也。"依此原因，不特渔业无望，即航海亦多危险，因其既多暗礁，又乏良港。普通来此捕鱼之小船，非如一般人之推想，为中国渔业公司所派遣，拉比克君曾谓："来此捕鱼者，多系一般航商，彼等利用季风之变换，往来于海南岛与新加坡之间，每值风势不佳，不能航行之期，迫不得已，乃来此荒岛捕鱼，聊以维持其生活而已。"

捕鱼之业，收获不多，利益亦少，安南渔人殊不欲远离海岸，以逐此微末之利。捕珠之业，亦不可靠，一九〇九中国考察队曾作下列不合逻辑之报告："蚌中有珠，然所得之蚌，并不含珠。"西沙群岛蚌中有珠之说，不知何所从来，因当年中国考察队既无所见，以后列次考察，亦无所得也。因此如为经济原因而合并西沙群岛，理由殊不充分。

4.为军事原因而合并西沙群岛。军事原因为合并西沙群岛最重要之关键。《舆论报》上曾载一论文，题曰《越南前卫之西沙群岛》，专论为防卫越南起见，西沙群岛所处之地位。前已述及西沙群岛距离海南岛与安南沿岸之里程，大略相等。西沙群岛之地位，实不啻为东京湾之门户与锁钥，如欲于此建设一相当重要之海军根据地，自须对于各岛情形、出入通道、储藏军需与防卫方法等等，首先加以详细之研究。惟为目下初步设计，如仅设一小规模之潜艇根据地，或水上飞机之停落站，则固毫无困难，我等如再不利用此群岛，至少亦为防制他人不因觊觎越南而来此有所设施。昔安南高级留驻官福尔（De Fol）曾称："在现今情况之下，西沙群岛地位之重要，实无法可以否认。一旦有警，如该地竟为他国所占，则对于越南之完整与防卫，将有绝大之威胁。群岛之情势，不啻为海南岛之延长，四面环海，不乏良港，敌人如在此间设立强固之海军根据地，将无法可破灭之。潜艇一队，留驻于此，不特可以封锁越南最重要之会安海港，而东京海上之交通，将完全为之断绝。迫不得已将借助于东京、交趾支那间之陆上联络，然此间铁道，又多沿海而行，新式军舰长距离之炮程，可以及之，同时全部越南远东太平洋上之航行，皆将因此而受阻。西贡、香港间之航线，贴邻西沙群岛而过，其将蒙受此间海军根据地之监视，当无疑义。"

外敌以外，越南境内共产党之活动，其危机实尤为严重。今引《舆论报》所载上议院议员裴雄氏之言曰："在何人皆知安南、东京之本地共产党，其所有军火，皆自海道而来。安南沿海，尤适宜于偷运。西沙群岛堪为东京之前卫，实偷运之根据，亦巡查之中心也，占而有之，实为当今之急务。"

5.西沙群岛之宗主权。西沙群岛应归法国所有，以前颇有争执，今则已极简单。昔者越南海军司令曾对日本南兴实业公司声称：谓西沙群岛确非法国所有。数年之前，亦曾有越南署理总督述称："根据多方报告，西沙群岛应认为中国之所有。"

一九二九年正月，安南高级留驻官福尔受总督之委托，就安南王朝档案，觅取关于西沙群岛之记载，其报告中有云："西沙群岛为零星散布之珊瑚小岛，附近又多沙礁，荒凉而贫瘠，故在十九世纪初年以前，殆为瓯脱之地。"

据丹勃儿（Mgr Jean Louis Taberd）主教所著之《越南地理》，曾经译为英文，并于一八三八年发表于孟加拉之《亚细亚学会》，其中曾载一八一六年越南王嘉隆占领西沙群岛之事。

根据于此，嘉隆王曾否亲至其地，或尚难置信，惟如《越南王朝通志》及明命王十四年出版之《越南地图》等，均曾记载其事。据越南政府档案中所存之文件，并称列朝均于西沙群岛设兵守卫，嘉隆王曾经加以改组，继复撤销之，自此以后，未闻再有留守之事。明命王曾数次遣使至西沙群岛考察，并曾发现一宝塔，刻有安南文字。一八三五年，复遣工人，运料至其地，重建一塔与一华表，以留纪念，当时于建筑中曾经掘得铜铁类器物甚多。

时至今日，安南与西沙群岛可谓已一无关系，沿岸渔人或船主，无人前去，且已不知有此群岛。惟西沙群岛既曾为安南所有，则今日当属于法国，自无疑问。旧陆军部长Than Trong Hue曾于一九二五年三月三日作书，谓“西沙群岛一向属于安南，无有疑问”。

“在一九〇九年中国重行取回西沙群岛以前，法国根据保护条约，在对外关系上，自应代替安南执行西沙群岛保护之权。惟因过去年间，对于其地几完全置之度外，而不加过问，于是乃引起中国有正式占领其地之意。”

巴斯基（Pasquier）总督之言，实有至理，其言曰：“君等与我同一意见，根据史实，安南确曾领有其地，已无疑问，且此因远在一九〇九年中国第一次表示有意占领其地以前也。”

由另一方面观之，因西沙群岛地位重要，而可有心占领其地之英日两大国，对此亦从未有所表示。当一八九五年，德国船“勃洛那”（Bellona），与一八九六年日本船Irneji Marul，先后于此失事之际，英国公司担任此两船之保险者，因中国人有前去取物之事，曾由北京英国公使及海南岛海口英国领事提出抗议，要求赔偿。海南岛之中国官厅答称：西沙群岛不属于中国，故不问其事。英人盖知安南为西沙群岛之宗主国，因亦不再追问其事。又香港商人公会，曾屡向英国政府要求，于西沙群岛设立灯塔两座。英人在其他航线建立灯塔甚多，而对此始终无所举动者，殆亦明知此为法人属地，而不欲加以过问欤?

关于日本对此群岛之态度，可举下列越南署理总督对法国外交部之报告以说明之：“谨呈者，日本总领事黑泽（Kurosawa）近与政府外交科主任会谈，询问南海中自北纬七度至十二度，东经一百十一度至一百十八度之间若干小岛与暗礁，属于何国（译者案：此即南海九岛已为法人所占）。彼曾明言海南岛以南，安南沿岸所称为西沙群岛者，实在日本版图以外，不属于日本。一九二七年十二月二十五日河内发。”

因此法国为承继安南政府而领有西沙群岛，实已毫无疑问，且为越南联邦之完全起见（不论对外或对内），亦非占领西沙群岛不可。

如为经济或目前实利起见，法国占领其地，实无所得。惟自今以往，不应再以往日之宽大与人道政策，对此放弃而不问。其地在南海中地位重要而危险，亟须设立一个或数个灯塔，并创设气象台，俾便航行也。

邻国意大利，近已在非洲东端亚丁口上开达甫意角（Cuardafui）建立若干灯塔，其地在航行上因甚危险，而于军事上，尤为重要。我国对此同样例证，奚能无动于衷？

为今之计，甚盼政府于最短期间，决心占领西沙群岛并为其附近航行，谋一永久安全之策也。

（录自《方志月刊》1934年第7卷第4期）

广东地政

协助接收西南沙群岛经过

孤悬南海中之西沙群岛及南沙群岛，为我国最南领土，于三十五年九月奉中央令仍划归广东省辖治，除□中央派视察组及海军进驻外，并由本局派职员黄纬史、曾华秋、梁宝森、古士宗等随同。

省府接收专员萧次尹、麦蕴瑜前往协助接收，并负责测量诸群岛地图工作，于十一月五日，分乘永兴、中建、太平、中业四军舰出发，远涉重洋，备历艰苦，费时五十日，始得达成接收及测量任务。兹将经过情形报告如次：

一、协助接收西沙群岛

1.地理形势：西沙群岛，乃一群由珊瑚虫窠所构成之低岛，位于南中国海自北纬十五度四十六分迄北纬十七度零六分，自东经一百一十一度十三分迄东经一百一十二度四十七分，与海南岛榆林港相距约一百四十浬，统计大小岛屿十五个，礁滩十四处，远近不一，罗列海面约二百方里。其分布约可分为四区：东北区有岛六个，礁滩二处，称为莺飞土麦特群岛，以永兴岛为主岛（原名林岛）；西北区有岛六个，礁滩三处，称为克鲁生特群岛，以灯擎岛为主岛；西南区有岛礁四处，以南极岛为主岛；东南区有岛礁六处，以林肯岛为主岛。各岛礁自海面隆起，多成环状，或具椭圆形，就中永兴岛最广，石岛最高。此次接收，实测得林岛面积为一，八五一,〇〇〇方公尺，高出海面为八.五公尺；石岛面积为七八,〇〇〇方公尺，高出海面为一二.四公尺。永兴岛北岸天文点为东经一百一十二度十九分三十六秒，北纬十六度五十分三十秒。永兴岛似椭圆形，与石岛同座在一珊瑚礁围环之内，岛之边际，绕以白沙。岛上树木郁苍，海鸟栖宿，鸟粪满布地面。岛上西南部有房舍两处，一为日人占筑采取鸟粪工厂，一为安南人占筑之房屋。现各房屋均已毁废，断瓦颓垣，仅存故址。并有曾经建设气象台及毁废码头遗迹，西南离海一百二十公尺，可为舰轮抛锚之所。其余各岛，面积多属狭小，既无港湾以停泊船只，又无高山以屏障风浪。近岸处浅礁伸张，近则过浅，远则过深，欲觅一良好锚位而不可得。复因其岛甚低，礁石纵横，无高大目标以供航行者瞭望，尤以春季雾天及气候恶劣时为尤甚，而流水亦绝无规则，常因风之方向而变迁，致往来船只时有触礁或遭风沉没者。此西沙群岛地理形势之大概也。

2.历史沿革：西沙群岛在我国历史上发生问题而引起国人注意者，则始自清光绪三十三年之调查一案。缘是年日人西泽吉次占据东沙岛，由江督端方访闻报告外交机关，转电粤督张人骏向日领事力争。同时闻海南大洋中复有西沙岛，恐亦为日人所占，特派副将吴敬荣前往查勘。据称西沙共有岛十五处，乃于宣统元年三月间，设局筹办经营，再派员前往查勘。同年四月初一日分乘伏波、琛航、广金三舰前往，是月二十二日回省，拟具办法八条呈复：（一）为订定岛界书立碑记；（二）为开采矿沙兴办农业；（三）为开辟榆林、三亚二港以资接应；（四）为专派轮船以资转运；（五）安设无线电以资通讯；（六）为派员分办以专责成；（七）化验矿沙详定价值；（八）酌拨经费以资开办。其时粤督张人骏根据入奏，惟未几张督卸任，清廷谕旨着继任总督袁树勋悉心筹划，乃袁督因该局对于筹办事宜未能切实执行，竟于是年九月将该局裁撤，划归劝业道办理，而劝业道亦无何项进行，从此西沙群岛筹办事，遂致无形消灭。是即西沙岛在清季末业期间之历史也。民国六年有海利公司商人何承恩向省长公署呈请采办该群岛磷质及海产物，当时管理矿务之财厅视磷质为磷矿，饬令矿商照采矿条例办理，以致未能成事。民国八年，复有商人邓士瀛向省署呈请承垦西沙各岛中之玲洲一岛，以资种植，未予批准。民国十四年港商梁国之向省署呈请试办怕卤斯里群岛磷矿及渔业，嗣因查明该西沙岛经何瑞年呈请军政府内政部咨陈政务会议咨行给照前往查勘有案。何瑞年系于民国十年三月呈请内政部核准承办西沙群岛实业公司，同年八月组织开办。其实际何商暗与日人串同办理，故该林岛采取鸟粪工厂，系为日人所占筑经营，其经营期间若干，无从调查。惟民国十七年中山大学沈鹏飞等组织调查团前往调查时，已无日人在岛，只遗下有档案什物而已。中大调查归来，除出报告书外，对于建设事业之经营，未有若何表现。是西沙岛入民国以来之历史也。此次实地调查，在林岛日人建筑物中有碑记如下：一、大正六年六月，平田未治南兴丸二テ多树岛外十二岛テ探险ス；一、大正七年三月，同人小柳七四郎、齐藤茂四郎西氏指导援助ノ下二磷矿探掘计划ヌ树调查二着手ス；一、同年九月同人慎哲氏援助ノ下二磷矿探掘事业二着手ス；一、大正十一年三月，台湾总督府小野勇五郎、高桥春吉两技师长，屋裕技师手岁张调ヌナス查；一、昭和四年九月，一时事业テ中止ス；一、昭和十二年十月再度磷矿探取二着手ス，末书昭和十三年十一月三日建之，是西沙岛被日人侵占之历史也。至法安南人在林岛何时占筑房屋，无可详细稽考，只中大民国十七年调查时，尚无此项建筑。其在民国十七年以后可知，所有日法建筑物毁废，或在大战时自毁抑遭盟机炸毁或军舰炮毁，亦无从臆断。综上均为西沙群岛之历史概略也。

二、协助接收南沙群岛

1.位置及形势：南沙群岛，中国旧名堤沙浅洲，英人称为斯巴特列群岛，日人称为新南群岛，为我国南海各群岛之最南一群，位于北纬七度至十二度，东经一百一十度至一百一十七度之间，在西沙群岛东南三百五十浬，东距菲律宾之巴拉望岛西端二百浬，南与英属北婆罗洲相距一百八十浬，西距安南三百二十浬，离香港南八百四十浬，各岛皆珊瑚礁构成，罗列纷杂。其中最大一群称团沙群岛，余者分布于其西南方而止极南之詹姆沙，共有大小岛屿九十余个，其主要者有太平岛（原名长岛）、双子岛（分南北两岛）、斯普拉特岛、帝都岛、赖他岛、北小岛、南小岛、安波那岛等九小岛，故又名南海九小岛。此次接收首先到太平岛，太平岛为长椭圆形，连沙滩计算在内，东西长一千三百四十公尺，南北最阔处四百一十公尺，面积四三二,〇〇〇方公尺（除沙滩外，生草木之岛面长一千二百七十公尺，阔三百五十五公尺），高出海面四公尺，地势平坦。岛之东端，在东经一百一十四度二十二分，北纬十度二十二分五十五秒。岛周沙滩之外，为三百公尺至六百公尺阔之珊瑚礁与沙滩相接围绕全岛。珊瑚礁于潮退时，露出水面，潮涨时则被水淹没，其界限恒有破浪可寻。□上有码头、马路、防空洞、房屋、水井、无线电杆等物。马路为蔓草掩蔽，不易辨认。房屋多为三合土筑成，亦有一二木房，皆已破坏。水井六口，清甘可饮，且有椰树、木瓜、香蕉等植物。以上为南沙群岛地势之概况与此次接收实地测量调查之情形也。

2.日法侵占经过：根据日本文献，日人于民国六年开始进占，至民国十年，在太平岛（即长岛）开采磷矿，十二年复在北险礁之南子岛（即双子岛）开采，至十八年止，共采去磷矿约二万六千吨，全部蕴藏量估计二十七万吨。随后台湾开洋兴业会社，亦曾派人赴太平岛经营渔业及磷业。于民国二十九年，日人拟有修建渔港计划，其概要：（一）于太平岛南面海滨建造围堤六百二十公尺；（二）其内辟水深二.五公尺，面积一千三百方公尺之泊船所港口幅员五十公尺；（三）沿泊船所建筑长一百七十五公尺之码头及仓库；（四）建旅店租用联络船。计由正大六年（即民国六年）至昭和十三年间，日人曾先后来太平岛九次，搬运鸟粪及开辟该岛为海军基地与潜艇根据地，并建设有码头、仓库、马路、电台、测候所等。又据调查，法军于民国十九年四月十三日乘马利修斯号占据团沙群岛（现并入南沙群岛）中之斯巴特来岛（英人称为暴风雨岛，日人称为西鸟岛），复于二十二年四月七日至十二日，占据其他各岛，宣布该群岛并入安南。其所持理由为，依据国际公法中国家得到领土之《时效法》，谓法国经过占有该岛多时，且原主国并未有提出抗议，则此土地可依时效而归法国所有云。当时美国亦因该岛依地理情形与菲岛接近，出而争执。而日人闻法人提出时效法，亦提出早于法人在该群岛登陆测量之档案力争，随即派舰前往驱逐法人而据为己有，于昭和十四年（即民国二十八年）三月十三日，宣布隶属于台湾总督府高雄州高雄市管辖，易名为“新南群岛”。是又为日法占侵南沙群岛历史之经过也。

基上述种种情形，可知西沙、南沙诸群岛我国实为地主国。再查海南岛渔民常往返其间，采取海产，亦有少数渔民留居岛上，居有年所。各岛中往往有孤魂庙，用砖瓦造成，即为渔民所践食者，更足明我国早已占有诸群岛。特政府以鞭长莫及，尤其是在抗战期间，势难兼顾，致令日法先后谋占我南沙岛群，有如上述。又从日人文献对于西沙群岛之另一记载，亦谓西沙群岛古名七洲岛，近海则为七洲洋，清末当被外人占据。广东政府曾派员调查其事，一九〇九年，划入中国领土，归海南岛崖县管辖。此次大战，法国恐日本人占领，而先占领此岛等语。今者我国抗战胜利，台湾已归我国，凡此西沙、南沙诸群岛，无论其曾经划归台湾管辖，及是否曾被法人占据，均应归还原地主国。主权所在，领土攸关，岂容再为外人觊觎！我政府当局，高瞻远瞩，有见及此，此次接收，意义至为重大。抑尤有进者，诸群岛为我国控制安南、菲律宾、南洋群岛之要冲，接收以后，一则可作气候站、情报站，二则可大量采取磷矿，三则可为渔业发展区，四则可作海南岛榆林、三亚两大海空军港之外围据点。其于我国南部国防之安全，实业之发达，在在有莫大之价值。从此积极建设，永保主权以全领土，以固吾圉，是又为吾人所馨香祷祝者也。

（录自《广东地政》1947年第1期）

广东建设公报

西沙群岛泥土化验报告书

化验结果

（1）定量分析

（甲）非金属与酸根含SO_4，CO_3，Cl，P及矽等。

（乙）金属含铁、锰（痕迹）、铝（痕迹）、钙等。

（2）定性分析：

水分＝11.79%

P＝5.17%

或计作P_2O_5＝11.82%

CaO＝39.43%

N＝（无）

K＝（无）

再将土内所含磷质，按农业上利用的方面研究，分为全磷、水溶性磷、不溶于水的磷及可变性的磷，诸种如下表：

P	或作P_2O_5	计
全磷	5.17%	11.82%
水溶性磷	0.12%	0.27%
不溶于水的磷	5.05%	11.55%
可变性的磷	1.59%	3.63%

兹将上列诸类磷的性质，略加解释如下：

全磷者，该土内所有磷之总量也，内含水溶性的磷，与不溶于水的磷，及可变性的磷三种。

水溶性的磷，即能直接溶解于水之磷酸盐类所含之磷，此种盐类，为第一钙磷酸盐，即Mono Calcium Phosphate或称Primary salt，分子式为$Ca(H_2PO_4)_2$。

可变性的磷酸（Reverted Phosphoric acid），即第二钙酸盐（Dienlium Phosphote）或名（Secondary Salt），分子式为$CallPO_4$。此种盐类，能溶解于中性的柠檬酸铔溶液中，即使用为肥料时，虽不能直接溶解于水，而被植物吸收，但经相当时期，即溶解于植物根所发生之有机酸类，而被其吸收，作营养料。若此盐类分量太多，则常有一部分复变为不溶解于水的磷盐，而其培养植物之力减少，但幸其所变成之不溶性盐，其质幼细，仍可为植物吸收，不至大减滋养之功。不溶于水的磷酸，即正磷酸类所含之磷量，其盐类为$Ca_3(PO_4)_2$即Tertrary Salt，此种盐类不溶于水，亦不溶于植物之根的有机酸类，故其所含之磷无补于植物之营养也。

就农业而言，凡盐类之磷，可直接或间接以营养植物者，谓之可用的磷酸，即水溶性的磷与可变性的磷之合量也。按分析结果：

可用的磷＝水溶性的磷＋可变性的磷＝0.12＋1.59＝1.71%P

而不溶性的磷＝5.05%P

利用土内磷质的研究

（甲）炼磷

（乙）精制为水溶性的磷酸盐

（甲）炼磷——制磷者所用之原料，为磷酸钙石或动物骨类，依Readman-Parker氏电制方法，以磷酸钙石和砂及炭等，放入耐火砖为裹，且具有两极之铁炉中，用电流通过，约热至1150℃时分解如下：

$$2Ca_3(PO_4)_2+6SiO_2+10C=6CaSiO_3+10CO+P_4$$

俟此反应完成，其温度约在1400℃至1500℃之间，则其所须之电力可知，其蒸发之磷，在冷水中凝结；再经过铬酸钾与硫酸溶液，以去其杂质，再行打模，即得纯粹黄磷，电炉内所成之渣滓，由底下排去。

此法所用之磷钙石，所含之五养化磷成份，当在百分之三十五度以上，及电价低廉之地，方可适用。故美国近尼加拉大瀑布附近之电厂常设厂制磷，所需电力，至八千六百匹马力云。查西沙群岛之土，所含之五养化磷，不及12%，而我国未有水力发电，电价奇昂，若利用此土以制磷，似非相宜也。

（乙）精制为水溶性的酸磷盐——凡有含磷盐钙之物质，加硫酸适量，则变成水溶性的第一钙磷酸盐及一部分磷酸，但未言其制法，当研究有妨碍此制法之物质，分条解释如下：

（一）多量铁或铝存于磷酸钙原料中，其所成之硫酸铁或硫酸铝成胶状物，甚难干燥，故有碍于良好水溶性的磷酸之造成。

（二）少量碳酸钙存于原料中，其效可以放出强热，因加硫酸后，起放热反应也。且同时放出之二氧化碳气，助令物体疏松，而反应易完全，及易干与破碎，然多量之碳酸钙含于原料中，则非所宜：因（a）须加多量之水，以供所成石膏之结晶；（b）需多费硫酸，以供碳酸钙之分解，约一百份碳酸钙，须125份60°B′e2之浓硫酸。

（三）含镁之原料，亦非所宜因，氧化镁与第一钙磷酸盐（水溶性）起反应，成不溶解物，其式如下：

$$CaH_4(PO_4)_2+MgO=CaMgH_2(PO_4)_2+H_2O$$

大抵一份氧化镁令，3.5份水溶性磷性盐，变成不溶性的物。查西沙群岛之土，含磷不多，又有铁镁铝等杂质，所含之碳酸钙亦不少，若多费一项手续与金钱，以制水溶性的磷酸盐，似可不必也。

结 论

西沙群岛之土，大约为海鸟之遗粪堆积而成，然西沙岛处湿热之地，其摩尼亚已被分解，钾亦不见存在，故只留存者，不过少量之磷而已。惟上等肥料，必须磷、钾、氮，三者量足而俱备，故该土不堪称为最优之肥料也。若用以炼磷，固不合宜，即欲以精制为水溶性的磷盐，亦俟觉不必。然而该土之磷份虽不多，幸其所含之磷中，有为水溶性者，有为可变性者，两者均足供植物营养，且无有害于植物之杂质。而其天然之产量不少，若欲制成为优美之肥料，再混以适量之硫酸铔及硝酸钾，则尽善尽美矣。

参考书：

1. Thorpe Dictionary of Applied Chemistry

2. Mc Pheson and Henderson–Genesal Inorangic chenustry

3. Rogers–Industrial chemistry

4. Scott–Standard Methods of Analytical Chemistry

附西沙岛鸟粪土分析结果之总评

鸟粪土之外观为棕色，粉状，土壤间有点点白粉之存在，是即磷质化合物也。由定性分析之结果，其阳电子含有大部分磷钙质及有机物质，兼有微量铁铝及珪酸等；阴电子含有大部分碳酸绿素硫酸根等，又由两次定量分析取其平均结果，列举如下——水分12.9%，碳分60.45%，有机物27.83%，全磷酸12.54%（水溶性磷酸0.258%，枸橼酸溶性磷酸3.96%），石灰（CaO）40.02%，磷酸铁、铝（$FePO_4$＋Al PO_4）0.61%，磷质5.48%。

上表中所谓全磷酸者，即鸟粪中磷酸之全量。然全磷酸非尽能利用为植物之营养，其实能收效果者为水溶性磷酸及枸橼酸溶性磷酸，合称为有效磷酸水溶性磷酸，即能溶解水之磷酸。枸橼酸溶性磷酸为植物根部在土壤中分泌一种有机酸，能溶解磷酸盐，使植物吸收为营养分。分析上以枸橼酸铔液，近似有机酸之作用，借此化验以检定肥料中之效力耳。

由分析之结果而考察该鸟粪土之用途，可分为两种：其一由鸟粪土磷酸盐中抽出磷质，以制造赤磷供作火柴之原料；其二利用鸟粪土之磷酸盐，加工制造磷酸石灰，以供作肥料之用。兹将两者逐陈如下：

一、赤磷之制造

考磷矿与炭砂土混合在炉中加热1150℃，开始蒸发1400℃至1500℃完成其反应与其他杂质分离，更在闭密器中于230℃至250℃，加热变成赤磷。关于黄磷之制造，其加热方法，昔日利用固体燃料，如木炭、骸炭之类，火力不足，损量亦大。近日多利用电力，易得1500°之高温，依外国之实例，每千瓦磷之生产额需用11.4KW，H电力，能得原矿9%以上之收成。由上述分析之结果，鸟粪中之磷质，只得5.48%为量不多。又查中大理科鸟粪土十七种分析之报告，磷质有多至14.08%者，少至0.54%者，品质参差不同，实际上究能成立工业的制造与否，疑点尚多。而制造上，利用多量电力，如翁江水力发电厂，能设立成功，则可得廉价之电力，但以现在情形，磷质既少，电力价格又昂，经济上恐不合采算。

二、过磷酸石灰之制造

磷质为植物营养三大元素之一，对于植物果实收成有显著之效力。如上所述，植物摄取之磷酸，为水溶性磷酸及枸橼酸溶性磷酸，而一切天产磷矿如磷铁矿，鸟粪土骨灰等多含不溶性磷酸三石灰（$Ca_3P_2O_8$），必须经化学的处理，使变成水溶性磷酸一石灰（$CaH_4P_2O_8 \cdot H_2O$），是为过磷酸石灰之制造也。其制造之原理，简而言之，先经机械的处理粉碎为细粉，次加适量硫酸于磷矿中，即成制品。至于制造时硫酸之分量至为重要，过少则不能完成，其反应以致生成不溶性；磷酸二石灰（$Ca_2H_2P_2O_8 \cdot 4H_2O$）减少肥料之价值过多，则生成游离磷酸（$H_3PO_4$），以致制品潮湿，不能干燥，且损及植物之发育。硫酸添加之分量，除相当磷酸之分量外，更有其他种杂质，如石灰、碳酸盐、氧化铝、铁氯、碘氟化合物及有机物等，皆有消耗硫酸之作用，故必先由定量分析检定各原质之多少，然后逐一计算硫酸之需要量。杂质中如铁铝之合量超过3%以上者，不能充作制品之原料。盖因铁铝经硫酸之作用，变成硫酸盐后，在于贮藏中，起逆反应铁铝与磷酸结合而成不溶性，磷酸盐再而增加游离磷酸为害甚大。又查外国之实例，磷矿中之全磷酸含量超过10%以上，为工业上有价值之原料。

今依上表分析之结果，该鸟粪全磷酸含量12.54%为量不多，仅可及格。其中有效磷酸4.22%，磷酸铁铝含量0.61%，照例可作为肥料制造之原料。然征诸中大理科化验十七种之报告，全磷酸量少者1.24%，多者32.24%，品质上参差不同，制造上多感困难。又如中大农科化验两种之结果，氧化铁铝之合量达至13%，以上殊不适为肥料之用。据同校技师冯子章先生之提案，鸟粪中有效磷酸含有4%，磷酸含量既少，铁铝含量又多，不如直接用为肥料，用堆肥方法与有机物堆积数周间，利用腐败酸类，以增进其有效磷酸，是亦良策也。

（录自《广东建设公报》1930年第3期）

广东建设研究

广东省属岛屿经济地理概述

李次民

一、省属岛屿之重要性

广东人民素以冒险性强见称，但他们自明初开始作冒险事业以来，固比欧洲的西班牙、荷兰、葡萄牙及英、法等国的寻求海外殖民地为早，可是结果迄今五六百年，仍是毫无一点成就，这不能不说是一桩美中不足的事！不仅如此，不但对于远海之经营及发展向鲜注意，就是对于海疆以及远海群岛之如何建立据点，发展交通，以固边圉，亦非当忽略。虽然在我们的心目中，以为历史上的中外海上交通，广东曾得风气之先，足以沾沾自喜，可是首先招致外力打击的也以广东为之开端。这固是在封建专制时代，一切蒙昧无知鲜有远见，未能防范于先，致丧权辱国，使国势日盛，无足为怪。然而际兹“二十世纪的太平洋时代”，我们对于海疆应如何建设，远海群岛应如何开发，又何尝有过特别的注意。所以，长此以往，不单广东交通事业，经济资源无从开发，就是国防边圉，仍是无从巩固。倘一旦外敌凭陵，远如鸦片战争之祸，近如日寇长驱直捣广州之惨象，又何难重演。故每念及此，宁不令人惶悚！

广东省位于中国最南部，南滨南海，海岸线长达二千五百公里，占全国海岸线百分之二五，无论在国防军事、政治、经济、交通上，都占着很重要地位。尤其值此本省加紧推行五年计划的前夜，对于本省的风物地志，更需要作洞彻的研究，庶国计民生，有所利赖。兹就广东省属岛屿经济地理，作一概括的说明，以为本省潜心地方建设事业者的参考。

二、省属岛屿之分布

广东省属岛屿，除香港、澳门为割让地，以及广州湾收回后可作本省商业军事要地外，其最著者有中国南部最大的海南岛，次为东沙群岛、西沙群岛、南沙群岛、团沙群岛及南澳岛等。

海南岛位南海西北隅，东经一百〇八度至一百十一度二分三十秒，北纬十八度九分至二十度二分之间。东与台湾及菲律滨遥望，西隔东京湾与安南相对，南控南洋群岛，北与雷州半岛隔琼州海峡约十二海里之遥对峙。距香港二百六十八海里，台湾约六百海里，由海口市至海防为二百八十海里。

东沙群岛位于汕头之南，相距约一百一十海里，适在北纬二十度三十五分至四十七分，东经一百六十度四十分至五十五分之间，离台湾二百二十余海里，香港一百七十余海里，菲岛四百六十余海里，西沙群岛三百三十七海里。

西沙群岛在海南岛之南，相距一百二十海里，其位置在北纬十七度四十五分至五十五分，东经一百十一度十三分到十二度四十七分之间，东距台湾之高雄七百二十海里，香港三百九十海里，西距安南土伦港二百四十海里，海口市二百八十海里，榆林港一百四十五华里。

南沙群岛位西沙群岛之东，而稍偏南。团沙群岛，位更在南沙之南，为中国最南部之岛屿。过去常称西沙群岛之土莱塘（Triton在北纬十五度四十分），乃为我国最南部之地，这是错误的，其实团沙群岛尚在土莱塘岛之南三百余海里。民国二十二年法国占领团沙西部之九小岛，其中之斯巴特莱岛（Spratly I.在北纬八度三十九分），可作为海空军根据地。此等岛屿至一九三九年三月杪又为日军所占。现在日寇已经投降，我国应将此等群岛，速行收回，列为国防要地之一。

南澳岛位于东经一百十六度四十二分至五十五分，北纬二十三度二十二分至二十八分之间，东北隔海临福建之漳埔、诒安，东南面海，西与澄海、饶平相对峙，北与海山、柘林相望。

三、海南岛

海南岛是本省最重要的领属，也是南中国海唯一大岛，它适当东京湾和南海间的交通要冲，新加坡在它之西南，香港在它之东北为欧亚航运必经之地。岛上有五指山（又名黎母山），海拔二千余公尺，山有五峰，矗立如指，走向四周，成五大支脉，逐渐倾斜，山势险峻，溪谷曲折，故明代邱濬有“五峰如指翠相连，撑起炎荒半壁天”的诗为之写照。此外港湾林立，只需加以最新式的军事设备，就可成为我国南部一座铜墙铁壁。

海南岛面积约为41,580方公里，海岸线长达1,200公里，等于半个爱尔兰岛之大。岛上气候概括说来属于亚热带，它的气温，北部每年平均约为华氏表91度，最低约64.3度，全年平均约77.5度；南部每年最高约90度，最低约50度，平均温度约在70度左右。至于雨量，每年天雨日期有一百四十七日左右，雨量约84英寸，以八、九、十三个月雨量最盛，七、八、九三个月大雨时常有飓风。

岛上人口据最近调查约有三百余万人，其中分汉族、黎族、苗族，及少许外族。通常黎、苗两族合称生番，共约二十万人，文化程度很低，生活方式原始，但性情剽悍，骨骼强大，勇敢斗狠，如能善为教养，未始不足以成劲旅。至于汉族，秉性尤为坚毅，民族意识强烈，冒险精神极富，稍加训练，则一个公民便是一个战士。

由于海南岛的得天独厚，气候和暖，雨量充沛，土壤肥沃，故热带植物皆能繁殖。农作物种类很多，其中产稻米最盛。稻米分水陆二种，一年两收乃至三收，惟多县土地未经开垦，耕种技术原始，所以每年产米仅得二百四十吨，不足供全岛人民的粮食，这是美中不足的。倘能将濒海一带地方，在倾斜十五度土地，加以灌溉或垦殖杂粮，善用人力，曲尽地利，当可增加不少的粮食生产。其他农产如甘蔗，也是为海南岛主要产品之一，每年靠甘蔗出口而维生活者，为数甚众。岛上地处热带，很适合于树胶栽种，目下琼崖各地所种之树胶二十四万六千五百株，占地九千亩，倘能再加扩植，并将树胶能极力加工制造，则未来之发展洵不可限量。

岛上所产油脂植物，如芝麻、花生、椰子、海棠亦很可观，其中尤以椰子、海棠，产量最丰。此等植物油脂，用途甚广，除工业用制枧外，并可供机械动力之代用燃料。纤维植物，则有黄麻、青麻、波罗麻、木棉、棉花及丝等，出产亦多。此外深山荒谷，多远古森林，倘能开辟交通，加以采伐，亦未始不可增加本省富源。

岛上矿产，虽向无确切之统计及精细的调查，但其蕴藏量丰富。兹据粗略调查的结果，全岛所有矿产，现已发现的有金、银、铜、铁、锡、铅、锑、锌、锰、水银、硫黄、油页岩等，尤以锡矿为最富。至于铁矿的开采，石碌、田独二处已著成效，其质为东亚之最优秀者，且产量丰富。日本经已开发到相当程度，倘能继续兴办，并设立熔矿炉，冶铁工厂，与本省工业之发展，裨益至大。

海南岛除农矿等外，尚有水产事业，亦不容忽视。沿岛海岸线曲折，湾港林立，岩礁栉比，海水深浅不一，故盛产鱼类。惟岛民捞鱼仍多墨守成规，故渔业未著成效。倘能设立水产学校训练指导，渔业必可革新，于本省经济资源，亦不无裨益。至于盐业尤具有特别重要意义，盖琼岛四面环海，盐田处处，值兹建设时期，倘能予以贷款赈助，亦是增辟本省富源重要途径之一。

此外，海南岛山势陡峻，河谷曲折，甚可利用水力发电，以应我国建设之需要。按日寇占领海南岛后，在琼崖已设有水力电厂，目前仅可继续兴办，发展琼崖电力事业，以发挥国防工业之威力。

四、东沙群岛

东沙群岛旧称“千里石塘”，按它的地质之构成，在地质学上推定为仙霞岭之延长，岛屿暗礁排列连绵十六公里，全岛面积合计18.5方公里。东沙岛位于中央，该岛适在北纬二十度四十二分，东经一百六十度四十三分，东西长一哩半，南北广半哩，最高部海拔四十公尺，面积1090亩。西部有马蹄形小岛蒲垃，东部有蒲堤土礁，称为西泽礁，堤面细砂满布，长达二十二哩，幅一哩乃至二哩之半月形，成一大环状，环内波静如镜，各种海产物繁殖。气候夏季日间最高百度，冬季最低夜间五十五度，四五月间雨量最多。

岛上植物，杂草丛生，树木极少，鸟类有海鸥生栖，产卵如鸭蛋，可供食用。其他飞禽稀少。昆虫以蛾为最多，蝎、蜈蚣亦有繁殖。海产有石斑鱼、鲢、鲇、青衣、三须、马支、大沙鱼、鸡项、飞鱼、八目鳗、侧目鱼、鹤鱼等种类甚多。玳瑁、蟹及龙虾产额特别著名。他如海参、墨鱼、鱿鱼、鲍鱼、实贝、船蚶等，产量尤丰。药用植物有“海人草”，又名“鹧鸪菜”，年产干草五千余担，价值颇大。岛上出产磷矿，惟现已开采殆尽。

在前清时代，对于东沙岛及南澳岛同样视为重要岛屿，派兵驻守。英国曾两度要求在该岛设置灯塔及气候观测所。一九二三年三月我政府在岛上建立观测所、无线电台、灯塔各一座，电台可通东北、日本、新加坡。灯塔高五十尺，灯光距及十二哩乃至十八哩之遥。

岛上住民除观测所职员及本省建设厅所派农林局主持人外，尚有少数渔民居处。建设厅富源开发计划，拟设立东沙岛管理局，惟岛上磷矿开采殆尽，不知将来如何开发了。

五、西沙群岛

西沙群岛于一八八一至一八八四年，曾经德政府派员测量，颇为德政府所注意。至一九〇九年始正式确认为我国属土，归海南岛崖县管辖。最近我政府曾派一艘战舰，载兵百余人驻守，这种措施是刻不容缓的。全部岛屿及珊瑚礁凡二十余座，大别又可分为东西两岛群。其东大者有树岛、北岛、中岛、南岛、森岛、石岛及林肯岛等。其西大者有珊瑚岛、甘泉岛、金银岛、伏波岛、邓肯岛、掌岛、天文岛、南极岛及帕苏基岛等。

本岛群面积最大者为森岛，约为1,500,000方公尺，高可十公尺，作不整齐的椭圆形，周围礁脉环抱，潮落时东北部礁脉时常可见。岛上树林苍郁，直径一尺以上大木约有三分之二，其余小者亦高出二十尺左右。岛上有溪水涌出，唯一可供饮料。石岛面积为68,750方公尺，高达十五公尺，作东西凹凸形。邓肯岛面积为432,500方公尺，高仅数尺作半月形，中间有一小湖。

岛上多高达三丈之乔木，椰林繁殖甚茂。森岛、甘泉岛、珊瑚岛等，多海鸟栖息。全岛唯一资源为磷矿及磷质鸟粪层，铁矿蕴藏亦富。据日本井出季和大“南支那之产业与经济”调查，西沙群岛矿藏总额有九十七万八千余法吨，日人在岛上开采磷矿，敷设有轻便铁路，其他珊瑚礁之磷矿亦经开采。

西沙群岛往昔无人烟，航行者为辨别方向，设有标帜。七洲岛之近海，即通称七洋洲，自一九〇九年起归崖县管辖，抗战军兴，曾被日人占据。

六、南沙与团沙群岛

南沙群岛位于西沙群岛之东而稍偏南，团沙更在南沙之南，为我国最南部之岛屿。这二群岛面积很小，多属岩礁，是航行之危险地带。但这些岛屿终属我国海疆，领土主权之收回，乃为当前之急务。

抑有进者，团沙群岛之九小岛曾被法人占领，在地理名词即通常所称之斯巴特莱群岛，兹将此等岛屿之分布略为申述，以觇一斑。

斯巴特莱群岛位置在北纬八度三十九分及东经一百十度至一百十五度之间。共有著名岛屿大小八座：安波、斯巴特莱、伊都阿巴、罗伊太、兰基、南彝岛、低土、都尔，内包括东北岛及西南岛。其中罗伊太岛、兰基岛称为罗伊太礁，南彝岛与伊都阿巴岛同称为浅沙滩。

斯巴特莱岛位于一珊瑚层的西端，岛高十八尺，长达1,500尺。岛之四周多岩石，沿岸峻削。岛上天气颇佳，但有季候风，夏季潮后涨落有五又四分一尺之差。

斯巴特莱群岛的出产只是一些灌木和香蕉之类，除此而外，尚有少许磷矿、鸟粪层及渔产，谈不到什么资源。

七、南澳岛

南澳岛向为海盗跳梁之地，但其重要性久为国人所熟知；查该岛为闽粤交通锁钥，岛上有许多防务设备。全岛面积共193方里，山岳重叠，最高者海拔一千余尺，西北部较平，惟耕地面积仅有三方里。岛上人口有三万七千八百余人，一般生活状态尚佳，富于冒险精神，往南洋群岛及暹罗方面谋生，颇有成就，惟民性嗜吸阿片，乃美中不足。住民十分之六业渔，三分为业农，其他则从事商业。

岛上因山岭重叠，故耕地面积非常狭隘，谷物产额仅可供岛民二三月粮食，山地因滥伐关系，故到处童山濯濯，惟目前地方当局加紧奖励造林，稍有起见。盐业为南澳主要出产，年约三万五千担，汕头、潮安、揭阳、澄海方面多向岛上购买。渔业很盛，乌贼、龙虾产额不少。山中有硝石及硅砂土发现，加以采掘颇有希望。

八、结论

总之，广东省属之岛屿，在经济上的价值，已如上述。我们可能再从交通及国防军事去观察，也是非常重要的。

单论海南岛交通军事的重要，固然在一九三九年二月日寇占领海南岛时，蒋委员长发表谈话曾称为“太平洋的九一八”可以看出。就是在日寇未屈服之前，日本一般军事观察家，均认为海南岛是很重要的地方。如主张北守南进最力的海军少将石丸藤泰在其所著《海南岛军事上的价值》一文曾说：“如果把海南岛做军事的根据地，应用到两广方面，是处于一个可控制两广的军事上最重要的地位，有等于日俄战时的佐世保军港。假如把它应用到南洋争霸战上去，则可以作为争霸战之柱的海军根据地。日本如欲获得太平洋政治上及经济上的巩固地位，则非把握到它不可。”尤可见海南岛的战略意义。

至若东沙群岛，经济资源虽然不大，倘能加以设防，也是一个重要的据点。西沙、南沙、团沙三群岛，固然谈不到什么经济资源，但曾经法国及日寇的觊觎，故与其说在政治上和经济上的价值，毋宁说在军事战略方面。在过去法国为什么要先后占我斯巴特莱岛及西沙群岛？这就是说，法国有了安南及广州湾（指战前），都是没有后卫，在军事上作用不大。我们试以安南为中心，以广州湾为左翼，斯巴特莱可为右翼，在此左右翼中心部分，可加上西沙群岛的地位，正如虎添翼，于是安南军事形势一变。现在广州湾经我收回，最近西沙群岛我亦派兵驻守。倘能加以开辟，可筑成一大空军总站，进而把斯巴特莱收回，除可暂筑为潜水艇及远洋舰根据地外，且可辟为一大空军站。此外南澳岛地方虽小，亦向为国人所注意的，且过去亦有设防，倘能加以现代装备，至少闽粤海疆交通、治安，得以安堵。

末了，我们以为广东为一滨海省份，除对于省内一切建设事业须有计划的按部就班从事建设外，对于海上事业之经营与发展亦必须作积极的注意，盖海上亦有无尽藏的资源等待人们去开发的。因此我们希望欲建设新广东，对于海上政治、经济及国防军事之一切设施，也万不能丝毫忽略的！

一九四六，八，一二，粤稿。

（录自《广东建设研究》1946年第1卷第2期）

广东建设月刊

工业试验所开采西沙群岛鸟粪

整个计划经规划完竣

建设厅工业实验所，前曾向林厅长建议，采取西沙群岛鸟粪，改制混合肥料，以塞漏卮。兹查阅于此项整个计划，业经该所规划完竣，闻开办费约需二万余元，预算开工制造后，每月可出肥田料三百吨（伸合五千零四十担），约可获利七千余元。按据海关统计舶来肥田料，吾国每月约有十五六万担，广东销量则占此数三分之一，此项舶来肥田料，普通每担售价为十元至十五元不等，但我如能实行设厂自制后，则每担售价只需五元余，准此比较，可挽回利权不少云。

（录自《广东建设月刊》1932年第1卷第2期）

利用西沙群岛鸟粪制成适用之混合肥田料意见书

西沙群岛之鸟粪，据本所分析结果，非金属与酸根方面，则含有硫酸根、碳酸根、绿根、磷质及砂；金属方面，则含铁锰、铅及钙等；至定量分析，则水分为百分之十一.七九，磷为百分之五.一七，氧化钙为百分之三九.四三。该岛鸟粪内所含诸质中堪用为肥田料之价值者，厥为磷质，而此磷百分之五.一七中，复分为：水溶性磷，占百分之〇.二二；不溶于水的磷，占百分之五.〇五；更有可变性的磷，占百分之一.五九。所谓水溶性磷者，即能直接溶解于水之磷酸。

盐类中所含之磷，可变性的磷，即第二钙磷酸。盐类能溶解于中性的柠檬酸铔溶液中，即使用为肥料时，虽不能直接溶解于水而被植物吸收，但经相当时期，即溶解于植物根所发生之有机酸类中而被其吸收，作营养料。就农业而言，凡盐类之磷，可直接或间接以营养植物者，谓之有用的磷酸，即水溶性的磷与可变性的磷之合量也，其数为百分之一.七一。按此岛鸟粪之质，其磷量虽不多，幸其有用的磷，尚堪植物营养之用。且无害植物之杂质，若覆以腐败之动植物，使之发酵，以增其氮量，复混入相当量之灰与硝酸钠等混合和磨幼，盖亦一价廉可用之肥田料也。查海关报告，我国每年销用舶来田料，每月约拾伍六万担，而我粤占全量三分之一。此种田料，多系硫铔，每担售价自拾圆至拾伍圆不等，若利用西沙群岛鸟粪以造适用混合肥田料，其售价每担只九元余，而其质较之硫酸铔田料除氮气外，尚有钾磷两元素为植物重要滋养分，是则此种混合肥料，有益于老农老圃不少也。

（录自《广东建设月刊》1932年第1卷第2期）

设立西沙群岛鸟粪混合肥田料制造场拟算表

（一）固定资本：

工场建筑物	一〇〇〇〇.〇〇元
油发动机及磨机	一〇〇〇〇.〇〇元
修场机及其他设备	二〇〇〇.〇〇元

以上合共二万二千元

（二）流动金：二〇〇〇〇.〇〇元

（三）每月工作费：

1.燃料	四五〇〇.〇〇元
2.机械修理费	一五〇.〇〇元
3.滑油费	六〇.〇〇元
4.杂费	六〇.〇〇元
5.工场主任一名	二六〇.〇〇元
6.机械师一名	二四〇.〇〇元

7.助理员一名　八〇.〇〇元

8.帮机匠一名　六〇.〇〇元

9.工人二十名，每名二拾一元计　四二〇.〇〇元

10.资本利息二万二千元，年利率八厘计　一四六.六七元

11.机械耗损费贰万贰千元五厘计　九一.六七元

12.流动金年利率六厘计　三三.三四元

13.柴草灰一千〇八担，混合量20%，每担一角计　二〇一.六〇元

14.硫酸铔混合量15%，每月用七百伍拾六担，每担拾伍元计

一一三四〇.〇〇元

以上合共每月支出一万七千六百四拾叁元二角七分。

每月出混合肥田料三百吨，伸伍千零四拾担，每担成本叁元伍角，如运省销售每担平均运费伍角，假定售价为伍元伍角（舶来肥田料每担拾四伍元），除伍角运费外，每担可获利一元伍角，每月共获利七千伍百六拾元。

上列预算，系从小单位工场计算，如销路大，可加扩充。

厂址：宜设西沙群岛，或该岛附近航运便利之处。

（录自《广东建设月刊》1932年第1卷第2期）

拟管理西沙岛计划书

西沙岛为我国□□□□经清末及民十七年之调查，地理形势，均以明了成案可考，无须再作大规模之勘测，目前最急切问题，则为如何将其管理建设，以固国防，而保领土，用杜外人之觊觎。缘西沙岛向不为我国人注意，致利弃于地，外人垂涎其中，利益为日人所攫夺者，几及十稔。近年以来，且闻有法人在该岛，查得与安南民族有关征物九十余种，以图染指，而改版图，而我国政府年来除招商投承鸟粪外，关于如何管理建设，重领土保海权诸大计，均未尝注及，诚恐一旦有事，将必措手不及，感补牢之太晚。兹为未雨绸缪计，拟仿东沙岛管理办法，举海防设备之重要者，先行建设，以树规模，其余农林渔利诸端，俟调查详确后，再行举办尚不为晚，目前所计划者如下：

（一）设短波无线电台一座，以通消息；

（二）设灯塔两座，以便航行，俾赴欧洲及南洋吕宋轮船，免触礁之险；

（三）设气象台一座，以定该地之气候，及通报天气之急切变化；

（四）建职员住所数座，淡水池及蒸馏机等，以便住守。

惟西沙岛僻处南海，既无粮食，复无淡水，即卫生医药及日常衣服器用等，必须有常川轮船来往，以资运输，方可言住守而谋建设；且该地气候水土特殊，初期旅居，必感健康不适，易生疾病，故亦必须有轮船来往，以便将工作人员随时调换，或轮替始免危险。

以上建设计划，预期一年完成，在此一年工作期内，关于轮船输运及粮食之接济，拟由第一集团军海军司令部担任，以资便利，而资省靡劳。兹欲完成上列建设事项，故计需工作人员七十余人，类别之如下：

医务	医生一人	司药一人	看护及助手各一人
气象台	主任一人	观测员二人	杂役二人
无线电台	主任一人	司机二人	杂役二人
灯塔	主任一人	司机四人	杂役四人
建筑	泥水木匠十人	机械员二人	散工十人
运输	电船司机一人	舢板夫四人	水手六人
杂役	蒸馏淡水夫二人、消费合作社三人	发匠一人、洗衣四人、挑夫四人	伙夫四人、铁匠二人

预算：

依上开组织全盘预算可分为上列数项：

（甲）开办费：在第一年支出

（A）建筑费：

工人住宅及消费合作社一所	一六〇〇〇.〇〇元
气象台兼无线电台一所	一四〇〇〇.〇〇
灯塔二座	三〇〇〇〇.〇〇

（续表）

淡水池一座	一〇〇〇〇.〇〇
码头一座	三〇〇〇〇.〇〇
临时建筑	二〇〇〇〇.〇〇

以上共支一二〇〇〇〇.〇〇。

（B）仪器费：

无线电机一副	二〇〇〇〇.〇〇元
气象仪器全套	一三〇〇〇.〇〇
大蒸馏机一副	一二〇〇〇.〇〇
灯塔发电机二副	一〇〇〇〇〇.〇〇

以上共支一四五〇〇〇.〇〇元。

（C）轮船及用具：

电船一艘	一〇〇〇〇.〇〇
大舢板二艘	三〇〇〇.〇〇
家私用具	五〇〇〇.〇〇
研究用具	二〇〇〇.〇〇
文房用具	二〇〇〇.〇〇
医药卫生用具	三〇〇〇.〇〇
医药	五〇〇〇.〇〇

以上共支三〇〇〇〇.〇〇元。

以上三项第一年内共支出开办费银：二九五〇〇〇.〇〇元。

（乙）经常费：在第一年内支出

（A）薪俸：

医生一人	月支二〇〇.〇〇	年支二四〇〇.〇〇
司药一人	一二〇.〇〇	一四四〇.〇〇

（续表）

助手一人	一二〇.〇〇	一四四〇.〇〇
看护一人	八〇.〇〇	九六〇.〇〇
气象台主任一人	二〇〇.〇〇	二四〇〇.〇〇
观测员二人	二四〇.〇〇	二八八〇.〇〇
无线电台主任一人	二〇〇.〇〇	二四〇〇.〇〇
司机二人	二四〇.〇〇	二八八〇.〇〇
灯塔主任一人	二〇〇.〇〇	二四〇〇.〇〇
司机四人	三二〇.〇〇	三八四〇.〇〇
机械员二人	一六〇.〇〇	一九二〇.〇〇
泥水、木匠、散工共十二人	六〇〇.〇〇	七二〇〇.〇〇
杂役八人	二〇〇.〇〇	二四〇〇.〇〇
电船司机一人	七〇.〇〇	八四〇.〇〇
水手艇夫十人	二五〇.〇〇	三〇〇〇.〇〇
杂役二十人	五〇〇.〇〇	六〇〇〇.〇〇

以上薪俸每年共支四四四〇〇.〇〇元。

（B）办公费项

各项办公费每月总支	一〇〇〇.〇〇元	年支一二〇〇〇.〇〇元
煤炭电油每月支出	一〇〇〇.〇〇	一二〇〇〇.〇〇
杂支	五〇〇〇.〇〇	六〇〇〇.〇〇

以上办公费每年共支出银三〇〇〇〇.〇〇元。

上经常费（A）（B）两项合计每年共支银七四四〇〇.〇〇元。

开办与经常费二款在第一年内合计支出银三六九四〇〇.〇〇元。

但第二年以后可减泥水、木匠及散工等二十人，每年减支七千二百元，实支出经常费银六七二〇〇.〇〇元。

（录自《广东建设月刊》1932年第1卷第4、5期合刊）

广东旅沪同乡会月刊

日渔船驶东沙岛强采海产
当地长官制止无效

日渔船福寿二号，驶东沙岛，强采海产，经该处长官制止无效，五日电省府，请向日领严重交涉。

（录自《广东旅沪同乡会月刊》1934年第1卷第9期）

广东农业推广

东沙群岛调查记

余日森

一、绪言

东沙群岛在国防、经济及航海上占重要位置，其与人民经济发生关系，远在二百年以前，与航行上之利便，则始于民国十五年七月观象台及灯塔成立之后，而对于国防上实未见有何设置也。著者此次奉冯局长令派赴岛调查，盖欲详细考察该岛之实在情形，如形势、气候、海产等，俾东沙岛海产管理处及社会人士之有志经营该岛者，有所根据，是则将来发展斯岛，是篇之作不无少补也。

二、赴岛经过

著者奉派于廿四年三月十八日偕同东沙岛海产管理处主任梁权、第一集团军总司令部上校参谋林冠英、少校参谋曾希三、粤海舰队参谋胡应球、舰队司令部人员及东沙岛海产管理处人员等，乘福游舰于十九日上午启程往香港。抵港后只以连日风雨兼有霞雾，故停泊于深水埔地方候期，未能动程，延至二十七日天稍放晴，乃于下午三时半启碇前往。舰出香港海口，向东南驶，出港后云散天晴，但东北风颇急，浪头亦大，幸舰坚稳，乘波逐浪，安然度过黑夜。

廿八日晨四时许，行经一浅海地方，暗涌甚剧，舰摇动甚烈，约历半句钟始已。据带水人称："此处水深约十㖊至三十㖊（六十呎至一百八十呎），下为珊瑚礁所积成，与东沙岛无异，不过未达到水面高度耳。"由此到东沙尚有五十余浬，十时见有海鸥两只迎舰飞来，不久在水面且见有水草漂流而过。十时半从桅上瞭望台用远望镜南望，可以窥见东沙岛之无线电杆及灯塔。十一时半抵达岛西，因靠岸礁石突兀，水流紧急，故须饶至岛之东南，在岛与沙堤间徐徐驶进，时风浪已定，盖已入湖面也。乃择适当地点寄碇，下锚处水深约十㖊，距岛约二哩有半，此时遥见岛西北有日舰二艘似初抵步作下锚状者。在东方距岛五六哩处，有渔船三艘在，后得知即日本人之采草捕鱼船也。遥观岛上，见观象台前国旗高扬，且已有人在海滨集合做欢迎状者，于是分乘电船及舢板上岸，行李等物随即继续运到。

东沙岛出水面约三十余尺，碧水茫茫，浮着一条白沙，上生矮树，遥望只见铁架三柱，盖即无线电杆及灯塔也。约行半句钟抵岸，岸边成一海湾，浪潮击于沙滩上非常美观，岸上沙土松软，离岸十丈许灌木丛生，沿小径到达东沙海产有限公司办公处，略为休息。此办公处虽久不修葺，但尚完好，该公司尚留二工人在此看守，由工人导往观象台。沿路矮树葱郁，多有被斩伐作柴薪者，地上亦疏生粗草，但人行道上之沙土松浮，颇难举步耳。由办公处至观象台，相隔只四五十丈，但绕行矮树中亦需十分钟方达。抵台时台长黄琇出迎，并蒙招待及指导岛中情形。黄台长为四十许人，海军中校，据云台开办后翌年即任是职，曾长是台三次，闻下月中旬又将任满调职云。

三时许日本第三驱逐舰队司令平塚四郎，及汐风、滩风二驱逐舰舰长中村健夫等高级军佐六七人，因路过东沙，亦来拜谒，并留书函与台长，谓如有日本人入东沙捕鱼，可出手令遣去云。该二舰即晚亦离去。

旋即视察岛中及乘舟视察海上，并采集标本，晚宿办公处。是晚风平浪静，波平如镜，各人入睡后，全岛寂然，惟西北方潮泛冲击于礁石上，澎湃之声，清晰可听。

廿九日晨四时半，东风吹甚劲，声呜呜然。六时黄台长派员来通知，谓暹罗方面有低气压，风将愈吹愈紧。七时许唐舰长友彬派舢板来接，促即回舰返航，盖因风势太猛，锚碇不稳，恐发生危险，如早离开可避风势云云。上舢板后，逆风帆航，十时半一艘已先回舰；其一艘因风烈折桅，复被风压回岛上，略修理后，用小电船拖带，至一时廿分方抵舰。一时半舰启航向西北驶回香港，一路东北风势甚急，途中舰被风打击，倾侧角度至四十度，濒于危者数次，曾三拍电求救及电禀舰队司令部告急。幸后风势渐减，方于三十日午十二时平安抵深水埗湾泊，翌日（三十一日）回省，返局复命。兹谨将调查所得分述于后。

三、历史

东沙群岛向为粤省沿海渔人捕鱼驻足之所，二百年前陈伦炯著之《海国闻见录》卷首所列之《沿海全图》已记明此岛。于嘉庆十八年间（一八一三）西人亦常来东沙探测，英人金约翰所辑之《海道图说》内载之甚详，英国海图官局于一八九四年所著之《中国海指南》（*China Sea Directory*）一书，记载该岛之地势情形亦甚详细。陈寿彭在其所著之《中国江海险要图说》列东沙岛为广东杂澳之十三。光绪中王之春《柔远记》所绘《沿海舆图》亦记明白。我国渔民因出海捕鱼，常以此为贮粮之所，建有大王庙及兄弟所各一间，又盖大木厂以为晒胶菜及各种海产之用。渔民梁胜、梁带、周华社、余朗轩等由同治年至光绪年间（四十余年）常在东沙捕鱼。迨光绪三十三年台湾基隆日本商西泽吉次，率伴到此，强将渔民驱逐，将大王庙及兄弟所拆毁，又将坟墓内尸骸一百余具掘出，架于大木厂上焚毁，以图灭迹，并竖旗立碑，将岛名为西泽岛，东沙礁名为西泽礁，占为已有。清光绪宣统年间，中国政府向日本几经交涉，并备价毫银十三万元购买岛上建筑物等，始得将岛收回。自宣统后，政府鉴于外人之攘夺，曾屡次委员经营，委员蔡康欲取磷质及渔鱼，毫无成绩。钦廉郭人漳呈拟将合浦县人犯解岛做苦工以为开垦，但因当时岛中设置未备，遂致搁置。光复后，政府改变计划，招商承办，先后由叶养珍、陈武烈、刘兆铭、周骏烈、陈荷朝等相继承办。其中或有未赴岛，或赴岛后明知该岛蕴藏丰富，因不谙该岛情形，或缺乏采捕智识，办理屡遭失败，卒致出于停办，货弃于海，任由日本渔民窃取，利益外溢，可堪浩叹！本省当局有见及此，特令本局局长冯锐负责于是年二月成立东沙岛海产管理处，积极开发，使南海之宝藏，不至东流，庶于此农村破产经济衰落之时，开拓源流，以为国计民生之一助也。

四、位置及形势

东沙群岛孤悬海中，本为珊瑚类动物之骨骼长聚而成，居东经线一百十六度四十分至五十五分及北纬线二十度三十五分至四十七分之间，距西沙群岛三百三十七浬，香港一百七十浬，菲律宾四百六十余浬，台湾二百二十浬。在西为一马蹄形小岛，即常称为东沙岛者，英人称之为蒲拉士岛（Pratas Island）；在东为一大礁石，上铺细沙，称为沙堤，英人称之为蒲拉士（Pratas Reef）；在岛与沙堤间，大小礁石甚多，或没水中，或露出水面，起伏不一。

东沙岛位于东经一百十六度四十三分，北纬二十度四十二分，东西长一哩有半，南北广半哩，最高处高出水面四十呎，面积有一千零九十华亩，状似马蹄形，若两拱手拥抱。中成一湖，虽潮落时水深仍有四五尺，开口于西北方，湖之面积约有五百华亩。岛之周围，暗礁起伏海中，绵亘十方哩，尤以西南方为最多。近岸处水清见底，作浅蓝色，危石分布海底，掩映可见，石花之美丽，亦可透视。岛中土质除表面一部分为动植物尸骸腐化后所成之泥土外，其余纯为珊瑚之骸骨、贝壳、介壳等被水击碎后堆积所成，并无磷质发现。此土不适于栽种植物，亦无黏性，每被风水冲刮剥蚀。岛中周年东北风颇烈，浪潮冲击岛之东北岸，剥蚀甚巨，每年有损失至三四尺宽者，但西南方面每年都有长积之土。

岛东之大礁石，即西泽占岛时所称之西泽礁也。上盖细沙成堤，拱向岛方围抱作半月形，仿佛与岛相联成一大环者。环外之水深度恒达五十呎至一百五十呎之间，风浪暗涌甚烈，环内成一大湖，风平浪静时，波平如镜，洵称美观。沙堤亦为珊瑚骨骼及贝壳残碎所积成，长约廿二哩，宽一哩至二哩，潮涨时没水中，潮退时恒露出水面二三尺。所有海产大部分生长在沙堤腹面内，日本渔人常越界窃鱼，或偷取海草，因政府未设法保护，致日本人得自由出入，予取予携，利权丧失，莫此为甚！闻自本局设处管理后，驻广州日领事及日武官反扬言谓此沙堤属公共海界，日人可得自由采捕云。查蒲拉士岛及蒲拉士礁为中国所有久已载在图籍，况西泽占据东沙时，将岛改名东沙岛，礁名东沙礁，归还后，此岛此礁，当属诸我国，毫无疑义。今日本领事及武官如此蔑视，实有纠正之必要也。

五、岛上设置

东沙群岛，离海岸甚远，人迹罕到，其东边半月形沙堤上，时被水淹，不能设置若何建筑物，故只于岛东由渔人建有大王庙一所而已。民十五年中央海军部海岸巡防处始在岛之东南建设观象台、无线电台、灯塔等，以利航行。民十六年东沙海产有限公司乃建筑办公处、货仓、工人宿舍等房舍。时过境迁，现在完好者，仅存观象台、无线电台而已。兹将建筑物分述如下：

1.大王庙　在岛东有大王庙一所，不知建自何年，历来为中国渔船所崇拜凭依之所，中藏杂粮，所以备不时之需也。同治八年（一八六九）渔船船主梁胜手植椰树三株于庙后，以增景致。于光绪廿二年（一八九六）彼因见庙残旧，出资二千元修理，又建兄弟所一间（即祠堂），用银五百元。廿九年（一九〇三）东主及各伴又签银七百余两重修。此大王庙及兄弟所之形状虽不可考，然观其修理费之巨，可见其规模亦不小也。光绪卅三此建筑物尽为日本商西泽所毁灭，而在其址另掘水池及建筑房舍，铺置轻便铁路、码头、电话等，差幸此三株椰子树仍兀立岛中，留存至今，得以点缀该岛风景不少。民十四年，因建筑观象台、无线电台、灯塔所余材料，工人遂将此项材料在椰树东北二十丈地方，建一天后庙，全座用士敏土建成，长六尺，广六尺，高六尺，坐东北，向西南，配置铁门，内悬天后圣母像，前陈香炉宝鼎，外设拜坛，香火不绝。

2.观象台　自宣统元年议收东沙岛之时，李提督准，即有在岛设立无线电之议，后未果行。及至十月接收东沙岛时，香港天文台有拟在该岛安设无线电以通风信之请，遂核议由我国自行设置，交由李准办理，因当时粤省库储支绌，故又搁置。民国十二年间，驻京英领以东沙岛处于中国与菲律宾交通航线之中点，每年五月至九月间，为飓风必经之地，航行南方之轮船，专恃香港及菲律宾之天文台，殊欠周到，请准在该岛建设观象台以为航船预防飓风之备。北京政府以主权所关，不便交外人经理，乃决自建，交海军部筹设。海部乃令行海岸巡防处筹办，海防处拟具计划在上海投标工程，由士达建筑公司以大洋九万二千元投得，派许庆文监造工程，在上海定制砖石机件，按图叠凑成台，然后逐件拆卸，分别记号，转装江平轮船，于十四年七月开始搬运到岛，即于是月开工建筑。因是处风浪甚大，转运艰难，船沉者屡，驳运时期竟费三月有余，包工人大遭折阅，出于逃亡，因水土不服，工人亦多病死者。后改派许庆文另在香港招工建造，至十五年三月十九日方全部竣工，计有观象台一座、无线电台一座、灯塔一座，所费达二十万元。

该台位置于岛中最高实地，坐西向东，全部作E形，在岛东方，基址高出地面四尺，面积约纵横各一百尺，楼高十二尺，顶上设天文测量仪。全座用士敏土铁骨建成，至办公室、住宿舍、发电机、无线电机、电池室、火药子弹库、西药房等俱设台内，另建一室设置测量气温、气压、晴雨、温度、雨量、风向、风力、地震等仪器。在台北又有淡水制造厂、淡水池、储藏室、水厕、厨房等设备，在淡水厂与椰子树间有鸡鸭饲养园一所，用以养饲牲畜，南北两面设有轻便铁路，以为运输之用。

3.无线电台　无线电杆两枝为铁条所架成，高二百二十英尺，两杆距离三百英尺。民廿一年飓风甚烈，将杆打折，现在南边之杆高二百一十英尺，在北边之杆则余九十尺高而已，经修复天线后尚可应用。无线电机用德国得力风根机大小二部，大部电机可达一千四百五十公里，能与奉天、日本东京、新加坡通电；小部电机六百公里，能与邻近船只，及海防、吕宋、厦门等地通电。历年以来多有添改，现用短波机，波长为二十三、四十七及四十六公尺，所报天文由日本之北起，东至小吕宋，西至海防。早报下午一时发出，晚报六时一刻发出，飓风报每时发出，若有紧急气象，随测随报，此台符号为XPI。

4.灯塔　为铁架所制成，设在岛之东南最高土堆上，高一百五十英尺，灯火可照十二哩至十八哩，后因机件损坏，但仍可照六七哩，迨至廿一年底则废置不可复用。此后轮舰之在东沙之沙堤触礁遇险者，年有所闻。兹将历年失事轮船列后：

（1）廿二年三月俄国运军械船在沙堤遇险，后被救回。

（2）同年九月日轮贞岗丸在沙堤之东北失事，搁于礁上。

（3）廿三年五月意国轮船驶往南洋群岛，在堤北遇险。

（4）同年六月日本煤船，又在堤北遇险。

（5）同年十月金桥城轮船在岛东南遇险，搁于礁上，半已沉没。

以上只就能计算出者而言，从此可知此灯塔之重要。希望该观象台早日将灯塔修复，或改装远照之灯光，扩充灯光能照达二十浬，使航者早知规避以免发生危险也。观象台设职员八人及机匠工人十五人共二十三人，职员有台长一人，副台长兼工程师一人，副工程师一人，报务员四人，及医官一人，皆由海军部海防处任用。所有职工，除原薪外，俱照薪津贴百分之八十，职员任期一年，每半年轮流换班一次。所有岛中伙食、用具、燃料等，皆由换班时运来，送接皆托香港皇后道中七十二号甲建兴公司承办，每次运费约港币三千元，每年两次。该台经费年约四万元。

5.东沙海产有限公司，为民十六年陈荷朝所创办，以年饷贰万元向实业厅承办东沙海产，在岛上设有办公处一座、工人宿舍二座、货仓一座、厨房一座。

办公处一座，楼高二层，高二丈，广四方丈，全以木建成。楼下用砖柱，楼上用木柱，屋顶用锌铁板。此办公处，虽久不修葺，但尚完好可用。

工人宿舍两座，每座广四方丈，在距办公处东二十丈建筑，楼只一层，完全木板建成，现只余木架而已。

货仓一座在宿舍东，广八方丈，建以砖墙三合土，高一丈。此处因近海边，靠海之墙经已颓毁，全座坍塌，不可复用矣。

六、气候

该岛位置，虽处热带，但气候温和，不燥不湿。温度最高在夏季午间高达百度，最低在冬季夜间有冷至五十五度者。湿度常在八十度之间，雨水周年皆有，但以四五月为多。气压则甚悬殊，但平常约在七百六十二粍与七百一十粍之间。长年多吹东北风，尤以九月至十二月尤烈，是即飓风之候也。东沙飓风，来去无定，凡菲律宾、海防、日本东京等处有低气压，飓风发生常影响及于东沙，此东沙观象台设置之重要也。岛中春季时，风浪略静，可以开工经营渔业，至夏季尤合捕鱼及采海草。每日午后常下雨一二小时，居岛中者多设池储蓄雨水以供洗濯及饮食之用。时至秋冬，风涛日渐险恶，故业鱼者停止采捕，须俟天气转暖，乃敢出海。兹将岛中风信，简录于后：

正月	风向东北	风力至六度（每秒速度八公尺至十四公尺）
二月	风向东北	风力五度至六度
三月	风向东北或西南	风力三度至四度（每秒三公尺半至八公尺）
四月	风向东北或东南	风力二度至三度（每秒一公尺半至五公尺半）
五月	风向不定	风力甚微
六月	风向不定	风力微

（续表）

七月	风向不定	风力微
八月	风向不定	风力微
九月	风向东北	风力四度至五度（每秒四公尺至十公尺）
十月	风向东北	风力五度至六度（每秒八公尺至十四公尺）
十一月	风向东北	风力六度至七度（每秒十一公尺至十七公尺）
十二月	风向东北	风力六度至七度

此只就全年平常之风向风力而言，倘有特殊变迁，或飓风起于东沙，则风力有猛至十度（每秒廿四公尺至廿八公尺）者。

七、物产

东沙为一荒岛，孤悬海中，人迹罕到，亦无野兽，遍地皆细沙，甚难种植。自建观象台后，台中人员之食物，均由外方运来供给，在岛上虽无何物，然在海中则出产甚富。兹分述如下：

1.矿物　东沙本为珊瑚骸骨堆积而成，在地面之白色细沙，是石灰质，本为珊瑚、贝壳等之碎片，故不宜于种植。岛中间亦可拾获矾石、云石等，但此种石乃由外方带来遗弃于岛上者。岛中本有磷质鸟粪甚多，然自人居后，鸟亦少集，前经日本人采掘后，今已无存矣。岛中水味甚咸，可以制盐。食水乃取咸水蒸馏而得者，该台淡水机之锡甑，日出蒸馏水一百加仑。现虽凿有井三口，但水味亦不见淡，故洗用、食用皆用蒸馏之汽水，或将接得之雨水用之。

2.植物　岛中野生树木甚多，初开辟时，因树木丛生，致生疾病，故斩伐不少。自设观象台后，因需要燃料，每斩树枝以作薪柴。现岛上所余者，只斩后重生之矮树而已。然不能多斩伐，盖调剂空气及阻止沙土飞扬，树木甚为重要也。除地面之植物外，尚有海中之海草如海人草及石花菜等。兹将植物类分述于后：

（1）生在地面者：

①桑　岛上多野桑树，树干有至一尺径者，然因斫作薪柴，现所余者，只重生出之横枝而已。桑树普通有四五尺高，亦颇茂盛，触目皆是。

②野枇杷　乃一种形似枇杷之树，开八瓣高盘状白花，不结果，树干亦大，因斩

作薪柴，故亦不高，但颇茂盛。

③通心树　为一种矮树，因树干中空故名，叶数重轮生于枝顶，叶色浅绿若敷上白粉状，叶身肥厚，无花，不能作燃料。据称倘以通心木作柴烧水，饮之能使人泻痢云，因此通心树在岛上繁殖甚盛。

④椰子树　椰子树三株乃同治八年（一八六九）渔船船主梁胜所手植，距今已六十六年。此椰树高约三丈，虽结实，但不长成，盖因地土关系也。

⑤草　草有两种，一种平卧地面，叶披针状如竹叶，形小；一种高约一二尺，如马尾草状。此二种草生长于较阴湿之处。

⑥脚气草　如瓜子菜状，叶青绿，蔓延于地上，在岛湖滨生长颇多，煎汤饮之可疗脚气症，故名。

（2）生在架上者：菜蔬类植物，在沙土上栽之不适宜。白菜、芥菜、葱等蔬菜，皆用木盘、木箱、煤油罐等中盛泥土，放置于离地二三尺之架上栽植之。栽种冬瓜亦然，所用泥土皆从外地运来者。

（3）生于海中者：

①海人草（Digenia Simplex Ag.）一名鹧鸪菜，为红藻之一，着生于石灰质岩石上，为东沙岛特产，长六七吋，直径半寸，新鲜时紫黑，干后暗紫色，因枝连接分叉若人字形，故名。小羽状叶周围丛生枝上，每枝之顶形圆如狐尾，有海草之特殊臭味。生于二三呎至十呎水中，须潜水方能探得，盛产于沙堤中部及西南湾内，每年四五月及八九月间可以采取，年产一万八千担，晒干后可得干草五千余担。此草于采得后，须置日光下曝干之，若湿置之必至腐败，倘湿草积叠，遇酷热天气，每每自行着火，不可不慎也。海人草主治疳积等症，有驱除人体寄生之蛔虫及调摄肠胃之效。日本人取之最多，制成灭疳宁液（Iiduid Maenin）、灭疳宁散（Powdered Maenin）出售。

②石花菜（Gelidiu Cartilagineum Giev）亦产于沙堤湾内，生于海中砂石间，状如小灌木，高四五寸，枝多而细，色红紫，曝干成黄白色。吾粤多煮溶之，用以糊裱灯笼和字帖，或煮溶凝冻成胶切片供食，名冻琼脂，广州俗名大菜糕，北方有只用沸汤洗净冻食者。日本将之制成白色细条，输入我国，称为东洋菜。东沙每年产量亦甚多，因采海草者不注意此物，故无确数也。

3.动物　东沙所产之动物，种类甚多，兹略述之以供参考：

（1）在空中之飞鸟

①海鸥　海鸥为海鸟之一种，背面色黑腹面色白，鹤嘴鸭脚，两翼长三尺，体重二三斤，飞行速而稳定，常捕食水中小鱼为食饵，群栖于岛湖滨，营巢于沙上。卵大如鸭卵，色浅绿，卵白亦略带绿色，卵黄小，味甘美，岛人常沿湖边采拾以供食用。岛中雀鸟，甚少被人惊扰，海鸥约千余，见人到亦不惊惧。

②其他鸟类　咸水沙追形如沙追，约有一二百头，黄白鹤形似飞鹤，但兼黄白色约有数十头，及相思小鸟亦有数十头而已。

（2）在地面者　岛上以黑蚁为最多，地上密布蚁穴，屋内随处有蚁，故观象台中所用之台脚、床脚、用具等，皆置于小铁罐，或小杯中，中贮药水，使蚁隔离。负盘（俗名甲由）亦多，沿墙而走。其余蝎及蜈蚣等亦常见于室内或室外。

（3）在海中者，种类甚多，且产量亦巨，兹分述如下：

①鱼　在茫茫大海中风涛甚大，鱼类皆以东沙为安乐窝，偶遇海洋不静，湾内之鱼更众，曾记初抵东沙时，乘钓海中，一分钟可得石斑鱼三尾，从此可见鱼之多也。东沙海中，随处皆产石班、鲢鲇、青衣、三须、马友等鱼类，岛北多产大沙鱼，其他如海底鸡项、飞鱼、八目鳗、侧目鱼、鹤鱼等亦产之，鱼类以四月至八月间为多。

②玳瑁　东沙产大玳瑁，壳广三四尺，每年五月间，玳瑁于夜间上岸产卵，捕者伺之于沙滩，待其静止，挽翻而捕擒之。

③虾蟹　东沙产寄居蟹多种，此种蟹寄居于大小螺壳内，种种色色，多不胜记，沿岸边皆可拾取。又产红蟹一种，形如大蟛蜞，两眼高瞪，色红青，食之能致腹泻。岛南礁石间产大龙虾每只重六七斤，肉味鲜美。

④棘皮动物　在沙堤湾内产红海参，但惜其味苦涩，不适于食用耳。海胆亦有产生，但数量甚少。

⑤软体动物　墨鱼（乌贼）、鱿鱼、鲍鱼（石决明），产于岛之西北，产量至富。他如宝贝、高濑贝、尖塔螺、响螺、扇贝、船蚶等贝壳类产量亦多，小者如豆，大者重百余斤，种类不下百余种。其美观者可制装饰品，或为制纽扣之重要原料，年产亦不弱，此亦东沙之重要出产之一。

⑥肠腔动物　珊瑚、海底柏、海底柳、石花等，在海底出产亦富，尤以岛西南为

特多，此类动物可为装饰品及药材之用。

⑦其他　除以上所举者外，其他出产之未能调查者当必甚多。观象台中人员为供给食用起见，用铁丝网围成鸡鸭饲养场，现场内养有小白黑鸡四只，场外有小黑猪一只，因饲料供给不足，鸡猪亦不见长育充足。闻此家禽家畜在岛上不能生育传种，所有畜种俱从外方运来者云。

八、结论

统观东沙岛之地势物产，实大有可经营与开发者。中国之人性，是只知取其目前之利，而不知合力远图，故东沙岛虽为中国之地，渔人终日在此捕鱼，而反为外人夺去，盖以渔人无组织，政府无政治设施也。自清季收回东沙岛后，至今已二十五年矣，不特毫无寸进，反被日人卷土重来，且又欲再施其侵占之野心，国人岂可不猛醒，亟起而图之！今幸本局局长冯锐秉承当局之意旨，具大无畏之精神与坚忍之决心，积极特组东沙海产管理处以经营之，庶几东沙岛海产不致再为日人攘夺。其将来经营如何，虽不能预知，是亦差强人意之事也。谨将此行所见，及其急需举办者，分列于后，以供参考。

1.东沙海产至富，估计只海人草一项已年可产五千五百担，以每担价二十元算，年可获利十余万元，倘能杜绝偷采，则价当可抬高。因东沙岛所产海人草比世界各处为多，而其质最好，故欲得草者，非向我国购买不可，而价钱当可被我垄断，收入将不止区区此数。他如珊瑚、贝类、鱼类、玳瑁等，照时价算，年值亦在三十万元以上，此岛之利源盖甚大也。

2.东沙岛远处大洋海中，波涛汹涌，若用大船来往，每次须五六千元，太不经济。故往东沙岛者以用载重五百担大之渔船为宜，因波浪紧急，船须装置发动机，方易于行驶，然船小则危险，有非熟习航海及富于冒险精神者不敢往。又从前到岛之渔船，每苦无避风之处，一旦有飓风，则船物难保。作者此行，得悉岛中有一浅湖，广五百亩，深七八尺，即水退时，亦深四五尺，可挖深以为避风之用。湖内可容渔船五六十艘，为便渔船出入计，可将东边数丈基堤沟通，如此四周可有一二丈高堤岸，可阻止风势，船在其中，虽遇飓风亦可保安全也。

3.东沙岛为一荒岛，在岛中朝风夕雨，飞石扬尘，人困处其中，食不甘味，行坐咫尺，与外人隔绝，交接艰难。故开发东沙岛者，必须具大无畏之精神，坚强之魄力，抱牺牲之决心者，始克有济；否则终必如前之官办商办者，徒具一番热诚，而终归心灰意冷，卒至失败破产，可不慨哉！

4.东沙礁石甚多，往来船只，向无一定水路，为航行平安起见，应测定安全航线，使船入湾后，循道而行，不致发生危险。

5.东沙岛之沙堤，常没水中，南行之船，每在此触礁，航者常有戒心！如遇飓风，船行经此，多不能免。潮汕有“趁东沙”一语，盖即指飓风后来东沙抢取破船中货物，所谓发洋财也。为预防危险计，东沙岛上之灯塔须恢复照射，更于沙堤扼要地方设立灯塔，使航行者不致再有触礁之患，而渔船可以放心来岛捕鱼，此应急待建设者也。

6.东沙岛虽弹丸之地，但其地位至为重要。当兹国际风云紧急之时，而此岛又介于香港、菲律宾、台湾等英美日三国属地之间，为我国南方扼要门户，其重要实有举足轻重之势。故为国防计，我国应在岛上有所设备，甚望军事当局早日设置之！

（录自《广东农业推广》1935年第7期）

广东省政府公报

建设厅呈复核议东沙岛承商呈请撤委该公司监察员情形案

一、指令建厅

广东省政府指令　　　　　　　建字第二八八号

十八，八，十七

建设厅厅长邓彦华

呈一件呈复关于东沙岛承商周骏烈，呈请撤销委派该公司监察员免糜巨费，奉饬查明核议一案经办情形。谨将《修正特派监察员办事规则》连同奉发周骏烈正副原呈各一件，请察核备案由

呈及附件均悉。此令，附件存。

二、附原呈

呈为呈请察核事，现奉钧府发下东沙岛承商周骏烈呈请撤销委派该公司监察员正副原呈二件，饬查明核议，等因。奉此，遵查职厅委派东沙岛采取海产监察员，原系根据呈准该岛招商承办章程第十二条办理，以期实施监督。俾免承商有再蹈从前商人暗算外资，勾结外人，丧权辱国情弊，办理本无不合，既有此项监察员，当然订有办事规则，使该员等执行职务，有所遵守。查职厅拟订该员办事规则，亦系根据设置此项人员，应有职权之原则，以为规定，并非格外苛求。而规则所定该监察员薪公夫费，每员每月定为三百元，原系仿照中山大学，及学委员禄超与职厅会订呈准之《西

沙群岛鸟粪招商承办章程》第十四条而定，事有根据，既非凭空撰拟。即按诸事实，以一常川孤悬外荒岛，实行监督工作之类监察员，每月薪水连同办公夫役各费，仅支三百元，数目亦不为多。其规则第九条所定川资旅费，系属临时性质，亦与原定委员薪公夫费不同。前据该商具呈，业经明白解释，本难任令借口。惟查该商日前报告东沙岛采取海产，每年除飓风期外，仅得六七个月可以施工一节，尚属实情。兹为特别通融体恤起见，职厅原定监察员办事规则第四、第八条，酌为修改，减少监察时期，其第九条所定川资旅费，并予全行删去，期于实行监察之中，仍寓体恤商艰之意。现该项规则，业经分别修正，除令饬监察员及该承商遵照办理外，理合备文连同《修正办事规则》一份，并发下周骏烈正副原呈二件。呈请钧府察核，伏乞俯予备案，并批饬该商遵照，实为公便。谨呈广东省政府

计附：《修正东沙岛采取海产监察员办事规则》一份，缴回周骏烈正副原呈二件。

三、附《监察员办事规则》

广东建设厅特派东沙岛采取海产监察员办事规则

第一条　广东建设厅特派东沙岛采取海产监察员办理监督指导承商采取海产事宜，除《章程》已有规定外，悉依本规则行之。

第二条　依据《东沙岛海产招商承办章程》第十条之规定，由广东建设厅委派监察员二员，监督承商，采取海产。

第三条　监察职权

（一）关于指导承商海产应设备各事项。

（二）关于稽核承商资本是否充足，及有无召集外股事项。

（三）关于监督承商采取海产各种工作事项。

（四）关于监督承商贩运售卖各种海产事项。

（五）关于检查承商营业账目盈亏事项。

（六）关于取缔承商违章雇用外人作工事项。

（七）关于东沙岛承商章程内载，一切应行监察事项。

第四条　监察员应依照前条所列事项，于每年采取海草期间内，随时切实监督承商所营事业。于必要时，并应常川驻岛，或分巡该公司、省港汕厦各办事处，以便稽核监督。

第五条　监察员每月应将承商办理经过情形，连同监指导事项，造具报告书表，呈报建设厅一次，以凭考核。

第六条　东沙岛承商应受监察员随时监督指导，如该承商有不服监察事情，监察员得随时呈报建设厅酌予惩处。

第七条　东沙岛承商应于岛内，及该公司省港各办事处，设备监察员办公地点及宿舍妥为招待。

第八条　监察员薪公夫费，每员每月定为毫银三百元，于每年采取海草之期内（不得少于四个月，不得多于六个月），由东沙岛承商按月交送，不得延欠。如有延欠，由监察员呈报建设厅转饬该商担保店克日代偿。

第九条　本规则如有未尽事宜，得由监察员酌为增改，呈建设厅核准修正之。

第十条　本规则自公布日起施。

（录自《广东省政府公报》1929年第20期）

议决东沙岛海产仍由原商陈荷朝承办
西沙岛鸟粪由建厅拟具开采具体办法案

一、指令建厅

广东省政府指令　　　　　　建字第五五号

十九，元，十七

建设厅厅长邓彦华

提议书为派员查得周骏烈承办东沙岛海产，宋锡权承办西沙岛鸟粪两案，均未遵章办理，并有勾结外人嫌疑。拟将该两商承案，立予分别撤销，其东沙岛海产，恢复原商陈荷朝承案，着令切实探取。其西沙岛鸟粪，拟收归政府经营，或增加底价，招商公开竞投，以昭核实，请公决由，提议书悉。现经本府第五届委员会第四十六次会议，议决东沙岛判回陈荷朝遵照定章承办，但须加入如查有勾结外人采取情弊，则将按金及资本额没收之条文。西沙岛先由该厅计划具体开探办法，再行呈议在案，仰即知照，并分别转饬遵照，此令。

二、附提议书

提议查明承办东西沙岛海产及鸟粪，商人周骏烈、宋锡权，均未遵章办理，并有勾结外人嫌疑，拟将东沙岛海产恢复原商陈荷朝承案，着令切实采取。其西沙岛鸟粪，富源较巨，并拟收归政府经营，或增加底价，招商公开竞投，以昭核实案。现奉钧府训令建字第一〇五七号内开，为令饬事。案查“前据番禺县商民朱务和，呈拟集资承办海南东西沙等岛沿海水产渔业，开具办法三项，请予核准给照开办，以挽利权一案。当以查核来呈所拟办法，过于简略，仰迅将承办地点、位置界至及经营计划与办理章程，分别造具详细图说，呈候核办可也”等词批示在案。兹据该商呈拟承办计划书，及图说各二份到府，请予批准开办等情。卷查东沙群岛海产招商承办案，业于本年二月间提出本府第四届委员会第一百三十一次会议，议决准由周骏烈优先承办，并饬该厅随时监督考察。又西沙群岛鸟粪招商承采案，业于本年六月间提出，本府第四届委员会第一六〇次会议，议决准由宋锡权承办，但须遵照本府修正章程办理，暨先后录案，令饬该厅知照各在案。迄今半载有余，究竟各该承商是否遵章办理，未具报前来，亟应查明核办。兹据前情，除批候交该厅审议复查外，合将该商朱务和副呈，及计划书图说各一份检发，令仰该厅长迅即查明周宋两商承办原案，以及现在办理情形，并案审核拟议具复，以凭核查毋延，此令等因，并附发副呈及计划书图说各一件奉此，自应遵办。查东沙岛招商承采海产一案，自去年二月，奉钧府议决，准周骏烈于两个月内，有遵章优先承领权，当经职厅马前任录案令饬该商遵照承办。惟周商奉令后辗转稽延，未能依期遵办，甚至对于招商章程规定，应在广州市取具一万元资本额担保店，亦再三变更，几经批饬，始觅得宜昌烟行合格店保。其章程规定应缴存资本十万元，银行证明书，亦只据缴厦门中兴银号贮款簿据，经马前任饬遵奉将资本移在广州或汕头中央银行，以便稽核，亦始终并未遵办。且于未经正式领照前，即已雇用日本渔船玉城丸，由东沙岛运回大帮海产，售与香港全记鱼栏，经职厅水产试验场技师鲍应中因公赴港，查悉前情，报告有案。而陈荷朝等，亦迭呈控其勾结外人，雇用日本水夫澳滨加那志等四十八人，由基隆乘船往厦门，转往东沙岛采取海产，并缴验日船名册为据。凡此种种违章不合情形，去年五月间职厅马前任业经胪列事实，呈报钧府察核，嗣奉指令，仍姑准周商承办，爰即格外通融，于去年六月八日，发给试办执照，饬其认真办理。乃周骏烈领照试办后，对原章规定岛上应行设备事项，实毫无设置，甚至何时前往开采，进行情形如何，亦迄无遵章具报。又职厅照章委派监察员二人前往监督，更多方推搪，借词公费旅费问题，哓哓辩论，故意延拒，始终并未接引赴岛，深恐一经往查，即发觉其岛上秘密勾结行为。迨至去年九月，即据其呈报结束，采取海产工作，而所报营业月计表，亦任意浮开支出款目，捏称亏折。最近陈荷朝、冯德安呈控该商，确有勾结日人情弊，请予撤其承案，恢复伊等采取海产权。职厅为彻查真情起见，经派委员霍然起前赴东沙岛，实地详查。旋据该员复称，遵于十二月六日由港附搭并征海关轮船前往，抵岛后，即到无线电台见台长沈有玑，谈话之间，他亦谓本年曾有日本人到岛工作，现已离去。旋到该岛灯楼查问，据该楼值事骆畴及林绵准答称，谓陈荷朝从前经到岛十余次，其写字楼上，尚悬有他相片可查，至周骏烈则伊等并未认识其人。又本年五月二十三日起，至九月中旬止，均有日人到岛采取海产，其领头人为中间武男及松下嘉一郎之弟，计得采去二千余担，均用日船改名之船只载去等语。似此则陈荷朝呈控周骏烈始终勾结日人一节，实非诬捏，且职在岛查察各建筑物，除日人松下及陈荷朝之办事处及货仓外，周骏烈并无有些少设置。可见周商承办该岛海产，实无认真整顿之意，理合将调查所得另用手折记录，着该灯楼负责人签名盖章，一并呈复察核等情，并附缴手折一本。据此，复迭经令传周骏烈来厅，与陈荷朝等对质，以凭详细讯办。讵案经三传，限经屡展，该商至今匿不到案，大有情虚畏避之势。此周骏烈承办东沙岛海产一案经过，及办理之大概情形也。至协济公司宋锡权等，承采西沙群岛鸟粪案，自去年六月由钧府批准该商承办，令行职厅给照后，经马前任照章填发试办执照，令饬认真筹办。惟该商领照后，关于采运鸟粪，需用船只，及岛上应行设置建筑各物，又未据遵章设备。其照章应于领照后十日内，具缴试办费三千元，亦迟至九月下旬，始具缴来厅。此外如何计划施工，何时实行开采，均未据切实报告。所有岛内原有铁桥及铁路工程颇大，系为日人盘踞该岛时所筑，经政府用重价赎回，此外尚有前商设备遗下建筑各物费亦不赀。当该商承领时，一切均各完好，乃该商于承领后，微特不能增设，即此原有事物，亦不能设法保存，以致迭据呈报，被日人炸毁盗窃。现特全岛原有建筑各物，大都破坏无存，其中罗拔一岛鸟粪，据报更被日人采掘净尽。是该商试办期内，政府所得其试办费不过三千元，而实际上之损失，则难以数计。长此以往，微特该商并无实力开发该岛富源，抑恐该岛原有产生及建筑各物，亦将断送于该商之手。且查去年十一月职厅派矿业技士何致虔，协同前派该公司监察员张杰生，于该商赴岛之便，前往西沙岛考察一切。旋据该技士等复称，此次该商公司带同工人九十六名，往岛工作，有英国工程师二人，惟因设备不周，粮食、水料、煤斤不敷，及气候不良，工人在船上已多发生疾病，不能上岛做工。该公司既系完全华股，则应由华人操权，但细查该英国工程师在名目上则为公司聘用，而实际上则大权全操诸其手，所有工人合同银单等，皆须其经手签字，方生效力，似与仅充工程职务者不同。且在岛上储藏室中，发现有英国国旗二面，似此观察，该商公司实犯有中英合办嫌疑等情，并将英国旗撮影呈缴在案，此又为宋锡权承办西沙群岛鸟粪一案经过，及办理之大概情形也。综观以上情节，是周宋两商承办东西沙岛案，不特未能遵照原章切实办理，及保存原有公物，且均有违章勾结外人嫌疑。为彻底整顿该两案起见，应请钧府决然处断，即将两商承办原案分别撤销，以示惩儆。至现在朱务和呈请承办该两岛海产一事，职厅经将奉发书图，详加审核，亦觉诸未妥协。无论两岛合承该商，分年认缴之承办费，转较现商为少，无此办法即以事实而论，东沙西沙各岛，距离极远。现在分商承办，尚无实力经营，转而与外人勾结，矧合两公司为一公司，其中事业规模甚大，虽有雄厚之资本，精密之计划，尤恐不能兼顾。今该商仅拟集资二十万元，而欲兼营东西沙各岛事业，企望太奢，能力不逮，其势必致再蹈前商勾结外人覆辙，此固可断言之。职厅用是再三考虑，窃以东西沙岛，均孤悬海外，蕴蓄天然富源甚巨，现商周骏烈、宋锡权等，既均有勾结外人丧权辱国与其他种种情弊，其应立予撤销，固无待言。惟查东沙岛海产，民国十六年十一月间，经前实业厅以承商周骏烈领照年余，迄未开办，显属疲玩无能，将其随案撤销，批与承采该岛云母壳，商人陈荷朝一并采取，并核定专办年期十年，经陈商集资往办，迭据呈报有案。迨民国十七年实业厅归并职厅后，周骏烈出而控争，捏造种种事实以攻击陈商，及马前任派员调查，更与东沙岛台长黄琇勾通，制造松下作业员请愿书，反诬指陈商勾结日人。而马前任未加细察，即据该委呈复拟具办法，呈奉钧府核准，将陈商原案撤销，准周商有遵章优先承办权。而陈商以无辜被撤，情不甘服，复迭将周骏烈诬捏各节，先后呈诉，并将周骏烈勾结日人证据，分别提出，呈请严究，以分泾渭。现在案经调查，是非大白，陈商既横被诬陷，惨受损失，准情酌理，自宜恢复其承办原案，以免投资发展实业者灰心。兹拟请即将东沙岛海产，仍批回陈荷朝等，着其继续前案切实办理，以示体恤。至西沙群岛，储蓄鸟粪磷矿甚富，据往年中大教授丁颖君调查报告，该岛鸟粪磷质，除从前商人采掘，及被日人偷去外，现尚存有十分之六七，价值总在百万元以外，而职厅矿业技士何致虔调查所及，亦同此意见。似此偌大富源，未便率准商人略缴微资，遽行承办，拟请收归政府拨款派员直接经营，庶几易于启发。且此项鸟粪，迭经实业专家详加化验，佥谓一经采得，即合作农肥之用，苟非提出磷质，无待于设厂制造，是此等事业，由政府经营，亦属轻而易举。倘以经济关系，一时尚难举办，亦拟请查照原定章程，增加底价，招商公开竞投，以认缴饷额最多者为合格，更由政府派员认真施行监督，免有再行暗集外资，丧权辱国情弊。缘奉前因，理合将遵令查明东西沙岛现商周骏烈、宋锡权等，均未遵章办理，并有勾结外人嫌疑，拟请立予分别撤销，将东沙岛海产恢复原商陈荷朝承案，着令切实采取。其西沙群岛蕴蓄富源较巨，并拟收归政府经营，或查照原章增加底价，招商公开竞投各缘由，缮具议案，提出讨论，是否有当，敬候公决。

广东建设厅厅长邓彦华

（录自《广东省政府公报》1930年第60期）

咨请第四舰队司令饬属防范制止日人渔船潜赴东沙岛盗采鱼类案

一、呈复行政院

广东省政府呈

为呈复事，案奉钧院第一四五六号训令略开，据海军部转据东沙黄台长电称，距岛西二海里许，有日本渔船侵入领海，盗捕鱼类，饬即饬属注意防止，等因，奉此。案查昨据本省建设厅呈，以据东沙岛承商陈荷朝等，呈报周骏烈在琉球宫古岛，雇日本渔船三艘，勾结日人仲间武男等雇用日本水夫多名，赴岛偷采海产。请咨日本领事制止日人受雇前往，并咨舰队司令部，饬属防范，以维国权，等情，到府。当经函请日本领事迅电制止该国商民，切勿受周骏烈雇往该岛，盗采海产，免滋纠纷。并函请海军第四舰队司令部，饬属随时防范有案。兹奉前因，除再咨行第四舰队司令部，转饬所属防范制止外，理合备文呈复鉴核。谨呈

行政院

二、咨第四舰队司令

广东省政府咨　　　　　　　　　建字第五九九号

十九，四，卅

为咨请事，案奉行政院第一四五六号训令开，案据海军部呈称，窃据职部所属海军岸巡防处阳电称，顷据东沙岛黄台长歌电称，本日上午四时，距岛西二海里许，发现日本渔船一艘，经派汽船前往调查。据报船名日为丸，由台湾开来等语，复询来意，则答语含糊，大约系为盗捕鱼类而来，旋即开去。查东沙海产事权，既属粤省政府管理，外人侵入我国领海捕鱼自应严加制止。况日本渔船侵入领海捕鱼，时有所闻，事关广东渔业管辖，理合据情呈报，拟请钧院饬令广东省政府，转饬所属注意防止，以保渔利，而重海权。等情。据此，自应照办，除指令外，合行令仰该省政府即便遵照办理，此令。等因。奉此，案查昨据建设厅呈，（中同前文）免滋纠纷，并函请贵司令部饬属随时防范有案。兹奉前因，除呈复外，相应资请查照，饬属防范制止，以重海权为荷。此咨

海军第四舰队司令部

（录自《广东省政府公报》1930年第89期）

令广州电台与东沙岛电台交换气象报告案

一、指令建厅

广东省政府指令　　　　　　　建字第一二七三号

十九，八，十九

建设厅厅长邓彦华

呈一件，呈报准海岸巡防处函复，已饬东沙岛电台从八月十五日起，与广州电台交换气象，连同原送广播气象时间，及简码表各一份，请分别函行转饬遵照办理由

呈表均悉，当经分别函令总指挥部广州市政府，分饬广东无线电管理局，及广府市无线电播音台遵照办理，仰即知照，此令。表存抄转。

二、训令广州市府

广东省政府训令　　　　　　　建字第一二七三号

十九，八，十九

令　广州市市长林云陔

为令饬事，案据建设厅厅长邓彦华呈称，窃职厅前准海岸巡防处，函送东沙岛电台呼号波长，及广播时间表，请查照将拟与东沙台通报之各电台呼号波长列表见复，以便定期通报，等由。当经列表函复，仍请将定期先行函知，并呈请钧府分函第八路总指挥部，及广州特别市政府，转饬广东无线电管理局，暨广州市无线电播音台，查照办理在案。现准海岸巡防处函复内开，迳启者，准贵厅第一〇七五号公函，并附表二份到处，嘱为转饬东沙台与广东各电台，定期按日互通交换气象，并将定期先行函复，以便转呈分别函知，等由准此。查东沙台每日传播气象，并与各方通报事务极繁，若与贵省各电台按日一一互通，其势实有所不能。兹已电饬东沙台，从八月十日起，每日上午八时十分，下午七时十分，与贵省广州电台XNB交换本地气象，至其余各电台，则可由广州电台分转。惟广州电台，按日与东沙台通报，须用远东气象简码拍发，俾省时间，倘遇飓风时，东沙台则用英文明语，拍发广州电台。又查来表内广州特别市无线电播音台，系定每日中午零时三十分，下午七时六分以前，报告气象，而东沙台按日所播远东气象，关于贵省沿海风令，实多重要。并请贵厅转饬广州电台，对于东沙气象，应按日准时，照收送交播音台定时用言语报告，以资普遍，而利公益。准函前由，相应将东沙台广播气象时间，及简码表各抄一份，随函附奉，即希察照办理为荷。等由。并附表二纸，除函复外，理合备文连同原表二纸，呈请钧府察核，仍乞转函国民革命军讨逆军第八路总指挥部、广州特别市政府，转饬广东无线电管理局，广州市无线电播音台遵照办理，实为公便，等情。附呈原表一纸到府，查此案前据该厅呈转各表前来，当经分函转请饬行遵办有案。兹据前情，除令复及函请总指挥部，转饬广东无线电管理局遵照办理外，合将原表抄发，令仰该市长即便转饬无线电播音台遵办为要。此令。

计抄发原表二纸

三、函八路总部

广东省政府公函　　　　　　　　建字第一二七三号

十九，八，十九

迳启者案据（中同前令）除令复及令行广州市政府转饬无线电播音台遵照办理外，相应抄同原二纸随函送达，烦为查照，转饬无线电管理局遵办是荷。此致

国民革命军讨逆军第八路总指挥部

附抄送原表二纸

附表一

东沙岛观象台广播远东天气报告之时间及波长表			
时间		波长	附记
上午	下午		
	一时	六〇〇米达	火花式
	一时十五分	一四五〇	真空管
	一时三十分	四五	短波
	七时	六〇〇	火花式
	七时十五分	一四五〇	真空管
	七时三十分	四五	短波

（录自《广东省政府公报》1930年第121期）

建设厅呈转海岸巡防处电知改定东沙台与广州台通电时间案

一、指令建厅

广东省政府指令　　　　　　　　建字第一三〇四号

十九，八，廿六

建设厅厅长邓彦华

呈一件，准海岸巡防处电，改定东沙台与广州台通电时间，请转总指挥部，及广州市府转饬遵照由，呈悉。已转函第八路总指挥部，并行广州市政府分别转饬遵照矣，此令。

二、函第八路总部

广东省政府公函　　　　　　　　建字第一三〇四号

十九，八，廿六

迳启者，现据建设厅厅长邓彦华呈称，案准海岸巡防处拟定东沙岛电台，从八月十日起，与广州电台交换本地气象时间表，函请转饬查照办理，等由。当经备文连同附送原表，呈请钧府察核，转函第八路总指挥部，及广州特别市政府转饬遵办在案，现复准海岸巡防处处长吴振南文日电开，七月漾日公函计达。查函内所定东沙台与广州电台，从八月十日起，上午八时十分，下午七时十分通电一节，兹将下午时间，改为三时十分，希转饬查照。再顷据东沙台电称，本月十日上午八时十分，呼叫广州电台未应等情，并请饬查赉复为祷，等由准此。除电复外，理合备文呈请钧府察核，仍乞迅予转函第八路总指挥部，及广州特别市政府转饬遵照，实为公便，等情据此，除指令暨分行广州市政府，转饬无线电播音台遵照外，相应函达贵部查照，即希转饬无线电管理局遵照为荷。此致

国民革命军讨逆军第八路总指挥部

三、训令广州市府

广东省政府训令　　　　　　　　建字第一三〇四号

十九，八，廿六

令　广州市市长林云陔

为令饬事，现据建设厅厅长邓彦华呈称，案准海岸巡防处，（中同前令）实为公便，等情据此，除指令暨函第八路总指挥部，转饬无线电管理局遵照外，合行令仰该市长即便转饬无线电播音台遵照，此令。

（录自《广东省政府公报》1930年第122期）

议决招商投承西沙群岛鸟粪

由建厅估价拟定办法呈核

广东省政府指令　　　　　　　　建字第二四七号

十九，十二，廿六

建设厅厅长邓彦华

提议书一件，拟请将西沙群岛鸟粪，查照原章，仍旧招商投承开采，不再由政府直接经营，附呈招商简章一份，是否有当敬候公决由。

提议书及简章均悉，业经提出本府第五届委员会第一三〇次会议议决，由建厅估定价值，另拟办法呈核在案，仰即遵照办理！此令。

附提议书

为提议事，窃职厅先后查明承采西沙群岛鸟粪协济公司宋锡权等自批准给照后，不特未能遵章办理，且有勾结外人嫌疑，经于本年一月间提呈钧府议决，将其承案撤销，收归政府经营，着由厅计划具体开采办法，再行呈议，等因。职厅遵经拟具开采该岛鸟粪计划预算，提呈核准照办。嗣复派出矿业调查团主任何致虔，土木械程技正邝子俊，偕同原日西沙岛监察员张杰山等，前往该岛，再为调查工程设计，鸟粪积量等，以凭依照计划，实行开办。旋据该员等将调查情形会复回厅，复经转呈察核各在案。查西沙群岛所产鸟粪数量，前据中山大学教授丁颖君调查报告，谓尚存十之六七，价值总有百余万元。惟此次何主任赴岛实地勘掘，据报该岛积存粪量，平均只得厚度一尺，预算体积，较之从前估计者仅有四分之一，产量已远不如前。又经营开采，对于运输开销，尤须详细考虑等语。又查该项鸟粪所含磷质，原以供给农田肥料为主要用途，至设厂炼磷，以充工业用品，则需费甚巨，未易举办。职厅前经饬据工业试验所及农林局，将此项鸟粪悉心研究化验，以觇其对于农业上有若何效用。旋据报告化验结果，该鸟粪所含磷量为百分之六又小数零四，其中可溶于水适于农作物吸收者，约占百分之二又小数八三，不溶于水而不能为农业利用者，约占百分之三又小数二二。缘西沙岛泥土，原为一部鸟粪或动物残骨与化石合成，该处地近热带，雨量甚多，土中所含之有机物的氮，早已分解消失，钾质虽有而含量甚微，其留存者只少量之磷。核与上等肥料必需具备氮、磷、钾三要素之条件，该项鸟粪实不能迳行用作肥料，须加以制造，配合相当之腐败有机物与适量之智利硝，以补其氮量，方合施用。至经此制造，其成本与肥培效力，能否足与现在舶来各种肥田料相争衡，尚未可知，是该项鸟粪之性质用途，按之前此丁颖君所调查，似又不甚相符。查职厅前拟撤销协济公司承办权，将该岛收归政府直辖经营原案，业经声明经营时所需开办费工程费及月经常费，均拟在厅内钨矿捐收入项下暂行拨支。倘因经济关系，一时尚难举办，亦拟请查照原定章程，增加底价，招商公开竞投，更由政府派员认真施行监督，免再有暗集外资丧权辱国情弊，等语。现在职厅钨矿捐，以钨沙洋市价格低落之故，收入甚为短少，而该岛鸟粪之产量及其性质用途，又有上述种种情形，似无直接开采之必要。用是再三考虑，倘仍依照原议收回直接经营，于推销营业方面，实觉无甚把握。至西沙岛孤悬海外，若复任令放置，无人继续经理，则强邻窥伺，不难再被日人照旧盗挖。兹为变通办理起见，拟请查照职厅前提议案第二项办法，仍照原章招商竞投，以认缴饷价至高者即予承采，另由政府派员切实监督。当此华侨陆续回国投资经营实业之际，遵章投承者当必倍为踊跃，似于发展富源，保全国土之中，更可寓招徕侨商之意。所有拟请将西沙群岛鸟粪，查照原章，仍旧招商投承开采，不再由政府直接经营各缘由，是否有当，理合备文提出，敬候公决！

计附呈原定招商承办西沙群岛鸟粪简章一份

（录自《广东省政府公报》1931年第140期）

议决招商投承西沙群岛鸟粪

旧商承案撤销

一、指令建设厅

广东省政府指令　　　　　建字第一八〇七号

廿一，一，十三

令　建设厅厅长胡继贤

呈一件据承办西沙群岛鸟粪磷矿国产公司呈报办理困难情形，查该公司既违章欠缴承办费，复不遵限觅殷实店担保。经将其承案撤销，至应如何追缴欠饷之处，请示遵由

呈悉。业经提出本府第六届委员会第五十七次会议议决“没收保证金，免追欠饷，招商投承”在案。仰即遵照办理可也！此令。

附原呈

呈为请示遵事：现据承办西沙群岛鸟粪磷矿国产公司承商严景呈称：窃敝公司投承西沙群岛鸟粪磷矿，自本年四月领照开办后，经将赴岛开采，及岛上原有公物毁坏，致令损失各情形，先后呈报察核有案。查钧厅订定发放西沙群岛鸟粪磷矿规则，关于承商

缴纳承办费原规定领照开办后，第六个月缴纳承办费全额百分之五十，余百分之五十则在第三、第六两年分期清交。敝公司开办至今，计期经已六阅月，本应遵将第一期应缴承办费一十七万六千二百五十元照数清缴，以符定章，但敝公司此次不惜担任巨费，毅然投承，亦以根据中山大学调查西沙报告书，及钧厅原定章程所载，谓岛上原有建筑各物，尽可借用，藉资采运，预算开办时，不特减少设备之繁难，且可豁免巨大之建筑费，得以腾挪大部分股款为第六个月后缴纳第一期承办费之需。讵知雇轮抵岛后，始发觉原有重要建筑各物如码头、铁道、铁桥均经毁坏，宿舍、货仓等亦已拆毁一空。似此铁道毁坏，不能直达林内从事运输，于海岸落船，种种困难，得不偿失，遂致此行不特徒耗光阴，且虚糜巨款，诚非敝公司意料所及。为今之计，若不赴岛将码头、桥道、货仓从事修筑，断难采运。然工程浩大，需款尤多，若以原定所集股款提拨修筑，尚虞不敷。再四思维，只得召集股东大会议决：变更计划，从事组织，增加股款，以维久远，而利进行。惟组织增股手续繁多，若不宽以时日，股款未易清收。伏查开采西沙群岛鸟粪磷矿，原属一种规模较大之实业，当此训政时期，积极提倡兴办实业之际，政府似宜宽以时日，曲予扶助，方足以利进行，而免蹉折。计敝公司开办半年，因修理及经营岛上建筑物品，办理以来，极感困难，倘不请求设法维持，则营业前途，陷于绝境。迫得再行沥情呈请钧厅察核，伏乞俯念敝公司开办后损失困难情形，格外通融，准予将第一期应缴之承办费一十七万二千五百五十元，于奉批准之日，宽限三个月内先缴半数八万八千一百二十五元，其余半数八万八千一百二十五元，宽限一年内清缴，以恤商艰，而维实业。等情。据此，查《发放西沙群岛鸟粪磷矿规则》第五条，承办费拟定底价毫银二十万元，自投得核准日起，限十日内在建设厅缴纳开办保证金贰万元；另在广州市内觅具领有商业牌照费资本额壹万元以上之殷实保店两间，联同具结担保以后应缴之承办费。前项承办费，分照下列期限缴足：第一期缴纳承办费全额百分之五十，在开办后第六个月内一次缴足；第二期缴纳承办费全额百分之二十五，在开办后第三年第一个月内一次缴足；第三期缴纳承办费全额百分之二十五，在开办后第六年第一个月内一次缴足。第六条前条规定各期承办费及保证金，投承人应依期缴纳，如不能依期清缴，即将承案撤销，另行招商投承。至短欠应缴之承办费，并将缴存之保证金扣抵，如仍不足，当饬担保店负责照缴等语。查国产公司于民国二十年二月十日出价三十五万二千五百元投得，旋缴纳保证金毫洋二万元，并具保店三间在案。迨至本年十月，据该公司呈请俯予通融，在过去六个月准作筹办期内，准先缴纳承办费半额八万八千一百二十五元；其余半额，并准展期一年内分四期清缴，俾纾财力，而恤商艰。再关于本期先缴承办费八万八千一百二十五元，如蒙核准，商当于奉批后二十日先缴四万元，再过二十日再缴四万八千一百二十五元。当以合同所定应缴壹拾七万六千二百五十元，克日缴足，以符原案，毋稍违延！批饬遵照去后。复据上开呈请到厅，当以该公司于本年四月领照开办，照章在第六个月内一次缴足承办费全额百分之五十，现呈竟未遵办，实属有违定章。又查该公司前经缴过保证金毫洋贰万元，自应将其扣抵。其余尚欠十五万六千二百五十元，本依第六条规定办理，当饬担保店负责照缴，惟查前派特务委员何秋树将该公司担保店查明是否存在。旋据遵令按址查明该公司三间保店，并无各该号存在等情，当经限期令饬照章从新觅具合格殷实商店保结缴厅，以资担保。乃逾期至今，缓不遵办，其藐视功令，亦可概见。除先将该公司承案撤销外，理合备文呈请钧府察核，至应如何追缴欠饷之处，伏候指令只遵。谨呈

广东省政府

广东建设厅厅长胡继贤

（录自《广东省政府公报》1932年第177期）

建厅呈报开投西沙群岛鸟粪磷矿

一、指令建厅

广东省政府训令　　　　建字第二〇二七号

廿一，二，二十

呈一件，呈报定期本年三月一日在职厅开投西沙群岛鸟粪磷矿，连同修正规则及招投简章各一份，请察核，备案由

呈及规章均悉。此案经提出本府第六届委员会第六四次会议议决，照准，在案。仰即照案办理。仍将投成结果，续报备案为要！此令。

附原呈

为呈请事：案奉钧府建字第一八〇七号指令内开：呈一件据承办西沙群岛鸟粪磷矿国产公司呈报办理困难情形，查该公司既违章欠缴承办费，复不遵限觅殷实店担

保，经将其承案撤销，至应如何追缴欠饷之处，请示遵由。奉令开：呈悉。业经提出本府第六届委员会第五十七次会议议决：没收保证金，免追欠饷，招商投承在案。仰即遵照办理。此令！等因。奉此，自应遵照办理。拟定底价毫洋贰十万元，并定于本年三月一日下午二时在职厅公开竞投，并将前订《发放西沙群岛鸟粪磷矿规则》略为修正，以臻完备。除布告招商投承外，理合检同上项修正规则及招投简章，备文呈缴钧府察核备案，实为公便！谨呈

广东省政府

广东建设厅厅长胡继贤

（录自《广东省政府公报》1932年第180期）

令将管理西沙岛计划并入三年施政计划内酌办

广东省政府训令　　　　建字第四六九六号

廿一，十二，三

为令饬事：现据本府秘书处签呈称，现准本府设计委员会函开。本府昨开第十五次会议，张委员提出管理西沙岛计划书，经议决通过。相应录案并抄同该计划书函达，即希查照转陈为荷。等由；附送管理西沙岛计划书。准此。理合签呈察核。等情；附呈原送计划书。据此，当经本府第六届委员会第一四二次会议议决：计划通过，交建设厅并入三年计划内分别酌办在案。合将管理西沙岛计划书抄发，令仰该厅即便遵照，并入三年计划内分别酌办具报为要！此令。

计抄发管理西沙岛计划书一份。

（录自《广东省政府公报》1932年第207期）

准东美船修复前往东沙岛采取海产

广东省政府建设厅公函　　　　第一二七九号

廿二，五，二十七

迳启者：案据东沙海产有限公司冯海安呈称：为东美船业于本月六日开往东沙

岛，呈恳函转粤海关监督署，再转海关备案事；查商驾驶自置东美轮船，于本月六日开行前往东沙岛采取海产，昨经呈报有案。兹查该东美船系于去年四月间在东沙岛时，因被日本渔船来岛偷采海产击毁后，由商福陵轮船拖带回省修整，迨至本月始行修理完好，再行开往。后自返省以来未尝行走别处，现在开往，亦系在岛采取海产之用。惟是此次出口，本应呈由钧厅转知海关放行方合手续，但商当时以急于启行，故经面谒粤海关监督，恳准通融，先行转知海关准予放行，商东美船业于是日出口前往矣。理合备文补呈察核，俯赐迅转粤海关监督署函转海关备案等情；据此，查所称东美船在东沙岛被日船击毁回省修理，现在往岛亦系采草各节，尚属实情，除批复准予照转外，相应函达贵署转函粤海关查照办理为荷！此致

粤海关监督署

兼代广东建设厅厅长林云陔

（录自《广东省政府公报》1933年第225期）

撤销东沙岛海产有限公司承商

广东省建设厅训令　　　　　第五五〇二号

廿二，六，廿九

令　承办东沙岛海产有限公司商人陈荷朝

冯德安

为令遵事：查该商自承办以来，绝无成绩。甚至历年承办特许费，亦始终并未依章解缴，自应依照承办章程第八条第五款规定，将该商承案撤销。除呈报广东省政府及布告外，合行令仰该商即便遵照，克日将本厅前发之承办执照缴销；并将采取海产工作，立即结束，毋稍违延，切切！此令。

（录自《广东省政府公报》1933年第228期）

令知开发西沙群岛初步设置由第一集团军总部办理

广东省政府训令　　　　　　建字第二八七七号

廿二，九，五

为令知事：现奉国民政府西南政务委员会第一九六一号训令开：查本会八十三次政务会议，林委员云陔提议，关于开发西沙群岛之初步计划，设置该岛无线电台及灯塔，似由第一集团军总司令部令饬海军司令部办理，较为妥善一案，决议：交第一集团军部计划办理。等因；除记录外，合将原提议书计划书抄发，仰该省府即便转饬知照！此令。等因；计抄发原提议书及计划书各一件。奉此，合将奉发附件抄发，令仰该厅即便知照。此命！

计抄发原提议书及原计划书各一件。

林委员云陔提请将西沙群岛无线电台及灯塔建设管理移交第一集团军总部办理提议书

西沙群岛为吾粤海防要区，该岛设备，尚付阙如。若不亟谋发展，则人民赴该岛经营者，固不得相当之保护；关于领土主权，亦恐深受影响。省府前据设计委员会拟具开发该岛计划，业已编入三年计划中。查该项计划初步之实行，须先设置无线电台及灯塔两种。该岛孤悬海外，省府现无巨大船舰可资差遣，对于工程进行及管理保护，均感困难。且无线电台及灯塔建设，又与海军有密切关系，似由第一集团军总司令部令饬海军司令部办理，较为妥善。基上意见，关于西沙群岛无线电台及灯塔建设管理，可否移交第一集团军总部办理之处，敬候公决。

计付送管理西沙群岛计划书一份。

拟管理西沙群岛计划书

西沙群岛为我国最南领土，经清末及民十七年之调查，地理形势，已颇明显，成案可考，无须再作大规模之勘测。目前最急切问题，则为如何将其管理建设，以固国防，而保领土，以杜外人之觊觎。缘西沙群岛向不为我国人注意，致地利遗弃，启外人之垂涎，其中经营，操诸日人之手者，几及十稔。近年以来，且闻有法人调查在该岛得与安南民族有关证物九十余种，以图染指，而改版图。而我国政府年来除招商投承鸟粪外，关于如何管理建设、重领土、保海权诸大计，均未尝注及，诚恐一旦有事，将必措手不及，感补牢之太晚。兹为未雨绸缪计，拟仿东沙岛管理办法，举海防设备之重要者，先行建设，以树规模；其余农林渔利诸端，俟调查精确后，再行举办，尚不为晚。目前拟：

（一）设短波无线电台一座，以通消息。

（二）设灯塔两座，以便航行，俾赴欧洲及南洋吕宋轮船免触礁之险。

（三）设气象台一座，以定该地之气候，及通报天气之急切变化。

（四）建职员住所数座，淡水池及蒸馏机等，以便旅居。惟西沙群岛僻处海洋，既无粮食，复无淡水，即卫生、医药及日常衣服器用等，必虽有常川轮船来往，以资运输，方可以言居住，而谋建设；且该地气候水土特殊，初期旅居，必感健康不适，易生疾病，故亦必须有船来往，以便将工作人员随时调换或轮替，始可免于危险。

以上建设计划，预期一年完成；在此一年工作期内，关于轮船轮运及粮食之接济，拟由第一集团军海军司令部担任，以取便利，而资节省。兹欲完成上列建设事项，故计需工作人员七十余人，类别之如下表：

医务	医生一人	司药一人	看护及助手各一人
气象台	主任一人	观测员二人	杂役二人
无线电台	主任一人	司机二人	杂役二人
灯塔	主任一人	司机四人	杂役四人
建筑	泥水木匠十人	机械员二人	散工十人
运输	电船司机一人	舢板夫四人	水手六人
杂役	蒸馏淡水夫二人 消费合作社三人	发匠一人 洗衣四人	伙夫四人、挑夫四人、 铁匠二人

预算	
依上开组织全盘预算可分为下列数项	
（甲）开办费　在第一年内支出	
（a）建筑项	
工人住宅及消费合作社一所	一六〇〇〇.〇〇元
气象台兼无线电台一所	一四〇〇〇.〇〇元
灯塔二座	三〇〇〇〇.〇〇元

（续表）

淡水池一座	一〇〇〇〇.〇〇元	
码头一座	三〇〇〇〇.〇〇元	
临时建筑	二〇〇〇〇.〇〇元	
	以上共支一二〇〇〇〇.〇〇元	
（b）仪器费		
无线电机一副	二〇〇〇〇.〇〇元	
气象仪器全套	一三〇〇〇.〇〇元	
大蒸馏机一副	一二〇〇〇.〇〇元	
医药	五〇〇〇.〇〇元	
灯塔发电机二副	一〇〇〇〇〇.〇〇元	
	以上共支一五〇〇〇〇.〇〇元	
（c）轮船及用具		
电船一艘	一〇〇〇〇.〇〇元	
大舢板二艘	三〇〇〇.〇〇元	
家私用具	五〇〇〇.〇〇元	
研究用具	二〇〇〇.〇〇元	
文房用具	二〇〇〇.〇〇元	
医药卫生用具	三〇〇〇.〇〇元	
	以上共支二五〇〇〇.〇〇元	
以上三项在第一年内共支开办费银二九五〇〇〇.〇〇元		
（乙）经常费　在第一年内支出		
（a）薪俸		
	月支	年支
医生一人	二〇〇.〇〇	二四〇〇.〇〇
司药一人	一二〇.〇〇	一四四〇.〇〇
助手一人	一二〇.〇〇	一四四〇.〇〇
看护一人	八〇.〇〇	九六〇.〇〇
气象台主任一人	二〇〇.〇〇	二四〇〇.〇〇
观测员二人	二四〇.〇〇	二八八〇.〇〇

（续表）

无线电台主任一人	二〇〇.〇〇	二四〇〇.〇〇
司机二人	二四〇.〇〇	二八八〇.〇〇
灯塔主任一人	二〇〇.〇〇	二四〇〇.〇〇
司机四人	三二〇.〇〇	三八四〇.〇〇
机械员二人	一六〇.〇〇	一九二〇.〇〇
泥水木匠散工共二十人	六〇〇.〇〇	七二〇〇.〇〇
杂役八人	二〇〇.〇〇	二四〇〇.〇〇
电船司机一人	七〇.〇〇	八四〇.〇〇
水手艇夫十人	二五〇.〇〇	三〇〇〇.〇〇
杂役二十人	五〇〇.〇〇	六〇〇〇.〇〇
以上薪俸每年共支四四四〇〇.〇〇元		
（b）办公费项		
各项办公费每月总支	一〇〇〇.〇〇元	年支一二〇〇〇.〇〇元
煤炭电油每月共支	一〇〇〇.〇〇元	一二〇〇〇.〇〇元
杂支	五〇〇.〇〇元	六〇〇〇.〇〇元
以上办公费每年共支银三〇〇〇〇.〇〇元		
以上经常费（a）（b）两项合计每年共支银七四四〇〇.〇〇元		
合计开办与经常费二款在第一年内支出银三六九四〇〇.〇〇元。但第二年以后可减泥水、木匠、散工等二十人，每年减支七千二百元，实支出经常费银六七二〇〇.〇〇元		

（录自《广东省政府公报》1933年第236期）

关于开发东沙岛计划准批商承办设处管理

广东省政府指令　　　　建字第一七〇三号

二十四，五，廿四

令　广东建设厅厅长何启澧

呈一件据农林局呈缴东沙岛开发计划书，并拟批由利国公司认饷承办，由处监督指导，尚属可行，转请核准照办由呈附均悉。查核该管理处所拟暂行批商承办办法，尚属可行，计划书中拟将东沙岛名称改正为东沙群岛，暗礁改为礁石岛，以杜外人觊觎，亦属切要。至批商承办期间，管理处薪工及公费预算表，既经农林局核减，现列各数，尚属严实，应准批商承办，设处管理，仰即转饬知照。附件存。此令！

附原呈

现据农林局局长冯锐呈称："窃职局前以东沙岛海产丰饶，亟应及早设处管理，经营采草捕鱼事业，以辟富源，而维国土。经拟具管理意见书，呈奉钧厅不列号指令，转奉广东省政府建字第四一〇号指令照准，即经由局权委梁权充任东沙岛海产管理处主任，饬即设处开办，并率同处内员役附乘福游军舰前赴该岛进行调查工作。业将该处成立日期，及办理情形呈报在案，随奉钧厅第八五二二号指令内开：'呈及意见书均悉。查本案原则上虽经省政府核准，惟进行步骤应先由该局派出适当人员，会同海军司令部派舰开赴该岛从事实地调查。然后根据调查结果，拟就具体之进行计划，及收入支出之详细预算，呈候体察情形，再行依案设处管理，负责经营。至此项调查费用，准在该局节存项下实报实销，仰即遵照。'此令！等因；奉此，复经将办理经过情形呈复，并督促该处□紧调查，拟具具体之进行计划及收支详细预算呈核又在案。兹据该处呈复，略以该岛情形业已调查完竣，当以开采海人草一物为主体。预计每年采草约四千余担，每担价值约二十余元，共得草价约四万余元，除支销各费外，以办理三年计算，可得溢利五万余元；但能否达到此数，及草价有无变迁，尚属疑问。且须先行筹措七万余元，以充资本。当此库储非裕之秋，以巨款投诸疑问事业，似非良策，究不若转将海产事业批商承办，暂定三年为期，每年饷额二万五千元，其一切经营仍由职处监督指导办理，预算三年之内，当可盈余二万余元。兹有商人利国公司向职处声请自愿依照所定饷额二万五千元承办，经职查明该商颇属殷实，似可准予承办，拟恳俯赐转呈核准等情，并缴东沙岛开发计划书前来。据此，查该岛海产事业前经迭次批商承办有案，但因政府视为属于商办，并未加以监督，故均办无成绩。现核所拟办法，系为批商承办，仍由管理处监督指导，当较从前妥善。且查从前批商年饷不过二万元，现该利国公司愿认足二万五千元之数，在政府方面每年收入增加数千元，亦不无少补，似可准予照办。又查原计划拟将该岛及管理处名称改易一节，查核所陈理由，亦属实情。至关于所拟批商承办期间薪工及公费预算表，所列数目过巨，兹经核实酌减，将薪工一项减为八百六十五元，公费一项减为四百零六元，除代为修正饬知照办外，理合检同计划书备文呈请钧厅察核，俯赐照准办理，俾利进行。是否有当，仍候指令只遵。”等情；计呈东沙岛开发计划书二份。据此，查核所拟尚属可行，理合具文呈请钧府察核，俯准照办，并乞指令饬遵，实为公便。谨呈

广东省政府

计呈原缴东沙岛开发计划书一份。

广东建设厅厅长何启澧

（录自《广东省政府公报》1935年第297期）

广东省政府施政报告

广东省政府罗主席对省参议会第一届第二次大会施政总报告

乙、工作实施

二、特种措施

（二）接收西沙南沙群岛

西沙群岛、南沙群岛，均早为我国版图，只以地无生产，历代渔民皆随季节来去，太平洋战争爆发后，先后陷于倭寇之手。抗战胜利后，中央令饬本府派员前往接收，并派海军协助，乃于去年十一月初，派本政府委员萧次尹为接收西沙群岛专员，顾问麦蕴瑜为接收南沙群岛专员，均于十一月五日，分别率领团员会同海军，乘舰前往，先后达成接收任务，所有经过情形及开发意见，业经呈报中央，并蒙传令嘉奖。

（录自《广东省政府施政报告》1946年10月至1947年4月）

国防新报

西沙群岛是中国国防的要点

我国于八年抗战胜利后，所有以往失地，应次第收复，这是战胜国理有固然的举措。去年九月我国准备接收西沙群岛后，法国外交部竟宣传“法国亦认为该列岛屿，系属于越南者”。乃十一月二十七日我海军进驻该群岛，上月法国亦公然派“东京人”号舰前往占领，我在西沙群岛之守军严阵以待，法舰又折往另外一个岛上登陆，现我外交部正在抗议交涉中。我们要问法国根据什么说是属于越南者？如果照法国新闻社所说安南国王在十八世纪及十九世纪时，曾一再要求取得西沙群岛之宗主权，则当时安南且是中国的朝贡国，纵有事实，其宗主权仍然属于中国。唐宋以前，中国移民海外，就曾经该群岛，尔后我渔民每年春去夏来，秋去冬来的往来其间。清末广东水师提督李准并曾前往植旗，该群岛属于中国是没有问题，岂容法国觊觎吗！

西沙群岛位于海南岛之榆林港东南约一百四十四浬，东北去广州珠江口三百六十浬，东距菲列宾马尼剌五百四十浬，北纬自十五度四十六分至十七度五分，东经自一百十度十四分至一百十二度四十五分，形势非常险要，是我国通南洋的门户。岛上虽然没有丰富资源，但在军略上的价值甚大，是我国的国防要点，希望外交当局据理力争，配着国防部的有效行动，作为外交的依凭，我们要确保这个南疆海防要点，以固国防！

（录自《国防新报》1947年第3期）

我所知道的西沙群岛

黄　强

近来报章所载，中法两国当局，因西沙群岛主权问题发生争执，查我国政府于前年十二月间在日本人手中收回该岛后，最近法国海军陆战队又在该处登陆，事体不算不离奇、不严重。笔者于民国十年、民国十七十八两年、民国二十五二十六两年，三次服务于琼崖，对于该岛情形，颇知梗概，兹披露于后，以告国人。

一、该群岛之历史及日人经营经过

该群岛向为我国□□之领土，志书史册，均有记载，素为海南岛渔民捕鱼之所。群岛中之林岛上，有孤魂庙一座，系彼辈所筑，年代遥远，至不可考。民国十年间，台湾专卖局长池田氏等，利用何瑞年，以西沙群岛实业公司名义，瞒准政府，承办西沙群岛垦殖、采矿、渔业各项，饬由崖县发给承垦证书。同时并案请领昌江外浮水洲，开办渔垦，其实际上经营者，则为日本人所组织之南兴实业公司，因招各方反对，至十七年春间，始行撤销。我国政府亟须继续经营，遂于五月间由粤省府派遣海瑞船前往调查，并筹备一切业务，除由善后公署派遣技师数人外，并由建设厅派出技正，中山大学派出教授等共二十余人，前往该群岛从事调查统计。事后据彼等调查所得，有日人遗落日记簿一册，知民国八年，即有台湾人及琉球人死于岛中。该公司曾于十四年七月十四日缀花环吊祭之，而明记其事，可见日人之经营西沙群岛，前后凡九年也。林岛中除上述海南渔人所筑高约六尺之孤魂庙一所外，余为日人经营时之建筑物，计林岛西南隅有管理人办事室住室一所，广六十三尺，深十八尺；办事室后方有食料及杂物储藏室一所，广六十六尺，深二十四尺；办事室左旁有小卖店一所，广二十四尺，深十二尺；小卖店之左有工人宿舍二所，建立成曲尺形，长各九十尺，宽十五尺；宿舍之前，有工人食堂一所，长四十八尺，宽十五尺；小卖店之前，有炊爨室一所，长三十尺，深十八尺；附近有厨房一所，长二十四尺，深十二尺；旁有水井一座，井旁安置抽水器，并有巨大之水管，系与办事室后之蓄水池及抽水机相通者。蓄水池大小四座，为储藏雨水之用，小池用薄铁板造成，约四五方尺，天雨时，各屋瓦面之水，尽注池内。蒸水机则装置于海滨，机后有铁工室一所，广二十四尺，深十二尺。各建筑物之上盖及墙，均以锌片为之，亦闻有以木板或树枝者。此外在储藏室左侧有养鸡场一所，迤右有仓库一所，长二百二十八尺，宽四十八尺，其中尚存鸟粪约千五百吨，又距数十丈外之林中，存有机油数罐。岛中除厂舍外，尚有轻便铁路长约五里。沿东南海岸分数支线以入林中，干线则经仓库以达码头之铁桥。铁桥之长，凡一千二百五十余尺，宽十尺，高约十七八尺，桥面横木，俱用美国红松，共六百二十九条。至其留存岛上之物品，有电船两艘，大小驳艇各两艘。存于储藏室及工人宿舍中者，有锄头数十把，竹箕百余担，大铁筛数十具，运搬车数十台，大藤箩数十个，笠帽数十顶，草鞋百余对，士敏土约百包，碳化钙燃料数罐。其铁匠用具及厨房用器，大致尚好。查日人之经营林岛，可谓苦心惨淡，种种设置，至为周备，若办事室、储藏室、宿舍、食堂、仓库、铁道、货栈、桥梁、木船、电船以及运送用之台车藤箩，采掘用之锄畚网筛，无不整具。有蓄水池、蒸馏机、泉井以供给饮料，有食物贮藏室、豚舍、鸡栖、捞鱼船、蔬菜圃以供食用，有小卖店以供给日常用品，有医师以调理疾病，故能安全作业数年，捆载而去。

二、该群岛与我国国防

海南岛之榆林港，为我国南方唯一之军港，而西沙群岛，乃榆林之屏障。海军之前哨，万一太平洋有事时，置一潜艇队于该地，可以阻绝星加坡至华南各港之交通，使沿海各地，得以安全。

三、岛上产物之价值

吾国领土在热带者，只此区区九十余里。此种鸟粪化石，须在热带始获产生，故西沙群岛之磷酸矿，谓为吾国领土内仅有之产物，实无不可。吾国以农立国，得此天然肥料，为益真属不少，又珊瑚石均可作灰，运销内地，建筑培田，为利至溥，而海产丰富，聚集一隅，亦大有经营价值。

四、十七年以后之情况

自经此次调查后，乃订定经营采矿、捕鱼，各种计划，并有尽先设置气象台与灯塔两事之决定。嗣以广东政变，中央固无法过问，粤省又无暇顾此，因而废置。民国二十五年统一西南后，法国政府因日寇在东北、华北各处，蚕食日烈，以南太平洋日人侵占可虑，乃借口安南历史《大南统一志》内载某朝皇帝，曾派人至黄沙岛立祠捕鱼等语，要求我国将该群岛属彼所有，我国政府当然依理拒绝。至二十八年中日正在鏖战之际，法乃派兵占领，迨欧战发生，法国战败，日又取而代之。夫黄沙岛是否即西沙群岛，固不必论，而寥寥数字，何能即认为安南领土。日人之承办该群岛之采矿、垦殖、渔业等项，不向越南当局请领，而向我国政府请领，尤为国际上属于我国领土之铁证。又日人承办之前，与撤销之后，未闻法政府发一言，直至二十五年，始向我政府提议。推其初意，或因如上所述，南太平洋安全问题，明知我国不能保守，因彼之占领，可使日本投鼠忌器，杜其妄取。何期欧战发生，彼亦不能保，终为日人取去，今日吾人在日人手中收回自己原有之物品，真是天经地义，法人无端争夺，实为吾人梦想不到。

五、西沙群岛之位置与地形

西沙群岛位于赤道北纬十五度四十六分至十七度五分，东经一百一十度十四分至一百十二度四十五分，距海南榆林港东南约一百四十五里，为吾国□□之领土，北起北砂磷，南至南极岛，东界林康岛，西接七洲洋，统计大小岛屿礁滩二十余座，星罗海面，约二百余方里，乃一群珊瑚礁结成之低岛，西人统名之曰Paracels。其迤东一带，西人名之曰Amphitrite，迤西一带名之曰Chroissant。各岛多成环状，成椭圆形，其大者约数十方里，其小者则不及十分之一方里。林岛面积为一,五〇〇,一〇〇方公尺；石岛较小，其面积为六八,七五〇方公尺；登近岛面积，为四三二,五〇〇方公尺；掌岛面积亦小，为七六,二五〇方公尺。各岛高出海面以石岛为最高，约有十五公尺，其他不过数公尺而已。各岛上面，皆为珊瑚及他种动物之遗迹，边际较高，中间低洼，如普通珊瑚礁内盆地，而登近岛中，尚有一小湖焉。此曾经勘查各岛之情形也。

六、西沙群岛之地质与土壤

西沙群岛为珊瑚虫窠及他动物遗壳所构成，昔日海面较高，珊瑚在水，结成环形之礁，及海面低落礁乃露出水面，珊瑚离水死去，遂成今日各岛之形状。而其他各种软体动物，如头足类、腹足类、瓣腮类等，又如棘皮动物之海胆类、海百合类等，以及甲壳类之壳鱼类之首，均为构成各壳物质之一。岛上除坚硬之珊瑚遗骸及各种甲壳外，只有鸟粪及粪化石堆积其间，表面作灰色，内作棕色，此即所谓磷酸矿也。岛中土壤，俱由珊瑚及介壳类风化而成，故多为细砂质土及砾砂土，骤视之似石英，其实为珊瑚及介壳之碎屑风化之物，其中含石灰量甚多，并富于盐分，如掌岛东部小湖中之水，及南部椰树下井水，均带咸味，又如林岛之波罗椰子，其甜味亦少，均为土质含有盐分之证明。林岛为鲣鸟栖息之总汇，土中含鸟粪最多。就大概而论，各岛林木丛生，经历年载，其根茎枝叶，腐朽而成为腐植物质者，所在皆是，故各岛土壤，除海边荒坦堆积白沙外，林地及草地之间，其土皆褐黑色，松软异常，甚为肥美。

七、西沙群岛气候与海流

西沙群岛位置，正当热带之中，气候炎热，寒暑表最低时，在七十度以上。大率为海洋气候，一岁之中，无严寒酷暑，惟午间日光直射，热度较高，终年时见骤雨，多南风，一日之间，午前六时与午后二时，温度相差常十余度，年中最低温期之月，平均在华氏七十五度以上，最高温期之夏季，平均在八九十度之间。冬季气压高而风强烈，夏秋气压低而风缓和，此就林岛观测言之，其他各岛未甚详密，然亦可以知其大概矣。兹将调查气候统计，分别列表如下：

月次	温度（华氏）			气压（公厘）			（风速）二十四小时千公尺			风向方位	降雨日数	强风日数	烈风日数
	最高	最低	平均	最高	最低	平均	最大	最小	平均				
一	79.63	70.30	78.15	762.65	759.5	762.36	1427.5	206.3	585.77	南，南东，东	13	4	3
二	82.50	77.00	80.57	762.00	759.75	763.27	1365.0	255.3	677.81	南，南东	8	1	5
三	88.00	77.00	83.85	760.80	758.00	757.00	1448.5	215.0	645.27	南东，北，北东	6	5	1
四	91.00	83.00	88.06	757.50	756.50	756.57	1519.0	155.0	604.05	南东，北，北东	5	1	1
五	90.00	85.50	87.39	758.75	751.00	754.76	738.8	214.8	456.03	北，北东	4.5	X	X
六	90.75	84.40	88.34	757.00	751.25	754.48	817.5	207.5	499.23	北，北西	10.5	X	X
七	91.00	84.13	87.99	760.75	751.25	754.78	1007.5	163.8	378.58	北，北东	4	1	X
八	93.75	81.75	89.99	795.50	751.00	753.95	620.0	111.0	302.98	西北，东北	9	2	X
九	88.75	78.00	83.93	766.00	750.00	757.23	575.0	112.5	302.73	西北，西南	9	X	X
十	89.90	76.65	82.05	766.75	752.00	760.29	700.0	135.0	292.45	北西，南	11	X	X
十一	82.80	69.80	77.75	765.25	758.00	762.67	875.0	150.0	302.00	南，南西	7	X	X
十二	81.00	70.00	75.45	766.13	759.75	761.57	1260.0	368.5	745.98	南，东南	13.5	6	6

南海沿岸各处之海流，每因洋海之深浅，气压之变化，风向之差异，不能一律，即其发生之时率亦颇不同，西沙群岛之海流尤无规则，常因风向而变。由十月至四月，因

东北风而生之西南水流，较之由五月至十月间因西南风而生之东北水流为大而有常。水流之急，以十二月及一月为最，其速度为一海里至一海里半，群岛中间之水流，又与东西两侧不同。东侧林岛及石岛附近，常有由西至西北之水流，其速度约二海里，亦有由东而来极缓之水流。西侧甘泉岛及金银岛附近，亦常有西或西北之水流，而东北水流，亦间有之。其复杂如此者，盖因位置关系，风向无定，遂生此不规则之现象焉。

八、西沙群岛之交通与物产

西沙群岛远在南海中，其林康岛迤宋一带，为香港、南洋群岛间航行之要冲，其金银岛迤西一带，交通之孔道，亦为往来欧亚两洲航线之所经，其地位颇为重要，且可为吾国远洋渔业之根据地。但因岛无居民，礁石棋布，既无港湾以停泊船只，又无高山以屏蔽风浪，近岸处暗礁围绕，近则太浅，远则太深，欲求一适当锚位而不可得。岛面甚低，从远处极难瞭望，风向无定，水流多变，时有飓风，又无浮标灯塔及气象台、无线电台等之设置。当春期蒙雾，或天气恶劣时，航经该岛附近，至为艰险，四望海天无际，但见少数来自三亚、榆林之渔船，寂寞徘徊于群岛间而已。计由树岛至海口，约二百四十里；由树岛而林岛，约九里；由林岛至林康岛，约二十四里；由林岛至登近岛，约四十里；由登近岛至金银岛，约十三里；由金银岛至榆林港，约一百四十五里。各岛物产甚多，试分类述之。

（一）动物　西沙群岛以鸟粪著称，是等鸟粪，概由鲣鸟科之一种白腹鲣鸟所排泄。白腹鲣鸟，多生长于热带岛屿，成群栖飞，其卵较鸡蛋略小，有斑褐色，雏鸟羽纯白，成鸟羽灰黑色，腹部白色，嘴绿足红，其肉味劣，不供食用，林岛及小林岛栖息极盛，金银岛中亦多见之。此外则有海燕一种，为数甚少。兽类中惟林岛多鼠，爬虫类有蜥蜴一种，林岛掌岛皆有之。昆虫类如蝶蛾等亦多，惟毒蛇、恶蝎、蚊虫、蚁蝇等，则绝无之。

（二）植物　各岛植物种类不多，大概为三亚、榆林一带所通有者。乔木有三亚树一种，高三四丈，林岛、掌岛均甚茂密；灌木则属于大戟科、桑科者皆有之，亦有相思子；杂草中有羊齿类者一种，禾本科者一种，马齿苋科二种。林岛及掌岛有椰树数株，珊瑚岛有棕树三株，皆高十丈左右，足为岛之标识。其余各岛之植物生长情形，大略相同，惟南极岛尚为砂碛。

（三）矿物　西沙群岛既由珊瑚礁所构成，故除砂石及海鸟粪外，并无其他矿产。

鸟粪与粪化石积成之磷酸矿，其色状有二：细如粉末者作棕色；凝结成块者内作棕色，外作灰色。其分布状况，在林岛则成一层覆于表面，平均厚度为二五公分，每块重约数十斤，鲜有极大块者，其下为白砂。此种鸟粪层，以林岛为最多，石岛次之，其余登近岛、掌岛、金银岛、珊瑚岛、林岛、树岛等，虽亦有少量存在，但无开采价值。林岛鸟粪储量，照此次测量结果，鸟粪与粪化石，所占面积为一,二九一,六〇〇平方公尺，因矿质平均厚度为二五公分，故其体积为三二二,九〇〇立方公尺。在此体积之中，植物之根所占体积，约为十分之一，故磷酸矿体积实为二九〇,六一〇立方公尺。又以岛上现有之装矿手车容量计之，每车体积为〇.六五立方公尺，装矿重半吨，如此则全岛矿量为二二三,五五〇吨。其已为日人偷采之处，约占面积二八〇,〇〇〇平方公尺，以同一方法计之，约被采矿量四八,五〇〇吨，则岛上矿量，除已采者外，尚存有一七五,〇五〇吨，此林岛一岛之现在储量也。磷酸矿用途，以作培田料为主，盖其中之磷酸钾等质，均为农田所需，若用新法化验，将内含磷质，分别配制，其利尤大。日人招工开采时，每名每日采鸟粪一吨，给银二元，及运赴大阪，经溶解配合后，每担值银二十余元，可知其利益矣。兹将日本大阪制肥所所发表甲乙两种料配合成分，抄录如下，以供参考。

一　甲种溶解配合法

百分中之主要成分

氮素全量　六.〇〇

亚摩尼亚　四.〇〇

磷酸全量　八.三〇

水溶性磷酸　五.五〇

二　乙种溶解配合法

百分中之主要成分

氮素全量　三.〇〇

亚摩尼亚　二.六〇

磷酸全量　一五.〇〇

水溶性磷酸　一一.〇〇

加里全量　一.〇〇

（四）水产　各岛之周围浅海中，有海藻、海菜、海草、海绵、海参、海胆、珊瑚、蝶、螺、蚌蛤、墨鱼、巢蟹、海龟、玳瑁、鱼虾、石斑贝类等。由海南来岛者，多捉龟拾蚌，所获甚夥。龟大者径三四尺，重逾百斤。蚌类极美，其闭壳筋长约二三寸，渔人干晒之，视同江瑶柱（即干贝）也。鱼及海参、墨鱼，出产亦多，渔人不能就地干制，不便运输，但取少数之以供日常食用而已。海南渔船，每船可容渔夫二十余人，年中来往凡二次，春初来者夏初归，秋末来者冬末归，春来多捉龟，秋来多拾渔海龟、玳瑁、蚌蛤，各岛均有之，海参则登近岛独多。

西沙群岛之价值及与国防之关系，既如上述，所望我国上下，迅速开发设防，否则，门户之侧，有此庞然弃物，真居室者之耻也。

（录自《国防新报》1947年第5期）

国防月刊

西沙群岛在国防上之地位

华　洵

我国海洋学家马廷英氏于一九三七年曾发表*Data on the time Bequired for the Building of Coral Beefs*一文，说明在西沙群岛珊瑚礁下五英尺处发现过大量的“永乐通宝”铜币。依照马氏的推算，一英尺珊瑚礁的构成需要一百年，那么，我国涉足西沙群岛已经有五百余年的历史了。在东汉时有马伏波将军曾到过该岛，远在越南立国以前。清末时，我政府还派了副将吴敬荣率技工一百七十人分乘伏波、琛航、广金三舰前往查勘，计划开发。迨宣统二年，广东水师提督李准又奉命率军进驻该岛，并悬旗鸣炮，正式认该岛为我国领土。一九三九年抗日期中，不幸沦陷。自日本投降以来，我国海军进驻该岛，实为我国恢复领土主权的措置。不料法国于去年十二月九日竟在巴黎声明该岛应属越南，但根据一八五八年的《中法天津条约》的附图，西沙群岛系在中国版图之内。一九〇八年我国海关为船只安全乃提出在该岛建立灯塔，至一九三〇年国际气象会议在香港举行时，亦提议由中国在该岛设立气象台，以利海上航行。事实上，往来于该岛与居住该岛者，悉为我广东海南岛渔民，我海南岛渔民依该岛为生者数，达一百余万之多。由此可知，西沙群岛之主权属于我由来已久，何能容忍外人觊觎！况该岛是我华南国防上重要之根据地。

一、从位置上言：我国南海岛屿系包括海南岛、西沙群岛、东沙群岛、南沙群岛、团沙群岛等，其中的西沙群岛，英文称为普拉塞尔群岛，我国古时则称七洋洲，既以其位于东沙群岛之西以名之。该岛在行政上属于海南岛的琼崖县所管辖，位于北纬十五度四十五分至十七度五十五分，东经一百十一度十三分至一百十二度四十七分，正介乎越南和菲律宾之间，共有大小岛屿二十余个，海拔六公尺，分东西二部。东侧有树岛、北岛、中岛、南岛、林岛（多树岛）、石岛、林肯岛，西侧有珊瑚岛（笔岛）、甘泉岛（吕岛）、伏波岛（都岛）、金银岛（钱岛）、深航岛（登岛）、广金岛（堂岛）、天文岛、南极岛（特里屯）、柏苏奇岛等，面积约为二百余平方里，都系珊瑚礁所构成，最大的岛屿面积约数十平方里，最小的面积还不及一平方里的十分之一。西北距海南岛的榆林港约一百四十浬，西距越南的土伦港（Torane）约二百五十浬，东距菲律宾的马尼拉港（Manila）约五百四十浬，适居于海南岛、越南、菲律宾之间，同时又当新加坡与香港航路的孔道，扼海上交通的枢纽，为我国通南洋的门户。

二、从经济上言：岛上的鸟粪极多，经千百年之积累，厚度至三尺、十尺不等，最深者达二十尺。由鸟粪化石结成磷酸矿，为最主要的富源。秘鲁（Peru）、智利（Chile）两国以此驰名于世，而我却鲜为国人珍视。鸟粪的分布，据民国十七年调查，以林岛较多，所占面积约一,二九一,六〇〇平方公尺，储量约有三二二,九〇〇立方公尺，合计约二二三,五五〇吨。此外，水产方面：在环绕岛屿四周的浅海中，富于海参、海胆、海龟、蚌蛤、墨鱼、巢蟹、珊瑚、玳瑁、海藻、海绵等。海龟极大，重达二百斤，年可得二三百之数，获利甚夥。植物方面：因种类不多，大概和海南岛的三亚、榆林一带无异，乔木高达三十多尺，尤以林岛最多。动物方面，以热带生长的白腹鲣鸟为主，海燕次之。因动、植、矿、水产均富，故日人赞称："不失为经济上的一个宝岛。"

三、从战略上言：西沙群岛据南海之中，东南面菲律宾，北与榆林港对峙，西北临东京湾而望越南，北通香港，南达新加坡，如筑营房、建军港、设炮台，即可与榆林港成犄角之势，握东西两洋的咽喉，从此我国西南国防巩固，可无外顾之忧，否则海南岛势必陷入孤立，闽、粤两省亦为岌岌可危。日人早识该岛极具战略价值，故于太平洋战事起后，即作为进攻南洋的基点。法国之垂涎觊觎者，亦因该岛在战略上之地位极重要，如以该岛为基地之飞机，其飞行半径可遍及我国南部、越南、菲律宾、泰国及婆罗洲等，所以群岛面积虽小，但在经济上是一很大的利源，在军事上是我闽、粤最重要的屏藩，南海的前哨。

（录自《国防月刊》1947年第3卷第1期）

国际言论

东沙群岛被占后气象报告已停止

据香港政府方面表示，自日本海军占领华南著名气象台所在地之东沙群岛后，气象报告即告停顿，因此在南海方面来往之船只，皆咸受极大之危险。在过去数日，香港虽与日本当局商议继续供给之法，但该处之日本海军并未认真照办，例如今晨六时越过该群岛之飓风，并未公告。开往旧金山之美国邮船威尔逊号及行将抵港之杰弗生号皆有无线电报拍至香港，谓在途中遭遇极强烈之飓风，而该台则绝未有所报告，故此间认日本此一行动，大有碍于船只之安全云。（香港四日电）

（录自《国际言论》1937年第4期）

日占我伶仃东沙岛

据可恃方面消息：与西面香港领海相接之伶仃岛，昨夜为日方所占据，同时开往广州之航务，夜间已大减少，盖恐封锁者加以干涉也。（香港七日电）

此间《孖喇西报》（*China Mail*）今日登载海产公司职员所述日军占据东沙岛时之暴行，该职员等，顷甫乘马达船来此，据谓彼等备受日水兵虐刑，彼等头上置一利刃，旁有日水兵一人，执锤而立，苟所问不答，则此水兵即锤击利刃破其头颅。后复令彼等与灯塔人员排立于海滩上，而以机关枪对之，作欲击状，强令其供出军火窖藏之所，实则该处并无军械窖藏所也。日军刻将东沙岛改为水上飞机根据地，已陆续将大批汽油运至岛上，当彼等乘自己马达船离岛时，见日驱逐舰多艘向汕头方面驶去，其留驻岛上者，唯日本陆战队与若干机关枪高射炮耳。日水兵登岸后，旋将无线电台与气象台捣毁无遗。海产公司职员虽经释放，然灯塔人员则被拘留，视同战俘云。（香港七日电）

（录自《国际言论》1937年第4期）

国 论

西沙群岛的国际关系

自从法人派遣安南警察占领西沙群岛以来，西沙群岛的名字，便常见在报上了。关于这群岛的主权和大略形势、法日关系等，已于本月五日的本报日刊社论上，作概况的说明。这几日来，因日本外务省发言人发表谈话，表示日政府反对法人占领该群岛，而且派军舰前去，宣言护侨，而法人一方对各国主张先占地位，一方对我驻巴黎顾大使只认派警察去保护灯塔观象台，以便航行，态度含糊，愈使这问题严重起来了。兹为供读者参考起见，更将西沙群岛的位置、地形、地质、物产、交通，及国际纠纷发生经过，分述如左：

一、位置及地形

西沙群岛位于赤道北纬十五度四十六分至十七度五分，东经一百一十度十四分至一百十二度四十五分，距海南岛南端之榆林港东南约一百四十五里，北起北暗礁，南至南极岛，东界林肯岛，西接七洲洋，统计大小岛屿礁滩二十余座，星罗海面，约二百余方里，本为一群珊瑚礁结成的低岛，西人统名之为Paracels Islands。主要的岛为林岛、石岛、登近岛、掌岛、金银岛、珊瑚岛、林门岛、树岛、林康岛等，故又被称为南海九小岛，可是名称间中外还有异殊，各岛面积很小，大的不过数十方里，小的不及一方里，浮出海面仅数公尺，最高的石岛，也仅十五公尺。

二、地质

各岛地质，为珊瑚虫窠及其他动物的遗壳构成，从前海面较高，珊瑚在水中结成环形礁石，后海面低落，珊瑚礁乃露出水面，为太阳炙死，遂成今日各岛形状。故岛中土壤，皆由珊瑚及介壳风化而成，多为细沙质土，中含石灰量甚多，且多鸟粪及粪化石堆积其间，故“磷酸矿”极富。林岛为鲣鸟栖息总汇，土中含鸟粪最多，各岛除海边沙滩外，内部林地及草地，皆为腐殖物构成，故土质甚肥美。

三、交通

西沙群岛远处南海中，林康岛迤东一带，为香港南洋间的航道，金银岛迤西一带，为安南香港间及欧亚巨轮所必经，大足为我国远洋渔业的根据地。不过岛上并无居民，海上礁石四布，无避风和泊船的港湾。近岸地方暗礁围绕，近则太浅，远则太深，求一投锚地点而不可得。岛面甚低，我国初无灯塔及电台等标识，春季遇雾时期，航行甚为危险。四望海天无际，惟见渔船数点，自海南岛之三亚、榆林等处驶来，聊慰沉寂耳。交通由树岛至海口，海程二百四十里，由登近岛至榆林港，海程一百四十五里。

四、物产

各岛以产鸟粪著称，此等鸟粪及粪化石，即为磷酸矿，可为制成肥料之用，成层覆于地面，只林岛一岛，其积量已达二十二万三千五百吨，除被日人偷采约五万吨外，尚存十七余万吨。然此为民国廿三年的统计，今再阅四年，恐偷采更多了。查日人在该岛招工采矿，每名每日可采鸟粪一吨，给工银二元，迨运回大阪，溶解配合后，售价每担竟值银二十余元，获利之厚可想。此外动物多鼠及蜥蜴之类，惟毒蛇蚊蚁均无之。植物甚少，水产甚多，海南渔船，到此只捉龟拾蚌，所获甚多。龟有重至百斤的，蚌极美，其闭壳的筋长二三寸，味同瑶柱。海参及墨鱼亦多，鱼类及海藻、海菜、海绵、海胆等，均极富。

五、国际纠纷经过

西沙群岛的主权，根据前清光绪十三年五月初六日（一八八七年六月廿六日）中法两国全权在北京订立的《中法续议界务专条》第三款内载：“……至于海外各岛，照两国勘界大臣所画红线，向南接画，此线正遇茶古社东边山头（茶古社汉文名万注，在芒街以南竹山西南）即以该线为界。该线以东海中各岛归中国，该线以西海中九头山及各小岛归越南……”照这样规定，西沙群岛的位置，正对榆林港，当然在防城桂越交界的芒街以东，其为中国的领土，本无问题。不过我粤省政府，因岛上并无居民，未设官署管理，遂被人误认为无主荒岛。当民国十年，台湾专卖局长池田，冒用我国商人何瑞年名义，组织西沙群岛实业公司，请准承办该岛种植、采矿、渔业各项，粤省府未及察觉，批饬崖县发给承垦证书。直至民国十七年才被发觉，撤销原案，驱逐日人，由粤省府派员接管。检查日人遗下林岛的日记，见有民国八年已有台湾人及琉球人死于岛中的记载，可见日人经营该岛，已历九年。不过林岛上有海南人所建筑的孤魂庙一间，年代虽不可考，然即此可断定我国民居住在先，日人卒无词而不能不引退。可见该岛是我国的，更无疑问。不过因近年空军发达，法人因怕其他强国占了该岛，便可作飞机站，而威胁安南，及截断安南和香港的交通孔道，所以在五年前，已借口查出岛上有安南民族遗物九十余种，主张该岛应归越有，经我国驳斥。民国二三年，粤省海军司令陈策，为防杜他国觊觎起见，曾拟定管理该岛计划，想仿东沙岛成例，在岛上设备电台、灯塔、观象台、职员住所、交通设备等，交由粤省海风司令部主管，然终因经费无着，军务倥偬被搁置。三年前法国人潜至该岛上建设灯塔电台，以先占南海九小岛，通告英美。我国只有对法抗议，对法人所建灯塔等物，似未注意，同时日人乘我国多故，无人巡视，又私派矿工，到岛自行采取鸟粪，而且公然在香港设立公司发售，遂酿成今日法日争夺的纠纷。在侵略者方面，固无孔不入，可是我国政府的放弃，也可说是难辞其责的了。如上所述，可见该群岛，在经济和交通上价值的重要，不过还不及在军事上价值的重大。我们只要看这群岛的位置，恰在香港和新加坡一千六百余里海程的中间，以近代轰炸机的速率，每小时可达二百五十公里计算，在这中间起飞，不过四五小时余，便可飞到香港、新加坡，或安南，施行轰炸，这不能不说是对英法远东空防的重大威胁。而且在日本将来对英法海军的作战上，可造成一绝大的据点，而遮断安南、新加坡，甚至欧洲方面的远洋东来的航道。即以近代海军的驱逐舰速率计，每小时可走三十二里，那么由这群岛出发攻击新加坡和安南或香港，不过十几个钟头，就可以到，而同时对般鸟、菲律宾各岛的威胁更大，所以这群岛在将来的太平洋的海战上，价值极大。这次法国的强占，大概中间还以英美的怂恿为多，因为英美为掌固南太平洋海战势力圈内的安全起见，绝对不容许日本海军得在这圈内获得根据地的。所以西沙群岛的争夺，和海南岛的争夺，同一原因，而表面上虽为法日两国之争夺，实际上则法人背后还有英美在内。日本如一定要逞强占夺，也许会因此引起严重的海战，亦未可知。

自从日寇南侵以来，太平洋的风云，一天比一天紧张起来了，无海军的我国，对于沿海岛屿，实际上无法保持，唯有声明保留我国主权，以为战后交涉的根据罢了。（《星洲日报半月刊》）

（录自《国论》1938年第1期）

国民外交杂志

《益世报》对法占九岛之评论
“抢夺时代”的重演
——奥南九岛问题的严重性——

留心本国近五十年历史的人，大概忘不了一八九八年中国在外交上的情形。那年三月六日，中国和德国签个条约把胶济租借给德国；同年三月二十七日，中国又把旅顺、大连租给俄国；同年四月十号，北京总理衙门向法国承认不将广东、广西、云南割让他人；同年四月二十六，总理衙门向日本承认不将福建割让他人；同年六月九日，承认英国扩充香港领域；同年七月一日，又把威海卫租借给英国；同年又把广州湾租借给法国。西文的中国史，便有人叫那个年头为“抢夺时代”，言其在那个时候，列强对中国领土争相抢夺，中国对自己的领土，亦可听人抢夺。

“抢夺时代”何以发生，答案当然不是一件简单的事。甲午（一八九五年）我们打了一次大败仗，把台湾割让给日本，这是抢夺的开端。那时候欧洲各强国，正在努力殖民政策，非洲已经瓜分完了，大家的目光正注射到中国来了。恰好日本打赢了中国，大家又怕日本把中国的利益独占去了。三国干涉还辽，就是欧洲强国不愿日本独占中国利益的证明。一八九八年一月十日，中国对英承认不将长江沿岸各省，割让他国，因此长江成了英国的势力范围。割让台湾于日本，承认长江流域做英国的势力范围，此例一开，“利益均占”的口号出来了，而“抢夺的时代”亦就造成了。那是中国最危险的一个时期，几乎成了瓜分的结局。后来美国出来唱远东门户开放主义，才把中国从瓜分的危局中救了出来。美国何以倡导门户开放主义，这问题不在本文讨论之列。门户开放主义，在当日的确使中国渡过了一重难关，这是无疑问的。

我们追述这一段故事，我们正在怀疑，今日一九三三年的中国，是否回到一八九八年的那个时候了？“抢夺时代”是否又要重演一次？今年中国的情形，许多地方，与三十五年前相仿佛。日本又演了一出开场戏，这戏的影响，较一八九四年（甲午）那次还大。日本干干脆脆占据了中国四省。这件事欧美人看了当然红眼。同时，在中国方面，列强均势的局面破了，门户开放这原则，当然亦受一个极大的打击。在这个时候，法国突然宣布占领粤南九岛。这件事发生以后，日本又宣言要占西沙群岛。此后别的强国，是否有他种同样的宣言，或同样的行动，我们不知道。倘使法国占领粤南九岛，成了一八九八年德国占胶州的往事，则中国今后的前途，真是十分可怕！这就是我们所谓的粤南九岛问题的严重性。

许多人现在正在研究粤南九岛的经度纬度是什么地方，这九岛是否西沙群岛，同时搜罗证据来证实这九岛是中国的领土。这类工作是应该有的，不过我们同时要说一句消极悲观的话，这类工作，效用又在那里？辽宁、吉林、黑龙江、热河，这是中国的领土，这是绝对用不着证明的。万里长城，是中国人的古迹，几千年来世界人都这般相信，这更用不着证明。然而今日怎样！日本人硬把这些东西抢夺去了，中国如今又奈日本何？照此说，东北四省与万里长城，他人既可随意占领，我们证明了粤南九岛是中国的领土，又怎样？证明了西沙群岛是中国的领土，又怎样？东北四省天府肥沃的土地，几千年古迹的万里长城，我们不能努力保守，此时又不能努力去夺回来，如今却来争海中几个荒岛，说来亦可怜。当然，我们不是说政府和国人不应注意并且力争粤南九岛问题，不过日本占领东北四省这恶例不打破，那些小问题，真又从何做起？日本占领东北四省，破坏了列强在远东的均势局面，由是在“利益均沾”的原则下，各自行动，恐为不可避免的危险。日本既可明目张胆占领中国的领土，他人继起效尤，恐亦为不可避免的危险。这样说来，中国今日问题，自有缓急轻重之别了。

今日中国真正重要问题，是如何防止“抢夺时代”的重演？已被法国占领的粤南九岛，法律上果然我们有充分的证据，我们当然应该力争。同时对国家其他海外领土，政府应有防患未然的计划与设施。这点恐怕比争回九岛还重要。临时抱佛脚，只有焦头烂额的结果。更重的问题，依然在收复东北失地，总须打破日本武力可以强占中国领土这恶例，而后可以避免效尤。更须破除日本在中国利益独占的现状，而后才可以不引起列强的嫉妒与竞争，而后才可以消弭“抢夺时代”的重演！

（录自《国民外交杂志》1933年第2卷第5期）

国闻周报

东西沙群岛之价值

邝笑菴

粤海南滨，大小岛屿，星罗棋布最著者，东有东沙群岛，居潮汕东南，距香港约百余里，西有西沙群岛，处琼崖东南，东行一百八十英里为小吕宋，西南行七十余英里为新加坡，两群岛各有特殊物产，亦堪开作军港。顾数十年来，迭为日本觊觎，虽经严重交涉，驱逐日人，然日人至今，野心未戢，是两群岛之价值，值得国人注意者也。

东沙群岛

东沙群岛，周围约数十里，无淡水，无山，无石，乏植物，举目远望，仅一平壤。磷质极富，海产亦丰，云母壳、海草、莺哥鱼、翠蟹、石螺等，皆非寻常之产品。鱼虾蟹类，重量每在一斤至数斤，味鲜美，其他可概见矣。岛内唯一缺陷者，则饮料恶劣。一切食品，多从香港运来。次则瘴疠时起，恒有致死者，夏季多雨，气候似未适于人类生活。

现岛内有无线电台，与陆地通报，建自曩时北京政府之全国海岸巡防处，驻有海军数十名，对于南海航行，颇有裨补。

日人因是岛磷质及海产丰富，二十余年前，曾以渔船来，沿海构屋，徐徐侵占，嗣为粤督张人骏交涉，补日人以建筑费十余万元，始在西泽氏手收回。原拟对是岛渔业，自行经营，乃官场办事因循，益以变乱相寻，二十余年来，了无成绩。日人遂卷土重来，再次觊觎，其始被石瓦氏窃取海产，为无线电台台长许庆文察觉，予以干涉，日人遂去。去年黄琇继任台长，有商人陈宝生得黄核准，经营环岛渔业，实则转归日人松本嘉一郎、妙中利三郎、松永民男经营，所获海产，运往汕头、厦门、澳门等处销售。惟旋有商人陈荷朝，具呈广东实业厅，请予发给执照，开采是岛海产，而指无线电台长黄琇勾结日人。无线电台亦由全国海岸巡防处，向省政府辩称陈荷朝即许庆文，许乃谋破坏东西两沙岛海军之建设云云。现此等纠葛尚未解决，而是岛渔业权利，依然在日人掌中。日人侵略，固属可恶，惟粤政府独轻视之，听受全国海岸巡防处意旨，则殊可异。附双方执词如次，可见日人所得之权利，安如磐石也。

（一）对日经济会呈政治分会函　政治分会据各界对日经济绝交委员会函云，据中山县人陈荷朝呈陈，呈为勾引外人，丧失国权，饰词瞒报，希图肥己，乞赐查究，以挽利权事。窃查东沙群岛本隶属我国领土，应归吾粤管辖，从前日本人西泽私在该岛取磷矿等物，自前清粤督几许磋商，始将该岛收回。无如吾国人任意放弃，少有经营，致又被日人石瓦氏窥探，乘机侵入，窃取海产。曾经前东沙台长许庆文在此建台时，几经波折，始又将日人尽数驱出该岛。及后黄琇继任为台长，即与海防处长吴振南以假公济私，勾通日人松本嘉一郎，前往该岛经营海产，并将海业批与日人妙中利三郎及松永民男等。又由该海防处长吴振南，以指令专任奸商陈宝生驻港，勾引日人前往东西沙群岛经营渔业，并称以该岛为海军直接辖管，粤省政府不能干预等语。至近来竟有瞒报海军总司令部，以该东沙岛为海防军军事区域，未便由他人在此间接近，承采矿产各物，请咨转广东省政府，令饬将广东实业厅核允由民等承认开采云母壳案取消，不胜诧异。该岛既以为军事区域，不准任由他人就近采矿各物，致妨碍于军事，诚如是，何以日人则准前往开采，而我国人民，并另有中国政府执照者，则独不能，究竟认日本人为无妨碍，抑以本国人为有影响于军事，势无是理。总之，照民等所承办者，系向广东实业厅请领，该海防处并无一毫之利益收入。惟该日人则系由陈宝生勾引，向该海防处呈请承办，而有利之可图，是以此认为妨碍与不妨碍，并准予开采与不准予开采之分矣。不然，何以日人并无政府机关认可，则能随意到采，惟广东实业厅核准者，则禁止开采，其谓不有勾引，则将谁信。况日人之盗取东沙水产各物，久喧传于报章，岂能掩尽人之耳目耶？今民等迭次热心，为振兴本国实业起见，冒险前赴该岛调查，往返数次，所费已属不少。今一旦海防处因贪私利，竟瞒请政府取消民等承办原案，以希图增长日人之开采，任意私肥，而置政府之威信于不恤，弃国家权利于不顾，迫得沥陈附日之件。缴请钧会察核，俯赐转咨省政府，咨转海军总司令部，迅予查明，严逐日人出境，一面准民等原承案，并劝导人民前赴该岛经营，以振兴实业。所称此次以荷朝名字请承东沙岛云母壳案，系为许庆文之变名，尤属无稽之言。荷朝素与某并未谋面，亦无瓜葛，合并陈明。

（二）省政府令实业厅文　省政府令实业厅云，现准国民革命军海军总司令咨开，据全国海岸巡防处处长谢葆璋呈称，窃职处前以据报许庆文在港图谋破坏东西沙岛，并扬言领得粤政府执照等情，业经呈报核办在案。兹据赴港委员切实调查，密将许庆文所领粤实业厅执照抄录带呈前来，察阅该执照，系据商人陈荷朝呈准给予。查陈荷朝实系许庆文化用之名，其原呈措辞，竟将东沙岛为海军军事区域一节，全行抹煞，且所称东沙岛尚少人居，必须置屋等情，尤为捏造。由此推测，恐于西沙群岛亦必有同样之诡谋。其居心必在破坏两岛海军之建设，不惜诳辞耸听。粤实业厅不明真相，认为所辖境内之两荒岛，自属受其蒙混，准其承办。职处顷另据东沙黄台长电，称有二船，领有粤实业厅凭证，随带鱼炮，在离岛十四海里捕鱼，查鱼炮为万国例禁，倘入环岛礁滩附近，应如何处置等语。似此，则前据报之讯，业已见事实，现为釜底抽薪之计，除许庆文一犯，业由钧部转请引渡归案究办外，应请迅咨粤政府声明东西沙两岛，为海军军事区域，早经定案，并通告中外知悉。所办事务，关于航行公益国际信用，建设已有多年，费款将及百万，请其饬行实业厅查照。无论系何人请领前项执照，概予批驳，如已给发，迅予调销，俾免破坏，而重军域，各等情。查东西沙两岛，确系海军军事区域，为中外所知，自难听任许庆文从中破坏，据呈各情，相应咨请贵委员察照，即颁转饬实业厅。如有人请领前项执照，概予批驳，如已发给，迅予调销，并请通饬各机关，禁止许庆文在外图谋骚扰，等由。准此。查东西沙岛果为海军军事区域，自不容他人有所破坏，所请批驳调销二节，应即准照办理，除咨复外，合行令仰该厅长，即便遵照，妥办具报。

西沙群岛

西沙群岛大小岛共十余个，其较著者，面积如下：

玲州岛	二十四万二千三百二十五英井五，伸中亩二千六百三十三亩九分七厘
南岛	二万五千七百五十一英井，伸中亩二百七十九亩九分
多岛	三万五千三百七十三英井，伸中亩三百五十一亩八分九厘
多树岛	十六万九千七百一十五英井，伸中亩一千八百四十四亩七分三厘
中岛	二万九千九百六十英井，伸中亩三百二十五亩六分五厘
树岛	一万九千零五十四英井，伸中亩二百零七亩一分
登岛	二万六千八百三十三英井，伸中亩二百九十一亩六分六厘
北岛	三万八千一百九十六英井，伸中亩四百一十五亩一分七厘
笔岛	三万三千六百九十四英井，伸中亩二百六十六亩二分四厘

西　岛

群岛高度，只十八尺至二十二尺，植物高不出三丈，大者直径尺余，亦有手摧即折者。物产以水产、磷质、矿类、鸟粪、椰树、牛羊、鸡犬最多，矿区面积约一百六十余亩。水产有龙虾、醉蟹、石蟹、瑶柱、生蚝、石斑鱼、鲍鱼、大沙鳖等。鳖大逾方桌，卵每产逾百，鸟粪堆积二尺余高。以南岛计，每吨以十元价估去，亦值二百余万元，而平常售出，每吨三四十元，其余各岛，鸟粪所值，约达一千万元。惟三年前，日人擅到开采，闻被采取三分之一。又有海鸟，形大如鹅，掌趾如鸭，羽色或白或黑，不能高飞，晨游水面，夕宿林中，产卵甚多，味亦甚美。

岛内气候，尚称温和，夏季较炎热，亦无可供饮料之淡水。幸而雨水充足，居民蓄而饮之，但易生疟疾，亦有因热而死。惟各岛小山，蔓生马齿苋，可为治热治疟之良药。岛内黎民最多，自食其力，男女俱裸，仅穿小袴，以蔽下体。此外以渔夫为众，来自琼崖，每当夕阳西坠，山光水色间，点缀三五渔船，风景绝佳，有古岛国之状。

日人觊觎是岛，以采鸟粪为最大目的。当最急进时，群岛内有日人三百余名，每粪一吨，质坚成圆块者，运往日本，约值五十元。常因船小未尽将采得者运往，则存置于货仓。货仓可容鸟粪七千余吨。日人又筑一轨道，长凡数里，筑有铁栈桥长凡百丈，并有蒸水机，均为助于开采鸟粪者。但日人以水土不服，病死甚多，近又因粤政府派员到各岛调查，多逃匿无踪矣。

日人计划，亦由中国商人先向粤政府请准在西沙群岛渔牧垦殖采取鸟粪等，再由中国商人转移其渔牧、垦殖、采取鸟粪之权于日人。经过事实，据广东各界反抗日本出兵华北委员会，于民国十六年呈广州政治分会文云：

“呈为收回西沙群岛，严禁承商盗卖，以消灭日人侵略阴谋，而巩固国权事。窃西沙群岛，在广东崖县东南，出产巨额肥料，为中国富源之一。前经承商何瑞年，转批日人经营，致使日人在该处任意建筑码头炮楼，既属丧失国权，滋长洋奴卖国营私之野心。后迭经琼崖人民反对，始有第四次省务会议取消何瑞年批约收回，民政、实业两厅应会同策划办理之决议。乃本年六月九日，省政府委员会第三十次会议，忽有实业厅长提议，将该岛另批商人冯英彪专办，并请准允由商人报效一万元外，另每年租价四千元之事，实令人深为诧异。幸即由中央大学农科教授郭嵩龄去呈政治会议广州分会，指陈厉害，揭破日人侵略企图，始将冯英彪商约批销。查西沙群岛既系中国富源之一，而为日人所素图占据者。去年省务会议，决将该岛收回政府办理，原为杜绝洋奴卖国权之计，然当时以缺乏兵舰，调查人员不能前往，以致此议延搁未办，殊为憾事。现在本党政府军事政治势力达训政时期，凡有设施，均应着着进行，尤以开发国富、充裕民生为当务之急。此政府对于调查开辟西沙群岛之决议，自不能不继续执行。矧以此次清党后，一般洋奴买办，每欲乘隙活动勾结外力，以逞其营私之欲。该商人冯英彪，竟以出价一万元之报效，四千元之年金，而怂恿实业厅提议批其承办，其间难保无贿赂勾结之阴谋。如此，则一西沙群岛可以贱价拍卖，其他比西沙群岛更大之国土，亦可以盗卖，将来贻祸，不堪设想。故为维持省务会议以前决议，开发国富，巩固国权，严防洋奴盗卖国土，消灭日人侵略企图，计划依据广东各界反日出兵华北示威大会决议第一次清除反革命裁判，检举一切勾结日本帝国主义之洋奴买办阶级等严行惩办一案，呈请钧会。将此次商人冯英彪承办西沙群岛经过，迅予彻查，果有勾结盗卖情事，应请严行惩办，以杜绝洋奴买办阶级卖国营私之野心，并请依照第四次省务会议决议，迅派专员前往西沙群岛调查勘测，由政府策划经营，以开发国富而遵行总理实业建国之方略，实为公便。”

又据广东实业厅长李禄超，对于批由冯英彪开采西沙群岛鸟粪时之谈话云：

“（一）西沙群岛情形。西沙群岛系在琼崖岛之东南，距离海口约有一千余里。该处共有大小十余岛，面积约五千余亩，每遇潮水涨落，各岛时为隐现。岛上鸟粪甚多，此项鸟粪，可作磷质及肥田料之用。（二）原日承商批办历史。有商人何瑞年，于民国十一年间，呈请承领，从事渔牧垦殖采取鸟粪事项，试办五年，并声明期满如有成效，再行呈请核明继续办理。所缴过注册费、测量费、官地偿金、矿税等项共八千余元，旋被琼崖人士纷纷电呈，控称何商，转批日人，政府是以将承领原案撤销。该商复向省署呈恳，始于民国十二年，奉准维持原案，继续承办。及至去年，省政府复据公民及党部力攻何商确系将各岛转批日人，请政府将该案撤销。本厅奉令核议，当以何商试办期内，积欠矿税，每以支吾搪塞之词推诿，延不遵缴，且屡次被控有勾结日人情弊，是以本厅有呈请取消之议。经奉省政府批饬民政、实业两厅派员乘舰调查，卒以无适当可派之舰，因循累月，久未成行。本厅鉴于此种困难，惟呈拟另招新商承办，以免该岛天然万利，尽落外人之手。（三）实业厅办理新商案情形。据中山县商人冯英彪呈请，专办该岛鸟粪，自招本国工人前往开采，并自愿报效政府一次过一万元，另每年完纳税银四千元，以五年为限。本厅据此，以前商所缴不过八千元，比较新商认缴之数，相去甚远，且旧商试办年限，又已届满，新商承办，确信其不致转批与日本人，是以复行提出省务会议，请将前商承办原案撤销，另批新商专办，是本厅办理此案手续，实无不合。（四）新商无勾结日人事。本厅查得此事，并无事实上证据，所知者，该商系中山县籍。即使此案批准，本厅应令其具有殷实商店担保，并订立批约，倘有勾结外人情弊，一经发觉，即将案撤销。惟现时断不能以毫无根据之言，故入人罪也。（五）该岛非太平洋战争之导火线。以余所知，日人所最注意者，乃美国所属之锦岛。因该处有良好军港，足以接济菲律宾也。设西沙群岛确有军事关系，自有政府之军事学家主干，非我辈门外汉所能妄谈者也。（六）对于旧商之处置。旧商之试办期间已满，并不遵缴矿税，且又有勾结日人情弊，自应先行取消其开采之权。同时马上派人前往调查，制止其偷采，如果不即前往，仍如前次之拨舰困难，耽搁时日，适足以延长其勾结外人偷采时期，如是不特不能杜绝日人之侵略，反助其侵略之机。”

依李氏谈话，回护冯英彪，无可为讳。冯英彪对于各界指为有盗卖西沙群岛之阴谋，亦认为不满，哓哓争辩。于是粤政府乃有派员前往西沙群岛调查之计划，拟由总司令部、政治分会、民政厅、实业厅四机关，各派委员一名，另请专门名家一名会同前往，此民十六时之拟议也。卒以预算须费五千元，府库奇绌，无法筹措又未得兵舰护送，议不果行，盖粤政府直敝屣西沙群岛也。

至本年，军事结束，粤政府对于调查西沙群岛旧事重提，由土地、建设、实业、民政四厅及总指挥部，派代表一人，组织调查西沙群岛筹备委员会，迭开会议，始决定于五月二十五日乘坐海瑞兵舰出发。中山大学亦派教授二人，两广地质调查所派技士二人，参与勘查。至海口时，会同南区善后公署技师前往，愈时将一月，方告言旋。未知调查之后，有何良谋，使西沙群岛之蕴藏，早获开发，及不致为勾通日本之商人，得逞其狡耳。

南区善后委员公署为管领西沙群岛机关之一，该署参谋长黄强，以宣统二年广东水师提督李准曾亲调查西沙群岛一次，预谋开辟，惜未见其具体办法。现对于粤政府派委员调查，颇抱重大希望，因取法国海军部出版《海航指南》一书，关于西沙群岛内容，曾见调查确实者，译送各委员，以为参考。附录其译文于后。关于西沙群岛之潮流、风信、地势、轮船湾泊处所极为详尽，亦研究西沙群岛者，不可忽诸。惟群岛名称，以译音故，与原称不同，吾人但互为印证之可矣。（未完）

（录自《国闻周报》1928年第5卷第26期）

法国占我西沙岛

在我领海南部之西沙群岛，中有九岛为法国占领，此事之意义颇为重大，岂一八九八之重来乎？

法国正式宣布占领

巴黎二十五日电　官场正式宣布占领安南罗婆洲与菲岛间之珊瑚小岛。又巴黎二十五日路透电，法国政府二十五日正式宣称，已占领菲律宾与安南间之九岛，并称此后该岛将属法国领土，据称占领各岛日期如次：奎亚当不瓦斯四月三日，依托巴杜锡尔四月十日，莱尔四月十一日，西杜斯巴得来四月十二日云。

南京二十六日电　法占珊瑚岛，外部电驻法使馆及菲律宾领馆，调查真相，并电粤省府，嘱报告占据情形，俾提抗议，交涉收回。

日本方面表示忧虑

东京二十六日电　法国宣布占领越南与菲律宾间九岛事，引起外务省之忧虑。日方在采取正式行动前，顷正在研究中。据此间所有档案，得悉一九一八年七月十日有巨商贵族院议员桥本，曾向当时外相内田呈请，宣布该地归日本统治。是年十一月有日本探险队六人赴九岛调查，其中有莱杜锡岛，日名为双子岛。一九二〇年五月又有日人发现十二岛，向海军省呈请收入版图。一九二九年又有日人向当时外相田中作同样请求，日人在该岛上从事开矿及其他事业。官场相信，在日政府对法国宣言之态度正式决定前，纵令法国占领该岛，亦不得在该处设立军港，只能用以便利国际航务云。

（录自《国闻周报》1933年第10卷第30期）

法占领者非西沙岛

前传法国占我西沙群岛之九岛，兹经外交部研究，确非西沙群岛，而为越南、菲律宾间之珊瑚九岛。据经纬度计算，两处相距尚远。该岛虽非西沙岛，然以地位测之，自与中国领土有关。现正调查，以为交涉根据。惟日本迭以该岛影射西沙岛，而称为拔拉色尔群岛。按拔拉色尔群岛（Paracel Is.）系中国西沙群岛之西文名称。日人故呼此名，实有意朦胧，极应注意，不要因此真个再把西沙岛赔上。八月一日《大公报》有一短评题为《快快保守西沙群岛》，论此事极切，录如下：

这两天为了法国宣布先占粤南九岛问题，引起日本的侵略欲，借事生风地天天把西沙群岛拿来混搅一阵。西沙群岛明明是中国的土地，日本却不用这个名称而叫他的外国名字“拔拉色尔群岛”，自欺欺人，公然宣传，想要援例宣布占领，这真是个国际侵略罪的连续犯！近来日本通信机关，关于广东福建和美国的关系，谣言实在造的太多，完全是有组织的，至少可以看出日本军阀又有要在南方借端生事的企图。例如前些日子嚷着美国在广东包办训练航空，这两天又说美国运军械到厦门，要投资建筑漳州到龙岩铁路，又要在本年内送潜水艇两艘、飞行机六架、高射炮一门给福建海军，而以在厦门南方东山湾，设置美国海军根据地为条件。这种羌无故实的造谣，充满恶意的宣传，无疑地是要鼓励日本国民的狂热，替军阀疯狂行为打前锋，所以很值得注意的。

我们希望广东负责任的人们，别一味地鼓舞北方内战，赶快把闽粤两省国防充实充实，至小限度，也得把西沙群岛保守牢了，谨防出意外之变！

九岛确系我国领土

广州三日路透电　法国宣布占领九小岛事，广州以该九岛与华南地理上之关系，特别注意之。据今日半官方消息，去年西南政委会通过之华南建设三年计划程序，规定开发该群岛，并准备建设一无线电台。西南当局现严重研究此问题，认为该岛为中国之领土。据省政府人员声称，该岛为中国之领土，已数百年。一八八三年德政府曾派员测量该群岛，旋经中国政府严重抗议而罢。光绪三十三年中国政府曾派军事大员开发该地，其后中国政府亦曾准某商业团体开发该地。距今数年前，中山大学由省政府建设厅指导之下，曾派学生多人调查该地。一年前粤省政府曾允许某商业团体采取该地鸟粪肥料，并在该地建设无线电台。

日本注意保留权利

东京三日路透电　日本法学家现正研究法国占领九小岛问题，日政府俟彼等提出报告后，即将决定保留日本或日人在该岛上所有权利之办法。若干日人均已纷纷要求该岛之权利。据拉沙岛磷质矿产公司宣称，自一九一八年至一九二九年该公司曾投资百万元，以开发该岛之石磷及鸟粪肥料，并建筑码头及轻便铁路。现该项工作已受压迫而停止。

（录自《国闻周报》1933年第10卷第31期）

李准巡海记

记　者

近因法占南海九岛，引起国际纠纷，据日前南京电讯，粤省电中央，认九岛为我最南领土，前清时会派广东水师提督李准至该岛调查，并鸣炮升旗云。李直绳先生亲来本社，与记者谈此事，谓彼于清光绪三十三年四月间（西历一九〇七年五月间），奉两广总督张人骏之命，巡阅南海，发现十四个岛，各为勒石命名，悬旗纪念。缘是年春，李氏先巡海至东沙岛，见悬有日旗，经交涉收回，因思中国领海中恐尚有荒弃之地，乃更有南巡之举，有《巡海记事》一册。此外并有测绘之图，在辛亥革命时遗失。惟海陆军部及军机处尚有存案可稽也。据李氏之《巡海记事》，是年四月初四日（西历五月十五日）乘伏波、琛航两舰自琼州启椗。因避风，十一日（西历五月二十二日）始自榆林港放洋，翌午抵珊瑚岛，命名为伏波岛。继续巡行，共发见十四岛，各为勒石命名。二十三日回航。李氏自谓其地或即法国所占者。然以海程计之，大抵为西沙群岛。李氏笔记明言其地“西人名之曰怕拉洗尔挨伦”，自系Paracel Is. 之译音。笔记且有“林肯岛”之名，经李氏易为“丰润岛”，林肯岛固西沙群岛之一。李氏此记虽不能证法所占者即我领土，然西沙群岛固我之疆域无疑也。今当海疆多事，此记之价值乃显。《大公报》近曾刊露李氏笔记之一部分，兹并关于东沙岛者一并刊露之，洵珍贵史料也。

一、东沙岛

中国向不以领海为重，故于海面之岛屿，数千年来并无海图，任外人之侵占而不知也。粤之东有东沙岛焉，距香港一百二十海里，距汕头八十海里，在澎湖南澳之间，向无居人。闽粤之渔户常有至其地者，航海之船，往往遭风漂没于此，渔人多有得其资财者，故粤谚有曰：“要发财，往东沙。”光绪二十三年春，余乘伏波舰巡洋至其地，远望有旭日之旗高飘，不胜惊讶，以为此吾国之领海，何来日本之国旗，即下令定椗，乘舢板登岸。是有木牌竖于岸曰“西泽岛”，乃进而执西泽，询以何时侵占此岛。西泽曰：“已二年余矣。”余曰：“此乃我国之领海，何得私占？”西泽曰：“此乃无主之岛，以其距台湾不远，以为属之台湾，不知为广东属地也。”问其经营何种事业？曰：“取岛上之鸟粪，以为磷质及肥料，并采取海带、玳瑁等物。”余巡阅一周，长约十余里，宽约三四里，有工厂三座，办公室一座，并有制淡水机器，轻便铁道十余里，海面有小汽船一艘。据云共已费二十余万元。余一面派人监视，不许再行采取各物，存货亦不许运去，乃回省商之张安帅（按即两广总督张人骏，字安圃），与日人交涉，交还此岛。外部索海图为证，而航海所用海图为外人测绘，名此岛曰布那打士（按即Pratas），不足为证。遍查中国旧有舆图各书及粤省通志，皆无此岛名。王雪岑观察，博览群书，谓余曰：“乾隆间有高凉总兵陈伦炯著《海国闻见录》，有此岛之名。”即据此图与日人交涉，乃交还此岛。日公使以西泽经营此岛费去在数十万，其工厂房屋、机器、铁道、汽船索补偿共二十余万元，我以彼盗取此岛之磷质肥料、海带、玳瑁等物为抵偿品而交还焉。其岛桑树极多，其铁道枕木多以本岛之桑木为之。交还后由劝业道经营，仍留管事及工人在彼，采取各项出产品。每月余派广海舰送火食至岛，运各物回省。改革后，党人只知占地盘，谋权利，遂不以此岛为意。留岛之人绝粮而死，可哀也。我虽不杀岛人，岛人由我而死，余滋愧内疚于心矣。后由国政府于此岛建无线电台，以报风讯。上海包工人亦以久无运粮食接济工人食料，亦绝粮而死。涉讼经年，索抚恤其家属。今已设无线电，可通信息，不致再绝粮也。

二、西沙岛

（略）[1]

（录自《国闻周报》1933年第10卷第33期）

日海军占东沙岛

日海军近占我东沙群岛，这证明敌军决心的扩大。我们在这岛上毫无军事布置，惟关系航线甚大，南海航线将为遮断，菲律宾及香港也受极大影响。日舰昨并在粤港海面截查英国商轮。日本这种非法暴举，终有使各友邦不能忍受的一天。

九，九《大公报》

（录自《国闻周报》1937年第14卷第36—38期）

〔1〕内容与天津《大公报》1933年8月10日、11日报道相同，故省略。

海军建设

中国南海将解放

时事新闻社译

日本南边的占领区也很快就要与其本土完全切断了。美国舰队现在可以随意在南中国海航行，那就是说日本一部分舰队不能再以新加坡为基地了。没有其他船只的保护，她的商船是不能在日本、安南、马来亚和荷属东印度群岛之间航行的。那些地区正在危险的钳形以内，东钳是美国，西钳是英国。西钳早已在印度洋，尼科巴群岛打击了日本，不久双钳就可以一同接近马来亚和荷属东印度群岛了。在几个月之内，同盟国便可以重获一九四二年所失掉的橡皮、锡和油的出产地了。

美国可以随时在中国海岸登陆，他们并且可在中国台湾或在以上两处同时登陆。这种行动甚至于可能在菲岛战争未结束以前就开始的。当中国的海岸被开放了的时候供应物资就可以源源不断输进中国，对日本的轰炸和封锁也可以大大地加强了。

一向被日本视为是针对她的心脏的一把短剑的朝鲜，是可以被打通的。这个半岛正在其西边的黄海和东边的日本海之间。黄海在美国海军控制之下，所以盟军在朝鲜海岸登陆就像在广州或上海登陆一样地容易。朝鲜是亚洲大陆上最接近日本本土的部分，也是进攻日本最显著的基地，距日本仅有一百多哩远。

（录自《海军建设》1945年第17卷第8期）

海军杂志

请建西沙岛观象台

海部对于东沙岛建设观象台，报告气候，便利航船，中外咸资利赖。此外尚有西沙岛观象台，亦在规划建设之中。惟因经费无着，迄今未能着手。惟该岛与法属安南相距不远，我若不图，法人亟思染指。最近沪京各报登载法报又复鼓吹占领西沙，海部因情势危急，顷复呈请行政院，请予注意。略云建设西沙领土，关系国权外交，民国十四年夏间，经前海军部提出阁议通过，决定在该岛设立观象台。本部成立后，复于十九年七月四日，会同交通部呈请钧院转呈国民政府，饬下财政部，迅将估计应需建筑该岛无线电观象台等费拾八万元，予以按期拨款。嗣奉钧院同年七月间指令开，此案经提出本院第七十七次会议，议决照两部所呈，业已转呈国民政府，并分令财政部及广东省政府遵照，等因。遵由海部编造预算，并向财政部接洽领款，嗣因财政部未即拨款，以致延未建设。二十一年三月间，本部准外交部咨以该岛领土问题，法外部竟称百年以前，安南嘉隆各王，曾在该岛树碑建塔，主张安南之先，有权照请我国，依法解释等因。本部因见东沙设台，领土问题，即经解决。西沙尚待设台，而法人引无稽之说，意图占据，复于二十一年四月一日呈请钧院，以该岛设台关系重大，及今不图，后患殊难设想，仍请饬令财政部，查案拨款。旋奉钧院四月间指令，以此案经提出本院会议议决，转令财政部，于六个月内分期拨足，以资兴办。除令财政部遵照办理外，仰即知照等因，当经咨请财政部照拨，并计划进行一切。旋准财政部来咨，以财政竭蹶，无款可拨，本部复于五月四日据情转呈钧院，请予核示。旋奉指令以案据财政部呈以财政竭蹶，无款可拨，当经电饬勉力筹拨，等因。嗣又奉钧院五月间训令以据财政部呈，奉钧院支电，关于海军呈请拨款拾八万元，建筑西沙岛无线电观象台一案，仰仍遵前，勉力筹拨。查此案前奉钧令当以国难期内，金融停滞，财政异常竭蹶，维持现状，已苦不易，前项经费，为数既巨，一时委实无款可拨，业经具情呈复在案。兹奉前因，现在时局虽略见和缓，而金融来源，仍形枯竭。前项用款，惟有仍恳宽以时日，一俟财政稍裕，再行遵照筹拨，等情。据此，合行令仰该部知照，此令。等因。奉此，是以该岛设台，停顿至今，末由着手建设。本月七日，沪京各报登载最近法报鼓吹进占西沙群岛，其最大理由，则因西沙群岛为夏秋飓风进袭安南必经之路，该岛未有气象台设置，安南一带，事先不得气象报告，无从准备，故非及时占领，实难施展，等语。查该岛关系重要，及亟应设台之经过情形，业经本部于十九年七月及二十一年四月缕晰沥陈在案。现在法报既有此种论调，若再不图，难保不成事实。本部权衡危急事势，建设该台，诚属万难再缓，究应如何办理，以杜觊觎，而保国权之处理，合备文呈请鉴核施行云云。

（录自《海军杂志》1934年第6卷第8期）

海事月刊

日船在东沙岛沉没

路透社一日香港电　日本捕鱼汽船神山丸（译音）在东沙岛避风，急走锚，于两日中飘浮一百五十哩，船已漏水，发动机亦不能动作。昨晨六时十五分，英船格林希尔号（载重九,五〇〇吨）瞭见日船求救信号，即开足速力至其地，而日船已渐下沉。时东北风甚烈，英船历尽艰险，卒于六时四十分将日船中之日人三十一名救登船上，送至香港。遇救者皆困惫不堪，早将生望置之度外矣。

（录自《海事月刊》1932年第6卷第5期）

海外月刊

法国占领九岛外部将提严重抗议

法政府公报，忽于廿五日登一广告，谓在菲律滨、西贡间我国领海内九小岛，于本年四月上半月，先后由法军舰树立法国国旗，作为占领，现已属于法国主权下云云。群极骇异，日内将有严正表示，经询，据外部某要员谈，关于此事早电令菲律滨总领事调查，并曾咨请海部测绘各岛方位与经纬度数。昨外电所传法官场公布之岛名与经纬度，多与海部所测绘者不符，菲岛领馆尚未有详确报告呈部，此事真相究竟如何，刻尚不能判断。本部现正缜密研究此事，必要时或将派舰前往查勘，一俟确知各岛位置与被占实情后，决向法方提出严重交涉，以维护我国主权。续访地理专家国防委员会委员张其昀君，据云就个人推测，想系西沙群岛。因西沙外尚无新岛发现，西沙在西贡、菲律滨间，为香港、新加坡、西贡与菲律滨马尼拉交通要道，香港至新加坡重要航路必经其旁，欧亚北线亦经过其地，故该岛在军事上颇关重要。法国加以军舰驻此，即可截断英国、香港与新加坡间联络，此实与英不利。且该岛为世界三大渔场之一，其在经济上价值亦未可忽视，法方果有侵占事，我国亟应提出严重抗议。

又外部讯，关于法国占领九小岛事，外部方面，因未接到正式官报加以证实，但均认为有充分可能性。除已电令驻法使馆及菲律滨总领事，从速查复外，并拟咨请海部，派舰前往察勘。

法国海军占领我菲律滨与西贡间之珊瑚岛，全国人士，莫不异常注意。第以该岛孤悬海洋，人烟寥寥，虽由我海军部、外交部分头调查事实真相，迄今犹鲜得结果。

驻法公使馆及我菲律滨总领事，截至现在，亦未有报告到京。日日社记者为明了该岛位置及历史起见，昨特叩询某地理专家，据答所谓珊瑚岛，即西沙群岛，西名Paracl Is，在北纬十五度四十六分，西经五度十二分之间，位于海南岛之东南六里许，属我国广东省。其地旧称七洲洋，为往来香港南洋必经之地，水深多暗礁，夙号险道。海中多飞鱼（载《海国闻见录》），谓相传洋中有箭岛，凡船到洋中，辄飞来引导，即指此而言。岛凡二十有二，东西相距几及千里，大约分之，可为东西两层，东曰阿非特里克群岛，西曰忌宜克群岛，其南之特里屯岛，即土果塘岛，为中国版图最南之点。岛上多栲树，其子可作染料，并富于珊瑚状肥料，及鸟粪肥料。西沙群岛东之东沙群岛，亦因富于鸟粪肥料，已久为日本垂涎而思占领之。法国前亦曾与我一度起领权纠纷，迄今悬案尚未解决，而现在已变本加厉，实行派舰占领矣。

（录自《海外月刊》1933年第8期）

行总农渔

粤省着手开发东西南沙群岛

采取鸟粪充农田肥料

东西南沙群岛，我已接收完竣，现省府与经济部合作，着手开发，采运该岛极丰之鸟粪，盖此为农业上最佳之肥料。（十一月二十八日《大公报》）

（录自《行总农渔》1947年第2期）

航业月刊

东沙岛观象台海部准备修理

东沙岛观象台台屋及各项建筑物，年久失修，海部前令海岸巡防处聘请建筑顾士杨锡缪前往查勘，已勘毕回沪。据报，该台全部建筑，均应加以修理。嗣又据海岸巡防处电呈，以东沙风涛险恶，尤以每年九月至翌年三月为东北季风最强盛之期，船只开岛，更觉不易。拟于九月初指派一舰，先赴东沙岛接济应用物品后，更折往西南沙岛履勘，以作着手建筑时之根据。此项办法，业经海部照准，预定届时准予派船前往，并令所有修缮东沙台之人工材料，由装舰运送到东沙岛后，即开往西南沙两岛查勘，归途再往东沙岛将修缮人工运送回沪。除东沙修缮工程外，属于西南两沙岛建筑事宜，亦由海部切实计划办理。

（录自《航业月刊》1930年第1卷第3期）

建筑三岛无线电观象台

海部对于航海安全上，更拟具大规模之设备。故自东沙岛徇英港督之请，建筑无线电观象台后，复在吴淞口外筹备建设求向台三所。现在此项求向器三付，业已到沪，经向海关提取，至西南沙两岛间台，亦已着手进行。拟于本月间，派舰前往东沙接济之便，同时派员履勘西南沙两岛，以便计划建台之进行。更将该三岛合绘一图，附以说明情形，以资公布，其说明之内容节志如左：

一、（东沙岛）该岛在香港南偏东五十六度，按海关方位，为东经一百十六度四十三分，北纬二十度四十二分，孤悬海外，与大陆相隔。其最近者为香港，计一百六十二海里，面积按图计算，约一千七百余亩之大，素为我国域名居留之地，嗣被日人占领。清宣统初年，复由我国派员履勘，收为我国领土。岛上森林丛茂，密树成荫，昆虫鸟类，一若陆地，地质饮料，亦合居人，气候较热。岛中原筑有轻便铁道及码头，又茅居数椽，古庙一座。岛之四周，滨水较浅，其底均系珊瑚、白沙之类。该岛最高之地，过海平面甚低，故无论阴晴皆如在烟雾之中，航轮虽都远避之，而渔船则常失慎于此。自建设观象台及航海灯以来，中外咸称便利。

二、（西沙群岛）该群岛于海图中分为三组共十三岛，约居东经一百十一度十三分至一百十二度四十七分，及北纬十五度四十六分，至十七度〇七分之间。于前清光绪、宣统之交，特派军舰前往，立碑升旗鸣炮，自后航海各国，均认为我国领土。前为选择适宜建筑之地起见，曾经察勘一次，以十三岛中之茂林岛，为最适合。该岛在海南岛之东南，居东经一百十二度二十一分，北纬十六度五十分，长宽约一英里，环岛之滨，尽系白沙。岛中树木茂盛，群鸟翔集。有钢质码头一座，长约七百余尺，现闻已损坏。岛南各深六托，内有新屋数间，轻便铁路三道，为日人侵取海产之用。其位置较东沙岛尤南，故气候倍热，岛中丛林，夏可蔽日，冬可御风。岛北地位高五十尺，可造航海灯塔，对于航线及风警上，其地势之险要，尤甚于东沙岛，故实有建设观象台之必要。但建设以前，仍应复行详勘现状。

三、（南沙岛）该地在航各国，通称为密克勒司费滩，经英轮密克勒司费号于西历一七〇七年发觉，亦为我国之领土。于一八九二年至一八九三年，由英海军派两舰前往，作局部测量，觉该滩为珊瑚质，实出于深水中，生长迅速。居东经一百十三度四十分至一百十四度五十七分，及北纬十五度二十四分至十六度十五分之间，长约七十五英里，宽约三十三英里，为一暗滩之区，其大部分之深度约四十托，环滩之滨，深度较浅，约七至十四托，滩座绵长约二百英里，皆生有三英里阔之珊瑚。其滩外海洋底则为软泥，周围约一千三百托，滩面之南，为垂直形滩西极崄，滩北则形斜坡，滩滨有深四十至五十托之航路，可直达滩之中部。滩之东北，有六托半深度之地，在泽湖曰（Waler）其中则有五拓深度之地，是为该处最浅之地。临高视之，全部水呈绿色，可一望而知为浅滩。当天气恶劣之时，该处海平面状况，尤为险恶。滩之西部中区，则未作完全测验，其中或有码滩出没，故海航者，只能经过该滩之东西两面，不能航经其中部。但距今又数十载，以珊瑚按年递长之性质推测，现必有叠聚而成岛之可能，故附近渔民传说该滩之西部，曾发现岛屿，若隐若现。今辽东气象会议之提议建设该岛者，或即以此也。查该地位于东京湾入海之口法属印度，支邦之东与东沙、西沙两岛，势成鼎立，为英美法三国属地航线之要冲，故建设观象台、灯塔等事，实为海上公安切要之图。惟该滩西部一区，未经测量，建设之前，必应先作精密之测量及详细之履勘，然后方能确定计划云。

（录自《航业月刊》1930年第1卷第5期）

湖南省参议会会刊

电行政院请在对日和会强硬争回琉球群岛主权

行政院钧鉴：窃以琉球群岛为我国东陲屏障，隋唐以来，世属藩封，无论在历史上、地理上、文化上，皆已构成我国领土之一部。惟因清同光之际，国势陵夷，致被日人强占。现日本战败投降，依据国际公理，应即归还我国，毫无疑义。乃最近合众社电讯，菲律宾政府将于对日和会中，反对琉球群岛归还中国，蔑视历史事实，违反国际正义，殊非我国人所能容忍。特电恳钧院采取强硬外交及一切必要步骤，在对日和会中，坚决要求收回琉球群岛，并对菲政府之谬论严予驳斥，以正国际听闻，而维我国主权，理合电恳俯赐采纳施行为祈。湖南省参议会叩子养印。

（录自《湖南省参议会会刊》1948年第15—16期）

华侨周报

粤管理西沙群岛一年内完成

西沙群岛为我国□□海岛，连年国人甚鲜注意，致利弃于地，为外人觊觎。该岛利益，为日人掠夺殆尽，年来我国政府除招商投承该岛鸟粪外，对于管理建设方面，保全领土主权等计划，尚未顾及。粤省建设厅为建设该岛起见，特拟具管理西沙群岛计划，一俟调查完竣后，即行举办。查目前急宜兴办者，约有数端：（甲）设短波无线电台一座，以通消息；（乙）设灯塔两座，以便航行，俾赴欧洲及南洋吕宋轮船，免触礁之险；（丙）设气象台一座，以定该地之气候，及通报天气之急剧变化；（丁）建筑职员住所数座，及淡水池蒸留机等，以便住守。以上建设计划，预算一年完成，所需开办费约三,〇〇〇,〇〇〇元，建厅迩来对于管理西沙岛计划，积极进行，以免为日人占据云。

（录自《华侨周报》1933年第33期）

法占九小岛确系西沙群岛之一部

最近法国占领之九小岛，以其孤悬海上，位置不明，致各方所志岛名，消息迥异，因此引起该岛主权，究系属谁之疑问。记者昨特往访海军部次长李世甲，据谈，九小岛确系西沙群岛之一部分，外传不在西沙岛范围之内，完全系根据法方宣传而来。至该岛之主权问题，吾人认为应依据下列三点而观察，即：（一）根据经纬度推算该岛是否在我领海之内；（二）在该岛上我国以前或现在有无建筑物及留民；（三）该岛最先占领者是否为我国。现海军部正会同外交部、参谋本部，本此三点，详细研究。海部本拟派舰前往调查，惟法国已先派有军舰驻泊，依照国际礼节而言，主舰应先向宾舰鸣放礼炮，然后由宾舰回礼。如果我舰驶往该岛，与法舰相遇时，势必彼此自认地主，则鸣放礼炮，实发生一问题，故现暂不派舰前去。

按，法占九小岛，系在菲律滨、海南岛间之西沙群岛一部分。查该九小岛为中国领有已数百年。一八八三年法政府曾派员测量该地，经我抗议而罢。最近数年间，政府已批商采取该地鸟粪并拟在该地设无线电台，法方实无权占领，可无疑义矣。编者附识。

（录自《华侨周报》1933年第41期）

建国评论

我国在东沙、西沙等群岛的主权上之历史证据

郑师许

一、发端

自从民二十二年法人强占南海九岛的事发生，我即不绝地注意这个问题，不绝地搜集材料。记得我当时为世界书局编撰新标准高中本国史，曾经参考过内政部刊印《舆地图》月刊（手边现无此书，刊名记忆不清。总之确是内政部的刊物），这样地写着：“极南，北纬十五度四六分西沙群岛南端的特里屯岛（Tritom Island）。”其后每看见了这种资料，无论为短文或报载的片段消息，一一加以剪下，然后知我国的疆界，应以新南群岛为极南。可惜抗战八年，笔者个人六次毁家救国，现下手边此种资料已不多了。最近国防部快邮代电各大学询问，谓备供和会争取新南等群岛主权并建设国防之用，因不揣固陋，述其所见于下。

二、群岛的名称和所在地

本文所研究的为东沙群岛与西沙群岛的主权谁属问题，文末并略论新南群岛，因之拟先将（一）东沙群岛、（二）西沙群岛及（三）新南群岛名称和所在地略为述说：

东沙群岛系在广东省海丰县东南海面，约距一百二十海里，系广东辖境，该岛在北纬二十度四十二分，东经一百一十六度四十三分。英人海图名为普拉他士岛（Paracel Island），我国向称为东沙群岛，长一英海里半，阔半英海里，高四十英尺，沙质无泥。其形似马蹄，靠西处有一港口，约半海里深，为闽粤各港渔船捕鱼聚集地。

西沙群岛岛屿极多，共面积二万五千二百余亩，分列十五处，大小远近不一，距崖属的榆林、三亚两港仅一百五十余海里，亦为广东辖境。该岛在北纬十五度四十六分至十七度五分，东经一百一十度十四分至一百十二度四十五分之间，为一椭圆形。各洲陆地高出海面约二十英尺左右，土质半属沙泥，多有淡水，适当欧洲来华之要冲，为中国对南洋第一重门户。其排列为东七岛、西八岛，均已命名：

东七岛			
	英名	土名	
树岛	Tree Island		
北岛	North Island		
中岛	Middle Island		
南岛	South Island		
林岛	Woody Island	多树岛	吧注
石岛	Rocky Island		
东岛	Lincoln Island	玲洲岛	吧兴
西八岛			
珊瑚岛	Pattle Island	笔岛	
甘泉岛	Robert Island	吕岛	
金银岛	Money Island	钱岛	
南极岛	Triton Island	螺岛	
琛航岛	Duncan Island	灯擎岛	
广金岛	Palm Island	掌岛	
伏波岛	Drummord Island	都岛	
天文岛	Observation Island		

其中以林岛为最广，而最有名。

新南群岛，疑即北海群岛（Tizard Banks），一九三三年法报所称：“在安南与菲律滨群岛间有一群之珊瑚岛，浮沙暗礁，错杂其间，航行者视为畏途，不敢轻近。惟其处亦有草木繁生之地，琼崖之中国人有住于该群岛，以从事渔业者。一八六七年法国水路调查船莱芙尔满号曾到此区调查制图；一九三〇年炮舰玛利休兹号正式占领丹伯特岛；一九三三年四月报告舰亚斯脱洛拉卜号及亚列尔特号复与调查舰达勒逊号访丹伯特岛，揭法国国旗，当时岛中住有华人三名。……四月七日亚斯脱洛拉卜号又占领安布哇岛，其地无住人……四月十日占领地萨尔与依秋伯；其地有树叶搭盖之屋，复有奉祀神人之像……四月十一日占领洛依塔……四月十二日占领西杜与多几尔……各该岛情形，大率相同。地萨尔与多几尔两岛，有由琼州渡来之华人居住。每年有帆船载食品来岛供华人食用，而将龟肉与龟蛋转运以去。”同时电通社东京八月九日电又谓：“东经百十余度的海上，除法政府宣告获得先占权之六岛外，尚有二子岛、西青岛及南子岛等三岛。”这即世所谓法国占我南海九岛之事。九岛总名，西文为提萨尔班克（Jizard Banys），我国向称为北海群岛。今日一般地理称为团沙群岛，疑即今所谓新南群岛。

三、问题发生的原因

这一带的东沙群岛、西沙群岛、新南群岛，密迩广东沿海，向为我国渔民所住，久已不成为问题。《汉书·地理志》说道：“粤地，牵牛、婺女之分野也，今之苍梧、郁林、合浦、交趾、九真、南海、日南，皆粤分也。……是时秦南海尉赵佗亦自王，传国至武帝时，尽灭以为郡云。处近海，多犀象、玳瑁、珠玑、银铜、果布之凑，中国往商贾者，多取富焉。番禺，其一都会也。自合浦徐闻南入海，得大州，东西南北方千里，武帝元封元年（公元前一一〇年）略以为儋耳、珠崖郡，民皆服布如单被，穿中央为贯头，男子耕农，种禾稻、纻麻，女子桑蚕织绩，亡马与虎，民有五畜，山多麈麖，兵则矛、盾、刀、木弓弩、竹矢，或骨为镞。自初为郡县，吏卒中国人多侵陵之，故率数岁一反，元帝时遂罢弃之。自日南障塞，徐闻、合浦船行可五月，有都元国；又船行可四月，有邑卢没国；又船行可二十余日，有谌离国；步行可十余日，有夫甘都卢国。自夫甘都卢国船行可二月余，有黄支国，民俗略与珠崖相类。其州广大，户口多，多异物，自武帝以来皆献见。有译长，属黄门，与应募者俱入海市明珠、璧、琉离、奇石异物，赍黄金、杂缯而往。所至国家皆禀食为耦，蛮夷买船转送致之。亦利交易，剽杀人。又苦逢风波溺死，不者数年来还。大珠至围二寸以下。平帝元始中，王莽辅政，欲耀威德，厚遗黄支王，令遣使献生犀牛。自黄支船行可八月，到皮宗，船行可二月，到日南、象林界云。黄支之南，有已程不国，汉之译使，自此还矣。”王先谦集注谓大州即今琼州府。愚案：《汉书》此文可分为二段读，至“罢弃之”句止，为言我国当时统治南方九郡，在粤地建立行政机构行使政治权的所在地；自“日南障塞，徐闻、合浦”内以下，为言我国当时远征海上，发现海上诸国而尚未至于占领其地。因为占领，必须是一种国家的行为。今细玩上下文语气，粤地处近海，多犀象、玳瑁、珠玑、银铜、果布之凑，又云得大州，以为儋耳、珠崖郡，男子耕农，女子蚕织。大州即今琼州，则凡距儋耳、珠崖不远的群岛，当必有为中国人先占的可能。其后三国时，吴大帝孙权最能向海上发展，台湾、澎湖皆于此时占领；而远征海上，窃探动搜，又远超汉武帝时代而过之。凡此史迹，皆经近代专家如冯承钧氏等考证比勘，详尽无遗。则区区距海风县一百二十海里的东沙群岛，距崖县属的榆林、三亚两港仅一百五十余海里的西沙群岛，有琼崖的中国人从事渔业并留居新南群岛，岂有不于此时为吴大帝的臣民先占之理！是以此等群岛地方，向为我国沿海居民所住，久已不成为问题。

这回问题的发生，是因为近世帝国主义向远东侵略，硬指其发现的新地为无所属岛屿而自名为先占而已。为此等事而为国际公法所许可，则香港可以称为彼国发现而先占之，澳门亦可以称为彼国发现而占先之，予取予携，何必加以割让租借的形式？

据陈天锡编著《西沙岛东沙岛成案汇编》所记载，清光绪三十三年（一九〇七），日本商人西泽吉次纠合百余人，于六月三十日午后，乘四国丸轮船，驶向东沙群岛。七月初三日登岸，建筑密舍，竖立七十尺长竿，高悬日本国旗，并竖十五尺响标。详记发现东沙岛的历史，改名西泽岛，其暗礁改为西泽礁，西泽遂据以为己有，开采鸟粪磷，并经营海产，于是东沙群岛遂发生谁属的问题。

其结果遂又影响了西沙群岛。时粤督张人骏又虑及西沙群岛与东沙群岛相类，若长任荒废，亦将为东沙群岛之续，于是始派副将吴敬荣等驾轮前往查勘。其后张督并于宣统元年（一九〇九）三月间，扎委咨议局筹办处总办直隶热河道王秉恩、补用道李哲浚，会同筹办经营西沙岛事宜；一面饬令前往复勘，所有各员办公之所，即暂附设于咨议局筹办处内，所需开办经费，由广东善后局及两盐运司库，分别筹拨。王秉恩等即于是月设局开办，派委同知邵述尧为坐办，巡检黄济康为文案委员，县丞袁武安为庶务委员。厥后张人骏又加委藩司、运司，会同王秉恩、李哲浚办理其事，那时任藩司者先为胡湘林，后为沈曾植，任运司者为丁乃杨。其后实际前往复勘，一行人数达一百七十余人，以水师提督李准为其领袖，详见民国廿二年八月十日天津《大公报·李准巡海记》中。

至于新南群岛的问题，略为上文所选录一九三三年法报的记载。

四、以真凭实证证明诸群岛确属中国

我国地理学发生最早，著作至多，而地方志书，尤为汗牛充栋。只以近一百年来，国人为生活所逼，一般学术均不进步，史地之学尤为赶不上人家。故往往有极应该采入的材料，或因见闻未周，或因主持人只是些普通文人清客而非史地专家，因而挂一漏万，以视欧西之经济地理有专书，自然地理有专图，天文气象有专书有图表，航海有专图有专册，海关灯塔有报告有账册，实属万万不及。即或偶有一二聪明才力之士，私人著述发为劂作，而又因剞劂乏术，杀青无期。所以每每发生领土争执时，不免无辞以对。即如九一八事变前二十年左右，日本御用学者矢野仁一发为“东北无领”的谬论，我国人亦不暇纠正，这是一例。甚至关于我国史地之书，亦属稗贩或翻译外籍，而又因一时外国语文程度未深，误译者甚多。例如中华书局在民国四年元月印行的，但焘译《清朝全史》上一册第十页第二三行云：“明初疆围，东尽于开原铁岭辽沈海，其东北境全属日本，国初之乌拉、哈达、叶赫、辉发诸国，及长白山之纳殷，东海之窝集等部，明人曾未涉足其境。”查稻叶君山原文系照录《满洲源流考》者，这是清人对付明廷的说法，“全属日本”四字，《满洲源流考》作“全属我朝”。“我朝”原为满人自称之辞，不知译者如何妙想天开，译为“全属日本”。这书销路最广，买者最多，如果此等史地书而可作为证据，则九一八日本强劫沈阳，不几乎是天经地义而可称为光复旧物吗？这真是荒天下之大谬的译者，真是丝毫不可以作证据用的刊物。所以在清朝末叶民国初年这一个时代咸视办理交涉为第一棘手事。这纯然由于自己学问不长进，政府当局鄙视学问所致。

当东沙群岛为日人西泽盗据后，两江总督端方即有所闻，报告于外务部，外部于是年九月初五日据以电达粤督。端方以粤督张人骏有电复部，遂于九月二十九日电达张督，论定东沙岛确属我国之地，及贸然派船往查之不宜并搜讨凭据之需要。其原文云：“日商西泽现踞之岛，以外部前电经纬度计之，在一千四百余里之外，自非粤省所辖。现据驻宁日领谈及，实在台湾之西南，香港之东南，距香港一百七十余英海里，并举其经纬度及英文名称。按其所言考之，即系前准贵省咨送广雅书局所印《新译中国江海险要图说》内之蒲拉他士岛，一名普勒他士岛，为广东杂澳第十三，在北纬二十度四十二分，东经百十六度四十三分，距香港一百七十英海里，长一英海里半，阔半英海里，高四十英尺，沙质无泥，其形似马蹄，靠西边有一港口，约半海里深。上十年，中国渔船在此港避风，确系广东所辖。上年两江派员所绘海图，亦有此岛，英海部所刻海图，亦有此岛，与外部前电所指经纬度数，并云近于小吕宋群岛之说，不符。而外部电内，又有距香港一百〇八英里之说，则颇相类。是外部所访闻，度数误，而里数无大误也。既是此岛，则确是中国人之地，不可置之不闻。但日人已踞其地，若贸然派船往查，中外言语不通，恐生枝节，不可不慎。应先将凭据考核切实，先由外部与其公使交涉，再行往勘。但现在所有凭据，仅止数种，均系新测新绘，尚觉不足。若再有早年图志案卷为凭，则尤为切实。乞公于广东省府县各志书、各舆图及公署案卷，私家著述内，遍加搜讨，再能举出数证，为此案铁据，尤为周妥，诸希卓裁见复。”所谓早年图志案卷，所谓再举出数证，自是必要。惟有此等史料，乃可以折服侵略主义者之心。端督之言，确有见地。但此等史料，则正因我国近百年来一般学术均不进步，史地之学，尤赶不上人家，因而绝不容易找得。其后于宣统元年间张人骏氏乃得《英国海部中国海总图·蒲拉他士岛专图》合之陈译《中国江海陆要图志》、王之春著《柔远记》所载，证之沿海居民所言，及派舰实地查勘，于是东沙群岛一场公案的铁证乃渐可得。按《英国海部中国海总图》，该岛列入中国海而名之曰Paraccl Island，陈译《中国江海险要图志》所载，蒲拉他士岛乃英语译音，在我国向名东沙，沿海居民，皆能道之，其为一地无疑。此外又有物证人证，使日人无可狡赖。据当时提督萨镇冰所派飞鹰猎舰管带黄钟英报告所称，岛上旧有中国渔民所建天后庙，日人西泽来时，将之毁去，以图灭迹，这是物证。又当时新泗和渔船船主梁带往来东沙近四十年，向在该处捕鱼，于宣统元年正月复往东沙，为日人所逐。又渔商梁应元禀称：“缘商等向在香港机利文街开张兴利煤厂，并悦隆鱼栏，历年均有渔船来往广东惠州属岛之东沙地方，捕鱼为业。于光绪三十三年，忽有日人多数到岛，将大王庙一间毁折。查该庙系该处渔户公立之所，坐西北，向东南，庙后有椰树三株，现下日人公然在此间开挖一池，专养玳瑁。前时该庙之旁，屯有粮草、伙食等物，以备船只到此之急需，今已荡然无存。又撤去本号新泗和带记渔船之附属鱼板六只……并斥逐我船离岛。商等因念此岛向隶我版图，渔民等均历代在此捕鱼为业，安常习故，数百余年，今日人反客为主，商等骤失常业，血本无归，固难隐忍。而海权失落，国体攸关，以故未肯轻易离去。本月二十日，适遇我国飞鹰兵轮，并海关开办巡轮两只，前来查勘该岛，商等即将一切形缮禀，恳请代为转详各大宪，力求保护……”又有船主梁胜供词，这是人证。因为这样人证、物证都极齐备，所以日本驻粤领事，逼得让步，承认东沙群岛为中国领地，乃由粤督袁树勋以十三万元与西泽盘买。

查陈寿彭所译《中国江海险要图说》，其书原系译自英国海图官局一八九四年所订之*China Sea Directory*一书，英人自称费五十年测量之力而成，则其发现东沙岛，实当道光二十年（一八四〇）左右。这二书固为当时所据以为争东沙岛领土权的最有力证据。又查王德均氏笔述英人金约翰所辑《海道图说》，内载西人到东沙岛探测，实始于嘉庆十八年（一八一三）。又雍正八年（一七三〇）陈伦炯所著《海国闻见录》一书，其卷首列有沿海全图，其图竟与王之春《柔远记》所绘者相同，是则二百余年前，地理学者确已承认东沙岛为我国领土了。这是谈东沙岛历史者所不可不知道的。

西沙群岛向属我国，从未为人所占。清末因东沙岛被占事发生，我国人道不忍西沙长任荒废，锐意经营，可惜官办成绩固然不佳，而历次承商如何瑞年等或则勾结日人，或则从未渡海，每均无成绩可言。查西人航海图，于西沙群岛，详列无遗，并定以名称，略如前述。又有专图，凡经纬线度，地势高低广袤，内外沙线，水泥深浅，及附近四周明暗礁石，砂底石底，潮汐趋向，皆有测验标志。其图一为一八八三年德国政府测量，一九二五年复经Troquois测量舰舰长A. L. Jochson订正；一为一八八四年E. D. Existonce, P. W. Position所编纂，是距今五十年前西人早为注意。此外更有一九二三年出版*China Sea Pilor*一书，内中所记西沙群岛，计有二十二岛屿，惟有时水涨，不能尽露云云。是又最近的发现西沙群岛屿较前更多了。其后法国政府谋夺西沙群岛，于民国二十二年间突照会我驻法使馆，意谓此岛系属安南，其理由谓：（一）安南王公，曾在此建塔立碑，并谓安南历史中有此事实；（二）查中国历史上，有两英船曾因与中国渔民冲撞，沉没该岛岛旁，当时英国曾向中国抗议，清政府复文中有七洲岛非中国领土之语，故不负责。以此毫无考证之两点，向我国照会。当时我国政府以西沙群岛方面，我国海军曾在该处建有无线电台、灯塔等工程，当会海军部详查，提出证明为我国领土的证据。我国海军部即将证据列举：（一）该岛经纬度属中国领海，地理形势，固甚明显；（二）以历史上言，清末曾派李准至该岛，并鸣炮升旗，重申此为中国领土的表示；（三）前年香港，曾有远东气象会议的召集，当时法国安南气象台长及上海徐家汇天文台主任，咸在会议席上向中国政府请求在西沙群岛设气象台，并呈证明为中国领土云云。当时交涉结果如何，手边无书，不敢臆述。后以日本侵略华南，首先占领此岛。今查安南向隶中国，安南王公即有在该岛建塔立碑之事，亦不过是拥护宗主国之意，断无强占宗主国领土之可能。况今遍查陈天锡所编《西沙岛东沙岛成案汇编》及沈鹏飞报告，现时岛上绝不见塔影碑迹，其说自不成立。至于英人沉船交涉一事，在外交文件上，无案可稽，尤为伪造事实。至于我国汉民则自道光初年，已发现此群岛，嗣后继至者日众，曾设庙宇建房屋以住居于其地。此均足证明为中国领土了。至于岛中情形如何，国立中山大学教授中利寅、沈鹏飞、朱庭祜、丁颖、陈兼善，均曾亲至其地，利寅教授曾奉派到过多次，最为熟悉，如需询谋老成，此时人人健在，大足为我政府研究此问题的一助。

至于新南群岛，既称有琼崖的中国人住于该群岛以从事渔业，又谓当时岛中住有华人三名，又谓其地有树叶搭盖之屋，有奉祀神人之像，又谓有由琼州渡来的华人居住，每年有帆船载食品来岛供华人食用。业已不打自供，这九岛并非无主之岛，华人早在该群岛上分住。依照国际公法与惯例，凡新发现的岛屿中，住民系何国民，即可证明为属何国。今该群岛中完全为华人居住，即此点足以证明属于中国了。

五、结论

在九一八沈阳事变以迄抗战八年，我国人始恍然于学术之不及人，远较飞机大炮之不及人，为祸更大。尤其是史地之学，本国史地之学，更为重要。使其举国之人数典忘祖，库页岛何时属于我国？台湾澎湖何时属于我国？甚而东沙群岛、西沙群岛、新南群岛何时属于我国？皆瞠目不知所对。譬如祖宗遗有田产，不知所在，更连红契上手契而不知，夫又何怪恶邻之攘夺其田而不还乎？！推其所极，则连所住之园宅，寝处之厅室，尽可为他人所强劫可也。与言及此，不寒而栗。犹忆蒋主席在武汉最危急的时候曾有过一次的训话，指示“革命教育以史地教育为中心”，谓：“我们国民不知道本国历史的光辉，如何能深切体认今日的耻辱？不熟习本国地理，如何能有恢复失地的决心？从今以后，大家不好再蹈以前的覆辙，一定要特别注重史地的教育，以激发国民爱国卫国的精神，开拓我们民族光辉灿烂的新生命！”至理名言，吾人当奉以为圭臬。

今者抗战胜利，沿我领海岛屿，一律交还我国，则此等群岛重入我国版图，自属不成问题，何况铁一般的证据俱在，更不容他人乖曲解释。不过鄙见以为，我们接收以后，应该积极经营，务使“地尽其利”，然后不负领土属我之意义。

一、西沙群岛、新南群岛一带暗礁极多，风浪极大，首宜从事测量水道，管理气象，建筑码头，多购汽轮，以利交通，以保安全。

二、从前东沙群岛、西沙群岛旧有建筑物如码头、仓库、住宅，建筑太过陋劣，据陈天锡的《西沙群岛东沙群岛成案汇编》所引各报告每月往往有二三次大风，往往此等建筑物为大风所摧毁，旋坏旋修，耗损太重。今后应不惜工本，为大规模的坚固建筑，使成为万年大计的基础，使成为海外的新乐园。

三、从前此等群岛，因设备不周，人人咸视为危险地带，裹足不前，苟非生活所驱使，断不肯冒万死不顾一生，前往居住。今则如能依照上列二项办法，改造其环境，则人不畏避，我政府必须设法大量移民，使海丰、陵水各县渔民蕃殖其间，从事采卖鸟粪、磷灰，潜取玳瑁、海藻，期为生利之地。

四、据前人报告书所说，岛上热气重蒸，多有疟疾、脚气等病，我政府对于此点，应极注视。完备的卫生设备，如医院自来水厂等，不可不力求完善。

五、国防设备如巡舰、炮台、气象台、无线电台、灯塔、防空哨等，应有尽有，并且充实其内容。

六、教育设备如小学、民众教育等每岛至少办理一所，以便渔民子弟入学。另办一大规模之海业学校，从事修理汽轮、训练驾驶、制造水产罐头、蒸晒晶盐、腌晒咸鱼等。

今后太平洋重心，渐由日本移向我国，则此等为我国对南洋第一门户的东沙群岛、西沙群岛、新南群岛，其重要性较前增加倍蓰。他日者海南岛划成新省区，与台湾省共成为我国的两扇大门，此等群岛无疑地成为门外的哨望兵，苟长此令其厌厌无生气，将何以严肃其守卫性？甚望吾国当局，不以为鄙陋而河汉斯言！

民国三十五年十二月二日匆匆写成于广州四部书斋。

（录自《建国评论》1946年第1卷第4期）

江西教育旬刊

法占九岛与我国

自法国正式宣布占领南海九岛后，迄至今日，寖假已演成中法、法日、中日间之三角关系。在法国所持之理由，谓九岛系其国人所发现，依国际公法上先占之原理，以法国国家之名义占领之，故已成为合法之举动。日本之主张，则谓日磷矿会社有在该岛着手事业之事实，而该岛附近业渔者，亦以日本人为多，故有主张领有之充分证据。至中国方面，则归纳各方主张，可别为二：一，谓南海九岛即西沙群岛，西沙群岛属广东崖县所管辖，其为中国领土，毫无疑义；一，谓南海九岛虽非西沙群岛，但其为中国之领土，则已有数百年之历史，一八八三年德国派员测量该群岛，经中国政府严重抗议而罢，其后中国政府并曾迭次派员前往调查经营，不但非日本所可主张，抑亦非法国所得而占领者。

吾人若就法日中三国之主张加以论断，则日本所根据者，最无一驳之价值。盖国际公法上之所谓先占，其条件有五：一，先占之主体必为国家；二，必有先占之意思；三，必有先占之事实；四，先占之客体必为无主者；五，必有先占国主权之持续的实行。今执日本所主张者与上述条件互较，实可谓一无具备。夫以一私人团体在某一地方企业，而即贸然认该地方为其所领有，实乃武断之论。故使该群岛即为无主土地，日本欲主张其先占权，已嫌太迟。又何据以言领有？其次，中国谓该岛即西沙群岛一说，其非正确之主张。缘西沙群岛，在海南岛之东南，距离并不甚远（一说相距仅六里，待证），系崖县所管辖，早入中国之版图，与法占九岛所处之经纬度数，亦复有异。据我国驻菲律宾领事所调查，谓该群岛在海南岛东南五百三十海里，西沙群岛南三百五十海里，居北纬十度至十二度、东经一百十五度之间，是与西沙群岛之在北纬十六度、东经一百十三四度之间者，已截然不同。设若坚指该群岛为西沙群岛，则不独不适切于事实，且有起野心者影射之弊，为吾人所不愿者。是故在今日所当研究者，即该群岛是否为我国之领土，法国是否有先占之权利，而法之可否先占，又以是否我国领土为前提而已……总之，九岛之面积，虽不若东北四省之广大，而其所处之地位，关系于中国之强弱，与夫太平洋之和平者，实甚巨大。在我国虽不必盲目呼号，凭一时感情之冲动，而自陷于其境，顾亦不能沉静闲逸，任人摆布，致无法挽救。极目海天，暗雾低迷，人皆迈进，我独踟蹰，其不为俎上之肉任人宰制者几希。

（节录八月七日《北平晨报》社评）

（录自《江西教育旬刊》1933年第6卷第8、9期）

科 学

海南九岛问题

葛绥成

(一)法国占领之经过

我国人对于边地，向来不很注重，弄得主属关系若即若离，坐使强邻越俎代庖，施行鲸吞虫食，海南九岛之被法占，就是一个显例。甚至我国某地理专家竟附会海南九岛为西沙群岛，地望既张冠李戴，论调当然是隔靴搔痒了。考法国因为要保全安南和远东航运起见，在十九世纪后半期，对于这一带的海道，早已绘有详图。至一九三〇年炮舰马利秀斯(Malicieuse)号，遂非正式占领斯巴拉脱来岛(Spratly一九三三年七月十五日巴黎*L'Illustration*杂志所载的海图上，只有坦帕脱岛Ile de la Tempete而不见斯巴拉脱来岛，以地位望之，二者当系同一岛)，当时因季候风关系，未能占领附近各岛。一九三三年四月六日炮舰亚斯脱洛拉(Astrolalee)号及亚来尔脱(Alerto)到斯巴拉脱来岛；七日占领开唐巴亚(Caye d'Amboine)岛；十日占领伊脱巴亚(Ituaba)岛及双岛(Deaux-Illes系二岛名称)；十一日占领洛爱太(Laito)岛；十二日占领西德欧(Thitu)岛；十三日占领斯巴拉脱来岛，揭立法国旗。同时巴黎法政府又宣称：一九三〇年占领斯巴拉脱来岛时，其附近各小岛，因大风关系，当时不宜占领，故其附近小岛，经过相当时日之后，方予占领。《华府条约》及其他公约中，对于此等岛屿并未提及，且未发生任何关系。法占领后将着手测量，并设置灯塔，他日往来船舰，皆可依照国际航海条例，寄碇于此。法占九岛后，并驱逐居于该九小岛的我国渔民。试看法人远隔重洋，取之犹像珍宝，我们弃之如敝屣，事隔三年，犹在梦寐之中，一朝成问题，大家才行注意，真可谓对于地理知识太贫弱，国防太不留心了！

（二）海南九岛的名称和面积

海南九岛总称堤闸坂或堤沙浅洲（Tizard Bank），位于安南及法属新加勒唐尼亚之间的正面路线，东距菲律宾巴拉望（Palawan）二百浬，在我海南岛东南五百三十浬，西沙群岛之南约三百五十浬，处北纬八度十一度与东经一一四度一一五度之间。不过这些岛屿的名称和数目，互有不同，二十二年八月十日法使照复我外部，抄送各岛名称及经纬度数如下：

（1）Spratly: 8°39′Latitude nord, 111°55′Longitude est Greenwich.

（2）Caye d'Amboine: 7°52′Latitude nord, 112°55′Longitude est.

（3）Itu Abo: 10°22′Latitude nord, 114°21′Longitude est.

（4）Deux-Iles: 11°29′Latitude nord, 114°21′Longitude est.

（5）Loaita: 10°29′Latitude nord, 114°21′Longitude est.

（6）Thitu: 11°7′Latitude nord, 114°16′Longitude est.

上述各岛因双岛（Deux-Iles）内含有二个岛，共计为七岛，是则所谓九岛，迄今未知其他二岛为何名称。

又据驻华法使馆消息，则谓九岛之名称为：（1）Danger Nord（按即双岛，有二个岛），（2）Recif Loaita，（3）Recif Tizard，（4）Fiery Cross，（5）Recif London，（6）Ile Thitu，（7）Ile Spratly，（8）Caye d'Amboine。其数目虽相符合，便和法使所正式答覆外部者相较，则无伊脱巴亚（Ituaba），而多Recif Tizard、Fiery Cross、Recif London等，且此等均系礁石，则所谓岛，似有未当。

据日本的改造杂志上所载，则称此等岛屿为新南群岛，计有：

*（1）北双子岛North Danger North-east Cay.

*（2）南双子岛North Danger SoUth-west Cay.

*（3）三角岛Thitu Island.

（4）中小岛Loaita Island or South Island.

*（5）长岛Itu Aba Island.

（6）南小岛Nam Yit Island.

*（7）西鸟岛 Spratly Island or Storm Island.

（8）龟甲岛 Flat Island.

（9）西青岛 West York Island.

（10）飞鸟岛 Sin Cowe Island.

*（11）丸岛 Amboyna Cay.

总计共有十一岛，其中有“*”记号者，即法使来照所谓的七岛。其未指名之二岛，以地理上之分野观察起来，或即在南小岛、西青岛、龟甲岛、飞鸟岛四岛之中，如以面积大小和价值来说，当为南小岛与西青岛。今姑以此二岛及前法使来照所述的七岛，将其面积及英文名称述于下：

（1）斯巴拉脱来岛或称风雨岛（日称为西青岛）（Spratly Island or Storm Island.）面积147,840平方公尺。

（2）开唐巴亚或称安得拿岛（日人称为丸岛）（Amboyna Cay）面积15,840平方公尺。

（3）伊脱巴亚（日人称为长岛或大岛）（Ituaba）面积354,750平方公尺。

（4）北危岛东北礁（日人称为北双子岛）（North Danger North-east Cay）面积133,320平方公尺。

（5）北危岛西南礁（日人称为南双子岛）（North Danger South-west Cay）面积125,400平方公尺。

以上（4）（5）即Deaux-Illes。

（6）洛爱太岛或称南岛（日人称为中小岛）（Loaita Island or South Island）面积62,700平方公尺。

（7）西德欧岛或称三角岛（Thi-tu Island）面积326,280平方公尺。

（8）纳伊脱岛（日人称为南小岛）（Nam Yit Island）面积75,200平方公尺。

（9）西约克岛（日人称为西青岛）（West York Island）面积147,840平方公尺。

要之这一带的堡礁，看法海军部中国南海及亚洲大群岛图（Mers de Chineset Grand Archipel d’Asie），不下七八十座，上面所述不过是比较著名的。现在将各岛屿滩礁的名称，详列于后，以供参考。并望我国除九岛外，更为亡羊补牢之计，图中有“*”记号者，即法使来照所指的各岛。

（1）Bc. Vanguard（2）Bc. Prince Consort（3）Bc. Prince of Wales（4）BC. Rifleman

（5）Bc. rainger（6）Bc. lexanda（7）Bc. rleana（8）Bc. wen（9）Caye Amboina*（10）Rf. add（11）I. pratly*（12）Rf. ondon（13）Rf. uarteron（14）Cueil Dhaules（15）Rf. iery Cross ou; Investigater du N..（16）Bc. lexanda（17）Rf. iscovery（18）Rf. e I'Ouest ou; Flora Temple（19）Bc. t Rfs. Tizard（20）I. tuaba*（21）I. am Yit（22）Bc. t Rfs. oaita（23）I. oaita*（24）Rfs. t I. hitu*（25）Rf. ubi（26）Bc. ys（27）Bc. rident（28）Rf. anger Nord*（29）Rc. my Douglas（30）I. ork W.（31）Bc. arie Louise（32）Bc. eed（33）Bc. Templer（34）Bc. De Sable（35）Rf. Pennsylvaia du Nord（36）3E. c. homas（37）I. late（即Flat Island）（38）I. anshan（39）Rf. anges Nord（40）Rf. anges（41）Bc. rown（42）Bc. ord Auckland（43）Bc. arnatic（44）2E. c. Thomas（45）Bc. abina（46）I. in Cowe（47）Bc. licia Annie（48）Ier. c. homas（49）Bc. nvestigator du N..（50）Bc. alf Moon（51）Rf. irector（52）Bc. lasgod（53）Rf. ommodore（54）Bc. ipcr N. u; Shea Horse（55）Bc. hea du S..（56）Bc. raney Wreck（57）Rf. ornwallis S.（58）Rf. earson（59）Caye Marino（60）Bc. hea du N..（61）Bc. nvestigator（62）Brisants Ardasiar（63）Brissants Glouccster（64）Rf. ariveles（65）Bc. izzle Webber（66）Bc. outh ou; Sea Horse（67）Bc. ombay（68）Bc. oyal Cantain（69）Bc. iper（70）Bc. rdasier（71）Rf. wallow（72）Rf. oyal Charlotte（73）Rf. ouisa（74）Bcs. uconia du Nord（75）Rf. ea Horse（76）Bc. uconia Sud.

（三）海南九岛的价值

这些岛屿，都是珊瑚礁所组成。斯巴拉脱来岛和伊脱巴亚岛，椰子和海龟很多，前者林木葱郁，全岛几为鸟粪所掩，并住有我国人，后者留有我国人的小屋。其门系用木板做的，此岛和双岛同富清泉。双岛和西德欧岛，也住有我国人。在洛爱太岛很大的两株朱彭树上，深深刻着很大字“大中华南隅□打倒日本人”的标语，字迹很古，不知是何时所刻，可知他们对于国家认识的深切了。要之这些岛屿富磷质的鸟粪层，多海鸟和海龟，又产香蕉、椰子、波罗蜜等热带产物，沿岸更产鱼、贝、海参等。我国如善为经营，则对于工业农业，均有裨益。依《四海半月刊》谓：“渔船每年，每艘多的可捞两三万块钱，少的也七八千。”由此可知单就渔业已给予我闽广及海南人以不少的利益。

同时这些岛屿在交通上、军事上均有重大意义。因为这些岛屿，地当安南婆罗洲及菲律宾之间，而为往来的要冲，船舶因礁石之故，有时虽感觉困难，但沿岸也有数处港湾，水深波静，适于碇泊军舰。并有长亘十里的礁湖，可作水上飞机、潜水艇和小舰艇的活动根据地。所以这些岛屿，是我国南疆的第一道防线，关系我整个的国家前途和太平洋的安危是很大的！

（四）海南九岛外交上的关系

海南九岛为我国领土，已数百年，向属琼崖县治，所以岛上住有我国人从事渔业，此外并有海南人乘小船每年春季载食物前往，及秋则满载鱼、龟肉、龟蛋等而归。依去年路透广州三日电，说一八八三年，德政府曾派员测量此等岛屿，经我国政府严重抗议而罢。一九二八年，广州政治分会也曾一度派员勘测。去年西南政委会通过之华南建设三年计划程序，也规定开发这些岛屿，并准备建设一无线电台，并且这些岛屿在我南海（dans la Mer de Chine）之内其为我领土无疑。即令退一步言，我政府虽未充分注意，但距我西沙群岛只三百五十浬，按诸国际公法，我国实赋有毗邻国的优先权，法国何得以《华府条约》及其他公约中未曾提及为理由呢？且法国先占领这些岛屿，只有公告和悬旗的形式行为，并无有效占领的重要因素的管理（Administration），此又不合于国际公法。至于日本捏造似是而非的理由和事迹，冀图获得这些群岛，尤为无聊。看其对法抗议的理由，一则曰齐藤荣吉等五人于大正九年（民国九年）五月在北纬十度、东经一百十余度的海上，发现无人岛十二，再则曰拉萨岛磷矿株式会社，曾于此等岛屿经过几次探险，屡有调查和发现，并设有根据地云云（该公司秘书坂口氏亦在去年九月《改造杂志》上多有论列）。以私人和公司所为，遽作为国家意思的行动，其不能作为占领此等岛屿也明了。总之南疆海溢，吾渔民所出入，航路枢纽，往来船舶所必经，故我希望我政府速行向法交涉，以便经营，免铸大错，实是最重要问题。

（录自《科学》1934年第18卷第4期）

矿业周报

粤省政府将东沙岛矿产收归官办

广东省政府第一二四次会议决议，将东沙岛矿产收归官办，并取消陈荷朝采矿权。

（录自《矿业周报》1929年第25—48期）

日人经营西沙群岛磷矿之始末

西沙群岛，在广东琼海之东，蕴蓄磷矿颇富，前由奸商何瑞年于民国十年，呈准省长公署，开采该岛鸟粪。因其勾结日人，丧权辱国，为琼崖人士向当局攻讦，经省署查明属实，将原案撤销。迨民国十二年，又恢复矿权，现已开采期满，停止营业矣！兹将何某勾结日人在该岛经营时之状况分述于后。

一、采掘公司：公司名南兴实业公司，经营者实为日人，制造场及营业所均在日本大阪。该公司于民国八年即已在岛开采，以本年已有台湾人、琉球人死于岛中也。

二、采运情形：轻便铁道，沿东南海岸，分数支入于林中，干线则经仓库以达铁桥。轻便铁道长凡五里，约值万余元，铁桥长凡一千二百五十余尺，约值八万元。其他建筑物约值二万余元。

采掘区域在铁道两侧各五丈以内，工人每日七八十名。采后用大目筛筛去珊瑚石、碎树根等，日用工人五六十名。筛后用台车运至仓库，候船运出。每日推运台车工三四十人，上落货物工二十余人。全岛面积约十四万方丈，经日人开采者约三四万方丈。八年至十四年七年间共运出鸟粪约五万吨，十五及十六两年运出约三万六十吨，九年合计为八九万吨。据地质调查队估计，现存岛上可供开采之鸟粪共约二十万吨，日人已采去三分之一云。

三、工人状况：工人大概来自台湾，十四年工人总数约一百八九十名，每名日给九角五分，工作时间为八小时，午前六时至午后三时止，每增工一时则增给一角二分。

四、日人鸟兽散：日人经营该岛鸟粪，前后约及九年，均安全进行，且于其他各岛乃至七洲洋中之诸山，亦纵横驰骤。忽于十五年七月廿二日大起恐慌，大都离岛，适在六二三沙基惨案之后，日人之鸟兽散，或即受此影响。民国十七年卒以琼崖人士攻击甚力，由省府核准将该岛磷矿拨归中山大学保管，以为制肥料之用。

（录自《矿业周报》1929年第56期）

粤建厅调查西沙群岛鸟粪情形

我国海南岛东南之西沙群岛，多产鸟粪，为肥田之最好材料。数年前为日人偷采甚多，后经我国政府制止，并派专员及中山大学调查队前往调查。于去年九月，批由香港协济公司承办开采，共采获鸟粪约一万吨。本年五月间，建厅复以该协济公司有英人股份，与合约不符，拟撤销其开采权。月前复委出张杰山为接收专员，并派矿务调查主任何致虔、技正邝子俊、测量员陈受天、孙季瑜等共十人，于八月廿一日乘福陵商轮前往勘测。计自启碇后，于廿七日到达西沙群岛。查该处共有六岛，现已开采者只有二岛。一曰林岛，面积一,五〇〇,一〇〇方公尺，为沙所积成，树林深密，飞鸟满栖树下，其他兽类均无产生。离此岛横过沙滩约三千余尺，有一岛曰石岛，面积为六八,七五〇方公尺，系半石层及沙积成，树木甚稀。其余四岛，产鸟粪亦甚多。廿八日测量及点查完毕，即启程返省。本月一日晚抵埠，五日张专员等特将经过情形，呈报建设厅察核云。

（录自《矿业周报》1930年第111期）

承采西沙群岛鸟粪商人之不法

西沙群岛鸟粪承商宋锡权，前因不遵原委办理，及有勾结外人嫌疑，经由省政府撤销其承办权，并令刻日结束采取工作，将前领试办执照撤销。惟事已一年，该商宋锡权，尚未将执照呈缴，近复私擅将执照公物，以一万六千元移与商人李仿周，业已收款一万元。且仍以西沙岛鸟粪承商名义，四出招摇，往各处觅人代理，因社会人未明真相，受骗者共有数起。而该宋锡权骗得之代理人保证金，亦有万余元。现闻建设厅已查悉此事，昨特饬令该商限日呈缴执照，如再有延玩，即予严究云。（十九年十二月二十一日《广州市政日报》）

（录自《矿业周报》1931年第125期）

招承西沙群岛鸟粪磷矿

粤建设厅布告：为布告事，照得本厅提呈拟将西沙群岛鸟粪磷矿，查照原案，仍旧招商投承开采，不再由政府直接经营一案，前奉广东省政府指令，议决饬由厅估定价价值，另拟办法呈核等因，当经遵照，拟定投承底价二十万元，连同发放该岛鸟粪磷矿规则，提呈察核在案。现奉省政府指令，建字第三五四号内开，提议书及规则均悉，此案业经提出本府第五届委员会第一三四次会议，议决修正通过在案，合将修正规则抄发，仰即照案办理可也，此令等因。并抄发《修正发放西沙群岛鸟粪磷矿规则》一份，奉此，自应遵照办理。现本厅定于本年二月十日下午二时，在厅照案公开竞投此项鸟粪磷矿，以认缴承办费超过底价最高者承领。合将发放《规则》，布告各商民人等一体知照，如有志愿遵章承办西沙群岛鸟粪磷矿者，仰即来厅取阅竞投章程，届时前来竞投可也。此布。（一月二十三日《广州市政日报》）

（录自《矿业周报》1931年第129期）

蒙藏月报

西沙南沙两岛接收专员抵任

西沙群岛及南沙群岛，粤省府自奉行政院令接收后，已派省府委员萧次尹为接收西沙群岛专员，顾问麦蕴瑜为接收南沙群岛专员，两氏于十一月五日晚十时率团员乘舰前往。按两群岛位于海南岛之西南，地当要冲，西沙群岛鸟粪极丰，此种鸟粪为最佳之肥料，敌人于占领期间，大事采运，现经济部正与粤省府合作，着手开发，据估计该岛鸟粪足供粤全省有余。

（录自《蒙藏月报》1947年第18卷第11—12期）

法侵我西沙群岛主权

向属于中国之西沙群岛，六年前曾被日军占领，抗战胜利，敌寇败降，我国已派员接管。但因法军之登陆，已成为中法两国间之外交问题，实则法国觊觎西沙群岛夙具野心。自一九三〇年以来，中法曾交换照会多次，中国一再声明对该岛之所有权，因该群岛之主权向属中国。一九三八年最后一次照会中反对法国占有该岛。今以法军已在西沙群岛中之巴特尔岛登陆，我驻法大使钱泰已正式对法政府提出抗议。我外交部长王世杰亦曾面告法国驻华大使梅里霭，重申对该岛之主权。梅里霭亦将赴越南调查法军在西沙群岛事，不久当可由外交途径，获得解决。

（录自《蒙藏月报》1947年第19卷第1—2期）

南侨通讯社

赤道近旁有国土

——东西南沙群岛纪行

南侨通讯社驻广州记者　沈钦克

（南侨社广州航讯）在波涛汹涌、熏风飘拂的南海，有着一群星罗棋布的岛屿，这便是中华民国极南疆土——东沙、西沙、南沙三群岛。

别小看了这些芝麻大的岛屿，它们深深突入中南半岛与南洋群岛之间，前后相望，直迫赤道，分布面积自北纬四度到二十一度，东经一一一度一三分到一二〇度四七分，约等于上海至湖北宜昌，北平至广州的距离，分布面积竟有这样广大，也许会出乎读者意料之外罢。

记者既环游海南岛一周，乃于三亚湾乘渔船南渡，巡航南中国海。在二个多月时间里，以次遍历树岛、林岛、长岛和其他许多小岛屿。船上除记者外，还有十一位渔夫，他们都是久历风波的老水手。出三亚湾不久，船身摆动得很厉害，记者头晕欲呕，只能躺在船舱里，从窗洞中眺望外面浩瀚的海波和苍穹。第二天，风浪稍止，但烈日当空，中午时尤其灼热难耐，但三四天后，也就习惯于这海上生活了。

离三亚湾的第五天早晨，船抵达西沙群岛，头上海鸟成群来回盘旋，好像是表示欢迎。记者和两个船夫下小舢板，划向树岛，只见岸上林木苍郁，了无人迹，海边珊瑚礁密布，虽在几十丈深的水底，也还清晰可见。上岸后远远丛林里跑出二个赤裸的人来，记者初以为是热带蛮人，说不定还画着脸，带着长毛，走近一看，原来是我们自己同胞，也是来南海捕鱼，暂栖岛上的。他们全身都晒黑了，只穿着一条短裤，热烈地招待我们到一个草棚里坐下，拿出七八个椰子剖开来解渴，滋味好像比海南岛所吃的还要鲜甜。中午又宰了一个五十多斤重的大龟来请客，据说这一带出产大龟，很多大的甚至有四五百斤一个的常爬上海滩来休息，只要突然奔过去把它翻转四脚朝天，大龟便做了俘虏了。饭后巡行岛上一周，热带丛林里，树干交错，大叶密蔽，不见天日，闷热非常。记者担心会□到毒蛇猛兽，但渔夫告诉我，这里只有飞鸟和老鼠，从来没有看见什么伤人的禽兽，这真是一个好地方。

傍晚回船，在岛旁停泊了一夜，次晨又再扬帆南行。中午到林岛，远远就看见鲜红的国旗飘扬岛上，心里非常振奋，特嘱船夫靠泊，划舟上岸。岸上国军一拥而来，把记者团团围住，七嘴八舌地探询祖国消息。在树荫下，记者将带来的香烟全部分送给他们，约略报道了一点祖国情况，并向他们致慰问之意。他们说：自从去年十一月二十五日到这里以后，就一直过着蛮荒单调的生活，除了打打野猪野狗，捕捉大龟和搜集海滩贝类消遣外，几乎无事可做。法舰来了一次，经坚拒登陆后，已退去。他们希望大陆上同胞能常常来看他们，给他们一点精神上的安慰。

离林岛南航，已出西沙群岛的范围，气候更加炎热，再十二天，抵达团沙群岛。远望海天相接处，仅有五六点灰尘一样的小点排列着，因为法舰常在附近出没，扫射中国渔船，所以只在长岛登陆，休息一日添足淡水后，便又南航。长岛在日人占领时期，曾辟为南海渔业前进总站，由台湾拓殖会社投资建造渔船，并在岛上设立修船厂、冷藏库、浮标等渔场设备，广事捕捞，供应南洋日军食用，可是现在各项设备都只剩下一些破毁的残壳了。

长岛以南，已近赤道，可是并不像记者想象中的那样炎热，船上的人忙着捕鱼，记者等闲空时，就和他们攀谈南海诸岛的情形。下面是记者整编后的东沙、西沙、南沙三群岛的系属、名称、面积详表：

岛名	荒地面积	矿区面积
东岛（玲洲岛）	四四,五〇〇	一九五,六〇〇
林岛（多树岛或武德岛）	三〇,九〇〇	一三六,八〇〇
北岛	一二,〇〇〇	二〇,二〇〇
中岛	一一,一〇〇	一四,九〇〇

（续表）

岛名	荒地面积	矿区面积
南岛	八，五〇〇	九，四〇〇
树岛	八，二〇〇	六，四〇〇
石岛		
西沙岛		
（以上为东八岛）		
珊瑚岛（笔岛或拔陶儿岛）	一二，七〇〇	一六，二〇〇
甘泉岛（吕岛）	一一，五〇〇	一六，七〇〇
南极岛（特里屯岛）		
天文岛		
伏波岛（都岛）	一〇，二〇〇	七，〇〇〇
广金岛（堂岛）		
琛航岛（登岛）		
金银岛（钱岛）		
（以上属西七岛，其中广金、琛航二岛是一组小岛，所以仅称西七岛）		

东沙、西沙、南沙三群岛

东沙岛：是这群岛屿中面积最大的一个，约四方里，但没有良好港湾，亦无淡水源，不宜居住，政府设有气象台和灯塔。

西沙群岛：西人称为普拉塞尔群岛，比较大一点的共有十五个岛屿，一般人多把它分为东八岛和西七岛（土名七洲洋），东八岛西人又称为飞士尔特群岛，西七岛西人又称为库勒生特群岛。其名称面积如下：（单位方公尺）

岛名	面积
西鸟岛（风雨岛斯巴特莱岛）	三五四，七五〇
三角岛（帝都岛）	三二六，二八〇
西约克岛	一四七，八四〇
北危岛东北礁（北二子岛）	一三三，三二〇
北危岛西南礁（南二子岛）	一二五，四〇〇

（续表）

岛名	面积
纳伊脱岛	七五,二〇〇
南岛	六二,七〇〇
安波拿岛	一五,八四〇
此外还有星考岛（辛科威岛）、飞鸟岛、平岛（扁岛）等。	

此外还有柏苏奇、林肯等小屿五六处。

南沙群岛：包括团沙群岛和其南的许多零星小岛，詹姆沙是我国最南的领土，位在北纬四度、东经一一二度三十分处，过去一向没有人注意到这个地方，经谭廉逊先生考据结果，证实詹姆沙是我国最南的领土。

团沙群岛：又名堤坡闸，共有岛屿二百多，但较大的只有九个，所以普通又名海南九岛。法人却称之为斯巴特莱群岛，日人在民国廿八年占领后，又名之为新南群岛，概□□□□□

以上三系岛屿，面积约占三百万方里（尺），陆上广被厚实的鸟粪层，海中生息丰富的鱼介海产，如能注意开发，其经济价值实不下于东北。而其军略地位、交通价值更值得注意。各种详细资料俟整理后，当陆续交南侨社发表，希望国内地理家在地图上和地理书上，不要遗忘了这群傍近赤道的大好国土。

（录自《南侨通讯社》乙种稿1947年第三期）

农会导报

西沙群岛主权是我国的

海南岛东南的西沙群岛是我国的领土，太平洋战争爆发后被日本所占领，日本投降后被我国收回。法国竟在一月十八日派军舰在此群岛中的拔陶儿岛登陆，我国外交部已向法国正式抗议，声明西沙群岛主权是我国的。

（录自《农会导报》1947年第4期）

农　声

调查西沙群岛委员会在农林科开会

西沙群岛为我国极南领土，蕴藏鸟粪矿产，甚为丰富，且为军事交通重要地区。前有卖国奸商某，在实业厅瞒承开发，实欲转售于日人，经本校农林科邝嵩龄教授等发觉，据理力争，率将原案撤销，决定派员调查，为时经年，近始由政治会议广州分会议决由各机关地质调查所及本大学，各派委员数人，组织调查西沙群岛筹备委员会，进行一切。该筹备会早经组织就绪，开会多次，十七日复在农林科开会，到会者有政治分会代表沈鹏飞、民政厅代表方新、第八路总指挥部代表伍应祺、海军司令部代表李英杰、实业厅代表陈同白、建设厅代表邝子俊、地质调查所代表朱庭祜、朱几声等，中山大学代表丁颖、南区善后署杨代表。此外，本校校长戴季陶亦参加讨论。由沈鹏飞主席议决：(一)准于下星期二,二十二日动身前往；(二)由中山大学各科员生，各派代表数人，至天字马路送行，并赠予校旗，藉致敬忱云。

（录自《农声》1928年第101—102期）

西沙群岛调查队消息

调查西沙群岛委员会前在本院开会数次，业志前刊。闻该会对于调查进行，筹备妥当，即由各机关派定委员前往。本校除派丁颖、陈达夫两教授外，并派林纯煦、陈炳相两助理员参加。闻该调查队于前月二十二日乘海瑞军舰首途前往，经将各种情形调查完毕，于本月七日乘原舰返广州，各委员即将调查结果分别汇报调查委员会，转呈政府云。

（录自《农声》1928年第103—104期）

本校管理西沙群岛矿产

西沙群岛所产矿物，如鸟粪等，极为丰饶，政治分会缘查知被日人私往探采，曾饬令各机关，派员调查。本校亦派请丁陈两教授，会同前往，经志前刊。现查农林科函请校长略称：调查所得，未经开采之鸟粪尚多，而此项矿物，若能设法开采，配制得宜，可作肥料之用。现值政府议决，智利硝进口，由本校农林科配制，则该群岛矿产，正可利用，以为原料。且现当开垦第二农场之际，一切植物，需用肥料正多，倘经营得当，自可借其收入，以供农林事业建设之用。拟请转呈政治分会，准将该群岛矿产，拨归本校管理等由。校长以所拟办法，系为推广农林，协助建设起见，事属可行，经照转呈政治分会核办，查政治分会第一百十六次会议议决照准矣。

（录自《农声》1928年第105—107期）

西沙群岛决由本校自行开采

西沙群岛矿产丰富，其所积存鸟粪，可制肥料，以供农林试验之用。去年由政治分会议决，将全岛拨归本校管理，自行开采，以杜外人私取，随亦派员前往勘验，迭志前报。本月六日有益农公司商人陈恒、李有光联呈到校，略称，拟厚集资本，延请矿师，自备轮船，从事采掘。所得利益，除去成本外，以三成报效本校，扩充教育之需，并请派员监督指导，附具章程，仰祈核准等情。本校以农林教育，着图进展，现正规划开采，以资利用，该商所请，应无庸议，批复知照云。

（录自《农声》1929年第117期）

本科条陈西沙群岛办法

西沙群岛自政府拨归本校管理后，先后有商人具呈本校及省府，愿缴款报效，批承该岛鸟粪矿产，制造肥料等情，均未核准。现闻沈主任对于此事，特具意见书来校，略谓：西沙岛矿产，时欲自行开采，当经悉心规划，订定预算。旋因该项鸟粪，须加硫酸等物，始克制成肥料，而外国硫酸，成本较重，校款支绌，难于举办，遂暂置之。惟海岛孤悬，地方辽远，政府保护之力，或有未周。本校巡查亦鞭长莫及，且闻仍有外人，时往偷采。与其无法杜此疏漏，不若由省政府暂行批商开采，以免外人觊觎。拟请政府，将批商收入之款全数拨交本校，为设立制造厂之费，则与商人购收原料，由厂制为肥料，以供农业需要，庶于国计民生，两有裨益，请核明转请云云。旋闻校长以所拟办法，尚属妥善，已照转省政府委员会核办矣。

（录自《农声》1929年第120期）

西沙群岛磷矿开采问题续讯

西沙群岛磷矿蕴藏丰腆，可制肥料，以利农事。前由政分会曾明令划归本校管辖，从事开采，惟因保护与资本关系，一时未能实行。适有商敬承办，本校农科沈主任鹏飞，乃于本月六日拟具意见书，详陈办法，请由政府暂行批商开采，将批商收入之款，全数拨交本校，作筹设制造厂之费。随与该商订价，购收原料，由厂制成肥料供给农家，以免外人觊觎，入岛偷采，曾备文函商省政府议核在案，详情经志前报。现接省府复函，略开，卷查前据协济公司代表宋锡权等状，集资承办该岛鸟粪，恳给执照，试办五年，年缴报销费一万元，附呈计划书，请核等情，经委员会议决，交由建设厅会同大学核拟办理等词。本校接函后，已函建设厅查照，将该项办法分条载入批商章程，会同拟订，并希见复云。

（录自《农声》1929年第121期）

承办东沙岛海产革商勾结日人夺采海产情形

建设厅呈报省政府　革商经理仍须通缉

广东建设厅现接省府秘书处函，以东沙岛骏记海产股份有限公司董事会请取消通缉该公司经理周骏烈一案，请查明函复。昨该厅特呈复省府云：呈为呈复察核事，现准钧府秘书处函开。迳启者，现奉主席发下东沙岛骏记海产股份有限公司董事会李汉青等呈一件，为敝公司经理周骏烈确无勾结日人事实，请准予取消通缉，并咨福建省政府停止协缉，以免枉抑等情。奉谕所陈各节，是何实情，应交邓厅长查明呈复核办等因，相应抄同原呈随函送达，即希查明呈府该办为荷等由，并附抄呈一件，准此，自应照办。窃查周骏烈承办东沙岛海产一案，职厅迭据委员赴岛查明，该商自去年六月，领取试办执照后，不特并无遵照完章办理，且有勾结日人行为。具复回厅，始于本年一月，提呈钧府议决，将其承案撤销，指令转饬遵照有案。讵周骏烈迭奉令饬，迄未遵将试办执照缴商，复于承案奉撤之后，于本年四月中旬，乘新商陈荷朝未经到岛开办，即在日本宫古岛雇佣日船三艘，琉球人七十六名，台湾人三十九名，日本人二三十名，前往东沙岛探采海产。当时职厅迭准东沙岛观象台长黄琇，来电报告，并据赴岛监察员张杰山先后呈报，复准驻广州日本总领事函复过厅，当将该革商勾结日人到岛夺采确情，及张监察员截存私采海人草各情形，迭呈钧府察核，请予设法交涉。并蒙准将核革商周骏烈通缉究办各在案，似此该周骏烈违章勾结日人事实，业成铁案，于承案撤销之后，仍胆敢公然勾结日人，到岛夺取海产，尤属行同强盗，罪无可逭。现在缉案究办，确系咎有应得。至职厅将此项截存海人草，没收充公，亦系召变贼藏，办理殊非过当。现该革销同伙李汉青、秦望山等，复敢来呈代为辩护，实属扶同作弊，饰词狡卸，似难予以核准。致奖国奸而堕诡谋，准函前，理合将周骏烈勾结日人盗取海产经过情形，备文呈复钧府察核，仍乞严饬该李汉青等，将周骏烈前领试办东沙岛海产执照缴销，毋任狡饰延宕，实为公便，谨呈。

（录自《农声》1930年第138期）

建厅调查西沙群岛经过

我国海南岛东南之西沙群岛，多产鸟粪，为肥田之最好材料，数年前日人偷采甚多，后经我国政府制止，并派专员及本大学调查队前往调查，于去年九月，批由香港协济公司承办开采，共采获鸟粪约一万吨。本年五月间，建厅复以该协济公司有英人股份，与合约不符，拟撤销其开采权。昨复委出张杰山为接收专员，并派矿务调查主任何致虔，技正邝子俊，测量员陈受天、孙季海，及远东社记者等，共十余人，于八月廿一日乘福陵商轮前往测勘，各情经纪报端。计自启碇后，于廿七日到达西沙群岛。查该处共有六岛，现已开采者只有二岛：一曰林岛，面积二千四百四十五市亩，为沙所积成，树林深密，飞鸟满栖树上，其他兽类均无产生；离此岛横过沙坦约三千余尺，又有一岛曰石岛，面积为五十五市亩，系半石层及沙积成，树木甚稀。其余四岛，产鸟粪亦甚多。廿八日测量及点查完毕，即启程返省，本月一日晚抵步，昨五日张专员等特将经过情形呈报邓厅长察核。原呈云：呈为呈复事，案奉钧长第三二三八号训令，饬前往西沙岛接收该岛器具，并调查工程设计粪质质量事宜，经于廿一带同测量队，搭福陵船前往，只因食水不敷，不得已转往崖州之三亚载水，多费日时。计航行六日始抵林岛，抵岛后始悉该总工程师已返港，而该承商亦无负责人在处，只有工人八名，及雇佣之外国电报员一人，合共九人在该岛。职等细察情形，为保全已设备工程及器具起见，故当时未有将接收训令与工人说知，只有带同测量队及矿夫等，分途工作，经将林岛及石岛之面积及设备房屋，尽行测绘。细察林岛之海鸟，已不及从前之多，大抵因工人惊动，飞往别岛，未可料也。

至西沙群岛之设备，前时日本人经营该岛，关于开采及运输，已具模型。及后由现下承商接办，对于设备，更现完美。从前铁桥只有九百四十余尺，现下则再行加增二百六十六尺，有五十余尺于本年五月间为飓风所毁。据该处电技员言，所有毁废之五十尺材料如角铁及工字铁等，已经在香港订货，一俟运到，可以从新修理。至蒸水机一具，亦经制妥；工人宿舍，现下亦用木板多筑二间，足供一百名工人住宿之用；工程师住宅一间，亦系新建，内有短波收音机一架，发电机一副。此外另有无线电机一副，亦经装好，据该电报生称：从前在该岛，本可以发出电报，现下则机器有一部已坏，只可接受电报云云。至轻便铁路，从前日本人经营，多属断折，现下则有完美铁路，横贯该岛，南北直通。此外另有一段较短铁道，通该岛之东部。若在石岛开采，为应用南北铁路以运至货仓，从前日本经已开采堆积货仓之鸟粪，现下仍在该岛。总之开采并非难事，现下欲解决开采与否问题，必先研究推销与运输两项疑点。盖该岛孤悬海外，海道遥远，风浪险恶，运载既觉困难，而成本亦属非轻，至销路不广，则货到广州后，仍属无用，证之该承商现下办理情形可为殷鉴。且林岛鸟粪，据何主任勘掘，平均只得一尺，预算体积既较从前估计者只有四分之一，而政府推及运输，亦有种种困难情形，故职等意见，究不如招商投承，或将底价稍微提高至每年五万元左右，并限定不得有外人股本在内。如此则国权既属无损，而政府亦有相当收入。是否可行，敬候钧裁。谨呈厅长邓。张杰山、何致虔、邝子俊呈。

（录自《农声》1930年第138期）

直接利用西沙群岛海鸟粪之研究

彭家元

西沙群岛海鸟粪曾经国立中山大学农科农林化学系加以研究，兹搜集各方材料报告如左，以供国人参考。

（一）导言

磷为动植物生长上不可缺少之要素，其用为肥料，各国皆然。兽骨为最早用作肥料之物质，但供给有限。最大来源，当推磷矿及磷质海鸟粪，量多价廉，加硫酸制造后即成可溶性之过磷酸石灰，乃唯一之磷酸人造肥料。

磷于植物营养上除增加细胞之分裂，促早成熟期外，为种子及果实不可缺少之元素。壳类得多量磷酸肥料供给，成熟既早，产量亦增。反之则种子不充实，出产减少。大凡农作物以种子或果实含量最多，一经出售，则土壤中磷质含量，随壳物出售而逐年减少。即全部作物用为饲料，土中磷质亦不免渐次减少。盖家畜骨骼及其他筋肉，亦由饲料而吸收多量磷质，牛乳中含磷亦不少，考其来源均由土壤而来。

土壤中磷之含量甚少，而植物需要量甚多，故不能不用肥料补充。我国现在无硫酸及过磷酸石灰之制造，而磷矿及磷质海鸟粪所发现者亦不多见，只有江苏海州地方之磷矿及海南岛属西沙群岛之海鸟粪，可谓我国目前独一无二之磷肥原料，若能利用于我国农田，其裨益实非鲜浅。

（二）西沙岛海鸟粪

历史：西沙群岛为我国最南疆域，当香港与新加坡航线之冲。群岛中有金银岛、林岛等产海鸟粪。由中国商人何某承办，经营者实为日人。在林岛上有轻便铁道凡五里，落货铁桥长一千二百五十余尺，有办事室、贮藏室、仓库、巨大水管及抽水机等设备。在过去八九年期间采去凡三万六千吨。据两广地质调查所民国十七年之估计，仅就林岛言可供开采者尚有二十万吨，此矿曾经广东省政府收回交中山大学保管，十八年又由建设厅索还，由商人每年缴款二万元承办。现闻仍不脱外人之经营关系云。

品质：中山大学接管处，曾派教授数人同两广地质调查所技师前往调查，采集样品若干种，前经农林化学系分析其成分如左表。

西沙群岛海鸟粪之成分（表一）

号数	水分	有机物	灰分	氮	全磷酸	有效磷酸	钾（Kzo）	钙（Cao）	铁铝合量
1	7.171	14.549	78.280	1.000	18.245	0.982	0.166	49.202	0.285
2	6.980	6.928	6.092	0.33	29.279	4.083	0.176	48.978	0.277
3	14.169	9.031	76.780	0.580	12.376	1.212	0.106	37.924	0.152
4	20.766	15.818	63.416	0.881	15.502	2.169	0.098	31.660	0.194
5	7.000	20.350	72.650	0.895	16.228	1.888	0.094	42.725	0.249
6	4.030	16.490	79.480	0.512	11.531	2.552	0.014	41.324	0.192
7	8.160	17.270	74.570	0.743	3.011	0.204	0.086	45.809	0.134
8	7.810	22.260	69.930	1.194	10.564	1.123	0.086	39.641	0.173
9	5.850	14.900	79.240	0.569	10.448	1.786	0.094	44.923	0.064
10	4.180	14.910	80.910	0.569	2.781	0.766	0.235	45.995	0.256
11	7.050	14.690	78.260	0.535	14.792	4.312	0.188	45.979	0.192
12	6.840	13.330	79.830	0.546	14.188	4.108	0.079	44.622	0.224
13	8.270	13.730	78.000	0.375	31.182	7.757	0.094	44.812	0.285
14	7.510	22.260	70.230	0.808	14.264	1.021	0.079	42.727	0.256

（续表）

号数	水分	有机物	灰分	氮	全磷酸	有效磷酸	钾（Kzo）	钙（Cao）	铁铝合量
15	8.380	18.530	73.000	0.353	23.909	1.403	0.063	45.254	0.256
16	2.310	11.670	86.020	0.193	6.201	1.939	0.039	51.750	0.256
17	3.994	13.190	82.810	0.136	9.109	2.348	0	55.300	0.739
18	9.450	12.620	77.930	0.990	29.191	1.072	0.118	44.389	0.224
19	9.690	15.360	74.950	0.978	28.248	6.099	0.094	44.202	0.384
20	5.630	13.570	80.080	0.170	21.358	0.893	0.079	48.874	0.193
21	10.100	17.200	72.600	0.720	14.444	1.352	0.047	46.538	0.224

由前列结果可知西沙岛海鸟粪含氮气及加里均甚少，可称为磷质海鸟粪，全磷酸平均为百分之一五.八二一。世界各处所产著名磷质海鸟粪上等者约百分之三〇以上，普通约百分之二十余。西沙鸟粪磷酸最高达百分之三一.一，不能算为劣品，最少只百分之二.七八，故品质颇差不齐，制造上感觉不便。色黄、褐、黑，粉状，或土块状，存于地表，开采甚易云。

西沙群岛海鸟粪之成分（表二）

成分	甲种	乙种	丙种	丁种	备考
水分	7.171	6.980	14.16	20.766	此表中所列之海鸟粪即前表所列之二十一种中之（1）（2）（3）（4）四种，不过此四种较为详细分析而已
灰分	78.280	86.092	76.□80	63.416	
有机物	14.549	6.928	9.051	15.818	
盐酸不溶物	1.022	1.046	——	——	
石灰（Cao）	49.202	48.978	37.924	31.660	
镁（Mgo）	0.642	0.628	——	——	
钾（Kzo）	0.166	0.176	0.106	0.098	
铁铝合量	0.285	0.277	0.285	0.277	
全氮	1.000	0.333	0.580	0.880	
有机态氮	0.887	0.293	0.580	0.880	
硝酸态氮	0.093	0.033	0.	0.	

（续表）

成分	甲种	乙种	丙种	丁种	备考
铔态氮	0.020	0.006	0.	0.	此表中所列之海鸟粪即前表所列之二十一种中之（1）（2）（3）（4）四种，不过此四种较为详细分析而已
全磷酸	18.245	29.279	12.376	15.502	
有机态磷酸	0.140	0.138	——	——	
水溶性磷酸	0.045	0.015	0.	0.	
柠酸铔溶性磷酸	0.938	3.978	1.212	2.169	

（三）**研究计划**

目的：海鸟粪中磷质大部分为不溶解性，植物难于利用，必制成过磷酸石灰乃可，但现时国内不产硫酸，在经济上为一大困难点，且就磷质海鸟粪一斑性质言，加硫酸处理需要硫酸甚多，生产颇不经济，所得制品状态不良，多湿不便施用。从来磷质海鸟粪多制为溶解性鸟粪（Dissolved Guano），不需多量硫酸，只将所含不溶解磷酸之大部分变为可溶性，故与由磷矿而制出之过磷石灰比较，可溶性磷酸（Auailahle Phosphrie Aeil）少，价格不得不廉。此次研究目的在直接利用原产鸟粪，如认为有效，在我国农业上、经济上均有莫大利益也。

方法：用玻璃杯若干，每杯盛土壤、鸟粪、硫黄或有机质各若干，杯内使保持适度水分（五〇%）置于摄氏二十度左右六星期至十星期。从第六星期起分析各该杯内所含一%柠檬酸铔液可溶性磷酸。杯内物质配合如次：

甲组	一至六	土壤一〇〇克，不加何物
乙组	七至十二	土壤九〇克，海鸟粪十克
丙组	十三至十八	土壤八十克，硫黄十克，海鸟粪十克
丁组	十九至二十四	土壤七十克，海鸟粪十五克，硫黄十五克
戊组	二十五至三十	土壤六十克，海鸟粪二十克，硫黄二十克
己组	三十一至三十六	土壤五十克，海鸟粪二十五克，硫黄二十五克
庚组	三十七至四十三	土壤七十克，海鸟粪十克，硫黄十克，菜叶十克
辛组	四十四至五十	土壤六十克，海鸟粪十克，硫黄十克，菜叶二十克
壬组	五十一至五十六	土壤五十克，海鸟粪十克，硫黄十克，马粪十克，菜叶十克

分析法：杯内物质在适当温度水分之下，放置六星期至十星期后，倾出置玻璃瓶内，加五〇〇CC柠檬酸铔液（一%）振荡两小时，静置。次日再摇半点钟，由加压滤液器滤过，取滤液二份，各一〇〇CC，蒸发干燥，加浓硝酸二CC养化残留有机质，再加一至二CC盐酸置热水浴中半小时，滤入二五〇CC三角瓶中，加二至五克硝酸铔又浓轻养化铔若干，待有沉淀生长不散为止，又缓缓加浓磷酸至沉淀消失。移入热水池中，在五六度间，加钼酸铔溶液而使磷沉淀，保持同样温度至一小时。移出，放冷，滤过。用一%柠檬酸铔洗四五次，然后溶解于一〇〇CC之二%轻养化铔，用盐酸中和，缓缓滴入镁铔混合液。十五分钟后，再加十余CC浓轻养化铔液。静置，待表明澄清后，滤过，以稀薄轻养化液洗之，至无绿化物之表征时为止。干燥烧灰，如常法求$Mg_2P_2O_2$之定量，改算为P_2O_5百分率。结果如左表：

西沙岛海鸟粪与硫黄有机质等堆积对于可溶性磷酸之转化（表三）

组别	号数	星期	加入海鸟粪含有P_2O_5（gr）	土中含有P_2O_5（gr）	P_2O_5转化量（gr）平均	较甲组增加P_2O_5%	改算为原有全磷酸之溶解量%
甲组	1 2	六	无		0.01758		
	3 4	八	无		0.03184		
	5 6	十	无		0.05295		
乙组	1 2	六	0.24567	0.01582	0.5100	2.485	10.56
	3 4	八	同	0.2865	0.5176	2.433	10.53
	5 6	十	同	0.04766	0.5750	2.827	10.78
丙组	1 2	六	同	0.014062	0.7987	5.390	33.41
	3 4	八	同	0.025466	1.04773	5.474	31.34
	5 6	十	同	0.04236	1.2735	6.171	□8.17
丁组	1 2	六	0.49131	0.013304	1.04614	4.938	31.50
	3 4		同	0.02282	1.05666	5.425	34.04

（续表）

组别	号数	星期	加入海鸟粪含有P_2O_5（gr）	土中含有P_2O_5（gr）	P_2O_5转化量（gr）平均	较甲组增加P_2O_5%	改算为原有全磷酸之溶解量%
丁组	5 6		同	0.04237	1.07628	5.549	34.70
戊组	1 2		0.49134	0.011546	0.988286	4.854	33.27
	3 4		同	0.019098	1.078188	5.753	36.03
	5 6		同	0.037070	1.09641	5.680	35.64
己组	1 2		0.61417	0.00878	1.309□5	6.848	43.29
	3 4		同	0.2159	1.33583	6.985	44.15
	5 6		同	0.2647	1.421987	7.341	46.04
庚组	1 2		0.24567	0.13304	0.769174	5.102	32.31
	3 4		同	0.2282	0.77909	5.106	32.34
	5 6		同	0.42365	0.952735	6.647	42.01
辛组	1 2		0.24567	0.11546	0.775116	5.179	32.10
	3 4		同	0.1909	0.794868	5.301	33.47
	5 6		同	0.37070	1.0344	7.517	47.05
壬组	1 2		0.24567	0.00878	0.79155	5.371	33.90
	3 4		同	0.01592	0.95035	6.959	43.98
	5 6		同	0.02647	1.09144	8.193	51.78

分析结果：上列试验海鸟粪供试品含全磷二三.七六七%，柠檬酸铔液可溶性磷酸为二.四五六七%。依各种配合之不同，有效磷酸随时间而增进，最多达百分之八以上。乙组系海鸟粪与土壤之配合，未见较原有可溶性磷酸增至若何程度。丙组因加有硫黄遂增加约二倍。己组多至约三倍，辛组与壬组增加约三倍半，最多八.一九三%。此由于硫黄在土壤中因细菌作用养化而生硫酸，有机质腐败而生出种有机酸，马粪复

供给多数之硝化菌将海鸟粪中之有机态氮质变为硝酸，由是而使不溶性之磷酸钙逐渐变为可溶性欤？据Brown, P. E.土壤中因增加硫黄可助硫黄菌之繁殖，因之多硫酸之生成，特称此种作用为硫化作用（Sulphofication）。硫黄与马粪并用，照上列结果，增加可溶性磷酸量更多，吾人于此不难有相当认识矣。

兹假定过磷酸石灰含可溶性磷酸十六%，若每亩施用四十斤应有六斤四两。海鸟粪内可溶性磷酸假定为四%，而每亩施用一百斤已有四斤。但作物生长期普通多超过三个月期间，是海鸟粪中变为可溶性者尚不只此。又西沙群岛海鸟粪其本来成分中已含有可溶性磷酸（即有效磷酸）约百分之一至百分之七以上，若施多量于土壤，似亦未见其不可也。以价值言，海鸟粪每百斤约售一元而过磷酸石灰每百斤约五元，是施用五倍之海鸟粪亦合乎经济情形。

（四）圃场试验（Fiellexperiment）

西沙群岛海鸟粪是否可以直接利用于土地以作肥料，由上述结果观之，有效性磷随时间而增进。为求实地之证明起见，乃于本科第二农场选择荒地一段，开辟而行试验，每区面积一分。该地为花岗岩原生土，排水佳良，酸性反应，土质瘠薄，不施肥区殆不见作物之收获。兹揭海鸟粪区与过磷酸石灰区收量之比较。

海鸟粪与过磷酸石灰等对于旱稻之收获量（表四）

号数	施肥量	平均收获量	
		壳	杆
1·15	不施肥	无	过少未计
2·16	过磷酸石灰四斤	一九.六四	一四四
3·17	海鸟粪十斤	一七.七	一一七
10·24	硫酸铔二斤，草灰十斤，过粪酸石灰四斤	一一四	六一四
11·25	硫酸铔一斤半，草灰六斤，过磷酸石灰二斤	一〇八	五八八
12·26	硫酸铔二斤，草灰六斤，海鸟粪十斤，硫黄一斤	一〇七	五七六
13·27	硫酸铔斤半，草灰十斤，海鸟粪十斤，硫黄半斤	一〇一	五五二

此试验行于民国十八年七月至十一月，只经一季期间，未能确以为据，然亦可见海鸟粪若多量施予，亦与过磷酸石灰之效能相差无几。

（五）结论

1.西沙群岛为我国□□疆域，处于热带当香港与南洋航线之冲。

2.西沙群岛海鸟粪往昔因奸商串通日人开采，八九年间采去鸟粪约三万余吨，现存在林岛者约二十万吨。

3.此种鸟粪含氮气加里均一%以下，全磷酸由二.七八%至三一.一八%，品质参差不齐，制造上颇觉困难，惟有效性磷酸有一至七%以上。

4.鸟粪与土壤硫黄有机质等堆积经十星期后，可溶性磷酸由二.四五%可增至八.一九%，配合上以硫黄、菜叶、马粪三者共用，较单用硫黄或菜叶为优。

5.圃场试验每分地（十分之一亩）用海鸟粪十斤与过磷酸石灰四斤产量的比较稍逊，究竟如何，尚须长时比较试验乃可断言。

（六）本文引用资料

1.沈鹏飞《调查西沙群岛报告》。

2.第一表第二表系本系副教授冯子章分析。

3.第三表系本系技术员罗伯平分析。

4. Brown, P. E. and A. R. Gwinn: Effect of Sulfur and Manure on Avoibility of Roek Phosphate in Soil.

5.第四表成绩系本系助理员杨伟荣、学生孔昭英经手。

（录自《农声》1930年第139期）

日人偷采东沙岛海产交涉

日人借口在公海内正当采取　市府请转饬承商确查偷采地

建设厅前发觉日本歹徒偷采东沙岛海产各情，迭志报端。顷查该案，业经该厅呈请省政府转饬广州市政府提向日领交涉。惟日领方面，坚持日人偷采海草，系在距东沙岛海岸十海里之地点，此处系属公海，为正当采取等语，无非藉词诿护。现市政府为应付此案起见，昨特呈请政府转令建设厅，转饬东沙岛承商，讯将当时发觉偷采地点，确属该岛范围，绘图注说，以为并非公海之证明，庶有根据，以资交涉云。

（录自《农声》1931年第147—148期）

农业通讯

派员赴西沙群岛调查地质土壤

本部函商经济部地质调查所，各派专员前往西沙群岛考察。业已首途出发。

（录自《农业通讯》1947年第1卷第1期）

农业周报

严究承采西沙群岛鸟粪撞骗案

广州通信：承采西沙岛鸟粪承商宋锡权，前因不遵原章办理，及有勾结外人嫌疑，经由省政府撤销其承办权，并令克日结束采取工作，将前领试办执照撤销。惟事已一年，该商宋锡权尚未将执照呈缴，近复私擅将执照公物，以一万六千元移让与商人李仿周，业已收款一万元；且仍以西沙岛鸟粪承商名义，四出招摇，往各处觅人代理，因社会人未明真伪，受骗者共有数起，而该宋锡权骗得之代理人保证金亦有万余元。现闻建设厅已查悉此事，昨特饬令该商限日呈缴执照，如再有延玩，即予严究云。

（录自《农业周报》1931年第64—65期）

怒 潮

战后我国领土亟待解决之问题

王锡钧

编者按：抗战胜利，国耻湔雪，收复昔日失地，自应刻不容缓。本文系王锡钧主任最近所著，分析详尽，见解独到，实有关国防之伟论也。

近百年来我国外交史，无异一部国耻史，丧权失地层见叠出。第一次世界大战后，我虽为战胜国之一，然以尽力不多，牺牲不大，故在战后巴黎和会所处之地位，无足重轻。各国之心目中，居然以三等国待我，在和会中不能有所收获，驯致德国在华之胶州湾租借地，理应归还我国者，亦为日本所占领，不能如愿收回（迄一九二二年之华盛顿会议日始允归还），当时苦况不难想见。此次大战，我国抵抗侵略，首举战旗，所历之时间最久，所受之牺牲最大，使非我军人艰苦奋斗消耗敌人，以牵制其大量兵力，恐欧洲战场、太平洋战场情势将大为改观，则战争之结果，亦将难以想象，殆可断言。因此各盟国对我国之认识与态度与第一次大战结束时大相迳庭，不但以往加诸我之半殖民地次殖民地等恶名一扫而空，且公认我为四强之一。在战争期中，关于中国领土问题，陆续得到解决者：一、开罗会议之允许台湾归还我国，仍为中国行省之一；二、英美不平等条约废除之后，散布于我国境内类似无数小国如租界、租借地、使馆区等特殊区域，将由我收回。百年耻辱，一朝湔雪，国人快乐与兴奋自非楮墨所能形容。

惟环顾国土，四周之悬案尚多，仍有待今后运用外交方式以谋得最后之解决。其中最重要者，为九龙租借地及澳门、南海九小岛之收回，与未定国界（指滇缅间及帕米尔高原两部分）诸问题，特分别说明如下：

（甲）九龙租借地问题——（略）。

（乙）澳门问题——（略）。

（丙）南海九小岛问题——所谓九小岛，系指斯巴特莱（Shartey）、安波那（Amboina Caye）、帝都（Thitn）等岛而言，为南中国海团沙群岛之一部，约位于北纬七度五十五分至十一度二十九分，东经一百〇九度五十分至一百十四度二十五分（根据张其昀《本国地理》钟山书局版），西为越南及英属马来亚之新加坡，东为菲律滨，南为英属婆罗洲及荷属东印度，在南海中地位实至适中。各岛多由珊瑚礁构成，附近海水甚浅，船只经行其间，屡屡出险，故亦称危险区域。岛上缺少淡水与天然富源，向不为人所重视，即间有出产，亦不过磷矿、椰子、海产而已。然军事上价值甚大，有些海岛有长亘十哩之礁湖，并有安静之海湾，可为水上飞机及潜艇、小型舰艇之根据地。战前我国海军力量薄弱，对此等地方，向不关怀，法日均欲据为己有，法且觊觎尤甚，一九三〇年四月十三日先由其炮舰玛里秀士号，将斯巴特莱岛作非正式之占领。至一九三三年四月续派舰两艘正式占领该岛，并于数日中占领其他八岛，隔时三月余，宣告各国，作为法海外领土之一部。当时我以各小岛久隶中国，法竟占领，起而抗议，未得要领。迨抗战发生，此事遂搁置，后为日本所占。现日既已投降，交出自不成问题，然该岛究将谁属，从史实看来，远在一八八三年，德曾派员测量该岛，旋经我严重抗议而罢。光绪三十三年中国政府曾派军事大员开发该地，民国廿年前广州中山大学曾由省府资助，派学生多人至该地调查。二十一年粤省府曾允某商业团体采取该地鸟粪为肥料，并在该地建设无线电台（以上史实系根据二十二年粤省府报告）。可知各岛实为我国之领土。再从我国海防形势来看，我国海疆，论者向分南北两大段：台湾海峡以南为一段，海峡以北又为一段。此次战争以前，北段几全在日本属地包围之中，形势至为恶劣，南段有英、美、日、法、荷各国属地之环绕，因均势关系，任何一国不能占有我南海中军略据点之属岛，否则均势破坏，而我南海沿岸所受威胁甚大。因此海南岛、东沙岛、西沙群岛等，一直未被各国染指，团沙群岛当亦同此理，故为南海上之和平计，为求海防之安全计，势非收回各岛屿不可，愿政府当局亟起图之。

（丁）未定国界问题——（略）。

总之，抗战胜利，主权独立，我们所应努力者，即为领土之完整与国界之勘定。我国近十年来对外所抱之态度，是守信护约，和平自强，不排外，反侵略，绝不以对方国力之厚薄而稍变我国之态度与方针。前此之所以不全提出，或提出并不积极交涉者，实时势使然。现在强权消灭，重建国际和平之时，实“清理”悬案之良好机会，交涉态度尽可温和，而公道与正义自非伸张不可。以往各国盟邦或与中国并肩作战，或与中国素敦友好，对于我国主权所在，国防所系之疆土，谅必表示同情，予以尊重。尤望全国上下，在建国工作开始之时，一心一德，加意于国家领土之收复与完整。

（录自《怒潮》1945年第2期）

女青年

法国觊觎下的西沙群岛

中央已确定西沙群岛的本省管辖，三十万民要为西沙群岛的后盾

世界是弱肉强食的世界，漂亮的说，又是优胜劣败的世界。试看第一次世界大战之后，岂不是对代管殖民地及少数民族问题，得到表面合理的解决？再后经一九二一年至一九二三年的华盛顿裁减军备会议，又岂不是希望强有力者，避免扩张军备呢？可是为争取国际市场、原料生产地支配种种问题，列强与列强之间，大国与小国之间，渐渐又发生不妥协，交涉，纠纷，摩擦，结果只有“大鱼吃小鱼”。所以在一般弱小民族，希望强有力的尊重公理、公法，作平等待遇，事实上是很难实现的。忆起去年七月廿一日王外长出席巴黎和会频行发表谈话：“国际正义云云，各方容或各有解释！”我们细味一下，可为慨然！

法国过去是西欧的强大“霸者”，清季道光二十四年开始与我国发生关系，至道光二十八年（一八四八年）突向上海地方官要求在上海洋泾浜以南，设立租界，并以武力占据。当时法国人的野蛮行动，驻沪美领事亦谓其破坏中国国家独立，其后夺取了安南，更足见觊觎的野心。现在还是故态后萌，想造了“既成事实”，攫取我国西沙群岛，公然不顾国际正义，派兵登陆，向我作讨价还价，因此有反客为主的危险，我们要注意警惕发生的新国耻啊！

西沙群岛位于海南的榆林西南一百五十几海里，在北纬十五度四十六分至十七度五分，东经一百一十度十四分至一百十二度四十五分之间，大小共有廿二岛屿，但水

涨时仅十五岛露出海面的，并分东七岛与西八岛，各岛的名称有树岛、北岛、中岛、南岛、林岛、石岛、东岛、珊瑚岛、甘泉岛、金银岛、南极岛、深航岛、广金岛、伏波岛、天文岛等。该群岛的历史，即汉代马援南征曾有到过，所以其中有一岛叫伏波岛，这是有相当理由的。到了清末光绪三十三年（一八九二年），日人西泽吉次到了该处，想在这里开采鸟粪及磷矿，由两广总督瑞方报告外交转部电粤督张人骏提出向日本领事反对西泽吉次的要求，因此西沙群岛已为一般人所注意。又当这个时候，该群岛的开发问题，曾经官办及商办，所以宣统二年李准也前到这个地方视案，曾悬旗鸣炮，正式重申表示为中国领土。民国十七年，中山大学教授沈鹏飞、朱庭祐、利寅等前赴测绘调查，有孤魂庙及仓库、码头、轻便铁道等遗迹，斑斑可考。又一九三〇年国际气象会议在香港开会，接议促我国在该处设立气象台。又根据日人井出季和太所著《南支那之产业与经济》所说内指西沙群岛东七岛为古七洲岛，近海名七洲洋，系琼洲崖县管辖。至于粤人的潜入其间，系民国二十一年后的事情，虽然现有遗迹，但不足为历史的根据了。

现在法驻华大使梅礼霭一月廿五日表示："预料不久将前往越南，亲行调查西沙群岛的管理问题，同时又称西沙群岛问题不必过于重视，且易解决。"这种说法，一方面是谈，一方面是拖，一谈一拖，容易懈怠了国际人士的注目，和缓和我国人民的愤慨。因为苏联至今尚占据了大连，所以法国是想学学它们的样子，希望渔盗式的收获重演于今日。再看法南法军发言人宣称："法国将坚持对西沙群岛主权的要求。"（路透社西贡一月廿九日电）这样可以证明梅礼霭大使的表示……不必过于重视，且易解决，是一种外交家敷衍说话而已。最近法方又建议将西沙群岛提交国际仲裁的消息，这又是藉拖谈的迷眼手法，故无论如何应勿上它们勾当，致铸成大错。

从历史、地理、人民各方面看，西沙群岛绝对是我国的领土。法军违背一八八七年《中法条约》的规定（该岛红线以东属法，以西属我），实属非法，我们是不能容忍的，无论如何要强硬坚持。如果法军不撤出西沙群岛，我们不予考虑什么仲裁，谈判种种诡计。最近中央已确定西沙群岛为本省管辖，想本省当局，自有应付的办法，不过要谨慎"弱国无外交的覆辙"吧！

一九四七年二月六日于广州

（录自《女青年》1947年第10期）

前　途

法占群岛

只有弱国频频失去其领土，也只有弱国失去其领土，无法据理和事实证据以力争，而倒令占领者反颜相识，说该领土主权并未确定。中国对法之占领粤南海中九小岛，直至今日，而无法使之退去，便是例子。

原来领土主权之确定，以其人民生于斯，长于斯，息于斯诸条件以为断。中国民族之居住于九岛者，为年已久。岛中某茅屋内，曾有一中文书，其词曰："余名丁明，乃一沙船之船主，于三月之望来此，不见一人，余曾携来食品，米谷则置于石块之下。"光绪三十三年曾赴西沙群岛一带勘查之李直绳君，曾称："似有彼往年勘查所及鸣炮竖桅之区，惜乎遭际丧乱，详图遗失，考证为难。但当时既经呈报海陆两部及军机处有案，则此时调阅旧卷，当可得真相，作交涉之根据。"征于此，则九岛之为我所有，不难找得证据。惜乎外部一时未能尽翻档案，提出证据，致令法国海军久占之，而日本政府亦觊觎之，是不啻把自家的领土蒙混地以送于人，甚至终于惹起南海纷争，实为遗憾！

原来法国之要占领九岛，据报章所载，其理由是："此数岛对于法国海军颇有功效，可作潜水艇根据地，为法国海军差遣轮所发现，故列为法国版图。"这是什么话？九岛之有中国民族居住之痕迹，为其固有的领土彰彰明矣。法国海军为其便利而占领之，英国或美国海军又何尝不可为其便利而占领之？日本竟厚颜向法政府提出抗议，甚至说此九岛以及西沙群岛均为日本所有。这更是什么话？因中国政府一时之尚未提出证据，法政府竟将此九岛列入版图，日政府竟从傍觊觎之。家物任人掠取，法日两政府已忽视于主权所有者之中国政府了。中国政府其何以急起直追，从速提出证据，以使物归故主，重新修筑以保我南海领权？我们固然知道，档案一时不易查出。但泱泱大国倘竟将此小岛版图弃诸脑后，以为东北四省之大版图尚可丧失，此区区小岛希足排齿。则眼见得东北陆沉，九岛淹没，西沙群岛亦将断送以去，南北同倾，海陆俱寂，我国民命其垂危矣，其垂危矣！

（录自《前途》1933年第1卷第9期）

山东省建设月刊

粤省建设厅拟定管理西沙群岛计划

香港通讯：西沙群岛为我国□□海岛，连年国人甚鲜注意，致利弃于地，为外人觊觎，该岛利益，为日人掠夺殆尽。年来我国政府除招商投承该岛鸟粪外，对于管理建设方法，保全领土主权等计划，尚未顾及。粤省建设厅，为建设该岛起见，特拟具管理西沙群岛计划，将该岛之海防设备，先行建设。其余农林、渔利诸端，一俟调查完竣后，即行举办。查目前急宜兴办者，约有数端：

（甲）设短波无线电台一座，以通消息。

（乙）设灯塔两座，以便航行，俾赴欧洲及南洋吕宋轮船，免触礁之险。

（丙）设气象台一座，以定该地之气候，及通报天气之急剧变化。

（丁）建筑职员住所数座，及淡水池、蒸留机等，以便住守。

以上建设计划，预算一年完成，所谕开办费约三,○○○,○○○元。建厅迩来对于管理西沙岛计划，积极进行，以免为日人占据云。

（录自《山东省建设月刊》1933年第3卷第5期）

商业杂志

西沙鸟粪价值二千万元

日人潜入偷采

广东西沙群岛，出产鸟粪至为丰富，前为日人偷采，现经该省政府派员实地调查，计今尚存鸟粪价值二千万余元。其数惊人，为裕库收起见，已决议估定底价，定期开垦云。

（录自《商业杂志》1929年第4卷第7号）

上海总商会月报

致广州崖县两商会请呈省长查究日人在西沙开办实业缄
（补十一年五月十一日）

迳启者，接琼东县学生联合会函，称西沙群岛前由何瑞年、罗叔雅、卫志清等，以本国人名义，呈请省长给照开办。本年夏历正月七日，忽有日本轮南兴丸驶抵琼州崖县保平港，载日本人二人，中国人数人，赍省长公文入县署投递，声明测绘西沙群岛，开办实业公司。该县派员往查，始知该公司内容，主权完全系日人管辖，请予协争前来，敝会查前清末年，贵省之东沙群岛为日人私行占垦，由前粤督张人骏几次交涉，偿还日人费用十余万，始得勉强收回。覆辙未远，讵容再蹈。琼州为粤海门户，西沙又为琼岛外藩，日人以内地置产，格于禁例，乃结托华人为之先容，以掩长官耳目此等情形，海通以来，业已数见不鲜。琼东学生联合会所陈各节，证以前事，深足引起吾人注意。此举为自固藩篱起见，谊无反顾，贵会桑梓关怀，尤必视为剥肤之痛，应请呈明省长彻底查究。如果该公司确系日人化名或与日人有借款或合办关系，即将从前批准开垦成案撤销，以弭后患而防影射，实级公谊，此致。

（录自《上海总商会月报》1923年第3卷第3期）

申　报

法国占据太平洋岛屿
向为我国渔民居住地

巴黎　西贡与菲律滨间有小岛九座，住于北纬十五度、东经一百十五度左右，向为中国渔民独自居住停留之所。顷据西贡电，现有法差遣小轮亚勒特与阿斯特罗勒白两船，忽往该岛树立法国旗，要求为法国所有。（十三日国民电）

马尼剌　此间已接有法国占据菲岛与越南中间九小岛之讯。按该区海图向未经详细测绘，九小岛因缺乏水与天然富源，向不为人重视，内有数岛有淡水及树木，余则荒瘠不毛。岛中仅有少数渔民居住，海南岛渔舟亦常往其处，据美测绘员报，该岛在菲律滨海外二百哩云。（十三日国民电）

伦敦　某方面所传法国已占领南洋某某岛之说，实则法国仅将北纬十度、东经一百五十度未载图籍之极小数岛测绘地图，诸岛之总面积仅约三百英亩，或不足半方哩云。（十四日路透社电）

（录自《申报》1933年7月15日）

菲岛安南间九小岛树法旗　向为华渔民居住地
外部查明真相后　再研究应付对策

南京　有人访外部，询西贡九小岛之历史，及我国应采取何种步骤交涉。据负责者谈，外部对此事尚未接到正式报告，仅于报端阅及。该岛素不闻名，在军事上亦不居重要地位，法国此举用意不明，外部对此事将先电菲律滨领馆，令就近查明该岛之历史方位面积、中国渔民居住之人数及渔业地位，然后再研究应付办法，此时当无所表示。（十五日专电）

（录自《申报》1933年7月16日）

法外部对于占领珊瑚岛事　声明并无所知

路透七日巴黎电　法外部声称，部中对于法国占领南洋珊瑚岛一事，并无所知，现正在调查中。

（录自《申报》1933年7月17日）

外部调查法占九小岛

南京　关于法国派差遣轮占领菲律滨与西贡间之九小岛事，外部极端重视，除咨海部查询真相外，并令饬驻菲总领事馆究竟调查实况具报，以作交涉时之根据，同时电令驻法使馆，探询法外部对于此事之态度。（十八日中央社电）

（录自《申报》1933年7月19日）

法占西沙九小岛案

南京　陈绍宽谈，法占我西沙九小岛事，只西报载，如果属实，非惟有损领海主权，且影响全部海防。本部现正向各关系方面探查真相，以便交涉。（廿日专电）

（录自《申报》1933年7月21日）

法外部声明　中国海内九小岛属法

哈瓦斯二十五日巴黎电　本日政府公报登一通告，谓在法属印度支那与菲律滨西北方中国海内之九小岛，现属于法国主权之下，各该小岛系于本年四月上半月先后由法国军舰竖立法国国旗，作为占领云云。

（录自《申报》1933年7月26日）

法占粤海九小岛　外部准备提抗议

已电驻法使馆探询真相　外海两部正筹应付办法
日本对法人此举亦颇重视　逆料或将引起英法间冲突

南京　外部发言人称，菲律滨与安南间珊瑚岛，仅有我渔人居留岛上，在国际间确认为中国领土。顷得法方官报，竟正式宣言占领，何所依据而出此，法政府亦未宣布其理由。外部除电驻法使馆探询真情外，现由外交、海军两部积极筹谋应付办法，对法政府此种举动，将提严重抗议。（二十六日专电）

东京　日外务省现正考虑法国声明占领介于越南、菲律滨间九小岛之事件，或有提出抗争之可能。据外务省宣称，自一九一八年以还，注意该岛之日本商人，即呈请政府将该岛占领而管理之，但截至目前，日政府尚无任何表示。按该岛之总面积仅三百方哩，或不足半方哩。至本年四月七日及十二日之间，始由法国占领。（二十七日路透电）

东京　法国之通报船，在南海发现泰拉赛尔群岛，法政府乃发表，依据国际法上之先取法理，获得为领土云云。日海军非常注意，因法国将召掌握南海间海权全部之事态。据法国于西贡与广州湾备有容纳一万吨级巡洋舰之船坞，此次将因占领该群岛，建筑飞机根据地，并因配备潜水艇，而得掌握南海之制海权。如是则英国进出远东根据地之新加坡，与香港之海上交通将被切断，而英法两国之势力，恐将因此而发生冲突之危机也。（二十六日电通社电）

东京　法国政府正式宣布占据印度支那婆罗洲、菲律滨间之珊瑚岛各九岛。日外务省因日本接近该九岛，于二十六日宣称，法国宣布九小岛之领土权事，未接任何公电，不能决定日政府态度，然此等诸岛自七八年前，有日人居住营业磷矿及其他业务，故日本充分研究之后，将发表意见。日当局如此保留发言权，然中国政府亦欲对法提抗议，本问题将成为国际问题。（二十六日日联电）

（录自《申报》1933年7月27日）

西南政会讨论法占九小岛案

搜集九岛隶粤版图之证据

请国府据理向法严重抗争

香港　政会二十八日讨论法占珊瑚九岛问题，唐绍仪、陈友仁均出席，甘介侯亦列席，陈述意见，议决：（一）将九岛在粤版图之位置形势及经纬度证据等，详电政府，请据理向法严重抗争，务保领土完整；（二）此案文件之搜集与安置九岛我国渔民，令粤省府会同甘介侯筹议，并向驻粤法领提抗议，旋讨论应付永翔、海圻、楚豫三舰南来办法甚久，已有决定。姜西园谈海圻三舰编制及长官，二十九日政会讨论后即发表永翔三舰抵西沙说无所闻。（二十八日专电）

南京　外部对法占领九小岛，刻在缜密调查中，并会同有关系机关彻查真相。如法果侵我主权，当提出严重抗议。外传该小岛等即为西沙群岛，似尚不能证实，真相不久当可大白，再妥筹对策。（二十八日中央社电）

南京　法占九小岛，海部拟派较大军舰数艘，驶往实地调查，并谓政府特派专员随往。（二十八日专电）

（录自《申报》1933年7月29日）

中央重视法占九小岛案

令饬参谋海军两部会商彻查

南京　外交界人云，中央对法占九小岛案，除饬外部电驻法使馆调查真相外，并令饬参谋、海军两部，会商彻查办法，日来已将大概情形，作有简要纪述，并签叙交涉步骤之意见，呈报蒋、汪，俟批复办法后，即着手进行。将来第一步，当先由参、海两部选派专员，并会同粤方熟悉该岛情形专员，乘舰前往调查，待查实后，即作为交涉根据。在未明了确情前，政府方面暂时不急于表示态度，政府顷据广东电告，证明该九小岛，在琼崖之南，确属中国领海。粤闽渔民，每岁轮流前往，藉作捕鱼根据地者有数百人。惟因四面均属咸水，饮料缺乏，到此者均需携水而往，故不能久居，均属流动性质。参、海两部对九岛调查事，拟选派专员，并会同粤方熟悉该岛情形之专员，乘舰前往。顾维钧对九岛事复电，谓法在进行调查，海军部亦将前测绘之经纬，送部研究。现对经纬方面，经部中详细研究，该岛与西沙群岛相距数百里，与各沙岛无关。该岛面积甚小，约一千五百密达，刻唯一要着，即调查我国当时占领该群岛时，有无举行国际表示，如升旗、鸣炮、通告各国等事，如果有案，该岛可立即收回。旅京琼崖同乡会以九岛被法国占领，岛上居民言语习惯均与琼人无异。该岛渔利，琼崖渔民每年春季必有数十捕鱼帆船，自琼崖出发到岛捕鱼，及至残秋，乃满载而归。惟距离琼崖较远，一切设施，鞭长莫及。日人每年必派遣大批渔轮，在该岛沿海布网捕鱼。日、法二国对于该岛觊觎已久，不料竟为法国海军所占。旅京琼人异常愤懑，决拟召集紧急大会，向中央请愿设法交涉收回，以挽主权。（三十日专电）

（录自《申报》1933年7月31日）

再论法占我国南海九小岛

法海军于本年四月七日至十二日间，树三色旗于我国南海之九小岛。七月十四日，其事稍泄于外。迨二十五日，乃宣布正式占领。九岛者，为凯夷、达姆巴赛、伊吐巴、杜克斯、莱吐、梯都、史伯拉德雷及二附岛，位于法属安南、英属婆罗洲及美属菲律滨之间，距粤海岸约百数十里。九岛面积合计为三百亩，不足半平方英里。自法方公布以来，我国各方均大震骇。盖我国于此数岛，向虽仅居渔民，而领土之权，则不容被侵。今法舰突然宣布占领，其形迹殊无异于侵略。况同时在日人方面，又盛播各岛早为日商所发现之消息，表示与法方攘夺之决心。国际纠纷，正方兴而未已乎。法方初不欲此事之引动国际注意，谓九岛之占领，仅为航行上之便利计，嗣鉴于各方之反响，乃办为"绝无帝国主义意味之占领"。然而无论如何，此数小岛之占领问题，已引起国际间之密切注意矣。

吾人对此问题，当自我国主权与国际关系二方面观察之。第一，我国主权方面，法人所占九岛，既为我国之领土，则政府当向法方作切实之抗议。查法方公布九岛之位置，谓在纬线十度北，经线一百十五度东，似与我国之西沙群岛相近，或即为群岛之一部。法人对于西沙群岛，垂涎已久，在三年前，即曾为占取之尝试。当日纠纷，至今犹成悬案。西沙大小岛屿二十个，散列海中，今度之被占者，或即南端之小岛耳。昨哈瓦斯巴黎电，传法政府于一九三〇年四月十三日曾占取九岛中最大之史伯拉德雷岛，即为一可能之证据。夫沿海之小岛，几在经济上无价值，而在边疆之保卫上，则有重要之作用。近百年来，我国因沿海岛屿被人占取，致成门户大开之势，今此数岛，又遭强邻之垂涎，无论为主权计，为边防计，我国政府均不能不据理力争者也。

第二，自国际关系上观之，法国之占领九小岛，不啻为列强重返于争取及保障殖民地政策之先声。盖便利航行云者，乃显明之设辞，而军事之目的，则为无可掩饰之事实。九岛位置位于新加坡及香港之半途，屏障安南，就法国在远东之地位言，其军事上之效用殊大。从另一方面言，则于法有利，即不免与他国有害，故法人占领之后，东京电讯，即播日人先曾占取之空气，其说有二：一谓有名桥本氏之日商，曾于一九一八年十月七日要求日政府占领该岛；又一谓有平田末次者，曾于岛上经营磷矿，并曾名该岛为平田群岛。日法间对于此九小岛竞争之剧烈，事已彰著。值九一八事变之初，英法曾以妥协之态度，希冀日人为列强远东殖民地之保护人。迨日本与国联绝裾，独占之野心暴露，帝国主义者乃知以本身实力保护殖民地之必要，伦敦经济会议之失败，尤足以促成此种之趋向。惟此种趋向之推进，有形及无形中，似均以我国之边陲为对象，横琴岛案过去未久，南海九岛复被侵占，瞻望前途，令人不寒而栗。

法政府公布占领九岛之消息，已阅五六日，而我国政府犹在“派员勘察”与“准备抗议”之中。夫外交上之行动，宜切实而迅速，九岛之地位形势，固应详加考察，惟其应以最短时期，完成调查之工作，并提出严重之抗议，实为国人所共同主张。设敷衍因循，则强者之贪欲无限，我国之后患，尚堪设想耶！

（录自《申报》1933年7月31日）

陈济棠派舰调查珊瑚岛案

粤省府向法当局提抗议

广州 《民国日报》今日载称，粤军舰两艘奉陈济棠之命不日将南下调查法国占据越南与菲律滨间之珊瑚岛事。（一日路透电）

广州 西南委员甚注重法占珊瑚岛事，将设法保全中国对此群岛之主权。萧佛成

今日声称，粤省政府已奉命向法当局提出抗议，西南将以此事昭告世界，请伸公道云。（一日路透电）

（录自《申报》1933年8月2日）

九小岛方位驻菲领馆查明

南京　法占九小岛案，已由外部电令驻菲领馆查明，该岛之经纬度与方位、历史，菲领馆亦已绘具详细图说，寄呈外部，约三星期可收到。（一日专电）

（录自《申报》1933年8月2日）

琼崖旅京同乡请愿抗争九岛

南京　粤琼崖旅京同乡会，以法人变更经纬度，占领九岛，侵我西沙群岛领土，特于二日举行同乡会，一致主张通电全国，唤起注意。并推派代表十余人，至中央党部中政会及外部请愿，陈述法人所占之珊瑚九小岛确为西沙群岛，隶属琼县，请政府严重交涉，保全国土。中央党部由陈果夫接见，中政会由狄膺接见，均允转达常会注意。外部由次长徐谟接见，谓此案正在调查中，对所请各点，俟报告部长核办。该代表等拟于四日再至行政院请愿。（二日中央社电）

香港　萧佛成二日谈，法占九岛，我决在国际上进行交涉收回云。（二日专电）

南京　京市工界抗日会二日开常委会，决议呈请市党部，转呈中央，对法占据九岛事件，请严重抗议，并电全国，一致主张。（二日中央社电）

（录自《申报》1933年8月3日）

粤省府调查法占九岛真相

建厅拟具管理西沙群岛计划　日本法学家对九岛在研究中

南京　粤省府令琼崖绥署就近查明法占我东西沙九岛案真相，一面复由建厅饬琼崖港务分局，派员前往该岛实地调查，调查明确后，呈报中央。饬由外部向法政府提出严重交涉，以固国土而保主权。粤建厅现拟具管理西沙群岛计划，决于一年内完成四项条件：（一）设短波无线电台一座，以通消息；（二）设灯塔两座，以便航行；（三）设气象台一座，以定该地气候及通报天气之变化；（四）建职员住所数座，并淡水池及蒸溜机等，以便住守。（三日中央社电）

南京　海次李世甲云，九小岛确系西沙群岛之一部分，外传不在西沙岛范围之内，系案据法方宣传而来。至该岛主权问题，现海部正会同外、参两部，详细研究，暂时拟不派舰前往。（三日专电）

东京　日本法学家现正研究法国占领九小岛问题，日政府俟彼等提出报告后，即将决定保留日本或日人在该岛上所有权利之办法。若干日人均已纷纷要求该岛之权利。据拉沙岛磷质矿产公司宣称，自一九一八年至一九二九年该公司曾移资百万元，以开发该岛之石磷及鸟粪肥料，并建筑码头及轻便铁路，现该项工作已受压迫而停止云。（三日路透社电）

广州　法国宣布占领九小岛事，广州以该九岛与华南地理上之关系，特别注意之，且因西南当局曾有开发该区域之意也。据今日半官式消息，去年西南政委会通过之华南建设三年计划程序，规定开发该群岛，并准备建设一无线电台。西南当局现慎重研究此问题，认为该岛为中国之领土，隶于西南政府直接管辖之下。据省府人员声称，该岛为中国之领土已数百年，一八八三年德政府曾派员测量该群岛，旋经中国政府严重抗议而罢。光绪三十三年时，中国政府曾派军事大员开发该地，其后民国政府亦曾准某商业团体开发该地利源。距今数年前，中山大学由省政府建设厅指导之下曾派学生多人调查该地。一年前粤省政府曾允许某商业团体采取该地鸟粪肥料，并拟在该地建设无线电台，故西南政府当局拟向法政府提出严重抗议也。（三日路透社电）

（录自《申报》1933年8月4日）

法占九岛事件　日方越俎代谋

根据两项理由　决定对法交涉

东京　日外务省与各方面联络调查法国占据九岛真相，最近决定以如下两项理由，对法正式抗议，主张日在九岛有领土权之根据：（一）法政府占据九岛之中，四

岛既有日本磷矿公司采掘磷矿之事实;(二)在该岛附近从事渔业者,以日人为最多,迄今日本与九岛有密接关系。(四日日联电)

巴黎　对于法国占领太平洋九小岛一事,东京方面消息谓,日本政府将提出抗议云云。本日巴黎《时报》登载此讯,缀以注释,谓"法国占领九小岛,系于一九三〇年四月发轫,而未蒇事,今年不过按照国际公法所载条件,从新着手而已。此项小岛,系在法属越南领海中,系由越南南圻往海洋洲法属新加莱多尼亚岛最直接之路线,法国政府为遇必要时,得以利用此项小岛起见,乃决定派海路测量团,前往安置浮标。且华盛顿会议并不禁止占领,惟须一国军事及行政当局,会同办理。法国政府占领之时,对于上项条件,已予履行,并业将各小岛,划归越南管辖。按诸国际公法,凡私人或私营企业,最先到达一地,不能作为占领。易词言之,即不能认为一八八五年《柏林条约》所载之占有是也。(比国占领刚果,葡、法相继抗议后,于一八八五年二月二十六,遂订《柏林条约》,其第三四及第三五条规定占领之条件:一、须通知各国;二、须实际占领。)此种私营企业,充其量不过可在该地保持其事业而已"云云。(三日哈瓦斯电)

(录自《申报》1933年8月5日)

琼崖旅京同乡为九小岛请愿

南京　琼崖旅京同乡会,为反对九小岛变更经纬度,推代表邓受炳等十余人,于四日上午,赴行政院请愿,由参事陈锐接见,允转达院长核办。(四日专电)

(录自《申报》1933年8月5日)

甘介侯谈九小岛决不容放弃

香港　甘介侯谈法领告余,法所占者系珊瑚九岛,并非西沙群岛,与中国无涉。查该岛既为西沙岛邻近岛屿,我亦有占领优先权,决不容放弃,倘法所占系西沙群岛,则我更当誓死力争。(六日专电)

(录自《申报》1933年8月7日)

唐绍仪谈九小岛之重要

海部暂不派舰调查

香港　唐绍仪谈九岛案发生，粤当局非常注意，连日均开会议讨论。该岛为琼岛咽喉，若不收回，影响我国渔业不浅，并有丧国权，中央与西南当局，无论如何应将该岛设法收回。（七日中央社电）

南京　陈绍宽七日语记者，法占九小岛，海部正在调查中，暂尚无须派舰前往，如有必要，则海部可随时派舰实地调查。（七日中央社电）

南京　海部息，关于西沙九小岛被占案，正在研究该岛之经纬线，及以前交涉档案，不日可有具体之报告。外部刻已致电我国驻菲律滨领事，就近调查，故海部暂不派舰前往。至津法领署占我海军医院案，此次法使韦礼敦来京，外部曾与一度商洽，请令文天津法领弗为过甚，致使两国友谊破坏。（七日专电）

（录自《申报》1933年8月8日）

法国占领琼南九岛问题

英国表示并不反对

巴黎　兹悉法政府仍在等候日本政府正在起草中关于法海军占据九小岛之抗议，法政府对于悬旗占领该小岛之正式通知，已于三星期前送达日政府，并指出欲在该岛经营磷矿之日商已于一九二五年失败退出，故现信日政府致法政府之公文，将为请求解释，并非抗议。英政府业已宣布对于法海军占领九小岛事，并不反对，因该岛并不在航线之内，除少数中国渔人外，并无居民。惟该岛等对于法国越南沿海各航线之交通，实为重要。同时，亦可停泊水面飞机及潜水艇。（七日路透电）

（录自《申报》1933年8月9日）

法占九小岛案西南所拟计划

南京　关于法占九小岛案，近西南方面拟有种种计划，贡献于中央，一由琼崖绥靖公署，查明被占真相；二由第一集团军舰队司令部，派舰前往，帮同详查被占确据；三由中央令外部向法政府提出严重抗议，以保主权；四于交涉收回后，积极从事建设。（八日专电）

（录自《申报》1933年8月9日）

法占我粤南九小岛　市党部电请严重交涉
务达保全领土目的

自法国强占我粤南九小岛后，本市市党部特于昨日电请中央，转国府严厉交涉，原电如下："南京中央执行委员会，并转国民政府钧鉴，报载法政府正式宣布占领我国属地之粤南九小岛消息传来，殊深惊讶。查该九小岛位于菲律滨与安南之间，周围水产丰富，向为我国渔民卜居之所，闽粤两省渔户，集此营生者，何止千万。且系香港、南洋间航行要冲，尤为欧亚航线必经之路，关于军事商业拓植诸要路，至深且巨，业经粤省府电京证明该岛等在琼崖之南，确属我国领土。乃法政府野心勃勃，乘我内外忧患交迫之际，公然占领，以遂其蚕食鲸吞之私图，实属逾越理法之外。而日人更以该小岛密迩台湾，亦妄思染指，主张保留其既得权，尤为荒谬。应请督饬外交部，速向法政府严重交涉，务达保全领土目的，免启外人侵略之渐，以维主权，特电请渎，敬希鉴核。上海特别市执行委员会叩。齐印。"

（录自《申报》1933年8月9日）

琼南九岛问题　法致日本复文
日认为军事要地　拟向法提出抗议

东京　法国政府宣言占领南海九岛后，日外务省训令驻法大使长冈调查本问题真相，至八日外务省接到此次法国政府之回答。法国政府因认南海九岛为无主物，故占领之。从来法国船舶航行越南方面者，在航路上感种种不便，故在九岛建筑灯塔工作，以便各船航行。此项工作进行时，即于一九三〇年英国政府有所询问，法政府对之答以理由，其后来政府及其他国家未致任何照会，而至今日，法国政府并无在该岛建设军事的设置之意，而日本在该九岛之经济利益，当应保护，特此通告。（九日日联电）

东京　法国占领九岛后，日外务省原以如下条件声明保留，即：（一）日人在各岛登岸之自由；（二）日轮到各岛时之便利；（三）确认日商在该岛之磷矿采种权及财产权。然至后来证实日人既于大正七年发见该岛，且该九岛在军事作战方面有重要性质，故颇重视本问题，乃以慎重之态度起草致法通牒。日人比法国先占九岛之事实，既然证实，则本来应由国际公法原则解决，日政府拟决方针，对于法政府领土主权之宣言，提出重大抗议。（九日日联电）

（录自《申报》1933年8月10日）

法占我九岛　总工会电请严重交涉

该岛关系国防交通至巨　应予交涉以保固有领土

上海市总工会，以法政府公然占据粤南九岛，侵犯我领土，危害我国防，昨特电呈中央，请予严重交涉。原文云："南京中央党部执行委员会、国民政府、外交部，钧鉴。报载法政府于上月二十五日，公然占据我粤南九小岛，消息传来，同深愤慨。查该九小岛，业由粤省府查明，系在琼崖之南，确属我国领土，且位于菲岛及安南之间，水产丰富，夙为我民卜居之地，而于交通国防关系，尤为重大。今法政府竟乘我国家忧患交迫之时，肆日人九一八之故智，公然占领，殊堪发指。而日本外务省近复搜集伪证，希图染指，我如默尔而息，不予抗议，则行见帝国主义者，得寸进尺，鲸吞蚕食而无已。大好领土，或将悉非我有，贻患前途，何堪设想。为此迫切电陈，伏乞迅向法政府严重交涉，以杜觊觎，而保领土，无任切盼之至。上海市总工会叩。元。"

（录自《申报》1933年8月14日）

法占九岛案外部从事研究

南京　法占西贡、菲律滨间堤闸坂九小岛事，外部曾电驻菲律滨总领简缮具图说寄部，该图十五日已由菲寄到，所缮该岛方位在西沙群岛之南二千华里，共计七个，并非九个。外部刻正从事研究，并候法国正确经纬度及地图寄到后，互相参证，以便提出交涉。（十五日专电）

（录自《申报》1933年8月16日）

法租界纳税华人会两要电

为法国强占九小岛事

法租界纳税华人会，为法国强占九小岛事，于昨日分电国府外交部驻华法国公使，力争吾国领土主权，两电分录于后。

致外交部电

首都国民政府外交部钧鉴，报载法兵舰占据吾国琼属九岛事，实开武力侵略之渐，民情异常愤慨，若不速予交涉收回，势必引起他国之觊觎，将何以保障我国领土之完整。倘彼方仍恃强久占，急应诉诸国际联盟，以全疆土而保主权。临电无任盼祷之至。上海法租界纳税华人会叩。啸。

致法公使电

北平大法国驻华公使馆韦礼敦公使大鉴，报载有贵国兵舰，占据敝国琼南九小岛事，敝国民众，对此异常愤激。务希贵公使顾全中法邦交，速行转达贵国政府，尊重国际联盟约各会员国国家领土之完整，讯予撤除一切占据形式，以全邦交而敦睦谊。临电无任盼祷之至。上海法租界纳税华人会叩。啸。

（录自《申报》1933年8月19日）

法占九岛名称及经纬度

法使抄复外部

南京　自法宣布占领南洋九小岛后，外部于八月四日照会法使，请将各岛名称及经纬度分，查明见覆。兹法使已于十日照复我外部，抄送各岛名称及经纬度分如次：斯巴拉脱来北纬八度三九分，东经一一一度五五分；开唐巴亚北纬七度五二分，东经一一二度五五分；伊脱巴亚北纬十度二二分，东经一一四度二一分；双岛北纬十一度二九分，东经一一四度二一分；洛爱太北纬十度四二分，东经一一四度二五分；西德欧北纬十一度七分，东经一一四度十分（双岛系二岛名称）。闻法政府已另将详细地图邮寄此间法使馆，该馆收到后，或将抄送外部一份。（十八日中央社电）

（录自《申报》1933年8月19日）

法占九小岛外部继续调查

南京　法占九小岛事，外部以法外部答复之岛名及经纬度分，只有七小岛，并非九小岛，并照其经纬度计算，距西沙群岛有三百余海里，合华里约一千七百余里。究竟真相如何，《李准巡海记》中所记，过于含糊，未足据为参考。除调阅以前案卷外，已咨粤省府，详查见复，再作研究。又外部为使国人明了我国南海各岛名称、方位起见，已准备将西沙群岛及其他附近岛屿之名称、纬度，整理公布。（二十日专电）

（录自《申报》1933年8月21日）

日向法抗议　争九岛所有权

要求直接谈判　反对提付公断

巴黎　日本驻法大使泽田奉政府训令，今日向法外部口头强硬抗议法占中国海九小岛事。根据日商磷矿公司曾在诸岛经营之事实，郑重要求诸岛所有权，谓该磷矿公司获得日政府核准与完全赞助后，往诸岛经营。嗣又提议两国直接外交谈判解决此项所有权问题，谓东京政府将反对提付公断之议。法外部政治商务司长巴治敦当允立即研究日本抗议，迅行答复云。（二十一日国民社电）

东京　据确息，驻巴黎日代办奉政府之训令，已于八月十九日向法政府提出说帖，反对法国占领介于越南、菲律滨间之九小岛。日政府之提出抗议，系根据外务省国际法专家汤密士白迪及明治大学立作太郎教授二人调查之结果。彼等二人曾从事于该问题法理方面之研究，并推察最先发现此岛之事实经过。关于此事，最近明治大学某教授亦为文谓，该岛应属于日本，并提出一五五三年所绘之地图为证。在该图中，九岛俱已列入，故法方谓上世纪法人发现该岛之说，并非事实。又德川氏家中，最近检出地图一册，为二百年前之物，其中亦将该小岛等列入，惟未注明名称而已云。（二十一日路透社电）

（录自《申报》1933年8月22日）

中国海九小岛　法竟列入版图

对日抗争主权表示拒绝　惟允尊重日人经济利益　菲督不欲卷入漩涡

巴黎　法国占领南海九小岛后，已命各印刷局将九岛列入法国版图内。法国在一九三〇年即拟占领，因以前尚无他国正式占据也，仅有中国人居住。法报《李勒斯莱动》谓九岛可作为停泊海军水上飞机及潜水艇之用，可以作为控制远东之军港。闻九岛中之“铁度”及“双”二岛有华人居住，种有椰子树、茶树、芒果、山芋等，并筑草屋捕鱼。日人于一九二五年来岛采磷，未获而去，留有水门汀制之桥梁。岛上又有一木板，上有一华文告示，谓：“余名铁孟，为一船主，三月月圆时来此，不见一人，乃以食粮埋石下。”法国占领该岛后，即树碑石为志。该岛东四百哩为菲律滨，其间多暗礁，航海者不悉其情形，闻法国亦不愿占领该海云。（二十一日国民电）

巴黎　今日日代办泽田致文法外部，对于法国占领九小岛事表示抗议，并谓诸岛之主权应属日本。泽田声称，日本之采磷拉萨公司于一九一八年即往此诸岛开采天然富源，其因建筑铁路、房屋及码头等项之用费，已达月金一百万元。该项工作至一九一九年乃停止，所有人员亦因世界贸易状况之不景气，均被召返国，但一切机器仍留置原地，且冠以该公司之字样，表示仍将复来之意，故日政府认为诸岛应属日

本。法政府不征求日政府之同意，即占领诸岛，殊属不合云。现法外部已允对日本之通牒加以考虑。（二十一日路透电）

东京　日外务省对于华南九岛之领土权问题，已使驻法大使馆向法外务省抗议。驻法代理大使于十九日访法外长提起此事，据传法国表示尊重日人之经济利益，先占权则不退让云。（二十二日华联电）

马尼剌　菲岛前参议员陆雷彝以法国占领九小岛，根据《巴黎条约》应为菲律滨所有，要求政府交涉。今日菲岛总督墨菲将陆氏要求转达华盛顿，未加本人意见。惟据海岸测量处人员，该岛位置在《巴黎条约》所规定领海界线之外二百哩。（二十二日国民电）

（录自《申报》1933年8月23日）

市商会电请外部力争法占九岛

不可再蹈库页岛覆辙

上海市商会昨电外交部，请力争法占九岛事。原文云：南京外交部钧鉴，法占粤海九小岛事，虽据称经纬度数与西沙群岛相去三百余海里，然依据通例，远距大陆之岛，何国人民住居其地，即为何国领土。报载法占九小岛后，仍有许（多）渔民照常捕鱼之说，是该岛之有中国渔民，由来已久，即此已可推定其为中国领土，法人似不能再以国际法之先占为词。有清库页岛之为日俄分占，即由于守土者视为荒远，置不措意，此种覆辙，未可再蹈。拟请毅力争持，勿存观望为祷。上海市商会叩。简。

（录自《申报》1933年8月23日）

汕市政府电请收复九小岛

某海员提出九岛属华证据

广州　汕头市政府顷电南京中央党部及西南执委会，要求立即收复九小岛。其电略称，如无法收回诸岛之主权，中国不仅丧失其领海权，且不啻间接鼓励其他野心之列强，攫海南岛为己有也。末称，中央政府应立即向法日双方要求，不得干涉诸岛

云。（二十九日路透电）

广州　今日西南人民外交委员会呈请西南执行委员会及政委会，力争九小岛。（二十九日路透电）

南京　由暹罗来京之海员某，贡献九岛属华之证据。谓英国海军部出版之各种海岸指南内，《中国海指南》第三集第一百零六页说，九岛“在一九零九年仍属于中国政府的”；一百零八页说，“这岛的中心有一株矮矮的椰子树，旁有一口井，是中国渔人掘成的”；一百一十页说，“中国渔船在这两岛间下锚”。即此三点，尽足证明此岛应属中国所有云。（二十九日专电）

（录自《申报》1933年8月30日）

日汽油船探察法占诸岛

岛上见中国渔夫数名　粤海舰队准备出发调查

东京　《日日新闻》今日以一全页载其访员二人往探近为法国占有之南海珊瑚岛之详电。二访员于八月十八日在台湾乘四十七吨之汽油船出发，详查诸岛后，昨已返抵台湾南部极端之某渔村，此行计行一千八百哩。据二人电称，彼等曾于岛上见中国渔夫数人，但未见一法人，彼等并见日本磷酸肥料公司在岛上所建之屋云。（六日路透电）

广州　第一路军现拟派粤海舰队赴珊瑚岛调查是否属于中国。据粤海舰队参谋长吕桐阳称，有巡舰三艘现准备随时出发，政府当局现征集此数岛向归中国管辖之证据，以便将来交涉。（六日路透社电）

（录自《申报》1933年9月7日）

海圻等三舰奉命巡弋

广州　据某要津消息，由北附粤之三军舰，海圻奉命巡弋海南海滨，海琛巡弋东京湾连北海在内，肇和巡弋汕头至海陆丰海滨，海圻、海琛将奉命调查法国占据南海珊瑚岛案。（十一日路透社电）

（录自《申报》1933年9月12日）

甘介侯派员调查九岛

香港　甘介侯派陈元瑛会同外部代表余铭，乘舰前往珊瑚九岛调查。（十四日中央社电）

（录自《申报》1933年9月15日）

西南当局派舰调查南海九岛

香港　西南政务委员会本日决定，十月中旬派广东军舰，前往南洋调查法政府宣言占领之九岛。（三十日日联电）

（录自《申报》1933年10月1日）

法觊觎西沙群岛　竟称系越南所有

（路透社巴黎九日电）自报纸载称中国军舰业已占领西沙群岛后，今日法外交部发言人谓，法国认为该岛系属于越南，在未经正式证实前次报告前，法政府尚未决定应采何种行动。发言人复谓：该群岛仅见战略重要，但在此次作战中，并未供军略上使用。西沙群岛共有岛屿二十个，在日军占领前，未有人居，被占后始有少数人移居该处。

（录自《申报》1947年1月11日）

我驻法大使钱泰声明西沙群岛属中国

该岛已由我军加以占领

（合众社巴黎十八日电）中国驻法大使钱泰，本日在此发表声明，要求取得西沙群岛之宗主权。按该岛约于三周之前由中国军队加以占领。法国于一九三八年曾以安南国王之名义占领该岛，但中国大使声称，中国政府从未放弃西沙群岛之主权，仅曾被迫默认法国攫取西沙群岛之事实。该声明并称，中国在极久以前，即有该岛之宗主权。按法国最近曾在纽约声称，法国与维明政府目前虽有争执，但法国仍认为西沙群岛之宗主权应属于越南。

（录自《申报》1947年1月20日）

西沙群岛问题可望和平解决

白部长在纪念周报告

（本报南京廿日电）记者廿日以传闻法军企图在西沙群岛武装登陆一事，走访某关系当局发言人，承告：过去法方某一部分人确曾有此企图，法舰亦曾驶近西沙海面游弋，经我卫戍部队警告后即告远去。法方明智之士，随亦命令制止此种行为。现时西沙群岛局势无大变化，武装冲突之情事不致发生。我驻法大使钱泰，顷已于巴黎再度发表主权声明，政府立场至为明显坚定，谅法方不必将错就错，为此毫无经济价值之小岛引起政治纠葛，影响中法两国之和睦邦交。

（法国新闻社南京廿日电）国防部长白崇禧廿日晨在纪念周上致词，检讨西沙群岛问题，并论及法军近在该岛登陆之情形。据此间消息灵通人士称：法国军舰一艘，数日前驶至西沙群岛，有一小队法军在其主岛登陆，则要求该岛中国驻军撤退，但为守军司令所拒绝。中法政府现正就此事进行谈判，双方各执历史与外交上之理由，争辩不决。惟两国关系良好，当不致因此“小问题”而生波折，此事不久当能获得和解。

（录自《申报》1947年1月21日）

从西沙群岛说到法国的殖民政策

据报载称，法国方面已派军舰若干艘，载有陆战队，准备驶往西沙群岛登陆。我国驻防该群岛之海军已向国防部请示。这一个消息虽未经官方证实，但以常识判断，其可靠性却相当的大。据法国外交部发言人最近曾于九日宣称，法国承认西沙群岛系属于越南，但在未经正式报告足以证实中国军队业已占领西沙群岛之前，法国政府尚未决定究将采取何种行动。这一段的谈话，系由路透社传至中国，在报端发表之后，舆情哗然。各报记者纷纷电询外交部，乃由欧洲司长叶公超予以答复称：“中国政府已由日本占领中收回西沙群岛，该群岛主权本属中国，故无须经过向任何方面请求收回之手续。”由此可知西沙群岛又成为中法两国争夺的对象了。

法国方面认为西沙群岛的主权应属于越南，它所依据的理由有四：一、安南国王在十八世纪及十九世纪时，曾迭次要求取得西沙群岛之主权，迨至一九二〇年始由中国加以占领，并将其行政权划入海南岛；至一九三〇年中国政府决定开采西沙群岛之资源，但法国以安南王国之保护者自居，乃出而表示异议，并谓法国亦可采取同样行动。二、法国在一九三七年向中国提出友善处理办法，并表示若为中国政府所拒绝，则请第三国出面仲裁。三、中国在一九三八年曾同意法国以代表安南王国之名义，占领西沙群岛，直至日军于一九四五年三月占领该群岛时，越军始退出该群岛。四、西沙群岛在军略上颇为重要，但在第二次大战中，并未供作军略上之使用。

法方所提供的理由，显然不够充足，实在也没有加以辨证的价值。我们依据法理与事实，实在不难证明西沙群岛应为我国所有：第一，西沙群岛的主权属于中国，由来已久，其行政确亦划入广东省内，中国的渔人每年必自海南岛前往西沙群岛从事捕鱼，中国海军亦不时前往巡弋。第二，一八五八年的《中法天津条约》附有地图，可以证明西沙群岛属于中国。第三，中国海关于一九〇八年，为船只航行安全计，曾提议在西沙群岛确立灯塔；一九三〇年国际气象会议在香港举行时，亦曾有人提议，由中国政府在西沙群岛设立气象台，以利海上的航行。第四，中法两国外交当局一九三二年至一九三八年之间，不知交换过多少件照会，中国政府在迭次致法国外交部的照会中，从未表示放弃其对于西沙群岛之主权；同时对于法国于一九三八年以安南王国之名义占领西沙群岛，亦从未予以承认。第五，法国于一九三三年七月二十五日突然占领我国团沙群岛时，中国驻法大使顾维钧曾向法国政府提出抗议，声明该群岛不仅在地理上为形成中国领土之西沙群岛的一部分，而且岛上所有住民亦以中国渔民占多数，故主权属于中国，法国应将该群岛归还中国。这一个照会，实在是一个最有力的证据，法国外交当局可以把从前的档案翻出来复按。记得当时日本政府亦于是年八月廿一日发表声明：“法国此次之占领，在国际法上不能视为已生实效，日本对于法国之占领团沙群岛，表示坚决反对。”

由上所述，可知西沙群岛之属于中国，绝无疑义。而今法国竟强辞夺理，欲假越南的名义而企图占领西沙群岛，不论从哪一个角度去观察，总是法国的一种不智之举。不仅将法国对于其海外殖民地仍怀有帝国主义的野心，暴露无遗，而且这种企图，必然要引起中国全国四万五千万人民的愤怒！中法两国间的邦交，亦极友好，尤其在第二次大战中，中法两国所处地位，颇多类似之处，故在两国人民之间，将生“同病相怜”之感，使两国友谊□□巩固。战后中国人民对于法国政局，尤为关切，而大法国航空公司的第一架飞机，试飞抵沪，曾获上海的热烈欢迎。这就是中法人民友好的一个有力的证明。今后中法两国自应设法促进两国邦交，凡足以刺激两国人民情感的举动，都应该尽量避免。姑以目前的法越冲突而论，中国虽然同情越南人民的解放运动，但为珍惜中法两国间的邦交计，仍保持中立的地位。这就是中国愿与法国保持友好关系的表示。伦敦《泰晤士报》前天评论法国的殖民政策，谓其接近罗马帝国的政策，这一句逆耳的忠言，是利于法国当局设想的。这种殖民政策在战后和平民主的世界上，能否合乎时代的潮流，实有重加考虑的必要！

（录自《申报》1947年1月21日）

法军再度登陆西沙岛　我进行直接交涉

法大使将赴越调查实况

（本报南京廿四日电）关于西沙事件，当前局势略有变化，在廿三日以前，法方曾坦白承认法军之在该群岛中巴德尔岛登陆，并非奉巴黎命令，不致影响谈判，使问题得以解决。梅理霭大使并表示，将赴越一行，借以明了实况。但廿三日法军续在该群岛中另一岛登陆后，法方态度已有更改，有提议将此问题交于国际仲裁企图。惟我方立场依旧，如此次声明所云：决依条约及其他有关外交文件，进行直接交涉，确保国家主权。不久前自美返国之巨型补给舰“吗咪”峨工号，已奉命载运兵械粮秣启碇，驶往支援驻防该群岛之少数国军，加强卫戍，以免彼等未奉法国政府命令，恣意非为擅自行动之法军，造成更多不利于和谐谈判之任何局势。

（合众社南京廿四日电）据权威方面消息称：法驻华大使梅里霭，将于十日内赴越南，调查法军在西沙群岛登陆事。据法大使馆消息称：此次法军登陆西沙群岛之事，并非出于法政府之命令，谅系驻越南法军。华方对此事向法政府提出抗议后，法方已呈软化。法大使之往越南调查此事，乃防止以后此事之扩大。

（录自《申报》1947年1月25日）

法军登陆西沙群岛　我即将发表声明

白部长称该岛属于中国

（法国新闻社南京廿五电）国防部白部长今日向报界谈称：西沙群岛属于我国，我国当然派军前往，历史上证明该岛属于中国。同时，王外长对此问题拒绝评论，谓渠将于一两日内发表正式声明，阐明中国立场。外次刘锴则力言关于西沙群岛问题，目前并不在进行任何谈判，亦无进行谈判之必要。

（路透社巴黎廿四日电）法外交部发言人称：法国拟代安南要求对西沙群岛之主权。

（合众社南京廿五日电）据接近外交部方面之高级官方消息告本社记者称：中国为谋法军撤退西沙群岛起见，已与法国进行外交上之折冲。中法两国间之正式谈判已分别在南京与巴黎二地进行，中国所采取之立场，认为法军苟仍留驻岛上，则中国绝不讨论该岛之主权问题，唯有法军撤退之后，始可讨论此一问题。另一外交部高级官员证实，中法已在谈判西沙群岛之事，但拒绝说明目前中法谈判中，是否涉及法军撤退问题，抑讨论主权问题。

该官员并重申西沙群岛之主权属于中国，因该岛向为中国之土地，岛上居民亦中国人，直至最近法国始与中国争执该岛之主权。

据国防部发言人称：渠并未闻及派遣增援部队赴西沙群岛一事，但渠强调称：此种事件似将由海军部处理。据其个人所知，当法军于数日前第一次企图登陆时，岛上驻有中国海军陆战队一营。

（合众社南京廿五日电）据近外交部高级官方今日证实：法军建议西沙群岛问题由国际仲裁一节，可能为中国接受。并强调称：目前为法军撤退拔陶儿之问题。中国以前甚愿考虑国际仲裁之建议，但法军在西沙群岛登陆后，全部局势已改变，直至法军自西沙群岛撤退，中国不能考虑国际仲裁之建议。

（录自《申报》1947年1月26日）

法应信守条约解决西沙纠纷

不在单方发表任何声明

（本报南京廿七日电）记者廿七日以王外长日前谈称，外部将就西沙事件发表正式声明一事询诸外部重要部员，承告：王外长日前于于斌主教鸡尾酒会席间，曾谓："若外部将就此事件有正式声明，则必将于最近发表。"我对西沙问题之立场，外部发言人叶司长公超及钱大使泰之声明，均并非正式者。目前之要务，乃在法国应如何以和谐之态度明了西沙地理历史之沿革，信守条约，以解纠纷，而不在单方发表任何声明。

（法国新闻社南京廿七日电）外交部情报司司长何凤山昨日发表谈话：驳斥法国对西沙群岛之主权要求。略谓：法方所根据之理由有二，即：一、越南曾于战前提出对该岛主权之要求，当时中国方面并未发表声明加以反对；二、外国船只停在西沙群岛内时，曾遭盗劫，而广东省政府于接获外人之抗议后，并未有所行动。以第一点而论，法国从未发表正式公报；关于第二点抗议应向外交部而不应向省政府提出，盖省政府非外交部，不能向外行使职权故也。以言中国之主权要求则有地理与历史为根据。

（法国新闻社南京廿七日电）报载王外长昨日曾晋谒蒋主席，报告西沙群岛局势，并请示机宜。王外长不久可望就此问题发表公报。

（录自《申报》1947年1月28日）

法军登陆西沙事件我已向法提抗议

越法当局竟称该岛属法

（法国新闻社南京廿八日电）据可靠消息：中国外交部已向法国驻华大使梅里霭提出关于法军在西沙群岛登陆之抗议，时中国驻法大使钱泰亦已以同样照会送达法国政府，此间法国人士对此拒不加以评论，仅谓中国所提抗议，现正在加以研究中。

（法国新闻社西贡廿七日电）此间法国当局顷向报界发表关于西沙群岛争端之声明，略谓：法国在两个月前即已准备占领该群岛，但派遣船只前往一事，因海上气候恶劣，遂一再迁延至今。自托伦港开出之法军舰“东京人”号，载有少数军队，一部分奉命在波西岛登陆，余者在巴特尔岛登陆。上述二岛有一九三八年法军所建军队营房、码头及气象台，可见主权属于法国。“东京人”号于本月十七日驶抵波西岛，获悉岛上驻有中国军队，法军司令乃往告知驻华军长官此系法国领土，华军无驻在岛上之权。法军舰即奉命重行登陆。在该岛附近停泊廿四小时后，乃于十九日放一部分至巴特尔岛登陆，发现该岛并无人驻防。此间官方人士并谓“东京人”号开往西沙群岛前，中国报章载有华军占领之消息，但法方曾派飞机前往侦察，并不见有华军占领之痕迹。法海军陆战队且曾于去年五月间在西沙登陆，逗留十五日，并未遇见华人。

（录自《申报》1947年1月29日）

西沙群岛法军退去

我曾派舰往巡

（本报南京十八日电）我国近曾派舰四艘赴西沙群岛巡视，该地法军见我舰到达，已自动离去。

（录自《申报》1947年2月19日）

西沙群岛事件我决不让步

已电钱大使向法力争

（本报南京三日电）我对西沙群岛事件，决不让步，惟仍遵循外交途径解决。外部已电驻法大使钱泰，与法政府据理力争，法方欲再拖延，我海军当局不日即将派舰前往。

（录自《申报》1947年3月4日）

南中国海上的巨大宝藏　西南沙群岛物产展览

广州十二日航讯　本报特派员梁风

西南沙群岛物产展览会，六月十一日在广州文献馆开幕，很诚然是一个最有价值的展览会。它增加了我们对领土主权的认识，使我们发现了这个南中国海上的宝藏。而且这个会的举行，正当广东全省十五届运动大会和全省童子军首次总检阅之后，使来自各县市万余位青年朋友，有机会看到我们海洋的物产，是这么的丰富，而觉起他们对海洋研究的兴趣，将来对这群岛的开发，想有不少的助力。所以这次的展览会，实在含有深长的教育意义。

接收的波折

西南沙群岛是去年才光复的，在接收过程中，曾遭遇过若干的困难。当时由中央一面派海军进驻，一面派专家视察。同时命粤省府派员接收，并将各岛划还粤省管辖。粤省府便派出委员萧次尹，顾问麦蕴瑜为专员，会同中央海军林遵、姚汝钰两指挥官，前往接收西南沙群岛。在未出发前，对该群岛情况是不大清楚的，然他们以任务重大，抱着大无畏的冒险精神，不惜艰难险阻，历尽跋涉辛劳，卒于去年十一月廿八日完成接收进驻西沙群岛，十二月廿二日完成接收进驻南沙群岛，而东沙群岛亦早于前年复员后，则由海军接收。至是我南中国海的东西南沙各群岛乃告完全克复，重入版图。他们也就完成了这历史上伟大的任务。在接收之后，法人虽曾提出争议，并派军舰威吓，而我守土官兵，不屈不挠，使他不得逞而退，这种忠勇精神，尤足钦佩。现在这问题尚遵循着外交途径进行，但这地方远在千多年前，已属我国版图。看唐宋元明清历朝的史册可以根据，主权在我，自无疑问。现在东西南沙群岛所建电台，已正式报道天候，为世界海洋航行而服务，更因此项服务而确定我们领土的主权了。

分五室展览

这次所展览的东西，全是当时前往接收的人员，和历次前往考察的专家所搜集带回来的资料，总数达一千三百余项，计分五个室展览。其内容丰富，当可想见。当记者到第一室时，所见全是有关该群岛的历史地理文献图书，这大部分是由广东省立图书馆供应的。其中包括了历代的史册，我们从这些史册里得□所得的缩论，大约是这样：自汉代统治安南，西沙已□我版图，历唐宋元明清相继治理，出使频繁。郑和曾携金钱布出到西沙慰劳。清朝曾派员到西沙巡查，勒石纪念而归。南沙亦系我国历朝领土。宋时称为十二子石，宋元以来，已为我国渔业据点。一八八六年英国测量舰来福门号，即见中国渔人在岛居住。民国六年，曾为日人开采磷矿，外人强占时十九年，一度遭法人强占。二十八年三月沦陷日人之手，归入台湾管治。同时，那来还展览着最有价值的十六个中国古钱，这是王光玮教授在西沙群岛十五公尺深的地层下发掘的。古钱上有唐代以后的开元、皇宋、洪武、永乐等年号的文字。可见这是当时中国留下的痕迹。所以这些历史的文物，实在都是我领土主权有力的证据，任何国家都不能侵害我们的。

海产的标本

在第二第三两室，这是鱼类海产图张与标本之部。多数是由省立文理学院和海事学校送来展览的。那里有各式各样的鱼类，大半是南洋的海产，有所谓老虎鱼、马头鱼、狗棍鱼、带鱼、旗鱼、青鱼、马交鱼等。更有些鱼简直是闻所未闻，见所未见的，可谓五花八门，□奇怪状，应有尽有，使人置身其间，仿佛如在海国。这些虽然都是标本，但亦足引起人对海产研究的兴趣。

珊瑚与螺贝

再过第四室和第五室，这便是展览会最主要的部分，那里才是从该群岛带回来的物产。里面最悦目的要算是珊瑚和螺贝类的东西。它长成各类不同的形状，有花形，有扇形，树形，□形等，而且颜色亦不一，有朱红，有雪白，也有黄色和绿色，有些小巧玲珑，有些光彩夺目，这都是妇女们用作装饰最好的东西。所以这部分可算是琳琅满目，美不胜收，使参观者遍尝眼□，其中有一种奇怪的鱼类，名叫电鱼，即该鱼的本身能发动八十压的电力；还有一种东沙岛特产的海人草，是□□□□□，以外群岛上的海产，有坚鱼、交鱼、仓鱼、昌鱼、玳瑁、大龟、海参、海绵、鲍鱼、海藻等，都是海产中贵重的东西。而且岛上的植物也很丰富，如椰子、木瓜、香蕉、番薯、辣椒、丝瓜、南瓜，也出产甚多。

奇妙的鸟粪

除了海产之外，群岛上还有一种最有价值的资源，就是鸟粪；这种鸟粪的生成，是由于海鸟捕食了鱼类，而鱼类富有磷质的□骨不易消化，便残留于海鸟的排泄物中，这种排泄物如在雨量稀少的地方，则迅速干燥，□□聚积成为鸟粪山；但若在雨量较多的地方，有解□分□消失，而残留磷质，碳酸钙、氧化□及铁、铝、砂等矿物质，其中之磷酸即渐次渗入珊瑚礁中。年积月累，□至形成坚硬的磷□□；现在群岛上这种磷矿最多，估计散布在各岛的储量达百万吨。这是农业上最好的肥料，曾由拉沙及南洋兴业公司开采，前后船运去二万六千吨；系这些重要的资源，如不去大量开发，这是多可惜的事情呵！

现在，粤省府已组织了西南沙群岛志编纂委员会，并邀集了许多专家从事研究开发。所以记者在参观之后，除了对这些群岛不入祖国版图感到□□以外，我们还憧憬到这些群岛经开发后美丽的远景。尤其希望我们海疆丰富的物产，能介绍到京沪人士之前，使大家认识这个南中国海上的宝藏。

（录自《申报》1947年6月24日）

西沙南珊瑚岛法海军撤退

（联合社广州廿七日电）据海军界息，法国海军已自西沙群岛西面约七十哩之珊瑚岛撤退。法军于今年三月间占据该岛，恐其被越南独立军用作基地，此际发现并无军事价值，故予放弃。按该岛并无居民，偶有渔人寄迹。

（录自《申报》1947年9月28日）

申报月刊

琼南九小岛问题

法国占据南洋九小岛事件（法方已命名的只六岛）始见于七月十三日国民社所传之巴黎电讯。此项消息，十五日上海各报均有刊载，大意谓："西贡与菲列滨间有小岛九座，位于北纬十度东经一百十五度左右，向为中国渔民独自居住停留之所。顷据西贡电，现有法差遣小轮亚勒特与阿斯特罗勒白两船，忽往该岛树立法国旗，要求为法国所有。"该数岛既"向为中国渔民独自居住停留之所"，法国要求占有，我国自当力争。只苦往日对于边疆材料，未加注意，致一有问题，不得不先从调查入手。十五日外部发出的消息遂有："法突占菲列滨、西贡间九小岛事，该部尚未接到正式报告……将先电菲列滨领馆就近查明该岛历史、方位、面积、中国渔民居住之人数及其渔业根据地上之地位，然后再研究应付办法，此时尚难有所表示。"

自是以后，消息即告沉寂，公私论坛，均无复注意其事，直至七月二十五日外电又传巴黎政府公报已发表正式通告，谓："法国于今年四月七日至十二日间，占领法属越南，英属北婆罗洲与美领菲列滨岛间之九珊瑚小岛，自经通告之后，该数岛即在法国主权之下。其所举九岛名及占领日期如下：开唐巴（Caye D'amboya）四月十七日；伊塔阿巴，双岛（Itu Aba Deux Jles）四月十日；洛爱塔（Lo Aita）四月十一日；帝居，斯泼拉脱莱（Thitu, Spratley）四月十二日。就中'双岛'系两小岛的合称；最大之岛斯泼拉脱莱，则在二十九日法国半官机关哈瓦斯社所发表的巴黎消息上改称该岛于一九三〇年四月十三日已由炮舰麦里休士（Malicieuse）号占领，'斯泼拉脱莱'即为该时的题名。”

三十一日，外部发表菲领馆的报告，谓法国所占之九小岛，总名帝若旁（Tizardbank）距菲列滨之巴拉璜岛（Palawam）西二百海里，在我国海南岛东南五百三十海里，西沙群岛（Paracel Island）之南约三百五十海里，位处北纬十度十二度及东经一百十五度之间，该处时有海南渔人前往采捕海产物。

然而日本的台湾总督府，竟于同日由电通社发表意见云：“法国所宣言先占之岛，与台湾关系最深之西沙群岛或有不同，然若法国以简单之声明决定主籍，日本亦将以同样之手段取西沙群岛。”最近（八月二十四日）《时事报》的南京电遂有“日人更以离珊瑚岛百余里之间尚有八小岛（按指西沙群岛），地距琼崖不远，苟先行占夺，建筑海军根据地，可为侵略华南之发动地，刻已准备有力舰队拟即驰往，实行占领”的消息。

日本的反对法国占有九小岛，无非恐法国夺取南海制海权及距离台湾过近，军事上有被威胁之虑，因此遂坚主应由日本领有。其所持理由，谓一九一七年日人平田末治与海军预备中佐小仓等组织之探险队，已发现六小岛，曾立有“日本属领”的标柱并题有名称。平田且组织公司，于一九一八年至一九二九年在六岛投资百万日金，开发石磷及鸟粪肥料，并建有码头及轻便铁道，后以资金关系，暂时停工。而法方的反驳则谓一九三〇年日本领事曾向越南总督请求在该处采取磷矿，可见日人早已默认该处为法国领有。

平田又谓该处岛屿计有十一个，九岛乃指较大的而言，其总面积为四九〇,〇〇五坪，约合一六,一九八公亩，即二,六三六.一亩。岛上富磷矿，其海产年可达十日万金。其位置则在北纬七度及十二度，东经一百十二度及十八度，与我国菲领馆的报告不同。我外部曾于七月上旬照会法使韦礼敦氏，请其照法方所宣布之各岛名称、地位及其经纬度查明见复。八月十五日法使的复文上所载的各岛经纬度则为：斯泼拉脱莱北纬八度三十九分，东经一百十一度五十五分；开唐巴北纬七度五分，东经一百十二度五十五分；伊塔阿巴北纬十度二十二分，东经一百十四度二十一分；双岛北纬十一度四十二分，东经一百十四度二十五分；洛爱塔北纬十一度四十二分，东经一百十四度二十五分；帝居北纬十一度七分，东经一百十四度十六分。

截至记者作此文时（二十九日），日本政府已分别向法国驻日大使及法外务部提出抗议（二十一日），表示“该岛主权应属日本”。法国则允对日本通牒加以考虑。然而法国海军部及学校教科书已奉命将此数小岛列入地图中了。至于我国政府，据二十一日《新闻报》南京电载“外交部负责某要员”谈，“十五日法国复文所列的各岛名称与我国南海各岛岛名不同，而其经纬度分又复距我国领土甚远，在未发现充分先占证据前，尚未便有所表示”，因之迄未提出抗议。然据八月六日《时事报》东京特讯，谓“平田末治所述报告中，明白承认华人五百余户定住该各岛，经营渔业”；又八月二十一日路透社电讯亦谓“华人亦曾赴其地从事于椰茶、甜薯与芒果等之种植，并建造茅舍与贝壳之堆”。是外人都承认我人最先定住该地，早有经营。此种理由，当然并不弱于日人所提出的，望当局注意及之！

（录自《申报月刊》1933年第2卷第9号）

十日谈

九小岛实况

天　南

近来法国公布占领的南中国海中九小岛，中国中央政府和广东的西南政团，正在调查考虑，搜求海图资料等等。日本人却早已向法国提出抗议了，理由因为日本曾在该岛上办过肥料公司，比法国人还先发现。而中国还在研究，这些岛到底是不是领土，因为一向只有渔民到过，并未设有官署衙门，也不归什么府县管辖，税收是没有的，土地并无地册，正在无可奈何之间。而且这九小岛到底在什么地方，经纬度如何，面积大小以及到底是几个岛之类，都不很明白。

可是东邻的黩武国，却连民间都很注意这问题，又说是他们南方的生命线了。前年在东北，他们有什么生命线，现在南方大海中又有，真不愧橡皮生命线。上月大阪《每日新闻》社曾派人向该岛去视察，还给新起了一个名字叫新南群岛，真是可怕得很。因为我们还不知道九小岛在什么地方，所以先把他们看来的大概抄译一些过来，给国人大家醒醒眼目。不过我们所看得到的，当然只是无关紧要之点，他们未必肯原原本本发表出来，给大众周知的。

这九小岛照法使送交我国外交部的文件上，其名称及经纬度为：

斯巴拿脱来，北纬八度三九分，东经一二度五五分。开唐塞，北纬七度五二分，东经一一二度五分。仲脱巴亚，北纬十度二二分，东经一一四度二一分。双岛，北纬十一度二九分，东经一一四度二一分。洛爱太，北纬十度四二分，东经一一四度二五分。面海欧，北纬十一度五分，东经一一四度十分。九个照日本人所用的名辞是北双子岛、南双子岛、三角岛、中小岛、长岛、南小岛、飞鸟岛、丸岛、西鸟岛、西青岛、龟甲岛，不止九岛而有十一个，都在北纬十度东经一百十四度左右，地近热带，气候很热的，全部都是纯白的沙滩，暗礁最多，海鸟也最多。

此等各岛，大都透出海面不过一二丈光景，但没有被大浪吞吃激沉的危险，因为岛周围极多暗礁，而成为天然的防波堤，无论怎样的强风大浪，到了暗礁跟前，就平静了。水中栖息着翡翠一般明绿色的鱼，舞女般拖长裙的鱼，还有各式各样种类鱼群。

各岛的土，都是白砂，由贝类的壳及白珊瑚等粉屑灰粒所成，也夹着像少女的胭脂一般的，是红珊瑚的空壳。砂很净明，不杂泥尘，海也是美丽的碧青，从钴的青色到玻璃的淡绿，网罗了一切青系统的色调，水龟之类浮沉着。

岛上有淡水涌出，这是很奇特的。又在岛的一隅，流来的柴木，堆积如山，只要有米盐之类，便能永住岛上了。鱼可捕取，菜可种植，如此远隔尘嚣，只能听到蟹的咕咕之声。岛上寄寓着中国海南岛的海盗，此外并无土人，也没有鬼，也没有蛇，确实是无人岛，但四足兽则有猫和鼠，都是跟了人带来的。岛上也有椰子林，长岛全岛有好水果波罗蜜的茂林，其他香蕉、番薯等也有，那是经人带去种植，才繁衍起来的。到这些岛上来的海鸟最多。鸟似乎喜欢没有树木的岛，南双子岛差不多完全为海鸟占领，海燕、海鸦以及种海鸟，有如黑云之阵，全土被鸟卵与小鸟所占，几无插足之余地。挥棒一击，必可打杀几头。岛上又有鸟粪如雨下，故磷矿与鸟粪极为丰富。

岛是水龟之乐土，到夜晚从海中上来下蛋，如翻身向天，便不能动弹了。重有二三百斤至五六百斤的，可叫做海牛，肉味比牛好，富于滋养，卵味尤美。

这地方渔业是不曾达到，所收鱼类很多而且丰富。贝类也不少，海参之类也很多。除磷矿及鸟粪之外，这也是天然之利，至于军事上的重要，可不必多说。

对于中国的渔民，他们毫不客气地用海贼、海盗的称呼，而且昌言海盗即是渔民，以为在对方人数多时，即为良民，人数少时，即为海盗，可谓诬蔑之至。像倭寇之类的海盗，从有江连一力郎以来，可以知道现在还是在日本横行着的，而且那些黑龙会什么会的国士们，不真是海盗吗？日本人，休矣！

（录自《十日谈》1933年第7期）

时代公论

西沙群岛之国际地位谈

洗荣熙

西沙群岛，岛凡二十有二，东西相距几及千里，位于广东省属之琼崖岛之东南六里许，俗称七洲洋，为往来香港西贡及南洋以达欧洲船只必经之航道。水深多暗礁，夙号险道。岛分为东西两道，东曰阿非特里克群岛，西曰忌宜先群岛，其南之土采塘岛，为中国版图□□□□。其地多属荒地，间为渔人暂时寓住之所。至东沙群岛则位台湾与琼崖岛之间，距香港、汕头为等边三角形，惟距西沙群岛则颇远。航行者道经其地，以视远镜望之，宛如沙滩。间有森林丛密之处，海鸟群集，遇有船只经过，则群起飞翔，有如前来领海者。前年广东政府以东西沙群岛所产鸟粪富有磷质，为农业之最好肥料，若加工制造，亦可为工业之元素，乃建议由粤建厅派人前往西沙群岛调查。其调查所至之地，计有六岛，已开采者有二岛，一曰田林岛，面积为一,五〇〇,一〇〇方公尺，为沙滩所积成，树林深密，飞鸟满栖树下，其他兽类均无产生。离此岛横过沙滩的三千余尺，有岛曰田石岛，面积为六八,七五〇方公尺，系半石层及沙积，有稀薄之树木。其余四岛，则未经开采，产鸟粪亦甚多，前由日人偷采，续经批由香港协济公司开采，共采获鸟粪一万吨，后复派员接收，因限于资本，时作时辍。然西沙群岛以经济地位而论，仅因其富产鸟粪，且为渔业重要之地，其利源尚小，如以国际地位而论，其关系于太平洋之军事动作则极大。今法国海军已占领之九珊瑚岛，系西沙群岛之一部。盖西沙群岛向以出产鸟粪著称，鸟粪之晶结，状如珊瑚，故外人多以珊瑚岛称之。

西沙及东沙群岛，皆为孤悬于太平洋中及中国边海之小岛，向属于我国崖县县治管辖。因该地既绝无人烟，且属荒芜，又因海军力量之薄弱，鞭长莫及，在过去殖民地角逐时期，尚少外人注意。惟近年以来，殖民地之罗致已穷，虽方寸荒芜之地，亦当全力以争。况太平洋上之风云日见紧张，海军国莫不注意于海军根据地之扩充。西沙群岛位于我国之边海，森林渔鸟之丰富，适为海军寄足最良之地。民八九年时，法人曾向我国提起领权之交涉，且欲武力夺取琼崖，以扩充其殖民势力，适邓仲元镇守琼州，充分准备固守，法人不敢进攻。日人于夺取琉球、台湾之后，亦野心勃勃，无时无刻不力图南向发展，除欧战时占领前德属之加罗林群岛外，以为夺取琼州及东西沙群岛，亦不过如探囊取物，时间之尽早问题而已。自欧战以后，世界之均势已成，日法互相观望，雅不欲衅自我开。迨九一八事变发生，日人得乘世界经济之弱点，撕破世界和平公约，公然以武力夺取我东北四省，并退出国联，以为要挟。而法国亦于本年四月，乘我人之不备，日人鞭长莫及之时，密派海军，捷足先得，不出十日，前后占领九岛，现已正式宣布矣。我国处此内忧外患之时，既迫于日人破坏公约于前，束手无策，日人亦以衅自我开，敢怒不敢言，有向法国抗议，谓日本商人亦曾请日本政府占领管理之说，然亦不过自批其颊而已。

西沙群岛处于欧亚之要冲，航行必经之地，今落于法人之手，必将建筑飞机根据地，并配置潜水艇，而得有南海制海之权。盖法国在广州湾与西贡，已有容纳一万吨巡洋舰之船坞，与此地可以鼎足而立，航行无阻，得以独霸一方。既可以保护安南之西贡、海防、顺化、广和等地之门户，又可以控制我国沿海各省。如太平洋一旦战事发生，法国之海军潜水艇、飞机，在此可以横断欧亚之交通，断绝英属之新加坡、香港以至上海之联络，而制止美国之太平洋舰队、英国之远东舰队在我国南海之活动。且西沙群岛距琼岛最近之处，离崖县不过六里，其最远者则与美之菲律滨相近，皆属于我国之南海境域。其岛屿比邻相接，间多沙滩，为渔业最良之地，早有世界三大渔场之一之称，其利源之厚，可想而知。更以该地为百鸟栖集，积年累月，鸟粪之堆积，厚者越丈，以东西沙群岛之统计，其出产之丰富，诚有出人意料之外。鸟粪因时日久远，已成晶结，状如珊瑚，开采极易。他如林木之深密，时日较久，必有栋梁之材，亦不可忽视。至如航海之标帜，渔人之寓住，人民之移殖，皆为将来应时之需要，关系世界之经济、政治亦极重大。故西沙群岛之面积虽小，以其零而不整，然就国际地位之大概观察，在军事上，不亚于英属亚丁、波赛，法属之其布特，美属之巴拿马，以其皆为航行必经之地。在经济上，不亚于日属之琉球、加罗林，英属之塞舌耳群岛，美属之马利亚纳群岛。以上各岛虽其面积较大，今已人烟稠密，然其特产如渔业、鸟粪等，无出西沙群岛右者。夫我国幅员广阔，物产丰富，为天下称著。今日本之窥伺东北，且已武力占领；俄之窥伺外蒙，亦已宣布独立；英之窥伺西北，现亦兴波助浪，斗的不休；法之窥伺西南，正欲得寸进尺，前日之租借广州湾，今日又占领珊瑚九岛，即其寻衅之开端。如此则四围之权俱失，而仍苟安于核心之内，其可得乎？！惟望政府严重交涉，还我主权，不以其疏远及渺小而忽略之可也。

按近日各报登载关于法国占领珊瑚九岛消息，言论至为复杂，法人称所占之珊瑚九岛位于菲律滨、西贡之间，虽在中国海内，然三年前法曾占领其中之最大者名史柏拉德雷，中国政府并未抗议及保留，即国际条约任何条款亦未禁止此等小岛之占领。日人则称在十五六年前为日人平田所发现，亦名为平田群岛。而中国政府据广东电告，证明该九岛在琼州之南，确属中国领土，按即西沙群岛，而外交当局则宣称该岛非为西沙群岛，且该岛面积甚小，约一千五百方哩，要待详细调查，方提出交涉……无论日法之言论如何，要皆各本其立场，以为夺取之借口。而该九小岛确在中国领海之内，主权在我，已无疑义，无论其面积大小，断不容他人任意夺取。盖西沙群岛，实包括南海中附近小岛，不得巧立名义，强行占领，否则全部之西沙群岛，亦将交臂失之。如舍本而求末，斤斤于我国是否有占领时之国际表示，升旗鸣炮之类，则未免太为荒谬矣。

（录自《时代公论》1933年第2卷第19期）

时事月报

西沙群岛之领土权

广东琼崖附近有西沙群岛，计八岛，内有珊瑚岛一，余均为树林岛，岛之附近大部为渔户居民，均为吾国人。群岛之上，有数千年之磷矿，矿区多至七千余亩。民国以前，曾有日人潜住群岛，偷采磷矿，运往日本与台湾。民九日人竟串通广东奸商，假称募中国资本若干，组织西沙群岛实业公司，朦呈广东政府许其开垦群岛，竟得批准。翌年该公司更运载多数日人及台人赴岛大兴土木，广事投资。群岛附近中国渔人，或遭日人枪击，或被没收所获水产，种种虐待，不堪言状。嗣经琼崖人士力争，该公司成案方得注销。足见日人谋占群岛之雄心。

最近法政府突照会我驻法使馆，竟谓此岛隶属安南，其所根据之理由闻为：（一）安南王公曾在此岛建塔立碑，并谓安南历史上有此事实；（二）查中国历史上有两英船，曾因与吾渔民冲突，沉没该岛旁，当时英国曾向中国抗议，吾国清政府复文中有七洲岛非中国领土之语，故不负责。法政府即以此毫无考证之两点向我国照会。闻吾政府以西沙群岛方面吾国海军曾在该处建有无线电灯塔等工程，当令海军部详查提出证明，为我国领土之证据。闻海军部方面，以该岛为中国领土足以证明之点甚多：（一）该岛在经纬度属中国领海地理形势均甚明显；（二）以历史上言，中国清政府曾派李准至该岛，并鸣炮升旗，重申此为中国领土之表示；（三）前年香港曾有远东气象会议之召集，当时法属安南气象台长及上海徐家汇法气象台主任均在会议席上，向中国代表请求在该岛设气象台，并足证明为中国领土。至于法政府所述两点，所谓安南王曾建塔立碑，其时安南尚隶中国；安南既无强占祖国领土之可能，且现时亦无塔影碑迹，自属附会。所谓英国曾有沉船之事，外交史上亦无案可稽，是则法政府所述两点，全无影响。况依国际公法与习惯，凡发现之岛，岛中住民系何国籍，即可证明为属于何国。现该岛完全为华人居住，即足以证明属于中国。海部根据此意，已函复外交部，闻外交部即根据以上理由，向法方逐条驳斥矣。

（录自《时事月报》1932年第7卷第1期）

西沙群岛应归我有

法政府前照会我国，商讨西沙岛主权问题，且引证似是而非之理由，说明群岛属安南政府。我政府以该岛属诸我国，绝无疑义，即饬有关各部及广东、广西两省府，已有报告，理由：（一）依据《中法越南界务条约》，西沙群岛在该条约签订之海界线以东，应归我有。（二）依据国际公法“先取”之原则，群岛应归我有。因在公海中之岛屿，以最先前往占住，且继续居住者为主体，而其地即属于该项住民所属之国家。群岛现住人民，完全为中国人，故当然属我。（三）依于时效原则，群岛亦应属我。盖我国人民占住该群岛，为时极其久远，有许多粤籍人民，从前曾多次向广东省府呈请经营该群岛鸟粪及渔业，从未闻法政府提出异议云。

（录自《时事月报》1932年第7卷第3期）

法国占领之九岛已证明非西沙群岛

陆　俊

法于远东，素极重视，而以法领安南，遥在东亚之故，因尤于航行之安全，军事之设备，在在特事注意。安南北婆罗洲及菲律滨间之海道，十九世纪之后半期，彼即已绘有精详之海图。最近数年，一方面既觊觎我西沙群岛，计未得逞；一方面则又转锋南向，一九三〇年四月十三日，即由其炮舰麦里秀士号（Malicieuse）将现在问题中九小岛之主要岛所谓斯巴得来（Spratly）者，为非正式之占领。其时适有季候风，占领附属各岛之计划，未克实现。迨至今年四月上半月，始由其炮舰阿斯德罗拉伯号

（Astrolabe）及阿莱尔德号（Alerte），先后将临近之其余各岛占领。事阅三月，外界鲜有所闻。七月二十五日，法国政府公报，登一通告，谓在法属印度支那与菲律滨西北方中国海内之九小岛，现已属于法国主权之下。各该小岛，系于本年四月上半月，先后由法国军舰，竖立法国国旗，作为占领等语。于是我国朝野上下，以南服海疆之关系，调查呼吁，皇然弗宁。日本方面，则又谓在该九岛中，曾有日人投资，并曾经日人请求，日本政府占领，冀欲遂彼大欲，分尝一羹。漫天风云，平地以起，骎骎焉颇有成一重要的国际问题之趋势。

方问题之初起也，我国以未确悉诸小岛等之所在，众论纷纭，有谓为即系西沙群岛者，亦有谓系西沙群岛之一部者。西沙群岛，西文本称之为Paracel Islands，日人方面，则又故用巴拉色尔群岛之名以混淆耳目。于是谈虎色变，益觉有南海波兴、版图横被掠夺之感。

外部既先后接据报告，当即先后电令驻法公使驻菲律滨总领事并请广东省政府，分别就近调查。嗣据驻斐总领馆复称，法所占之九小岛，总名堤闸坂（Tizard bank），距菲律滨爬拉湾（Palawan）岛西二百海里，在我国海南岛东南五百三十海里，西沙群岛之南约三百五十海里，位于北纬十度十二度及东经一百十五度之间，该处时有海南人前往采捕海产物等语。西沙群岛，原在北纬十六度，东经一百十三四度之间。法占各岛之地位，既调查如上述，则其遥在中国之南，而并非西沙群岛，至是已事实渐明。嗣外部复于八月四日照会驻华法使，请其照法方所宣布占领之各岛名称地位，及其经纬度分，查明见复。八月十日法使照复各岛之经纬度如下：

奎亚当不亚尼（Caye d'Amboine）北纬七度五二分，东经一百一二度五五分。

伊托阿巴（Ituaba）北纬一〇度二二分，东经一百一四度二一分。

杜锡尔（Les Deux IIes）北纬一一度二九分，东经一一四度二一分。

罗爱多（Loaita）北纬一〇度四二分，东经一一四度二五分。

西杜（Thitu）北纬一一度七分，东经一一四度一六分。

斯巴得来（Spratly）北纬八度三九分，东经一一一度五五分。

各该岛经纬度之向与西沙群岛不同，尤为显然。其中奎亚当不亚尼及斯巴得来两岛之纬度与西沙群岛之纬度相差殆将十度。诸小岛等之并非西沙群岛，至是盖尤确然无疑。

惟是一般传说，均谓法占九岛，而截至现在据调查之所得，则法所占领者似仅有七岛，即四月七日占领奎亚当不尼亚，四月十日占领依托阿巴及杜锡尔，四月十一日占领罗爱多，四月十二日占领西杜及斯巴得来。杜锡尔即双子岛，内含两岛，故共为七岛。尚有两岛，迄今未详。以上各岛，均属暗礁沙滩，椰树蔽天，海龟出没，亦间有树叶支盖之屋，或奉祀神人之像。今岁四月六月，法国两炮舰至斯巴得来岛时，即见有华人居住。其余各岛，亦往往有琼州南去之华族，栖息其间。是则此诸小岛者，虽属遥在南荒，要实与吾华甚有关系，将来究应如何处置，则正在外、海、参诸部缜密筹划之中，然而占领之举，法既巧着先鞭，我方亡羊补牢，或终不免有噬脐之憾耳。

（录自《时事月报》1933年第9卷第3期）

水　产

日渔船强采东沙岛海产
该处长官已电粤请交涉

香港电　日本渔船福寿丸，驶赴东沙岛，强采海产，经该处长官制止无效，已于六月五日电省府请向日领严重交涉云。

（录自《水产》1934年第1卷第1期）

水产月刊

今日之东沙岛

东沙岛系一荒凉寂寞的小岛，面积极小，有似本市之复兴岛，地势颇像是蟹钳形，由于它的位置处于香港、台湾、马尼刺之间，在国防上及气象上，都有莫大关系。

该岛以前曾被日人占据，开发渔业海产，后几经交涉，始告收回。民国十三年，由海军少将许继祥将军驻岛，聘德国工程师建立气象电台，名“东沙岛观象台”从事观察及广播风信，对太平洋和中国沿岸之航行，贡献殊大，并与马尼刺、关岛、东京、台湾、香港、上海等处之气象台为密切之联络，普通每日作气象报告二次，如遇飓风，则每小时一次。

东沙岛渔场，在日本、冲绳等渔人的口中，应该不是陌生的名字。鱼类、海草（即海人草）产量极丰，尚有玳瑁（蠵）、蚌贝类等，笔者居该岛时，常见有冲绳、台湾之渔船前往捕鱼。渔人操日语，自言系琉球、台湾人，每来一次必带些香烟、酒、香蕉、蔬菜之类，有时亦向岛上索取柴油、饮料、燃料等。

东沙岛之气候，酷热而多雨，去岁温度最高达华氏一百四十度左右，普通亦在一百十度左右，幸终日有海风调节。热季约自四月至十月，飓风开始季节，则在五月至十月底，冬季亦不甚冷，故无需穿棉、毛之类以御寒。

（录自《水产月刊》1947年复刊第2卷第2期）

四川农业

粤省开发东沙海岛

（广州通信）粤省海南之东沙岛，在前清光绪卅四年，即有粤人在其地采鱼，同时亦有日本渔人到其地偷取海产，经前清广东水师提督李准派舰前往交涉，以该岛天后宫为华人属地之明证，日人自知无理，向我国索偿建筑十三万元，始行离去。其后，粤政府招人往该岛开垦，以土地气质不佳，多失败而返。两年前，有商人冯某亦以年饷二万元，向政府承办该岛海产，顾因资本短绌，未及一年而退办。最近建设厅以该岛之开发，实刻不容缓，盖任令该岛荒芜，不但坐失海产大利，且予外人觊觎机会，因依照三年建设计划进行，将该岛开发。日昨由建厅农林局派出东沙岛海产管理处主任梁权技正雇员等数十人，乘福游舰亲往该岛考察，以便订定开发该岛整个计划，约计一个月可蒇事。查东沙岛距香港东南一百七十海里，因航道多暗礁，船行十七小时始能抵达。该岛位于东经线一百一十六度四十三分二十一秒，纬线二十度四十二分三秒，附近并有小岛屿，暗礁环绕，潜伏水中，久为航行之患，洋船在地触礁遇事东沙不下数十起。而且该岛地势亦不高，最高处水面不过四十余尺，每遇天雾或夜阑，对方多不之见。岛上虽有灯塔，然必天色晴朗，始望见灯光。故航行过其地者，多怀戒心。该岛海产，以鱼类、贝类、玳瑁、珊瑚、海藻为大宗，次为肥田用之鸟粪，地土盐质甚重，植物不易生长，气候与水土均恶劣。粤人到其地，鲜能住居半载以上，久住即患目疾，或染风湿痈肿之症，须立即离去，始能保存生命。以前于役其中者，例轮班前往，以资调换水土。此外住居不便者，尚有二事：一为风雨节季，海洋飓风多经其地；二为四周濒海洋，缺乏淡水以充饮料，外人到者，多携备蒸汽水，或预储淡水，以资日用云。

（录自《四川农业》1935年第4期）

四海半月刊

日船在东沙岛沉没

路透社一日香港电　日本捕鱼汽船神山丸（译音）在东沙岛避风，急走锚，于两日中飘浮一百五十哩，船已漏水，发动机亦不能动作。昨晨六时十五分，英船格林希尔号（载重九五〇〇吨）瞭见日船求救信号，即开足速力至其地，而日船已渐下沉。时东北风甚烈，英船历尽艰险，卒于六时四十分将日船中之日人三十一名救登船上，送至香港。遇救者皆困惫不堪，早将生望置诸度外矣。

（录自《四海半月刊》1932年第3卷第16期）

东沙岛灯塔暂行开放

海军部测量局布告

海军部海道测量局，昨为中国海东沙岛灯塔暂停放光，发出第一百十一号布告：其一方位，东沙岛即东经约一百十六度四十三分，北纬约二十度四十二分；二说明，该灯塔因遭飓风毁损暂停放光，俟修复后，当再通告；三关系图书，英国海军《水道图》第三六一号、二六六一B号，及一二六三号。

（录自《四海半月刊》1932年第3卷第17期）

苏农通讯

西沙群岛及南沙群岛

——内政部接收专员郑资约在中大之演讲

三十六年二月十四日（星期二）下午二时，中央大学地理系敦请内政部郑资约先生来校作第二次学术演讲，讲题为“西沙群岛及南沙群岛”。郑先生最近代表内政部，会同广东省政府及海军当局，亲自前往接收西沙及南沙群岛，甫自该地返抵南京。因此在演讲中，提出了许多可贵的材料，颇有供社会人士参考的价值。记者爰将其讲词之大要，撮记如后：

中国在南海中的疆土，包括东沙岛、西沙群岛、中沙群岛（原名南沙群岛）及南沙群岛（原名团沙群岛）。东沙岛在汕头正南一百八十海里，西沙群岛在琼林港（海南岛南端）东南方一百八十海里，中沙群岛在西沙群岛之东南，南沙群岛在琼林港正南五百余海里。其中以南沙群岛的范围最广，其最南端达北纬四度。西沙群岛次之。

西沙群岛及南沙群岛百分之九十九都是珊瑚岛。因为是珊瑚岛，所以岛的地势都很低，举例说，西沙群岛中最大的岛屿——永兴岛（英文原名Woody），平均高度只有五公尺；南沙群岛中最大的岛屿——太平岛（英文原名itu Apa）平均高度不及四公尺。这样低的岛屿，在平时固然是航行上的障碍，在风暴时，船只也不能靠到岛旁去避风。有许多船只本身就比岛的地面高。西沙群岛及南沙群岛地近赤道，气候极热。例如太平岛上，去年十二月间三天中的记录，早晨六时平均华氏八十度，下午二时华氏八十五度。

诸岛上自然生长的植物，大部分是矮小的灌木，间或也有高大的椰子树和菠萝树。这里的气候适于农耕，但是土壤极松，下雨后，不久便蒸发尽了，而且土中富盐质，所以除红薯、杂粮外，其他农作物在这里是不宜种植的。现在各岛上一点农产也没有，将来有人去居住，土壤改良后，也许可能生产。不过这些岛的面积都是极小的，即使能够耕种，数量也不会大的。

岛上最大的动物是老鼠，在永兴岛上日本人残留的木房中，就有老鼠。在野外，还可以找到一些昆虫，如蝴蝶、蜥蜴等，地面上连蚂蚁都没有。我国海军部队这次接收时，带了羊、牛、猪、鸡、鸭雌雄各一对，正在试验那里家畜是否能够生长。

两群岛今日最有经济价值的物产是水产和鸟粪。水产有海菜、海参、海星、海胆（像陆地上的蛸虫，惟形体更小）等，鱼类也很多，有石斑鱼、乌贼等，海参在海边上随手就能拾到。其他还产虾、海螺、螃蟹、龟。龟最大的，长径（自头至尾）有二尺余，重百余斤。离海面三四公尺的海底中，就可以找到许多正圆形的龟蛋。在海边上，有玳瑁和蚌壳（随处都有，最大的有二尺余长）。

到两群岛附近去捕鱼的，主要是海南岛人。这些渔人带了充足的食粮，到那里去住半年后，在夏季再顺着西南风回去。他们所带回去的，主要是龟、龟蛋和蚌壳，鱼因为容易腐臭，普通他们是不带回去的。这些渔人到西沙群岛去的多，到南沙群岛的少，他们都不在那里定居，所以，除东沙岛外，今日西沙、中沙、南沙群岛上是没有久居的人。

鸟粪也是富源之一，这种粪的主人是鹇鸟，鹇鸟是热带的飞禽，全身纯白，红嘴绿脚，外貌美丽，不过其肉却不好吃，这种鸟别无他用，只有它的粪有用。鸟粪在各岛上都有，其中以永兴岛上最多，一部分鸟粪已经被日人运去了。在今日所见最深的鸟粪有二十五公寸厚。鸟粪的粉末呈棕色，块状的呈深灰色，性质与智利产的相同，其中含有大量的磷。据统计，永兴岛上大概有磷二十几万吨，在战时被日人搬走了四五万吨。

日人在战时，是把东沙岛及中沙、西沙、南沙群岛，划归台湾的高雄管辖。胜利后，内政部将其划归广东省管辖。这次内政部会同广东省政府及海军当局，分乘四只军舰前往接收。海军当局并且选派了海军陆战队，留驻在西沙及南沙群岛上。

这些岛屿的面积虽小，但其价值极大。西沙、中沙及南沙群岛的位置恰在香港、新加坡、马尼拉之间，从香港到新加坡的东西二航道，都要经过这里，是三地之间交通必经之地。在战时，军略上当然是重要的据点。就是在平时，利用这交通上的地位，就可以筑成淡水、食粮及其他船只需要品的供给站，而且可以供给当地的气象情报。

胜利接收后，因不谙那里的气候，曾经二次遇风暴折回，第三次才侥幸到达。驻守在那里的部队，已有无线电与国内联络，最近还要运去大量气象仪器，就地去观测气象。希望将来在那里能有几个好好的气象台，使我国在气象上，能控制南海。

将来要在海南岛的琼林港筑成一个大军港（桂代总司令最近曾去考察），再用太平、永兴二岛作前哨，我国南方的海疆，才能确有保障。（拓风十四年寄，已载三十六年二月十七日《大公报》）

（录自《苏农通讯》1947年第4期）

台湾月刊

痛话西沙

东　之

一、开场白

翻开东南亚洲的地图，在南中国海（即南海）的中部，北纬十五度四十六分至十七度五分，及东经一百十一度十四分至一百十二度四十五分之间，有一群珊瑚岛，这群珊瑚岛，西人叫做Paraels，我们叫做西沙群岛。

要研究西沙群岛的历史，必须先知道这群岛分布的概况，因为这里是中国到南洋海上必经的要道，中国的史籍和地志上，一定有所记载，可是中国历代所用的名称，和现在却未必完全一样。

二、一幅美丽的图画

依据民国十七年，广东省西沙群岛调查团的报告“西沙群岛，距海南榆林港东南约一百四十五里，北起北砂岛，南至南极岛，东界林康岛，西接七洲洋，统计大小岛滩二十余座，星罗海面，约二百余方里，乃一群珊瑚礁结成的低岛”，并且“岛无居民，礁石棋布，既无港湾以停泊船只，又无高山以屏蔽风浪，近岸处暗礁围绕，近则太浅，远则太深，欲求一适当锚位而不可得”。

“岛面很低，从远处极难瞭望，风向无定，水流多变，有时有飓风，在无浮标、灯塔及气象台、无线电台等设备之情况下，当春期濛雾或天候恶劣时，航近该岛附近，至为危险。四望海天无际，但见少数来自三亚、榆林之渔船，寂寞徘徊于群岛之间而已。”

这个群岛的组成，可以分作两部分，其东北的一部分，包括八个岛屿，西人叫做Amphitrite Group，音译就是“海神岛群”；其西南的一部分，包括七个岛屿，西人叫做Crescent Group，音译就是“新月岛群”。在这两个岛群之间，还有一些零星的礁滩。岛上有茂盛的树木，远看时，就像傍道两旁并列的风景树，一群群白腹的海鸟，时上时下，翱翔空中，真是一幅美丽的图画。但忽而天气突变，骤雨降临，除了汹涌的波涛之外，就什么也看不见。在这二百余里广袤的区域内，随时都有触礁覆舟的危险，难怪这里有“千里石塘”或“万里石塘”的称号。

三、《元史》上这样说

考中国史籍，中国和南洋交通始于西汉武帝（公元前一四〇—八七年），关于西沙群岛及其附近地域的记载，远在《元史》上，我们可以找到确实的资料。

元世祖至元二十六年（公元一二八九年）冬，淮东宣尉使史弼入朝，世祖命他去征爪哇，于至元二十九年（公元一二九二年）二月，拜弼为荣禄大夫，福建等处行中书省平章事，并以亦黑迷失和高兴二人为副，带兵南征。据《元史·史弼传》《高兴传》《爪哇传》载：

“会福建、江西、湖广三行省，兵凡二万，设左右军都元帅府二，征行上万户四，飞舟千艘，给粮一年，钞四万锭，降虎符十，金符四十，银符百，金衣段百端，用备功赏。”

“亦黑迷失等陛辞。帝曰：‘卿等至爪哇，明书其国军民，朝廷初与爪哇通使，往来交好。’后刺诏使孟右丞之面，以此进讨。”

“十二月，弼以五千人，合诸军发泉州，自后渚启行，风急涛涌，舟掀簸，士兵数日不能食。”

“过七洲洋，万里石塘，历交趾占城界。”

从这一段历史中间，我们可以知道，在史弼南征以前，中国早已和爪哇有过密切的商业关系。虽然，元朝初次与爪哇通使，使臣孟右丞是被爪哇逐回的。

元时往爪哇，系取道“交趾占城”，“交趾占城”便是现在越南的东京和安南，到“交趾占城”，一定要经过“七洲洋”和“万里石塘”。“七洲洋”和“万里石塘”，就是我们现在的西沙群岛。

怎样知道“七洲洋”和“万里石塘”就是现在的西沙群岛呢？我们可以从以后的书籍上找到线索。

（一）《郑和海图》

“琼州独猪山海上，有万里石塘屿。”

可见万里石塘，就在琼州独猪山海上，而琼州独猪山又在哪里呢？

（二）《西洋贡典录》

“南澳又四十更（原注每更为六十里）至独猪之山。”——见《占城》篇。

可见独猪山，在离南澳南行二千四百里（即六百浬）的地方。按地图，在今闽广交界处的南澳岛，西南距离六百浬的海上，正是西沙群岛。

（三）《海国闻见录》

“七洲洋，凡往来南洋者必经之，其东北有长沙、石塘等礁，舟行宜慎。”

可见“七洲洋”是在“长沙石塘等礁”的西南，“长沙石塘等礁”是在“七洲洋”的东北。

“万里石塘”是不是就是“长沙石塘等礁”的总称，我们没有充分的史料来作研究的根据，但是，我们从地理上研究西沙群岛分布的情形，可以更进一步地作“西沙群岛就是七洲洋和万里石塘”的推断。

地理告诉我们：组成西沙群岛西南部分的岛屿，就是西人称为Cresceutt Group的所在，包括金银（Money）、甘泉（Robert）、珊瑚（Pattle）、天文（Observation）、伏波（Druond）、琛航（Duncan）、广金（Paln）七个小岛，排列成马蹄形。依它的形状上说，从南方缺口处看去，正像是一弯初升的新月，所以西人命名为Crescent就是新月的意思。而依小岛的数目字上看来，恰巧七个，岂不就是中国人所命名的“七洲洋”。

我们再看组成西沙群岛东北部分的岛屿，就是西人称为Arphitrite Group的所在，它又可以分为南北二部分，北部狭长，包括西沙（W. sand）、树（Tree）、北（North）、中（Middle）、南（South）、南沙（S. Sand）等六个小岛，各岛周围，都有沙滩环绕，形成一片漫长的沙洲。南部由林（Woody）、石（Rocky）二岛构成，林、石二岛，又名多树岛和多岩岛，其特征正和它的名称一样，林岛多树木，石岛多岩石。将东北部八个岛合起来讲，岂不是和《海国闻见录》所记载：七洲洋“东北有长沙（北部六岛）、石塘（南部二岛）等礁”正相符合。如果我们再进一步研究洋流，这里水势湍急，是往来航船最容易出事的地方，所以西人称这里为Arphitrite，意即“海神”，而《海国闻见录》说：“舟行宜慎。”同时在林岛上，又有我们海南岛渔民所建立的“孤魂庙”。这些，当然不能认为是偶然的巧合。

由以上的论据，我们可以大胆地下一个断语：“《元史》上的七洲洋和万里石塘，就是现在的西沙群岛。”

同时在《元史》上我们可以得到结论：“早在十三世纪的元朝，这里已经是我们的领土。”因为《元史》上的记载很明白：过了“七洲洋万里石塘”，才“历交趾占城界”。

四、珊瑚礁下的铜钱

民国二十六年三月，我国海洋学家马廷英博士，在中国地质学会所主办的《地质学会》第十七卷第一期上，发表了一篇论文，题目是《珊瑚礁建造所需的时间》。他所引用的论据，是埋在西沙群岛珊瑚礁下的铜钱。下面是他原著译文的一段：

“根据西沙群岛渔民所供给的情报，和滨田先生从台湾给我的来信，知道用炸药炸毁某些珊瑚礁的结果，发现礁中在活珊瑚群以下，深约五呎的地方，有无数古铜钱。铜钱埋在外层珊瑚礁的外部，这个珊瑚礁的外部，会受到猛烈的海浪的打击，许多船只，都在这里沉没过，航海家经过这里时，都极其小心。在低潮的时候，礁上水深只有三至五公尺，听说远至台湾的渔民，都来这里掘取礁上埋藏的铜钱，这件事提示那个礁上埋存着无限宝藏。”

这些古铜钱到底是什么时候的东西？怎样会到这礁上来的？

马先生的记载：

“礁上发现的铜钱，种类不一，我从滨田先生和渔民那里拿到的一些，上面铸有‘永乐通宝’字样。（据马先生告笔者：‘永乐通宝’是所得到的铜钱中年代最近的。）在中国，‘通宝’是钱币的意思，‘永乐’是明成祖的年号，明成祖在位期间，是西历一四〇三年至一四二四年。历史告诉我们，明成祖曾在一四〇八年与一四一二年铸造钱币。因为礁上所发现的古钱，不像被长久使用过的，这显然表示从铸造到被埋入，这中间并没有经过多少日子。同时，还有其他形迹，证明这一只船，曾在这埋藏古钱的地方，遭覆舟之祸。”

马先生用这古钱，来推定珊瑚礁建造所需的时间，他的结论："珊瑚礁的珊瑚，至少须经一百年，才能够建造厚一尺的礁。"我们要用这古钱，证明永乐年间，不但有很多中国船只到过这地方，并且证明这个地方当时是中国的属地。

根据中国历史的记载，明成祖战败了惠帝，惠帝纵火，自己烧死，而成祖疑心惠帝亡命海外，要想到海外去找他，并且顺便耀兵异域，以示中国富强，乃于永乐三年（公元一四〇五年）命三保太监郑和及其侪王景弘等，通使西洋。当时所称的西洋就是现在的南洋。

关于他们出使的情形，《明史·郑和传》有详细的记载。

"永乐三年六月，和及侪王景弘等，奉命通使西洋，将士卒二万七千八百余人，多储金币（即铜钱），造大舶，修四十四丈，广十八丈者六十二，自苏州河，泛海至福建，复自福建五虎门扬帆，首达占城，以次遍历诸番国。宣天子诏，不服，以武慑之。"

由此可以知道，郑和出使时，带了很多大船，船上带了很多的铜钱。他出使首先到达的国家是占城，而和元朝的史弼一样，到达占城之前，也经过西沙群岛。

怎样知道他经过西沙群岛呢？

原来郑和出使的时节，有马欢和费信二人随行，马欢著有《瀛涯胜览》，费信著有《星槎胜览》。这两种著作里面，记载了当时的路程和沿途所见的事物。黄省曾又根据这两本书，著了一部《西洋朝贡典录》，其"占城"一则中说：

"南澳又四十更，至独猪之山，又十更，见通草之屿。取外罗之山，又七更收草屿，其东北百里巨口曰新洲港。港之浒，标以石塔，其寨曰设比奈，二曳长主之，户五六十余，港西南行百里为天之都城，其名曰占城，垒石为之，四方有门，门有防卫。"

依朱偰先生的考证：独猪之山，正当西沙群岛武德岛的地位。武德（Woody）岛，就是林岛，是西沙群岛中最大的一个岛，长约六千尺，广约四千尺，面积为六方里。其东北部较高，最高的地方，高度为廿五尺，岛上有郁茂的树林。而在这岛同一礁脉上，有一个石岛，长仅二千尺，宽约五百尺至一千尺，面积约〇.二八方里，整个是一座圆锥形的小山，东部向海面缓斜，西部簇立海上，成断崖绝壁，为西沙群岛中第一高峰，高度五十余尺。石岛和林岛，在一九一八年之后，曾有日人和本省人在岛上经营磷矿，滨田先生所取得铜钱的地方，当就在这两个岛上或邻近的地方。就岛的形状来推断，独猪之山，可能就是石岛。

郑和下西洋，于公元一四〇四年至一四三三年之间，往返凡七次，每次都带了很多的人、很多的船，船上都带了很多的钱，以备在海外作赏赐之用。西沙群岛既是他每次往来必经的地方，而马廷英先生从渔夫和滨田先生那里的铜钱，又是“从铸造到被埋入，这中间并没有经过多少日子”，并且埋藏的数量很多，“远至台湾的渔民，都来这里掘取”。要不是有特殊任务，哪里来这许多新铸的铜钱，装运到南洋去干什么?

再进一步研究郑和出使的时间，第一次是在永乐三年至五年（一四〇五—一四〇七），第二次出发是在永乐十年（一四一二）十一月，而永乐时代铸造钱币是在一四〇八年至一四一二年，正在郑和第一次出使回来，与第二次出使之间。我们虽然还未能从史书中发现明成祖铸钱是为了郑和下西洋之用，可是我们从史籍中知道，当时南洋诸邦，对明成祖这种赏赐都很欢喜。例如苏门各剌的王子苏干剌，就因为得不到赏赐而邀击郑和的官军。由此可见明祖铸钱，作郑和出使之用，也并不是没有可能。

根据以上史料的推断，马先生所取得的铜钱，可能就是郑和所率领的大队船舶中，在西沙群岛覆没了一艘的遗物。当时遍印度洋沿岸诸国，均奉大明正朔，年年都来朝贡，也可以说是中国的属国，并且在《郑和海图》上，记载得更明显：

“在琼州独猪山海上，有万里石塘屿。”可见西沙群岛在明朝的时候，已属琼州辖属。

五、海上渔夫的“孤魂庙”

西沙群岛是一个良好的渔区，在各岛之周围浅海中，有海藻、海菜、海草、海绵、海参、海胆、珊瑚、蝶螺、蚌蛤、墨鱼、巢蟹、海龟、玳瑁、鱼虾、石斑贝等，由海南来的渔夫当食粮不够的时候，就在这里捉龟拾蚌，当作食料。

海龟大的径长三四尺，重逾百斤，春夏之交，或七八月间上岸产卵，晚间极容易捕捉，其闭壳筋长约二三寸，渔夫干晒了，视同瑶柱。鱼类和海参、墨鱼，出产亦多。因渔人不能就地干制，不便运输，但取少量，以供日常食用。

这里的渔夫大都来自海南岛的三亚、榆林诸港，依《海南岛志》的记载：海南岛的远洋渔业，大多以清澜、新村、榆林、三亚等港为根据地，分赴西沙群岛及其他远海。前台湾总督府官房调查课的调查报告，也说中国的渔船，常到这里汲取饮料水，或采取燃料。

这些海南岛来的渔船，每次总是三两只，每船可以容纳渔夫二十余人，他们以西沙群岛为临时根据地，每月出发采捕二次，出发时间多在夜间风恬浪静的时候。各船备有小艇若干艘，船到了捕鱼的地点，就将小艇放落海中，艇燃火柴，使母船能够看见，易于照料。并备螺角，遇有危急的时候，便吹了起来，以便母船前往救济。捕鱼沿用旧法，或钓钩，或网围。渔夫捕得的鱼，各人都做记号，以便计量分资。

这些渔船的组织，有客官、船主、渔夫之分。客官就是贷款给船主经营渔业的人，他所放的款项，约为船值的三分之二。某船由某客官放款，则这船所捕获的鱼，就由某客官收买，不得转卖他人。至于船主和渔夫，他们是将所捕得的鱼，分作三份，船主得三分之一，余则除去伙食及每担鱼用盐五十斤价值外，概归渔夫所有。

这些远洋渔船，多顺着风向往返，在夏季六七月南西信风时，由渔捞地回海南，至十一二月北东信风时，再往目的地，就以该地附近岛屿或陆港，作临时根据地。他们停留在海南的时节，不事渔捞，专干些修补渔船渔具及其他准备工作，所以他们实际从事捞渔的时期，一年不及半载，而在渔期中，则常将往返数次。

我们已知道，西沙群岛是风雨无常的地方，每当小艇落海捕鱼的时候，渔夫们常冒着生命的危险。所以当渔船出海的时候，大家意志非常团结，若遇风浪，各船不分彼此，互相救济。对于遇难者的家属，依照惯例，船主也必须酌给抚恤金。

据民国十七年广东省西沙群岛调查团的记载："林岛（即多树岛）中原有海南人所建的孤魂庙一所，高阔约六尺，其年代不可考。"可见海南岛的渔夫，在西沙群岛捕鱼，已有很长远的历史，并且曾牺牲过不少生命，可惜这历史的建筑物被日人摧毁了（东沙岛渔民建筑的天后宫也是被日人摧毁的）。

六、一支插曲

中国政府正式调查群岛，是光绪三十三年（公元一九〇七年）间的事，为什么满清政府在这时候注意西沙群岛呢？其中有一支插曲：

公元一九〇一年，台湾日商西泽吉次，向日本购买一艘二桅船，当这船从日本扬帆南下时，因船主不明风涛，误航到琉球之南的鸭依鸭口岛，再从该岛续航时，又遇飓风，一吹就被吹到东沙岛。当时东沙岛上没有固定的居民，船主为了镇压船只，带了一些岛沙在船上，当船到基隆后，西泽看见了船上的沙土和一般沙土不同。化验的结果，知道含有磷质，于是就带了原船的水手，南下寻找。

西泽吉次正式经营东沙岛是在一九〇七年的夏间——即光绪三十三年。他到东沙岛，携带了工人一百二十名，及各种器具材料。他们到东沙岛事先没有通知中国政府，反而赶走了中国渔民，并毁灭了中国渔民在岛上建筑的天后宫。中国渔民向政府报告，政府虽然知道这件事，尚未采取适当的步骤。嗣因英国驻广州总领事傅夏礼，致函广东省洋务委员温宗尧，谓："英政府拟在蒲拉他士岛建立灯塔，请确查该岛，是否中国属岛。"这才引起清政府的迫切注意。除由温委员函复该岛确系中国所属之外，即派专员乘飞鹰军舰，前往东沙岛，实地查勘。

查勘人员到了东沙岛，才知该地全是日人和台人，而我国所派去的人，只懂中文和英文，因此交涉不得要领。仅据该舰黄管带复称："蒲拉他士岛，即东沙岛，现被日人更名为西泽岛，有日人居此，寻觅沙鱼、龟鱼，并采取岛上鸟粪，用为田料，质佳价昂。该处已设有小铁路、电话，并木码头、小火轮、小舢板等件，以便起运货物，至我国渔民前建之天后庙，业被毁去灭迹，间有渔船到此，亦被驱逐。"

当时两广总督张之洞，以调查尚未尽详，乃加派人员，前往续勘。据续勘的结果，报称："该处确被日商西泽偷占，潜遣工人来岛经营，毁折庙宇，掘池灭迹，霸取屯粮，驱逐渔船，频年所为殊属不合。"于是张之洞乃据理与日本领事交涉，日本领事的答复：

"该岛原不属日，彼政府亦无占领之意，惟当认为无主荒岛。倘中国认该岛为辖境，须有地方志书，及该岛应归何官何营管辖确据，以便将此等证据，电彼外部办理。至西泽经营该岛，本系商人合股营业，已费甚巨，日政府亦曾预闻，应有保护之责。"

其后许多次的交涉，日领始承认东沙岛是中国的领土，而我国以毫银十六万元，购买西泽氏岛上的设备，西泽氏以毫银三万元，作为渔船、庙宇、税项之赔偿。对抵以毫银十三万元交付，一场风波，方告平息。

由于东沙岛的教训，引起了政府对西沙群岛的关怀。

七、后任总督不感兴趣

张人骏接张之洞任两广总督，在光绪三十三年秋。那时正是东沙岛交涉的重要关头，张督下车伊始，就碰到这样重大的事件，这是促使注意领土问题的一个主要原因。

西沙群岛虽是中国的领土，而清政府对那地方的认识始终是模糊的，于是第一步先派人去调查。第一个由中国政府委派正式到西沙群岛去调查的，是广东赤溪协副将吴敬荣。根据他的报告，才知道西沙群岛的全貌。

第二步，拟定调查及开发计划。宣统元年（一九〇九年）三月，粤督张人骏设立西沙群岛开发筹备处，委派分发热河知县王秉恩为总办，候补道李哲濬为会办，开始作实地调查的准备工作，拟定调查大纲十条，主要事项有四：

（一）测量各岛并详查其纬度、面积、地势、海岸线、潮汐、气候、风向、船路、各岛间的距离，至三亚、榆林、崖州之船路等。

（二）分别调查各岛情形，并研讨修筑房屋、造路、敷设轨道及磷矿制造贩卖办法。

（三）调查土壤，计划栽培事业。

（四）调查榆林港情形，筹划开辟以作经营西沙群岛的中心地。

第三步，王秉恩、吴敬荣等于是年四月一日随带测量师、化学师、建筑师、医师及商人等共一百七十余人，分乘伏波、琛航、广金三军舰出发调查，水师提督李准亦偕行，经香港、榆林港稍作勾留，十八日到甘泉岛，历二十二日的调查测量，并拟定各岛名称，绘成总分图，极力向清廷奏请，赶快经营。其奏议主要内容如下：

（一）西沙群岛系由十五个岛联成，大小远近，各不相同，位于琼崖之东南，为欧华往来之要冲、中国南部之重要门户，倘不着手经营，必为外人觊觎，而酿成种种问题。

（二）西沙群岛多磷矿，系由数千年之动物质所堆成，含有多量磷质，最适于作肥料用。

（三）西沙群岛孤悬海外，既无饮料水，又无食料品，亦无轮船停泊处，为各项之联络，必须以接近该岛之榆林港及三亚港两港，作为开发之根据地。

（四）于该群岛设置停船坞、无线电台及测候站。

但张人骏奏报未久，即行卸任，继任总督袁树勋，对此毫无兴趣，筹备处裁撤，开发计划也没有施行。

八、幕后有鬼

民国六年（一九一七年），广东商人何承恩曾向广东省长公署呈请承办西沙群岛磷质。那时广东省财政厅认为磷质为磷矿，应照呈请采矿程序办理，未照准。其后又有邓壮瀛、梁国之（梁乃日人冒闽籍）请求开采权，均未得到许可。而同年六月有一个日本人平田末治，因为打捞沉船及采取海人草（注一），于六月六日，向东沙岛航行途中，遭遇到暴风，漂流了十七天到达西沙群岛。在日人的记载中，平田末治是日人到西沙群岛的第一人。

平田到达了西沙群岛，发现西沙群岛有丰富的磷矿，就开始在各岛做了一次普遍地调查。第二年（一九一八年）三月，又和南兴实业公司的职员，在小柳七四郎及齐籐壮四郎二人指导协助下，再到西沙群岛作更进一步的勘测，并计划着手开采磷矿的方针。九月，由植哲氏率领了大批工人正式动工，这工作一直维持到民国十六年六月。

日本人经营西沙群岛的策略是这样的：一面收买不肖的在国商人，出面筹集资金，拟定计划，组织公司，向政府请求开采权；一面不顾中国政府答应与否，在台湾、琉球召集大批劳工，以低廉的代价运到西沙群岛，从事开发工作。据最近从俘虏回省，一向在西沙群岛测候所工作的林奉来君告笔者，这种磷矿开采工作至为艰苦，前后在该岛做苦工的本省人共有数千，埋骨在那里的也很不少，现在该岛上有本省人的祠庙。

中国政府第一个（也是唯一的一个）批准取得西沙开采权的，是广东香山县商人何瑞年，而实际上操纵何氏的是日本台湾专卖局局长池田。

何瑞年于民国十年，向内政部呈明，集资五万元，组织“广东崖县西沙群岛实业无限公司”，请求承领开办西沙群岛垦殖采矿渔业各项权益，经饬由崖县发给承垦证书。以后又并案取得昌江港外港水洲的渔垦权，而实际上从事工作的是日人的南兴实业公司。

何瑞年所经营的公司，由日人幕后操纵的消息，当然瞒不过海南渔人，广东人士对这件事，啧有烦言，乃由崖县派委员陈明华氏前往查看，在陈氏的报告中，我们可知道些当时日人开采的情形：

“兹查据由文昌、琼东、乐昌等处前往捕鱼渔夫报称：该处每年有日人私往采矿，本委员曾巡视吕岛、甘泉岛，发现有麻袋三百余只，笔岛（珊瑚岛）有四百余只，外净磷堆积有十余处……此次同往之南兴丸中，除陈介叔及测量生与委员外，其余均日人及台人。”

陈明章的报告发表之后，引起广东省各团体及海外侨民对该公司的激烈反对，经过省署几次考虑及调查之后，乃取消何瑞年的承垦证书。该公司取消后，有冯锦江、谢秉岳、黄耀武、李德先等，先后申请采掘，均未许可。民国十二年，何瑞年又据种种理由，仍请领垦，而政府再度照准。这种情形，当然遭受到各方面的反对，且该公司自经营后，迄未交纳矿产税，亦未呈报营业状况。至十五年十一月，政府再度撤销其领垦权。其后又有冯英彪声请领垦，据说也是受日人暗中策动，故亦未获准许。

在日人经营西沙群岛的时期中，对于西沙群岛的情形，曾经做过一次详细的调查。民国十一年（一九二二年），台湾总督田健治郎派殖产局矿务课技师高桥春吉、农务课技师小野勇五郎等，调查西沙群岛磷矿。他们于三月十八日由台北出发，中途经高雄、香港稍作勾留，廿九日到达群岛中的甘泉岛，自三月三十日至四月二十三日，一共工作了二十四天，在各岛采取标本，测量和调查，并将在各岛取得的矿砂，送日本中央研究所分析。十月九日依据试验的答复，他们做了一个详细的报告，其要点如下：

（一）位置　本群岛距离台湾高雄七百浬，距离海南岛约二百八十浬（这数字和我国所发表的不符），洋上散布着大小二十余小岛。

（二）矿物　海鸟粪及其变成物。

（三）矿量　可以测量得到的十一个岛的矿量为九十七万八千余吨。

（四）品位　平均含有磷酸量占二五.八%，比输入日本的外国优良磷矿质地较差，但其不纯物少，这是一个优点。

（五）利用　主要的用处是做磷肥，因为它比南洋产的磷矿含有丰富的窒素，和比较多量的可溶性磷酸，可以当直接肥料用。

（六）用费　从西沙岛运一吨磷矿到神户，用费当在拾圆左右，而当时日本的市价，为每吨二十元，无利可图。

（七）缺点　磷矿散布于各岛，采掘搬运，很不便利。

这本六万余言的报告书，除了研究西沙群岛磷矿的成分、矿量的估计及矿产的价值和利用等项外，并且还附了十二幅地图，计有金银岛、甘泉岛、珊瑚岛、伏波岛、琛航岛、林岛、石岛、树岛、北岛、中岛、南岛、林康岛，各岛地形，从图中可以一目了然。

九、我们自己的调查

依据国人的记载，日人在西沙群岛停止采掘工作是在民国十七年春，也许实际上日人停止工作的时间，可能更早一些（肥料公司的记载是十六年六月停工的）。因为当十七年夏我们的调查团到达该岛时，不但工作已停止，而且岛上所有的日台人员也全部都离开了，岛上所遗留下的东西一部分已经损毁。可是，在以后日人在岛上树立的碑文却说："昭和四年（民十八年）暂时停止工作。"

日人停止工作的原因是因为受世界经济不景气的影响，西沙群岛的生产敌不过南洋和美洲的倾销，所以在民国二十六年（一九三七年）十月，中日战争发生，外洋磷肥停止供给，他们又重新开始工作。

民国十七年春，戴季陶氏发起组织"粤省西沙群岛考察团"，由中山大学农学院院长丁颖充任团长，团员包括广东南区善后公署技师、中山大学教授、建设厅技正、粤省水产公司经理陈同白、盐务局长朱廷祐，和现任台湾博物馆馆长陈兼善等二十余人，于五月间自广州出发。在他们出发之前，只有一点极不详细的关于该岛的资料，后来还是由香港总督府借到《全中国海图》，才知道一些海风和气候的情形。他们所用的各岛的名称和清宣统元年调查团所用的名称不同，就是因为他们是用的外国海图的缘故。

他们在西沙群岛的时间很短促，往返时间只半个月，所到的地方仅林岛、石岛、灯擎岛（即琛航岛）、掌岛（即广金岛）四个岛，其他尚有十几个岛，因轮船不能停泊，所以没有登陆踏勘。

关于这四个岛的概况他们有详细的报告，这编报告，《海南岛志》（民国二十三年神州国光社版）和《广东全省地方记要》（民国二十三年广东民政厅编印）都曾刊载，且为日人译为日文。今年（民三十六年）二月三日上海《申报》登载了一篇介绍西沙群岛的专论，也是以这篇报告作蓝本。

关于岛上鸟粪的分析研究，朱庭祜先生在民国十七年《两广地质调查所年报》第一卷，发表了一篇专论《西沙群岛鸟粪》，有详细的记载。兹节录一段于后，俾读者得知梗概：

“鸟粪之分布，在林岛成一薄层，覆于表面，平均约厚〇.二五公尺，多数为棕色粉末，其凝结成块者，面作灰色，内亦作棕色，但形式无定，重量不一，每块自一磅以下至数十磅，鲜有极大者。鸟粪之下，即为珊瑚遗骸及介壳之碎片。石岛之上亦有鸟粪，但散布不匀，厚度不一，灯擎岛与掌岛，均稍有鸟粪。此种鸟粪，其来源为热带鸟类之排泄物。盖鸟之栖息于此者，千万成群，捕海中之鱼以为生，而遗其粪于岛上。虽一部分不免溶解，但经长时期之堆积，其量甚多。今一入其境，即有一种异臭触鼻，为鸟粪所独具者，可为一证。”

关于鸟粪的成分，经中山大学化学系陈宗南先生派人分析，得有精确的结果。兹将其平均数字录列于左：

水分	Moistuve（Heated 100-105）	五.二〇%
灰	Ash	六九.八九%
无水磷酸	P_2O_5	一〇.八八%
氮	N	一一.三八%

这个数字，和日本人所调查分析的数字，略有出入，留待专家研究。

关于鸟粪的储量，据民十七年调查团的计算，仅林岛所有为二二三,五五〇吨，其已经开采的为四八,五〇〇吨，对除之后，知岛上未开采的鸟粪尚有一七五,〇五〇吨。而据民十一年日人的计算，西沙群岛十一个岛上的储藏量为九七八,〇〇〇吨，这数字是否可靠，尚待研究。另据日本磷矿会社的勘测，林岛及石岛的矿量共约八万吨，已经开采的，仅林岛一部分，约为上述藏量之半。在开采期间，因运输船舶之缺失，已采矿石多无法运去，致历年亏本。当前年本省肥料公司接收日人磷矿会社的时候，据档案中的记载：存在该群岛的矿石，尚有二万四千余吨，此外存在东沙岛及团沙群岛的，亦达五千吨。

（注一）海人草，是东沙岛海滨的一种海草，可以制药。这草随采随生，年可收获。日人每于三月至七月，风平浪静之际，雇用渔舟，来此偷采。

（录自《台湾月刊》1947年第5、7期）

通问报

陈绍宽来沪谈话

庐山会议海军曾有提案　法占九岛确与西沙连带

海军部长兼江南造船所长陈绍宽氏，前出席庐山会议返京，昨日乘车由京到沪，下车后即至高昌庙江南造船所办公。记者趋晤，与作谈话如次：

庐山会议　陈氏谓，庐山会议本人固往参与，方于一日返京。惟所讨论乃军事部分，海军亦有数提案，惟事关军事国防，故未容发表。至于政治方面如察省等问题，蒋委员长及汪院长早已颁发通电，毋庸余再为说明。

法占九岛　法人占据琼崖小岛，现中央已令粤省详查。今此事既由中央令粤办理，故海军并未派舰前往彻查，俟查明后再定交涉步骤。惟该九岛在西沙附近，确与西沙有连带关系，为中国所属，且我人最早发现，至今我国渔民居住该岛仍甚多。记者叩以法人现在该岛悬法旗，确否，陈氏称是。

海军医院　津海军医院，曩于李鸿章时代，即为海军机关。旋法人在津辟租界，因系衙门，故未圈入。迨民元满清推翻，刘冠雄长海军，成立海军部，该产遂归海部管辖。今被人盗卖，法方拆屋捕人，态度非常强硬。虽则海部曾派人赴津调查，但目下此事已呈行政院转令外交部办理，现正竭力交涉中。

造船一束　海军经费，仍如前未有增加。宁海舰造费，尚有三十余万未清，开沪系来检验。盖订造时订定一年后检验无差，承造与令造责任，即为完了。平海舰因经费关系，难定完成确期，威宁、肃宁准本年双十节下水。建筑中之船坞，预计明年二月间竣工。练队司令陈训咏在京会操，大约二三星期方能操毕。余俟所务办了，明日即返京云云。

（录自《通问报》1933年8月第1551期）

日本拟占华南小岛

法占九岛之外　尚有许多小岛　日本准备占领

李准谈我占西沙群岛时情形

国联社九日东京电　外务省因查知除法政府宣言占领之九岛以外，南海方面，更有为日国民被发现之岛屿。拟于早时宣言占领，现与关系方面进行手续中。该岛亦在法占领之九岛附近，鸟的岛、林肯岛、诺斯登细亚岛、布拉德岛、南射岛、西约岛、南无意岛是也。又电通社九日东京电，自法国宣言先占六小岛后，此外在南海所属不明者，尚有多数，已络绎报告外务省。外务当局因痛感较迟，经与海军当局讨论后，不久将积极的表示意思如下：（一）自大正七年五月至九月，池田真藏与小松重利等，探险中国南方海面时，曾发现林肯、北险、拂拉脱、那那亭及乌台等五岛；（一）大正九年五月，齐藤英吉等三人于北纬十度、东经百十四度地点，发现十二无人岛，且认包藏丰富之磷矿；（一）拉萨磷矿公司所经营之岛，在法国宣言先占之六岛外，且尚有双子岛、西青岛及南小岛等三岛。

我国占领西沙群岛往事谈　天津电，李准发表清光绪三十三年四月，奉前粤督张人骏派赴西沙群岛一带探险，携海军分统林国祥等数百人同行，历廿余日，共发现十四岛，所至鸣炮升旗，勒石树桅。四月十二号到珊瑚岛，见有一八五〇年德人探险刻石，李特命名伏波岛。此外各岛并予定名，由海军测绘生画制详图，呈海陆军部及军机处。有样据，李断定法占各岛，实有彼所到之岛在内，希望政府调卷详查。又云，当年随员生存者，有海军管带刘义宽，现在闽参赞王仁棠在沪，年均过六十，可征询。

法国答复日本占领九岛牒　日联社九日东京电，法国政府宣言占领南海九岛后，日外务省训令驻法大使长冈调查本问题真相。至八日外务省接到如次法国政府之回答。法国政府因认南海九岛为无主物，故占领之。从来法国船舶航行越南方面者，在航路上感种种不便，故在九岛建筑灯塔工作以便各船航行。此项工作进行时即于一九三〇年英国政府有所询问，法政府对之答以理由。其后英政府及其他各国家未致任何照会，而至今日。法国政府并无在该岛建设军事的设置之意，而日本在该九岛之经济利益当应保护。特此通告。

（录自《通问报》1933年第1552期）

粤开发东沙岛

香港电，粤开发东沙岛人员数十，乘福游舰出发，因天气不佳，留港多日。定二十五开往，将在该岛设海产管理处，委梁权为主任，琼崖增设三县，四月可实现。（廿四日专电）

（录自《通问报》1935年3月第1632期）

外交部周报

西沙南沙两岛接收专员抵任

西沙群岛及南沙群岛，前为粤省直辖，粤省府派省委萧次尹为接收西沙群岛专员，顾问麦蕴瑜为接收南沙群岛专员。两氏于十一月五日晚十时率团员乘舰前往。两岛位于海南岛之西南，地当要冲。西沙群岛鸟粪极丰，此种鸟粪为最佳之肥料，敌人于占领期间大事采运，向经济部正与粤省府合作，着手开发，估计该岛鸟粪足供粤全省有余。

（录自《外交部周报》1946年创刊号）

关于西沙群岛之争

中法关于西沙群岛之争执，实始于民国二十一年，当时广东省当局招标开发西沙群岛鸟粪，经我逐次予以驳复，坚持我国对该群岛之主权。一九三八年，法派越南宪兵登陆西沙群岛，我方复以备忘录致法方重申我对该群岛之主权及保留一切权利。迨太平洋战事爆发，日军曾占据该群岛。日本投降后，经我派兵收复。

本部发言人于本年一月八日答记者问时曾谓："中国政府已由日本占领中收回西沙群岛，该群岛主权本属中国，故无须经过向任何方面请求收回之手续。"九日，法外交部发言人声明："法国一向认为该列岛屿系属于越南者。"十三日，法大使馆正式以节略致本部，对我行使占领西沙群岛之后果，声明保留。越数日法舰一艘，事前毫无通知，竟至武德岛威胁作武装登陆，经我严重抗议，法舰遂即他去。

我驻法大使馆于十八日重申中国对该群岛之主权，王部长世杰于十九日下午四时约见法国驻华大使梅理霭，郑重表示西沙群岛主权属于我国。惟事后我方据报，法舰又驶至西沙群岛之白托岛登陆，留驻二十人，据驻法大使转陈法外交部亚洲司长谈话予以证实。本部乃于一月二十五日略达法大使馆抗议，要求法方立即撤退该群岛法军。（西沙群岛之地理与物产见另栏）

（录自《外交部周报》1947年第12期）

开发东沙岛海产

据悉，广东省建设厅为开发东沙岛海产，交南方渔业公司承办，近经中央批准开采五年。东沙岛海产最重要者为海草（又名海人草），为治胃病特效药。该公司第一年计划，预算可获鲜鱼三万司担，海草六千司担，贝介二十司担，海参、鲜鱼一万司担。

（录自《外交部周报》1947年第25期）

内政部公布南海诸岛名称

我国海南诸岛自经国防部会同各有关机关接收后，即经积极整顿，现已全部竣事。关于海内各岛之名称，顷已由内政部方域司拟定，并由内政部正式核定公布，兹志其新定之名称如次：（一）东沙群岛包括：东沙岛、北卫滩、南卫滩。（二）西沙群岛包括：甲、永乐群岛，其内有甘泉岛、珊瑚岛、金银岛、道乾群岛、琛航岛、广金岛、晋卿岛、森屏岛、羚羊岛。乙、宣德群岛，其内有西沙洲、赵述岛、北岛、中岛、南岛、北沙洲、中沙洲、南沙洲、永兴岛、石岛、银砾滩、北礁、华光礁、玉琢礁、磐石屿、中建岛、西渡滩、和中岛、高尖石、蓬勃礁、湛涵滩、滨湄滩。（三）中沙群岛包括：西门暗沙、本固暗沙、美滨暗沙、鲁班暗沙、立夫暗沙、比微暗沙、隐矶滩、武勇暗沙、济猛暗沙、海鸠暗沙、安定连礁、美溪暗沙、布德暗沙、波洑暗沙、排波暗沙、果淀暗沙、排洪滩、涛静暗沙、控湃暗沙、华夏暗沙、石塘连礁、指掌暗沙、南扉暗沙、漫步暗沙、乐西暗沙、屏南暗沙、民主礁、宪法暗沙、一统暗沙。(四)南沙群岛：甲、危险地带以西各岛礁：一、双子礁、北子礁、南子礁。二、永登暗沙。三、乐斯暗沙。四、中业群礁：中业岛。五、渚碧礁。六、道明群礁、杨信沙洲、南钥岛。七、郑和群礁：太平岛、敦谦沙洲、舶团礁、安达礁、鸿庥岛、南薰礁。八、福禄寺礁。九、大现礁。十、小现礁。十一、永署礁。十二、逍遥暗沙。十三、庆尹礁：中礁、西礁、东礁、华阳礁。十四、南威岛。十五、日积礁。十六、奥援暗沙。十七、南薇滩。十八、蓬勃堡。十九、奥南暗沙。二十、金盾暗沙。二十一、广雅滩。二十二、人骏滩。二十三、李准滩。二十四、西卫滩。二十五、万安滩。二十六、安波沙洲。二十七、隐遁暗沙。乙、危险地带以东各岛礁：一、海马滩。二、蓬勃暗沙。三、船长暗沙。四、半月暗沙。丙、危险地带以南各岛礁：一、保卫暗沙。二、安渡滩。三、弹丸礁。四、皇路礁。五、南通礁。六、北康暗沙。七、盟谊暗沙。八、南安礁。九、南屏礁。十、南康暗沙。十一、海宁礁。十二、海安礁。十三、澄平礁。十四、曾母暗沙。十五、八仙暗沙。十六、立地暗沙。丁、危险地带以内各岛礁：一、礼乐滩。二、忠孝滩。三、神仙暗沙。四、仙谷滩。五、莪兰暗沙。六、红石暗沙。七、棕滩。八、杨明礁。九、东坡礁。十、安塘岛。十一、和平暗沙。十二、费信岛。十三、马欢岛。十四、西月岛。十五、北恒礁。十六、恒礁。十七、景宏岛。十八、伏波礁。十九、汎爱暗沙。二十、孔明岛。二十一、仙娥礁。二十二、美济礁。二十三、仙宾暗沙。二十四、信义暗沙。二十五、仁爱暗沙。二十六、海口暗沙。二十七、毕生岛。二十八、南华礁。二十九、立威岛。三十、南海礁。三十一、息波礁。三十二、破浪礁。三十三、玉诺岛。三十四、榆亚暗沙。三十五、金吾暗沙。三十六、校尉暗沙。三十七、南乐暗沙。三十八、司令礁。三十九、都护暗沙。四十、指向礁。

(录自《外交部周报》1947年第50期)

西南沙群岛驻守人瓜代

据海总新闻处讯：为积极建设西南沙群岛，海军总部特派潘子腾上校等前往西南沙各岛作实际考察，该员等不日即可首途。又：原任西沙群岛管理处主任李必珍及南沙群岛主任邓清海，即将调回海军总部，另派张君默接充西沙群岛管理处主任，彭运生按充南沙群岛管理处主任。东沙群岛管理处主任仍为周凯荣。各岛其余驻守人员，将略有更换。闻该批瓜代人员，一部分已于三月六日赴沪，搭乘军舰前往。

（录自《外交部周报》1948年第64期）

外交评论

法国占领九小岛事件

徐公肃

一、法国占领九岛之经过

二、九岛之位置及其现状

三、法国占领九岛在法理上之论据

四、法国占领九岛在军事上之意义

一

法国占领九岛，国民通讯社七月十三日巴黎电首载其事，谓西贡与菲律滨间有小岛九座，东经一百十五度左右，向为中国渔民独自居住停留之所。顷据西贡电：现有法差遣小轮亚勒特与阿斯特罗勃白忽往该岛树立法国旗要求为法国所有。二十五日哈瓦斯巴黎电谓，本日政府公报登一通告谓法属印度支那与菲律滨西北方中国海内之九小岛现属于法国主权之下，各该小岛系于本年四月上半月先后由法国军舰竖立法国之旗作为占领云。哈瓦斯二十九日巴黎电又谓，关于外国所传婆罗洲、越南、菲律滨间九小岛一事在巴黎方面探得情形如下："法国政府于一九三〇年四月十三日，依照国际公法所规定之条件，由炮舰'麦里休士号'占领九小岛中最大之史柏拉德电岛，当时因有时令风，未能将附属各小岛同时占领，直至今年四月七日至十二日，始由通报舰'阿斯德罗拉勃'及'阿美罗德'号，将其余各岛完全占领……"据另一报告，法国曾举九岛名称与其日期如下：Caye, D'amboise（四月七日）；Ituaber, Deux iles（四月十日）；Thitu Spratly（四月十二日）。余则未详。

就以上各种报告，吾人所可确定者：（一）法国占领九岛计有两个时期，九岛中之最大者（史柏拉德岛）远在三年以前已早占领，其余诸岛则于本年始实行占领；（二）惟法国政府对于占领九小岛之事实，则在本年八月廿五日始正式布告；（三）法国占领之表示，除事后正式布告以外，复在所占领之各岛上树立法国国旗，以为标记。

二

法所占领之九岛，现已证实，并非西沙群岛之一部。盖西沙群岛在北纬十五度至十七度，东经一百十度至一百十五度间。而本问题之各岛，则在北纬十度，东经一百十度至一百十五度间。两处相隔，计有三百海里之海面，其间绝无其他岛屿可资联络。附图如左，以备国人之参考。

又据法国公使韦尔登致外部照会开示各岛名称及经纬度分别如下：

Spratly	北纬	八、三九	东经	一一一、五五
Caye d, amboine	北纬	七、五二	东经	一一二、五五
Itn Aba	北纬	一〇、二二	东经	一一四、二一
Deux-iles	北纬	一一、二九	东经	一一四、二一
Loaita	北纬	一〇、四二	东经	一一四、二五
Thitu	北纬	一一、七	东经	一一四、一六

法使照会所开仅有七岛，其他二岛名称及经纬度分，尚付阙如。

至于该岛之现状，则有下列各项报告。七月十四日国民通讯社马尼剌电谓："……九小岛因缺乏水与天然富源。向不为人重视，内有数岛，有淡水及树木，余则荒瘠不毛，岛中仅有少数渔民居住，海南渔舟亦常往其处。"哈瓦斯二十九日报告："……此等小岛，仅属暗礁沙滩，几无人烟，时被海水淹没，且其位置在海洋危险地带。"又据*China Sea Pilot. Vol III 1923 Western Side of the China Sea, Singapore Strait to Hongkong*一书中（页九五——〇〇）所载各岛情形如下：

1. Sprxfly or Storm Island

岛位于拉特礁（Ladd reef纬度北8°39′，经度东111°39′）之东15哩，为18呎高，2½链（1链＝100寻）长，$1^1/_3$链宽之荒岛。沿岸为白泥及珊瑚之层积。在孵卵之季，岛上群岛矗立，遥望之若灌木然。

岛在一珊瑚层之西端。层长$1^1/_3$哩，广7链。岛北约$^1/_3$哩处，贴近珊瑚层，水深$3^1/_2$寻（1寻＝6呎），近岸渐浅。东北离岛不及半哩，水深七八寻。岛之周围多岩石，当水退时，舟舶傍岸，颇有危险，西南时季风盛时，于下风处尤当注意。岛岸峻削，除气候特佳，海水冲击甚烈。

来福兵号（为英国测量船名）之莅此岛，下碇于其东北端，其处水深六寻。

六七月间龟鳖丛集。岛之西南部，鳖卵堆积殆遍。

夏季潮汐，二十四小时一次。七月初旬，高潮位至0900，涨落有$5^1/_4$呎之差。涨潮时，水流西南向；潮退，水向东南至东北。

2. Amboyna Cay（纬度7°51′，经度东112°55′）

位于来福兵堤（Rifleman Bank因英测量船Rifleman之发现而得名）东七十哩，在一小珊瑚层之西南端。广约$^3/_4$链，高可八呎。周围有珊瑚岩，绵延达二链。岩极峻巉，潮来时，海水击岸至猛。

岛之东北，有一广约二链之堤岸，横亘长1哩。去堤更$^1/_3$哩，水深4寻，堤之极端，水突深至九至十七寻，再过则入深水矣。

此岛亦为来福兵号所莅止。

据1889年游浪者号（亦英国船名）之报告，距安波那岛之中央半哩至一哩之遥，有一岩礁，深入海中二至$2^1/_2$寻。

在1889年岛上曾发现陋屋之遗迹。屋为石子、珊瑚块、木板、竹头以及旧船料所合成，上积鸟粪，足证彼处已久无人迹莅止矣。

岛东毗邻危险地带之端（Dangerous Ground），其地迄未测定。

在最低潮前二日，潮速最高1.4哩。涨潮北向，退潮西落。潮涨时为2300，退时降为0600，涨落差未详。

3. Tizard Bank, With Reefs and Islands

堤位前小新礁（Discovery Small reef）之东北16哩。堤间有一礁湖，周围均为岩礁，水退后上有三小岛。堤东西长之十哩，平均宽度约八哩。礁湖内多珊瑚岩，离岛十哩，岛上树木隐约可见。

海南渔民以捕取海参、介壳为活，各岛都有其足迹，亦有久居岩礁间者。海南每岁有小船驶往岛上，携米粮及其他必需品与渔民交换参贝。船于每年十二月或一月离海南，至第一次西南时间风起时返。在益多阿白岛上之泉水，较他处为佳。

Itu Abn纬度10°23′，经度东114°21′。

岛在Tizard Bank之西北端长约$^{1}/_{3}$哩，岛之周围有岩礁，岛上满布小树及灌木，岛旁有柳树及香蕉数株。

4. Loaita Island（纬度北10°41′，经度东114°15′）

堤离Itu Abat 18哩。堤为一沙岩，径长$1^{1}/_{3}$链，上多灌木，周围有岩礁。

在堤西北5哩。有一岩礁，广约$1^{1}/_{4}$哩。再折西南，另有一礁，约广$1^{3}/_{4}$哩。沿堤西北各处，水深约达四寻。

5. Thi Tu Island（纬度北11°03′，经度东114°16′）

为一低洼之沙岛。长约4链，位于偏西一珊瑚堤之极东端一岩礁之上。泉旁有柳树及香蕉等。

西堤长七哩，最宽处为$3^{1}/_{4}$哩。北岸为一圆形之珊瑚岩，径长$^{3}/_{4}$哩。在此岩与岛间之水深为$2^{1}/_{2}$—6寻。

在此堤西北，有一砂岩，在一浅礁之上。左右多岩石及碎石，有一水道通礁湖。水道深达5寻。堤南端为一小礁，在岛西南二哩。堤南部不若北部危险之甚，可以泊船，湖中水深19寻。

东堤为岩石及沙土之堆积，约长$4^{1}/_{2}$哩，阔2哩，最西处在三多岛东7链。

6. North Danger

为珊瑚之层积，东北至西南约长$8^{1}/_{2}$哩，阔$4^{1}/_{2}$哩。在Thi tu island北纬20至28哩。

其西北岸为二砂岩，各长半哩。偏北之东北岩（纬度北11°28′，经度东114°21′），高可十呎，南岩则高达15呎。二岩之间，为一水道，宽1哩，深5寻，由此入一岩湖，湖水深20至27寻。

北堤周围几合为漩流，东南及西南端恒为海水冲击。

二岩均满长蔓草，东北部有小树，沙岩常为海南渔民所莅止，捕取海参及贝壳等。东北岩之中央，有一甘泉，渔民饮水都取给于此。

三

法国占领九岛就国际法立场而论，是否有效，殊值得吾人之注意。按国际法上关于占领问题，尚无确定之规定。惟照国际惯例，大概以下列四项为占领之必要条件：（一）客体须无主而可从事建立主权之地；（二）主体须为国家；（三）确实占领；（四）通知各国。关于最后三项，姑置不论。第一项所谓客体须为无主而可从事建立主权之地，国际法上本无确定之意义。日人Fuainats在欧洲国际法学会曾提出下列提案："凡实际上并不属于一国主力下或一国保护之下土地，无论其有无居民，得认为无主之地。"欧洲国际法学会认为此项定义，尚不妥当，未加通过。是欧洲国际法学会对于本有居民之土地，即不属于国家主权或保护之下，亦不敢断定其为无主之地。按本问题之九岛，据法国公使馆中人所云，常有华人前往捕鱼，七月十四日国民通讯社马尼剌电亦谓"该岛中仅有少数渔民居住，海南岛渔舟亦常往其处。"又据*China Sea Pilot*（*Vol. III 1923*）书中所载："海南渔民以捕取海参介壳为活，各岛（按即Tizard Island等岛）都有其足迹，亦有久居岩礁间者，海南每岁有小船驶往岛上，携米粮及其他必需品，与渔民交换参贝。"North Danger岛中亦"常为海南渔民所莅止，捕取海参及贝壳等……"巴黎八月廿一日电关于法国占领九岛事亦谓"此数岛为法国海军差遣轮所发现，故自应划归法国版图，虽其中有二岛，已住有中国渔民……"准此而言，法国占领之九岛中，至少其中二岛，原有华人居住，无可疑义。此种有人居住之土地，是否即为国际法上所谓无主之地，此项土地，法国能否擅自占领据为己有，皆为问题。占领之后，对于原有居民之既得权利，应如何尊重与保护，此又一问题。凡此我外交当局均应加以注意者也。

至于日本方面，自得法国政府正式宣布占领消息以后，日本外务省因曾有日人居住之事实，在未调查各种事情以前，保留承认之回答。旋于八月廿一日，由日本驻法代办泽田致文法外交部，对于法国占领九岛，表示抗议，并谓诸岛之主权应属日本。泽田声称："日本之采磷拉萨公司于一九一八年即住此诸岛开采天然富源，其因建筑铁路房屋及码头等项之用费，已达日金一百万元。该项工作至一九一九年乃停止，所有人员，亦因世界贸易状况之不景气均被召返国。但一切机器，仍留置原地，且冠以该公司之字样，表示仍将复来之意，故日本政府认为诸岛应属日本。"日人并不承认九小岛为无主之地，故反对法国之占领。观于上述一节，可以征信。惟国际法上所谓"无主之地"，凡本来有人居住而后放弃之地，亦可包括在内。不过所谓"放弃"，应含有两种要素耶："物质的放弃"（Abandon du Corpus）与"精神放弃"（Abandon de

I'animus）。换言之，所谓“放弃”，应为自愿的放弃，而非被迫的放弃。凡自愿放弃之地，仍应认为无主之地，而得由另一国所占领。日人之放弃九岛，按抗议中所举理由，为受世界贸易状况不景气之影响，此项理由，似未能证实日人之放弃九岛，确系出于自愿。惟日人遗弃之一切机器，均冠以日本公司之字样，作为仍将复来之表示。若欲以此即认为“诸岛应属日本”之根据，国际法上殊无此种先例。要之，日人之抗议，实缺乏充实之理由与证据，苟别具政治作用，此项抗议实无提出之必要也。

四

法国占领九岛，所持理由为将设置灯塔以求航海之便利，巴黎哈瓦斯七月二十九日报告亦谓：“此等小岛仅属暗礁沙滩，几无人烟，时被海水淹没，且其位置在海洋危险地带。为谋法国亚洲属及大洋洲属地间之联络起见，有在此等岛上设置航海标识之必要。”巴黎著名记者圣蒲里斯对于法国占领九岛一事，曾在某日报发表论文，题为《绝无帝国主义意味之占领事件》。彼谓：“法国起意占领各该岛，系因举办航海设施，安置浮标，以便航行起见，则以该处满布珊瑚小岛，航行极为危险也，法国此举有关公共利益，绝无设立新海军根据地之意。法国在中国海内已有属地，无事他求，世人所欲颠倒黑白，实亦无所施其技，则以此举绝无帝国主义意味故也。”法国之占领九岛，是否绝无帝国主义之意味，自非局外人所能断定，而有待于将来事实之证明。惟日人方面则确认法国之占领九岛，实有设立海军根据地之作用。七月二十六日东京电通社称：“关于法政府公布将法舰在南中国海中所发现之群岛，以国际法上‘先占’为根据，作为本国领土事，日海军方面以其足招致该国掌握南中国海军全部制海权之事态，故颇为重视。盖法即已在西贡与广州湾获有足容一万吨级巡洋舰之处，则依此项之占头，自可筑造飞机根据地，停泊潜水舰，而完全获得南中国海之制海权。此举足使现成为英国向东亚发展为坚垒之新加坡与香港间之海上交通，横被隔断，而引起英法势力之冲突。”巴黎方面于八月廿一日亦曾电称：“此数岛对于法国海军颇有功效，可作潜水艇根据地……中国海风平浪静，利于水上飞机、潜水艇及轻战斗舰之航行。”信如此说，粤南九岛问题，本为中法两国间主权之争，终将成为法日及法日英美海上势力之争。诚以该岛所处地位，实为太平洋上航路枢纽，无论自菲律滨至夏威夷，香港至新加坡，日本海岸至欧美各国，广州湾至西贡，航轮往返所必经之地也。

法国如在该岛设置海军根据地，则太平洋上之均势，势必破坏，远东大局，将日见险恶。至于我国，海疆国防，本极空虚，如再在列强势力包围之中，横被压迫，利害所及，且将危及我国南部领土之完整。近日台湾总督不已有欲效法国办法，占领西沙群岛之表示乎？是则粤南九岛问题之焦点，不仅在证明九岛本身究竟是否为我所有，以及如何可使此项争执得到适当解决，且尤在如何巩固国防，以保全我国南方整个之疆土。须知法国占领九小岛事件发生后，我国人事前之疏于察觉，以及对于地理知识之缺乏，不啻充分暴露于世。故如何应付此事，固属当前急务。然为巩固国防，确保疆土起见，惟有就原有边境及所属岛屿妥为布置，以防万一。此则我国政府所尤当注意者也。

八月卅一日作

（录自《外交评论》1933年第2卷第9期）

西沙群岛应有之认识

陆东亚

法国占领九小岛事件，性质如何，其影响如何，已由徐公肃先生为文评述。（见二卷九期本刊）今复由作者将与法占九小岛连带有关之西沙群岛，加以赅要的说明，其有益于一般读者，诚非浅显。原题为“西沙群岛与法占九岛”，兹改易其名为上，借以唤起国人对于此群岛之特别注意。

——编者附注

一、西沙群岛名称之由来

西沙群岛发现于何时，于中国历史及舆图上，均无可考。惟西人航海图对西沙群岛之记载，颇称详晰，且定有名称，画有专图。凡经纬线度分、地势高低广袤、内外沙线、水泥深浅及附近四周明暗礁石、砂底石底、潮汐趋向，皆有测验之标志。其图一为西历一八八三年德国政府测量局所制，一九一五年复经Jrqaois测量舰舰长A. L. Jochson修正；一为西人E. D. Existence, P. W. Position于一八八四年所编纂，均有记载，详图可考。由此可知在距今四十余年前，西沙群岛已为西人所注意。该岛虽早属我国领有，然其名词实湮没不彰。自清季日本人西泽吉次占据东沙岛，肇起衅端，粤督张人骏据理向日本领事力争，大费唇舌。清廷虑及西沙群岛长任荒废，亦将为东沙岛之续，于是派副将吴敬荣等驾舰前往查勘。旋据勘明西沙共有岛十五处，乃锐意为开辟鸿濛之举，而西沙群岛之名乃是闻于国人。

按粤督张人骏为日人占据东沙岛案，致外部江电中有言及西沙群岛，如“查该岛名东沙与附近琼岛之西沙对举”，及歌电有“现既查明距粤界甚近，且有琼岛、西沙岛对峙之称，西沙岛现已派员往查”等语。以此观之，西沙群岛，因其姊妹岛东沙群岛而得名，殆无疑义。

二、西沙群岛之名称及经纬度分数

西沙群岛，西人名为普拉塞尔（Paracels），华人则以其位在东沙群岛之西而名之，名异实同，均由一群由珊瑚礁结成之低岛，位在北纬十五度四十六分至十七度五分，东经一百一十度十四分至一百十二度四十五分（距琼岛榆林港之东南约一百四十五里），包括大小岛屿共二十余座。统观全岛大都为平沙不毛之地，计为滩为礁者约十余处，其为岛者计八处，分东西两群。迤东者西人统名为Amphitrite群岛，迤西者名为Chroissant群岛。兹将西沙群岛两侧名称列左：

三、西沙群岛之沿革及地形

今日之西沙群岛，实为昔日之珊瑚虫及其他动物遗壳所构成。至于如何构成，查沈鹏飞氏所编《调查西沙群岛报告书》中所纪述，最为详晰，兹略其大意于左：

西沙群岛（Paracels Islands）	
西沙东侧群岛	Amphitrite：
树岛	Tree Island
北岛	North Island
中岛	Middle Island
南岛	South Island
林岛	Woody Island
石岛	Rocky Island
林肯岛	Lincoln Island
台图滩	
高尖石	
则冲志儿滩	

（续表）

西沙群岛（Paracels Islands）	
蒲利孟滩	Bremen BK
傍俾硝	Bombay BF
亦尔剔斯滩	
西沙侧群岛	Paracel-Ioseln（Chroissant）:
珊瑚岛	Pattle Island
甘泉岛	Robert Island
金银岛	Money Island
伏波岛	Drummond Island
琛航岛	Duncan Island
广金岛	Palm Island
天文岛	Observation Island
南极岛	Triton Island
柏苏奇岛	Passu Keah
羚羊礁	
觅出礁	Discovery Rf.
符勒多儿礁	
北礁	North RF

“昔日海面较高，珊瑚水内成环形之礁，一如今日，礁内或原有石岛早已沉没，仅留空隙作各种遗物沉积之所，及海水低落，礁乃露出水面。珊瑚离水即死，留其躯壳，积成今日之岛。岛中为白沙所填积，其未填满者，则为小湖，遂成今日之形状。而一部珊瑚又向外生长，故又成今日所见之礁也。由此观之，珊瑚类遗骸为造成各岛之主要物质，其他各种软体动物如头足类、腹足类、瓣鳃类等，辣皮动物如海胆类、海百合类等，以及甲壳类之壳、鱼类之首，均为造成各岛物质之一。除坚硬之珊瑚遗骸及各种介壳外，岛上尚有鸟粪与粪化石堆积，细如粉末者作棕色，凝结成块者面作灰色，击开其中，亦作棕色，此即所称磷酸矿也。实则并非矿类，仅鸟粪含磷质极富，用作肥料，为无上天然佳品，不须加工即可使用，功力甚大。”

查诸岛多成环状，或具椭形，其大者约数十方里，次者仅数方里，小者不及十分之一方里。其地形又皆为椭圆形。据沈鹏飞氏所编之《调查报告书》内云，各岛中林岛面积最广，平面约为一,五〇〇,一〇〇方公尺（约四方里），作不整齐椭圆形，东西间较长。石岛甚小，面积为六八,七五〇方公尺（长一千二百尺，阔九百尺），作东西凹凸形。灯擎岛面积为四三二,五〇〇方公尺（阔约三分哩之二，长约一哩又四分之一），作半月形，东北边为外弧，西南为内弧。掌岛面积亦小，为七六,二五〇公尺，与灯擎岛有相似之形势。各岛高出水面，以石岛为最，约得十五公尺。林岛高处约十公尺，灯擎岛与掌岛则仅数公尺而已。林岛与石岛相距甚近，在同一珊瑚礁围环之内，灯擎岛与掌岛亦然。岛之边际，凡平时波浪可以冲及之处，除石岛外，均有白沙堆积。岛上则为珊瑚及他种动物之遗积物，外礁较高，宛如昔日之珊瑚礁，中间低洼，如礁内之盆地。灯擎岛尚有一小湖存在，如未冲填之里海然。此乃西沙各岛之大概情形也。

四、西沙群岛属我领土之铁证

西沙群岛之为我国领土，按诸事实与法律，均属毫无疑义。兹为证明起见，姑就二者，分别言之。

1.法律上之铁证：

（甲）以一八八七年《中法越南续议界务专条》第三款力证。按一八八七年《中法越南续议界务专条》第三款所载："广东界务，现经两国勘界大臣勘定，边界之外，芒街以东及东北一带，所有商议未定之处，均归中国管辖。至于海中各岛，照两国勘界大臣所画红线，向南接画此线，正过茶古社东边山头，即以该线为界。该线以东，海中各岛归越南。"查安南与广东交界之处，系以竹山地方为起点，约在北纬二十一度三十分，东经一百〇八度二分，安南海岸且在竹山迤西。按照上述《专条》所载，由此遵海而南，无论如何接画，西沙群岛远在该线之东，中间尚隔琼崖大岛，应归何国管领，一览便知。（乙）以国际公法为证。查远距大陆之岛屿，按照国际公法及惯例，以切实先占为取得领土之先决条件。换言之，何国人民先占，与继续不断的居住其地，即为何国之领地。琼人散处西沙，筑庐而居，置舟而渔，有悠久之历史，除条约明文俱在，未由置辩外，揆诸国际法先占与时效之原则，其为我国领土，亦属了无疑义。

2.事实上之铁证：

（甲）以年来商人承办该岛鸟粪磷矿之事实为证。查自民国十年以来，商人承办西沙群岛鸟粪，经广东当局批准者，先后已达五次。第一次十年十二月六日，第二次十二年四月七日，均由省署批准何瑞年承办。第四次二十年四月三日，西沙群岛鸟粪与磷矿国产田料公司严景枝承办。第五次廿一年三月一日，中华国产田料公司苏子江承办，案牍俱在，历历可考。（乙）以前清政府派遣水师提督李准率舰勘量之事实为证。前清政府因鉴于东沙岛之覆辙，曾于宣统二年，即西历一九〇九年，派广东水师提督李准率舰勘量，以图发展，曾耗国帑四十余万，并在东岛、林岛竖旗鸣炮，公告中外。（丙）以宣统元年建设灯塔之事实为证。宣统元年，关于西沙建设灯塔，以保航行安全一案，成为国际问题，嗣经海关转据关系国之请求，呈请我国政府建设灯塔，此乃追证较远之事实。（丁）以徐家汇法国观象台主劳积勋及安南观象台台长法人勃鲁逊之建议为证。十九年四月间，香港召集远东观象台会议，安南观象台台长法人勃鲁逊（E. Bruzon），及上海徐家汇法国观象台主任劳积勋（L. Froc），亦与该会曾共同向我国代表建议在西沙群岛建设观象台，是可证明国际间早已承认西沙群岛，属我领土矣。（戊）以《西沙群岛调查报告书》及《西沙成案汇编》二书所载之事实为证。按十七年西沙群岛调查委员会主席沈鹏飞所编《调查西沙群岛报告书》，及广东实业厅所印之《西沙群岛成案汇编》，均载明该岛位居东经一百一十度十三分，至一百十二度四十七分，包括大小岛屿共二十余座，大都为平沙不毛之地，计为滩为礁者，约十余处，其为岛者，计八处，分东西两群。迤东者西人统名之为Amphitrite群岛，迤西者名为Chroissant群岛，距琼崖一百四十五海里，均属我国之疆土。

五、西沙群岛在国防上与经济上之地位

1.国防方面。就地势而论，西沙群岛据南海之中，东南向菲律滨群岛，北与榆林对峙，西北邻东京湾而望安南。交通方面，北通香港，南达新加坡，建筑军港炮台，与榆林港成掎角之势，以扼东西两洋之要冲。如此则西南巩固可无外顾之忧；反之则琼崖势成孤立，闽粤诸省亦将临危。日本深悉此点，故自占台湾、澎湖而握黄海权以后，即不遗余力，向南海方面发展。日人于民十二三年勾结汉奸何瑞年等以组织渔业公司于该岛为名，而行侵占之实。幸我国据理力争，始得取回。

又按地理学家姚明晖述东西沙岛有曰："西沙岛东对台湾，西对安南，南对婆罗洲，实为南洋之中心点。将来计划南洋可根据此地而图进取。东沙介台湾、琼州间，与西沙相掎角，利用之可东联金厦以谋台湾，北合潮汕以图南洋之发展。"虽言之不免过当，然亦可见该地之重要。考金银岛迤西一带，为香港、西贡航线之要冲；林肯岛迤东一带，为香港、南洋航行之孔道，一旦有事，以之屯煤蓄水，储粮设警，游弋沿海，未尝无相当利便。况现代海军发达，各国对于海洋事业，无不尽力扩张。乃我国西沙群岛在南海方面，近若户庭，犹或放弃海权，则又何怪他人起而谋我哉！

2.经济方面。西沙群岛虽远在海中，位处热带，然就中如林岛等富有磷酸矿，宜作肥料，于我国农业，大有利益。查我国领土多在温带，惟西沙群岛则在热带，故该岛之磷酸矿，不啻为我国领土内仅有之产物，舍此以外，便难他求。我国系以农立国，得此天然肥料，其关系于农业上实属不少。又各岛之珊瑚质，无论黑白，均可烧为灰土，运销各地。此在矿产经济方面，应特别注意者一。

西沙群岛产鱼类亦夥，琼人来此捕鱼者，每人每日有多获至百五十余斤者。此外龟贝类亦为水产之要物，其他海绵、海藻、海参、珊瑚等类，足以采集获利者亦甚夥。此在渔业及海产方面，应注意者二。

又该岛中土质虽属多沙，然椰子、木薯、甘薯、菠萝等物均可种植，且树木生长迅速，敌害甚少，固热带中之足以经营者。此在农业方面应注意者三。

要之，西沙群岛之产物既如此丰富，我国正宜及时经营开发之，以广本国之财源，而杜外人之觊觎，此实当务之急也。

六、法占领九岛并非西沙群岛

法国占领九小岛事件发生后，有人以为九小岛即系西沙群岛者，此实不切事实之说。法占领九小岛，并非西沙群岛，其证据如左：（1）以经纬度分为证。查西沙群岛所在地，为北纬十六度，东经一百十三度，而法占领九岛，是在安南与菲律滨间，当北纬十度，东经一百十五度，二地显然有别，其非西沙群岛，不言而喻。（2）以法占九岛时间为证。据法报之记载，法国政府于一九三〇年四月十三日依国际法规定之条件，由炮舰“麦里休士”（Malicieuse）号占领九小岛中最大之史柏拉德雷岛，当时因有时令风，未能将附属各小岛同时占领，直至今年四月七日至十二日始由通报舰Astrolabe及Alerte号，将其余各岛完全占领。此等小岛，仅属暗礁沙滩，几无人烟，时被海水淹没，且其位置在海洋危险地带，为谋法国在亚洲属地及大海洋洲属地间之联络起见，有在此等岛上设置航海标识之必要。因华盛顿《九国公约》中，任何条款均未禁止此等小岛之占领。且在巴黎方面，以为该小岛中之史拍拉德雷，经法国占领已三年余，并未经中国政府提出抗议，且未提出保留云云。由此可见，法国开始占领，早在一九三〇年。而当一九三〇年之时，我国西沙群岛，并不闻有被人占领之事，则现今法国占领之九岛，其非西沙群岛，更为显明。（3）以李准之《巡海记》所载记之事实为证。按李准《巡海记》所云，渠共发现十四岛，岛上勒石命名并称其地洋文名为“拍拉洗尔挨伦”，自是Paracels Islands之译音，而Paracels Islands盖即为西沙群岛，尤可不言而喻。按李氏行程，亦决不能越西沙群岛以外，故李氏《巡海记》所载勒石命名，只能证明西沙群岛之为我国领土，却不能证明法国现今所占领之九岛，即属西沙群岛。

七、法占领九岛后对于西沙群岛应有之处置

自法国占领九岛事件发生后，西沙群岛地位之重要，不言可喻，故今后如何预为布置，免为他国所觊觎，实为国人所最应注意之问题。今在未讨论此项问题之前，先将中国应付九岛事件之经过，略述如左。

二十一年正月间，我国驻法公使馆准法外交部节略，内称“关于七洲岛（Iles Paracels）问题，近来中国方面，对于安南在该岛之主权，有所怀疑，并以为中国所辖领。因此本部特请贵使馆，注意安南对七洲岛之先有权，并查明一八一六年嘉隆（Gia Long）王正式占据该岛之事实，与法国政府共同解决此项法律问题”等语。外交部接驻法使馆转呈该节略后，即从事调查真相，并分别咨请内政部、海军部、参谋本部、广东广西两省政府、琼崖特别区长官公署，证明七洲岛是否即系西沙群岛，并将有关之史乘暨图籍抄示，以凭交涉。嗣后接准各方报告，且得若干有力证据，足以证明该七洲岛即西沙群岛，确属我国管辖，当即电令驻法使馆遵照，向法外部严重驳覆。法方接我国驳覆照会后，直至今年七月间，尚无表示。

本年七月十四日，国民通讯社电讯：法国差遣轮Alerte及Astrolabe近将安南与菲律滨间之九小岛，竖旗占领，该岛位置在东经一百十五度，北纬十度，且有中国渔民居住其上云云。外交部接到此报告后，即电令驻法公使馆、驻马尼剌总领事馆，及海军部分别查复，位置、经纬度分及各岛名称等。七月二十九日驻马尼剌总领事馆复电称：“查法占九岛，距菲律滨Palawan岛有二百海里，在我国海南岛东南五百三十海里，西沙群岛之南约三百五十海里，位置处北纬十度十二度，及东经一百十五度之间有海南人前往捕鱼云云。”至八月二日驻法公使馆复电称：“法占各岛名称如下：

（1）Spratly: 8°39′Latitude nard, 111°55′Longitude est Greenwich.

（2）Caye d'Amboine: 7°52′Latitude nord, 112°55′Longituee est.

（3）Itn Aba: 10°22′Latitude nord, 114°21′Longitude est.

（4）Deux-Iles: 11°29′Latitude nord, 114°21′Longitude est.

（5）Loaita: 10°29′Latitude nord, 114°21′Longitude est.

（6）Thitu: 11°7′Latitude nord, 114°16′Longitude est."

八月五日驻法顾公使电称："法占九岛事据法外交部称，该九岛在安南、菲律滨间，均系岩石，当航路之要道。以其险峻，法船常于此遇险，故占领之，以便建设防险设备。并出图说明，实与西沙群岛毫不相关。"至八月十一日驻马尼剌总领事馆亦电复，谓已遵令调查各情，其所开各岛名称位置及经纬度分，与法使馆复照所开略同。

总观上述各节，可知法占九岛，系在东经一百十五度，北纬十度之间。查阅*China Sea Pilot*第三册九十七页所载东经一百十五度，北纬十度，有岛名曰Tizard Bank，其附近有Ituaba、Loaita及Thitu诸岛，与法政府正式宣布各岛名称，适相符合。而西沙群岛则在东一百十五度，北纬十五度至十七度，其与法国所占九岛，不能混为一谈，不啻昭然若揭。

外交部根据上述报告，于本年八月四日照会法使馆，请将法国所占领各岛名称及其经纬度，分别查复，并声明在未经查明前，中国政府对于法国占领九岛之宣言，保留其权利。

关于我国应付此事件之经过情形，有如上述。至今后我国应取何种方针，则有数端不能不注意者：

（一）九岛是否亦为我国领土，至今尚无确实证明。按先占有效的条件：（甲）须以国家为主体；（乙）须具有占有的意思；（丙）须为实力的占领。纵有少数琼人赴岛居住，是否足以为我国先占之论据，在国际法上，实不无疑问。且九岛问题，事实上已成为法日争夺南洋权之中心点。法得之于今日，日法邦交必然受一绝大打击。由于法日关系之变化，而引起太平洋形势之改变，对于我国未尝无利。故我国对于法占九岛事件，似应暂取冷观态度，一面则于西沙群岛之布置，宜积极进行，不遗余力。如此方可以阻止他人之攘夺，未雨绸缪，此其时也。

（二）如何开发西沙群岛以期巩固国防，则可分为下列三端。（甲）政治上之设施：西沙群岛有琼人居住，捕鱼为业，固为事实，然对政治上、经济上、交通上之设施，则向未所闻。今为防患计，在政治上应设一专员，管理群岛行政事宜，隶属于广东省政府，或另设专署，直属中央，均无不可，惟求其能开发岛源，巩固国防而已。（乙）经济上之设施：经济上应由官商合办开采西沙群岛之鸟粪公司，以谋开发利源，供给农食需要，以免日人之侵略。（丙）交通上之设施：交通上应建筑灯塔以资瞭望，建气象台以预测气候，置无线电台以利交通，造坚固轮船以便航行。倘能如是，则天然之缺憾，自可补救，而岛之地位亦大不相同矣。查民国十年间，日人利诱商人何瑞年瞄准承办西沙群岛实业公司，旋即私让与日人开采。其在林岛经营之成绩，殊大可令人惊骇，如组织矿公司，建筑各种办事处、贮藏室，设轻便铁路及铁线桥等。至十五年因公司中人忽起恐慌，大部分便乘轮离岛。日人在林岛经营如此周密，回顾群岛之主人，（中国）对之反毫无建树，愧惭奚似。我国果视西沙群岛为重要，自当积极进行上述三项建设，固非此不能使国防巩固，促成群岛之繁荣也。

（三）派舰严密巡视以防日方侵占，亦属刻不容缓之事。日本思占西沙群岛已非一日，今见法占九岛，其心不无所动，或将实行侵略西沙群岛，以求抵偿，亦属可能。为防患未然计，应由海军部及广东军事当局，遣派得力舰队，驶往西沙群岛，严密巡视，以防日方侵占。

（四）组织南洋属岛调查团，尤为十分迫切。吾国对于边陲，平时弃如敝屣，但被他国侵占时，则视若珍宝。复因缺乏国防知识，又常多指鹿为马，笑柄百出。考其原因，平时无调查工作遂致真相莫明，对于各项交涉，每每缺乏充分依据。政府应组织或奖励群岛调查团，将各岛之位置、气候、民情风土，应详细查明，资作各项建设之参考。当局果能速起而图之，则西沙群岛之于吾国，无论在国防上、经济上，自必能发生莫大功用。敌人虽狡，岂能贸然攘夺之哉？（完）

（录自《外交评论》1933年第2卷第10期）

法人谋夺西沙群岛

胡焕庸译

法既占我南海九岛，近复谋夺西沙群岛，但其处心积虑，已非一日。下为法国地理学会出版《地理》杂志（La Geographic）本年十一及十二月号所载石克斯船长（Olivier A. Saix）之论文，要求法国政府即行占领西沙群岛，列举应合并该岛之原因。荒谬绝伦，借见法人觊觎西沙群岛之一斑。译者胡焕庸君现任中央大学地理学系教授，因见本文重要，特译赐本刊，以资唤起国人之注意，并愿政府早为之戒备也。

近数年来，法国及安南报纸，颇注意南海中之西沙群岛。一九三一年，西贡《舆论报》（*L'Opinion*）及法国之《海洋杂志》（*Revue Maritime*）登载文字尤多，是年《海洋杂志》十一月号，有爱尔波船长（Capitaine de Corvette Herbout）之记载。

仅仅根据西沙群岛之地图或航海指南，关于西沙群岛之记载，不能认识西沙群岛真正之重要。试取一范围较广之地图，就全部南海中观察西沙群岛之所在，则其地位之重要，可以立见。

西沙群岛位于安南倍达陇角（Cap Padaron）至香港之中途，南北往来之船只，不经其东，即经其西，西则行于西沙群岛与安南、海南岛之间，东则行于西沙群岛与马克勒斯菲浅滩（banc de Macclesfield）之间。因此就其所处地位，对于海上交通之关系，实为一居中之要枢。

其地西北至海南岛，西南至安南之会安港（或称土伦Tourane），其距离大致相等，正当东京湾之门户，为一重要经济区域之出入口。海南岛北之琼州海峡水量较浅，巨舰不能通行，一旦有事，又必易被封锁。

因此多数意见——至少在安南之法人——对于此种情势，非常焦急。故上年西贡《舆论报》曾由海事委员会副委员长、上议院议员裴雄（Bergeon）氏署名，两次发表社论，要求占领西沙群岛，归并于越南联邦。

为实行合并起见，其先决而必须之条件，即须注意我等是否有此权利，是否有此方法。关于必须合并之理由，可有数种，航海科学经济以外，尤要者，在于军事地位之关系，即不为一国利害计，抑亦国际公共安全之所关也。下分述之：

1. 为便利航海而合并西沙群岛

为便于航海起见，如能于群岛之西部，至少首先设一灯塔，实为当今之急务（马克勒斯菲水道亦急须设一灯塔），此在远东航行者，类能知其重要。通常夜间或天气不佳时，为避免西沙群岛变化无常之洋流起见，船只多绕道以避之。

拉比克君（Lapique）在其所著之《西沙群岛问题》（*A Propos des Paracels*）小册中，曾作下列之记载："当一八九九年，已故总统杜美（Doumer）当日之越南总督，曾指定于西沙群岛设立一灯塔，其计划曾经详细研究。惜其后竟为海务局所搁置，因其开办费用既巨，常年维持亦不易，属地预算之不足以应急需，类多如此。"

一九〇九年，中国方面曾遣炮舰两艘，载有礼和洋行德籍二人前往西沙群岛，当时广州之《国际报》（*Koua Che Pao*）曾记其事，并称为目前计，当先于东测群岛中两岛上开辟两港口。（译者案：此即一九〇七年广东水师提督李准之调查，有《李准巡海记》见《国闻周报》十卷三十三期。）

当此时也，中国似可于其地设立航标，建树灯塔，以便船只之往来矣。然实际亦并未有所举动，航海之危险依旧，船只在此失事者，仍数见不鲜。依拉比克君所述，每届船只失事，香港之商人公会，常向英国政府要求，至少于其地建立灯塔两座，惜亦始终未曾实现。

2. 为建立气象台与无线电台而合并西沙群岛

当一九〇九年，中国人亦只计划开辟港口，并未有意建立气象台。一九三〇年广州法国领事曾向法国外交部作下列报告："本月九日，南京政府行政院举行第七十七次行政院会议，由谭延闿院长主席，共同讨论交通部、海军部联合提议关于西沙群岛建设无线电台及气象台之计划。初，一九二三年，海军部即有前项建议，最近广东省政府提议实行斯议，故国民政府令饬两部会核。两部决议进行，并请行政院转饬财政部，立即分期拨付经费十八万元，以为建筑与设备之用。交通部专负设立电台之责，两部会请行政院批准，并通饬关系各处遵行，行政院当即照准，并将转饬所属。一九三〇年七月九日发自广州。"

自此以后关于此事之消息，寂然无闻。中国政府之财政，行将破产，且亦另有其野心企图，远较建设气象台为尤重要者。故当一九三一年三月，小艇"不永久"号（Inconstant）前往西沙群岛考察，在任何岛上，未见有何工程迹象也。

事虽如此，当一九三一年七月，旧时船副现任越南中央气象台台长勃吕宋（Bruzon）告余，谓曾接得上海徐家汇天文台台长龙相绪（R. P. Gherzi S. J.）报告，有中国海军官佐二人，正由龙氏指导学习气象，准备将来主持西沙群岛之气象台。由此可知，此事尚在进行之中，惟不先建台而先学测候，缓急未免倒置耳。

此岛气象台，如能由越南政府建立，并将来亦能由法国专家主持，则与中国海上已建各台，可有联络与合作，而法国国家之荣誉，亦将由此益见光大焉。

类此之气象台，其价值异常重大，勃吕宋君知之甚审。越南境内当然已有极精而完备之测候网，一日均有数次电报报告于海防（Phu-Lien Hai-phong）之中央气象台，然后再由中央气象台会集研究，发出预报。惟所有测候地点，均在越南境内，不在内地，即在沿海。至于越南以东，除位置较远之香港、东沙群岛与马尼拉三处外，附近再无其他测候所可与越南通达消息。海南岛上之中国人，除日事纷争以外，不知设立测候所。马尼拉与安南之间，相隔八百英里，无一测候设备，间有往来之船只，电送断续无常之报告。然于风向风力等项，殊难得有正确完备之数字，因此等现象非有精确之仪器，不能知其真情也。

西沙群岛之位置，虽安南沿岸约三百公里，其地位异常重要，所有飓风趋达于印度支那半岛者，均将经行西沙群岛，七八月间则由此转向北行，九月则由此直趋东京湾，十月、十一月则南行达于安南南部。凡此种种，西沙群岛均可供给丰富之材料。他如危险航行尤甚之小飓风，往往构成于吕宋以西，经西沙群岛后，不达安南沿岸即已消灭。类此情形，除来往之船只以外，菲律滨与越南均不能察觉。为弥补此种缺憾起见，非建立西沙群岛气象台不可。又为研究飓风中心各种电力作用起见，亦非借助西沙群岛之气象台不可，因来往船只，不特无此设备，而一遇飓风以后，趋避且不暇，亦再不能从容以作此研究也。

3. 为经济原因而合并西沙群岛

西沙群岛之经济价值，就目下所知，似不甚大，“平和（Nhatraug, Binhhoa）海洋研究所”所长克洪氏（Krempf）在此区作有极详细之科学研究。克洪氏乘“拉姆松”舰（de Lamessan）亲临其地，详加探测，对于海底之性质构造以及群岛构成之情形，均已洞悉，其所得结论，对于经济前途未许乐观。数年以前，林岛及罗摆脱诸岛积有磷酸矿甚富，嗣为日本“南兴实业公司”所探悉，乃于一九二〇年九月二十日，向西贡海军司令函询西沙群岛是否为法国属地。海军司令答复谓：“海军档案中，并无关于西沙群岛之材料。惟就个人所知，虽无案卷可稽，可敢负责担保西沙群岛并不属于法国。”日人接此答复，大为满意，因即前往开采，并在罗摆脱岛上（据《海南岛志》为林岛）敷设轻便铁道，并建一长达三百公尺之铁桥，在其有计谋的开采之后，虽未必尽去各岛之所有，然日后再不容有类此大规模之经营矣。（译者案：日人既于一九二〇年探悉西沙群岛并非法国所有以后，即于次年利用华人何瑞年以“西沙群岛实业公司”名义，瞒准我国政府，饬由崖县发给承垦证书，从事开采，及一九二八年因受各方反对，始撤销原案。详见《海南岛志》。）

通常多以为群岛上富于鸟粪，实则不然。据克洪氏之报告，海鸟之食物，如鱼类与海上动物均富于磷酸，当夜间来岛上栖息，乃积粪于地面之上，如智利、秘鲁沿岸各岛，因天气干燥，故其鸟粪多积留岛上，南美太平洋沿岸以产磷酸著名者此也。惟西沙群岛之气候炎热而潮湿，大雨时下，因此鸟粪难于积留。

群岛附近，通常亦以为富于渔产，在其附近设立渔场可获大利。惟实则附近海底甚深，克洪氏探测之结果，益可证明。据“拉姆松”考察队之报告：“我等对于本群岛之研究，所急盼明了者，即各岛附近之海底情形若何，是否可供渔业之经营，结果乃知海底均为珊瑚所覆盖，任何渔网不可下沉。”“本届考察所得科学上之收获甚多，惟关于利用曳网机器之渔业，则可证明完全不能实行，因海底均为珊瑚也。”依此原因，不特渔业无望，即航海亦多危险，因其既多暗礁，又乏良港。普通来此捕鱼之小船，非如一般人之推想为中国渔业公司所派遣。拉比克君曾谓“来此捕鱼者，多系一般航商，彼等利用季风之变换，往来于海南岛与新加坡之间，每值风势不佳不能航行之期，迫不得已，乃来此荒岛捕鱼，聊以维持其生活而已”。

捕鱼之业收获不多，利益亦少，安南渔人殊不欲远离海岸，以逐此微末之利。捕珠之业，亦不可靠，一九〇九年中国考察队曾作下列不合逻辑之报告，“蚌中有珠，然所得之蚌，并不含珠”。西沙群岛蚌中有珠之说，不知何所从来，因当年中国考察队既无所见，以后列次考察，亦无所得也。因此如为经济原因而合并西沙群岛，理由殊不充分。

4. 为军事原因而合并西沙群岛

军事原因，为合并西沙群岛最重要之关键。《舆论报》上曾载一论文，题曰《越南前卫之西沙群岛》，专论为防卫越南起见，西沙群岛所处之地位。前已述及，西沙群岛距离海南岛与安南沿岸之里程大略相等，西沙群岛之地位，实不啻为东京湾之门户与锁钥，如欲于此建设一相当重要之海军根据地，自须对于各岛情形、出入通道、储藏军需与防卫方法等等，首先加以详细之研究。惟为目下初步设计，如仅设一小规模之潜艇根据地，或水上飞机之停落站，则固毫无困难。我等如再不利用此群岛，至少亦为防制他人不因觊觎越南而来此有所设施。昔安南高级留驻官福尔（De Fol）曾称："在现今情况之下，西沙群岛地位之重要，实无法可以否认，一旦有警，如该地竟为他国所占，则对于越南之完整与防卫，将有绝大之威胁。群岛之情势，不啻为海南岛之延长，四面环海，不乏良港，敌人如在此间设立强固之海军根据地，将无法可破灭之。潜艇一队，留驻于此，不特可以封锁越南最重要之会安海港，而东京海上之交通，将完全为之断绝。迫不得已将借助于东京、交趾支那间之陆上联络，然此间铁道，又多沿海而行，新式军舰长距离之炮程，可以及之，同时全部越南远东太平洋上之航行，皆将因此而受阻。西贡、香港间之航线，贴邻西沙群岛而过，其将蒙受此间海军根据地之监视，当无疑义。"

外敌以外，越南境内共产党之活动，其危机实尤为严重。今引《舆论报》所载上议院议员裴雄氏之言曰："任何人皆知安南东京之本地共产党，其所有军火，皆自海道而来，安南沿海，尤适宜于偷运。西沙群岛堪为东京之前卫，实偷运之根据，亦巡查之中心也，占而有之，实为当今之急务。"

5. 西沙群岛之宗主权

西沙群岛应归法国所有，以前颇有争执，今则已极简单。昔者越南海军司令曾对日本"南兴实业公司"声称，谓西沙群岛确非法国所有。数年之前，亦曾有越南署理总督述称："根据多方报告，西沙群岛应认为中国之所有。"

一九二九年正月，安南高级留驻官福尔受总督之委托，就安南王朝档案，觅取关于西沙群岛之记载，其报告有云："西沙群岛为零星散布之珊瑚小岛，附近又多沙礁，荒凉而贫瘠，故在十九世纪初年以前，殆为瓯脱之地。"

据丹勃尔（Mgr Jean Louis Taberd）主教所著之《越南地理》，曾经译为英文，并于一八三八年发表于孟加拉之《亚细亚学会》，其中曾载一八一六年越南王嘉隆占领西沙群岛之事。

根据于此，嘉隆王曾否亲至其地，或尚难置信。惟如《越南王朝通志》及明命王十四年出版之《越南地图》等，均曾记载其事。据越南政府档案中所存之文件，并称列朝均于西沙群岛设兵守卫，嘉隆王曾经加以改组，继复撤销之。自此以后，未闻再有留守之事。明命王曾数次遣使至西沙群岛考察，并曾发现一宝塔，刻有安南文字。

一八三五年，复遣工人运料至其地，重建一塔与一华表，以留纪念。当时于建筑中曾经掘得铜铁类器物甚多。

时至今日，安南与西沙群岛可谓已一无关系，沿岸渔人或船主，无人前去，且已不知有此群岛。惟西沙群岛既曾为安南所有，则今日当属于法国，自无疑问。旧陆军部长Than Trong Hue曾于一九二五年三月三日作书，谓“西沙群岛一向属于安南，无有疑问”。

“在一九〇九年中国重行取回西沙群岛以前，法国根据保护条约，在对外关系上，自应代替安南执行西沙群岛保护之权。惟因过去年间，对于其地几完全置之度外，而不加过问，于是乃引起中国有正式占领其地之意。”

巴斯基（Pasquier）总督之言实有至理，其言曰：“君等与我同一意见，根据史实，安南确曾领有其地，已无疑问，且此因远在一九〇九年中国第一次表示有意占领其地以前也。”

由另一方面观之，因西沙群岛地位重要，而有心占领其地之英日两大国，对此亦从未有所表示。当一八九五年，德国船“勃洛那”（Bellona）与一八九六年日本船Irneji Maruj，先后于此失事之际，英国公司担任此两船之保险者，因中国人有前去取物之事，曾由北京英国公使及海南岛海口英国领事提出抗议，要求赔偿。海南岛之中国官厅答称：西沙群岛不属于中国，故不问其事。英人盖知安南为西沙群岛之宗主国，因亦不再追问其事。又香港商人公会曾屡向英国政府要求，于西沙群岛设立灯塔两座。英人在其他航线建立灯塔甚多，而对此始终无所举动者，殆亦明知此为法人属地，而不欲加以过问欤？

关于日本对此群岛之态度，可举下列越南署理总督对法国外交部之报告以说明之。“谨呈者，日本总领事黑泽Kurisawa近与政府外交科主任会谈，询问南海中自北纬七度至十二度，东经一百十一度至一百十八度之间若干小岛与暗礁，属于何国。（译者案：此即南海九岛已为法人所占。）彼曾明言海南岛以南安南沿岸，所称为西沙群岛者，实在日本版图以外，不属于日本，一九二七年十二月二十五日河内发。”

因此法国为承继安南政府而领有西沙群岛，实已毫无疑问，且为越南联邦之安全起见（不论对外或对内），亦非占领西沙群岛不可。

如为经济或目前实利起见，法国占领其地，实无所得。惟自今以往，不应再以往日之宽大与人道政策，对此放弃而不问，其地在南海中地位重要而危险，亟须设立一个或数个灯塔，并创设气象台，俾便航行也。

邻国意大利，近已在非洲东端亚丁口上关达甫意角（Guardafui）建立若干灯塔，其地在航行上因甚危险，而于军事上尤为重要。我国对此同样例证，奚能漠然无动于衷？

为今之计，甚盼政府于最短期间，决心占领西沙群岛并为其附近航行，谋一永久安全之策也。

（录自《外交评论》1934年第3卷第4期）

法日觊觎之南海诸岛

胡焕庸

自去岁（一九三三）七月二十五日，法人公布占领“南海九岛”以后，一时国际间曾引起剧烈之争辩，日人于此，尤加特别注意，利用通讯社肆意宣传，颠倒是非，妄称己有，并于八月十八日，由其驻法公使向法国提出抗议。而我国政府对此问题，反一再迁延，至今尚无正式表示。法人所占各岛向为华人所居，至今亦仅有华人居住，谓非我国领土，于理何据？九岛附近尚有为华人居住往来之若干小岛，至今尚为法国或任何各国所未及占领，我国岂可仍然放弃，不再加以过问？西沙群岛及其附近尚有若干小岛与浅礁，或则已经载入我国图籍，或则国人尚未加以注意，最近已为法日两国所觊觎，亟欲取之而甘心，我国如再不加以经营，行见其为九岛之续，为期恐不远矣！

一、法占九岛之地理与我国人在彼之经营

法人所占九岛，其地理情况何若，国人尚多未能明了，又报章披露称九岛，而法公使照会我国仅及七岛，不可不略加说明。今考九岛位置，其最南者起于北纬七度五十二分，最北达于北纬十一度二十九分，最西起于东经一百十一度五十五分，最东达于东经一百十四度二十五分。今试由南计之，其各岛之名称与地位如下：

1.安波岛 Caye d’Amboine（Amboina Cay）7°52′N，112°55′E.

2.斯柏拉岛或名暴风岛 Spratly Ile de la Tempete（Storm I）8°39′N，111°55′E.

3.伊都阿巴岛Iru Aba 10°22′N，114°21′E.

4.南伊岛Namyit与伊都阿巴岛相邻，合成一环礁，总称曰低沙滩Banc Tizard（Tizard Bank）.

5.罗湾岛Loaita 10°42′N，114°25′E.

6.兰家岛Lankian Cay与罗湾岛邻，合称罗湾礁Loaita Riff.

7.帝都岛Thitu 11°7′N，114°16′E.

8.西南岛N. E. Caye.

9.东北岛S. W. caye合称曰双岛Deux-iles，亦曰北险礁N. Danger Riff.11°29′N，114°21′E.

以上九岛，如第三与第四相合，第五与第六相合，则为七岛；如第八与第九亦再相合，则仅六岛而已。诸岛均系珊瑚构成，每相接成环礁，又且或隐或现，其数亦殊难确计也。九岛之中，以伊都阿巴岛为最大，计长一千三百公尺，阔四百公尺；罗湾岛、帝都诸岛次之。诸岛高度，约自二公尺至四公尺不等，低者易为海水所淹。其环礁所成之礁湖颇为深广，如帝都岛左近之礁湖，长八公里，阔二公里至五分里，深达二十至三十公尺。此等较深之礁湖，可作轻巡洋舰、潜水艇与水上飞机之根据地。

九小岛以东至菲律滨沿岸，称曰“航行危险地带”，以西至安南沿岸相距四五百公里，称为“航海干道”，为我国南海之门户，亦东亚、南亚、远东、欧西交通之枢纽。今此道干之两岸，均为法人所有，彼亦足以踌躇而满志矣！

诸岛之经济价值，除积有鸟粪磷矿以外，鱼介龟贝之属甚富，我国海南渔民留居或往来其间者，皆以此。当一八六七年，英国测量舰“来福兵号”（Rifleman）首先来此测量时，即谓各岛俱有海南渔民之足迹，以捕取海参、介贝为活，颇多常年留居于此。而由海南居民每岁遣小舟来此，供给食粮，易取参贝，此在英国出版之《南海航海指南》（*China Sea Pilot*）及美国出版之《亚洲航海指南》（*Asiatic Pilot*）均有相同记载，可为我国早经领有并已开发诸岛之铁证。

一九三〇年，法国炮舰“马立休士”号（Malicieuse）测量斯柏拉岛，当时岛上即有中国居民三人居此，法人不分皂白，秘密植立法国国旗而去。当时法人既未公告于世，我国亦未及注意其事。当地浑噩渔民，更未能明了法人用意之所在也。

一九三三年四月，法人二度前去，有炮舰“阿勒特号”（Alerte）及测量舰“拉纳桑”号（de Lanessan）（按此舰亦曾偷测西沙群岛）由西贡海洋研究所所长薛弗氏（chevey）率领，遍历各岛，详加考察，于是乃正式占领各岛。

当一九三三年四月，法人二度前去之时，九岛之中，惟有华人居住，华人以外别无其他国人。当时西南岛上，计有居民七人，中有孩童二人；帝都岛上，计有居民五人；斯柏拉岛上计有居民四人，较一九三〇年且增一人；罗湾岛上有华人所留之神座、茅屋、水井等；伊都阿巴岛则虽不见人迹，而发现一中国字牌，大意谓运粮至此，觅不见人，因留藏于铁皮之下，法人按图索骥，竟觅得之。其他各岛，虽无人烟，亦到处可见渔人暂住之遗迹。由此足见自一八六七年以迄于今，我国渔人固未尝一日离弃此诸岛也。（本节根据法人记载见Le Mondc Colonial IIlustre, Sept.1933 Vivielle: Les Ilots des Mer de Chine，参看《方志月刊》本年四月号凌纯声先生之《法占南海诸小岛之地理》。）

二、九岛左近之诸岛

法人占领南海中之九岛，所谓“南海九岛”非其专门之名词也，九岛东南尚有无数小岛，星罗棋布，直达菲律滨派来湾岛沿岸，其形势与此九岛不可分离。群岛亦无专名，地图上总称之曰“危险地带”，而此九岛者，实危险地带西边之诸岛而已。九岛以东，尚有无数小岛与浅滩，其尤大者，如西约克岛（West York），长达二公里，阔约一公里，岛上有椰子及其他植物，海南渔民亦常来此，建有神庙一，坟三，其为我国领土，亦无疑义。其南有平岛（Flat Island）长二百公尺，再南有南山岛（Nanshan）长五百公尺，再南有新客岛（Sin Cowe Island），其位置为北纬九度四十二分，东经一百十四度二十三分。诸岛地位，均在菲律滨国界以外（一八九八年，西班牙割菲律滨于美国，其西境自北纬七度四十分与东经一百十六度之交点起，直趋东北行，至北纬十度与东经一百十八度之交点为止，然后由此北行）。

一九二七年十二月五日，越南总督曾向法国外交部作下列报告：“谨呈者，日本总领事黑泽（Kurisawa），曾向总督署外交负责人员询问中国南海中，北纬七度至十二度，东经一百十一度至一百十八度之间之各岛与珊瑚礁属于何国。该领事并明白表示，海南岛与安南沿岸附近之三群岛，通常称谓西沙群岛者（Paracels），实在日本版图以外，日本政府不加过问。”（见*La Geographic Nov. Dec 1933 Saix*: *Iles Paracels*，同时参看本刊本卷四号《法人谋占西沙群岛》。）

由此观之，日本领事当时所询问者，正此所谓“危险地带”之群岛与沙礁，法人今日之占取九岛，殆即由此而发者欤？自九岛事发，日人妄称九岛实其所有，甚谓西约克岛、平岛乃至西沙群岛均其所有，狂犬乱吠，丑态毕露，可笑亦诚可恨！

此等“危险地带”之群岛，虽为我国人所居住往来与经营，然迄今尚无综合之名称，鄙意拟用“南沙群岛”之名以名此群岛，不然，统称曰“南海诸岛”，其名殊混也。至于法占九岛以外之各岛，将来能否仍保为我国所有，抑或终将为法人或日人所夺占，则非吾所敢言矣！

三、西沙群岛及其附近诸岛礁

西沙群岛自一九〇七年李准巡海以后，我国之主权，因以确定，西人记载多引用之（如美国之《亚洲航海指南》*Asiatic Pilot Vol IV*，惟年代作一九〇九年）。一九二〇年，日人欲于西沙群岛开采磷矿，事先曾向西贡法国海军司令，函询该岛是否属于法国，司令答曰否。日人于是利用华人名义，瞒准广东政府，领得承垦证书，及一九二八年，日人阴谋发觉，始撤销之。

最近数年，法人屡有谋占西沙群岛之意，因无所借口，乃遍搜安南王朝记录，谓十九世纪初期，安南嘉隆王与明命王时，均曾出征西沙，现安南既归法国所有，则西沙群岛，亦当归法国所有云。法国政府曾于一九三二年八月，以此意照会我国，其驻在越南之少数法国野心家并曾积极活动，并曾利用武力强占其地！

最近自九岛事发，日人隐瞒事实，信口雌黄，谓其曾于西沙群岛开采磷矿，因此公然宣传谓西沙群岛，亦当属于日本。当一九三〇年香港举行远东气象台会议，各地代表向我国代表建议，请我国于西沙群岛及马克勒斯菲各设气象台一所，以利航行。此事后经我国海军部拟定计划，并经行政院会议议决照办。然卒以经费困难，蹉跎经年迄未进行。国人好事宣传，不求实践，以致横受异国人之揶揄，痛矣！（见Saix之言论，载*La Geographic Nov*. Dec 1933.）

西沙群岛之东南，尚有马克勒斯菲滩（Macclesfield Bank），小岛垒垒，与西沙群岛同扼南北交通之航道。马克勒斯菲以东，距吕宋不远，尚有斯加布罗滩（Searborough Bank）及脱鲁罗滩（Truro）等，位于南海中部，均为我国领土。自今以往，如再不收入图籍，加以经营，行见一二年后，又将尽为他人所夺，而南海全部将不属我矣。

重要参考文献：

China Sea Pilot Vol. III 1923.

American Asiatic Pilot Vols. IV, V.

American Sea Chart No.799，2786.

J. Kunst: Die Strittigen Inseln im Sudehinesischen Meer, Zeitschrift fur Geopolitik, dez.1933.

J. Vivielle: Les Ilots des. Mer de Chine, Le Monde Colonial Illustre, Sept.1933.

L’occupation d’ilots de la mer de Chine, L’Asie francaise, Sept.-act 1933.

Saix: Iles Paracels, La Geographie Nov.-Dec 1933，译文见本刊本卷四号《法人谋占西沙群岛》。

李准：《巡海记》，《国闻周报》十卷三十三期。

徐公肃：《法占领九小岛事件》，本刊二卷九期。

凌纯声：《法占南海诸小岛之地理》，《方志月刊》七卷四期。

附注更正　本刊上期登载拙译《法人谋夺西沙群岛》一文原文系载法国《地理杂志》一九三三年十一月及十二月号，又译文内“台风”均被手民误排为“飐”风，附此更正。

（录自《外交评论》1934年第3卷第5期）

外交月报

南海(一)九岛(二)问题之中法日三角关系

拙　民

一、法占九岛之经过

本年七月二十五日，法政府公报登一通告，谓在法属印度支那（即安南）与菲律滨间南中国海内之九小岛，于本年四月上半月，先后由法国军舰竖旗正式占领，此后该九小岛即属于法国主权之下云。据称其占领之日期如下：一九三〇年四月十三日炮舰玛利休兹号（Malicieuse）占领斯巴拉脱来（spratly）岛。本年四月六日报告舰亚斯脱洛拉号及列尔特号复与调查舰达勒逊号访该岛，揭法国国旗，当时岛中住有华人三名，椰子之树至极繁茂，海龟之属多栖息焉。七日占领开唐巴亚（Caye Damboise）岛，其地无人居住，只有白腹海鸟成群而栖，性驯，见人不畏。十日占领伊脱巴亚（Ituaba）岛，其地有树叶搭盖之屋与祀奉神人之像，似曾有居民住过。同日又占领双岛（Deaux-Illes）（系二岛名称）。十一日占领洛爱太（Laito）岛。十二日占领西德欧（Ttitu）岛。余未详。

复据巴黎政府宣称：一九三〇年占领斯巴拉脱来岛时，其附近各小岛，因大风关系，当时不宜即予占领，故其附近小岛，经过相当时日之后，方予占领。《华府条约》及其他公约中，对于此等岛屿并未提及，且未发生任何关系。现在此等小岛既无灯塔之设备，又未经过海道测量，实为航海之威胁。法占领后，将着手测量，并设置灯塔。他日来往船舰，皆可依照国际航海条例，寄碇于此。法占九岛后，并驱逐居于该九小岛之我国渔民。消息传来，我政府国民，始知注意。

二、九岛之位置及其重要

法占九岛案发生后，我国以素日对海疆统治弛懈，一时不知九岛究在何处。有谓即系西沙群岛（Paracel Islands）者。而日本朝野更以之影射西沙群岛，鼓吹占领之。今则九岛之非为西沙群岛，已经判明。按西沙群岛在南中国海北部，约占北纬十六七度；东经百十三四度。而法占之九岛，则位于北纬八度至十二度，东经百十一度至百十五度之间。是乃九岛非为西沙群岛之最好证明。又西沙群岛，按之中外名称，无一与九岛中已知之名相符者，此尤可为法占九岛与西沙群岛系属两地而非一之证明也。

法国占领之九小岛，乃南中国海南部之一群珊瑚礁，大部为高潮则没，低潮则现之暗礁。九岛即系其中之大而离海面高者。据外部驻菲律滨领馆报告，九岛总名为堤沙浅洲（Tizard Bank），其地在我国海南岛东南五百三十海里，西沙群岛之南约三百五十海里，东距马尼拉（Manila）约六百九十海里，距菲律滨爬拉湾（Palawan）岛二百海里，西距西贡约五百七十海里，南至婆罗洲北岸最近亦有二百八十五海里。其西南有英领之斯巴拉特里岛（Sparatley Island）及安波以那岛（Amboina Island）。其东北有斯喀尔波罗礁（Scarborough Reef）。据本月十日法使照复我外部，抄送各岛名称及经纬度数如左：

斯巴拉脱来岛	北纬八度三九分，东经一一一度五五分
开唐巴亚岛	北纬七度五二分，东经一一二度五五分
伊脱巴亚岛	北纬一〇度二二分，东经一一四度二一分
双岛	北纬一一度二九分，东经一一四度二一分
洛爱太岛	北纬一〇度四二分，东经一一四度二五分
西德欧岛	北纬一一度七分，东经一一四度一〇分[三]

九岛虽为一群之珊瑚礁，但岛陆上含有磷质之鸟粪层颇为丰富。岛上间亦有茂密林木，而以椰子之树生长最为繁盛。其地并适宜于栽种香蕉及芋等食品物，动物则有海鸟、海龟之属。我国琼崖人有往其地居住，从事渔业者。此外，并有小艇每年春季载食品前往，及秋则满载而归。就中以鱼、龟肉、龟蛋之属为大宗。就我琼崖人在西

沙群岛及堤沙浅洲一带捕鱼获利数目而论，每年每艘多可赚三万余元，至少亦可赚一万元左右，可知九岛对于我南海渔民生活之重要不容忽视。若果再将其地之鸟粪层加以开采，用作肥料，则对于农业上之裨益，尤未可限量。九岛虽小，而在经济上价值之大，有若斯也。

兹再从政治及军事上而论，九岛介于安南、菲律滨及婆罗洲之间，对于法属安南各航线之交通，殊为重要。在战争之际，对于法国海底电线，尤足予以威胁。对于英国向东亚发展之坚垒之新加坡与香港间之交通，亦能冲断之。又据一八六七年法国水路调查船莱夫尔满号船员所制精图，九岛中有长至十英里之地方，若用为水上飞机、潜水艇、小舰艇等暂时休息避难之所，甚为相宜。其上并可设置无线电台，以通声息。今法占领九岛，与安南各航线联络一起，足以控制我南海全权。一旦若有战事发生，则我琼崖全岛陷于法人势力四面包围之下，拱手可得，我南疆之屏藩，将又失一处。此外，对于美国太平洋上之霸权，及菲律滨之安全，亦能予以威胁。因此，故日本急欲染指，对法拟竭力抗争。盖大战后，日获得旧德领南洋各岛之委任统治权，若更于南中国海方面得一根据地，即可造成其海上不拔之势力，而与英、美、法、荷兰等国相拮抗。日本退盟后，南洋委任统治权已成问题，今法竟在其计划中海上势力范围之内占领珊瑚九岛，当为日阀所最嫉忌。其地假如为日本所得，与台湾相联络，则日美在太平洋发生大战之时，菲律滨完全在日人势力控制之下，美必无如日本何。即就目前言之，日欲维持南洋委任统治权，九岛亦颇关重要。此所以日对法之通告占领极力抗争也。

三、中法日关于九岛案之外交关系

（一）日法间之交涉

法国之正式通告占领九岛也，日本朝野异常注意。据东京七月二十一日电通社电：

“法国政府在两星期前，曾有对于中国南海九岛屿之领有，为其政府军事战略之宣言。日本驻法长冈大使已将详情报告日本外交当局。其十五日法报所载‘法国有事之际，在海上交通之必要上，决定将诸岛领有’云云。法国外交部否认为军事上目的之使用，只称为航路安全之标识，并将此意通告各国辩明。但法国耶路斯多拉斯安报纸所载，以诸岛适于水上飞行机根据地及潜水舰之避难所，其主张显然见得法国政府之目的有军事意味云云。”

复据同月二十六日东京电通社电：

“关于法国政府公布将法轮在南中国海中所发现之群岛，依国际法上先占之法理，作为本国领土事，日海军方面，以其足招致该国掌握南中国海全部海权之事态，故颇为重视。法国即已在西贡与广州湾，获有足容一万吨级之巡洋舰，则依此项之占领，自可筑造飞机根据地，停泊潜水舰，而完全获得南中国海之制海权。如是，则势难免使现成为英国向东亚发展的坚垒之新加坡与香港间之海上交通，横被隔断，而至引起英法势力之冲突。”

同日中央社路透电称：

“日外务省现正考虑法国声明占领介于越南、菲律滨间九小岛之事件，或有提出抗争之可能。据外务省宣称：自一九一八年以还，注意该岛之日本商人，即呈请政府将该岛占领而管理之，但截至目前，日政府尚无任何表示。”

是为日政府对于法占九岛事件计欲染指之端倪。继即准备向法交涉。据东京七月二十八日电通社电：

“据驻法长冈大使致外务省报告，法政府已于二十四日，向该大使通告取得华南九岛屿。惟外务省方面，以该岛在先即住有日人，故拟于调查各种情形后，再事答复。”

同日东京新联社电称：

“关于宣言领有南中国海珊瑚岛之法国政府之此次之先占占领，日外务当局以此等岛内，十数年前有日本人居住，经营事业，日内详细调查后，将向法国政府主张领土权，或出于何等应付手段，目下与海军当局商洽中。缘日本人十七八年以前，既发现磷矿，而为磷矿营业。一九一八年十月七日，该岛代表者曾向当时外相之内田伯爵，请愿已附各岛以日本名，请确认为日本领土。又一九二〇年齐藤荣吉等在留民连署，通告更发现数岛。又昭和四年田中内阁时，外务省虽曾与海军省有所商洽，当时所持意见，以为英于马来半岛，美于菲律滨，法于安南占有势力，日本如将其当中之小岛，依先占而领有之，是徒惹起国际问题，无异平地起风波也。然日本鉴于此等珊瑚岛最初发现之日本为开发磷矿，曾设至海岸之运搬铁道，建有栈桥，费去相当金钱，对于法国政府之领有宣言，实具有十二分之反对理由。”

本月三日《巴黎时报》著论，首述占领九岛之经过，次谓法国政府为遇必要时，得以利用此项小岛起见，乃决定派海路测量团，前往安置标识。且华盛顿会议并不禁止占领，惟须一国军事及行政当局会同办理。法国政府占领之时，对于上项条件已予履行，并业将各小岛划归越南管辖。按诸国际公法，最先到达一地，不能作为占领。故九岛上之私营企业，充其量不过可在该地保持其事业而已。

法政府闻日本对于其占领九岛事件准备提出抗议，且已命驻法长冈大使调查后，于本月八日，对日答复如左：

"法政府对于此次之诸岛，认为无主之物。且法国之船舶航行于印度支那时，航路上极感困难，因此法国方面为点灯火及树标识之必要，乃举行该项工事。惟当工事进行中，一九三〇年曾接英国政府之询问，当经说明之后，英政府固毋论，即其他诸国，亦未接有何项照会。似此迄至今日，法政府对于上述诸岛并无作军事设施之意志，对于该岛之日本的经济利益，愿充分予以尊重。特此通告。"

日本对于右述法国之答复，外务省方面认为若干保留：（一）于各岛屿之寄港上陆自由；（二）日本船舶寄港之际，予以便利；（三）确认日本人在该岛屿之磷矿采掘权及财产权等条件之下，或可承认。惟因该群岛对于南洋方面之军略上，占有重要地位，仍主张对于法国政府之领土主权之宣言不能不采取严重抗议之方针。据本月十八日东京电通社电，日外务及海军两当局决定于下星期内，依左列理由，向法正式抗议。

一，法政府宣言已获得先占权之各岛，适与日本拉萨磷矿公司经营采矿事业之岛屿完全相同。故日方宜依此私权行使之俨然事实，而主张日人在该群岛已享有私权。

二，法政府之先占宣言，仅属一种宣言，而不能视为已完全履行国际公法上所应办之手续，故日本碍难承认法方享有此项先占权。

三，但日政府决无出于派遣海军，俾占领该岛及其附近各岛等类积极行动之意。此外，犹拟于抗议腹案加若干证明，并自正面举国际法上之解释与先例，以阐明日本之态度，而不承认法国之领有。据东京二十一日中央社路透电：驻巴黎日代理大使泽田氏，已于十九日向法外长彭加尔提出说帖，反对法占南海九岛。其抗议系根据外务省国际法专家汤密士绍迪及明治大学教授立作太耶二人调查及研究之结果。关于此案，最近明治大学某教授亦着论谓该群岛应属于日本，并提出一五五三年所绘之地图为证。在该图中，九岛俱已列入。又德川氏家中最近亦检出地图一册，为二百年前之物，其中亦将该小岛等列入，惟名称未详耳。

据巴黎本月二十一日中央社路透电，法官场对于日代理大使泽田氏之照会，将持沉默态度，对于日本在诸岛之经济利益或可承认，而对于主权之要求，则绝对拒绝之。

（二）中法间之交涉

法占南海九岛，消息传来，我外部即电菲律滨领馆，令就近调查该群岛之历史、方位、面积、中国渔民人数及最近状况等，同时并电驻法使馆，探询法国占领情形，以作对法交涉之准备。外、海两部均积极筹谋应付方策。西南地方当局，尤为重视。政委会于上月二十八日晨，开紧急会议，讨论此案，议决：（一）将九岛在粤版图之位置、形势及经纬度证据等，详电国府，请据理向法严重抗争，务保领土完整；（二）搜集此案文件与安置岛上渔民，交粤省府及五省交涉署办理，同时政府表示该案在未查明以前，将不表示态度。

粤省府主席林云陔以该九小岛系属粤省范围，当经令饬全省港务局长胡雄，转电琼崖港务分局长吴节性，就近派员前往调查。吴分局长奉命后，以现值琼岛风浪滔天，帆船未易启航，特于本月四日赴省府晋谒林主席请示一切，返局后即进行切实调查。

同时第一集团军总司令部亦令饬琼崖绥靖公署委员陈甫章，就近调查实情。陈氏特于本月四日檄调飞机前往调查，并摄影各岛之形状，用作交涉根据。复据本月四日东京电：据陆军省电讯，陈济棠现已重视法国占领南海九岛问题，而转派军舰两艘开赴该方面，从事调查其真相。

本月四日，外部照会法使，请将占领各岛名称、地位及经纬度数查明见覆。法使遂于十日照会我外部，抄送各岛名称及经纬度数（已见前）。法政府并另将详细地图，邮寄法使馆，该馆收到后，或将抄送我外部一份。

据《北平晨报》本月十六日下午五时香港专电：陈友仁奉西南政务委员会命办理九岛案，陈已向法领提出抗议（抗议文内容未详）。复据该报同月十九日下午五时香港专电，琼崖港务分局电告：我渔民在九岛采鱼，已恢复自由，惟仍悬法旗。甘介侯正搜集证据，短期内向法交涉云。

（三）九岛案有成为中日问题之势

法占南海九岛，日本方面似较我方尤为注意。据上月三十一日台北电通社电，关于拔拉色尔群岛问题，台湾总督府持如左之见解：

法国所占领之各岛，似非属与台湾关系较深之西沙岛，惟法国既依简单之声明，而决定其属籍，则我方亦拟采同样手段，而占领西沙岛。又总督府档案中，虽未明载该岛之属籍，但就事业关系言，自当属诸日本。盖该岛实被平田末次氏夺自海贼之手者也。

复据本月六日东京新联社电：

“巴拉色尔群岛问题，外务省在慎重调查中，在日本对于法国之宣言，已有通告保留提出抗议之准备。但法政府欲以一九三〇年当时西贡领事向安南总督申请在该群岛中一部采掘磷矿权之理由，而一蹴日本之抗议。但日外务当局目下主张如下：（一）上述问题，目下在调查中，真相尚未判明；（二）该群岛中日本磷矿采集事业中止为一九二九年，至一九三〇年，日领事无向法方申请采掘权之理由，且即使为该项申请，亦与此次巴拉色尔群岛，截然为二问题也。”

按右电，日本已显然将南中国海九岛与拔拉色尔群岛，截为两事。而其所谓拔拉色尔群岛者，亦即影射我西沙群岛也。是其拟占我西沙群岛之兆征已可概见。

考法国在南中国海占领之九小岛，并非西沙群岛，由位置与经纬度数上均可证明。而日人仍一则曰法国所占领者为拔拉色尔群岛，再则曰拟采与法同样手段而占领西沙群岛。由此可见，中法之争，法日之争，究之有成为中日外交问题之势也。

总结前述，法之对日，日之对法，同时亦即为对我；我一方应付法国，他方犹须顾及日本。三方交错之形势已成，前途推移，非可等闲视之也。

四、中法日关于九岛案之法的关系

中法日三国对于九岛之先占权究应谁属，是为一严重之法律问题，非空口所得而主张者。按国际公法而论，“占领”乃于无其他国家主权存在之地方，依先占之意思，树立己国主权，以获得领土之行为也。其条件有二：（一）占领之地方，于占领之时，必须为无人居住；或有人居住，而其民智未开，且无于其地方主张有主权之其他国家实施统治而将土人加以政治组织，并必须无其文明国家先占。（二）须实际占领，关于此点，又可分为二层说明之：（A）须有占领之意思表示，如举行正式占领形式，或将“占领”通告其他国家，但其行为必须为国家行为，或由政府为之，或由私人为之而政府追认之亦可；（B）须于其地方树立负责统治机关，维持治安，以保障权益。今执日本所主张者与上述条件互较，实可谓一无具备。诚如《巴黎时报》所论：“按诸国际公法，凡私人或私营企业最先到达一地，不能作为占领。”故使该群岛即为无主土地，日本欲主张其先占权，已嫌太迟，又何据以言领有？又按本月二十一日东京中央社路透电所称：最近明治大学某教授提出一五五三年所绘之地图为证；德川氏家中最近亦检出地图乙册，为二百年前之物，其中亦将该小岛列入。然此等地图，吾人尚未得见，其真实性如何？其在法律上之效力如何？均属疑问。且据日外务省宣称：“自一九一八年以还，注意该岛之日本商人，即呈请政府将该岛占领而管理之。但截至目前，日政府尚无任何表示。”姑无论当时日本商人呈请政府占领之岛是否即系现在法国所占领者，但截至目前止，日本并未占领，且亦无任何表示，是为事实。故无论日人在该九小岛上有何项经济利益，而对于主权一层，丝毫不得染指，已属彰彰明甚。又据本年三月二十八日东京新联社电称：“昭和四年田中内阁时，外务省虽曾与海军省有所商洽，惟当时所持意见，以为英于马莱半岛，美于菲律滨，法于安南占有势力，日本如将其当中之小岛依先占而领有之，是徒惹起国际问题，无异平地起风波也。”据此与上述外务省所宣称者而论，是日本对于九小岛并非原始占有，又显可证明。一方即非原始占有，他方又未履行法律上之先占条件，故其对于九岛案无置喙余地，足征一班。即前述之二地图纵非虚构，充其量亦不过证明日人曾到该群岛而已，又何法律效力之有哉？

抑有进者，台湾总督主张拟采与法国同样手段而占领西沙群岛，尤使吾人齿冷。盖西沙群岛之为中国领域，已无待辨证。一九〇七年五月，两广总督张人骏曾派广东水师提督李准赴该群岛巡查，所至鸣炮升旗，勒石为记。一九二一年台湾总督府曾利用中国叛徒何应年开设西沙群岛实业公司，以开发该群岛之林、矿、渔业等项。该公司呈请我琼崖县立案。其实该公司即日人南兴实业公司之分号。一九二七年，以国人之反对而撤销其许可，日人从而绝迹。迄至今日，该群岛完全在我统治之下。事实俱在，不容掩饰，断非日阀所得占领者也。

今再就中法关系而论，法政府谓：“法占斯巴拉脱来岛已历三年，中国政府从未提出抗议，故法实享有先占权。”考一九三〇年四月十三日法炮舰玛利休兹号占领斯巴拉脱来岛，不能解释为国际法上之“占领”。盖彼时该岛已隶属中国版图，并非无主物，而法政府又未通告各国正式占领，只不过中国对于海疆统治素不严密，未能注意及之耳。由他方面言之，玛利休兹号之行为，乃不合国际道义也。故若法国主张玛利休兹号之“占领”有法律上之效力，亦必须自本年七月二十五日起。复考九岛为中国领土，已数百年。一八八三年，德政府曾派员测量该群岛，经中国政府严重抗议而罢[四]。该群岛隶属我崖县治，乃我南海渔民生命线之一。距今前数年，中山大学由粤省府建设厅指导之下，曾派学生多人调查该地一年。去岁西南政委会通过之华南建设三年计划程序，亦规定开发该群小岛，并准备建设一无线电台。按一八八三年德政府派员测量该群岛被中国政府严重抗议而罢之一事而论，是为中国在该群岛上享有主权之充分表示，其意义包含二点：（一）中国为先占者，业已实际占领，其地即属于中国主权之下；（二）等于正式通告各国，各国即当尊重中国在该群岛上之主权。据此而论，是我南海九小岛已非无主物，无论任何国家，皆不能以之作为国际法上占领之客体，所以法政府本年七月二十五日之通告占领，当然无法律上之效力。何况我政府又屡次计划开发该群岛，实施统治权乎？

据上论结，九岛为中国领土，依法不独非法国所得占领，尤非日人所得染指。我政府尚在搜查其他证据中。将来提出，明示归属，以中法交谊之笃，当可收回。即不幸，前途障碍丛生，而亦必须诉之国际裁判，力求保全领土，断不可以其面积较小而忽视之也。

五、结论

关于九岛事件，法日间之交涉，固甚激烈，然吾人对于二国间是否有相当谅解，独不无疑虑。观台湾总督之言，殊令人不可捉摩。此一点，望我政府当局特别注意及之！

法宣布占领九岛，我政府国民，尚莫明其妙，要待调查，然后交涉。边疆统治之弛懈，有若斯者。国人其急起惩前毖后，谋保领土完整！

一九三三，八，二三，北平

注解：

（一）“南海”英译为South China Sea.若再译成中文，即为南中国海，我通称南海。

（二）“九岛”据日本政府与报张上发表，系为六岛。据法使照复我外部称有七岛。

其实该群岛大部高潮则没，低潮则现，究有若干岛屿，尚待调查。惟我国报张所载，均认为凡九，姑从之。

（三）据本月十日大阪《朝日新闻》载各岛之经纬度数与法使照复我外部抄送者，大致相同。惟关于西德欧岛之经度，大阪《朝日新闻》所载为东经一一四度一六分。此二者之出入也。

（四）见本年八月七日《北平晨报》社论，八月四日《时事新报》载：路透广州三日电，据粤省府人员发表。

（录自《外交月报》1933年第3卷第3期）

南海群岛[一]地理的考察

苗迪青

六年七月因法海军派舰占领而引起之南海群岛问题至今迁延未决，据报载，法领安南殖民地参议会，已于十月二十三日决议以之附属安南。其在外交上引起之中法日三国关系，本报于前数期中已有记述。本文为苗迪青先生所撰。苗先生留日多年，专攻地理学。此文对于南海群岛之地理叙述颇详，且附图说明，可供一般读者之参考。

——编者

一、关于南海群岛目下所起的纠纷

南海群岛，大家都知道是我国极南端的一群小岛，在我国南海之中，世称华南九岛，但是小岛群集确不只九个。我国人民在此群岛上的大多数都是以渔为业，惟因此群岛附近航行不易，有暗礁、浅滩和石礁，致使不少船舶在此遭难，所以来此群岛上的都是些健壮男子，也有些无知乡人见常有遇险失踪的，便以为岛上有鬼神作祟，所以称这些岛为鬼岛，但是岛上却是十分和平。热带植物因风飘动，不时送过香蕉、菠萝等的气味。青绿繁茂的植物丛中，露出丰阔熟肥的果实，真可称为我国南海的福地。今夏突为法国所占[二]，中国当然与之力争，就是办外交的人们，不求有功只求无过的话，也应努力交涉把这些岛屿收回。不过因为中国现在是处于四顾多忧的时候，对于任何事件都须特别注意，以期能达到一个很满意的解决。这篇文章是叙述群岛的大概情形，希望社会上不知道的人们都有以相当认识。

二、各岛的位置和地理上的重要

华南群岛的位置，系在中国南海的中央，菲律滨群岛之西，越南的西贡之东，婆罗洲之北，我香港之正南，位于北纬十度，东经一百十五度的地点，前时有人认为是西沙群岛。这显然是一种错误，因西沙群岛即在我琼州不远的地方，相隔不过五十英里，华南群岛离西沙群岛还有一百二十英里远，即经纬度的不同，也很容易明白。

群岛的极北端有两个小岛，就是North Danger North-east Cay 和 North Danger South-west Cay，我国人称北危岛东北礁和北危岛西南礁，从南此略偏岛就是三角岛（Thi-tu Island）。三角岛的东南廿五英里远的地方是南岛，三角岛的东边是威斯特幼克岛，再往东是平岛，由三角岛往南是大岛，大岛之南是能以特岛，能以特岛之南在危险区域内是星考岛，极西南有风雨岛，极南有安保拿岛。再把各岛依面积的大小顺序排列在下面，英文名子也写在下面，以供参考。

大岛	Itu Aba Island	390.390平方米达
三角岛	Thi-tu Island	326.280平方米达
风雨岛	Spratly Island or Storm Island	147.840平方米达
威斯特幼克岛	West York Island	138.270平方米达
北危岛东北礁	North Danger North-east Cay	133.320平方米达
北危岛西南礁	North Danger South-west Cay	125.400平方米达
能以特岛	Nam yit Island	75.900平方米达
南岛	Loaita Island or South Island	62.700平方米达
平岛	Flat Island	70.000平方米达
星考岛	Sin Cowe Island	73.620平方米达

大岛位于北纬十度二十二分四十秒，东经一百十四度二十一分十秒，是全群岛中最大的一个。岛上青苍，遍生热带植物，丛生的树木亦堪繁茂。岛中清泉涌出，自由流聚。

此外北危岛西南礁和风雨岛，都是满栖着海鸟，海鸟飞舞的时候，能够遮蔽天日。海鸟粪在这两个岛上堆集的非常之多，比西沙群岛的埋藏量还多。

这一群的岛屿，都是由珊瑚礁石的各岛聚合起来的，所以船舶常常感到危险，但是岛小海岸有数处港湾，水甚深，便于兵舰船舶的停泊，可称为自然良港。并且岛上平坦，可作飞机场。到了现代的航空时代，没有航空的设备，就不能谈战争，就不能谈国防。并且依地理的位置考察起来，适位于菲律滨、婆罗洲（北部属英南部属荷）、新加坡、法属安南的中央，无论哪国占去，到战时作为军事根据地，和旧有的领属取得，都可以支配我国南海的天地，威胁我华南。假若我国从此能在这群岛上作军事的建设，无论海军方面，无论空军方面，便是我国华南边疆的惟一防线，也即是能够控制各方面的海空军来袭的军事要冲地。总而言之，在国际时局复杂的现在看来，南海群岛对于我整个国家的意义，要比向为我国的渔场，和安居一部分人民的意义大到百倍，可以说是能够左右我国将来存亡安危的生命线。

三、岛上的自然状况

这一群的小岛上面，都是草砂。岛的四周环围着珊瑚礁，珊瑚礁的地带有三四丈宽，珊瑚礁面被水淹蔽着，但依潮水的涨落，珊瑚礁面也常常能显露出来，岛内大部平坦，岛高有七尺左右。

珊瑚礁一带以外，海水便深了，有四十五英尺左右。再往外去，海水更深，有一百五十英尺左右。

岛的表面是土和小石，上边长有草木树丛，表面的下层是砂和砂岩，再下层是石灰岩。下雨的时候，雨水不能浸透石灰岩，留存在岩上的砂中，岛上流出的清泉也就是这水，因沙渗滤，所以十分清洁。井中水的深度，是依潮水的涨落而升降。

华南群岛都是位于北纬十度附近的缘故，所以气候无论什么时候都是很热，但是超过华氏九十多度的热度，也差不多没有，常是凉风吹拂，异常适于生活。

大概从十一月中旬起到翌年三月刮东北风，其余都刮西南风。刮东北风的时候，天气非常干燥。一月到三月差不多不下雨；四月到八月，雨量颇多；九月起到十一月，有时下有时不下，雨量调和。

十一月中旬气候略起变化，树叶都相集散落，和温带秋季落叶的情形一样。大风很少，暴风雨更是极少，风速常常在十米达以下。二月在一年之中，是最为风平浪静的时候，海面有时仅微呈波纹，强烈的日光辐射海面，反映出极明朗的光线。

群岛的各岛上所栖居的动物，没有危害人类的东西，所以在岛上居住非常方便。

北危岛东北礁、风雨岛、和平岛等的岛上，群栖着无数的海鸟，白天有些离开本群岛飞到很远的地方，晚上都又回来集聚群栖。白天留在岛上的海鸟，伏地抱卵，或抚育小鸟，常常看到由海上飞回来的海鸟，衔着小鱼哺喂小鸟。这些海鸟中很多的是南洋鸟，像内地的乌鸦和鸭子，体有黑白两色，有白颈黑嘴的，有半身白半身黑的。此外还有类似内地的鹰一样的大鸟栖息树上，常常出来掠夺普通海鸟的鱼类等食物。刮大风的时候，偶有被风由别处的大陆上吹来小岛，但不久就会看不见。其他鼠、蚁、蜂、蚊等也有，但是蚊子常常是夜间息落不动，白天出来吸食的。很大的树木也有，大的直径有四五尺，但名字不能确知，有人称为牛彭树。有些和内地的树木不同，又似乎是属荳科的植物。三月的时候，这些树开鲜红的唇状花，芳香可爱，更能点缀岛中风光。

热带果实像香蕉、南洋瓜（Papaya）、松苹果（Pineapple风梨）、椰子树等也很不少。

海岸各种鱼类、贝类都很多，我闽广一带所食用的海参、鱼贝龟等水产物，有不少是从这群岛拿回来的。

四、岛上的出产

华南群岛的上面，栖居的海鸟很多，在上边已经讲过了，不过这些海鸟似乎不喜欢在有树木的地方栖息，第一是恐怕树上藏居鹰或相似的强霸鸟类掠夺他们的食品，或竟强战使他们把已经吞到肚内的小鱼吐出；第二是感觉飞行的不便。所以群岛中栖居海鸟最多的三个岛上没有树木，其他有繁茂树木的岛上却没有海鸟，大概是已经移到别的岛上去了。

海鸟的食料，是动物质的鱼类、海贼等，所以它所排泄出来的粪，不但含氮的成分极多，而磷酸的成分也非常之多。

又因为砂是石灰质，鸟粪和石灰质的东西起化学作用时，变成磷酸石灰。粪中氮的成分，和植物的腐败植物质也都混合到磷酸石灰质里头，这就形成所谓“海鸟粪”了。再依岁月变迁，越久越固化，就成了磷矿了。这些磷矿和西沙群岛上的海鸟粪，在我国发展实业上，占极重要的地位。

华南群岛之中，能产海鸟粪的有如下的七岛：

北危岛东北礁	North Danger North-east Cay
北危岛西南礁	North Danger South-west Cay
平岛	Flat Island
三角岛	Thi-tu Island
大岛	Itu Aba Island
风雨岛	Spratly Island or Storm Island
南岛	Loaita Island or South Island

其中最适宜居住的是大岛和三角岛。

华南群岛中产磷酸原料的各岛上，所产的磷酸原料，大概可分为二种，一种是磷酸质海鸟粪，一种是磷矿。

要是按成分来分的，又可分为如下的四种：

1.高度磷酸质海鸟粪

2.低度磷酸质海鸟粪

3.高度磷酸质块矿

4.低度磷酸质块矿

第一种的高度磷酸质海鸟粪中，含有磷酸三十八—三十九%，含有有机氮质〇.三%。

第二种的低度磷酸质海鸟粪中，含有磷酸三十%，有机氮质〇.三——.〇三%。

第三种的高度磷酸质块矿，含有磷酸三十六—四十%，含有有机氮质〇.五%。

第四种的低度磷酸质块矿，含有磷酸二十二—二十五%，含有有机氮质〇.五—〇.八%。

以上的高度磷酸质海鸟粪和高度磷酸质块矿，在全岛之中，产于北危岛西南礁、风雨岛和平岛；低度的磷酸质海鸟粪和低度的磷酸质块矿，产于其他各岛。

采掘这些东西是极容易的，决不像采掘别的矿物那样繁难。

磷的成分是米、麦、桑、水果及一切农产物的肥料的主要成分。单就我国是以农立国的一方面来讲，于我国的全民生是如何重要！我国现在的黄上层土每年须用很多肥田粉等外国肥料，在经济上是如何大的一种损失！我国要想改良农业，第一当从肥料入手。

这是岛上矿产的情形。不过因为国内战争连年，注意的人虽多，也知道是我国产磷矿的重要部分，但却没有好好去经营。西沙群岛在现在也同样的情形。

群岛附近所有的水产物——鱼、贝、海龟、海参等，和岛上的香蕉、菠萝、南洋瓜（papaga）等的热带果实，都给与我闽广一带人民以不少的实惠。每年每只船来往捕鱼，可以得数万元的利益，可以说是我国由来良好的渔场。

五、群岛上的人文状况

华南群岛离开本土，约有七百多海里之远，加以群岛跨在危险区域的地方，所以去的人比较别处少些，但是我国闽广人民，善于航海，就是再远至南洋各岛，我国人民也是非常多的。在往南洋所必经的要路上的我华南群岛上，所居我国人民当然也不是少数。据最近从华南群岛来的人讲："华南群岛的上面，有些岛上人的确不很多，有些岛上住民却也不少，有不少人对于民族、政治、国家的认识也很明了。像在南岛（South Island or Loaita Island）上，渔人虽不很多，可以看到他们的程度。在很大的两株朱彭树上深深刻着很大字的标语：'大中华南隅X（一字看不清），打倒日本人'的标语，字划陈旧，不知是什么时候刻的。旁边有法国占领的标石，上边只写着'一九三三年'，字迹新鲜。"

法国占领时，有驱逐我华民的事情，已见报端。至于法国政府所发表说："大半是无人岛。"那才是掩耳盗铃的话。

在岛上居住的人，确是闽广人居多。因群岛附近不易航行的关系，所以女子极少，但是相争相斗也极少。

住民白日渔猎，晚间酣眠。有天然的许多香蕉、菠萝、南洋瓜等等的食料充饥，自然生活是十分快乐，十分和平。不过他们的生活有些类乎原始人的生活，和南洋各地居民的生活，因为捕鱼择果就可以渡生。

他们也有从国内带去的乐器，从事劳作之余，他们也奏乐愉乐，也歌舞，真是有点像桃花源世界。

六、结论

这篇文章是偏重地理的考察，对于外交问题，没有很多涉及。不过这群岛在我国的国防上、农业上、矿业上和渔业上占到如是的重要地位。总希望很快得到满意的解决，无故强占的法国，也早日退去。我东北的半面天下，现在既成不易解决的僵局，但南部边疆，总希有所不变。日本方面打算染手此事，便说岛上有日本人遗迹。那么晚上在某家做客的人，把一件衣服丢在主人家里，到第二天就可以再去指衣服为证让主人搬出去吗？像法国那样，强占我历史悠久的有普通住民的岛屿，是不合国际公法。但像日本这样谬论，在国际公法上又有什么根据呢？

注解：

（一）南海群岛亦称华南群岛。

（二）法国占据我南海群岛中主要的诸岛以后，除树立国旗之外，立石标，用白洋漆涂书文字，不过有简单的只写年月，有复杂的还写岛名船名。下面是在Thi-tu岛上立的石标（图略）。

（录自《外交月报》1933年第3卷第5期）

文化界

粤海九岛问题

英　彦

“中国目前正是全世界一切矛盾的集中点”（沙伐罗夫），国际帝国主义的毒牙，正竞奔着中国民众的头上。中国民族革命的危机，正在日益加深的发展。帝国主义经理的威权，随着帝国主义穷凶极恶的暴露，正在日益急激的崩溃。

法帝国主义的占领粤海九岛，正如日本帝国主义的占领东北，英帝国主义的侵略新藏，具有同一严重的意义。这不只是九小岛本身的问题，而是国际帝国主义共管瓜分中国的更进一步的表示。这也不能是中国民族危机的开始，而是危机的继续扩大。只有奴才们才会否认这一严重的意义。只有帝国主义走狗为掩饰其拙劣的无能，尽其猫狗的忠效，才会“顺手推车”说不是在我们的领海界内而静默起来。

法帝国主义这一军事掠夺的幕后，当然是接受金融资本家的指使，基因于其帝国主义政治经济发展的需求。在目前“帝国主义发展不平衡律”的紧张而剧烈的危机，市场排挤的急激，商品资本争战的热狂，在在已经加紧各帝国主义以军事行动定期地重新世界的再分割，定期的加深及加剧帝国主义营垒中的冲突。因此，帝国主义战争准备的加强，在目前已经走入另一新形势的阶级（段）。法帝国主义占领九小岛的强盗行为，正是这一客观新形势的必然。这也就绝不如一般帝国主义走狗们的眼病，以为区区九小岛并不足轻重。虽然这在直接上并不能给予法帝国主义以巨大财源，然而在间接上，就是说在根基于经济法则的军事观点上，以及对于日本帝国主义的台湾，美帝国主义的菲律宾，英帝国主义的新加坡、香港，却予以最大的威胁。特别是对于掠夺中国这一块在帝国主义心目中所认为经济恐慌的活塞，法帝国主义不但从落后的地步与日、英、美帝国主义“平分秋色”，而且一跃而具有“捷足先登”的企图。所以在这里我们不仅仅观察中国民族革命被包围的危机，同时更看出各帝国主义冲突的尖锐化——在以中国大众当炮灰的帝国主义冲突的尖锐化。

资本主义世界的安定已经终结，国际帝国主义在中国的均衡已经破坏。如果我们不能发动广大的民族革命战争，那末就只有遭受国际帝国主义的宰割，并且不能是和平的宰割，而是帝国主义者间毒气战争，飞机大炮底下的宰割。“抗议！抗议！”还只是文明的国际礼貌，而且还要经过慎重调查证据之后，才不致冒失素来和好的中法邦交。绝对的这决不能使法帝国主义认错赔罪，自行卸下九岛上的法国旗而“原璧奉赵”。只有毫不犹豫地以民众武装的力量，才能从法帝国主义强盗手中夺回。只有群众的民族革命光芒，才能收回九小岛。也只有这样，才能避免国际帝国主义武装瓜分中国。

（录自《文化界》1933年创刊号）

西风副刊

东沙岛特写（上）

田　心

东沙岛（Pratas Shoal）这地名国人知道和认识的恐怕很少。即使被人注意过，报纸上也提起过，可是因为它的渺小，真如沧海之一粟，而且是远在海外无人居住的一个孤岛，所以总不容易引起社会人士的注意。为着这个缘故，我想把尽我所知的写出来供献给大家。

我曾在岛上无线电观象台里服务过，进出四次，前后九年，对于该岛情形知道得比较详细。但对于它的沿革，都是由各方面听到的，因此无法证明是否真实。好在我的宗旨是在介绍给读者，作为茶余饭后的闲谈，而非作为历史的参考，所以下面所写的除我自身的经历以外，都是由闲谈里得到的，不能说有什么特殊的根据。

一、位置

东沙岛位于中国南海的北端，在香港的东南，约一百六十海里，岛长约三英里，阔一英里半，拔海只二十五英尺，有着热带的气候，多风，天气恶劣。是从新加坡到中国，与菲律滨到香港，所必经的要道，所以在航行与军事上都占着极重要的地位。

据地质学家说，它是由火山爆烈而成的珊瑚岛，岛上并没有沙，而全是珊瑚末所组成的。树木很多，几乎布满了全岛，但因土力不足，所以都极矮小。地上长满了藤草，只有椰子树却能长得相当的高大。可惜为数只不过三四颗而已。

在鱼肚白的晨曦中，海水的波浪软和的推动着，浪头上冒起一点白花，点缀着碧绿的汪洋。天上找不到一片云彩，几点星光在闪耀着，海天的分界，已由模糊渐转清晰，现出无止境的天涯。风却还相当的和爽，似乎一点秋意也没有。

这是我第四次——也可说是最后一次被调赴岛的途中。一艘千吨大小的轮船，正破浪前进，速度显然已经减低不少，因为她由昨天早晨九时离开香港到现在已经走了足足二十小时，应走的浬数，已是足而有余了。这时候照理要到达我们的目的地了。可是在这远视线良好的情形下，我们所有的望远镜都在照望着，来寻找这对航行颇危险的小岛。但是毫无踪影，我们都焦虑着，因为再迟一点，太阳一升上海面，可就不容易找了，那时太阳将使岛上的灯塔失去了光明，而且将使我们无法在强烈的阳光下向东探视了。

机器间的铃声响过之后，船的速度又慢了下来，从此就开始寻觅的工作。一方面由水手看守着船头的海底，因为那时，一不当心就有触礁之虞。这种开慢车的寻找差不多是每次船只驶岛，所必须经过的手续。船上的人仍然目不转睛的注意着汪洋大海的每一边，脸上都现着无可奈何似的平心静气的探寻着。无线电不时的同岛上互通消息，以助寻觅，每次总须经过数小时的时间才能找到这好像一条线似的小岛。

在水平线上模糊的现出了三条影子，那是我所熟悉的两条长的电台上的铁桅，一条短一点的，它的顶端发出一明一暗，抖着的红光的灯塔，太阳已夺去了它原有的光明，只剩下一点惨淡而无力的微明。可是只这一点的红光，却是航行上最伟大的福星，它给与我们寻觅上不少的便利。顺着这三条黑影往下看，才能找到这矮小而细短的小岛。遥远看去，它是那么不容易看见，它有着水一般的颜色，跟着波浪的起伏而明灭。这自然是不易为视线所看到的唯一缘故。

我们这时才觉得放心，所有的人都回到自己的舱中去料理行李。船仍然慢慢地走着，一边打着水镖，以便知道海底的深浅，直到无可再进的时候方行抛锚。船上放下了两条舢板，开始装卸粮食及行李。那风浪虽然不大，可是抛锚后，似乎一浪一浪涌得很高。因此卸货时，颇感困难，粮食的木箱放下去时，由于冲碰，破散了不少。岛上开来一只小汽艇，它拢近大船很费了不少功夫。我们的行李相续由船边吊下去，每一个人也都从船边拉着软梯，顺着船边跳到汽艇上。那是要非常小心，拿得定，看得准，才能得到安全，否则就有落水的危险。因为汽艇被波浪不停地涌送着，忽即忽离，忽上忽下，忽前忽后的飘浮不定，所以要下去非有把握，抓着机会，往下一跳不可，像这样的风浪在东沙岛是极平常的事。我们雇用的一个理发匠，竟因恐惧这一刹那的危险而不敢下来，终于又被送回香港去了，弄得我们三个多月竟没有剃头。

我们的汽艇拖了舢板，在波涛汹涌的大海里驶回岛去，在汽艇上看那波浪有如小山似的滚着。驶行了一个多钟头，才安抵岛上。我们几个人都由差役们背伏着渡过了丈余的浅滩才到沙滩上，全身衣服都被浪花浸湿了。

上岸的地方是南面沙滩，临近躺着两只破碎不堪的渔船。有一条小铁轨，向北直伸到电台里头，铁轨上头放着两部四轮人推的载货车。顺着铁轨走去，约半里路，在树缝里现出一座小洋楼，那里贮藏灯塔里用的材料，住着灯塔看守人。洋楼前面的空地上长着唯一高大的三棵椰子树，由于它的柔软躯干，可以知道它有抵御一切暴风雨的自卫能力。铁轨的尽头豁然开朗，一座平房似的水泥建筑物，现于眼前，这就是无线电观象台了。直入云霄的二百五十呎无线电铁塔立在南北两边。东南海边上，立着一座灯塔，它的临近有二座木房，即所谓东沙岛海产公司。东北海滩上有座破旧的水泥房子，在电台未曾造好时，那里是临时办事处。此外就再没有什么建筑物了。

二、沿革

据说，很久以前，这岛首先由中国渔民所发现，而归入广东省管辖之下，可惜那时当局大都不知该岛的真实价值，没有加以注意。当时曾一度被充为麻风收容所，由广东方面遣送来很多麻风患者，使他们能平安在岛上生活着，以免传染的蔓延，按时由省方派船送粮到岛。后来大概是因为国内的不宁，该岛终于被省方所遗忘了。一般麻风患者由于绝粮而全数死亡了。此后，中国人也就绝迹了。而由一般琉球、台湾等地的渔民所占领，在日本保护之下，他们进行着捕鱼，采海草（这海草为制药的珍品，可惜不知道它的名字，故以海草称之），每年可获百万元的利益。

一九二〇年以后，那时上海全国海岸边防处，得到海关的资助，同时商得广东省政府的同意，计划在这岛上设立一个无线电观象台和灯塔，以利南海上的航行。惟当时就受到这般渔民的阻扰，因为这事如果实现，无异由他们手里收回该岛，同时剥夺了他们对于海产上的一切权利。于是双方就开始争论这岛属于哪一方面。起始他们以既成占领的事实，与距离台湾极近为理由，而拒绝交还。然而我方这时也据理力争，但是终无效果，最后还是在无意中在岛的海滩上拾到了三身木偶，据说这三身木人是中国仅有的神像，并不是日本所有的。这东西大概是那班麻风病者所遗留的神像，因此就证明了我们中国人是在日人之前先发现这岛的。我们这时终于得到了最后胜利。这真是意想不到的。以这样三身木制的神像，竟会解决了一块土地的主权。现在为纪念这三身神像，还建筑了一座小庙，在离台不远的西北方，到了年节也照例烧香上供。

三、建台

岛的主权既经收回，于是就开始建筑气象台的工作。当时全国海岸边防处自上海租轮运岛各种建筑材料及粮食和四五十个工人，首先建筑地基，那时还预先成立了一个小型无线电台，专与香港通电之用。当时这工程是由上海一家建筑公司承包的。

起初工作还算顺利，但是，日久带进去的粮食渐趋缺乏，于是工人食品上的营养也渐感不足，加以江浙人不服南方热带水土，就发生了严重的脚气病，加以各工人的身体已经衰弱，所以这种脚气病也就蔓延得很猖獗。于是死亡就开始袭击这些病的患者。先始是一个人因脚气病死亡，由几个人相助料理丧事，等到事情办妥了，这几个衰弱的工人，也就得到急性的传染，而相续死亡了。这样的连续传染和死亡，使一切工作都停顿了，在岛当局求救于香港。所幸香港当局颇为热心，即刻就派船到岛，由死神的手中夺回了十几条生命，然而病重的几个工人，在半途中仍免不了死亡，而被抛在汪洋大海里了。

由于这次不幸的遭遇，确实受了不少的损失，建筑工作也停顿下来了。而这家承包的建筑公司，被死亡工人家属的责难与要求赔偿，以及各种的损失，竟至关门大吉。

江浙人既不服当地水土，于是就雇用广东人继续工作，一方面改善粮食和缩短运粮船的时期，这样虽然仍难避免死亡，总算已经能减少到最低的死亡率了。

四、无线电观象台

在无线电观象台开幕的时候，由我海军部派应瑞军舰载送全国海岸边防处处长及各人员，同时尚有中央天文台、上海徐家汇天文台、香港天文台及马尼拉天文台等都派员参加这次开幕典礼。那是相当荣耀的，因为这种气象台的设施在我国还可以说是创举，所以一时很博得外人的赞誉和爱戴。

珊瑚岛上的地质异常松软，然而电台的地基却打得相当的坚固，房屋全是用水泥钢骨筑成，里面有气象室、报务室、机车房、电瓶间、机务管理室、车床间、医务室。此外宿舍、厨房、饭厅等都在一块，而围成一个“凹”字形的建筑物，当中一个水泥天井，还有蒸馏水房设在台的临近。

两只无线电铁塔为着防卫飓风的袭击，都建得十分粗大而坚牢。当中立一个开台纪念碑，碑文是全国海岸边防处许处长所作，可惜我已经忘记不能背诵出来了。它的旁边是一个水泥亭子，放置着湿温表。在东北的一只铁桅旁边，也躺着一道由台到海滨的铁轨，它已经是不常用了。

电台里的机器，有长波收发报机两架，专供与船只、香港、台湾、菲律滨等处通电之用；短波收发报机两架，专供与南京、上海、法属安南等地通电之用。此外有发动机两部，每日不停地工作着。

一切机件的损坏，除已有配件外，其余都得自己去作，所以各种应用的机器和工具都是齐备的。在当时国内像这样的无线电台，也可以算是相当的完备了。

气象方面的仪器，为数虽则不多，然而还都适用，而且都是新式而准确的。

我们任务的范围，北自上海以南起，一直到中国南海一带为止，这一带沿海的气象情形以及远东方面高低气压的位置和飓风的位置，每日都做两次详细的广播报告，时间是在午后一时与晚上七时。如有飓风在我们任务范围之内，则当向船只上做随时的广播报告。

我们每日由南京、上海、香港、马尼拉、法属安南、日本、台湾以及船只上收到全远东各地的观测报告，作为气象报告的材料，同时我们也供给他们每日两次的观测报告。

全台由海军中校台长一人主持着，他主要的职务是编制气象报告，管理全台一切事务，以及往来的各种公事。他没有任何助手，虽然有一位气象助理员，但是他的帮助是非常有限的。

无线电方面，机件的修理、添置、机车管理等，都由一个少校工程师和两个上士军士长来负责管理。至于无线电收发与气象观测等工作，是由一个上尉台员和三个中尉台员所担任的。此外有中尉气象助理员一人，中尉医师一人，这些人称之为官佐；木匠、理发匠、泥水匠、铁匠、洗衣匠以及差役等二十余人，称之为兵士。这就是久驻孤岛的工作员兵，共计三十余人。

人员为海军部所委派，服务期以一年为限，一年期满就同本处所属的各警报电台人员对调，以资换水土而调养身体。至于兵役中也有调换的，也有雇用的，所以期限并没有一定的限制。

五、粮食

海关当局以为中国海岸的灯塔都在它管辖之下，那么东沙岛的灯塔，自然也不能例外。所以岛上建造不久的灯塔，就被海关收买去了。当时他们才建筑了那座楼房，派了两个看守人来岛管理灯塔，每季派海关轮船送粮到岛。时在二月、六月与十月每年三次。我们就乘着它来岛之便，托它免费代运粮料，以及调换人员，倒是很方便的。后来因为灯塔光度太小无用而被海关所取消，海关船只也就停止来岛了。自此之后，我们改为租船，每年两次，是在三月和九月之期。

每次来船的时候，我们购办大量的米和面粉，以及罐头等，至于新鲜食品如鸡蛋、菜蔬等虽然也有购办，但是因为天热，最多只能存放四五天就腐烂了。以后就开始吃那讨厌的罐头，这种东西的营养价值是极有限的，并且由于那讨厌的气味使人作呕，因之每个人的食量都为之锐减，身体渐趋瘦弱了。尤其是差役们为着营养不足，患心脏病与脚气病而死亡的年有一二人。

那时的购办伙食是由台长来主持的，他为着台务的繁重，自然不能有周密的计划。有一次在冬季的时候，竟因为计算的错误，和购办者的舞弊，粮食上差得很多，我们竟吃了一个多月有虫的白饭。那时随便什么都没有，只有几只鸡，后来杀着吃的时候，连盐都没有了。兵役们病倒的很多，大家都敢怒而不敢言，其苦可知。本来运粮船应当即刻驶岛救济，可是又被那无情的季候风所阻，使它竟停留在香港等候了不少时日。

自从这次粮食恐慌之后，大家都觉得全台人命操在一人之手，似乎太危险，也太不值得，不久成立了一个粮食委员会，由我们七个台员来主持，而由新任台长任监察委员之职。自那时起，我们积极的改善粮食，一方面减少罐头食品，一方面试行畜植各种新鲜食物。经一年余的改善，我们得到极好的成绩。

粮食委员会对于蔬菜上也费了不少功夫去试验种植。我们由海外运进了肥料、泥土与菜籽，还请了一个乡下人专司种植工作。结果除小白菜和葱之外，别的差不多都失败了。我想这与气候及水土不无相当关系罢！

六、生活情形

在岛上的生活，平常都是极枯燥无味的，每日机械式地工作着。台长是始终的忙着，工程师如无机件的损坏，可说是极其清闲，医师同气象员，除应有的一点职务外，也是无所事事。我们四个人呢，每日每人八小时的无线电值更，从早六时起到午夜十二时止，由三人轮值，三日一休息，而休息日却又须专作观测气象的工作，所以每日总有事可做。

冬天的时候，为着强大的季候风，使我们都不愿意出门一步，因为天上阴云密布，空气里含着潮湿的盐水气味。水土飞扬，大浪涛天，如在海滩散步，有时竟有呼吸困难，眼睛难开之苦。但是守在屋里，听那大风打在水泥墙上的哗哗声，又加重了一颗寂寞而愁闷的心。我们常常面对面地静坐着，互相凝视一二小时之久，各人想着各人的心事。偶然谈一两句话，但是总是无法谈论下去，因为所谈的事，大概都已经重复了不知多少次了。所以到了冬天，有如进入监狱似的不自在。

平时唯一的消遣就是看书写字，有时如大家有暇，就作方城之戏来消磨这无聊的长日。可是因为各人事多，老是不大容易成局。夜间我们也常饮酒，那时真是一杯在手，其乐无穷。所以酒在岛上似乎俱有消愁的伟大魔力。

一般兵役们，每日除应做的工作，闲着的时候也常常偷着聚赌。岛上向来没有金钱流通，所以他们都以螺壳一只当作五十元，火柴一根为十元等临时筹码，输赢很大，完全失去消遣的宗旨，而成为赌博的恶风。胜负之款，都由账上拨付。所以有人竟输负二三年的薪水。这事终于被台长知道而禁止了，并且各人的款项不许私自对拨。如此之后赌风才平。

季候风过去之后，也就是春天来临的时候了。我们的生活，似乎得到新生而解放了。在晴朗而温和的黄昏，碧绿的海水，轻击着海滩，一波一波地冲刷着细沙。天空青蓝得可爱，没有一片浮云来扰乱它的纯洁。海风轻轻地拂着，使人们忘记了“风”的可厌。西边的落日照红了半个青天，海水里闪耀着鱼鳞大小的红光。这时宇宙恢复了它美丽的面目，使人们陶醉在这大自然的怀抱里了。然而夜间皎白的明月和光亮的星斗，又无情的钩起了人们的思乡情绪，颇有“同是一轮月，人各两分飞”之感。

从春季的开始，我们就常作户外的游散。可是在黄昏之前，太阳有如火一般的热，射在沙土上，跳耀着强烈的反光，我们的眼睛和皮肤都感到相当的痛苦，所以我们总在黄昏饭后出发到海滨上去散步。

在沙滩上散步，还可以拾到不少极美丽、可爱、形式玲珑的小螺壳，它们是由海水冲上来的，或者是海草里掉下来的，奇形怪状，有着闪亮的光彩。所以有人嗜之如命，简直和现在人搜集邮票似的那么上瘾。他们一步一步的，小心着，留神着地上每一颗螺壳。另外还托了许多渔民替他们搜集，而以香烟、烧酒作为交易品。他们有时竟购买数十元的烟酒，专供兑换螺壳之用。他们常常洗涤着螺壳里已经腐烂的肉，虽然臭味冲天，使人头痛也在所不顾。弄干净后，再小心地用棉花包好，以防破碎，再用盒装璜起来。此外还有各式各样的珊瑚石、红的肺形草、海树，甚至于龙虾的外壳都在搜集之列。

游泳在那里是再好没有的运动。沙底的海滨，水永远是清明见底而洁净的，一切都合于游泳的条件。尤其是南面海边，有着很大的浅滩，我们带着救生圈，在海里玩上几个钟头，确能心爽神怡的。不过当清风徐来的时候，水波虽然不兴，然而浪却很大。有一次工程师袁君，因水性较差，一时不慎竟被波涌送到很深的地方，差一点遭灭顶的惨祸。

在游泳时最讨厌而可怖的，是要时刻防备着鲨鱼的袭击。常有很大的鲨鱼，在浅滩上潜游，即使身体露出水面，也能游行自如。还有浮在水面，随浪漂流的小海蜇，也是极端可怕的东西，它如碰到人的肉上，皮肤立刻由极疼而红肿。它来的时候都是成群结队的，遇见这东西，游泳者只好退避三舍了。

我们不用钓竿钓鱼，而是用一种透明的鱼线，长约四五丈，尾端用小块铅系着，以便易于抛掷出去。离小铅块约尺余的尾端系着鱼钩，线掷出去后就沉入海底而不像竿钓似的漂浮水中。

我们时常去钓鱼，我觉得这是最好的消遣。一线在手，可以忘掉一切。我们常从饭后六时出去，到十时左右才回来。四五个人坐着小舢板，到离海滩约半里路的地方去钓鱼，大家静坐着，乘着风凉，一面体味着钓钩上的趣味，真有乐而忘返的样子。我们常常钓到十余条大小不等的鱼，回来后，把它们作为酒肴，剩余的还可以捐给粮食委员会，放在冰箱里，充为明天的菜蔬。我曾为着钓鱼上瘾而入迷。

到了节期，如遇天气晴朗，我们照例的到大海中去叉鱼。我能稍谙水性，所以也常随着一块儿去。大概在下午一时，烈日当空的时候，我们带了凉水、干粮、白兰地，以及一切用具、鱼叉等，坐着汽艇出发。碧绿的海水里呈现着大块黑色的潭石，大小不均的点缀着。汽艇须要曲折而进，离岛二三哩地方，才有较大的潭石，在这潭石的空洞里藏着许多各种的大鱼，它们静静的在洞里，享着阴凉的快乐。

水性极好的泥水匠黄秋君，对于海中道路非常熟识，什么地方鱼多，也知道得颇为详细，所以叉鱼工作都由他主持。他不用钩钓，而是用铁枪去叉鱼的，这样可以叉到较好较大的鱼。有一次他曾独自叉到一尾重约二十余斤的石斑鱼，在鱼胃里还装着一个尚未消化的大海蟹。

在海中的时候，我们戴上防水眼镜，在水中可以清楚地看到一切东西。海底的景致真是远胜陆地上人工所有的建筑和色彩。它既伟大而天然，深红色的肺形草，各种颜色的珊瑚石，以及奇形怪状的海石，再衬着五花十色美不可言的活泼小鱼，到处的闲游着，一切都现着天然的美，和配着调和的色彩。我们绕着大潭石探视着每一个石洞，如有大鱼在里头，就拿着鱼叉照准它的部位叉进去。这种叉鱼法大概都是成功的。

海蟹也是极美的食物，大而且鲜，捕蟹也是这位泥水匠所特长的。在岛的中部有一个大湖，直通大海，湖里水浅而草多，蟹洞很多，当水落的时候，水只没腹。他赤着足，用脚探到洞里去摸索，如果有蟹就一脚踢着，而后俯身用手将蟹捉到。这样说起来似乎是轻而易举，但事实上，却很危险，因为那里的海蟹大者连脚有二尺余长，足极粗大而有力，足部的壳竟有分余厚。有一次他因为捉捕时不慎，脚的大拇指竟被挟得摇摇欲断。从那次起他很久不敢捕蟹。

天气晴好，有着月光的夏天夜里，我们常常成群结队的到海滨去捕捉玳瑁。这种动物是属于龟类的，它大约都有数百斤重，力大无穷，有着鹦鹉似的铁嘴，四个无爪的大掌，在水里其行如飞。它的背壳很厚而美丽，其色是透明深黄色，内带许多黑色斑块，可以作各种的装饰品，如香烟盒、眼镜架子、指环等。有一位工程师，他们巧夺天工地作了一把自来水笔杆，他费了许多玳瑁壳和时间才成功了这把独一无二、美不可言的玳瑁自来水笔。

月夜才是雌玳瑁上岸生蛋的时候，它是非常有灵性的动物。每当它预备上岸的时候，在水里先仰出它的头，四周查视一趟，有没有什么东西，再惨鸣一声以便吓走它的敌人。而后才敢上来，很快地就钻进树林里，先做好一个比它身体较大的坑，然后开始在坑里生蛋。每次生蛋总有数十粒之多，生产后再用沙土盖好，都弄清楚之后，再到临近地方，把泥土弄得乱七八糟，布成疑阵，使人不容易找到生蛋的所在，才算事毕而回到海里去。等到时期已满，它再回来，很容易地找到原来的土坑，翻开沙土，将已经出世的小玳瑁整群的带到海里去。

据一般渔民说，雄玳瑁比雌玳瑁还要大，它的背壳的花纹更美丽而且厚，但是它是极难捉到的。它出入于深海之中，向来不到岸上来的。

我们每年都乘着雌玳瑁生蛋的时候，到海边去捉捕，其方法是先看沙滩上有没有它的足迹，如有则顺着足迹寻去，立刻就可以毫不费力地将它找到。因它笨大，行动迟缓，所以只要从旁边上去把它一翻，四脚朝天，虽然它的四掌极力挣扎，但无论如何是逃不掉了。如果海滩上有两条它的足迹，那就是证明它已经生好蛋而下去了。

玳瑁的肉据说极为鲜美，可是要内行人才能辨别它有无毒素，一般渔民常因吃玳瑁肉而中毒。中毒者只是微笑着说肚子痛，不到几个钟头就死了，虽然经医生的治疗也是无效的。

岛上的鸟类，有过路的燕子，也有麻雀，冬天有海鸥。我们有时也去射海鸥，不过须走很远的路，珊瑚地又是那么难走，而且时在冬令，风很大，所以大家都不高兴作这种出猎。并且海鸥的肉非常腥气而粗硬，它的蛋炒好之后，是青绿色的，也不十分可口，而且恐怕还含有什么毒质。

我们在岛上每年同家里通讯的次数是极有限的，总处拟定每月允许我们于拨发薪水的时候，收拍安家电报各一张，每次以五十字为限，所以家电在各人都视为唯一安慰心灵的良剂，因之它有着“人参汤”之美名。

（录自《西风副刊》1941年第40期）

先 导

法国占领九小岛问题

树 荣

四年来的世界恐慌，客观地使各资本主义国家，一方积极侵占殖民地，以为倾销的市场；他方努力于第二次大战的准备，以为世界市场的再分割。日本帝国主义之占领“满洲”；法帝国主义在幕后牵动下的云南广西边境之同时告急；西藏联兵之进窥四川；以及酝酿甚久之新疆政变……这些事实，已铁一般的证明各帝国主义者正在企图瓜分中国市场的野心。

最近，我们又看到华南九小岛，突被法国占领了。

法国之占领此岛，似非偶然，其处心积虑，亦非始自今日。

当一九三〇年四月十三日，法国炮舰“麦里休士”号占据了此群岛中之一的最大岛（即通常称为珊瑚岛），并定名为“史柏拉德雷岛”时，中国政府即对法政府提出抗议，后无结果，致成悬案。照哈斯社七月廿九日巴黎电宣称：“该史柏拉德雷岛，经法国占领三年余，并未经中国政府提出抗议，且亦未提出保留。”（七月三十日《上海新闻报》）南京政府外交当局之无能，早启帝国主义觊觎我国边陲的野心，自东北四省沦亡以后，法帝国主义于是也乘我之弱，突于七月廿五日正式宣布占领该九小岛了。

据最近消息，该九小岛总名为“压岛”（Aid Island），距菲律宾爬拉湾岛二百海里，在我国海南岛东南五百三十海里，西沙群岛南约三百五十海里，位于北纬十度十二度，及东经一百十五度间。该处向为闽粤渔民居息之地，则其在地理和历史关系上，当然属中国领土。法国之占据，显系侵略中国的领土，破坏中国的主权无疑。

自该九小岛被占消息传布后，不特惹起我国当局之注意，且引起各国的重视，尤其是日本帝国主义的极大不安。

我国从地势上观察，知道该岛可停泊潜水舰，建筑飞机的根据地。法国既在西贡和广州湾早备能容一万吨级巡洋舰的船坞，那么，法国握有此等小岛后，不仅加强了其在南中国海的制海权，为进攻中国的根据，且能断绝为英国远东根据地的星加波与香港之海上交通，所以英法两国将因此引起冲突的危险。

其次，日本帝国主义早已积极准备为瓜分中国的第二次世界大战。日本唯一的假想敌是美国，其次为英国。九小岛若为日本所得，则其在反英的立场上，该岛成为海战的第一度防御，不但能进一步断绝英国向远东进出，并能保守台湾军港的防线，对于中国的侵略，便可操之自如。所以日本帝国主义者当法国正式宣布占领九小岛时，外务省即非正式的表示与法争持，制造空气，扩大宣传，以为交涉的根据。谓自一九一八年以来，日本探险家曾三次（指一九一八年十月七日、一九二〇年五月六日及一九二九年）到该群岛，且曾向日政府请求宣布占领之。此外复有于二十年前发现该岛的实业家所谓平田末治其人者，急由台湾赶赴东京，说明他在此等小岛投下百数十万的资本，证明与该岛有历史上的关系。

我们听了上述一大堆话，实有几分令人发笑！我们知道日本帝国主义者无论对什么地方总带上企图侵略的神气，对于任何稍可侵略之地，久已无孔不入。岂有二十年前发现该岛，且曾经三次探险家要求占领，竟肯延至今日尚不据为私有之理吗？

然而，狡猾的日本外务省的手段，是无微不至的，所以他不管有理无理，现已向法国提出抗议了，他的理由是：（一）九岛中四岛已有日磷矿公司探掘磷矿；（二）在该岛附近从事渔业者，以日人为多，日与九岛有密切的关系（八月七日广州《民国日报》），并对法声明保留军事设施及产业。总之，日本帝国主义者已急转直下，入于与法国争持的状态中了。

至于该九小岛的形势，对于中国的关系又如何？

很明显地此九小岛是位于南中国海的中央，东南有西沙群岛，南有东沙群岛，由东至西，可联成一线，为南中国海的第一度重要门户。我国海军不图发展则已，苟有发展的可能，则必以此等小岛为潜水艇及航空的根据地，其实力足能协制附近一带海洋，以防卫华南的安全。反之，此九小岛如落在敌人之手，则东西沙两群岛无由保障，必使有唇亡齿寒之势，而华南的安全，更无论矣。所以该岛对于我国军事上的关系，实不落东沙与西沙群岛之后，而容我们轻视的。目前在法日两国争持不下之中，我国似非急起力争不可。

然而，南京政府现在只言“静待调查”，绝未闻有何表示，其颟顸怯懦，可恨可笑。不过南京当局对外屈服，久成习性，偌大的东北四省已拱手送与日人，国人唾骂，曾不以为意，则区区九小岛，由南京当局看来，更何足介意！而且南京政府现正聚精会神，以谋对内，如什么五中全会呵，取消察省抗日军事呵，窃伺西南呵……九小岛的交涉，实乐得可免则免。所以九小岛终非吾有，可以断言。

（录自《先导》1933年第11期）

现代生产杂志

西沙群岛的生产

移民实边巩固国防　提倡生产增加财富

五十年来，中国的领土已损失了二百五十万方里。在未被帝国主义的国家占据之先，中国人是懵懵懂懂不去注意他。等到竖起异国的旗帜，或是大炮军舰的示威，那时才说什么抗议打倒，或演一套示威巡行的把戏，报纸上增加些材料，墙壁上多贴些标语，不到一年半载，便消沉下去，淡然忘之！这可以说是中国人的通病，已经被碧眼儿看穿我们的肺腑。所以帝国主义者，抱定了主意，不论谁的版图，只要你弃之不用，我就有占领的权利。虽属这样的论调，未免强词夺理，然而事实上，不论中外古今，凡属你不管的土地，他占用了，无形中就是主人翁的地位，就是在法律上都讲得过去的。最近的去年，国内的同胞不是闹过一次大做文章抗议法国占领九岛问题吗？离今不过一年呀，我相信留有这种印象的人，已经很少了！离九岛不远的就是我国的西沙群岛，这西沙群岛虽至今仍隶我国的版图，但我们没有实在工作在那里，而人家是在那里有工作，有大炮，有军舰，我们呢？有的是什么！恐怕不久也随九岛而沦归异族吧！如想保存领土，非在边陲有实在工作，鼓励人民开发边疆，以绝帝国主义者的觊觎不可。你看东三省为日本用武力占领了，但他对各国的宣传，是说我们日本费了若干万金钱投资开发的，中国人不过坐享其成。我们现在抚心自问，东三省是不是这样？铁路的投资以及其他一切一切的经营，日本人要占了四分之三，日本人就挪这一点来做理由欺蒙世界，而我们的东三省被占领就无形中为世界默许了！所以今后的中国，若非脚踏实地去做地方开发及整理的工作，则版图是要日蹙的。至于西沙群岛，今后还不知若何结局？我根据西沙群岛调查团主席沈鹏飞的报告，才知道西沙群岛的概况。西沙群岛是在广东琼崖岛东南一百四十五里，共有大小岛屿二十余座，分为东西两群，西人普称为Paraceis，东群名Amphitrite群岛，西名Chrcissant群岛。此群岛是我们很宝贵的珊瑚虫骨骼构造成功的。大的面积约有一,五〇〇,一〇〇方公尺，小的约有七六,二五〇方公尺，各岛罗列海面约二百方里，全岛都是动物的遗积物，由动物的珊瑚躯壳成为今日之陆地，这真是有趣的事。其中有一岛名为林岛，怪状嵯峨，远望如火山熔岩，在沧海之中，有这样的点缀，真是奇观。不独如此，且全岛有很多的出品，而以鸟粪为最富，并有磷矿产生，估计价值百万元以上。但为交通的不便，这极南的小小领土，政府是向不重视的，到清末的时候，日本人西泽吉次占据东沙岛，为两江总督端方知道了，转派粤督张人骏力争，遂发起启发西沙群岛的筹备。到宣统三年因办理不善，无形宣告消灭。迄至民国，忙于内争，对于此地大物博的东三省，尚且拱手送于倭奴！而况此区区几个小岛呢？焉能想得到是国防的屏障？某日我由北平返粤的时候，有一位朋友给我一个圆章盒，长约二寸半，宽约一寸，高为六分，他说这是玳瑁做的，价值要十元。他并说这是广东特产，销行中外，在装饰品里很贵重的。后来我在广州调查，有很多专做玳瑁的工厂，然而仍不知玳瑁是用玳瑁的背骨做的。后来无意在马路上看见某家眼镜铺挂了一只玳瑁，有面盆大，光滑透明有自然斑点的花纹，我参考了几本书，玳瑁的学名叫做Thelouia Imbrecape，是我们中国南部海洋的特产，其余世界上只有澳洲一部分产玳瑁，但很少，最多是中国琼崖岛、东西沙群岛左近了：背甲是十三块叠起来的，与我所见的完全相同。我参观做玳瑁的工厂，他是将玳瑁背骨甲片用热水浸软，用熨斗烫成各种用品，打磨光滑，雕刻各种花纹。一个玳瑁龟背壳，可以做成数百元用品。据说东西沙群岛，在四月至九月之间，每只渔船可捕龟二三百个，每百斤售洋二十元，不过玳瑁是大龟的一种，平均每三十个里有一个是玳瑁，那么一只渔船收入也就可以维持一年生活。而且玳瑁还可以饲养，犹如饲养家畜一样。每当夜晚的时候，玳瑁成群结队的就爬上岸去产卵，渔民利用缌网捕捉他们，以树枝圈一围篱，上盖以棚，逐渐就可将他养大的。据调查人的统计，在西沙群岛捕鱼的只看见五六只船！因为政府没有帮助他们，渔户很少去的。倘或我们政府关心这些地方，保护渔民，增加船只，其所获的利益，当必加多。

现在我们对于玳瑁问题可以说是告一段落，简单地说：政府政治的力量能达到的，自必可以增加生产。换句话说：多捉一个玳瑁，就是多一些收入，皆是解决民生问题之一种。然而我所要说的主要宗旨，还不只这一点，就是以往的中国，政府是收税机关，人民是纳税的动物！何以证明呢？即如民国六年的时候，有人想到西沙群岛开发矿产、渔业、肥料等等工作，这是人民启发边疆最好的现象，但是那时固然不问他是否有开发的能力与技能，以为只要他来呈报了，即可有税的收入，成功失败是不关政府的事的。这样不关痛痒，所以后来发生了日资的加入，盗发了西沙群岛的肥料有九年长的时间，运去鸟粪达八九万吨！以在欧亚南洋交通的孔道，是国防的咽喉的西沙群岛，竟让异族经之营之八九年长，中国的政府，还不知道。难怪在晚清的时候，俄国要索旅顺海港，中国在朝的衮衮诸公，有不知道旅顺在什么地方的笑话！到民国十六年才知道西沙群岛被日本人开发了，所以西沙群岛调查团说："民国的青天白日红地的旗帜，第一次到达太平洋上，想山灵海若有知，亦含笑庆祝也。"于此可见以前吾国智识阶级还未有人光临过这个国防要地呀！我们关心极南的领土上巨量生产的鸟粪二十万吨，和无数的燕窠、珊瑚、磷酸矿质、海藻、海草、海菜、海绵、海星、海胆、海参、干贝、蝾螺、蚧蛤、墨鱼、蟹、鱼虾、石斑、海龟、玳瑁、珍珠及一切的农作物，要由政府提倡帮助人民去开采，以生产为本，以急功近利的心理，迎合人民心理，切切实实去干！那么国防基础逐渐地会建筑起来。况世界二次战争，像这样的要塞，哪一国不需要呢？一致动员去开发西沙群岛，直接是希望同胞主要生产事业，间接就是国防的准备呀！

（录自《现代生产杂志》1935年创刊号）

新广东

建厅筹设西沙岛鸟粪肥料制造场

预算约资本二万余元

西沙群岛所产鸟粪颇多，建设厅前据工业试验所分析结果，非金属与酸根方面，则含有硫酸根、碳酸根；绿根磷质及沙金属方面，则含有铁锰（痕踪）及钙等。至定重分析，则水分为百分之十一.七九，磷为百分之五一.七，氧化钙为百分之三九.四三。该鸟粪内所含诸质中，堪用为肥田料之价值者，厥为磷质，而此磷百分之五一.七中，复分为水溶性磷占百分之〇.二一，不溶于水的磷占百分之五〇.五。更有可爱性的磷，占百分之一五加。所谓水容性磷者，即能直接溶解于水之磷酸，盐类中所含之磷，可爱性的磷即第二钙磷酸。盐类所溶解于中性的柠檬酸钙溶液中，即使用为肥料时虽不能直接溶解于水而被植物吸收，但经相当时期，即溶解于植物根所发生之有机酸类中，而被其吸收，作为养料。就农业而言，凡盐类之磷，可直接或间接以营养植物者，谓之有用的磷酸，即水溶性的磷与可爱性的磷之合量也，其数为百分之一.七一。按此岛鸟粪之质其磷量虽不多，幸其有用的磷尚堪植物营养之用，且无害植物之杂质，若覆以腐败之动植物使其发酵，以增其氮重，复混入相当量之灰与硫酸钠等，混合磨幼，盖亦一价廉可用之肥田料也。建厅自据该所呈后，以本省每年输入外国肥料，为数甚多。现拟利用西沙群岛鸟粪以造适用混合肥田料，先行在该岛设立西沙群岛鸟粪混合肥田料制造场一所，约需资本二万二千元左右，建厅迩来对于该项计划进行甚为积极云。

（录自《新广东》1933年4月第4期）

新海军

谈新南群岛

一

七月二十三日，联合社记者从马尼剌传来一则消息，电称：“菲列滨外长奎林诺二十三日声称：中国已因西南群岛之所有权与菲列滨发生争议，该小群岛在巴拉旺岛（Paeawan）以西南二百哩，菲列滨拟将其合并于国防范围以内。按西南群岛在战前曾由法日两国要求，中国此次收复台湾主权后，以该小群岛前属台湾行政区，要求收回。”这是中菲间一个值得重视的问题。

所谓西南群岛，其实在日本占领的时代名为新南群岛，日本名称的英译是Sinnan Gunto，据说于一九二〇年日本拉沙岛磷矿公司第二次出海探险时，该社社长恒籐规隆博士发现该岛。这实在是一个漫天大谎，最早发现该岛的是我们中国人，称它做团沙群岛。

这一小群岛，在它的历史上，受着帝国主义国家先后的觊觎与霸占，正如它在地理上受着台风的袭击与热浪的包围一样。三十年来，它是我们南中国海被列强侵犯的目击人。

二

新南群岛究竟在哪里呢？它位于台湾省高雄市西南约七百五十哩处，当南中国海之中央稍偏南，正处于西沙群岛、菲列滨、婆罗洲和交趾半岛的中间。群岛的水域面积约七万五千六百平方浬，介于北纬七度至十二度，东经一百十四度至一百十七度的海上。这群岛是十三个大小不同的，散在珊瑚礁里的小岛组成的。其中以长岛的面积为最大，但其周境亦不过二千八百公尺，长一千三百公尺。这十三个岛屿日本人所定的名称和英文译名如后。

（一）南二子岛（South Danger S. W.）

（二）北二子岛（North Danger N. E.）

（三）西青岛（West York）

（四）龟甲岛（Flat）

（五）三角岛（Thi Tu）

（六）中小岛（Lo Aita）

（七）长岛（Itu Aba）

（八）西鸟岛（Sptatly）

（九）丸岛（Amboyna）

（十）南小岛（Nam Yit）

（十一）飞鸟岛（Sin Cowe）

（十二）北小岛

（十三）南洋岛——根据日本昭和八年九月号《世界知识》，日人福田文雄的记录。

上述诸岛高度，约自二公尺至四公尺不等，低者为海潮淹没，其环礁所成之礁湖，颇为深广，可作轻巡洋舰、潜水艇上飞机之根据地。诸岛东南尚有无数小岛，星罗棋布，与此群岛不可分离，但无专名，地图上总称之为“危险地带”，上述诸岛便是危险地带的西部。东部诸小岛与浅礁，位于北纬九度四十二分，东经一百十四度二十三分，均在菲列滨国界以外，而大部为我国渔民所居，毫无疑义地是我国领土的一部分。

这一群岛是个周瞻远瞩的南洋中心。若以长岛为起点，航行三百四十浬可至英属北婆罗洲，四百浬至马尼剌，四百五十浬至越南，四百七十浬至西贡，六百五十浬至香港，八百六十浬至新加坡，七百七十浬至台湾高雄。只可惜这些航线都很危险。

三

推溯起历史来，新南群岛简直是一个活见证。它说明了野心军阀统治下的日本是东亚的海盗，暗窃明抢，纵横海上，卑劣透了。

新南群岛虽为我国领土，但因晚清以来，门户洞开，海权衰落，对于这些孤悬海外的小岛，已无力设防以守，加之那边航行不便，气候恶劣自然更少过问，只有粤闽沿海渔民自动地前往冒险求生。但日本军阀侵略成性，早已垂涎此地，想以“无人岛屿”的口实据为己有。

那是在一九一八年，日本大正七年（民国七年），日本海军中佐小仓卯之助向新南群岛作首次探险。小仓是日本海军学校的毕业生，因为身体不甚健康，所以退出海军界，但他的航海术非常高明，被认为是理想的探险家。民国六年六月，据说住在台湾高雄的日本人平田末治虽然到过新南群岛，同年八月，又有日本地田金造、小松厅利等相继去过，但都未仔细的查勘。到民国七年十二月，日本拉沙磷矿股份有限公司决定组织第一次新南群岛探险队，就派善于航海的小仓做队长。

小仓以一只名为“报效丸”的旧式帆船作远涉重洋的工具，他和他的助手们共十六人，驾着一片孤帆，至少小仓是抱成功成仁的决心的，行前在遗嘱上他说明要把“无人之岛”变为“大日本帝国主义的新领土”。

小仓探险队所到之地，只有新南群岛中的五个岛，那时候新南群岛这个名字还没有出现，所以小仓返日后写了一本回忆录，书名叫做《暴风之岛》。小仓所著，当时并不受人注意，故未付印，直到昭和十五年十二月（民国二十九年），日本已将新南群岛武力占领以后两年，才将小仓遗著发表。封面写着：“海军省推荐，暴风之岛，新南群岛发现记。”

日本人喜将新南群岛叫做“无人之岛”，显示其无所归属，好吞而并之。谁知小仓的探险，在事实上碰到了钉子。新南群岛的实际，打了日本人一记耳光，原来“无人之岛”早已有人。据“暴风之岛”书中所记，他们在南二子岛上碰见了中国人——中国渔民在日本人为新南群岛定名以前，就早已定了名了，在《暴风之岛》里，有一张中国渔民所绘的地图，图上列岛的中国名字是：

（一）罗孔（即龟甲岛）

（二）红草峙（西青岛）

（三）双峙（南二子岛及北二子岛）

（四）铁峙（三角岛）

（五）第三峙（中小岛）

（六）黄山马峙（长岛）

（七）南乙峙（南小岛）

（八）第峙（飞鸟岛）

（九）同章峙（约为丸岛）

（十）鸟子峙（约为西鸟岛）

由此可见十三个岛屿中，当时中国已到了十一个。只有到现在还不知详情的北小岛及南洋岛未曾去过。和日本首次探险队只到过五个岛屿相比，新南群岛是谁家天下，不说已明了。

这里有人，是中国人；还有地名，是中国地名。日人竟将新南群岛叫做“无人之岛”，岂不是司马昭之心，路人尽知么？

四

小仓探险后二年，日人又编第二次探险队，详细调查南小岛、飞鸟岛及丸岛等三岛，探悉藏有大量磷矿。自此积极侵略，民国十年设该公司办事处于新南群岛从事开采，直至民国十八年，受世界经济恐慌之影响，采磷工作始告停顿，日本人悉数返国。荒凉的群岛中，还是有几个中国人住着。

一直到民国二十二年七月二十五日，法国军舰阿斯特拉普号及阿尔比尔号发现南中国海的几个岛屿，即宣布将西鸟岛、丸岛、长岛、二子岛、中小岛及三角岛等作为法国领土之一部。

对于这一侵犯我国领土主权的行动，我国民政府外交部令驻法大使顾维钧提出抗议，声明该群岛不仅在地理上为形成中国领土之西沙群岛的一部，且现有住民亦以中国渔民为主，因此主权属于中国，必须归还。而日本当时采取观望的态度，只声明“不承认法国占有该岛”，从语气与对策都可见新南群岛与日本并非血肉相连，所以得失也不相关。新南群岛是谁家天下，不言而知。而菲列滨则以与其利害无涉，菲岛总督府并不寄以重大的关心。证诸今日菲岛外长所言，漏洞不是很明显的么？

民国二十八年二月，海南岛沦入日本手中，法国原有保卫该群岛之意，不料日本先下手，派舰队武力占领。三月三十日，日本台湾总督府卅一号命令，将诸岛置于高雄市管辖之下。法国抗议，结果无效。

五

新南群岛在渔业及磷矿方面，很有前途，日本人称之曰“不失为经济上的一个宝岛”，并不十分夸张，且为军事关系，希望它作为南进政策的前哨基地，日本曾有积极开发的计划的。

这是我们的国土，自应由我国收回，跟着台湾重返祖国的怀抱，新南群岛自应由我国重新收回接管。菲列滨的意见是荒谬不通的。

我们要注意这个群岛，要用力量保卫这个群岛。

不过，想起了新南群岛，不禁想起自己的国运。人必自侮，而后人侮之，连菲列滨竟也想分一杯羹了。新南群岛远处海外，有台风的袭击，热浪的包围，可是台风与热浪不足惧，领土主权必需保护而又不能保护，那才可怕！

菲列滨这一无理要求，必须引起全中国人密切注意并全力巩卫海防海权，我作如此希望。

（录自《新海军》1946年第4期）

新生报

中业舰驶抵高雄　即将往南沙群岛
台大派员随往调查地质

（中央社讯）海军总司令部派赴南沙群岛担任巡逻联络任务之四千七百吨“中业号”军舰，由舰长李敦谦统率，目前自沪驶抵高雄附近之左营军港，刻正从事整修，日内即离左营驶往广州及海南岛之榆林港，前往南沙群岛。我国战后首次占领南沙群岛之士兵，已于去年十一月间于占领东沙、西沙及团沙之后送至该岛。依国防部之计划，驻扎上述诸岛之士兵，每半年换防一次。盖南海中之诸岛屿皆为无人岛，换防可使士兵之精神获得调剂也。上述四列岛屿中，吾人对于南沙群岛所知者最少。记者曾多方面搜集资料，仅知南沙群岛于航海图中之英文名称为Maecletlleld Bank，位于西沙群岛之东南方，即北纬十六度东经十四度之处，其南为不知中文名称及不知属何国家之Welalarel。再南则为团沙群岛，依其地位而言，南沙群岛居于南洋航路之要冲，可与安南、菲律宾及婆罗洲相望，其与菲律宾之地理关系，尤较接近。该列群岛多为珊瑚质之浅滩，其中包括特鲁路滩、斯卡巴洛礁、伊机立亚滩、管事滩及散步滩等，乃粤海渔船出没之所，一九三三年国际气象机构（即O. M. I）之出版物中，记载南沙群岛上设有气象台，该台之国际号码为“八一七”，同时记载东沙岛气象台之号码为“八一四”，西沙群岛则为“八一六”。然一九四六年美国海军部测量局（Hydagrape office）出版之Rrllo Wentheralde中，则又仅载称“西沙及南沙两岛之气象台号码，现暂保留”。此亦即说明该两岛上之气象台，目前尚未恢复工作，至关于该岛之其他情形，恐仅国防部稍能明了。日人于占领东沙、西沙及团沙三岛时，似未经营南沙群岛，有人谓日人曾于战时一度占领南沙群岛，作为战略基地，现亦无法证实。盖此间日文书籍及档案中亦极少有关于该岛之记载也。我国政府对于南海中之四列岛屿，顷已首次开始调查及研究工作，讫闻台湾大学地质学系主任兼台省海洋研究所所长马廷英博士，顷派该系副教授郭令智、助教宣桂清及该所研究员范传波三人，携带仪器随“中业舰”前往南沙群岛从事地质、海洋及一般情况之调查。郭令智将随中业舰返台，宣桂清及范传波两人则将留驻该岛工作，等候下次开往该岛之船舰返台。台省气象局原亦派定技师前往该岛，因闻中央气象局已派人员随舰前往工作，现已作罢。迨“中业舰”到达南沙群岛后，该岛之气象台即可设立，此事对于历来航行于风浪险恶道上的船只，极有裨助也。

（录自台湾《新生报》1947年5月1日）

新闻报

南海中的几个小岛

包括十五个单位的西沙群岛　当欧亚之要冲为南洋的门户

（本报特派记者陈双亚广州航讯）西沙群岛（外国名为普拉塞尔）位于北纬十五度四十五分至十七度五十五分，东经百十一度十三分，至百十二度四十七分之间，距海南岛之榆林、三亚两港约一百五十余海里，海口二百四十海里，香港三百九十浬，台湾七百二十浬，安南二百四十浬。由榆林港前去，轮船一日可达，帆船则需十日。岛共十五个，左右散□，分东八岛（外人总称为莺非土莱特）、西七岛（克鲁斯桑特），面积大小不一，高出海面约二十英尺，各岛上鸟粪极多，经千百年积累，厚度三尺至十尺不等，内皆含磷质。南美的智利、秘鲁以产鸟粪驰名世界，而我国人对这南海洋中的肥料大富源竟鲜有所闻。兹将各岛名称、荒地面积及矿区面积列下：

岛名	土名	荒地面积亩	矿区面积亩
东岛	玲洲岛	四四五	一,九五六
林岛	多树岛	三〇九	一,三六八
中岛		一一一	一四九
南岛		八五	九四
北岛		一〇二	二〇二

（续表）

岛名	土名	荒地面积亩	矿区面积亩
珊瑚岛	笔岛	一二七	一六二
甘泉岛	吕岛	一一五	一六七
琛航岛	登岛	一一六	九七
伏波岛	都岛	一〇二	七〇
树岛		八六	六四
石岛			
金银岛	钱岛		
南极岛	特里屯岛		
广金岛	堂岛		
天文岛			

岛上物产气候

各岛皆为珊瑚岛，因附近各种鸟雀极多，羽翼退化，身体笨重不能高飞，则皆停留僵化岛上。故土壤为动物之腐败遗体，鸟粪及砂泥混合而成。岛上情况不一，有些长满青草，有些荆棘丛生，有些长棕榈及椰子树，有些大树参天成林，有的却草木全无，平原一片，类皆可种椰子、草麻、甘蔗、落花生、芝麻等。各岛周围多浮砂石花，暗礁甚多，礁边水深者达三十余寻，洋流湍急，汹涌异常，每年秋夏之间风起涛涌，帆船不能泊近，春冬较为平静。

环岛水产以鲍鱼、龙虾、大虾、大蚌、海菜、玳瑁、海参、贝类等极多，并有重一二百斤的大海龟，春夏间登岸产卵，渔人于三月至六月间用鳃网捕捉，每期可捉二三百只。螺贝种类甚多。西人多取作玩具或纽扣。海水皆含盐质，岛上多有淡水，可供居民饮用。

战前只有海南岛的文昌、琼东、乐会各县渔民前往捕鱼，各岛上多筑有孤魂庙，用砖瓦造成，大小不一。岛上气候以其地位正当赤道之上，原应极炎热，但因海风调节，终岁无严寒酷暑，惟中午因日光直射，热度较高。温度记录，一月份最高八十五度，最低六十八度；三月最高八十四度，最低七十五度；六月最高九十三度，最低八十度；十二月最高八十七度，最低七十度。气压一月份最高七六五粍，最低七六一粍；六月最高七五七.五粍，最低七五一.五粍；十二月最高七六〇.五粍，最低七六〇粍。

发现的时期

西沙群岛发现于何时，中国历史无从稽考，昔日舆图亦未见绘入，而外国航海图则早有详列。有一航图为德国人所绘，德政府于一八八三年派人测量制成该图，及一九二五年经鲁达司测量舰舰长修正。我国政府的注意是在一九〇七年日本人西泽吉治占据东沙岛肇起衅端以后，当时两广总督张人骏曾向日本领事据理力争，后经英国领事出面仲裁，结果由中国政府出价十六万元，将东沙岛收回。那时听说海南大洋中还有西沙群岛，虑及再为日人占据，清廷乃派副将吴敬荣等驾轮前往查勘，回来复称，西沙共有岛十五处，自此西沙群岛之名始渐为人所知。

一度提议开发

宣统元年粤督张人骏复派吴敬荣等率领官厅及化验师、工程师、测绘员、医生、工人等一百七十余人分乘伏波、琛航、广金三兵轮前往复勘，水师提督李准亦同往，历二十二日始返广州。当时即选定各岛名称，绘成总分图，并详定开发计划，向清廷力陈该地为欧洲来华要冲，乃中国南洋第一重门户，如不及时经营，适足使外人觊觎，损失海权。张人骏当时确有决心开发之意，不料奏报不久，即行卸任，继任总督袁树勋对此毫无兴趣，遂致人亡政息，直到民国初年才专有人提起。

继由商人承办

民国六年，广东商人何承恩曾向广东省长公署呈请承办理西沙群岛磷质，其时省财政厅以磷质为磷矿，饬令商人应照采矿程序办理，致未能成事。及后又有商人四人先后呈请承办皆未获准，至民国十年香山县商人何瑞年等向内政部呈明，先集资五万元组织西沙群岛实业□□□□□□□□□□□□□□□□□□□□□□□□□。

经过许多波折

十年十二月乃开始兴办。次年四月海南岛崖县县长孙毓斌向广东省署报告，谓该公司系受日人利用，公司股本半数以上为日本人所出，省署乃下令彻查，同时并引起海南岛各界之纷纷反对，省署遂将原案注销，饬该公司停办。及民国十二年三月，何瑞年以兴办实业，横遭诬陷，极不甘心，乃再呈请省署复办。当时省长徐绍桢即派人调查，结果查明实业公司所谓受日本人利用并无其事，于是遂又批准其承办。该公司乃开始在林岛筑码头，建轻便铁路工厂等，移工人数百名前往，工人皆系台湾人。于是又引起琼崖各团体之反对，且自十二年复尔至十五年，省署实业厅屡促何瑞年将办理情形呈报，皆无详复，拟派员往调查，又无军舰可拨。

会拟整理计划

迄至十六年六月遂再将何案撤销饬其停办。及十七年始派人前往调查，由民政、实业、建设各厅，两广地质调查所及测量局等各派代表会同当时中山大学代校长沈鹏飞偕农学院教授等乘舰前往，其归来后之报告，大致如上述，民厅委员方新当时并拟定整理计划。兹将大要录下：

（一）关于移民，最先须盘筑蓄水池解决食水问题，可先移一批犯人前往，使其开矿筑路，烧土捕鱼。

（二）关于兴业。西沙群岛鸟粪为最大富源，其他树□如椰子、波罗及海产等均可经营，各岛礁之珊瑚质，可烧作石灰运销各地，倘能将三亚港加以整理，设定期汽船来往，则该群岛实一良好殖民区域。

（三）关于领海。该群岛位于南海中途，为香港、西贡、南洋航道之要冲，以之屯煤、蓄水、储粮、设警游弋沿海，作用实大，宜于岛上设有无线电台与各处联络。

战前设置电台灯塔

民国二十五年，国民政府拨款二十万元在岛上设立观测台、无线电台、灯塔等。无线电台远及日本、新加坡、辽宁等地皆可通报，并经常与海防、吕宋、厦门等地电台相连络，经常指示海上航行船舶，灯塔立于东南最高岛上，灯光远及十二浬至十八浬，后因损坏失修射程减至六七浬，其余移民开发事宜则战前并未兴办。

今后的期望

二十八年二月，日军占领海南岛后即同时据有各群岛。这几年来，日人在岛上究有何建设，因接收人员未返，故迄未得知，仅闻日军于进攻南洋各地时其在军略上曾发挥重大作用。日军撤退以后岛上设备则闻多被渔人拆散盗走，如今依然是一片荒凉。其所积存的鸟粪据一般估计至少在二十万吨以上，这是多么丰富的肥料富源。我们总喜欢吃现成饭，如果不能矫正这两点惰性，这些荒凉小岛将难免再插上异国旗帜的，仅竖上一块石碑有什么用呢。（十一月二十九日）

（录自《新闻报》1946年12月2日）

新亚细亚

东沙群岛最近情势

自法占南海九小岛事件发生后，我南疆渐为国人所注意，惟西沙群岛邻近之东沙群岛情形，国人知者尚鲜，兹将《厦门通讯》所载东沙群岛最近情势，略述于下：东沙群岛，自民国十一年间，经海军部以数十万元设置气象台以来，对于国际上的航业，颇多贡献。查该地虽为我国东南领海之要区，以孤处海中，向无住民，除数艘渔船外，轮舶从不泊岸。而岛中官夫，亦仅三十余人，每年由海部两次租船，前往调换职员时，方有附运食粮用品入岛。近海部委派巡防处警卫课主任沈有基氏任该岛气象台长。顷沈氏偕该台主任郑鼎奇氏来厦，已租有裕兴号轮船，装载白米、青菜、鸡蛋、煤油等多件，前往就职。据沈台长谈，该岛一片黄沙，乃不毛之地，惟鸟粪、鹧鸪菜、珊瑚、玳瑁及鲍鱼等等出产颇多。除海部所派船舶外，罕有船只来往。岛上职员，几如与世隔绝，长年寄信，只有两次往来，有则发电报而已。岛上之职员，食品全靠罐头，每年只有两次海部所派之船到时，方吃的几茎青菜。台中设备甚为完全，气象官、无线电官、工程师、轮机匠之外，还有医官。近以欧亚航空公司中菲线试航成功，该岛将设立航站，此后拟在该岛多设宿舍，以便各职员家属同住，而海部并拟自设飞机，来往运输，想将来应有繁荣之望。

（录自《新亚细亚》1933年第6卷第4期）

西沙群岛志要

陈献荣

西沙群岛为吾国内仅有磷矿之产地，吾国以农立国，得此天然肥料，为益正当不少。且其珊瑚礁石，均可作灰，运销内地，建筑培田，为利至溥。余如海产丰富，尤为余事，乃国人不知爱惜，坐失利源，致启日人觊觎，是亦可引为耻辱之事也。不佞喜治本国沿海地理，而尤注意粤南之琼岛。前年既著《中国南疆之琼州》一书，拟在本会出版，今复搜罗西沙群岛材料，以成斯篇。惟作者既非地理专家，又苦无专书可供参考，错误疏漏，知不能免。尚望海内识者，共起纠正，或更有继为精密之著述者，则是篇特导海之一勺耳。

一、史略

（一）名称之由来

西沙群岛，简名西洋，名曰西者，对东沙岛而言也。西图作Paraels Island and Reefs译名，拔拉塞尔（邹代钧图）或帕拉西尔（童世享图），或称七洲Jsiehow or Seven islits（见夏之时《中国坤舆详志》）（按七洲有二,一在海南岛东，一即此）。《海国闻见录》曰："七洲洋在琼岛万州之东南，凡往南洋者，必经之所……风极顺利，亦必六七日始渡过——偏东则犯万里长沙千里石塘。"诸岛孤悬海外，与大陆隔绝，自古即少人莅止，距今数十年前，琼崖之琼东县业渔之民，始行来此。该处本名暗礁，来往邮航，常有覆没，所积珍货，不知凡几。琼民之初抵该岛采取者，恒致暴富。惟以风涛险恶，业此者仅少数人耳。后琼民探知此岛，不特渔产丰富，抑且雨量充足，气候温和，土地肥沃，青草满野，可以畜牧，可以耕种，兼有贝壳特产，为全国各岛所未有，于是群起注意。惟当时所注意者，仅限琼崖一隅。至清季东沙岛交涉时，国人始竞瞩目及之，而西沙群岛之名，至是乃闻于世。

按东沙岛交涉起时，粤督张人骏致外部江电中有言及西沙群岛者，如"查该岛名东沙与附近琼岛之西沙对举"，又有"现既查明距奥界甚近，且有琼岛西沙岛对峙之称，西沙岛现已派员往查"等话。执此以观，西沙群岛之名，是由其姊妹岛东沙群岛而得，殆无疑义。

（二）史之回顾

西沙群岛发现于何时，因书缺有间，无由可考。惟西人航海图对西沙群岛之记载，颇称详晰，且定有名称，书有专图，凡经纬线度分，地势高低广袤，内外沙线，水泥深浅，及附近四周明暗礁石，砂底石底，潮汐趋向，皆有测验之标志。其图有三：一为西历一八八□年荷人A. D. Hutoie所编之奥门附近图；一为一八八三年德国政府测量局所制，一九一五年复经Jrgasis测量舰舰长A. L. Jochson修正；一为西人E. D. Existence, P. W. Position于一八八四年所编纂，均有记载，详图可考。由此可知，在距今四十余年前，西沙群岛已为西人所注意，惟吾国地志上对于诸岛，向无其一席地，而名词亦湮没不彰。往者我国地志之述中国位置者，仅曰“南起海南岛，北迄萨阳山脊”，自清光绪初，郭嵩焘、张德彝于其赴欧游记中，其《纪程》曰：“……在赤道北十七度三十分，计当琼南二三百里，船主名曰齐纳细，犹言中国海也。左近有拍拉苏岛，出海参，中国属岛也，系荒岛，无居民……”始言其为中国属岛（见《使西纪程》及《随使日记》，郭氏作帕拉苏，张氏作巴拉赛）。又邹代钧之《西征纪程》有曰：“……测处西北至万州岸，一百一十四里，东南二百余里海中，有巴拉塞尔群小岛，小者仅拳石湾环散列海面，约方二百里，上仅生草木，中间亦有寄碇处，即《海国闻见录》所谓千里石塘。”是则西沙群岛，谓即《海国闻见录》千里石塘矣。清光绪三十三年秋，台湾日商西泽吉次占据东沙群岛，肇起衅端，粤督张人骏据理向日本领事力争，并曾派补用王兼恩率领文武官多人，于查勘东沙岛之后，即至西沙群岛择要履勘，树国旗而归，有《查勘西沙岛小纪报告》。宣统元年，各国曾请我国于西沙建设灯塔，次年清政府因鉴于东沙岛之覆辙，曾派广东水师提督李准率舰勘量，以图发展，曾耗国帑四十余万，并在东岛、林岛竖旗鸣炮，公布中外。民国初年，日本技师曾率探险员一队，费五十余日，实地探测。据谓岛之磷矿，藏量约有五十六万余吨，价格三千余万元，日人见其产物丰饶，时为垂涎。迨至民国九年九月，乃运动汉奸何瑞年、罗叔雅、卫志清等出面，创立西沙群岛实业公司，向官厅立案。继于十年正月间，遣日舰南兴丸，前往测量，采取鸟粪肥料等，并着手经营。事为粤省人士所闻，群以何等有勾结外人丧权辱国情弊，纷向政府攻讦，经粤省署查明属实，即将案撤销。迨民国十二年，何等不知用何手段，复呈准粤省署，恢复矿权。至民十七年，以琼崖人士攻讦甚力，由粤省府核明，将该岛磷矿拨归中山大学保管，以为制造肥料之用。中大接管后，旋会同广东南区善后公署，组织西沙群岛调查委员会，以沈鹏飞为主席，乘海瑞舰前往调查，事后曾编《调查西沙群岛报告书》及《西沙群岛成案汇编》，报告该岛情形，甚为详实。民十九年四月间，香港召集远东观象台会议，安南观象台台长法人勃鲁逊（E. BruZon）及上海徐家汇法国观象台主任劳积勋（E. Proc）亦与该会，曾共同向我国代表建议在西沙群岛建设观象台，然尚未见实现。最近法人占领太平洋上九小岛，国人初以为西沙群岛，但经证实，知为指鹿为马，并非西沙也。

二、土地

（一）沿革

今日之西沙群岛，实为昔日之珊瑚虫窠及其他动物遗壳所构成。至于如何构成，查民国十七年五月间广东南区善后公署曾派遣技师前往调查，据其所编报告书中所纪述，最为详晰。兹择举其大意，以明诸岛之沿革。

"昔日海面较高，珊瑚在水，结成环形之礁，及海面低落，礁乃露出水面，珊瑚离水死去，遂成为今日各岛之形状。而其他各种软体动物，如头足类、腹类、足类、瓣腮类等，又如棘皮动物之海胆、海百合类等，以及甲壳类之壳鱼类之首，均为构成各岛物质之一。岛上除坚硬之珊瑚遗骸及各种甲壳外，只有鸟粪及粪化石堆积其间，表面作灰色，内作棕色，此即所谓磷酸矿也。岛中土壤，俱由珊瑚及介壳类风化而成。"

又沈鹏飞氏所编《调查西沙群岛报告书》中，亦有关本岛之沿革者如：

"昔日海面较高，珊瑚水内环形之礁，一如今日。礁内或原有石岛早已沉没，仅留穴隙，作各种遗物沉寂之所。及海水低落，礁乃露出水面，珊瑚离水即死，留其躯壳，积成今日之岛。岛中为白沙所填积，其未填满者，则为小湖，遂成今日之形状。而一部珊瑚又向外生长，故又成今日所见之礁也。由此观之，珊瑚类遗骸为造成各岛之主要物质，其他各种软体动物，如头足类、腹足类、瓣腮类等，棘皮动物如海胆类、海百合类等，以及甲壳鱼类之首，均为造成各岛物质之一。除坚硬之珊瑚遗骸及各种介壳外，岛上尚有鸟粪与粪化石堆积，细如粉末者，作棕色，凝结成块者，面作灰色，击开其中，亦作棕色，此即所称磷酸矿也……"

（二）位置

西沙群岛位于琼崖榆林港之东南海中，东南向菲律宾群岛，此与榆林港对峙，西北临东京湾而望安南，当香港和新加坡航海线之冲，居我国□□□，离南洋群岛最近。以经纬而言，位于北纬十五度四十六分至十七度五分，东经一百一十度十四分至一百十二度四十五分，包括大小岛屿共二十四座，计为滩为礁者约十余处，为岛者计八处，分东西两岸，迤东者西人统名为Amphitrite群岛，迤西者名为Chroissant群岛。兹将其两侧大小岛屿二十四座之名称及位置，条列如下：

西沙群岛　Paracels Islands

西沙东侧群岛　Amphitire

林康岛（Lincon Island）当北纬十六度四十分七秒，东经一百十二度四十三分三十二秒间。

高尖石（Pyrmid Bk）当北纬十六度四十五分二秒，东经一百十二度二十六秒。

勃利门滩（Bremon Bk）当北纬十六度十九分至十六度二十六分。

孟买礁（Bombay Rf.）当北纬十六度一分至十六度六分，东经一百十二度二十四分至一百十二度三十八分间。

树岛（Tree Island）在林康岛之西北。

中岛（Middle Island）在林康岛之西北。

南岛（South Island）在林康岛之西北。

石岛（Rocky Island）在林康岛之西北。

林岛（Woody Island）在林康岛之西北。

约翰滩（Johang Bank）在林康岛之南。

台图滩（Dido Bank）在林康岛之东北。

羚羊礁（Antelope Rf）

西沙西侧群岛Paracel-Island（Chroissant）

乌拉多礁（Vaeddsre Reef）当北纬十六度十九分至十六度二十二分，东经一百十一度五十七分至一百十二度四分间。

南极岛（即土莱塘岛）（Triton Island）当北纬十五度四十六分，东经一百十一度十四分间。

拍苏奇岛（Passu Reak）在南拉岛东北三十七哩。

发现礁（Diecovery Reak）当北纬十六度九分至十六度十七分，东经一百十一度三十五分至一百十一度五十三分间。

珊瑚岛（Pattle Island）在乌拉多礁之西北。

甘泉岛（Robert Island）同上。

金银岛（Money Island）同上。

林门岛（Drummond Island）同上。

登近岛（Duncan Island）同上。

天文岛（Observation Island）同上。

北砂岛（North Reef）同上。

掌岛

（三）面积

西沙群岛为吾国□□□□，经清末及民十七年之调查，地理形势已颇明显，成案可考。惟对于面积之勘测，向无精确之测计。纵观各种地志，皆系笼统之记载，殊不足餍研究者之望。兹姑就著者个人搜罗所得者，表列如下：

岛名	面积	矿区
多树岛	一六九,七一五方公尺	一三六,八三二方公尺
玲洲岛	二四二,三二五	一九五,六一一
毕岛	三三六,九四〇	一六一,二〇三
中岛	三九九,六〇〇	一四一,九五六
北礁	三八,九六〇	二〇,二六二
吕岛	三二,三七三	一六,七二五
都岛	二一,六八八	七,〇四一
南岛	二五,七五一	九,四二六
树岛	一九,〇五四	六,四六六
登岛	二六,八三三	一,七〇三

以上诸岛之面积，为崖县委员陈明华之实地测量者，诸岛之名词，多用土名，至其术名，无从考证，故录于此。又据中山大学派员勘测，谓西沙群岛中，以林岛面积最广，平面约为一,五〇〇,一〇〇方公尺（约四方里），作不整齐椭圆形，东西间较长。石岛甚小，面积为六八,七五〇方公尺（长一千二百尺阔九百尺），作东西凸凹

形，登近岛面积为四三二,五〇〇方公尺（阔约三分哩之二，长约一哩又四分之一），作半月形，东北边为外弧，西南为内弧。掌岛面积亦小，为七六,二五〇公尺，与登近岛有相似之形势。各岛高出水面，以石岛为最，约得十五公尺，林岛高出约十公尺，登近岛与掌岛则仅数公尺而已。

（四）地质与土壤

西沙群岛为珊瑚虫窠及动物遗壳所构成，已如上述，兹再列一表，以明其地质。

岛名	地质
树岛	白沙质
中岛	沙质
南岛	
石岛	沙质
林岛	白沙质
林康岛	珊瑚滩
约翰滩	珊瑚礁
台图滩	珊瑚滩
高尖石	大而尖圆之石
勃利门滩	珊瑚滩
孟买礁	珊瑚质
乌拉多礁	浅礁
珊瑚岛	浅礁
甘泉岛	浅礁
金银岛	沙质
林门岛	浅礁
登近岛	浅礁
天文岛	平沙不毛之地
南极岛	沙质
拍苏奇岛	浅礁

（续表）

岛名	地质
发现礁	浅礁
北砂岛	滩地
掌岛	沙质
羚羊礁	滩地

诸岛中土壤，俱由珊瑚及介壳类风化而成，故多为细砂质土及砾质砂土，骤视之似石英，其实为珊瑚及介壳之碎屑风化之物。其中含石灰量甚多，并富于盐分，如掌岛东部小湖中之水，及南部椰树下井水，均带咸味。又林岛之波罗椰子，其甜味亦少，均为土质含有盐分之证明。林岛为鲣鸟栖息之总汇，土中含鸟粪最多。就大概而论，各岛林木丛生，经历年载，其根茎枝叶，腐朽而成为腐植物质者，所在皆是，故各岛土壤，除海边坦聚积白砂外，林地及草地之间，其土皆褐黑色。

三、气候与海流

（一）气候

国人谈及西沙群岛者，辄以为气候炎热，瘴疠甚多，且海中风雨不时，航行尤险，此系未明了诸岛气候之故。按西沙群岛位置，正当热带之中，气候炎热，冬令之时，寒暑表犹在六十度以上。居住此地之渔民，绝不知霜雪为何物。渔民多衣不蔽体，然夏期亦不甚热，盖以其有海风调剂故也。夏期寒暑表升至九十五六度即达极点，惟夏季甚长，由二月至十月，皆暑热之期也。又本岛为海洋气候，终年时见骤雨，多南风，午前六时与午后二时，温度相差常十余度，可知其气候一日之中常有更变也。兹将林岛气候调查统计分别列表如下。

其　一

月次	气温（华氏）			气压（公厘）			风速（二十四小时千公尺）			风向方位
	最高	最低	平均	最高	最低	平均	最大	最小	平均	
一	81.00	70.00	75.45	765.25	759.50	762.36	1427.50	206.30	585.77	东，南东，东
二	82.80	69.80	77.75	766.75	758.75	763.27	1365.00	255.20	677.81	南，南东

（续表）

月次	气温(华氏)			气压(公厘)			风速（二十四小时千公尺）			风向方位
	最高	最低	平均	最高	最低	平均	最大	最小	平均	
三	89.90	76.75	82.05	761.57	758.00	760.00	645.27	144.85	215.00	南东，北，北东
四	88.75	78.00	83.93	795.50	757.50	760.80	1519.00	155.00	604.03	南东，北，北东
五	93.75	81.75	89.99	760.65	751.00	756.57	738.80	214.80	456.03	北，北东
六	91.00	84.13	87.99	757.00	751.25	754.76	817.50	207.50	499.33	北，北西
七	90.75	84.40	88.34	758.75	751.25	754.48	1007.50	163.80	378.58	北，北东
八	90.00	85.50	87.39	756.50	751.00	753.95	620.00	111.00	302.98	西北，东北
九	91.00	83.00	88.06	757.00	750.00	754.78	575.00	112.50	302.78	西北，西南
十	88.00	77.00	83.85	762.00	752.00	757.23	700.00	135.00	292.45	北西，南
十一	82.50	77.00	80.57	762.25	758.00	760.29	875.00	150.00	302.00	南，南西
十二	78.15	70.30	76.63	766.13	759.75	762.67	1260.00	368.50	745.98	南东，南

其　二

月次	年中各月降雨日数表		
	上旬	中旬	下旬
一	6	3	4
二	4	2	2
三	2	2	2
四	3	2	0
五	0.5	2.5	1.5
六	4.5	3	3
七	2.5	1	0.5
八	4	4	1
九	2	3	4
十	4	6	1
十一	1	4	2
十二	3.5	3.5	7.5

其　三

月次	强烈风日数表	
	强风	烈风
一	2	2
二	0	2
三	1	0
四	2	0
五	1	0
六	0	0
七	0	0
八	0	0
九	0	0
十	1	0
十一	0	0
十二	2	2

关于第二表之记载，系由三月上旬至四月中旬，及由八月中旬至十一月下旬为一年之观测数，其余为二年间之平均。又上项观测为作者录自《西沙群岛磷矿调查实录》而来，起于十三年十二月终于十六年二月，惟其间自十四年八月中至十五年四月中，全缺记载，殊为憾事耳。

西沙群岛冬季气压高而风强烈，夏秋气压低而风缓和，是与内地异者。又据观测所得，每二十四小时风速在一千粁以上，概在冬季之北、东风期内。然虽在冬季，设风向非东北，而为此则速力仍小，其他冬季之东风、南东风、南西风，或西南风之速力不大，亦与北风同。

（二）海流

南海沿岸各处之海流，每因海洋之深浅，气压之变化，风向之差异，不能一律，即其发生之时率亦颇不同。西沙群岛之海流尤无规则，常因风向而变，由十月至四月间，因东北而生之西南水流，较之由五月至十月间因西南风而生之东北水流为大而有常。水流之急，以十二月及一月为最，其速度为一海里至一海里半。群岛中间之水流，又与东西两侧不同，东侧林岛及石岛附近，常有由西至西北之水流，其速度约二海里，亦有由东而来极缓之水流。西侧甘泉岛及金银岛附近，亦常有西或西北之水流，而东北水流，亦间有之，其复杂如此，盖因位置关系，遂发生此不规则之现象焉。

四、物产

西沙群岛处粤省琼海之东，为吾国领土内仅有磷矿之产地，亦为粤省之一大富源，故我国诚非设法速起经营，以杜外人觊觎不可。且该群岛土属沙质，在耕种上，如椰子、木薯、甘薯、波罗等物均可种植，且树木长生迅速，敌害甚少。又如龟贝类，亦为水产之要物，其他海绵、海藻、海参、珊瑚等，不一而足。兹将其各物产分类述之。

甲、动物　西沙群岛以鸟粪著称，是等鸟粪，概由鲣鸟科之一种白腹鲣鸟所排泄。白腹鲣鸟多生长于热带岛屿，成群栖飞，其卵较鸡蛋略小，有斑褐色，雏鸟纯白，成鸟羽黑色，腹部白色，嘴绿足红，其肉味劣，不供食用。林岛及小林岛栖息极盛，金银岛中亦多见之。此外则有海燕一种，为数甚少。兽类中惟林岛多鼠，爬虫类有蜥蜴一种，林岛、掌岛皆有之。昆虫类如蝶蛾等亦多，惟毒蛇、恶蝎、蚊虫、蚁蝇等，则绝无之。

乙、矿物　西沙群岛既由珊瑚礁所构成，故除砂石及海鸟粪外，并无其他矿产，惟鸟粪与粪化石积成之磷酸矿甚多，均为农田所需。若用新法化验，将内含磷质，分别配制，其利尤大。日人招工开采时，每名每日采鸟粪一吨，给银二元，及运赴大阪，经溶解配合后，每担值银二十余元，可以知其利益矣。兹将日本大阪制肥所所发表甲乙两种肥料配合成分，抄录如下，以供参考。

甲种溶解配合法（百分中之主要成分）	
窒素全量	六.〇〇
亚摩尼亚	四.〇〇
磷酸全量	八.三〇
水溶性磷酸	五.五〇
乙种溶解配合法（百分之主要成分）	
窒素全量	三.〇〇

（续表）

亚摩尼亚	二.六〇
磷酸全量	一五.〇〇
水溶性磷酸	一一.〇〇
加里全量	一.〇〇

丙、水产　各岛之周围浅海中，有海藻、海菜、海草、海绵、海参、海胆、珊瑚、蝶螺、蚌蛤、墨鱼、巢蟹、海龟、玳瑁、鱼虾、石班、贝类等，由海南来渔者，多捉龟拾蚌，所获甚夥。龟大者径三四尺，重逾百斤。蚌类极美，其闭壳筋长约二三寸，渔人干晒之，视同瑶柱也。鱼及海参、墨鱼，出产亦多，渔人不能就地干制，不便运输，但少取之以供日常食用而已。海南渔船，每船可容渔夫二十余人，年中来往凡二次，春初来者夏初归，秋末来者冬末归。春来多捉龟，秋来多拾蚌，海龟、玳瑁、蚌蛤各岛均有之，海参则登近岛为独多。

五、日人经营之过去

民国十年间，台湾专卖局长池田氏等利用何瑞年等，以西沙群岛实业公司名义，瞒蔽政府，承办西沙群岛垦殖、采矿、渔业各项，饬由崖县发给承垦证书，同时并案请领昌江港外浮水洲开办渔垦，旋即私让与日人开采，其在林岛经营之成绩，殊可令人惊骇。如组织矿公司，建筑各种办事处、贮藏室，设有便铁道及铁线桥等，至十五年因公司中人忽起恐慌，大部分便乘船离岛而去。兹将日人经营林岛之过去，略述如下。

日人在林岛之建筑物，概在岛之西南隅，中有管理人住处及公司办事处一所，广六十三呎，深十八呎。办事处后方，有食料及杂物贮藏室一所，广六十六呎，深二十四呎，办事处左近，有小卖店一所，广二十四呎，深十二呎。小卖店之左，有工人宿舍二所，离立成曲尺形，其长各九十呎，阔十五呎。宿舍之前，有工人食堂一所，长四十八呎，阔十五呎。小卖店前，有吹爨室一所，（广）三十呎，深十八呎，附近有厨房一所，长二十四呎，深十二呎。厨房之旁，则有水井一，井上安置抽水唧筒，井旁并有巨大之水管，用之以与办事处后之蓄水池或前之蒸水机通者。蓄水池系用以储存雨水者，由混凝土造成，长阔各十二呎，高六呎。蒸水机则装置于海傍，惟轻便之机件，经已拆去。蒸水机后方，并有锻冶场一所，阔二十四呎，深十二呎，其装置则如故也。以上各种建筑物之上盖及墙壁均以锌片充之，亦有以木板或树枝者。此外在贮藏所左侧，并有大目钢室一所，即鸡舍及豚舍，迤右有仓库一所，长二百二十八呎，阔四十八呎，中存鸟粪约千五百吨（据地质调查者估计）。再约数十丈之林中，有锌片造之小室一所，中存机械油数罐，凡危险物品即于此置之。此外尚有轻便铁路，系沿东南海岸，分数支以入于林中，干线则经仓库以达栈桥。据测量队所测定，轻便铁道之长凡五里，铁桥之长凡一千二百五十余呎，据工程队估计，铁桥约值八万元，铁道约万余元，其他建筑物约二万余元云。

（录自《新亚细亚》1935年第9卷第6期）

新粤周刊

东沙岛海人草问题

梁朝威

——中日交涉事件从国际法观点研究——

一、事实之说明

东沙岛在香港东南，为南洋航线所必经，为我国海防要地。前英人拟建灯塔于此，以利航行，我国政府以此为我国领土，乃自动将灯塔建筑。讵建筑灯塔时，竟发现日本人在该岛附近滩屿采集所谓海人草，此种海人草为东沙岛所出产，日人用之以作药料，年值数百万。灯塔承建人以国家权益所在，不容外人私采，乃向政府承领，自行采取。但日人仍私采如故，承采人乃请求中国政府提出抗议，无效。承采人拟自行制止，将私采人留难，而日本竟派战舰保护，复又无可奈何，此为两年前事也。

自此之后，日人私采，益无忌惮。自去年广东归政中央后，承采人复向两广外交特派员公署请求抗议制止。外交特派员公署乃向驻广州日领交涉，而日领所持之理由，则谓日人采集海人草，系在公海，而非在中国领海云。但据承采人报称，则日人私采者，悉在该岛附近之滩屿，而滩屿之距离，甚为密迩，无逾三海里者，且此滩屿即在水涨时，亦多有未被淹没者。两方争持至今，案悬未决。此案不仅关系年值数百万之收入，且对于领土与国防，均成为绝大之问题，吾人不可轻忽视之也。

二、问题之分析

此案之事实既明，请进而研求其问题之所在。第一问题应研究者，为公海问题。

国际公法原定距离海岸三海里，为该海岸所属国之领海，在此三海里外者则为公海。以距岸三海里为领海之规定，至今有无变更？若有变更，是否加长，抑或缩小？先行决定领海之宽度，然后可以判定日人之采集是否在公海，抑在我国之领海也。

第二问题，则领海之宽度，究从何处量起？盖海水有涨落之不同，水涨与水落，其距离有时竟达数里之外。若当水涨时量算，则领海外围与海岸之距离每适符三海里之规定；然若当水落时测量，则领海外围海岸之距离常不止三海里也。若国际公法规定须由水涨时水淹处量起，则日人之采集，或在三海里外之公海；但若规定为从水落时水淹处量起，则日人之采集，或在三海里内之领海。故此问题，对于决定日人采集之是否在公海，亦有密切之关系。

第三问题，则该岛之滩屿甚多，连属如贯殊，究竟此类滩屿，是否可以认为领土之一部分，而所谓领海，是否由距岛岸最远之滩屿往外量算？若国际公法规定由最远之滩屿往外量算，则所谓公海者，或当在距离岛岸数十英里之外，而不能谓距离岛岸三英里以外，即为公海也。若然，则日人之采集，若非在最远的滩屿往外量算三英里以外，则不能谓之为在公海。反之，若滩屿不能认为领土之一部分。而所谓领海者，须由岛岸起量三英里，则在此三英里外之滩屿，当然可认为在公海而无疑也。

三、三英里领海之规定

国家领土，包括由海岸往外量算三英里之海面，是之谓国家之领海，为十九世纪初期学者宾柯叔（Bynkershoek）等所主张。其所以规定为三英里者，因当时炮火之威力，只能及三英里，故将三英里之海面，划归海岸国所有，则对于该海岸国之安全，可以有相当之保障焉（注一）。以当时炮火威力所能及之距离，为领海宽度之规定，今已成为确立不移之原则。然其间亦有对于三英里之规定持异议而欲将之变更者。例如西班牙即欲以古巴岛沿岸六英里为其领海，但遭英、美之反对，后古巴改隶美国版图，此项争执，然后终止（注二）。总之，三英里领海之规定，一方面既可以与海岸国以安全的保障，对于船运有适宜的统制，而一方面又可以使沿海人民得以享受其近海之利益（注三），故三英里领海之规定，不惟为海岸国国内立法所援用，且载于重要国际条文之上矣（注四）。

随后炮火之威力日增，颇有拟将领海之宽度扩大，以与炮火之威力相适应者。例如，一八六三年美国南北战争时，美国商船Sea Bride为南部联邦巡洋舰Alabama

号在英属CapeJown三英里外不及四英里之海面捕获。美国驻Cape Jown领事格拉钦（Graham）要求释放，其理由则以为炮火之威力既已增加，则领海之宽度理宜扩展至六英里。但英国驻地总督，则以为三英里之规定为适当，故不愿对此事而加以干涉（注五）。又如于一八九四年国际公法学会开会于巴黎，提议平时领海扩展至六英里，而战时中立国之领海，扩展至炮火威力所能及之距离，但此项建议，终不得国际之同意（注六）。于一九〇四年英政府在众议院宣称英国对于领海之宽度，并不承认任何逾三英里之扩展，于一九一一年对于俄国之扩展其领海至十二英里，以保护Archangel之渔业，亦提出抗议。而于一九二四年英美关于执行禁酒律而缔结之条约，亦承认三英里之原则焉。

由上述观之，则所谓领海者，至今仍保留三英里之规定而不变。即就其变的方面言，亦只有由三英里往外扩展，而向无主张领海之宽度不及三英里者。故从最低限度言，日人之采集海人草，如在距离海岸三英里以内，则显然的为中国之领海，而非在公海也。

四、低水点之规定

我人既根据国际公法之规定，以三英里为最低限度领海之宽度，然究应从潮涨时抑潮落时由水淹处往外量算，亦一极堪注意之问题。盖如前所言，水涨与水落之距离，有时竟达数里之外也。但此问题，国际法亦已有明确之规定。国际公法学者如宾柯叔等，均认为须从潮落时水淹处量算，盖潮落时海滩同如硬地，而炮火威力，可以从该处往外施放故也。又在世界著名之条约中，亦常有注明，例如一八八二年《北海渔业协定》，对于领海之界说，即谓沿签约国海岸，从潮落时水淹点量算，三英里以内之海面，悉属该签约国之领海。故从潮落时水淹处量算之规定，已成确当不移之铁案，实毋须再为费词也。

五、滩屿为海岸国之领土

至于沿岸之沙石滩与小屿，国际公法亦规定为属于沿岸国，盖为沿岸国之安全计，非占领沙石滩与小屿不可也。倘沿岸沙石滩与小屿为敌所有，则沿岸国必发生莫大之危险，是以认为沿岸之沙石滩与小屿，须归于沿岸国所有。最先提起此问题者，乃在于一八〇五年安那（Anna）案件（注七）。此案之事实如下：

安那为一国籍可疑之船，挂美国旗航行于密斯士必（Mississippi）河口附近，为英国兵船所获。其被捕地点，在距离实地三英里以外，但若从与海岸相连属之一串泥滩往外量算，则捕获地点，乃在距离泥滩三英里之内，当时为英国与西班牙之战争，而美国则宣告中立。美国驻伦敦公使向英国追索此船，其理由则谓英国之捕获此船，乃在美国之领海以内故也。英国斯陶和爵士（Lord Stowell）之判断，认美国之要求，为有充分理由，乃令释该船，交于美国。彼以为此类泥屿，虽其坚实之程度，不足以居留人民，然必须认为美国之领土，盖此为内地之泥沙所冲积而成，且为统制该河起见，非占有此项泥屿不可也。其言曰："倘此项泥屿而不属于美国，则任何国家均可占领之，甚或于此泥屿之上，而建筑防御工作焉。则从美国方面言之，岂非一极讨厌之芒刺耶？"

斯陶和之判词，可谓明当，而由此案而成立之原则，已为国际间普遍的承认矣（注八）。是则海岸附近之沙石滩与小屿，其为该海岸国之领土，已成为确定的国际法原则矣。

六、结语

上述安那一案密斯士必河口之泥屿，与东沙岛附近相连属之滩屿，为同一样情形，则安那一案之原则，自可适应于东沙岛海人草事件而无疑。质言之，东沙岛附近之滩屿，亦为中国之领土，不然，则各国皆可得而占领，建筑防御工作于其上，夫如是，则东沙岛之安全，必发生莫大之危险。故曰，此为领土与国防之问题，而不仅年值数百万之海人草问题也。

既决定滩屿为属于东沙岛之土地，则所谓公海者，宜从距离海岸最远之滩屿往外量算三英里以外之海面，然后可以谓之为公海，若在三英里以内之海面，则为中国之领海也。此一群滩屿在水涨时，虽有被海水淹没，然于潮水落时，则露出于水面，故自以潮落时露出水面之滩屿量起，以决定三英里领海之宽度焉。

综上以观，东沙岛海人草事件，原无甚难以判决之处。如日人之采集，为在东沙岛附近之滩屿耶？则显然的为在中国领土私采。若在东沙岛附近滩屿三里以内之海面耶？则亦显然的为在中国之领海私采。若在距离海岸最远之滩屿三英里以外之海面，然后可以谓之为在公海采集，而非在中国之领海也。

附注：

（注一）Bynkershoek: De Dominio Marig, II.

（注二）Wharton: International Law of the vnited States, sec. 32, 327.

（注三）Perels: Seerecht, sec, 24.

（注四）例如北海渔业协定（North Sea Fisheries Convention of 1882）。

（注五）British Parliamentary Papers, North America, Vnited States（1864）, Val, LXII, pp 19-29.

（注六）见T. J. lawrence, The Principles of international law p.143.

（注七）C. Robinson: Admiralty Reports, vol. V. p.373.

（注八）T. J. Lawrence: The Princikles of International law, p.146.

（录自《新粤周刊》1937年第1卷第5期）

新战线

西沙群岛形势图说明

西沙群岛是我国南海上的一簇岛屿，握着欧亚出入口道——香港、安南、南洋群岛的冲途，各岛环湾深入，可泊巨舰。据军事家的观察，能泊航空母舰及战斗舰二三十艘，沿岸周围的浅海，更是潜水艇寄淀最优良的场所。环内水面广阔，可容水上航空机百架升降，且各岛均位于英美法诸国属地的中点，距离海南岛更不过二百三十三公里，军需的供给至为便利，足以控制各方，确是我国南海上一个重要的军事支撑点。因此，敌人无日不想占据此地，扩展南海封锁线，断绝海外我军需的接济。（李杰）

（录自《新战线》1938年第11期）

新政周刊

日本舆论界对西沙群岛事件的狂言

在敌人军阀劫持下之日本舆论界与敌人军阀一手把持的政府，是完全一个鼻孔出气的。所以自法兵登陆西沙群岛后，不但日政府当局立即采取虚张声势的策略，就是日舆论界亦在那里咬文嚼字，虚声恫吓，一唱一和，好像已经登陆的法兵是可以一吓就退的。据东京八日路透电，《日日新闻报》称："西沙群岛应为日本领土，今为法国所占，法国援助中国而牺牲对日友谊，不啻使法属安南陷于危境。"又报知新闻称，"法占领西沙群岛，使日本反法情绪高涨，在此种情势下，无人敢担保法日间不致发生冲突。法国此种占领系属海盗行为，其背后或有英人为之支持。日本政府必须采取坚强政策以应付此种非法行动"云。但是毕竟日本的国力因中日战争已大为减低，看得很清楚的法国，这次态度故特为强硬，结果，敌人舆论界的狂言和恫吓，只是扑了一个空。敌政府当局对西沙群岛事件卒未敢轻举妄动，据十三日广州专讯，敌酋大熊正吉连日召集沿海各舰长开会讨论应付西沙群岛事件问题，其结论则对于法警在该岛登陆，仍不敢取积极行动而将有所让步云。

（录自《新政周刊》1938年第1卷第28期）

星岛日报

南海行（一）

蓝　青

遥处在南中国海的西南沙群岛，自从日人投降后归我国接收，现在交海军管理。因该群岛面积小，且无粮食及其他物产，故当地驻军和工作人员的粮食及一切用品，每半年便要补给一次，并将一部守军换防（守军驻防时间为一年）。

记者乘海军中程军舰载运物资补给西南沙群岛之便，随同往该群岛一带旅行。并途径榆林港及湛江市等地。此行机会非常难得，现将经过情形及所见所闻，逐一报告。

中程舰于十二月五日晨六时卅分便开始进出港作业，慢慢地开出黄埔。在“领港”（Pilot）提示下由舰长指挥本舰出港。河道两旁都有白屋子或红色、黑色的浮标指示航路，两岸都是稻田。将抵虎门，渐渐见山，河面也宽阔了。九时十五分抵虎门灯塔。虎门很狭窄，虽然形势险要，可是山上没有树林荫蔽，现出了脆弱的、陈旧的防御工事。

抵达大□，用小汽艇送“领港”离舰之后便继续航行。开出海外的时候，碰见很多张帆的渔船，航线左右都有很多山和小岛屿，海水成淡青色，很多水母在舰舷两旁像白纱一样随水飘荡，差不多每五六丈便有几个。

到澳门灯塔，虽然没有什么风浪，因为这是平底的，没有龙骨的“登陆艇”左右摆动得很厉害。眼看着桅杆向左右剧烈的摆动，很多陆军乘客都呕吐，因为这时无论是站立、坐着或睡觉，也受到这种摆动的影响。

七日晨已看见海南岛，白浪在岛滨涌起了高耸的浪花。吃了早餐，再过一些时，便望见很多扬帆的渔船，榆林港外白色烟通，矗立的、静默的工厂，和一片椰子林，沉船、煤油池跟着先后发现。

榆林港素描

榆林港的港口狭窄，仅容万余吨的巨轮通过，港口水道两旁便是沙滩。港口的水道虽然狭窄，可是相当浅。从前敌人每年疏浚一次，现在很久没有进行疏浚的工作，相信再过几年便会淤积如故。这港口听说在从前可以涉足而过，后来经敌人的经营，才有今日的深浚水道。

环抱着港口的，每边都是一列低矮的山岗，像蟹的两支螯，形成了天然的防波堤。不但可以在这“堤”上面构筑防御工事，而且港湾内可以让轮船和舰队避风。在这两条天然防波堤上，敌人筑有几个巨大的煤油池。

榆林港湾成椭圆形，四面都是沙滩。敌人的野心很大，曾拟下五年的筑港计划，及抗战胜利，还不过是三年工作的成绩。他们本来准备把这里辟成西南太平洋的重要军港和从事掠夺海南岛的物资，榨取我国人的劳力。港湾的面积约平方十华里。有两个码头，一个由海军总部接收，水深廿余呎，并有一座损坏了的起重机；一个由资源委员会田独铁矿局接收的安卸游矿场码头，水深卅余呎。还有由交通部接收的一坐巨型浮动起重机和一只趸船。港的中央有四个巨大浮标，可以系留万吨以上的轮船。

中程舰进港的时候，舰长紧张地指挥舵房的士兵，向港内海军总部的码头停泊。抹了一把汗，泊好码头之后，舰长发出了胜利的微笑。

很多要接见亲友的人们都集中到码头上，喜气洋洋地找他们的亲友。放好跳板，大家都上陆了。这时虽然已是隆冬的季节，榆林港的天气仍很热，太阳直射，汗流如注。碰见了当地的朋友，他们都穿着夏天的衣服或内衣。许多居民都没有穿衣，赤裸着上体，有些戴上草帽或通帽，极少外来的妇女才穿毛外套。可是据当地的人来说，从沦陷以至现在，要算今年的天气最冷，真令人啼笑皆非。住在这里是全年都不需要棉被和冬衣的。

生活在舰仓里，受着太阳热量的辐射和传导，而且通风机损坏了，温度比室外还高得多，像站在火炉旁一样。过了正午十二时后，简直无法逗留，大家都到市面闲逛、喝茶、上馆子去。陆地上有风，有树林的荫蔽，热得也不觉太难受。虽然白天酷热，夜间却有海风调节，气候觉得很凉爽。

漫步市区，映入眼帘的，各处都长满了椰子树，悬挂着浓密的、青色的椰实，展耀出南国绮丽的风光。路上所见，都是日本式洋房，美丽、精致的日本式建筑，别有一番风味，使人觉得像生活在香港九龙塘的富人住宅区一样。郊野散布着许多兵营和仓库。道路的建筑很讲究，铺上雪白的珊瑚碎粒底平整路面，路旁有露天的排水沟。这些从前敌人的享受，以至今日作为一部分贵人们的享受，已是无数同胞几年前血汗的遗迹，在那里淌下了无数辛酸的血泪。

市集里全是低矮的、残破简陋的房子，说出了本地人生活的贫困和艰苦，跟敌人遗下的完好建筑物成了一个强烈的对比，也说明了沦陷以来敌人榨取的深度。市集里的商业完全是小商业，仿佛小贩的买卖，无论杂货店、小食店、洋货店，看了也使人有寒酸之感。最大的经营不过是一座饭店和一所“新生旅社”。

环绕着市区，有精美的柏油路，这宽阔的柏油路筑至八华里外的三亚港，路旁发现许多汽车的残壳，不知道是敌人有计划的破坏还是接收的遗迹？无论在路旁、码头、郊区都堆积着由机器变成的、庞大的废铁。搁在港内沙滩上的，四面都是大小的船只，都只剩下空壳，机件经一次、二次……接收之后，已变戏法般变了去，留下一片荒凉的、值得凭吊的景象。港里沉了一艘万多吨的运油船和一座巨型挖泥船，另外还有许多艘半沉的轮船。港外沉了一艘数千吨的货船，都没有打捞使用，每天朝夕让潮水冲洗。

这里水果并不很多，也不大便宜，只有椰子、木瓜、香蕉。

香蕉的大小跟广州的差不多，可是皮还带青色就可以吃了。肉类便宜得出乎意料之外，鸡、鸭、鱼、猪肉、鸭蛋都比广州便宜几倍。我们在广州起程的时候，猪肉已廿多元一斤，这里只卖六元，鸡每斤八元，鸭蛋每元四只。为了肉类便宜，外地的旅客到来必大吃一顿。

乌鸦很多，比鸽子还大，满天飞翔，落在地上，跟鸡争吃，“鸡鸦”地不停地叫着使人□□。

（录自《星岛日报》1949年3月11日）

兴业杂志

东沙岛无线电观象台落成

东沙岛孤悬海外，在东经一百十六度四十五分，北纬二十度四十二分，与香港距离最近，约一百三十海里。该处原为珊瑚岛，屿外有礁湖环绕，湖深自五寻至十寻。东沙岛在礁之西边，长约一英里，宽约半英里，高四十尺。岛上多矮树，其形如马蹄。岛外礁湖约一英里。

东沙岛远隔陆地，又无适当抛锚地位，向为无用之荒岛。全国海岸巡防处，以该岛为观象适宜之中点，拟设观象台，专与孟纳兰、台湾、青岛、北京各天文台及航行中国海之船只，互通气候报告。于去年四月间，投标建造方格式铁塔一座，及无线电观象台房屋并一切应用，设置完备。

所有建造材料，均于去年六月下旬，由上海装运东沙。该岛因无澳泊，足供船只躲避之处，卸货极为困难。所运材料，均系建基用之石条、钢条及洋灰块，此项材料起卸上岸，诚为不易。所用驳船，多为风浪阻滞。其时忽遇暴风，不得已将船驶至香港躲避，风定后复回东沙，至八月十八号，方行卸毕，始能开工。

东沙岛地居热带，当开工建筑，及转运材料时，适为全年中最热时令。岛中无居民房屋，所有粮食饮料，一切均须备办，更以狂风烈日，难堪做工，办理至为棘手。际此困难之境，而全国海岸巡防处，仍极力支持，先装设马丁尼（Y. C. L）二百英里距离之无线电机一副，暂与香港互通消息之用，又以东沙岛井水质咸，特备淡水机二架，每点钟可炼水六十加仑。并备大宗粮食，如白米、面粉、鱼鲜、菜蔬及药料等物。并派有新阳巡舰驻在香港，久德丸轮船驻在汕头，以便与大陆往来之用。

大座房屋，系洋灰建筑，极为坚固，足御暴风经过该岛损坏之虞。无线电杆用两方格式铁塔，共高二百五十尺。电机为继续电浪，所有仪器，系由德国德律风根公司购办，保用可由东沙岛与青岛随时通报。灯塔离地高一百二十尺，距水面高一百四十七尺。塔上装A. G. A. 之灯系挪威Gasaaccnmtator公司制造（照其样本部第乙五百号）。该灯可照十八海里，已于去年九月十五日开始放光。观象台所有设备，均用最新式天文台之仪器，所有仪器系英法两国最著名制造厂购办。所有观象职员，系由海军军官，赴徐家汇及各地天文台，专心练习，对于观象事宜，极为可靠。

东沙岛无线电观象台开办典礼，现拟定本月内举行，届时派军舰一艘，由香港迎候各观象台代表官员及来宾前往参与典礼。

巡防处经营该岛宗旨，不但专办观象事宜，仍尽力筹划垦植，俾成生洐蕃植之区。现已试种蔬菜，收效极佳。并购鸡豚，以供职员在岛之用。该岛虽居热带，惟各职员尚无疾病，水土甚佳。此外计划并进行建筑码头，以便起货之用。并购吃水较浅之船，往来香港。且拟将珊瑚底一部炸开，以便航行。北京某要人对于此项事业，增加评语，略谓东沙岛建筑事宜，堪为叹赏。可见中国政府所立之机关，能用得其人。此台既经开办，对于观象及航行公安，深望国家维持永久，勿以所定经费，移作别用，则幸甚矣。此项事业，裨益航海公安，殊非浅鲜，尤望各方加以协助云。

（录自《兴业杂志》1926年第1卷第4期）

学　艺

西南沙群岛海龟之调查

A. **青海龟或曰绿蠵龟** Chelonia Japonica（Thunberg）

背甲呈暗青色，具黑色之放射状斑纹，呈心脏形，中央有一列大脊骨椎板，共五枚；左右各有一列肋骨板，每列四个；边缘板、项板共二十五个。各板边缘互相密接，腹甲扁平，尾裸出甲外，头部前额有一对长形之前额鳞，极易与赤海龟区别。嘴短，前后肢皆为桡状，体大者达一公尺余，雌大于雄，我国境内以西南沙群岛等产量最多。游泳时恒以头露出水面十五至二十分钟，主以海藻为食料，交接期为一至四月，产卵时期多于六七月间。产卵时，于夜间三小时登陆，爬至树木附近之沙滩，以肢向外掘沙成穴，直径深度均约半公尺，即产卵其中。卵形及大小似灰白色乒乓球，每次产卵九十至一百六七十枚，产后以肢向穴抓沙覆卵，以腹压平，再于周围纵横乱走，以灭其迹。经阳光六十日照射后孵化，稚龟破卵时大约四公分，背甲尚软，色暗黑，一年后长三十余公分，三年成熟，长达一公尺余。肉卵及脂肪皆可食，并可作工业用，其甲可伪充玳瑁。闻日人以本种之肉曝干，作妇女补品，并可提取内分泌为医药用。

B. **赤海龟** Chelone Olivocea Eschscholtz

此项龟类，亦为最普通海龟，背甲中央之脊椎板五。左右肋骨板各五枚，四周之边缘板共二十七枚，头部前额鳞二对，背甲表面暗赫色，腹甲带黄色。初夏，至海岸沙滩产卵，约数十至百数十枚，埋没沙中，任其自然孵化。此种龟类喜食海草，并以章鱼及鱼类为饵，故肉臭而味劣，脂肪亦可利用。甲薄，质劣，大者长及一公尺许，性质迟钝，产卵登陆时易于捕获，有时入定置网中，然无专业捕获者。

C. 瑁玳Eretmochelys Squamosa（Girard）

此项龟类之背甲前后相叠，宛如覆瓦，与以上两种不同，背甲中央列五枚，左右之肋骨板各四枚，边缘板共二十五枚。甲板甚厚，其色泽随个体而异，多呈淡黄色，布以浓赫色之斑纹，腹甲大体黄色，嘴弯曲似鹰，边缘不呈锯齿状，体长一公尺，性强暴，常以鱼贝类为饵，三月登岸产卵。肉臭不可食，卵则可食。背甲为贵重之工艺品材料，多栖息于珊瑚间。

（录自《学艺》1948年第18卷第2期）

百科丛刊

南海诸岛归海军管辖

南海诸岛

一、东沙群岛：包括岛、滩三。

二、西沙群岛：包括永乐群岛，内岛九；宣德群岛，内岛、滩、礁廿二。

三、中沙群岛：包括滩、沙、礁廿九。

四、南沙群岛：包括危险地带以西岛、礁、沙廿七，以东者四，以南者十六，危险地带内者四十。

以上经于卅六年十一月厘定名称，归海军管辖。

（录自《百科丛刊》1948年第1卷第3期）

冶 矿

西沙群岛之磷酸矿

朱庭祜

西沙群岛为我国□□□□，其位置在粤省海南岛之东南，岛居东经一百十一度至一百十三度之间，北纬十五度半至十七度半之间，地当热带，日光炎烈，且与大陆相隔甚远，故每年仅少数渔人由海南岛驾艇到此捕鱼外，常人足迹，罕有至者。岛凡十余，依其邻接之远近，可分东西两部，东部七岛，西部八岛，此外尚有二三小岛，则与此二部相隔甚远。近年在此群岛中之数岛，如林岛、石岛、灯擎岛及钱岛等，发现磷酸矿，矿质即为粪化石与鸟粪，今将调查结果，约述如次。

产生磷酸矿之数岛中，以林岛之面积为最广，平面得一,五〇〇,一〇〇方米突；作不整齐椭圆形，东西向较长，石岛甚小，面积为六八,七五〇方米突，作多数凹凸形。灯擎岛面积为四三二,五〇〇方米突，作半月形；东北边为外弧，西南边为内弧。掌岛面积亦小，为七六,二五〇方米突，与灯擎岛有相似之形势。各岛高出水面，以石岛为最，约得十五米突；林岛高处约十米突；灯擎岛与掌岛则仅数米突而已。岛之近周为珊瑚礁所环绕，林岛与石岛，相距甚近，在同一珊瑚礁围绕环之内，灯擎岛与掌岛亦然。岛之边际，凡平时波浪可以冲及之处，均有白沙堆积。岛上则为珊瑚及他种动物之遗积物，外周较高，宛如昔日之珊瑚礁；中间低洼，如礁内之盆地。灯擎岛中尚有一小湖存在，如未填之里海，此地形之大概情形也。

再从地质上言之，各岛既为珊瑚及他种动物之遗壳所成，无岩石现露，珊瑚类遗骸为造成各岛之主要物质，其他各软体动物如头足类、腹足类、瓣鳃类等，棘皮动物如海胆类、海百合类等，以及甲壳类之壳鱼类之骨，均各为造成此岛物质之一，其壳或尚完整，或已破碎，与珊瑚遗骸相杂陈。又在石岛，则以自然之压力及溶化物之沉淀等结果，一部分遗积物已变成坚硬之石质，此实为石灰岩之一种创造期焉。除坚硬之珊瑚遗骸及各种介壳外，岛上惟有鸟粪与粪化石堆积。细如粉末者，作棕色；凝结成块者，面作灰色，击开面亦作棕色。此即磷酸矿是也。钙质细砂由介壳破碎而成，均作白色，非特在海边堆积，即岛上亦有存在。细砂之一部分，虽能溶解于水，再行沉淀，而动植物质腐烂后，少量有机物质，亦与之混合，但终不成佳壤。此无他，钙质特富之所致耳。

磷酸矿矿床，在林岛上成一薄层，覆于表面，平均厚度为○.二五米突至○.三○米突。多数为棕色粉末，其有作块状者，大小形式不一，矿层之下即为白砂，与岛外周之白砂相同。在石岛之上，棕色之鸟粪亦有之，但散布不匀，其积压已久，状如岩石之珊瑚遗骸中，亦含少量矿质。其他灯擎岛与掌岛，虽有少量磷质，然极微弱，惟闻钱岛中之磷酸矿亦甚丰富，但未确切调查。

鸟粪与粪化石之成因，虽有种种不同，然在此处，其主因乃为鸟类之排泄物。热带鸟类之栖息于此者，千万成群，捕海中之鱼以为生而遗其粪于岛上，虽一部分不免溶解而去，但经长时期之堆积，其量乃大有可观。今一入其境，即有一种异臭触鼻，为鸟粪所独具者，可为一证。其他动物腐烂之后，虽亦可供磷酸之制造，似不居重要焉。

磷酸矿之化学成分，曾经分析，所得结果，为磷酸百分之二五，氮素百分之一。兹以多数标本尚未完全分析，故分析表不能评列于此。

磷酸矿之储量，现在所知，仅林岛所有最有价值，可以计算。按实测所得，矿层所占面积为一,二九一,六○○平方米突；因矿质平均厚度为○.二五米突，故其体积为三二二,九○○立方米突。在此体积之中，植物之根所占体积，约为全体十分之一。故磷酸矿体积，宽为二九○,六一○立方米突，矿质比重约为○.七五。又以装矿之小车容量计之，每车体积为○.六五立方米突，装矿重半吨。如此则全岛矿量，为二二三,五五○吨。以前已经开采之处，占面积约二八○,○○○方米突，得矿量四八,五○○吨。以此，岛中所存矿量约为一七五,○五○吨。

西沙岛磷酸矿，前由本国商人向政府领得矿权，已历多年；嗣乃与日商共同经营，其沿革极为复杂。自经此次调查（民国十七年五月），矿权已由粤省政府收回，归中山大学农科保管。至于磷酸矿为天产之肥田料，于农业上关系，至为密切。我国领土中处于热带者，仅有此数岛，故此种矿质，甚可贵焉。

（录自《冶矿》1928年第2卷第5期）

渔　况

粤建设厅调查东沙岛海产

广东建设厅前以东沙岛地方，时有华人勾结日人偷采海产之事，特派张杰山前往东沙岛调查。据报有名周俊烈者，勾结日本人雇佣日船四艘往返东沙岛偷采海草，现尚有重油机日船两艘在岛，一名日成丸，一名宝丸。并有琉球人七十六名，台湾人三十九名，日本人二十余名，逗留岛内。查此次该帮日人偷采海草，为数甚巨。现除已被偷运离岛者不计外，尚截得一千二百余包，刻尚存留岛内。总计该岛海草每年可产三千余担，惟日本人偷采时，辄连根采去，不顾将来出产。似此情形，恐影响于该岛出产者甚大。粤建设厅据报后，已与日方严重交涉矣。

（录自《渔况》1930年第4期）

禹 贡

法占南海九岛问题

许道龄

我国领土，中央与地方向少缜密之调查与测量，而国内所谓地学专家也多是“神游九州，胡猜一套”，猜得对固然很好，猜得不对也不算一回事。如民国二十二年七月间，我南海九岛之被法侵占，当其正式宣告世界之初，经纬度不大清楚，有的谓为即我领之西沙群岛，有的谓为即英领之史普拉勒（Spratley 8 32n; L11 42R.）等岛，议论纷纭，沸腾一时。然未得到正确之结论以前，而这问题又已随时间之消逝而消沉下去，再没有人来讨论与研究。立国于这巧取豪夺的世界，这种态度若不改变，欲求疆土之完固，犹若金瓯无一伤缺，实在是不可能。日昨听说我国政府现正搜集九岛属我领土之确凿证据，向法交涉，以谋收复。果然，我们很愿祷祝其成功。今不揣愚陋，草成兹篇，以唤起国人之注意。

一、九岛被占之经过

据当年（西元一九三三）法报称：“在安南与菲律宾群岛间有一群之珊瑚岛，浮沙暗礁，错杂其间，航行者视为畏途，不敢轻近。惟其处亦有草木繁生之地，琼崖之中国人有住于该群岛，以从事渔业者。一八六七年法国水路调查船莱芙尔满号曾到此区测量制图。一九三〇年炮舰玛利休兹号正式占领丹伯特岛。一九三三年四月六日报告舰亚斯脱洛拉卜号及亚列尔特号，复与调查舰达勒逊号访丹伯特岛，揭法国国旗，当时岛中住有华人三名。……四月七日亚斯脱洛拉卜号又占领安布哇岛，其地一无住人……四月十日占领地萨尔与依秋伯，其地有树叶搭盖之屋，复有奉祀神人之像……四月十一日占领洛依塔……四月十二日占领西杜与多几尔……各该岛情形，大率相同。地萨尔与多几尔两岛，有由琼州渡来之华人居住。每年有帆船载食品来岛供华人食用，而将龟肉与龟蛋运以去。”此法报所纪九岛被占之经过情形也。

二、名称与位置

考九岛总名，西文曰Tizard Banks（按：或译为提浅尔密克，或译为提闸坂，或译为提沙浅洲），汉文曰，北海群岛（注一）。至于各岛个别的名称有的仅举其六，有的举其七，有的举其九，而以六岛为名称较为可靠。盖以法使照复我外部说明所占诸岛位置时仅举其六岛名称及位置，而九岛之说，似系传闻之误。然当年电通社东京九日电又谓：“东经百十余度的海上，除法政府宣告获得先占权之六岛外，尚有二子岛、西青岛，及南子岛等三岛。”（北平《世界日报》，二十二，八月，十日）是当年法国尚未完全占领该群岛欤？抑日人之此种宣传是别有作用耶？该群岛之数目未易确定已如上所述，而其名称与位置亦有三说，略述如次：

（1）法使照复我外部　①斯巴拉脱来　北纬八度三九分，东经一一一度五五分。②开唐巴夏　北纬七度五二分，东经一一二度五五分。③伊脱巴亚　北纬十度二二分，东经一一四度二一分。④双岛　北纬一一度二九分，东经一一四度二一分。⑤洛爱太　北纬十度四二分，东经一一四度二五分。⑥西德欧　北纬一一度七分，东经一一四度十分。

（2）巴黎合众社电　①丹伯特岛，②安布哇岛，③地萨尔岛，④依秋伯岛，⑤洛依塔岛，⑥西杜岛，⑦多几尔岛。位置在安南与菲律宾群岛间，北距西沙群岛三百五十海里，东距菲律宾二百海里，西距安南三百海里。

（3）我国驻菲总领事调查报告　①加夷，②汉保夷斯，③重特拉巴，④达齐尔斯，⑤莱多，⑥齐德，⑦史普拉勒。位置在北纬十度十二度，及东经一百十五度之间。距菲律宾巴拉湾（Palawan）岛二百海里，在琼崖东南五百三十海里。

以上三说，名称既互殊，则地理似非一。然法占之Tizard Banks，确即我领之北海群岛。盖此虽未经政府之派员实地查勘，而有忠实之渔民眼见为证，是绝不容怀疑的。

三、形势

该群岛位于安南、菲律宾、海南岛之间，为南洋各地航行要道，实我南海之咽喉。据法报称："此等海岛，有长至十英里之地方，可用为水上飞机、潜水艇、小舰艇等暂时休息避难之所。且此等岛屿主权若入于法国之手，则战争之际，法国海底电线之安全，不致发生任何威胁……"东京电通社电云："法国已在西贡与广州湾，获有足容一万吨级之巡洋舰，则此项之占领（即指南海九岛），自可筑造飞机根据地，停泊潜水艇，而完全获得南中国海之制海权。"（二二年七月二十日平津各报）由此，可见该群岛在南洋军事上占如何重要的地位。

四、物产

该群岛地处热带，陆上植物以椰子、香蕉、通心树为多，动物以海鸟为最多。因此，各岛地面尽为鸟粪所掩盖，日积月累，即渐形成一鸟粪层，而此类地层颇富磷质。矿产除磷外，据云还有酸盐等矿。

海产螺、蛤、鱼、虾、海龟最富；海参、玳瑁次之。渔船每只每年多者可捞两三万元，少者七八千不等。林桐等海关分卡，每年征收关税不下二万元，今被法侵占，固琼崖渔民之损失，亦国家之损失也。

五、隶属问题

该群岛与西沙群岛同为我国琼崖渔民住居之地，隶属初本无问题，嗣经法之侵占，日思染指，于是即形成鼎足之争。然在世界人类还不尽弁髦公法之前，则法日虽善诡辩，亦无如事实何。

（一）盖法国所持之理由为先正式向世界宣告此等岛屿之先占权。然就其法律立场观之，所谓先占权须具备两要件：第一，"先占的标的地须是'无主的土地'（Vacant land），或曾属于某一国之土地而后来被此国抛弃者"（Oppenheim: *International Law.*（*4th edition*）vol.1. p.449）。然法国既自承认当占领该群岛时，丹伯特岛上住有华人三名，依秋伯岛上有树叶搭盖之屋及奉祀神人之像；地萨尔与多几尔两岛上有由琼崖渡来之华人居住（二二年八月十日天津《大公报》），则该群岛并非无主之物，或被抛弃之土地，盖已彰明较著，而法之所谓先占权在这种场合中当然不能成立。第二，"先占须是有效的占领，所谓有效的占领，包含着'占有'（Possession）和'管理'（Administration）两种主要的事象"（Oppenheim: *International Law*. vol.1. p.450.）。该群岛法国虽曾实行悬旗，及在政府公报上宣告世界，完成形式之占有权，然同时又曾声明："法国政府占领珊瑚岛后将设灯塔于岛上，为求航行之便利，别无作用。”（二二年八月四日天津《大公报》）是法国占领该群岛后，并不欲在此区域内造成一足以维持该国国旗之权力与建立一行政机关，而实行管理这块地方。因此，则先占权之第二要件又不能完全成立。先占权之两要件既无一能成立，虽宣告世界亦是枉然。

（二）这事件发生后，首先引起日本之抗议，初欲与法争先占权，同时亦是欲与中国争先占权。后自知先占权之不易争，乃退而争私权之享受与行使。其所取之理由与事迹是：

（1）池田全藏及小松重利尔氏于大正七年（即民国七年，西元一九一八）九月起，三个月间在中国南海上探险时，发现乌德、林可伦、诺斯登甲、夫拉瓦特及劳香五岛。

（2）齐藤荣吉氏等五人，亦于大正九年（西元一九二〇）五月在北纬十度，东经十余度之海上发现无人岛十二，且悉其中富有磷矿。

（3）日本制磷西盐公司在该群岛上已有企业，自一九一八年起开磷酸盐矿（二二年八月三日天津《大公报》）。

（4）确认在该群岛，日人有关系之金矿采掘权与财产权（二二年八月十日《世界日报》）。

以上这些理由与事迹皆不值一驳，盖“先占必须是一种国家的行为”（Oppenheim: *International Law*. vol.1. p.449）。日之池田全藏与齐藤荣吉氏等虽都曾到过该群岛，然皆系二三私人的行动，并非为国家服务而去者，亦非于作为之后即为国家曾经承认者。则这种事迹，从公法上言，当然不能成为先占权之根据。而私权之享受与行使，似亦大有问题。盖民国七八年间，日人即悉该群岛与西沙群岛富于磷矿，惟一时限于我之主权，未便着手开采，旋即利用汉奸何瑞年等请求广东省政府，准予组织公司往该两群岛创办实业，政府不明真相，即行批准。后来知情，徇渔民之请求，取消此令。然该公司有武力为后盾，故仍继续经营迄于今日。此日人在该群岛有企业之由来。日人创立企业之初，乃假汉奸之名，未肯出而经营，诚如谚云“做贼心虚”。是日人之欲与我争该群岛之私权，实难免喧宾夺主之嫌。

（三）至我国渔民于清道光初年，即发现该群岛，嗣后至者日众，则设庙宇，建房屋以住居于其地（注二），俨然一中国之领土也。光绪九年（西元一八八三）德政府曾派员测量该群岛，旋经中国政府严重抗议而罢。光绪三十三年四月两广总督张人骏曾派广东水师提督李准至粤海群岛查勘。据谓：计当年鸣炮升旗者共有十五岛：1.伏波岛（按：因伏波为李准氏等所乘两舰名之一）；2.甘泉岛（按：因该岛地有淡水），此岛长约十余里，宽六七里，距伏波岛约三十海里；3.珊瑚岛（按：因该岛上红白珊瑚遍地皆是），该岛面积较小于甘泉，纵横不过八里，在甘泉岛对岸；4.琛航岛（按：因琛航为李准氏等所乘两舰名之一），情形与各岛略同，距珊瑚岛约二十海里；5.陵水岛（按：因该岛有文昌陵水之人），距琛航岛约十余海里，岛边停泊渔船一，渔民为文昌陵水之人；6.霍邱岛（按：因李准先生偕裴岱云太守为霍邱人）；7.归安岛（按：因丁少荪太守为归安人）；8.乌程岛（按：因沈季文大令为乌程人）；9.宁波岛（按：因李子川观察为宁波人）；10.新会岛（按：因林瑞嘉分统国祥为新会人）；11.华阳岛（按：因王叔武为华阳人）；12.阳湖岛（按：因刘子怡大令为阳湖人）；13.休宁岛（按：因汪道元大令为休宁人）；14.番禺岛（按：因吴荩臣游戎敬荣为番禺人）；15.丰润岛（按：因主持大事之张人骏大帅为丰润人），西人名该岛为林肯，长约三十里，距番禺等岛约六十海里（天津《大公报·李准巡海记》，民国二二年八月十日）（按：以上诸岛以海程计之，似大部为西沙群岛，然法国今日所占诸岛中，实亦有当年查勘所及鸣炮竖桅之区。惜乎边际战乱，《巡海记》原稿遗失，遽难考作精确之证耳）。距今数年前中山大学由省政府建设厅指导之下，曾派学生多人调查该群岛。民国二十一年广东省政府曾允许某商业团体采取该群岛鸟粪肥料。——是该群岛已有我人民与主权之存在，何容法人先占权之确立，与日人私权之自由行使呢?

总之：该群岛之地位极关重要，就国防上的价值言，是保卫华南的门户；就经济上的价值言，是发展粤东之库藏。该群岛在国防与经济上既有不可磨灭的价值，愿我政府刻即积极搜集材料，向法交涉收回，以固边圉而保主权。

（注一）“南海中属我领之岛屿有二：（1）东海群岛（即西沙群岛）；（2）北海群岛……两群岛相距若干海里，不得而知其确数，但据说帆船由东海群岛驶至北海群岛约需时多半天，是两群岛距离当不甚近。而法国这次所占领的，也许是该两群岛中之一。”（见民国二二年八月二日《北平晨报》拙作之《道听途说的西沙》。）“珊瑚九岛，吾人名曰北海群岛。”（见民国二十二年九月一日《广东琼东草塘港渔民申诉法占珊瑚九岛书》。）

（注二）“珊瑚九岛在西沙群岛之东南，相距二百余里（吾人谓为二十八更），吾琼文昌县渔民因生活所迫，于清道光初年已到其地从事渔业……嗣有各县多数渔户移居其地，建立房屋与‘兄弟公庙’多所。但因规模狭小，构造不精，年代久远，多数倾圮……十余年前不但无法人之足迹，即日人亦无一曾到其地者……距今数年前始有法人乘舰来岛测量绘图，初示吾人以好意，媚吾人以食品……彼等所窃而去者仅各种海产之标本……今年法人又驾舰来岛，携有武器，以法国国旗诱吾人升挂，吾人置之不理。”（同上。）

二六年二月廿七日于北平研究院

（录自《禹贡》1937第1、2、3合期）

越华报

关于西沙群岛

西沙群岛位于海南岛榆林、三亚两港西南，分东七岛和西八岛，其中以东七岛的林岛面积为最大。

该岛自汉代已隶我国版图，但迭遭外人觊觎。清末光绪卅一年，日人西泽吉次在东沙岛开采鸟粪，粤督张人骏向日交涉争回。因官办成绩不佳，再由商办，日人即乘机以承商名义，暗自开发，在林岛建有货仓码头、轻铁轨，至今遗迹仍存。

岛上居人，均属海南岛各港之渔民，每年六七月间前赴捕鱼，八九月间驶回，及至冬季将尽时再往，至明年夏季，乘南风之便，驶返避风。

渔民习惯，一到林岛，必先往祭一百零八兄弟孤魂庙（该庙犹存），门侧有对联上书："兄弟感灵应，孤魂得恩深。"此俗由来已久，惜无史可稽。

至民廿一年，越人图窃占林岛，建有黄沙寺及安南墓，为纪念法军下级军官的坟墓，黄沙寺门前亦有似通不通的对联，联文为"春亦有情，南海喜逢鱼弄月；人其得意，春风和气鸟逢林"。末书："大南皇帝大保十四年三月初一日。"

民廿二年，法国谋夺西沙群岛，突照会我驻法使馆，拿出毫无理由的借口，我方以充分理由答复三点：（一）该岛经纬度属中国领海；（二）清末曾派李准前往，鸣炮升旗；（三）民十九年，香港举行远东气象会议，上海徐家汇天文台主任向我国政府请求在西沙群岛增设气象台。

查在抗战期中，日人曾妄划该群岛归台湾总督府管辖。自胜利收复后，法国竟提出异议，其所谓“久已为中国及越南所争之地点”，还不过是民国廿二年间的事。但以上各点，已足证西沙群岛本属吾土，不容砌词讳赖。

（录自《越华报》1947年6月14日）

战地通信

南海中的东沙群岛

蕉　园

日本为着要威胁英属的香港、新加坡、法属的安南、荷属的东印度群岛起见，竟图占领中国粤省沿海的东沙群岛，作为海军根据地。而与南洋方面的英、荷、法三国海军对峙。敌人的用意，无非想截断欧美与中国南方的水上商业交通，广九路与粤汉路、越腾路与云南的联络，而断绝各国的对华接济。因此东沙群岛上中英合办的电台，也被占据；引得英国不得不派多量舰队与潜水艇巡弋南洋海面。

此中国南海中的东沙群岛，我们准备要开发的声浪宣传已久。在陈济棠主粤的时代，也曾一度委任粤人梁权为该岛管理主任，从事于开发设计。东沙群岛的位置，是处于东经一百十六度四十三分二十一秒，北纬二十度四十二分三秒下面，和香港在东经同度线下，距香港仅仅一百七十海里。

该岛自来就是中国渔民所居住的，而中国政府最先注意该岛，则在清光绪卅四年（一九〇八）。当时有英国商船，在东沙群岛因风遇事，英政府就请求中国政府在那里设立灯塔，经清外务大臣端方，饬令两广总督张人骏查明后，由两广水师提督李准，派海圻舰前往查勘。

当海圻舰驶抵东沙群岛时，立即发现日本浪人在该岛树立日本旗，及驱逐渔民等事实。并且该岛原有一座天后宫，也被日人拆毁，意图毁灭中国领土的凭证而妄想占领。经当时的一再交涉，日本自知理屈，始允交还中国，由清政府贴偿日人在该处的建筑费十三万元，而收回派员管理。

在最近的十多年中，各国商轮往该岛的失事者很多，因为在东沙群岛的东北，有一道极长的暗礁脉。所以在每年九月间吹东北风时，绝对不能前往。二三月间吹东北风较少，可以无害。而该岛离水面最高处所，只有四十多尺，普通航行目标不显，须于夜间驶近该处，望到灯塔后，即记明位置而停泊，待天明始能进驶。

该岛有中英合建的无线电台及气候测验台，因为地势卑湿，缺乏淡水饮料，致所有办事人员，须每月轮流调换休息，否则就有脚肿、目翳、体弱多病的危险。

远在清末的宣统二年间（一九一〇），曾有粤省候补知府蔡康，条陈开发计划，结果实行后，亏蚀六千两。民国奠定，胡汉民任广东都督时，曾集南洋华侨资本百万，拟往垦殖，但因该岛只有渔业可办，不能种作而罢。粤陈时代，有粤商冯德安，以每年二万元的租费承租该岛，但除了建筑房屋，缴过半年租金后，就以亏蚀为辞而积欠租金，直到民国二十二年才取消承租权。

至于东沙岛的海产，极形丰富，计有各种鱼类、贝类、珍贵的玳瑁，以及多量的海藻等等。海藻一物，经科学提炼，可取磷质，它的渣滓，可以肥田。假使政府用有计划的开发，不但可以绝敌人的觊觎，还可以巩固国防。

（录自《战地通信》1937年第1期）

政治成绩统计

西沙岛观象台之筹建

西沙岛领土，关系国权及外交，民国十四年夏间，曾经前北洋政府海军部提出阁议通过，即在该岛建设观象台。自国民政府建都南京海军部成立后，复于十九年七月间，会同交通部，呈请行政院转呈国府饬下财政部，将建筑该岛无线电观象台应需之款十八万元，迅予拨付，以资举办。旋奉行政院议决，饬财政部拨款，财部以库款竭蹶，未能照拨，是以该岛设台，停顿至今，无从着手建设。三月七日，京沪各报登载“最近法报鼓吹进占西沙群岛，其最大理由，则目该岛为夏季飓风，进袭安南必经之路，该岛未有气象台设置，安南一带，事先不得气象报告，无从准备，故须及时占领”等语。查二十一年三月间，法外部曾称该岛于百年前，安南嘉隆王曾在该岛竖碑建塔，主张安南之先有权利。业经该部依法解释，咨由外交部照会法外部查照。现法方复以气象为由，鼓吹进占，若再不图，难保不成事实。该部权衡危急情势，该岛观象台，应即设立，以杜觊觎。经将建台万难再缓情形，于三月九日具呈行政院请示办理，嗣奉指令已饬财部查照前案分期拨款，以便早日兴工修建。五月份海军部将该岛建台，详细划拟，其建造时间，期于六月底兴工，七月底完竣，因过此时期，飓风当令船只不能前往。关于观象应用器械，向中央研究院接洽办理，并由该院允许尽量供给。关于长短波无线电机件，交上海大华无线电公司承办，一切建筑工程，与上海陈椿记营造厂订立合同，由其承包，现各种手续均已办妥。惟财政部以此项拨款碍于审计手续，未能领出，而该台建筑期间，又有时令关系，万难再缓。当经海军部依据《修正预算章程》第三十九条预算未成立前，如有特殊应急之经费，得由五院主管院长提经中央政治会议议决先行动支之规定，呈请行政院提经中央政治会议议决，将此项建筑费令由监察院饬知审计部，先行签发支付书，一面再由海军部补具手续，以应急需。并以建筑西沙岛观象台正在积极进行，关于此项气象人才，该部尚感缺乏。经向中央气象台接洽，选派该部无线电人员四员，前往该台实习气象，以备派赴该岛遣用。

（录自《政治成绩统计》1934年第5期）

中国海军

我国南海前哨中的西沙群岛
——我海军已在那里守卫

郭寿生

同胞们请注意法军登陆西沙群岛!

(《大公报》南京一月廿二日电)国防部长白崇禧廿一日谈称:“西沙群岛主权属于我国,不仅历史地理上有所根据,且教科书上亦早载明。去年敌人投降,退出该群岛后我政府即派兵收复。本月十六日有法国侦察机一架飞至该岛侦察,十八日法海军复有军舰一艘行至该群岛中之最主要一岛。我守军当即表示守土有责,不许登陆,并令其退走。至巴黎电传法海军已在群岛中之拔陶儿岛登陆,据余之记忆此岛距国军主要驻防之岛约五十海里。”

(《大公报》南京一月廿二日电)外长王世杰于十九日下午四时在外交部约见法驻华大使梅理霭,郑重表示西沙群岛主权属于中国,且向法大使询问法海军在西沙群岛之行动究属于何种意义。据悉,法使当答复,谓法海军在西沙群岛之行动并非出于法国政府之指使。

(《东南日报》一月廿五日南京电)法军在西沙群岛登陆事,法大使梅里霭曾声称,此举并无法政府之命令,闻我方峨嵋号补给舰已载兵驶往该岛警戒,但避免与非法行动之法军造成任何事件,而有碍我方对该岛主权之任何交涉。

(《合众》一月廿五日南京电)据国防部发言人称:渠并未闻及派遣增援部队赴西

沙群岛事。但渠强调称：此种事件似将由海军部处理，据其个人所知，当法军于数日前第一次企图登陆时，岛上驻有中国海军陆战队一营云。

（《大公报》南京廿六日电）外部情报司长何凤山谈称：关于西沙群岛之主权问题，外部现正拟向法方提出抗议。按王外长及白部长均曾声明该岛主权属于中国，汉马伏波曾到该岛，清宣统二年李准亦曾悬旗鸣炮，正式认为中国领土。且根据一八八七年《中法条约》规定，红线以东属于中国，红线以西属于法国，故无论在历史上、地理上，均为中国领土。法军之登陆，无疑系属非法。法政府前曾声明两点：（一）战前越南曾声明西沙群岛属于越南，中国并未否认；（二）某年外国航船在该群岛遇匪，曾向粤省府抗议，该省府置之不理。何氏认为此两点理由，均不充分：（一）法并未正式声明；（二）省府非外部，不能向外行使职权。

（法国新闻社西贡廿七日电）此间法国当局顷向报界发表关于西沙群岛争端之声明，略谓：法国在两个月前即已准备占领该群岛，但派遣船只前往事因海上气候恶劣，遂一再迁延至今，自托伦港开出之法军舰“东京人”号载有少数军队，一部分奉令在波西岛登陆，余者在巴特尔岛登陆。

（《新闻报》南京廿八日电）据军闻社讯：海军总司令部鉴于西沙群岛我守军应付有方，倍受艰辛，日前特购办糖果香烟等，转托航空委员会由飞机带往，以示慰劳。

（《新闻报》广州廿九日电）据此间最近获得西沙群岛消息，法军十二名仍在该群岛之西小岛上，越南方面不时有船只运送粮食前往接济。

我国南海中有三个前哨，第一个是东沙群岛，第二个是西沙群岛，第三个是南沙群岛（原名团沙群岛又名新南群岛），现在法国的海军居然在我南海前哨中的西沙群岛登陆，真是不解。

西沙群岛全貌

西沙群岛英文称为普拉塞尔群岛（Paracel Islands），位于北纬十五度四十六分至十七度五分，东经一百十度十三分至一百十二度四十五分，“自北端之北砂岛（North Reef I.）至南端之南极岛（Triton I.），自东侧之东岛（Lincoin I.）至西侧之金银岛（Money I.）”，正在于越南和斐律宾之间，共有大小岛屿二十余个，面积约为二百余平方里，都是珊瑚礁所结成的，最大的岛面积约数十平方里，最小的面积还不及一平方里的十分之一。它距海南岛之榆林、三亚两港约一百五十浬，海口二百四十浬，香港三百九十浬，台湾七百二十浬，越南一百六十五浬。由榆林港前去的轮船一日可达，帆船则需十日。这一群散在海中的珊瑚礁，高出海面约二十英尺，随着潮水的起落而时隐时现，在航海上，认为这是一危险的区域，所以在一九〇八年我国海关曾建议在此建立灯塔。一九三〇年，国际气象会议席上亦有人提议，由中国政府在西沙群岛设立气象台，以利海上航行。

西沙群岛本是荒凉的一群珊瑚礁岛，过去很少人注意，自然也很少人弄得清楚，我们为使海内外同胞更易明了此岛的实在状况，实有详细说明的必要。

西沙群岛之主要岛屿有二：一是西沙东侧群岛即为菲土莱特群岛（Amphitrite Group），一是西沙西侧群岛即克鲁斯桑特群岛（Crescent Group），有无数帆船往来此间。

当天气晴朗时，一望可见岛上的树木，由突出水面之若干礁块，因可认出礁脉所在，再由水纹及波浪可识别险礁，故航行群岛间无甚困难，但遇天气不佳，则仍以停泊群岛外为宜。

帆船可常年航行于此间。海流受通例风左右，对信风季影响不多，但在信风交代期，诸礁间海流不绝，流向时有转变，流速有时走二浬。

南方诸礁：南极岛（特里顿岛 Tsriton Island）在西沙群岛西南方之顶端，乃一珊瑚礁上高约三米之一草沙堆。该礁距岛东北方约一浬，距其他方向则约五链，礁上水深恒不超出一.八米（六呎），礁之四周颇深。南极岛为海鸟产卵之地。

巴徐崎（Pasu Keah）在南极岛东北东方约三十六浬，亦为草沙堆，自此向东，礁长约四浬，靠近岛之西端。礁之四周水流极深。

探出礁（Discovery Reef）在巴徐崎北方约八浬之处，群礁环抱而成，该礁四周有露岩，但水流极深，礁上水深仅三.七米（二㖊）。南北侧之礁湖中可驶小艇，并有出口。但北侧较南侧为狭，礁上所发生之湍潮，势甚汹涌。

南礁（乌拉多礁 Vuladdore Reef）在探出礁北东方约十浬处，礁上有二、三凸出岩，其间波浪甚大。

孟买礁（Bombay Reef）在群岛东南方之顶端，东距巴徐崎约三十九浬，其中诸岩甚低，有则隐露于水面。礁之四周水极深，波浪亦大。

使者滩（Herald Bank）在孟买礁西南端之西南方约二十三浬，水深二三五米。

勃利门滩（Bremen Bank）在孟买礁北方约十三浬之处，西南端最浅之水深为一二.八米。

约翰滩（Jehangire Bank）在勃利门滩东北东方约五浬之处，水深不甚规则：西南方二十七米，北方十四.六米，东南方最浅处十二.八米。

海神滩（Neptuna Bank）在勃利门滩之北，由两个珊瑚点堆形成，其东北方之点堆在锥形岩（Pyramid Rock）西南方六.五浬处，水深最浅处十一米，西南方点堆距其处约六.五浬，水深最浅处约为十一米，尚未经精测。此等点堆虽难以目力辨认，但其西北方至近处水深为一八二米。

克鲁斯桑特群岛（新月形群岛）乃若干低洼岛屿及无数之礁所形成，列成新月形阵势之群岛，在南极岛之东北方约四十五浬。

金银岛（Money Island）在礁之西端，与新月形群岛之西南端有一水之隔，地高六米，岛上树木茂盛，在同礁金银岛以东尚有草堆数个，潮流缘礁而流，有时流速达二.五浬。

羚羊礁（Antelope Reef）在新月形群岛之西南端，低潮时有一部分露出水面。在羚羊礁之东南端亦有草堆。

甘泉岛（Robert Island）位于羚羊礁北方约五链之处，地高八米，岛上多礁且满布丛林。一九二五年岛上有建筑物数幢，东南方并有栈桥可见。自该岛东北向约五链九,一米以下，水势较深。

珊瑚岛（Pattle Island）在甘泉岛东北方约二浬处，地势高约九米，岛上灌木丛生，并有椰子树三株，其中一株竟高达十二米。岛上之礁多布于西南方。东北方以外约一二浬处有露岩。珊瑚岛所有之礁之两旁有一无障碍之水道。岛上南侧，低潮时可行小艇。

天文岛（Observation Bank）在新月形群岛北端，珊瑚岛东北方约六浬之处。岛上灌木丛生，并有草堆。沿布于草堆四周之礁石各向东南及西北方延伸约一浬之长。

自天文岛及珊瑚岛向东北之礁间，有一分立之礁及小型之分立礁。分立礁南端，有一高五米之分立点堆。

分立礁与天文岛以西，有水深七.七米（四又四分之一㖊）之点堆。

伏波岛（都岛又名林门岛 Drummond Island）在天文岛南东方约七.五浬之处，岛上灌木丛生。岛与堆间之海面多险恶地带。沿布于伏波岛之礁，延伸于南者较短，延伸于东北者约四浬，延伸于西北方者屈曲前进亦约四浬。在天文岛与伏波岛之间之礁有高约〇.九一三米之草堆。

琛航岛（登岛又名登近岛Duncan Island）为新月形群岛东南端之两个岛屿，隔伏波岛及可航水道，在西南方约一.五浬之处。琛航岛之两个岛屿乃珊瑚所形成，相互间连接，两岛均多灌木，北方较少。南方满布礁石，延伸约五链长。此礁东方岛之东南方附近水深为一.八米，除此处较浅外，其余水势均深。东方岛高约四米，岛上有树木数株，岛之南侧有两株显著之棕榈树，树旁有一石井，西方岛上灌木高约三米，岛之中心地带有高过六米之灌木。

琛航岛与羚羊礁间之水道内，在前者以西二浬半处有水深九.一米之点堆。新月形群岛内部水深不规则，处处可见珊瑚头。

珊瑚岛上有灯塔，漆黑白色，高十六米。

东岛（又名玲洲岛、林康岛Lincoln Island）为西沙群岛中偏在东方之岛，在勃利门滩及约翰滩北北东方延伸二十浬至二十五浬之处。该海滨水深自七十三米（四十哻）以至不规则之浅度。东岛高四一五米（树顶高十六米），东北侧多崖岸，岛上灌木茂盛，该岛四周之珊瑚礁延伸至西南侧者较少，延伸至东北侧者约三链。岛西北方水深十八米，以后渐深，有延至一浬者。东岛东南方及南方满布珊瑚礁脉，延伸至十一浬之长。该处水道未经测验，横断航行极为危险。

锥形岩（Pyramid Rock）乃一八四四年英舰“Dido”所“发现”，因是得名，系一沙堆，在东岛东北方约十二浬之处，水深二十三米，四周水均甚深。

莺非士莱特群岛（Amphitrite Group）由一阔约四浬之水道相隔分为二群。北方群岛又隔阔约五链之Zappe Pass分成二个礁，各礁上有数岛屿及草堆。南方群岛则在一个礁上，所谓二岛即林岛（Woody Island）与石岛（Rocky Island）。

树岛之礁由岛向东延伸一.五浬，向西延伸约四.五浬，礁之西端有所谓西沙（West Sand）草沙堆。

北岛（North Island）隔Zappe Pass在树岛东南东方约二浬之处。该处有礁自北岛以西延伸约五链，东南方延伸约四浬。

中岛（Middle Island）及南岛（South Island）在礁上南部与北岛相隔一浬之处，以上三岛均树木丛生。礁之东南端亦有草木茂盛之草沙堆三个，最南向之草沙堆称为南沙（South Sand），以上诸岛草沙堆之间有几处可上陆。

Zappe Pass之中央水道最小水深为四.六米，仅容二小船航行，若遇暴风则波浪横生。

林岛（Woody Island）在树岛南东方约九浬之处，岛上有树，四周有沙滩。岛之下侧，有登陆道，岛之西南侧有栈桥，延伸三六.六米，外端水深一.八米（六呎），近栈桥内端有茅屋数椽。

石岛（Rocky Island）在林岛东北方外约七.五链处之凸出礁外缘近傍，高十五米。该礁以北水深十八米，浅水部延伸约四链。

自林岛及石岛东南向，有水深不甚规则之浅港，长约三浬，在林岛东面约一.二浬处，水深五米（二又四分之三㖊），东南方约二.七浬处水深八.六米（四又四分之三㖊）。林岛礁缘西南方水深四十九米至五十四米（廿七至卅㖊），且甚规则，该地带延续五浬之长。

亦尔剔斯滩（Iltis Bank）在林岛西南方约七浬处，水深十四.六米至十八米（八至十㖊）。

林岛南方约四浬处有水深廿一米（十二㖊）之堆。

北礁（North Reef）在树岛西北方约四十一浬处，由东至西广六浬，内抱礁湖，礁缘四周有露出水面之岩。礁上时受波浪冲击，声响远处可闻。礁之西南侧有通礁湖可航小艇之水道。北礁南方有破船可见（一九二三年）。礁之东北缘亦有破船（一九二七年）。

西沙群岛诸锚地：西沙群岛诸锚地不似其他岛屿之敞开锚地，不甚向风。珊瑚底处有好锚地。

信风季中来此停泊之小船多在树岛之西南侧水深四米处抛锚。南侧有通锚地之水道，宽约二链。

北岛及中岛间水深二十米至二十九米，沙底处有锚地。

南风季节中林岛礁之北方约五链水深廿三米，沙底处有好锚地。

东北风季节中栈桥外端西南方约二.五链处水深卅二米至卅六米，沙底处亦有好锚地。

新月形群岛最好之锚地在琛航岛北侧礁之近傍，水深十七米至廿七米，该处有广大多沙之点堆。

伏波岛西侧礁连接处有锚地。

凡航行伏波岛与琛航岛间水道之船舶应注意，切勿航行于琛航岛东北方二.五链与五链之间。

St. Esprit Shl 自中国海岸向东南行，水深二百米处靠近陆棚，即为此地，往返于香港间的船舶常经过此地。

群岛的史实

西沙群岛是我国的领土，这是没有疑问。依据推测，最先发现这些岛屿的，不是朝廷的官吏，而是滨海的渔民。岛上尚有海南岛渔民建立的孤魂庙。但有关于历史的记载，据《海国闻见录》云："七洋洲凡往来南洋者必经之，其东北有长沙，石塘等礁，舟行宜慎。"所谓七洋洲者，就是西沙群岛，可知在明末清初时，我国已有关于西沙群岛的记载，但在汉代马伏波将军早已到过这里。一八八七年《中法天津条约》的附图，更指明西沙群岛应列入我国版图。我国海洋学家马廷英博士于一九三七年曾发表*Data on the Time Reguired for the Building of Coral Reefs*一文中，说明在西沙群岛珊瑚礁下五英尺处，曾发现大量的"永乐通宝"铜钱。若照马氏的推算，一英尺珊瑚礁的构成需要一百年，那么我国占有西沙群岛，已经是五百年前的事了，这是一个很好的明证。

西沙群岛在什么时候发现，我国历史无从稽考，昔日的舆图也未见绘入，而外国的航海图则早有详列。有一航海图为德国人所绘，德政府于一八八三年派人测量制成该图，及一九二五年经鲁达司测量舰艇长修正。在一九〇七年清廷还派了吴敬荣前往查勘，计划开发。宣统元年，粤督张人骏复派吴敬荣等率队分乘伏波、琛航、广金三兵轮前往复勘。水师提督李准亦率军队进驻该岛，悬旗鸣炮，证实为中国的领土，这事远在法人占领团沙群岛之前十五年。自一九三二年法国拟占领团沙群岛起，我国始终声明西沙群岛是我国领土的一部分，而法国一九三三年占领团沙群岛，一九三八年占领西沙群岛，均未予承认，并向法政府提出抗议。

民国六年，广东商人何承恩请求承办西沙群岛磷矿，及后又有商人四人请求，广东省长公署皆未批准。民国十年，香山县商人何瑞年等获内政部批准，设立"西沙群岛实业公司”，取得磷矿、渔业的开采权。但终于遭人告发，受日人利用，原案旋被注销。十二年三月，何瑞年再请求承办，而至十六年又被注销开发权。十七年，戴季陶氏发起组织“粤省西沙群岛考察团”，中山大学农学院长丁颖充任团长，率团员技师等多人，乘海绥舰（一说海瑞舰）由广州出发，经海南岛，到达西沙群岛，先后登陆林岛、树岛、石岛和登近岛，共留十日，才回广州。他们出发前，只有一点不详细的关于该岛的资料，后从香港总督府借到《全中国海图》，才知一些海风和气候情形。他们到林岛时，日本人都已走了，也无其他居民，只有三艘我国渔船，渔民中没有女性，如果所带的食粮吃完了，就捕海龟吃，血作饮料，肉作菜肴。海龟上岸生蛋，夜间很容易捉到。他们所见日人的遗物中，有机帆船二艘，大小舨船各二艘，皆被风浪毁坏，不堪使用。贮藏所及宿舍中，有锄数十柄，搬运车数十辆，铁筛数十个，水泥约一百包，炭化加里燃料数罐，铁匠工具及厨房用具，均尚完整。考察团回粤后，曾拟关于“移民”“兴业”和“领海的计划”，但均未实现。

民国廿五年，政府拨款廿万元在岛上设立观测台、无线电台、灯塔等。无线电台远及日本、新加坡、辽宁等地皆可通报，并经常与海防、吕宋、厦门等地电台相联络，经常指示海上航行船舶。灯塔立于东南最高岛上，灯光远及十二浬至十八浬，后因损坏失修，射程减至六七浬。其余移民开发事业在战前并未兴办。

被日占领与重归版图

一九三三年，中、日、法三国在争团沙群岛主权的时候，日人硬说它不是中国领土，更不是法国的领土了。但日政府虽一再宣传日人已在西沙群岛开发多少年，却从未说过西沙群岛是日人发现的，日人只在实际的占领之下，从事开发工作。而日人占领该岛，则又曾先经过与华人合作采掘磷矿的过渡阶段。

据日方的记载，日人自民国十八年停止采掘工作后，直至廿六年十月才去再采磷矿。这个时候，中日战争已爆发了。廿八年二月，日军占领海南岛后即同时据有各群岛。这几年来，日人在岛上究有何建设，我们尚未得到详细的情报。只知日军于进攻南洋各地时，其在军略上曾发生重大的作用，而在这时期内的开采工作，是由“开洋磷矿公司”经营，此公司现由台湾肥料公司接收。民国卅三年，日人又设立了西沙岛观候所，观察气象，规模很大。

卅四年十月廿五日，我国光复台湾，西沙群岛也算失土重归版图了。十二月八日，台省气象局派员乘机帆船“成田”号，自高雄出发，十一日到林康岛，停船修理机器；十二日下午五时三十分到达林岛登陆，竖立祖国国旗；十三日调查岛上情形，摄取照片，在测候所风力塔南五公尺处，植一木牌，正面写“台湾省行政长官公署气象局接收完了”，背面写“民国三十四年十二月十二日”，嗣又至他岛调查。三十五年一月三日，再登林岛，廿日返抵高雄。延至去年七月，行政院电令该岛改归粤省管辖。查战时岛上曾被盟机轰炸，日军撤退以后，岛上设备则闻多被渔民拆散盗走，如今依然是一片荒凉，至最近则已由国防部、海军总司令部与粤省府前往接管。

经济的利益

莫小视了这孤立海外随着潮汐沉浮的一群小岛，在经济上是一个很大的利源。岛上地质，是砂石和鸟粪，由鸟粪化石结成的磷酸矿，是岛上著名的物产。日本磷矿公司曾在此设局采掘，迄民国十八年受世界经济不景气影响而终止。鸟粪之分布，以林岛为最富，石岛次之，他如登近岛、堂岛、金银岛、珊瑚岛、树岛等只有少量。林岛所占面积约一,二九一,六〇〇平方公尺，储藏量约有三二二,九〇〇立方公尺，合计二十五万吨。石岛所占面积共有八,六九二坪，鸟粪藏量约九一九吨，磷矿藏量约六,九二三吨。南美的智利、秘鲁以产鸟粪驰名世界，而国人对这南洋中的肥料大富源竟鲜有所闻。兹将各岛名称、荒地面积和矿区面积列下：

岛名	土名	荒地面积(亩)	矿区面积(亩)
东岛	玲洲岛	四四五	一,九五六
林岛	多树岛	三〇九	一,三六八
中岛		一一一	一四九
南岛		八五	九四
北岛		一〇二	二〇四
树岛		八六	六四
珊瑚岛	笔岛	一二七	一六二
甘泉岛	吕岛	一一五	一六七
琛航岛	登岛	一一六	九七
伏波岛	都岛	一〇二	七〇

（续表）

岛名	土名	荒地面积（亩）	矿区面积（亩）
石岛			
金银岛	钱岛		
广金岛	堂岛		
天文岛			
南极岛	特里屯岛		

各岛情况不一，有些长满青草，有些荆棘丛生，有些长棕树及椰子树，有些大树参天成林，有的却草木全无，平原一片，类皆可种椰子、草麻、甘蔗、落花生、芝麻等。环绕岛屿四周的浅海中，还有很多的水产品，像海参、蚌蛤、墨鱼、巢蟹、珊瑚、玳瑁、海藻、海菜、海绵等。海南岛人前往捕鱼的很多，每年两次，春初去则夏初返，秋末去则冬末返，春季多捕海龟，秋冬均捉蚌蛤，惜运输不便，目无法干裂，故产量不多。

军事的价值

西沙群岛在国防上的地位极为重要，因为该岛据南海之中，东南向斐律宾，北与榆林港对峙，西北临东京湾，而望安南。交通方面，北通香港，南达新加坡，如建筑海空基地，即可与榆林港成犄角之势，以扼东西两洋的要冲。这样，西南国防巩固，可无外顾之忧。反之，则海南岛势必陷于孤立，闽粤西南各省亦岌岌可危。

当一九三八年日本占领西沙群岛的企图，当时日本曾于三二六号《东亚情报》（一九三九年四月廿五日）上发表，谓："尤其我国海军当局，对已在西贡、广州湾保有舰队根据地的法国，若再领有此飞行根据地及潜艇寄泊所，其结果将使南中国海上列强的海军势力，展开新形势，由于国防上的见地，自然十分重视这一件事。"从此看来，西沙群岛在军事上实有重视的价值。

西沙群岛面积不大，在经济上可获得不少的利源，但是在军事意义上，作为我国南海的前哨站，都是中国重要的屏藩，中国人民决不能让法国非法侵占，重新创造不平等条约割让土地、损失主权的恶例。

西沙群岛是我们中国的

西沙群岛是我们中国的！它的应该永远属于我们中国，有着法理和事实的根据。第一，从公法说，“占领”原可构成土地所有权，然而要得占领有效，必具有以下的两项先决条件：1.在占领前该地未构成其他主权国的土地；2.占领后应有居留的人民。若是，西沙群岛既早在我国广东管辖之下，我国的渔户每年必从海南岛到西沙群岛去捕鱼，并作居留。故远在法国发现以前，该群岛已构成我国的版图，并有我国人民居住，远非十九世纪的垦荒的非洲，以及现在辽远的南北极的地带可以比拟的。第二，从条约看，中越边界由历次条约划定，尤以一八八七年六月二十六日的《中法界务专条》最为重要。该约第三条，关于广东与越南界务规定：“海中各岛照两国勘界大臣所画红线。……该线以东，海中各岛屿归中国；该线以西，各小岛归越南。”而目前法国认为应属越南的西沙群岛，确在红线以东，所以依据条约，西沙群岛应属于我国。第三，从国际人士的观点说，我国海关在一九〇八年，为船只航行安全起见，曾提议在西沙群岛建立灯塔；一九三〇年国际气象会议在香港举行时，曾建议由我国政府在西沙群岛设立气象台，便利海上航行，由此可见国际人士已公认西沙群岛为中国的领土。第四，从开发该岛的事实来说，在一九〇七年清廷早已派遣副将吴敬荣前往查勘，计划开发。宣统元年，粤督张人骏复派吴敬荣等率队分乘伏波、琛航、广金三兵轮前往复勘，水师提督李准亦率队进驻该岛，悬旗鸣炮，证实为中国的领土。第五，中法两国外交当局，在一九三二年到一九三八年间，不知交换过多少件照会，我国政府在迭次致法国外交部的照会中，从没有表示放弃对于西沙群岛的主权，同时对于法国在一九三八年以安南国王的名义占领西沙群岛，也从未承认。第六，法国在一九三三年七月廿五日突然占领我国团沙群岛时，我国驻法大使顾维钧，曾向法政府提出抗议，声明该群岛不特在地理上是形成我国领土的西沙群岛的一部分，而且岛上所有住民，也以我国渔民占多数，所以主权属于我国，法国应将此群岛归还我国。这一个照会，实在是一个最有力的证据。

总之，西沙群岛的宗主权是属于中国的，中国政府应该据理力争，务使野心的帝国主义不能对该岛垂涎觊觎。

法军应立刻撤退

由一九三七年至一九四五年，中日战争酿成为太平洋战争，在最初期间，英法荷各国在太平洋土地均被日军侵占，西沙群岛自不能例外。日人占领西沙群岛后，将它们改隶于台湾高雄市。胜利以后，台湾已归祖国，西沙群岛当然仍应由我国收回，毫无疑义。不料法国第四共和国在西欧刚爬起来，一面在越南大显威风，一面又向中国的脖颈上爬，居然宣言代表越南争夺我国的西沙群岛，而且派舰强行登陆，企图以武力造成强占。这是中国人民绝对不能忍受的。

法国第四共和国的当局应当明白，战后中国是一个独立自由的国家，是联合国五强之一，她不是任何国家的殖民地。中国人民愿意同世界各国建立友善关系，但是并不怕惧任何武力的压迫。在过去日本军阀以优越的海陆空军武器，以压倒的优势来临中国，中国人民并没有屈服。法国今日的国力，比之当时的日本相去几何，而且世界上所有的国家，那厌倦战争，希望和平、正义的力量，正随着联合国机构的力量同时发展。法国第四共和国当局不应当再迷信武力，侵略中国的土地。

法国在第二次大战中，横遭侵略者蹂躏，终以由国人努力，盟邦协助，振废起衰，复为强国，它应以己度人，重视他国主权的完整，本新兴时代的精神，坦白承认我国在西沙群岛的主权。世人经过第二次大战，对侵略战争已深恶痛绝，而法国新宪法中，亦明白规定“不从事侵略的战争，主以组织和平，维护和平”，并决“放弃从前压迫殖民地的政策”。因此，法国不应再以旧时代的殖民政策，以武力占领不属于本国的土地。我们希望法国第四共和国政府的当局，立刻撤退军舰和登陆军队，尊重中国在西沙群岛的主权，恢复中法两大民族的友谊。我们相信中华民族对法兰西民族友谊的价值是远过于西沙群岛的。

（录自《中国海军》1947年第1卷第1期）

南行散记

海，海军与海疆

李明璐

一

三十五年除夕的前两天，上海的天气已经很冷，海军联欢社花园里的喷水池都结了冰块，秃光了的树桠在寒风里乱舞。因为将有远行，同行的十几个人都很兴奋，围在一起谈说着海的经验，潮湿的空气里裹浮着一层白雾。

一辆军用车送我们到杨树浦海军第一基地司令部码头，我凝望着向后退去的高楼大厦，默想着一片无涯波澜壮阔的海，从拉马丁和绿蒂那里，我似乎对海已经十分熟悉。“大海啊，哪一次我的思潮里没有你波涛的音响？”很早我就染上了这种感情。

踏上小汽艇，便开始了这八百五十浬的海行，小艇走得并不快，可以让我们尽量地欣赏黄埔的景色。半点钟以后，小艇靠在一只灰色的庞然大物的梯口下，我们依着官阶的大小先后上去，向一个精神抖擞的值更官答礼，再对舰上的国旗敬礼，这样我们就登上了峨嵋舰。

二

峨嵋在陆上是一座极具东方情调的山，峨嵋在海上是一座极具西方情调的城。

舰上的设备完全而讲究，每个房间有电有水，有电扇有水汀，到处可以听到无线电的热爵士，只要脚动一下，就可以喝到水。

下午四点钟开航，穿着工作衣的孩子们，口里唱着“Anchors aweigh, my boy……”趁着小艇，爬在浮筒上，拔掉拴在筒上的锚钩。上面的起锚机隆隆着拉着锚链，船开始有点晃，船尾的国旗重升到旗杆顶上，舢板和楼梯都吊了进来。船开了，四点十五分。

船慢慢地在水面上滑过去，一堆一堆的人在谈着这一次的航程，大多数的人在愤愤地讨论为什么我们的船还要外国领港的。只有一个水手，伏在船尾的栏杆上，痴痴地凝望着消失在暮霭中的上海。

夕阳西下，我们站在船尾上看江景，一个大的红太阳，斜斜地放着没有温暖的红光，江水的波澜中，显示一条一条金黄色的纹，烟波浩渺间，低诵“长河日落圆”之句。

晚上，船上的官员跟我们谈峨嵋，他们如数家珍地告诉我她的身世：她是美国人送的，本来叫“Maumee”，我们把她去掉一个“M”叫峨嵋。一九一二年造，一九一四年参加第一次大战，一九二〇年退役，第二次大战又行复役，经过大修以后船壳是旧的，机器全都是新的重油机，只不过是一个妙龄女郎穿了一件旧衣服罢了。她的排水量一万四千七百吨，吃水普通二十二到二十四呎，最多可以吃二十七呎，航速普通每小时十浬，最快到十四浬，性能是一艘油船，可以装三百多万加仑的油，下面全是油舱，所以不能搭客运。另外有机械厂和医院。八舰归国时，她就担任油料、修理、医药、联络方面的任务。而最有意义的就是美国海军五星上将尼米兹当年曾在这上面当轮机官，还被斩掉一只手指。

船因为舵机失灵，泊在吴淞口修理。就寝之前，甲板上小立，夜风袭人，大灯照着舰桥雪亮，天上黑黑地卷着云层，新月模糊，寒星隐约，江水打着船身砰然作响，这是海上第一夜。

三

醒来时，窗外一片圆圆的海。

海水已经由浊黄变成碧绿，从圆窗外一直看过去，海的尽头连着天边，绿水上面有白色的浪花，白浪上面又有蓝天，蓝天上面飘着几片白云。这样，绿色、白色、蓝色和偶尔几只白瓯穿过圆窗，构成一个极素雅的图案。

下午，船上的联络官招待参观峨嵋的内部，从船尾向前走，经过缆架、医务室。舱下面有合作社、裁缝铺、理发间、照片冲晒的黑房、士兵舱、军士长舱和士兵餐厅，都井然有序。再下一层便是机舱，像很大的一座工厂，所看到的全是机器、高压电线、引擎、各种电表、油表，满耳朵都是声音，谈话全靠笔写。机舱里工作的员兵，用口哨引起伙伴的注意，再比手势。

船上有两个主机，燃烧柴油在汽缸里爆炸，压缩到极小的体积而发高温，所产生的能量来推动一传动轴，但是主机与传动轴之间，还需要一个减速的运动。此外还有四个发电机和制造淡水机，供给全船的电和每天八千加仑的淡水。

在轮机舱里看得头昏脑涨，坐在二官厅里的皮沙发上交换着刘姥姥的观感，再随着他们到前舱去参观。首先看到一个机械厂，那是船上的第七队，有焊工，有锻工，锻工厂在两分钟就可以发火，温度可以随时调节。最有趣的是木工厂的锯木机器，一张大的刀片插在钢板中间，机器一转，多厚的木板摆上面轻轻一推，像刀切豆腐一样地立刻锯开，只见锯屑如雪花飞舞。机械间里除掉因为地方不大不能翻砂而外，所有机械、车床、刨床应有尽有。另外有一架“缸床”是他们最宝贵的机器，它的价值至少等于一百五十辆新的“福特”。据一个交大毕业的中尉告诉我，整个机械厂的机器比战时后方任何一个工厂完备。

顺次看到一个冷作房，专门切钢、锯钢、弯钢，机器一开，锋利无比，三分厚的钢板，只要轻轻一推，截然两断，真有所谓砍铁如泥之功。

材料库里堆满了一些材料，大小粗细的钢筋，各色的绳索、钢板、木板，琳琅满目，每一种下面用不同颜色的符号标示着。另外在壁上贴一张位置图，要什么材料，按图索骥，唾手可得。

从印刷房走到驾驶台，一大片玻璃窗临着海，航海值更官穿着叶叽，挂着望远镜，伏在案上看海图，用仪器测方位，那时是三点五十分，海图上指着我们正在舟山群岛附近的海面上。窗外看出去，十几只红色的渔舟在海中弄潮，绿海红舟与天上的蓝天白鸟相映成趣。

舵手在正中握着舵盘，左十度右十五度地在转。

雷达在驾驶台后面的房间里，电门一开，在绿色有刻度的盘面上，显示着周围的物体，再把摇柄摇转，可以看出这个物体的距离。

此外，峨嵋上还有一件新仪器叫Loran，是天气恶劣，看不到太阳、月亮、星星的时候，或者大雾中测方位的仪器，利用岸上两组电波信号的时间长短来计量船舰的位置，在一张Loran Chart上查出来。不过，这在中国海岸上不能使用，因为我们的沿海岸，没有那样多的好电台，而Loran Chart上面关于中国海岸的电波位置非常简略。

四

今天是除夕，一天也风平浪静，船出海向东南，过舟山群岛折向南，一天一夜之间走了四个纬度。

过温州，海面上露出一排排的帆，远远间桅樯林立，一个小帆船离开我们很近，四个人历历可数。更远一点，另外有三只船，正摆着一个每边二十丈许的正方形，布着一个大渔网。可惜我们很快地就超过他们，不能看到网里结果，我只记得他们似乎一点都不怕，一任小舟在大海里颠簸，一个浪起来，至少船头是不见的，于是，这便成了我们的话题。他们讲到日本的渔船有跟峨嵋一样大的，用机器撤网，鱼从网里进来，出去便是罐头，用这个和我们可怜的渔船比，真令人担忧。偏偏凑巧，壁上的无线电不晓得唱起《渔光曲》来，“渔儿难捕租税重，捕鱼人儿世世穷”。

谈话之间，梁舰长推门进来，穿了一身笔挺的咔叽，胸前挂着望远镜，高高的个儿，隆准的鼻子和宽阔的前额，看样子到是满英武的。

他邀《中央日报》的徐和我在一间很精致的大官厅喝咖啡，用福建腔的国语娓娓而道他二十年的海军生活与经验。最后他说："中国一半的海疆是海，要巩固国防，海军是一定要建设的，没有人没有钱不是理由，我们要努力克服它，社会应该知道我们的责任是多么重要，我们的生活是多么有趣。平常我们在海上，社会看不见我们，请你们告诉他们，说我们希望并且欢迎优秀的青年都到海军里来。"

每天晚餐以后，二官厅就变成俱乐部，一张铺了绿绒台布的长餐桌上，至少有三桌桥牌，无线电、电唱机同声聒噪。皮沙发上躺着一些在抽烟看报。爵士声中，几个孩子跳着Jitterbug，周围有拍手有数拍子的，时时哄起一阵笑声。士兵舱、上士室都是一样，一样地高兴，一样地安适。不过，即使在最兴高采烈的时候，只要听到麦克风里说"……现在开始值更"，他会立刻披上皮大衣一个人悄然而去，最多只说一声："嗨，给我留点儿。"

可是今天有点不同，当我从船尾走进二官厅的时候，一点声音都没有。打牌的手里握着牌，看报的膝盖上摊着报，什么闹声都没有了，一起昂着头，眼睛发着光，谛听着一个坚定的浙江口音说着：

"愿我国青年，重视建国大业的贡献，青年学子是国家继起的主人，也是民族安危存亡所托命，国运的隆替，全看青年的抱负和青年的作为。"

五

今天的《峨嵋新闻》是元旦特刊，上面有一段说：

"请大家记住，当我们船行到经度廿五度五十五分，纬度一百廿度十七分半的中国闽江口外东犬岛附近的时候，正是一九四六年的最后一秒钟，带来了崭新的一九四七年。"

天气已经令人感到燠热，在甲板上散步晒太阳是最好的时候，南中国的海面广阔无垠，胸怀也令人为之豁朗和说不出的畅快。从早晨起就有一群海鸥故故地傍着船飞，有灰的，有黑的，有白的，大大的脖子，尖尖的嘴，一时没在水中，一时在天空中翱翔。偶然到了一阵渔船，奇怪昨天看到的是白帆红船，今天看到的是红帆白船，航海者告诉我现在已靠近广东海面了。

小船在惊涛骇浪中，也一时埋在浪里，一时船尾悬在空中，渔夫丢钩子撒网，渔妇盘膝坐在舱里补网，那是一幅最好的图画。船靠我们很近，他们向我们脱帽挥舞，我们也脱帽挥扬，日安，新年好，我诚朴的好同胞。

今天的午餐很丰盛而特别考究，全体要穿蓝制服很规矩地像外交宴会一样地吃，每位前面放了印的贺年片和菜单，菜单上有火鸡、猪排、冰淇淋、菠萝。下午，大官厅里舰长的鸡尾酒会也很热闹，海军的礼节和一些琐碎的规定，都极有意义极有趣味的。

会后，坐在锚凳上看海，海永远是那样，并没有什么特别，但仍似乎百看不厌。偶尔与人交谈一两句，多半是默默地，因为海上没有什么可以引起话题来，各人想各人的。

每逢佳节倍思亲。热闹之后，大家在情绪上，好像并不十分惬意。晚上在灯下读纪德的《地粮》，上面说：

“美那尔克教人不再仅仅爱自己的家，而慢慢地与家脱离。智者，即是对一切事物都发生惊奇的人。流浪，流浪，年青的读者，我知道你已开始感到精神上的饥饿，精神上的焦渴，精神上的疲累。你苦闷，你颓丧，你那一度狂热的心，由于不得慰藉，行将转作悲哀。但你还在怀念，还在等待，你怀念千里外的家乡，怀念千里外的故亲戚友，但你不曾设想，到你所等待的一切正就是你眼前的一切。回头——这不再是时候，时代需要你有一个更坚强的灵魂，如果你的消化力还不太疲弱，拿走吧，这儿是粮食，地上的粮食。”

我抬起头喷一口烟，甲板上一个base的声音哼着Duna。

六

海上日出的奇景。

当我走出舱门的时候，外面只有一片稀微的曙光，天空里铁灰地没有一丝云彩，等我穿过二官厅走到船尾，已经泛出一片虾青色。后甲板上没有人，桅杆顶上一个兵裹在皮大衣里看望远镜，海水是墨绿色的，天是灰的，船是灰的，一片灰的颜色围袭着我，我打了一个寒噤，心里有点莫名的恐惧。慢慢地在东方的尽头，露出一点微光，看着它一点一点地升起来，极目远瞩，水平面竖起一个鸭蛋红的弦，渐渐地一个半圆，大半圆，最后是一个整的通红的太阳。天亮了，天空里满是五彩的霞光，海水极平，浮着一层薄薄的水气，数不尽的波纹像雕刻的金发女郎，在太阳下面摆弄风姿，幌着金光。灰色消失了，恐惧也消失了，黎明之顷的光华，给我一个强烈的启示，没有一个人看到我幼稚地拍手欢呼。

中午时分已经看到远处有山，麦克风里报告船在下午两点二十分进港，全船官兵一律穿冬季制服。桅上挂起要引水的信号旗，全舰的官兵都换上了制服，忙碌地跑来跑去，准备站“进出港部位Special Sea detail”。

两点钟的时候，已经看到大轮船，慢慢地看到山，看到房子、码头、船台、仓库、沉船的烟囱，几只外国船向我们打灯号，互相升旗落旗敬礼，船再慢慢滑进去。书记官邓是这里生长的，他指点我这栋高楼是什么地方，那座宝塔是什么地方。

一个轮机士兵，广东小伙子，几经脱掉了那身沾满了油渍的工作衣，换了一套蓝制服，胸前很俏皮地打了一个水手结，歪歪地戴着帽子。他兴高采烈地告诉我，轮机长准了他的假，他可以回家了，他已经七年没有回去。他说今天晚上就可以看到家里的人，他妹妹一定要问他一大堆美国的事，他母亲一定要拖他去看广东戏，他想他一定不会去，他一定要找朋友去看电影，他母亲一定要生气的。

船引进了港抛锚，国旗拉下来挂在船尾上，舰长、舰务官忙着去拜会。

这时候到了海军们最高兴的时候，每一次航行之后就等放假，都打扮得挺漂亮的，数了好几天没有碰的钞票，对船尾敬个礼，阶级小的爬上舢板，铃子一响，往岸上开去。

华灯如昼，香港之夜显得特别迷人的时节，穿蓝衣服的孩子们兴冲冲地回来了。

“God damn，我今天做了Sucker。”

“Sucker，哈……”

七

从九龙到广州坐四小时的火车，要穿得几个很长的山洞、铁桥，几十个朴实的村庄，还可以看到出站以后和进站以前，走私者仓皇的神色与敏捷的动作。

桂总司令也在同一天由上海乘飞机到广州，总部随侍的十几个人都立刻开始工作，有审讯军法案件的，有调查舰艇的，有调查仓库给养的，有整理造船厂的，有整理无线电台的，一清早就分头出发，晚上再聚到一起讨论工作的进行。

广东海军专员办公处在沙面，战前是英国人的租界，面临着白鹅潭，正是当年林则徐烧鸦片的胜地。

总司令抵穗的第二天早晨，就召集专员办公处的官兵点名训话，一一垂询籍贯经历。在训话中他剀切地说到这一次大战以后给我们的教训，无海防即无国防，现在全国人民、政府长官以及盟国都在希望我们有一个强大的海军，正是我们建军千载难逢的机会。建设新海军，物资人才均属重要，而在目前的困难之中，人力比物力更切要。在精神上面要重新振刷，要负责任守纪律，破除门户之见，并且很严厉地指出广州海军在抗战时期和胜利以后工作上的错误，给他们一个指正，鼓励大家共同负起建军的责任来。

从东堤乘炮艇只要两小时的路程就可以到黄埔，如果你对这革命的策源地怀着热烈的想象而来的话，一定会使你失望的。那里已经是一片荒凉，除掉一所中正学校有点建筑外，当年气象森严的建设都变成瓦砾之场，只剩下海军黄埔造船所在一群破旧的厂房里开工。

从黄埔到虎门大概有三十多浬，炮艇以每小时八浬的速度在珠江里开着，绿水上微微荡着皱纹，艇过处，浪花飞溅，配着机器的节奏有一种甜蜜的单调。两岸都是平原，沿江有一丛一丛的矮树，很少有人家，只看到几座宝塔。远山最好看，凸出来的地方受到阳光发青色，凹进去的地方呈紫色，再里面黑色的山上都山木苍苍，罩上一层浮云。江面上也飘着一层薄纱，偶见孤帆一只，渔夫咿哑唱落日之歌，如在梦中，如在画中。

虎门险势天成，大虎小虎相对而峙，为海作屏，为江作障。山上的要塞炮台因天已昏黑未去参观，在雄踞虎门负责缉私的“美珍”上度了一夜。

总司令在广州视察沿海防务，整饬风纪，调整人事之后，又飞赴海南岛视察，广州香港的报纸都记载着：

“海军代总司令桂永清氏于一月十日偕同美国海军顾问团长莫雷少将等一行，飞赴海南岛视察，业于十五日下午一时返穗。据称海口、榆林、三亚为重要海军地区，经深入视察及乘飞机低飞回绕巡视一周，见日人建设，感当地物资富饶，风光绮丽，频起大好河山自己不予利用之慨叹。莫雷少将谓海南岛万吨船舰可入，其价值不亚于太平洋上之珍珠港。”

八

“太平、永兴”，象征着国运昌隆。

这两条一千多吨的护航驱逐舰与护航防潜舰，泊在白鹅潭，她们刚从西南沙群岛回来，那里是中国最南的疆土。

在广州见到指挥接收西南沙群岛的林遵、姚汝钰上校与永兴舰长刘宜敏少校，听他们谈接收的情形，很令人想起哥伦布上圣，萨瓦多的故事。

“西南沙群岛一直都是我们的领土，抗战时期被日本人占领，沦陷几年，如今胜利了，我们当然要收回来。”姚指挥官说。

他们由太平、永兴、中建、中业四艘军舰组成一队，于去年十月二十八日离沪南下，经过虎门，十一月九日到达海南岛的榆林港，以榆林港为基地，向前进发。这一路在海图上并没有详细航线，风浪极大，下面全是珊瑚礁，全靠电罗经、雷达、测音仪器往前摸索，试航了两次，第三次才正式登陆。登陆的时候因为水浅礁多，大船泊在外面，用舢艇运人和给养上去，小艇离岸也很远，因为突然会来一个风浪把艇摔到岩石上碰碎，舍舟登岸的时候，还需要涉一段水。

岛上完全是热带风光，长满了棕榈树和椰子树，上面有房子空着没有人住，连土人都找不到一个，只有一块武士道的碑文，已经被他们毁了。岛上安静得很，每天所听到的都是奇鸟幽鸣与潮声澎湃。

西沙群岛位于赤道北十五度四十六分至十七度五分，经线东一百一十度十四分至一百十二度四十五分，距榆林港的东南约一百四十五浬，统计大小岛屿沙礁一共有二十多座，诸岛都是由珊瑚虫窠所构成。西沙群岛由海隆起，多成环状或者椭圆形，最大的是林岛，面积约一,五〇〇,一〇〇方公尺，大概四方里的样子。

天气很热，虽然在冬季，寒暑表最低也在七十度以上，大率是海洋性气候，一年之间没有严寒酷暑，早晚可以穿夹衣。中午的太阳直射就热不可当，不过时常有骤雨倾盆。大雨之后，林清水秀，明媚异常。

西南沙群岛的经济价值在于它上面积聚的鸟粪和鸟粪积成的磷酸矿产，我们以农立国的国家最为需要。此外此地渔产甚丰，据民国十八年的调查，海南岛来此的捕鱼人，每天每人可以捕到一百五十斤。在国防上，它是南方最前线，同时可以设立气象测量站，现在已经设好了电台与总部联络。在地理上它与海南岛成犄角之势。在地形上是最好的潜艇基地而有其重要的军事价值。再说到岛上留守的士兵，体格很好而且都有一番拓荒的精神，讲起把他们留下来时候的情景，像父母第一次把小儿子送到学校里住宿时感触一样。

九

很想领略一下风浪的滋味，在香港到台湾的一段航程中尝到了。

风极大，海是黑的；浪极高，整天都是波涛汹涌。大浪把船举四五丈高，再往下一甩，以后再左右摆几摆。天色灰暗，云层很厚，黑压压地压着海边，好像要掉下来似的，风味比海啸还要可怕，浪花被四十几海里速度的风吹来拍着船舷，飘进舱里来。在甲板上，对面吹来的狂风，可以让人一步不能前进。

台澎区海军专员办公处设在台南高雄市的左营，在这里得到这次旅行中最好的印象。

在报上看到南京在落雪，在左营我们正穿一件夹衣吃西瓜，天气永远是那样温暖，像江南的暮春。稻子一年三熟，到处看到树木葱茏，鸟语花香，这里，有都市的设备而无其喧嚣，有乡村的宁静而无其简陋。

高雄是一个很好的港，两座山的脚伸出去，抱围成一个港湾，匝面一条防波堤，一万多吨的峨嵋可以靠上码头。高雄的市街，遭美机轰炸之后市容不好，没有什么壮丽的铺面，但是市郊林立的烟囱正在冒烟却为我所深喜，在一张联名的请帖上，我们数到十二个厂家，有水泥厂、铝厂、碱厂。

从高雄乘二十分钟的汽车到左营军区，公路既宽大又平滑，两旁都是密密的丛林。男女老幼的台湾同胞，骑着脚踏车，唱着日本调子的歌，熙熙攘攘络绎于途。

专员办公处的建筑壮丽而完美，据说前年美国人以为这是医院，所以得以幸免于难。大楼建在花园正中，在四楼的顶上，有一个瞭望台，看得到全港。一位参谋指给我看这里是左营工厂，那里是几个仓库，后面是海军眷属住宅区。我再问他，军区到底有多大，他笑了一笑："你眼睛看得到的地方都是海军的。"

要塞炮台分布在临港的每一个山顶上，所构成的火网控制全港，我们由每一个山脚下趁特制的电动缆车登山，看到要塞的重炮，隧道里的火药库、雷达设备、防空设备、电器设备，这些都是掩护在崇山峻岭之中，保卫着我们的新海疆。

十

离开高雄码头的时候，一个台湾女郎多情地来为峨嵋的一个士兵送别，他们挥巾作别以后，经过两天两夜风吼海啸的航行就到上海，一路上大家都忙着加衣服。

船过长江口，舱面上的人又复穿蓝制服站"进出港的位置"。又看到了上海高耸云霄的建筑、桅樯林立的轮船，江风拂拂，浊浪滔滔，“千山万水我归来”矣。

在小火轮单调的机声里，我默默地记着，大海啊，哪一次我的思潮里没有你波涛的音响！我不能忘记蓝天、白云、海鸥，和那深绿的海水、白色的浪花，在我脑子里构成的图案；我不能忘记那么英俊活泼而能干的海军；我更不能忘记那丰沃而险要的疆土。我希望我优秀的青年同胞们，都能来看看海，这里会使你朝气勃发，这里会使你诗意环生，这里使你胸怀壮阔，这里有新的海军待你们来充实，这里更有新的海疆待你们来保卫。时代需要你们，需要你们有一个坚强的灵魂。

（录自《中国海军》1947年第2、3期）

国旗飘扬在南沙群岛

——南沙群岛登陆纪

方　铮

十二月的南中国海像荡妇

暴风季的十二月，南中国海像荡妇，它多变，泼辣，而娇媚！

海空由柔润晴朗骤变作惨白灰暗，水平线从各方面好像要凑拢来一般。狂风之下，澎湃的浪涛猛烈冲击。腥咸沉重的海水夹着雨点迷雾般的斜飞而下，泛起雪白的泡沫。

甲板上，波涛撞击成可怖的巨响，巍然高耸的浪头好像一座碧绿的玻璃墙！

爱动爱闹的男儿们，这时也都以最大的沉静来和风浪肉搏苦斗！

李敦谦舰长，从下午一直没有离开舰桥，皮夹克胸前挂着望远镜，凝视着正方和“GYROCOMPASS”。他从没把他的眼睛移动过，好像变成舰上装置的一部分。尖利的风暴夹着又苦又咸的海水吹到脸上，兀然不动，沉毅的嘴角紧闭住，冷静得像一座庄严的大理石像。

“中业号”不停地左右颠簸，她坚忍而又勇敢的听人指挥，乘长风，破巨浪，勇往直前，要在海风无底的暴力里杀出一条血路！

舵房里的男儿们，沉静而熟练地操纵着各项仪器，记载着航行状况，车钟！电话，对GYRO，忙碌而紧张！跟着风暴又来了。海图室中杨鸿庥副长正根据着各项记录风向、风速、水流、流速，在海图上来测勘较正船位。这是在一个没有灯塔，没有星星，没有月亮，狂风暴雨茫茫的黑夜里。

“GOD——DAMN！午后是多迷人的天气，竟会变成这样！”有一位在诅咒天，狠狠的掼去了香烟头！

“唔，十二月的南中国海真像荡妇！又泼辣！又迷人！”又是一位的声音。

大家准备战斗部署

薄薄的轻雾弥漫在天际，一片浩渺的深蓝色海水，像珠翠铺砌的地板，鲜丽的朝阳闪耀在舰身上空，几道彩虹透露在舰首飞散白沫的水花中。现在已是一个灿烂的南海之晨。带白帽子穿蓝衣服的男儿们又都出现在上甲板了，好像忘却了昨宵风雨。

副长在扩音器里广播：

“全体官兵注意！再有二十浬的航程，即至南沙群岛太平岛附近，大家准备战斗部署，登陆搜索部队，即作登陆准备！”

全体一律换上草绿色战斗服。

于是大家紧张起来，忙着褪炮衣，检查汽艇机件，换战斗服，戴钢盔。

搜索部队，齐集甲板，整理着枪支、弹药、救生衣、干粮袋、急救药包。

“中业号”在碧蓝如镜的海面上，傲然轻快前进。

雷达室、舵房、主机舱，紧张而沉寂：各部门正以熟练的技巧和手法在测勘、操纵、管理，海图上这附近正是航行危险区域。

南沙群岛太平岛在望?

“嘿！陆地！岛！”一阵欢腾的声音。

舰首的正前方，水平线处，隐隐地现出一块细长的陆地。渐渐，渐渐地高耸热带树、珊瑚礁、椰林、沙滩，南沙群岛太平岛已经在望。

“呜——呜，呜——呜——”尖锐、漫长而带有回旋的战斗部署的信号响了。

炮位上，机枪座，很快的各人找到自己的部位。舰首的主炮，巍巍地仰动起来。空气是那样紧张沉寂！

船身冲破平静的海面，激起飞溅白色泡沫，在距离太平岛六百码的海面，“中业号”下锚了。

LCVP装甲小艇，利用电力迅速的放入海面。

接着播音器的声音响了：

“登陆搜索部队，即至左舷梯口分下小艇，登陆搜索！”

草绿色的战斗服、钢盔、救生衣、冲锋枪、机枪，像铁一般坚强而沉毅的行列，鱼贯迅速的下着软梯！二艘LCVP装甲小艇马达发出怒吼，冲激起两条雪白的浪花，成一字的队形，直冲而去！

啊！中国的西西里，轻微的海风，吹拂着南沙群岛的长椰，一切是静悄悄地。

国旗飘扬在南沙群岛

舰桥上李舰长和杨副长，聚精会神的亲自在用无线电指挥，不时地以胸前的望远镜注视着岛上的动态。冷静的脸，表现着沉毅和果决，像在说，我们要以中世纪西班牙的航海精神来奠定我们广大的海疆。

搜索部队，顺利登陆。进入丛林，开始搜索。岛上依旧是那么静悄悄地！

“砰……”的一声！一颗绿色的信号弹，从椰林里射出，这是登陆顺利，安全的信号。

敌人遗留下高高的旗杆已经迅速地升起了青天白日满地红旗，国旗飘扬在南沙群岛！

巨大的马达吼声，“中业号”的舰首门开了！LCVP装甲艇穿梭似的来回运送着登陆部队。起重机轧轧作声，这个巨大的口里，吐出无数的物资武器，罐头、器材、浮动码头、活动浮桥、活动房屋，一批一批的登陆了。

代表和专家登陆视察

二官厅里蓝色的餐桌衬着雪白的餐布。舒适的皮沙发上坐满了各部会各机关的代表和专门人员，在等候着何时可以登陆视察的消息。

杨副长这时换了一身雪白笔挺的海军夏服，有着一个外交家的姿态和风度，出现在大家面前，用着极风趣而文雅的语气说：

“本人奉舰长命令，转告各位：登陆情况良好，本军已顺利进驻该岛！在午后一时三十分，各代表可搭乘本舰第七次小艇登陆考察。请注意！今天是中华民国卅六年十二月十二日。”

代表们、专家们即刻起了忙乱——各人忙着清理各人应带的东西，紧张之至。

扩音器的声音又响了：

“全体士兵注意：运南沙物资限定两天内全部搬运完毕，物资运完后分班放假登陆游玩。”

水手们懂得创造快乐，找寻安慰

大家兴奋的搬运登陆的物资，在紧张的工作里，仍然是充满了嬉笑和俏皮。

他们虽长期生活在单调的海与天之间，有永远做不完艰苦的劳工，但他们懂得创造快乐，会找寻安慰，他们热情、粗野、真纯，他们爱笑又爱闹。

夜来了，月亮躲在椰林，映在海上

黄昏近了，夜来了。海风轻轻，月亮躲在太平岛的椰林后！映在蓝黝黝的海水上，像浮起一层层的油！沙滩上堆积如山的物资，映衬着登陆部队点点的火把。

“中业号”两点红色的桅杆警戒灯，和那巨大强烈的探海灯，不时地巡视着海面。

收音机放送着轻快的“JAZZ”，大家偎在舰舷。望着遥远朦胧的水平线，随风哼出：“YOU BE LONG——TO MY HEART……”

（录自《中国海军》1947年第4—5期）

南海航踪（续）

曾国骐

……

三、难忘的小岛风光

为了装油的任务，峨嵋号先行开到荷兰属的三务岛上去。

马来亚是亚洲大陆上的一个半岛，围绕着无数的小岛，新加坡和三务一样，是星罗棋布的岛屿之一。为了地理上的复杂险要，此地曾经被英人视作固若金汤的军港。乘着汽艇巡视一遍周围的港澳，就会明白一九四二年日本军队花了数倍的军力从马来亚背后陆地上拊取新加坡，是一个多么思虑周到的军事行动。

三务岛的油库建设在山顶上，用油管引导到码头边来。工厂区、住宅区分散建设在岛的四处，美丽的园林，清静而且幽荫，海水洗刷着岛的四周。这里的政治，是做到夜不闭户的地步。

码头工人们将油管接上，重油靠着帮浦的力量不断地注到油舱里来。这工作是积极地来进行，预备在最短期间内装满。次日早晨，尚在抖动着的油管旁边工作的士兵，看见前面来了一群拜访者，他们全是十二岁以下的小学生，男孩子穿着白色的皮鞋，白色的衬衫和黄卡其短裤，女孩子穿的是短裙，胸前绣着华侨二字。他们的老师说：

“这一群小孩子，听说祖国来了军舰，高兴得不得了，昨天一下午就穿好整齐的制服，在山头耐心地瞭望、等待，要不是天黑时军舰真的来到了，真不知要使他们急得什么似的，今天一起早便吵着集队来了。”

这一群孩子，小脸孔上个个都流露着快乐表情。“祖国”，虽然他们尚没有看见过，虽然是经历了几年的战争和失学，可是祖国这两字已经深深的渗入他们的灵魂。下午，侨胞们络绎地来访问参观，他们都说离开祖国几十年了，一旦看到祖国的兵舰，闻到祖国的气息，会像小孩子看到母亲般地会感到温暖。

要离开的前一个夜晚，小岛上有个动人的招待会，在山上华人俱乐部的大厅里，国旗长垂，灯光掩映，鲜美的果点，陈列在洁白的台布上。主人是当地的侨胞，他们的每月收入有限，多数是自食其力的劳动阶级，少数的也不过是中下级的职员，薪金所得除应付每月开销之外，尚须付给当地政府一笔可观的税额。可是招待会的主席很谦虚地说：在荒岛上没有好的食品招待。同胞不到海外是不如此深知的，那段真诚恳切的表现，会使你感动的下泪。

因为岛上友邦人士招待全舰官兵参加跳舞会，所以侨胞的茶会九点前便结束了。由侨胞带路，几个一群地拥着军官们向那小巧玲珑别墅走去。沿路的野花和夹道深荫的灌木在暗影里发散着浓烈的香味。“哪！到了，这是他们的俱乐部，从来不许别人进去的。”顺着他们手指的方向看去，一座平房，四面敞开着的长窗里泻出来满屋雪亮的灯光，主人和蔼地候在门口，一排排地为来宾介绍。走进去，暗红的窗帷下陈列着美酒。正当大厅的上面，挂着中、英、荷三国的国旗。陪衬得那么美丽，每个人都会这样子想：“这是象征着亲善、和平和光明！”

四、新加坡——形形色色的社会

为应各方的邀请，峨嵋船开到新加坡停泊了五天。

这一个南洋的大埠，表面上有雄伟的建筑物，宽阔的马路，来来往往的是黑肤曲发的马来人，黄肤黑发的中国人，金发碧眼的西洋人，须如刺猬的印度人。无论是上海流行式的旗袍，飘如蝉翼的洋衣，大红大花的沙龙，到处展览着，真是一个花花世界。

新加坡表面上是如此，内容也并不两样。就以当地华侨动态来说，侨胞社团帮会之多，可谓不胜枚举。而且各种复杂的党派，都在深入的活动。各种报纸的立场持论，也是各标其是。战后侨胞为了受国内政治的影响，仍分裂为碎零的团体，这是非常可悲而又可惜的事情。

一位服务教育界数十年的女教员很感慨地说："新加坡吗？比战前差多了！那是一个窃盗、疠疫、纷争的世界。"

新加坡最近流行一种小儿麻痹症，这症候的传染很广，不仅限于小孩，大人也有被传染到的可能。至于窃盗、路劫，是时常发生的事情。

一个女人被扒手在一条并不僻静的马路上扒了皮包，可是皮包中间并没有钱，那扒手气恼之下，伸手在她脸上打了一记耳光，而且狠狠地教训她："没有带钱不要出来乱跑。"这事传到胆小一点的女人耳里，以后出街时皮包中多少也要放一点钞票。这是多么耸动的新闻呀！那么殖民地政府的法律到哪里去了呢？战后英国的力量似乎不大够用于分布全球的属地，可是他们最懂得"放松"秘诀的。只要不会影响到税收和他们的最高的权力，便睁只眼闭只眼的过去，而且他们的居住区也是另外聚在一起，生活得颇舒适的。新加坡常常罢工，最长久的一次电车罢工几达两个月。可是，英国人对于驾轻就熟的殖民地管理并不是没有办法的。这事实，在"五一"劳动节日表现得非常有力。

起先，殖民地政府对"五一"劳动节的庆祝有准予集体开会，不准游行的规定，可是工团方面宣称非游行不可，于是政府为防备万一，决定连集体开会都禁止了。

"五一"那天空气相当紧张，起先传说殖民地政府出动大批宪警，禁止三人以上在街上行走的命令。可是新加坡的宪警数目根本有限，而劳动节终于平安地渡过，报纸登着遵从政府法令，工团个别庆祝的新闻。有人说："长久受人统治的属地社会，平常安于这个定型，没有问题，一旦解放了，失去压力，内部就会独立，然而印回的不合作，消除了独立的幸福，虽使一代圣雄的甘地流干最后一滴血，尚不能消弭战祸。"在亚洲许多地方，都可以看到极少数的白人统治众多属民的事实，这事实道尽了次殖民地民族的悲哀！

五、殷切的期望

五月二日起，峨嵋舰公开招待来宾参观，海面上汽艇来往如梭，接送着人群。头戴白色钢盔的士兵，雄赳赳地在码头上巡察，维持秩序。帽缘上绣着中华民国海军的水兵，晒得黑黝黝的，极受侨胞们的欢迎。舰上官兵，都个别地或集体地接到各处的邀请，在每个集会上，侨胞必定恳切地要求演说，而且每次都是聚集着一大群听众的。海军官兵们都知道侨胞对国内情况的关切，可是他们能告诉侨胞些什么呢？只有用团结努力，认清现实和环境争斗来勉励，来安慰他们。在抗战期中华侨流过汗，流过血，就拿华人机器总会所属来说，曾有大批机械人才回国服务。日军攻马来亚时，协助英军，直接参加对日作战，实在无一点愧对国家的地方，实在不能让他们失望伤心的。柔佛同源社茶会上一位中华总商会的翁先生说："战前日本侨民在南洋真是天之骄子，受到任何人的另眼看待，因为他们的国家，经常有雄伟的战舰在各处打着不客气的招呼。抗战胜利以后日侨都成了铩羽之鸟，可是华侨的光荣地位也不过是如昙花一现。因为现实政治的不能赶得上，加之法西斯遗毒已经深入了南洋各土著民族中，因此造成了普遍仇杀华人的风气。就拿柔佛一地来说，排华案件本月就有十九起之多，其他荷印各地，华侨大规模地被屠杀，即在安南、暹罗各地，华人生命财产也处于刀俎之上。不知国内同胞有所闻否？希望政府常常派遣更大更强的军舰，经常地来保护南洋各地华侨的安全和和平。"

马来亚中华服务社的负责人吴炳伟和傅超人说起他们服务社的组织，是包括着同德画报社、振华学校、风山学校等诸单位在内，多数是半工半读的青年。当地政府欲以统一童军教练之名来集中马来人华人各团体在同一课程下实施教育。不过他们尚未接受，因为他们坚持着失学多年的青年所需要的祖国教育，而且欢迎国内教育界的中心领导。

一般说来，华侨在海外的地位是日趋没落的，而不安的侨胞社会，是中国走向繁荣之路上的一大漏洞。将眼光从大陆移向海洋，从破坏移向建设，以中国千余年来良好的殖民基础加上政治的配合，前途真是无量。东印度公司"功绩"奠定了英国几世纪来的繁荣，虽然帝国主义者的行为不可效法，可是他们企业的精神仍足钦佩。全国人民提起浓厚的兴趣来研究，来促进海军的建设，是开导建国富源之路。已故罗斯福第一说的"世界财富在海洋"的至理名言，至堪体味。日本一个岛国，能建设起与英美为敌的海军；苏联号称北极之熊，不愿自弃，由北方向外争取海口，她今日拥有非常强大的潜艇群与世界第三的舰队。然而中国呢？捧着一纸《中苏条约》，在哀哑地要求收回旅顺大连。难道是永远如此自甘堕落吗？建设海军是全国上下的共同责任，是全国人民切身的工作，任何人须亲身体会地钻到海军圈里去，研究建设问题和障碍症结，不能让海军在破破烂烂的环境里自生自灭。海军的建设是国家命运兴衰所系，需要全国各界的配合，科学上的配合，精神上的配合，而且需要每人负责的勇气。不是在民国三十七年的今日来慨叹着“溯自甲午以还……”或者“海军人一向萎靡不振，只知享福……”，一阵子牢骚没了下文；更不是对一群小伙子说“你们以前的海军抗战时期，为什么不在大洋上轰轰烈烈地海战一番”的态度。督促和热诚，是新海军建设的要求，灌注新的血液，鼓励和指导他们无限的乐观和勇气，匹夫有责的抱负，用常识和虚心来接受现实的教训，这是一件艰巨工作如海军建设的起码态度。历史资助现在，寄无穷希望于将来，相信海外三千万的侨胞是如此希望着的。

六、归帆

五月五日的早晨，峨嵋舰起航回国，全体官兵在各站进出港部署的号令声中，奔赴岗位。这艘一万五千吨的灰色军舰在依依不舍的万目相送中，离了红灯码头的海面，向口外驶去。她该晓得带走了多少颗海外的赤子之心！

（录自《中国海军》1947年第13期）

中华教育界

中国领土最南应该到南海九岛

（中学用地理教材）

厉鼎勋

一、教学要旨

普通中小学地理教科书上，都说中国的领土最南到西沙群岛的特里屯岛，但是自从去年法国占领我南海九岛以后，我们才晓得在西沙群岛的更南面，还有中国的领土。我们现在正据理同法国交涉，如果我们承认西沙群岛是中国最南的所在，就不啻承认在西沙群岛以南的南海九岛主权不是属于中国这种意识存在，我国人个个心理影响外交的办理，是如何的重大呢！东四省被日本无理强占，但我们不能不说它还是中国领土的一部分；同样南海九岛被法国无故占领，其严重性虽不及东四省的问题来得重大，可是我们也不能无故放弃过去。我国人对于地理智识大缺乏，以致不晓得西沙群岛的南面，还有我国的领土，现在应该纠正这个错误的观念。尤其对于青年的学生们，要灌输这种爱护国土的智识，如果不对青年的学生说东北四省是我国的领土，他们将来长大起来，或者就不怀收复失地的念头了，这是多么危险的事呀！所以我们现在对于南海九岛的问题，就不能不加以注意了。

二、教材大纲

（甲）南海九岛的位置

九岛在西沙群岛的南面，总称做堤闸滩，距离西沙群岛约三百五十海里，散布在北纬八度到十度与东经一一一度到一一五度之间的太平洋面上。

（乙）南海九岛的价值

（A）经济上的价值 （1）九岛地在热带，产热带性的森林及果实，如椰子、香蕉等。（2）岛上堆积了极厚的鸟粪层，是磷矿重要富源之所在。（3）九岛的附近，是一个渔场，产有海龟及介壳之类很多。

（B）交通上的重要 九岛位于南中国海内，居安南、菲律宾和婆罗洲之间，对于安南沿海各航线的交通，极为重要。又可以隔断香港和新加坡之间的交通，而完全获得南中国海之制海权。

（C）军事上的重要 九岛位置适中，处在菲律宾、新加坡、婆罗洲、东印度群岛、暹罗与安南之间。周瞻远嘱，于军事上一方可以与安南联络，一方又可以控制其他各大势力，而岛的沿岸，又有数处水深波静，适宜于停泊的军舰，又可作水上飞机及潜水艇的根据地。

（丙）南海九岛被法国占领的经过

法国于民国十九年已经占领了九岛中的风雨岛。其余诸岛，直至二十二年四月才完全占领。七月二十五日，法国才对外正式宣布九岛为法国之领土，这时我国政府得了这种消息，同法国交涉让出九岛，但是至今还不曾解决。

（丁）南海九岛失去后对于我国的影响

（A）我国的渔民，久经在九岛上捕鱼。根据国际法上“最初占有权”的原则，这九岛是隶属于中国的版图，一旦失去，有损中国的主权。

（B）九岛如果为法国所有，可以同安南、广州湾二地成鼎足之势，包围我国最南部的南岛，并可威胁我南部之海疆，对于我国海上的发展，很有妨碍。

（C）九岛为法所占，此后岛上的磷矿，我国人将不能再去开发，渔人亦不便再前去捕鱼，对我工业上、渔业上均有很大的损失。

三、教学资料

南海九岛总名曰堤闸滩（Tizard Bank），在一八六七年法国曾派测量船到这群岛附近来测量，船长名叫堤闸，于是这九岛亦总称为堤闸。全岛都是珊瑚礁，散在南中国海北纬八度十度，与东经一一一度一一五度之间。西距菲律宾约二百海里，西北距我国海南岛约五百三十海里，北距西沙群岛约三百五十里。九岛的名称，我国原先并不知道，等到由外交部照会法国公使抄录来，有几个岛的经纬度还是不明白，现在把九岛的大概，略述如下。

（1）安波崖岛（Caye Amboyne）是九岛中最南的一岛，约在北纬七度四十分，与东经一一三度之间，面积约有一五,八四〇平方公尺，我们称述中国地理，应该以此岛为中国最南的所在。岛上有我国渔人栖住的痕迹，鸟粪层甚厚，无淡水。

（2）风雨岛（Spratly）是九岛中最西的一岛，在北纬八度四十分，东经一一一度五分之间，面积约一四七,八四〇平方公尺。民国十九年，法国最先占领的就是这个岛屿，并在岛上已竖立法国的国旗。岛上有香蕉树、椰子树等，又有鸟粪，附近海龟极多。

（3）伊都阿巴岛（Itu Abo）是九岛中最大的一岛，在北纬十度二二分，东经一一四度二一分之间，面积约有三五四,七五〇平方公尺。岛上有住民的遗迹，椰子树很多，有淡水井，又有轻便铁路的残迹，由此可以证明岛上最近尚有华人居住，但岛上海鸟不多，粪层不厚。

（4）劳滩（Laoi Ta）是九岛中最东的一岛，在北纬十度四二分，东经一一四度二五分之间，面积约有六二,七〇〇平方公尺。岛上有椰子树，现在无人居住，亦无海鸟，而人居住的遗迹很多，有一株大树上面，还刻着“打倒日本人”几个模糊的字。

（5）铁岛（Thi Tn）在北纬度十一度七分，东经一一四度一六分之间，面积约有三二六,二八〇平方公尺。岛上有椰子大树，并有一淡水井，渔夫常以此岛为休息之所，岛之四周有蠔类。

（6）双岛（Denx Iles）是诸小岛中最北的岛屿，约在北纬十一度二十九分，东经一一四度二十一分之间，共有两岛，故称双岛。一岛在东北，面积约有一三三,三二〇平方公尺；另一岛在西南，面积约有一二五,四〇〇平方公尺。东北岛上有磷矿，但未曾开掘，岛上现在亦无人居住；惟西南岛上，现在还有许多中国人居住。

（7）南小岛（Nam Yit）面积七五,二〇〇平方公尺。

（8）西约克岛（West York）面积一四七,八四〇平方公尺。

上面所述第六项双岛，是包括两个岛，一共是九小岛，但是南小岛和西约克岛，因为调查不详细，经纬还不曾确定。

法国因为要维持安南和垄断远东的航线起见，久已对于九小岛的附近海面，加以注意。十九世纪的后半期，对于这一带的海道，已经绘有详图。既经发现九小岛在军事上、经济上有极重要的价值，更外加增了占领的野心。民国十九年，安南政府派小舰拉普罗司（Laperouse）号、阿斯特罗拉普（Astolbe）号、匆克坦（Vctant）号三只，同炮舰玛利修兹（Malicieuse）号一只，一齐前往测量。因为海上忽然起飓风，天气骤变，不能看清航路，只在风雨岛上面树立法国的国旗，其余的岛屿，未能前往。到民国二十二年四月里，安南政府又组织远征队，派遣小舰阿斯特罗拉普号，同炮舰阿拉特（L'Alerte）号及海洋测量船兰纳桑（Lancesan）号，由西贡海洋研究所长塞佛（Chevey）及其助手达维多夫（Davidoff）二人，率领前往，于四月六日再到风雨岛，七日遂开始占领安波崖岛，十日占领伊都阿巴岛及双岛，十一日占领劳滩，十二日占领铁岛，以后又把其余的南小岛、西约克岛二岛，很快地占领，于是九小岛完全为法国所占。这时候我国上下还不知道，直到七月十五日，法国政府正式宣称此诸小岛已属于法国主权之下，于是我国才注意这件事。又因为不明了此九小岛的位置和名称，乃电请驻法使馆查明再定办法。同时又电请菲律宾、马尼剌领馆详细调查。然而当时我国朝野，都认为这被占领的是西沙群岛的一部。及至七月三十一日，驻马尼剌领馆电外交部，称此被占领的九小岛，乃是在西沙群岛南面三百五十海里的堤闸滩，并不是西沙群岛的一部分，并说到这九小岛，时常有海南岛渔人前往捕鱼，主权亦是属于我国。至是，我国才晓得九岛同西沙群岛没有关系。于是又电请法国政府将这九岛的位置和经纬度抄送到中国政府，以备查考。所以九岛的位置，乃是从法国方面得来的报告，至于我国事先并不曾弄得清楚，这可以说我们对于地理智识的太缺乏，亦是政府对于国防太不注意了。现在九岛，还在法人占领之中，我国虽与交涉，并未有若何的进展。

九岛如果同东北四省比较起来，自然是没有东四省面积来得大，但我们绝不能以面积的大小，来断定它的价值。九岛虽然不大，但经济上价值，却也很可观，因为地在热带，温度雨量很高，那热带的特产，如椰树等非常茂盛，并有琼崖的人在上面种植了香蕉、蕃芋一类的东西，当法国占领铁岛时，岛上就先有五个海南岛的华人居住；占领双岛之西南岛时，岛上亦有七个中国人在上面，可见这些岛上虽然面积小，淡水又少，不大适宜于人的居住，但也未尝没有供人垦殖的地方，农事还不是绝对不可行的。有些岛上人不常在上面居住，就常为海鸟所占据，遂堆积了极厚的鸟粪层，是磷矿最重要的富源，无论在军事上、工业上、农事上，磷矿都有很大的用处。现在还有几个岛上磷矿未曾开掘，这是一个如何可宝贵的富源呢？岛的附近，有海龟、贝壳及其他的鱼类，是海南岛的渔人生活之所寄托。如《四海半月刊》所登载渔船每年每艘可以在此地多的捞着两三万块钱，少的也有八九千，可知关系我海南及闽广人的利益很大。如果再从军事交通上来看，则九岛更显其极大的价值，因为现在世界的政治中心，已转移到远东。第二次世界大战，一般大政治家及学者的推测，都说在太平洋上爆发。法国为未雨绸缪计，不得不从早在太平洋上获得一个优良的军事根据地，于是就占领九岛。因为这群岛地位极好，处于各大势力之中心，东面是美属菲律宾，西面是美属之新加坡，南为婆罗洲及荷属东印度群岛，西北为暹罗与法属安南，东北则为台湾。一旦起了军事行动，九岛一方面可以同安南联络，一方面可以控制菲律宾，又可以阻隔英国、新加坡同香港间的交通，影响日本、台湾和太平洋代管地的遥应。而且这些岛屿，虽因礁石关系有时船舶停靠感觉困难，但有几处有长亘十英里的礁湖，可以容一万吨的巡洋舰，又可为水上飞机、潜水艇、小舰艇等理想的临时休息及避难之所，和活动根据之地，所以现在为法国所占，威胁我国南疆，亦足以引起国际间的问题来！其重要又何尝不可同东北四省问题相比呢？

法国于七月二十五日宣布九岛为法国的领土，其理由是华府会议条约里对于这群岛屿并未提及，不发生任何关系，所以法国可以自由占领无主的土地，此后将在岛上设置灯塔和气象的设备，以便来往的海船有所依据。照这口气看来，法国是预备根据国际法上“预先占有权”的规定来确定它的主权。但我们对于“预先占有权”的规定，不能不有两点认识。第一，凡是无主的土地，才能应用这条原则。例如海中的荒岛，或是没有社会组织的土人所住的荒岛，或者是原来属于一国，后为其国所放弃，而不要的地方，才可根据其预先占有而确定其主权。第二，既经将无主的地方占领以后，还要把“有效占领”的事实表示出来。换言之，仅仅向外宣布或是悬旗，而没有行政的设备和力量来维持，也不认为是真正的有效占领。现在看看法人占领南海九岛的事实如何，此等岛屿在我中国海之内向属我国领土，已有数百年属琼崖县治。广东一带的渔民常到该处捕鱼，大概每年春季载食物而往，秋季则满载鱼类而归，而且民国十七年广州政治分会亦曾一度派员查勘，民国二十二年西南方面特为此事向外宣称，在一八八三年曾有德政府派员来此测量，经我国政府抗议而罢。由此可知此等岛屿，绝不是无主的土地，不能引用国际法上预先占有的规定。就是退一步说，此等岛屿原是无主的土地，但距我西沙群岛不过数百海里，按诸国际公法，我国实赋有毗邻国的优先权益。何况法国于占领之后，亦不曾做出“有效占领”的表示来，仅仅悬旗和宣布不能认为是有效的事实，更何况在法人未占领之先，久已有我国的渔人占领了呢？所以法人应用“预先占有”的原则来占领，实在是欺人之谈。所以无论从历史上的根据，预先占有的事实，和毗邻国的优先权益来看，为主权计，我国对于这些岛屿，是势在必争。何况这些岛屿对于我国海疆的边防关系，是极其重要，我国更不能轻易放弃了。现在法国占领之后，驱逐九岛的中国渔民，并在双岛中之东北岛上，用白粉大书“法舰曾至此岛树立法国国旗，法国已占领两岛，中国渔人在此捕鱼，已为过去之事”。似乎领土的主权，已经很确定的属于法国。这真是以一手来掩尽天下耳目，其谁肯信呢？

四、复习问题

（1）南海九岛的位置怎样？

（2）南海九岛在经济上有什么价值？

（3）南海九岛在军事、交通上有什么价值？

（4）南海九岛失去后对于我国有什么样的影响？

（5）试述南海九岛之名称。

（6）试述法人占领南海九岛之经过。

（7）中国领土最南应该到什么岛？

（8）试述法人不能领有南海九岛之理由。

（9）试述堤闸滩名称之由来。

（10）试指出南海九岛中最东、最南、最西、最北的岛屿。

五、参考书报

（1）《新中华》半月要闻，一卷十六期。

（2）《时事月报》特载国内时事，九卷第三期。

（3）《外交月报·南海九岛问题之中法日三角关系》，三卷三期。

（4）《方志月刊·法占南海诸小岛之地理》，七卷四期。

（5）《科学·海南九岛问题》，十八卷四期。

（6）钟山书局《本国地理》中册《海南岛》章。

（7）民国二十三年《中国外交年鉴》页二七〇。

（8）民国二十三年《申报年鉴》页三二。

（9）民国二十二年八月四日至六日《大公报·法占南海九岛问题》。

（10）周鲠生著《国际法大纲》页一二二。

（录自《中华教育界》1935年第22卷第8期）

中华周报

南海九岛放弃论

中　夫

自法占南海九岛的消息传出，国人闻之大哗，以为西沙群岛向属我国版图，法国占领该岛，显然侵犯我国的主权。广东当局并叠次声明法所占领九岛，即我国的西沙群岛，距离海岸为一百三十余里，属于崖县辖治。但依法国所发表九岛的位置，与我国的西沙群岛的经纬度，殊不相符。按西沙群岛所在地，其纬度为北纬十六度，经度为东经一百十三四度，而法占领的九岛，是在安南与菲律宾之间，纬度为北纬十度，经度为东经一百十五度，二地显然有别。且据法报的记载，“在安南与菲律宾群岛之间，有一群珊瑚礁，错杂其间，航海者视为畏途，不敢轻近。据一八六七年法国水路调查船莱夫尔门号船员所制地图，此群海岛长至十英里，如用为水上飞机、潜水艇等休憩之地，并无不可。且此等岛屿主权一经确定，则战争之际，对于法国海底电线的安全，颇足威胁，于是法政府决定占领此等群岛。一九三〇年炮舰玛利休兹（Malicieuse）号正式占领丹伯特岛，其后次第及其他岛屿”。可见法国开始占领，早在一九三〇年，而当一九三〇年之时，我国西沙群岛并不闻有被人占领之事，则现今法国占领的九岛，其非西沙群岛，更为显明。最近读《李准巡海记》，云共发现十四岛，各为勒石命名，并称其地西人名之为“拍拉洗尔挨伦”，拍拉洗尔挨伦自是Paracel Islands的译音，而Paracel Islands即西沙群岛。按李氏的行程，亦决不能越西沙群岛以外。所以李氏《巡海记》所记勒石命名，只能证明西沙群岛之为我国领土，不能证明现今法国所占领九岛之为我国领土。我国人向不注重调查，事关主权领土的出入，全国人竟不自知所争之地何在，甚至久在版图内的西沙群岛，竟亦不自知与所争之地是一是二，而将相距数百里之岛屿，强认为一。国人之漠视边疆，政府之怠于调查，实足深慨。

我们观附图，足见西沙群岛与法所占领九岛并非同物，至于九岛是否亦为我国领土，至今尚无确实证明。按先占有效的条件，须以国家为主体，须有领有的意思，须为实力的占领。据法报称："琼崖的中国人，有住居珊瑚礁环绕之区，从事农业者。"又云："有由琼州渡来的华人居住，每年有小艇载食品来岛，供华人食用，而将龟肉龟蛋转运以去。"此种少数渔民的移住，是否足为我国先占的论据，在国际法上，实在不无疑问。我们以为即足为我国论据，现在日美关系十分紧张，英国及其属领又正大举排日，环顾列强，日之友而我之敌，惟此法国。自法占九岛后，日本极为重视，认为法占领九岛，将握南中国海（South China Sea）的制海权，因保留承认的回答，而有与法相争之概。这时正是我国可利用之以伐日本国交的机会。所谓投骨于地，两犬必争，小的死，大的伤，是投一骨而可杀两犬，何乐不为。现在法所占领九岛，骨也。法日好像两犬，我们若吝惜此骨，而与两犬相争，结果徒造成两犬联合而搏人耳。

现在九岛问题，已成法日争夺之的，法得之则日憾之，法日之交疏，而日本的国交益孤。日得之则法憾之，而且日得九岛之后，美的菲律宾，法的安南，英的新加坡、香港，均感莫大的威胁。三国联合以抗日，日本形势更见黯淡，此皆与我国有利。再说九岛的形势，法得之，诚然可以筑造飞机根据地，停泊潜水艇，以巩固其远东属领，但在我国已控有大陆，所谓飞机及潜水艇根据地，均无待于该岛。日得之，虽足以完成其自北迤南包围我国的形势，然中日间如果发生战事，不管海战或空战，以现在海空军的航行力来说，均属本土的直接攻击，不必乞灵于此等小岛，所以此等小岛的得失，在军事上价值甚小，在外交上关系甚大。周时有二桃杀三士之计，如果以此小岛，引起法日的猜忌，美日的冲突，英法的反目，其有利于我国何如？若吝惜此二桃，必欲争之以为快，而自己又终无力食此二桃，这是吝啬的伧夫俗子所为，不是老成谋国者之算吧！

（录自《中华周报》1933年第90期）

南海十一岛忆语

卓不同

卓不同君是到过南海十一岛之一人，法国占领问题发生，经本报函询真相，兹承卓君以忆语见惠，虽然不涉及该岛主权问题，而其描写的真切，真使人有神游该岛之感了。

法国政府突然发表占领南海九岛，颇引起我国人一种激动。起初我国人误认南海九岛即西沙群岛，现在已渐知其不然了。然认南海为九岛，也并未见正确。以我所知，在安南、菲律宾及婆罗洲间，法国所宣言占领之处，这里并不只九岛。大概法政府尚未精确测定，而九岛应为十一岛之误。

十一岛中最大的一岛，名叫伊查伯岛，面积约七十余英亩。其与海面的距离高者十八尺，低者只八尺。岛的四周，海水清澄，许多奇怪的鱼类，在碧绿的海藻间穿梭般往来，还有许多奇异的贝壳，在日光中映射着五彩斑斓之色，景物佳美。离海岸数百步之遥，就是树林地带，里头有数人合抱不来的千年的古树，当中却是块平坦之地，只长一些杂草。

在伊查伯岛的确有日本磷矿株式会社的遗址，但只是遗址而已，事业似早已废弃。各岛皆以磷矿著名，原因是各岛皆由珊瑚礁上堆积鸟粪而成，鸟类以鱼类为食物，所下的粪，含着石灰质磷酸质甚多，久之遂成为磷矿。这里所居的鸟类，形状有些像水鸭，每岛都有几千万匹，夜里蹲伏在地上，全岛蹲满，简直没有我们走路之地。这种鸟有一种奇异的习气，就是白天时候，雄的都飞去讨食，残留在岛上的一半，无疑地都是雌的，或是在哺育中的小鸟。还有奇异的一点，就是在几千万匹的鸟群中，各鸟决不会把他的妻子认错，而且在天空中，一直线地飞到自己妻子所在之处，其感觉的敏锐，殊非他鸟所及。在每日的清晨，忽刺一声，几千万匹的鸟飞散空中，天空为之乌黑，实在是人世奇观之一。

海南岛的渔民，通例于每年十一月，乘着东北风之便前往，翌年三月又乘着西南风之便回来，满载着腌的鱼类及贝壳等。贝壳可供制造纽扣之用，颇能获利。在帆船交通的时代，这些岛屿似乎是新加坡与菲律宾间近海航路必由之地，后来想因为暗礁太多，弃而不用。所以在一八〇〇年英国皇家学会出版的地图上，早有这些岛屿的存在，而直至今日，才有法国的占领，引起所属的问题。

这些岛除四周暗礁，深予航行以不便外，气候雨水，均与新加坡相似，适于居住。夜里万籁俱寂，凉风袭人，天高气清，月光清澈。远望则万顷波涛，一波一波的海浪，打在岩石上面，作怒吼的声音，如果一个厌倦人世的人处此，真是一个理想的所在。可惜岛上缺乏野菜和淡水，未免使人有些美中不足之感。各岛皆地势平坦，除一部分树林外，其余皆不过芃芃细草，芟刈之后，填为飞机升降之地，以其形势的优美，控于安南、菲律宾、新加坡之间，实在是再好没有的。此次法人之毅然宣告占领，其用意想不外此吧！

九，三于海南岛

（录自《中华周报》1933年第95期）

中南情报

南洋侨胞宜急起开发西沙群岛

君　适

慢藏诲盗，空穴来风，以地大物博之中国，货弃于地，而不知利用厚生，门户洞开，可任人升堂入室，安有不诲盗长寇、启人之觊觎染指！故当世界群以拓土殖民，争夺市场之时代中，吾国不幸遂不得不为鱼肉，任人之宰割烹食！展开一部近世史，无非满目之失地伤心史！最近京沪各报登载，法报又有鼓吹乘机占领海南西沙群岛之讯。我海军部以西沙领土关系国权外交，情势急迫，特一再呈请行政院，速于该岛筹建灯塔及观象台，以避强邻之借口，而杜其窥伺。

考西沙群岛位于海南岛崖县榆林港之东南海中，现属崖县管辖，大小都十余岛，如笔岛、中岛、北礁、多树岛、玲州岛等，距离海岸约一百四十哩，当香港、新加坡线航船往来之孔道，向为琼崖沿海居民采捕水产之区。光绪末年，日人占我大东沙岛，几经交涉，始获收回，清廷遂移民开垦。随派员查勘西沙群岛，以扼于经费，遂任其荒废。惟该岛与法属安南相距不远，法人屡思据为己有，民国二十一年法外部忽致节略于我驻法使馆，谓据安南历史，在嘉隆王时代，曾于该岛建塔及石碑，以为法当管辖该岛之证。经我外交部援引《中法续议越南界务专条》，以及清宣统二年李准巡视该岛，曾宣告中外，该岛为我领土之语，以相驳诘，此事乃暂告结束。然法人处心积虑，终未能忘情于该岛，故迩来法报复有鼓吹占领该岛之谬说。

见兔而顾犬，亡羊而补牢，迄今图之，事犹未晚。今欲巩固我领土，确保我主权，在政府固宜速筹该岛灯塔及观象台之建筑，并即移民垦殖，设官治理，一如往日之处理大东沙岛办法相同。而在吾南洋之侨胞，欲救此当前经济不景气之厄运，与夫大多数失业之恐慌，则莫如利用停滞之资本，与余剩之人力，辅助政府，速即开发西沙群岛，另辟一独立自尊，不寄人篱下之新天地若也。

今试就开发西沙岛之利益言之，约有数端：吾国侨胞之往来南洋诸埠者，十之八九概由香港先至新加坡，然后分散至各埠；或由各埠先至新加坡，然后经香港而回至本国。而西沙群岛适介居香港与新加坡航程之中点，扼中南交通之咽喉，往来既便，则将来行旅之辐辏，商业之发达，自可以预期，此其一；西沙水产丰饶，鲍鱼、海参之富，珊瑚、玳瑁之珍，以及鱼介、海藻之繁，取之不尽。且各岛之上，均积有数千年鸟粪所成之磷矿，最富磷质，可供取磷，以制火柴及肥田粉之需，估计矿区多至七千余亩，磷质价值奇昂，足供开采。当此南洋胶锡价值惨落之际，借此可资挽救，此其二；胶锡价值惨落，华资停滞，华工失业，移此资本人力，开采磷矿，在华工移居气候相同之地，驾轻就熟，最为适宜。南洋返至西沙，路程最近，移此就彼，更属便捷，较之一般提倡华工移垦西北者，其难易适否，当不可同日而语，此其三；在本国领土内，经营各种事业，有独立自主之权，较之隶人宇下，任人之剥削凌虐，无所不用其极者，相去奚啻天渊，此其四；我既移民开辟之后，则窥伺者野心自戢，进可以固国家之疆圉，退可以发达侨胞之福利，吾侨胞爱国心长，于精神上得绝大之安慰，此其五。

或谓生不幸而为中国人！更不幸而为中国之侨胞！旅居海外，固到处吃亏受气；返国则以政治不上轨道，不独苛捐杂税之繁，难以应付，而吏治之不澄清，贪污之敲骨吸髓，反不如托庇异族宇下，可以苟安。故侨胞鉴于既往，未必肯勇往直前，返国投资，以开发荒凉之孤岛。此说诚为过去一部分之现象，而非继此以往永久情形也。今日侨胞在海外所受经济恐慌之影响，生活已大非昔日之安定，异族旗帜下亦不能视为乐土，而国内之政治渐上轨道，且尊重侨胞，保护侨胞之方法，亦日益周到。关于侨胞返国经营事业之安全问题，殆不足以为虑。

惟吾不能已于言者：吾侨胞旅居海外，奋勇进取，坚苦卓绝之精神，实非他国侨民所能望其肩背。但皆孤军奋斗，各自单独行动，殊少联合团体之企图，故往往以势孤力单而受人欺凌，而失败，诚为吾侨胞唯一缺点。独木难支，众擎易举，深望有志返国经营各项事业之侨胞，宜合群策群力，团结一体，以辅助政府之建设与边陲之开发；更望政府速谋联合侨胞，切实予以种种之便利保障，则岂独西沙一隅之开发繁荣，可拭目以待已也。

（录自《中南情报》1934年第2期）

粤当局开发东沙岛

君 适

据广州讯粤当局陈济棠氏，以东沙岛位粤省东南，海产丰富，久为外人所觊觎。自逊清光绪三十四年英政府以其商船在该岛附近失事，要求中国政府在该岛设立灯塔，中国始派遣军舰前往查勘，发现日人窃据该岛，交涉赎回以来，迄今已历二十有八年。在昔政府当局，以其僻处海外，交通不便，气候不适，不加重视，故虽屡经进行开发，而均归失败，有志开发者闻而裹足。最近广东省政府，以开发东沙岛早列入广东三年计划中，应即进行，不容再缓。故已委定人员，派舰前往该岛调查，草拟实施计划，以开发此富源云。

窃查东沙岛距香港仅约一百七十海里，舟行十余小时可达，虽以航行线内，海礁过多，交通困难，气候苦湿，不适久居，但海产如藻类、贝类、鱼虾、玳瑁之丰饶，则取之不尽，实为粤省之一大富源。过去虽曾招商承办，进行开发，或以资本不充，急于图利，不能持久，因而废弃；或以经营，不得其法，致遭失败。总之，此种艰巨事业，仅凭少数私人之力，而政府不加以奥援，袖手旁观，坐待其成功，岂可得乎！

至以该岛之交通气候之不便，因而畏难不前者，则尤为一绝大错误！试观过去日人窃据该岛时，苦心经营，视为天府之国。吾国人向以地大物博自居，犹之富家子，囊橐累累，以此区区弹丸地，殊不足介意，致使货乘于地，启戎心而长寇盗，若不急直追，其祸患更不可胜言也！

且以地域而论，东西沙两群岛，屏障粤省东南，不独富饶足称，即于国防上、交通上，均有极重要关键。过去国人忙于内争，不肯措意及此，迄今犹任其荒芜。迨天之未阴雨，绸缪牖户，此其时矣。

抑吾之不能已于言者：在民国初年，南洋侨胞集资百万，拟往开发东沙岛，及一至其地，以不适于种植，不知渔业之利，废然而返。是吾侨胞对于该岛，早具开发之热心，徒以不知经营之方，致无成就耳。今政府当局努力建设事业，既极力倡导于前，草拟缜密之计划，是今后之开发该岛，必有灿烂之成绩可观。虽然当此国家财力困竭之秋，政府当局限于经费，每兴计划多而成功少之叹，故此艰巨事业，纯恃私人之力固不可能，独由政府经营，亦有未逮，故必政府与民众通力合作，始克有济。吾海外侨胞，对于投资祖国兴办实业，素乐从事，对于此项建设开发事业，更望积极参加，踊跃投资，以促其成，使向之荒芜废弃之区，变为庄严璀璨之黄金世界。巩固国防，增加国富，又岂仅广东一隅之幸！更望政府当局，除开发东沙岛之外，于西沙群岛之开发，亦须继及。其富源之厚，不减于东沙，而其各方面之重要性，尤不在东沙群岛下，此固不待吾人之费辞矣。

（录自《中南情报》1935年第2卷第4—5期）

中山报

省府招待记者　报告接收西南沙岛经过

物产展览会亦展期

（本报专讯）接收西沙群岛专员萧次尹，接收南沙群岛专员麦蕴瑜，项以接收工作告竣，且由西南沙群岛返。当地生产之珊瑚、鸟粪、鱼类、鸟类、海草、珍珠等各项海产物，在本市文明路文献馆举行展览会。并于昨（十二）日下午回（四）时举行记者招待会，出席各报各通讯社记者三十余席，由萧次尹委员任主任，报告此次进驻接的西南沙群岛之大概情形，继由麦蕴瑜、顾问熊大仁教授、郭令智及地质调查所席连之等分别讲述西南沙群岛之鱼类，及珍珠及各种海产之长成及培养。至五时许始散会，并由萧教员领导参观物产展览会，所有各色珊瑚、珍珠及各种海产品应有尽有，琳琅满目。参观展览者川流不息，对一般民众之智识增进不少，又展览日期决定延展至十五日止。（草）

（录自《中山报》1947年6月13日）

中央日报

法占九小岛

从来未为任何国占领　全岛为中国渔人择居

（本社十四日上海专电）美联社十三日巴黎电，今日法官方发表西贡方面报告声称：法国在远东之领土，近增加在太平洋中小岛九地。据闻法巡舰亚勒特号及亚斯脱莱伯号占领该九岛，植以法旗，为并岛之礼。该群岛之地位为北纬十度东经一百十五度，在法属西贡之东、吕宋岛之西，本为地图上小点，未有岛名，该岛不知如何，从未为任何国家所占领，但全为中国渔人所择居之地。

（中央社上海十四日电）国民社巴黎十二日电　西贡与菲律滨间有小岛九座，位于北纬十度东经一百十五度左右，向为中国渔民独自居住、停留之所。顷据西贡电，现有法差遣小轮西勒与阿斯特罗勒白两船，忽往该岛树立法国旗，要求为法国所有。又马尼剌寒（十四）电，此间已接有法国占据菲岛与越南中间九小岛之讯。按该区海图，向未经详细测绘。九小岛因缺乏水与天然富源向不为人重视，内有数岛有淡水及树木，余则荒瘠不毛，岛中仅有少数渔民居住，海南岛渔舟亦常往其处。据美测绘员言，该岛在菲律滨领海外二百哩云。

（录自《中央日报》1933年7月15日）

法否认占领南洋九岛

（中央社巴黎十五日路透电）法外部声称，部中对于法国占领南洋珊瑚岛一事，并无所知，现正在调查中云。

（录自《中央日报》1933年7月17日）

外部对法占九岛事

令饬驻菲总领事调查实况　探询法外部态度准备交涉

关于法国派差遣轮占领菲律滨与西贡间之九小岛事，迭志各报。兹经探悉外交部方面，对于此事极端重视，除咨海军部查询真相外，并令饬驻菲律滨总领事馆就近调查实况具报，以作交涉时之情报；且同时电令驻法公使，探询法外部对于此事之态度云。

（录自《中央日报》1933年7月19日）

法政府占据珊瑚岛昨已正式宣布

（中央社巴黎二十五日路透电）法国政府今（二十五日）正式宣传，已占领菲律滨与安南间之珊瑚岛，并称此后该岛将属法国领土。据称占据各岛日期如次：奎亚当不瓦斯四月七日，依托巴杜锡尔四月十日，莱多四月十一日，西杜斯巴得来四月十二日。

（哈瓦斯社巴黎二十五日电）本日政府公报，登一通告，谓在法属印度支那与菲律滨西北方中国海内之九小岛，现已属于法国主权之下。各该小岛系于本年四月上半月，先后由法国军舰竖立法国国旗，作为占领云云。

（录自《中央日报》1933年7月26日）

九小岛谁是主人？

日方忽称早为日人经营　采集磷矿命名平田群岛

（本社二十八日上海专电）电通廿八日东京电，法国政府发表取得华南海九小岛之领土权，认为有取得之可能性，极被注目。然顷已判明该岛十五六年前，已有日本人原籍秋天县横千町，现住台湾高雄市，姓平田，号末次，于田健次总督台湾时，因调查该方面渔场，方发现该岛磷矿，采掘颇有希望，遂在该岛经营磷矿，采集命名九小岛，为平田群岛。平田因此事于前日到东京，向海军当局详为报告，据云关于该岛之磷矿采集可以照相及电影证明之。

（京讯）自法政府公布法国在菲律滨与安南间九小岛竖立法国国旗，正式占领之后，我政府及人民对此均表异常愤慨。因该小岛向为中国渔民卜居其间，认法国此举有损我主权。外交部刻在缜密调查研究中，并会同有关系机关，彻查真相。如法果侵我主权，当提出严重抗议。外间盛传该小岛等即为西沙群岛，似尚不能证实，但仅知九小岛，面积尚少于一平方英哩，闻不久当可使真相大白，再妥筹对策云。

（本社二十八日上海专电）港电，建厅主任秘书陈元瑛谈，法占西沙群岛附近之珊瑚九岛，省府除令琼崖绥署调查外，本厅亦经令琼崖港务分局派员往查，海军亦拟派舰往查，俾向法抗议。查该岛在西沙岛东南琼崖西南，与婆罗洲、菲律滨交界，因缺饮料，只有渔人往来。今晨政会紧急会议，唐绍仪适到省参加，决查明呈请中央国府交涉，一面由五省交涉署向驻粤法领事交涉云云。

（录自《中央日报》1933年7月29日）

占据九小岛事件　法之自白如此

谓目的在设航海标识　法使否认南来有商议

（哈瓦斯社上海廿九日消息）法国驻华公使韦礼德，于今晨自北平来沪，将于星期二日晨晋京，俾与国民政府谈判中国与越南贸易关系。此项谈判一般人均望其有顺利结果。至若干中国报纸所载，谓法使南来动机，系因法国占领婆罗洲、安南、菲律滨间九小岛一事，则属不确，中国政府关于此事，迄未提出抗议。

（哈瓦斯社巴黎二十九日电）关于外国所传婆罗洲、越南、菲律滨间九小岛一事，在巴黎方面探得情形如下。法国政府于一九三〇年四月十三日依照国际公法所规定之条件，由炮舰“麦里休士”号占领九小岛中最大之史柏拉德雷岛。当时因有时令风，未能将附属各小岛同时占领，直至今年四月七日至十二日，始由通报舰“阿斯德罗拉勃”及“阿莱尔德”号，将其余各岛完全占领。此等小岛，仅属暗礁沙滩，几无人烟，时被海水淹没，且其位置在海洋危险地带，为谋法国亚洲属地及大洋洲属地间之联络起见，有在此等岛上设置航海标识之必要。华盛顿《九国条约》中，任何条款均未禁止此等小岛之占领，且在巴黎方面，以为该小岛之史柏拉德雷，经法国占领已三年余，并未经中国政府提出抗议，且亦未提出保留云。

（哈瓦斯社巴黎二十九日电）著名记者圣蒲里斯对于法国在越南南圻与菲律滨群岛之间占领小岛，约十处一事，在日报发表论文，以资辩护。题为《绝无帝国主义意味之占领事件》，谓“法国起意占领各小岛，系因举办航海设施安置浮标，以便航行起见，则以该处满布珊瑚小岛航行极为危险也。法国此举，有关公共利益，绝无设立海军根据地之意。法国在中国海内，已有属地，无事他求，世人即欲颠倒黑白，实亦无所施其技，则以此举绝无帝国主义意味故也”云云。

（录自《中央日报》1933年7月31日）

法所占九岛在西沙群岛之南　时有海南人前往

据确息，法国在中国海所占之九小岛，总名堤闸板（译音原名为Fjard Bank），距菲律滨爬拉湾（译音原名为Pialawan）岛西二百海里，在我国海南岛东南五百卅海里，西沙群岛之南约三百五十海里，位处北纬十度十二度，及东经一百十五度之间。该处时有海南人前往采捕海产物，前传九小岛即系西沙群岛，殊属不确云。

（录自《中央日报》1933年8月1日）

西南当局研究法占九岛问题

该岛属中国已有数百年

（中央社广州三日路透电）法国宣布占领九小岛事，广州以该九岛与华南地理上之关系，特别注意之，且因西南当局曾有开发该地区域之意也。据半官式消息，华南建设三年计划程序，规定开发该群岛并准备建设一无线电台。西南当局，现慎重研究此问题，认为该岛为中国之领土，据省府人员声称，该岛为中国之领土，已数百年。一八八三年德政府曾派员测量该群岛，旋经中国政府严重抗议而罢。光绪三十三年，时中国政府曾派军事大员开发该地。其后民国政府亦曾准某商业团体开发该地利源。距今数年前，中山大学由省政府建设厅指导之下，曾派学生多人调查该地。一年前粤省府曾允许某商业团体采取该地鸟粪肥料，并拟在该地建设无线电台云。

（录自《中央日报》1933年8月4日）

法将九岛划归越南

法报狡辩尚谓不违背国际法

（哈瓦斯社巴黎三日电）对于法国占领太平洋九小岛一事，东京方面消息，谓日本政府将提出抗议云。本日《巴黎时报》登载此讯，缀以注释，谓“法国占领九小岛，系于一九三〇年四月发轫，而未蒇事，今年不过按照国际公法所载条件，从新着手而已。此项小岛，系在德属越南领海中，系由越南南圻、德海洋洲、法属新加圻、法属新加莱多尼亚岛最直接之路线，法政府如遇必要时，得以利用此项小岛起见，乃决定派海路测量团前往安置浮标，且华盛顿会议并不禁止占领，惟须一国之军事及行政当局会同办理。法政府占领之时，对于上项条件已予履行，并业将各小岛划归越南管辖。按诸国际公法，凡私人或私营企业最先到达一地，不能作为占领。易词言之，即不能认为一八八五年《柏林条约》所载之占有是也。（比国占领刚果，葡法相继抗议，后于一八八五年二月廿六日，遂订《柏林条约》，其第三十四及第三十五条规定占领之条件：一、须通知各国；二、须实际占领。）此种私营企业，充其量不过可在该地保持其事业而已”云。

（录自《中央日报》1933年8月5日）

法日争尝禁脔

日谋推翻法对九岛先占证据　外务省将提抗议，法亦有反证

（本社六日上海专电）电通六日东京电，关于南海各岛先占问题，法政府虽列举证据，主张法国之行动正当，然外务省以为该岛之东北大岛，日本中村博士已将所藏磷矿资料贡献政府，而重光次官之手亦有资料汇集，最迟下周中将向法政府为抗议、通告之手续。法国政府曾举反证，谓一九三〇年日本领事有向越南总督要求认可磷矿采掘之事实，外务省当局对此，以法国系将他岛混同，置之一笑云。

（录自《中央日报》1933年8月7日）

法占九小岛案

海部正在调查中　日本答复尚有待

（中央社）海军部长陈绍宽昨（七日）语中央社记者，法占九小岛事，海部正在调查中。目前尚不须派舰前往实地调查，但如事实上有必要，则海部随时均可派遣军舰云。

（中央社东京七日路透电）日本对于法占九岛照会未正式答复，闻尚有待今日官场消息。外务省仍就日本曾在该岛着手企业一端，仔细研究此问题，并对于□反对之国家，希望确知其态度。外务省并将与与此事有关之各省会商，海军即在其内，然后方以致法之复牒交内阁通过也。

（中央社香港七日电）唐绍仪谈，九岛案发生，粤当局非常注意，连日均开会议，讨论该岛为琼岛咽喉，若不收回，影响我国渔业不浅，并有丧国权，中央与西南当局无论如何，应将该岛设法收回。

（录自《中央日报》1933年8月8日）

对九小岛案法国自拉自唱

谓日将请求解释非抗议　英政府对此事并不反对

（中央社巴黎七日路透电）兹悉法政府仍在等候日本政府正在起草中，关于法海军占据九小岛之抗议。法政府对于悬旗占领该小岛之正式通知，已于三星期前送达日政府，并指出曾在该岛经营磷矿之日商，已于一九二五年失败退出，故现信日政府致法政府之公文，将为请求解释，并非抗议。英政府业已宣布对于法海军占领九小岛事，并不反对，因该岛并不在航线之内，除少数中国渔人外，并无居民。惟该岛等对于法国越南沿海各航线之交通，实为重要，同时亦可停泊水面飞机及潜水艇。

（录自《中央日报》1933年8月9日）

日与法争九岛　对法通告甚表不满

（中央社东京十日路透电）自法国宣布占据华南海中伊都巴岛（Ituaba）及其他各岛后，引起此间公私方面之许多评论，外务省现仍藉专家之助，研究此问题，尚未决定对法国通告如何答复。海军省发言人今日称，海军须俟政府决定对各岛之政策后，始能有所行动云。日海军界一般意见以为法国欲据各岛，其理由颇脆弱，故不能为日本所接受云。

（录自《中央日报》1933年8月11日）

法占九小岛粤省派员进行调查

以求搜集证据呈报中央　请外部向法正式提交涉

广州通讯　自法国宣传占据珊瑚九岛后，西南当局以该岛位置适在西南管治之下，对此格外注意，业经饬属分别进行调查，以求搜集证据，呈报中央，饬外部正式向法提出交涉。顾因近来海面飓风时起，航行困难，调查进行，未免阻滞。记者以事关国家领土主权，特往访五省外交视察专员，叩询真相。据云自此案发生后，关于九岛之位置，外间议论纷纭，有谓为西沙群岛者，有谓为西沙群岛邻近之岛屿者，有谓为在安南、菲律滨间之珊瑚岛者。现此间正着手调查，多方搜集，以明究竟。顷驻粤法领事来署，刻奉法使来电，法国所占之岛，系在安南、菲律滨、婆罗洲之间，位于北纬十一度零三十秒，在中国极南疆界特里屯岛之南，相距至数百海哩，故与中国无涉。诚如法使所云，则法国所占据者非西沙群岛，亦非西沙群岛邻近之岛屿，然谓与中国无涉，则殊难承认。日本政府宣称自一九一八年以来，日本探险家曾三次亲临九岛，故与日本有历史之关系。但日本探险二次，并未果行国际法上发现地之占领仪式，日本只以探险之故，而认为有历史关系，则中国渔民栖息该岛，年代悠久，其历史关系，当更为深切。故若法国所占据者为西沙群岛，则我领土主权所在，决不能稍事容忍。曾忆数年前日拟占据西沙群岛，为潜水艇根据地，乃以经营商业为名，由商人出面要求租借。当时总理以西沙群岛为香港、菲律滨、安南、中国南部沿海间军事险要之地，岂可任人据有，故曾严词峻拒。今西沙群岛果为法国占据，则广州湾以南之沿海地带，将受威胁，我国政府自当誓死力争。纵令法国所占据者，为西沙群岛邻近岛屿，其位置即在特里屯岛之南，我政府亦不能稍予放弃。盖占据南洋中无主属之岛屿任何权益，不能超越因地理邻近而发生之权益，故对于西沙群岛之邻近岛屿，中国实有占领之优先权益云。

（录自《中央日报》1933年8月13日）

法所占九岛日报证明并非西沙群岛

（东京特约通讯）法占九岛事，连日中外喧腾，顷见七月三十一日《大阪每日新闻》载有《华南诸岛问题》之专文一篇，关于法占各岛情形，所记极为详尽。可见日人平日对于一事，无论若何细微，皆肯痛下功夫，悉心研究，一旦发生问题，则有备无患，从容应付。反观国人每一发生问题，往往不求甚解，人云亦云，即如最近□问题之发生，国人不察，误认法占九岛即为我国之西沙群岛。殊不知二者按诸经纬度推算，相距千余华里之远，真所谓失之毫厘，谬以千里。爰特将原文摘要译汉，或亦于国人之海疆智识，不无小裨，译文如左：

华南诸岛问题，日本磷矿公司在大正七年已发见，现存六根“大日本帝国领”之标柱法国占领，乃其一部。关于法国占领华南诸岛问题，其大概情形已见报载，先有平田末治氏声明该群岛为己所有，旋有大阪拉沙（译音）磷矿公司，谓平田所指之岛屿与华南诸岛全然纬度不同，非法国占领之岛。现成问题之群岛，乃拉沙磷矿公司在大正七年（民国七年）发见，至昭和三年（民国十七年）止，继续经营事业之华南群岛，即伊疵亚巴、沙鸟斯颠札、诺士颠札、士普拉拖利、欺疵夫拉疵托、琛卡拉、安播衣拿、拿自伊疵托、罗亚衣他、鸟掖士拖若库（以上十一岛皆译音）等。其中之九岛，乃目下成为问题之岛屿，列举岛名而争先占之权。该问题遂引起异常之兴趣，拉沙磷矿公司曾在群岛中有力之六岛，建有高六尺阔四寸以铁筋水泥为基础之标柱，刻有“大日本帝国领拉沙岛磷矿株式会社经营第X号矿区，西历千九百十七年”等字样，以表明其所属，且发现当时前去调查海军方面，有数名调查员同去，对于政府亦已表明事实。拉沙公司代表董事小野义夫，经理农学博士横田小人大氏，因外务省第二次要求报告，故于廿八日夜连袂晋京，呈递报告书，其文与廿六日呈海军省之详细报告相同，结果此问题如何进展，渐为社会所注意矣。

公司方面，再呈请海相、外相，速与法国交涉，拉沙磷矿公司因外务、海军两部之要求，已于二十一日提出《华南群岛经营状况报告书》，又于二十六日向大角海相再行呈递请愿书。内田外相决由二十八日晋京之该公司小野董事代表横田经理，面交请愿书，其大要如下：

关于散在华南海面群岛案，大阪市西淀川区高见町一拉沙群岛磷矿公司董事代表小野义夫，本月二十一日，关于本问题，（业）已陈情在案。旋据二十六日报载，法国政府已正式发表该岛屿由先占而获得领土权等语。查本案敝公司前已呈报，及另（纸）所开各事，不仅为探险发见的事实，实已由殖民的经营而先占。若果如报载发生不祥事实，则在南海失去帝国领土，同时敝公司之损失亦颇大，但事关国家，非一法人之绵力所能挽救，理合呈请鉴核，速与法国交涉谨呈。

拉沙岛磷矿株式会社，在华南海面（本社名之为新南群岛）关于探险及经验之概况。

一、位置名称。该群岛在华南海面，北纬七度乃至十二度，东经百十一度乃至百十八度区域，此无人岛所属之诸礁岛中，由敝社发见其间之磷矿及磷酸质枯亚诺（译音）之堆积层，而对此诸岛之总称，本社曾暂为之命名。日本大正七年派遣第一次探险队以来，发现磷矿等之存在，以殖民地经营之诸岛如左：北双子岛、南双子岛、三角岛、中小岛、长岛、南小岛、西鸟岛、龟甲岛、西青岛、飞鸟岛、九岛。

二、本社之沿革及探险调查之动机。（从略）

三、第一次探险及其航海径路。大正七年十一月，组织第一次探险队，雇佣船报效丸使，属报效义会，□载调查员，而以预备海军中佐小仓卯之助氏为班首，是月下旬，自东京出发。（中略）八年三月廿四日归抵台湾打狗港，其重要经路如左。（从略）

四、第二次探险及其航海路径。确认第一次探险岛屿及磷矿有采掘之可能，并探险未调查之岛屿。大正九年秋季，购入帆船，第二和气丸，使附属补助机关，整顿各种准备事宜，以预备海军中佐副岛村八为总指挥，命于是年十一月十五日自东京湾出发。

十二月二十四日，于诸士颠札（译音）西南岛登岸调查。三十一日于鸟掖士托若库（译音）岛登陆调查。大正十一年一月三日，于欺疵（译音）岛登陆调查，五日罗亚依塔（译音）岛，九日伊疵亚巴（译音）岛，十八日拿目伊疵托（译音）岛，二十日士普拉托利（译音）岛，二十三日将安播依拿（译音）等处，分别调查之后，在拉布安（译音）岛威枯掩利亚（译音）港及其他皆有停泊。三月十日抵台湾高雄。此次探险，系将第一次所探险之诸士颠札东北岛及西南岛、掖士若库岛、欺疵岛、伊疵亚巴岛等，复有探险，同时踏查新发见之拿目伊疵托岛、士普拉托利岛、安播衣拿岛，并确定其富□磷矿及磷酸质，且为水产物之宝藏，于是决定经营殖民之事业。

五、阙后之探险调查。大正七年四月以后，事业开始着手，且同时继续探险，常派社船南星丸与各岛联络兼行探险。大正十二年九月及十月，在危险区域内，踏查新发现之弗拉疵托岛，琛苛掖岛，又十三年将士葡资托岛、安播衣拿岛，再□调查。

六、事业之着手及殖民的占领。上述第一次及第二次探险所发见磷质及磷酸质枯亚诺（译音）之采掘事业，从国家着想，确认为大有利益之事业。惟因其国籍不分明，当时请由□□员小仓氏（预备海军中佐），非公式请求海军省水路部调查，且对于海军省事务局及外务省亚细亚局等，亦有同样之请求，但均以从前并无决定，其所属之公告，虑及他日欧美诸国人，以其无所属而相继入手，是以认为急速着手事业之必要。当时拟以归入日本国领土，非公示征求外务省及海军当局之意见，但均以种种关系上，在台湾以南中华海中央之地，不容易决定。一方面，从国际公法学者之说，而知无所属地之经营，舍用殖民的占领外，再无其他方法。且恐经历多年，曾投巨额资金所探险调查而发现之诸岛，或为他人所妨害。是以当时，虽在战乱反动期，一般经济不振，然本社于大正十年四月，毅然决然企图以殖民之方法占领此诸岛。其辅助机关又购买轮船隼丸，虑及远隔重洋，通讯不便，求得递信省之许可，在该船内设置无线电信，搭载职员、矿夫及诸材料，于是年五月上旬从东京出发，经冲绳县那霸及拉沙岛，于是年六月中旬到达。上旬到达上述诸岛屿中之伊疵亚巴岛，自此以该岛为根据，在此建立事务所、码头仓库及其他设备，命名为新南群岛出张所，开始永久的事业。

七、阙后之经营。（从略）

八、各岛面积（单位坪）（每坪约华尺平方六尺余）（一）面积。伊疵亚巴岛（长岛）一一八.二五〇；沙岛斯颠札岛（南双子岛）三八.〇〇八；诺士颠札岛（北双子岛）四〇.三六六；欺疵岛（三角岛）九八.八三七；士普拉托利岛（西鸟岛）四四.八〇六；夫拉疵托岛（龟甲岛）四五.八〇〇；琛卡拉岛（飞鸟岛）一一.四〇〇；安播依拿岛（九岛）四.八〇〇；拿目伊疵托岛（南小岛）二二.九二六；罗亚衣他岛（中小岛）一九.〇一一；鸟掖士拖若库岛（西青岛）四五.八〇〇；计十一岛四九〇.〇〇五坪。（二）设备（从略）。

九、结论。本社之探险及设备，所有固定之投资，已达日金一百万元。惟采掘事业，若能继续至今，则企业费容或可以偿还。但因受国外产磷矿石输入之重压，与连年农村疲敝达于极度，金肥需要激减之故，不得已将事业暂行停止。惟各岛屿埋藏磷酸质枯亚诺极其丰富，遇有机会预定仍旧经营。且海产物以鲣飞鱼、青海龟、玳瑁、珊瑚、高濑贝、虾蛄贝及海鸟居多，吾等志愿企图破获此等海产，而担任开发该群岛之富源，同时希望日本在华南海面获得永久领土。

日对法照会日内即正式答复

（中央社东京十六日路透电）闻日政府对法国占领华南海中各岛之通告，日内即可正式答复。

（录自《中央日报》1933年8月17日）

法占我九岛旅外华侨请抗议

（中央社）寓枷埠华侨救国会，顷电中央，请抗议法占我九小岛事。文云："中央宣传委员会并转中央国府钧鉴，顷闻法占我九小岛，侵我国土，全侨愤激，务乞向法政府提出严重抗议，全国领袖，尤应一致团结对外，侨众等誓为后盾。"

（录自《中央日报》1933年8月18日）

对九岛事日将向法抗议

外务省因海部责问　定下周内向法提出

（本社十八日上海专电）华联十八日东京电，法国声明占华南海上九岛以来，日军部以为该岛于日本军事上有最大关系。海军敦促外务省反对，但外务省踌躇不决，遂引起外务与海军之抗争，海军竟发声明书，责备外务省之能为。闻外务省不堪海军之责任，已准备向法国抗议，并主张日方有先占权。此项声明书，拟于下星期中对法国提出云。

法占领各岛之名称与经纬度分

法使正式抄送答复我外部照会

自法国政府正式宣布占领南洋九小岛以来，我国朝野上下极端重视，外交部方面除由经管司尽量收集各方报告，缜密研究外，请其照法方所宣布占领之各岛名称地位，及其经纬度分，查明见复。兹悉法使已于八月十日照复我外部，抄送各岛名称及经纬度分如次：

斯巴拉脱来（Spratly）北纬八度三十九分，东经一百十一度五十五分；开唐巴亚（Cog d Amboine）北纬七度五十二分，东经一百十二度五十五分；伊脱亚巴（Ita Aba）北纬十度二十二分，东经一百十四度二十一分；双岛（Deux Iles）北纬十一度二十九分，东经一百十四度二十一分；洛爱太（Loaita）北纬十度四十二分，东经一百十四度二十五分；西法欧（Phitu）北纬十一度七分，东经一百十四度十六分。上述双岛（Deux-Iles）系二岛名称。据闻法国政府已另将详细地图邮寄此间法使馆，该馆收到后，或将抄送外交部一份云。

（录自《中央日报》1933年8月19日）

法日争九岛，日政府向法提说贴

抗议占领九岛作法理辩论　并以事实证明其应属日本

（中央社东京二十一日路透电）据确息，驻巴黎日代办奉政府之训令，已于八月皓（十九）向法政府提出说贴，反对法国占领介于越南、菲律滨间之九小岛。日政府之提出抗议，系根据外务省国际法专家易密士白迪及明治大学立作太郎教授二人调查之结果。彼等二人曾从事该问题法理方面之研究，并推举最先发现此岛之事实经过。关于此事，最近明治大学某教授，亦为文谓该岛应属于日本，并提出一五五三年所绘之地图为证。在该图中九岛俱已列入，故法方谓上世纪法人发现该岛之说，并非事实。又德川氏家中最近检出地图一册，为二百年前之物，其中亦将该小岛等列入，惟未注明名称而已。

（录自《中央日报》1933年8月22日）

九小岛事件法态度沉默

对日要求将予拒绝

（中央社巴黎二十一日路透电）今日日代办泽田致文法外部，对于法国占领九小岛事，表示抗议，并谓诸岛之主权，应属日本。泽田声称，日本之采磷拉沙公司，于一九一八年即往此诸岛开采天然富源，其因建筑铁路房产及码头等项之用费，已达日金一百万元。该项工作至一九一九年乃停止，所有人员亦因世界贸易状况之不景气，均被召返国，对一切机器仍留置原地，且冠以该公司之字样，表示仍将复来之意。故日政府认为诸岛应属日本。法政府不征求日政府之同意，即占领诸岛，殊属不合云。现法外部已允对日本之通牒加以考虑。

（中央社巴黎二十一日路透电）法国官场，对于日代办泽田之照会，保持沉默态度，盖不愿将事件扩大也。众意法政府或将承认日本在诸岛之经济利益，但对于日之主权要求，或将拒绝之。因日本既未在诸岛悬挂国旗，复未有已在岛上行使主权之声明也。

（录自《中央日报》1933年8月23日）

陈济棠拟派舰调查珊瑚岛问题

（中央社广州六日路透电）第一集团军向现拟派粤海舰队赴珊瑚岛，调查是否属于中国。据粤海舰队参谋长吕桐阳称，有巡舰三艘，现准备随时出发。政府当局现征集此数岛向归中国管辖之证据，以便将来交涉。

（录自《中央日报》1933年9月7日）

西沙群岛属中国

我方业已自动收回　外部早经表示态度

（本报讯）关于法国外交部发言人于本月九日在巴黎曾发表声明，称西沙群岛主权系属于越南一节，首都人士均甚注意。记者曾访问外交界人士，均以为外部叶司长公超于本月八日在中宣部记者招待会中，曾答记者问称："中国政府已由日本占领中收回西沙群岛。该岛主权本属中国，故无须经过任何方面'请求'收回之手续。"此为外交部之态度，亦即我政府之态度。

（录自《中央日报》1947年1月13日）

我驻法使馆发表声明重申西沙群岛主权

法舰队刻图强迫占领

（联合社十九日巴黎电）中国驻法大使顷又重申中国对西沙群岛之主权。该群岛位于安南以东约一百五十英里处，战前法国及日本均谓其为该群岛之主权国。据中国大使馆称：一九三〇年以后，中国政府曾与法国外交部交涉多次照会，在各该照会，中国均一贯重申其对该群岛之主权。盖自亘古以来，该群岛即属于中国也。在一九三八年最后一次阁会内，中国曾抗议法国之占领该群岛。此次声明则称：中国政府兹又重新声明其对该群岛之主权“绝无丝毫可能之疑义”。

（本报十九日广州电）据可靠方面消息：法官方自宣传西沙群岛为其领土后，即派遣军舰若干艘，载运大批海军陆战队，准备在该群岛强迫登陆。我驻防该岛海军闻讯，业已飞电政府告警。

（录自《中央日报》1947年1月20日）

法军图登陆西沙岛

经我守军拒绝后离去　外部已向法提出交涉

（本报讯）法国海军军舰一艘载法海军陆战队，于十八日企图登陆西沙群岛，当经我守军某排长制止未获逞。据海军总司令部周参谋长宪章昨（二十）日于电话中告记者：法国海军军舰驶抵该岛时，我驻防海军某排长，即严令其不得登陆，如果强行登陆，损我主权，当予射击。法军正犹豫间，我某排长乃再询以：现时贵军欲登陆抑他去？法海军未答，旋即徐徐退走。记者询以政府对此事之措置如何？据周氏答：正由外交部与法方交涉中。为避免引起刺激，恕不将此一英勇排长之姓名宣布。惟国防部以该排长应变有方，处置得当，已去电传令嘉奖。

（本报讯）关于西沙群岛本属我国一节，我外部早已声明，并派兵自动收回。乃法国外部发言人于本月九日在巴黎竟声明西沙群岛系属越南，近又有派兵强占倾向。首都人士，至表关切，咸以为外部应取强硬态度。另据悉：外部已经与法方交涉，以中法邦交素称敦睦，问题当可顺利解决。

（录自《中央日报》1947年1月21日）

西沙群岛主权属于中华民国

王外长郑重告法使

（本报讯）国防部长白崇禧上将，昨答本报记者问时称：“西沙群岛主权属于我国。”并称：“不仅历史、地理上有所根据，且教科书上亦早载明。去年敌人投降，退出该群岛后，我政府即派兵收复。本月十日有法国侦察机一架，飞至该岛侦察，十八日法海军复有军舰一艘行至群岛中之最主要一岛。我守军当即表示守土有责，不许登陆并令其退走。至巴黎电传法海军已在群岛中之拔陶儿岛登陆，据余（白氏自称）之记忆：此岛距国军主要驻防之岛约五十海里。”白氏相信以中法邦交之敦睦，此事可获得圆满解决。

（本报讯）外交部于昨（廿一）日接获驻法大使钱泰之报告，谓巴黎方面已传出法海军之“东京”号小军舰已在西沙群岛之拔陶儿岛上登陆。

（本报讯）外长王世杰于十九日下午四时在外交部约见法驻华大使梅理霭，郑重表示西沙群岛主权属于中国，且询法大使：法海军在西沙群岛之行动，究属于何种意义。据悉，法使当答复谓：法海军在西沙群岛之行动，并非出于法国政府之指使。

（本报讯）本报记者昨（廿一）日往访法大使梅理霭及参事鲁嘉亿于法大使馆，探询法海军军舰企图登陆西沙群岛之究竟。据称：关于此事，大使馆方面并未接得任何情报，惟依个人揣测：法海军小军舰巡行该群岛周围之目的，仅在观察该岛上是否已有华军踪迹。盖据中国外交部发言人曾宣称：该岛已经华军接收。而此岛究属中国或越南，现中法双方各执一词，尚待判断。惟法方认为此问题并不严重。

（中央社巴黎廿一日专电）据法国半官方消息：法单桅小军舰“东京号”，已开抵西沙群岛，并以“小队”法军在距巴徐礁二十公里之拔岛登陆。据该舰长称：已与巴徐礁上华军司令取得接触。另悉：法政府已就西沙群岛问题，向我国政府提出备忘录，并解释法国代表安南之立场。闻法方在备忘录中，建议以仲裁方式解决西沙群岛问题。

（中央社巴黎廿一日路透电）据此间半官方消息：法军一队今日在西沙群岛之拔陶儿岛登陆。西沙群岛最近曾为中法两国各自提出主权之要求。法军今日搭法军舰“东京号”（该舰系派往调查关于中国军队业已占领西沙群岛之报告者）在拔陶儿岛登陆，“东京号”舰长已证实拔陶儿岛已为华军占领。今日之发展，乃继中国驻法大使馆发言人于十八日正式声明，西沙群岛一向在中国主权之下及中国政府不承认法国对该岛之主张后发生者。法国政府最近曾为华军占领距越南二百英里之西沙群岛，而向中国政府正式提出抗议。按法国前于一九三八年提出该群岛主权之要求，其理由谓该群岛传统上属于安南皇帝，而安南为法国联邦之一部。

（录自《中央日报》1947年1月22日）

法大使周内赴越　调查西沙群岛事

（本报讯）法国驻华大使梅理霭，将于最近赴越南调查法海军登陆西沙群岛之拔陶儿岛事。盖自我国对法海军此种非法行动正式抗议后，法国方面有和缓之表示，谓此海军并非法政府所派，而判断系来自越南，且声称此事绝不使其发生严重之影响。昨（廿三）日晚记者与法大使在电话中交谈，询以此事之究竟，据称：已告我外部。记者再询以何时赴越？承答：约在一周以后，十日以内。

（录自《中央日报》1947年1月24日）

西沙群岛是属于中国的

西沙群岛在越南的东面，海南岛的南面。去年敌人投降退出该岛以后，我国政府就派兵去收复。哪知道，法国看着非常想占为己有，本月十号那天，西沙群岛的上空忽然发现一架法国的侦察机。十八日法国海军又有军舰一艘开到群岛中最主要的一个岛。我国守卫的军士不让他们登陆，并且命令他们退走。哪知到了二十一号，法军一队坐了“东京号”小军舰又开到西沙群岛中拔陶儿岛，传说已经登陆了。（这个拔陶儿岛距离国军主要驻防的岛，约有五十海里。）

十九日那天外交部长王世杰，曾经约见法国驻华大使梅里霭，非常郑重地告诉他，西沙群岛的主权实在是属于中国的，并且问他法国海军在西沙群岛的行动究竟是什么意思。法国大使说并不是政府的意思。他自己最近就要到越南去调查这事。

（录自《中央日报》1947年1月25日）

西沙群岛属我无疑，我派舰增防说不确

（本报讯）西沙群岛之拔陶儿岛，自经法军登陆后，我军方面尚未接获正式报告，

因我海军接防该群岛，主要部队驻于武德岛，至于外传我军方已派最大兵舰峨嵋号赴该群岛增防事，海军总部方面称不确。据记者探悉：我国自日本投降后接收该岛后，即不断派遣海军来往于该群岛，以迄于今。法国大使梅理霭日前曾告我外长王世杰，希望此西沙群岛问题，循外交途径解决，而我方则已坚决表示该群岛之主权属于我国，毫无疑问；不仅在地理上可以稽考，即在历史上亦可远溯自汉代之马伏波曾驻节该群岛。一八八七年《中法条约》更明确划定中越边界之红线，说明红线以东属于中国，红线以西属于越南，而西沙群岛即在红线以东也。另某次国际会议时，出席各国亦曾商请我国在西沙群岛设立世界天文台之议，可见该岛之主权究竟属谁，已不待争辩，更无论仲裁矣。

（录自《中央日报》1947年1月26日）

西沙群岛属于我们

冯树敏

本月二十号《中央日报》载有我驻法大使馆发表对西沙群岛主权属于我国的声明，原因是法国政府最近有企图以武力占领之意。我们希望法国政府幸勿以过时代的作风，重复出现于远东，以妨碍中法两国间的传统友谊。

西沙群岛（Paracel Lands），最早是中国人发现的，自亘古以来，该群岛即属于中国。即以民国成立以后而论，远在民国七年（一九一八年）十二月，日本海军中佐小仓卯之助，曾经煞有介事组织了探险队，去过西沙群岛，而称之为“无人之岛”。然而当小仓抵达那里之后，首先使他大吃一惊的，就是他到处碰到了中国人，这都是中国的渔民。在他们的对话中，知道中国人比他们还早出来两年，但因当时双方人数都很少，也就相处无事。由此一段故事，就可以知道西沙群岛是属于谁家的天下了。所以西沙群岛早就为中国渔民发现、占领、开发利用了，并经常与内地往返。

既然如此，西沙群岛应该是中国的，不应该发生问题。但因在抗日战争之前，中国以积极对付日本侵略，无暇顾及此弹丸之地，也属情理之常，并且提到这些地方，国人尚有生疏之感。

然而不幸在一九三三年（民国廿二年）七月廿五日，法国军舰阿斯特拉普号及阿尔比尔号，发现南中国海的几个岛屿，而宣布将西鸟岛、丸岛、长岛、二子岛、中小岛及三角岛等（团沙群岛中几个较大的岛屿）作为法国领土的一部。当时诸岛上只有中国的渔民，无中国的军队。之后，我外交部即命当时驻法大使顾维钧博士向法国政府提出抗议，声言该群岛不仅在地理上为中国领土之西沙群岛之一部，而且现在居民亦以中国渔民为主，主权当然属于我国，必须归还。但是结果法国并未放弃占领，而主张提交海牙国际仲裁法庭解决，问题遂以延而不决，这可以说是西沙群岛问题发生的第一阶段。

至民国二十六年中日正式作战之后，日本在远东的力量，积极增长，不但压倒了法国，即英美亦无可如何。一九三九年三月三十日，在中日作战的第三个年头，日人积极南进之后，西沙群岛遂又为日人强占。其处心积虑，殆已非一日了，并以之隶属于台湾的高雄州高雄市管辖。此时法人亦正忙于对德（作者谨按：欧战此时尚未发生，德人侵入波兰，在同年九月一日，英法对德宣战在同月三日，但此时欧局已极紧张，故法人已属力不从心），无暇东顾，而此时中国适武汉大会战，法人虽亦仍主张兴兵占领，但因日人势强，法人不敢贸然行动，仅向日抗议，但无任何结果，因此一任日人之强占而已。这是第二阶段。

日人战败投降以后，其占领中国之一切土地，应由中国收回，自是天经地义，理所当然。西沙群岛之主权，属于我国，由我国收回，乃顺理成章之事，无待多言。然而法国政府竟不顾一切，其外部发言之于本月九日在巴黎声明西沙群岛系属越南，十八日并有法国海军军舰一艘，载法海军陆战队，企图登陆西沙群岛，当经我国守军某排长严词拒绝，始行徐徐离去。一月二十二日报载法军曾登陆西沙群岛中之拔陶儿岛，此实属极不友谊之举动，因此我国为维护领土及主权，除应由外交部据理力争达成目的外，并应增兵防守，以备万一，且须明确宣布西沙群岛之位置及范围。因一般泛称西沙群岛，并未包括团沙群岛，在普通中国详细地图上，我们也容易找到西沙群岛地图、群岛的名称，但依据我们研究的结果，西沙群岛与团沙群岛所指的一群岛屿，且有混同，界限不清。我们以为真正称西沙群岛应是□□的，即在北纬十度至二十度，东经一一四度至一一七度的海面上之一切岛屿，均为西沙群岛。去年七月二十四日，《大公报》载菲律滨有对□□一群岛屿据为己有之意，自然更是无理取闹，而菲律滨为混淆视听又称之为西南群岛（Shinan Cunte），此为日人占有时所用名称，实际上即是西沙群岛。因此我们主张更广义的称在北纬十度至二十度，东经一一四度至一一七度的海面上所有岛屿，称之为西沙群岛，或□东沙、西沙、团沙诸群岛，明白厘清其界限，列举其所属岛屿名称，印制地图，明示国人。而不应在地图上涂上几点，写上某某群岛或危险区域字样就算了事（按中国现行出版地图，错误极多，如湖北当阳，究竟在沮水北或南，都时时弄错。又如四川与湖南接界，乃属众人皆知之事，而在葛石卿氏所编《袖珍中国分省地图》中，世界舆地学社出版，就将湘川交界处，划到贵州去了，糊涂一至如此。这不过是例子而已，然因事小而不受人注意，故很少人提出而已），而应详为制明，以予国人以明确观念及深刻印象，以杜患于无穷。

吾国领土西起葱岭之窅，东至乌苏里江岸，北至萨彦岭，南至□□群岛。中国之命运中说："我中华民族不侵侮他人，亦决不受他人之侵侮。为维护国家一寸一尺之土地，可以牺牲一切。"吾人相信法国政府不至为此弹丸之地，而妨碍中法两国永久之邦交，是可□言者也。

（录自《中央日报》1947年1月26日）

法兰西错了，西沙群岛是中国的

西沙群岛位于北纬十度以北，东经一百十度以东，距广东五百海浬，距海南岛不及一百海浬，历来划为海南岛（广东省）属；岛上不盛产农作物，惟少数渔民巡逡期间，主要岛屿为树岛、土莱塘岛、北礁、傍俾礁等。

本月九日法外交部发言人声称：法国素认为西沙群岛属于越南，但未获正式报告，足以证实中国军队业已占领西沙群岛之前，法政府尚未决定究竟将采取何种行动。旋于廿日报载法方已派遣若干舰载有陆战军队，准备登陆西沙群岛。消息传来，舆情大哗。我外交部发言人称："中国政府已由日本占领中收回西沙群岛，该岛主权本属中国，故无须经过向任何方面请求收回之手续。"

法方认为西沙群岛应属于越南的理由是：（一）安南王在十八十九世纪时曾迭次要求取得西沙群岛之主权，迨一九二〇年始由中国加以占领，并将其行政权划入海南岛，法方曾表示异议；（二）法国于一九三七年向中国提出友善处理办法，并表示如为中国政府所拒绝，则请第三国出面仲裁；（三）中国于一九三八年曾同意法国以代表安南王国之名义占领西沙群岛，殆至一九四五年三月，日军占领该群岛时，越军始行退出；（四）西沙群岛在军略上颇为重要，但在第二次大战中，并未供作军略上之使用。

法方所提出的理由，显然无若何分量，而无加以辨证的价值。我们依照法理和事实，实不难证明西沙群岛为我国所有：

第一，西沙群岛之主权属于我国由来已久，其行政权亦划入广东省内，中国渔人每年必自海南岛前往捕鱼，中国海军亦不时前往游弋。第二，一八五八年的《中法天津条约》附有地图，可以证明西沙群岛属于中国。第三，中国海关为船只安全计，提议在西沙群岛建立灯塔。一九三〇年国际气象会议在香港开会时，亦有人提议，由中国政府在西沙群岛设立气象台，以利海上航行。第四，中法外交当局于一九三二年至一九三八年之间，不知交换过多少件照会，中国政府于迭次致法国外交部照会中，从未表示放弃西沙群岛的主权。第五，法国于一九三八年以安南王国之名义占领该群岛，亦从未予以承认。第六，法国于一九三三年七月二十五日突然占领我团沙群岛时，中国驻法大使顾维钧曾向法国政府提出抗议，声明该群岛不仅在地理上为形成西沙群岛之一部分，而且岛上所有住民亦以中国渔民占多。这一照会实在是一个有力的证据，法方现更改取得西沙群岛之所有权，未审据何理出。法方外交当局，可以把当时档案翻出来复案，当时日本政府于是年八月二十一日发表声明："法国此次之占领西沙群岛，在国际法尚不能视为已生实效，日本表示坚决反对。"

由上所述，可知西沙群岛之属于中国，用不着解释，而法国竟强词夺理，欲假越南名义而企图占领西沙群岛，实在为一种不智之举。若窃藏祸心，破坏邦交，最后只有引起我举国上下一致的愤怒，对法国未见得有丝毫裨益。（光宇辑）

（录自《中央日报》1947年1月27日）

西沙群岛主权属我

刘外次郑重表示　否认法外部声明

（本报讯）昨（廿九）日中宣部记者招待会中，外交部刘次长锴，曾就记者所询法军登陆西沙群岛详情及越南华侨是否计划撤退二点，发表谈话称：就中国政府所知，有若干法军自一巡逻艇登陆于西沙群岛之拔陶儿岛，武德岛则无人登陆，今日余可报告者仅此而已。惟本人拟借今日之机会，郑重否认法外交部之声明，谓中国于一九三八年同意法国占领西沙群岛。中国于彼时仅重申其一向之立场，中国□该群岛之主权为无可争辩者。至越南方面，中国政府正在筹划恢复中国与越南间之航空交通，倘能获得法国当局之同意，吾人希望于南宁及河内间有民航飞机之往返，以作救济之用。中国政府正以种种方法，将米粮等供给河内及海防之华侨，并使彼等与国内有航空交通之联络，河内法当局亦在设法以米、盐、干鱼等物品救济华侨。

（录自《中央日报》1947年1月30日）

西沙群岛之历史观

朱　偰

西沙群岛位居南中国海北部，西北去海南岛榆林港一百八十浬，东北去广州珠江口三百六十浬，西距越南托伦二百五十浬，东距菲律滨马尼拉五百四十浬，形势险要，为中国通南洋之门户。该群岛一向属于我国，领土主权毫无疑问。去年十一月廿七日，我海军进驻西沙群岛，本为我国行使领土主权应有之事。乃事后法国外交部发言人宣称“法国一向认为该列岛屿系属于越南者”；同时法国新闻社亦有种种报道，谓安南国王在十八世纪及十九世纪时，曾迭次要求取得西沙群岛之宗主权；且捏造事实，谓一九三八年我国曾同意法国以代表安南王国之名义，占领西沙群岛。查西沙群岛属于我国领土，证据确实，见于历代史书，载于地方志书，旁出私家记载，事迹俱在，历历可考。兹逐一引证于下，以阐明西沙群岛之历史，而证实其为我国领土。

远在唐宋以前，我国移民海外，途径西沙群岛，即有种种私人记载，惟名称不一，道里不详，自难作为确实证明。迨明成祖永乐及宣宗宣德年间，郑和七次下西洋（一四〇四——一四三三），同行有马欢及费信二人，一著有《瀛涯胜览》。一著有《星槎胜览》，详记里程，旁及□上。黄省曾更根据二书，著有《西洋朝贡典录》，其纪“占城”一则云：

南澳又四十更（原注六十里为一更）至独猪之山，又十更见通草之屿，取外罗之山，又七更收羊屿。国东北百里巨口曰新洲港，港之水浒标以石塔，其寨曰设比奈，二夷长主之，户五六十余。港西南陆行百里为王之都城，其名曰占城，垒石为之。四方有门，门有防卫。查南澳即今福建、广东二省海岸交界处之南澳岛，其西南二千四百里至独猪之山，约合六百余浬，正当西沙群岛武德岛之地位。再南六百里见通草之屿，约合一百六十浬，当为今越南中部海外Cu Lao Re岛北之小岛。所谓外罗之山，即Cu LaoRe岛。又南四百二十里为收丰屿约合百十浬，据一般考证，当为今Poulo Caro bier，而所谓新洲港即归仁，盖十五世纪时占城国都，当在今越南平定。当时郑和奉使西征，率战士两万七千余人，战舰十余艘，七次西行，皆经过西沙群岛。可见中国远在明初，即已武力占有西沙群岛；当时明朝兵力，且远达锡兰岛，遍印度洋沿岸。各国皆来朝贡，声威远被，又岂止区区西沙群岛而已！

清代方志书，称西沙群岛为“千里石塘”。民国纪元前二年，两广水师提督曾派遣海军在西沙群岛鸣炮升旗，重行确定该群岛为我国领土。至于法国方面对西沙群岛要求领土主权之根据，不外下列各电：（一）《大南一统志》记载，一八一六年安南国王嘉隆曾在该岛上树立越南国旗；（二）一八九七年广东省制地图中，并未列入西沙群岛；（三）中国政府曾在一九三八年同意法国以代表安南王国之名义，占领西沙群岛。实则上列三点，皆根本不能成立。第一，《大南一统志》虽有关于嘉隆王要求西沙群岛领土主权之记载，但当时安南系我国之朝贡国，嘉隆王本身，且受清嘉庆帝之封号，故纵使实有其事，其宗主权仍属于我国；何况远在嘉隆王之前四百余年，我国即早已派兵占领该群岛。第二,一八九七年广东省制地图中，固未列入西沙群岛，但我国近代地图中，莫不载有西沙群岛插图，更进一步言之，现代越南地图中，则确从未有列入西沙群岛者。第三,一九三八年法军占领西沙群岛，虽曾照会我国，但我国答复，则谓我国向认西沙群岛为我国领土，并未同意法国占领。且太平洋战事发生之前夕，该群岛已为日本占领，今日我海军进驻该群岛，系从敌人手中正式收回旧有领土，更无他人置喙余地。

抑又有进者，法国承认西沙群岛为我国领土，更确有条约上之证据。一八八七年,《中法界务专条》关于疆界中，有一条规定如下：

广东界务现经两国勘界大臣勘定边界之外芒街以东及东北一带，所有商论未定之处，均归中国管辖。至于海中各岛，照两国勘界大臣所（注）红线向西接画，此线正过茶古（社）东边山头，即以该线为界。该线以东海中各岛归中国，该线以西中九头山（越名格多）及各小岛归越南。

照该条约附图，西沙群岛远在该红线以东，是西沙群岛为我国领土，不但历史上证据分明，即系约上根据，亦异常确凿。

总而言之，西沙群岛之为我国领土，无论从何观点立论，皆为确定不移之事实，不容他国有所争（辩）。今我国海军既已进驻该群岛，自当努力建设，一方面开发富源，一方面便利航行，以巩固南中国海之防务，并进一步贡献于世界航运。望全国上下注意及之。

（录自《中央日报》1947年2月2日）

刘外次申明侵我主权建议绝对不能接受

我参加会议与否　绝不影响我立场

（本班讯）莫洛托夫建议四外长会议讨论中国问题后，昨（十二）日下午四时半，中央宣传部举行记者招待会时，某记者请询彭部长我政府对此态度如何？彭氏宣读外交部刘次长锴之书面答复称：

外交部王部长已于昨日发表声明，说明中国政府之态度。本人所可言者，即中国人民经八年余之苦战，以争取中国之自由与独立，对于将其内部问题提供其他政府讨论或由其他政府成立协定之建议，自绝对不能接受，并当然发生反感。此种建议，将被认为侵犯中国主权及中国为战时盟友之地位；而且此种建议违反联合国宪章之精神与条文，盖宪章规定不得干涉会员国之内政问题。

诸君或问如经中国参加，是否可以讨论中国问题？余可切实答复，中国之参加与否，绝对不影响中国认为该项问题不得讨论之立场。

（录自《中央日报》1947年3月13日）

西沙群岛之历史考证

冯树敏

西沙群岛最近一度成为新闻上一个题材，国人乃群起注意吾国版图此一角。爰就其历史源流，草此短文，以供国人参考。

秦汉国威已及今中南半岛　确信西沙当时已隶我版图

远在秦汉以前，吾国向南拓展。秦辟桂林象郡，汉代因之，而曰日南，其国威即已震今之中南半岛。《后汉书·郡国志》有云：“日南，秦象郡，武帝更名，洛阳南万三千四百里。”《大清一统志》对占城建置沿革之记载亦谓：“占城在西南海中，为周越裳地，秦为林邑，汉为象林县，属日南郡。”考占城为中国古代南方属国，《宋史》之记载谓其“在中国之西南，东至海，西至云南，南至真腊国，北至幽州界。”后占城屡与安南构兵。明永乐元年，安南再侵占城，占城恐不能自存，乞隶版图，遣官治。是可证明占城在明时隶中国版图，秦时已蒙中国文物教化，故秦辟象郡，汉化即被今南海矣。

迄于汉代，承秦版图，国威日盛，疆土日辟，马援尝征伐南方，《晋书》有云：“林邑国，本汉时之象林郡县，其南则马援铸柱之处也，去南海三千里……”《梁书》亦云：“林邑国，本汉日南郡象林县，古越裳之界也。伏波马援将军开汉南境，置此县。其地纵横可六百里，城去海百二十里，日南界四百里，北接九真郡，其南界水步道，二百余里，有西国夷亦称王，马援植两铜柱表汉界处也。”以此吾人可见汉人对南方疆域开拓之注意及努力。在秦汉时代虽尚未有确切考据，足以证明西沙群岛已有吾辈祖先之足迹。然而秦汉时代国威远扬，疆土日辟，四夷咸服。当时林邑占城，史迹所蒙，乃南方大国，尚且入隶中国版图，朝贡不绝，而况西沙群岛一隅之地哉！

唐宋皇室及私人纪载　我海外移民多经西沙

逮乎唐宋，外敌来自北方，汉人被逼向南发展更为积极。海外移民一群，因之大异于前，皇室及私人纪载，至越南或他地者，多经西沙群岛；然而以当时人士地理之空间观念，混淆不清，且用时以计算距离均用更漏，殊难准确。陈伦炯《海国闻见录》中曾云：“……西洋甲板，有混天仪、量天尺、较日所出，刻晷时辰，离水分度，即知为某处。中国洋艘无此仪器，正用罗经刻漏沙，以风大小顺逆较更数，每更约水程六十里，风大而顺则倍累之，潮顶风逆则减退之。”陈氏所述尚为明清时代情形，则唐宋自更不如，故此种皇室及私人之纪载，名称既属不一，即道里亦不可详，因此殊难作明确之证明。然而唐宋因秦汉一贯向海外拓殖政策，则大汉国威，固然远□诸夷，且亦尤趋积极矣。

元曾遣兵远征爪哇　足证版图掩有西沙

元人灭宋以后，西征欧洲，东征日本，对南方之发展，尤属不遗余力，幅员之大，远逾前代，在吾国历史上，固属空前，即在世界史上亦无其匹。古罗马帝国盛时，亦不过掩有地中海沿岸；土耳其帝国极盛时代，亦仅及于北非，较之蒙古帝国，自不可同年而语；故元代疆域，北至今西北利亚，而南方则尽今日南洋诸岛屿，悉隶版图。《元史》所载，世祖至元间，广南西道宣慰使马成旺，尝请兵三千人，马三百匹，征占城，其后占城卒遣使贡方物，举表降。至元十九年十月，（设）立行省以安抚之。即以爪哇而论，尤在占城之南，元世祖并亦曾遣兵征讨。《元史》云："世祖抚有四夷，其出师海外诸番者，惟爪哇之役为大。"（《元史》卷二百十列传）由是观之，元代版图之掩有西沙群岛，更何待烦言而解。

由秦汉以及唐宋，由于史实记载之不详，且以其地小而易加以忽略，故殊难得确切之考据；然而吾人可以确信者，即西沙群岛，当时已入隶中国版图，但以当时航海事业未臻发达，航海技术尚极幼稚，兼以群岛荒凉，虽以为生，因而未能永驻而已耳。

郑和七使皆经西沙　珊瑚礁下遗有明币

至明清有国，一方与西洋诸国已有频繁接触，同时航海技术及知识亦较前进步，由是南海不仅成为吾国之内海，亦且成为与西洋交往之通路。因之史迹作载，亦较甚详，其纪事亦较确实，今试详言之：

明人逐元人而有中国以后，太祖建都南京，旋靖难之变起，成祖遂宅都北京，政治中心虽然北迁，而对海外之发展，则更积极。当成祖之即帝位于燕京也，疑惠帝亡海外，欲踪迹之，且欲耀兵异域，以示中国富强，遂于永乐三年六月，命郑和通使西洋；郑和之去西洋凡七次，皆经西沙群岛。《明史》云："……自苏州刘家河泛海至福建，自福建五虎门扬帆，首达占城，以次遍历诸番国，宣天子诏。"郑和去占城，殆必经西沙群岛，由其同行马欢、费信二人所著《瀛涯胜览》及《星槎胜览》二书，可以见之。黄省曾更依据二书，著《西洋朝贡典录》，其纪占城一（则）有云："南澳又四十更，至独潴之山，又十更，见通草之屿，取外罗之山，又七更收羊屿。"今日闽粤二省交界处，有岛曰南澳，即指此也。而其计算距离之"更"，依《海国图志》所载，每更约水程六十里，此系以罗经刻漏沙，以风之大小顺逆而较更数，其不能臻于准确自在意料之中。但每更六十里之数，应系反复测量所得，而为一可靠之约数。因此南澳之南四十更，即二千四百里，约合六百浬，则其中所指独潴之山，通草之屿，外罗之山、羊屿，适为今西沙群岛之位置。然究系群岛中何岛，则以一时尚乏明确证据，故未便武断也。

吾国海洋学家马廷英博士于一九三七年曾发表《珊瑚礁成长所需年代之考证》一文，谓在西沙群岛活珊瑚礁下约五英尺处，发现永乐通宝之中国铜币。永乐为明成祖年号，是可证明明代曾有人往西沙群岛，实已无容置疑；而前往者，或为中国渔民，或为随郑和去西洋之随员，然而其证明西沙群岛之属于中国则一。

由以上两段史实，西沙群岛自古即有吾国人之足迹，事实已昭然若揭，实可深信而不疑。阙后清人入住中原，国势极盛，而对南海之拓殖，史迹之根据，尤较明代为多也。

清志所称千里石塘　即指今日西沙群岛

根据清代地方志，其中所称千里石塘，应即今日坊间地图所载之西沙群岛。《海国图志》中则称万里石塘。《海国闻见录》则称七州洋。明黄衷海语则有乌潴、独潴、七州等名称，此等名称或指西沙群岛中一岛，或系泛指数岛不等，兹一一引证如次：

《海录》之纪载云："凡南洋海艘，俱由老万山出口，西南行过七洲洋，有七洲浮海面，故名。又行经陵水，顺东北风，约四五日，便过安南之顺化界。顺化即越南王建都之所也。"语中所指七州洋，即西沙群岛，并谓七州洋乃七州浮海面之意；又谓行经陵水，顺东北风，约四五日便过安南之顺化界，此处所指陵水，按即海南岛陵水县之陵水角，由陵水去顺化，正系由东北去西南之方向，故谓顺东北风也；且语中所示，系先至七州洋，再至陵水，则所指七州，应系东部七岛，即树岛、西沙、中岛、南岛、石岛、林岛、北礁是也。

明黄衷《海语》云："暹罗国在南海中，自东莞之南亭门放洋，南至乌潴、独潴、七州、星盘坤未针，至外罗，坤申针，四十五程，至占城□港，经大佛灵山，其上峰墩则交趾属也。又未针，至昆屯山，又坤未针，至玳瑁洲，玳瑁洲及于龟山，西针入暹罗港。"此中所指乌潴、独潴、七州，即系西沙群岛，至独潴、外罗，应即黄省曾《西洋朝贡典录·占城》一则中所载独潴之山及外罗之山也。根据一般考证，独潴即西沙群岛之武德岛，外罗即Culaore岛也。

《海国闻见录》又云："南澳气岛，居南澳之东南，屿小而平，四面挂脚，皆嵝古石，底生水草，长丈余，湾有沙洲，吸四面之流船不可（到），入溜则吸搁，不能返。隔南澳水程七更，古为洛际北，浮沉皆沙垠，约长二百里，计水程三更余。盖此处有两山，名曰车狮象，与台湾沙马崎对峙，隔洋阔四更，洋名沙马崎头门，气悬海中；南□沙垠，至澳海为万里长沙，沙头南隔断一洋，名曰长沙门。又从南首复生沙垠，至琼海万州，曰万里长沙，沙之南又生嵝古石，至七州洋，名曰千里石塘……惟江浙闽省往东南洋者，从台湾沙马崎头门过而至吕宋诸国，西洋甲板往昆仑、七州洋、东万里长沙，外过沙马崎头门，而至闽浙日本，以取弓弦直洋；中国往南洋者，以万里长沙之外，渺茫无所取准，皆从沙内越洋西至七州洋。"语中谓西洋甲板，从昆仑（越南海中十岛Puio Candore）七州洋，东万里长沙，外过沙马崎头门而至闽浙日本，以取弓弦直洋。夫西轮之至东方者，如由昆仑山、西沙群岛、东沙群岛，至台湾、闽、浙、日本，适为一弓形，因之更可证明七洋州即西沙群岛，已属毫无可疑矣。

《海国图志》附有《东南洋道路》一节（卷十八）："《东西洋考·南洋针路》：自七州山、七州洋始。"七州洋者，《琼州志》曰："在文昌东一百里，海中有山，连起七峰……稍□东便是万里石塘，即《琼州》所谓万州东之石塘海也。七州洋打水一百三十托，若往交趾东京，用单申针，五更取黎母山……又从七州洋，铜鼓山。《广东通志》谓铜鼓四更，取独珠山。"按铜鼓在文昌东南，《海国图志》以其在文昌东北，误也。四更取独珠山，则铜鼓去独珠山约二百四十里应即今西沙群岛之北礁也。

陈伦炯《海国闻见录》复云："……厦门至广南，由南澳见广之鲁万山，琼之大洲头过七洲洋，取广南外之占毕罗山，而至广南，计水程七十二更；厦门至交趾，用七州西绕北而进交趾，水程七十四更。七州洋在琼岛万州之东南，凡往南洋者，必经之所……至七州大洋大洲头而外，浩浩荡荡，无山形标识，风极顺利，对针亦必六七日，始能渡过。而见广南占罗毕，外洋之外罗山，方有准绳，偏东则犯万里长沙千里石塘，偏西则恐溜入广湾。"据魏源之考证：广南乃宝童龙国，即今日越南东南部也，改由厦门至广南，必经西沙群岛，语中谓过七州洋，即指此。又谓七州洋再琼岛万州之东南，凡往南洋者必经之所。据内政部派往西沙群岛之接收专员郑资约氏称：西沙群岛为往南洋必经之路，与此正若合符节也。

总之，在清代典籍中，考明西沙群岛之属于，证据实至甚详，《海国图志》中所称七州洋、千里石塘、万里长沙诸名称，均系指西沙群岛而言。名虽不同，而所指范围，固无甚出入也，此系地理史上之根据若此。

证诸历代史迹　西沙主权属我

考吾国自秦一天下，版图之阔，北尽幽燕，南至交广，东连吴会，西被（陇）蜀，颇具帝国规模。其时秦设三十六郡，后复增为四十郡，其中桂林、象郡其地即已被今南海。西汉代兴，舆地日广，文物空前。三国魏晋之后，五胡入主中原，中州仕女，渡江侨寄，南方因之日益成为汉族之中心地，于是江南日益文明，河洛潮呈退化。隋唐代兴，华夏文物，臻至极盛时代，且与外界交通频繁，汉化远被南方诸省，且至今中南半岛。至五季俱扰，契丹南牧，南方诸国，成为北人避难之所，闽粤开化固远逾隋唐，即时南海之交通，亦频于往代。迄宋室南迁，世家巨室，学士将帅，相率南渡，天旋地转，南北文野，遂尔倒置。至于明清，拓地之广，岂仅及南方诸省，抑且远涉南洋。是以鉴诸史迹，中华民族之发展，实由北而南，及其盛时，领土掩有南洋诸屿，此由西沙群岛之历史而更可见也。

（录自《中央日报》1947年3月23日）

西沙群岛视察记

黄友训

西沙群岛之为我国领土，证据确凿，昭然若揭，余尝引证马欢《瀛涯胜览》及费信《星槎胜览》诸书，加以辨明。（见拙著《西沙群岛之历史观》载本年二月二日本报）本篇系黄友训君随海军进驻西沙群岛之作，描摹该地风物颇详，又为抗战胜利后我国收复海外失地之始，颇有历史价值。亟刊载之以（飨）读者。

——编者

一、自沪出发

抗战胜利，国土复光，海外失地，次第收复，笔者于卅五年十月奉派随太平、永兴、中程、中业四舰回粤协同广东省政府派员赴南海接收西南沙群岛，廿八日由上海海军码头起程。动身前夕在黄埔滩无意购一份新闻报，见登载消息一则：

“广州电——确悉，我国南海中之东沙岛、西南沙及团沙群岛，行政院已令粤省府前往接收。南海多珊瑚礁，上述诸岛均无居民，仅有少数闽粤渔民偶往捕鱼；东沙及西沙两岛过去系属粤省管辖；团沙群岛在日人占领时期，成为‘新南群岛’，隶属台湾高雄南；南沙岛位于西沙群岛之南，团沙群岛之北，情况不详。我国过去所有沿海岛屿，均已先后重入版图，仅琉球群岛目前仍由美军占领中。”

二、沪粤海上

余等此行，除主管部分外，知者极渺，盖为避免国际纠纷，即中央拍发广东省府之电令，皆属机密。但廿八日之《新闻报》竟予披露，不识何故，因系广州电，特将该报留交粤省府查究。由上海至香港计八五三浬，由香港至虎门不过数十浬。笔者所乘中建舰，为新自美国接收之三千六百吨小型登陆舰，每小时平均走九浬，以九百浬计程需四日又四小时，果于十一月二日晨安抵虎门。沿途未遇大风浪，经台湾海峡时亦不觉航行之苦。余等为充实海上常识，除随时试验雷达以探测暗礁及海上来往之船只外，并利用无线电与永兴舰通话，声音清晰，俨若面对。笔者素不晕船，因登司令台依海图用测距镜以观测两舰间隔及航行方向，十月三十一日恰值主席六秩华诞，晚间加菜欢宴，四舰并同时放照明弹，以示庆祝！

三、停泊虎门

十一月一日晚过香港，翌晨即抵虎门，虎门为广州之咽喉，形势天险，设有要塞，非军舰不能靠近行驶，且不得久留江面。因值退潮，未便上驶黄埔，乃停泊焉。余等在南京动身前半月已密电粤省府准备一切，初以为该省府必早派艇来此等候，不意候至傍晚仍无影踪。因同行只笔者一人粤籍，众乃请余伴林指挥官驱小艇入东莞县属之太平墟，至虎门要塞司令部访洪参谋长，请其用长途电话促罗主席速派员来舰（偕）同前往接收。又不期长途电话转拨太多，未克接通，不得已同林焕章参谋乘小汽车星夜驰往广州，至则逾午夜矣。盖奉令限一月内达成任务，不得不如此加紧进行也。

四、游黄花岗

十一月三日清晨谒罗主席于其德政北路公馆，获悉省府因不十分明了应行准备事项为何，故未将负责接收人员派定。乃邀中央视察团各代表于四日自虎门全体到省府，与各有关厅处局长举行临时座谈会，商讨派遣人员及测量界域必携之器材。中午由罗主席设宴招待，下午游观音山及黄花岗，向七十二烈士献花圈，前往石牌参观中山大学。南国风光，自有特别情趣也。

五、到榆林港

广东省府决定派萧委员次尹□□□□蕴瑜率领历史、地理、测量、水产、化工、渔业、农林、水利等专家及新闻记者廿八员，分两组进行：一组接收西沙，一组接收南沙，即于五日晚乘小艇回虎门登军舰，催促出发长征。翌晨检查军舰缺水，乃趁涨潮驶上黄埔，加足必需之淡水。太平、中业等舰加水后即先驶出，惟永兴、中建二舰因未商妥省府人员之伙食，致未遵林指挥官之令按期出发，延至七日下午始启碇离虎门。晚过香港，远望灯炬辉煌，折西行入南海，风浪愈大，气温亦增，多数北方代表及少数省府专家，体弱而未习航海者，已不能起坐饮食矣。幸为时仅一昼夜，九日侵晨即到达海南岛最南端之榆林港，而赴南沙群岛之二舰早一日抵此。中建舰于未靠岸前由萧委员与中央各代表谈商接收西沙群岛时应有之准备，迄中午始分别登陆观光，并试进岛上之饮食。因有陆军十九旅蒋雄旅长招待，患晕船者且进航舍觅宿焉。

六、游三亚与红沙

到港次日，即由林、姚二指挥官召集座谈会于海军港务所，共同研讨进驻南海诸岛屿，应如何始克安全达成任务。十二日觅雇有经验能领航之船夫，并往海军榆亚港务股（原为日军之□□工场）访被留用之日本技术人员徐文（原名池本哲治），详询西沙群岛之气候与航行情形；盖渠曾于民国十八年前往调查也。太平与中业二舰于十二日傍晚先行启碇南驶，因事先与南京空军总司令部约同海空军同时进驻，而南沙之海程较西沙为遥也。不期风浪太大，开赴南沙之二舰于十三日午前折返榆林港。十八日再冒险开出，二十日复遇飓风，因舰小浪大，舰上人员均大吐，不能起床，飧□仅剩一猴一犬，足见波涛之险恶。且据无线电报告，西沙附近已有沉船，卒又折回避风。同时西沙二舰亦接马尼拉及香港气象台报告，南海洋面飓风正大，恐周内不能平静。惟余等来港以达十二日，每日除往大东海游泳外，无所事事，甚感烦闷。幸而榆林机关有廿七个单位，除十九旅司令部每周末有晚会请余等参加表演外，尚有十九旅蒋旅长发行之《和平日报》，每日可知国内外之重要时事，且有沦陷时香港工人组织之飞声□□，晚间可听粤曲，甚为有趣。又资源委员会办事处及海南岛要塞司令部时邀往游盐田及三亚机场，并过海参观安游与田独铁矿，见其落矿机、机械厂、打铁房及发电所等，规模宏大，且有火车运输，设备完善。但自胜利接收即陷入停顿，致堆积如山之铁砂无法运用。据资委会郭楠主任称，该铁砂共存十五万吨，已令只能容五万吨之□□基地无法荷负而起裂痕矣，岂不可叹！榆林原为军事要塞区，真正市场为三亚与红沙二地，三亚多渔场，红沙则为赶集。去三亚须步行或以车代步，红沙则买小划亦可前往。赶集时可见装束新奇之黎女，皮肤虽黑，而身体□壮。市场多日人遗留之物资，且有美国奶粉，因价廉，故生意不恶。海南岛产猴，当地土人常自深山捕来出售。余等来港之初，每只仅索数千元；至以水兵争购，竟抬高至二三万元。省府萧委员对黎女特感兴趣，且邀余等往羊□（即崖县属之鸣亚乡）、马岭等乡间巡视黎人区及回教徒聚居地；但大多已为汉人同化，变为熟（黎）矣。余等游榆、亚各地之余，每于傍晚至海滨拾蚌壳及海怪取乐，所谓"海怪"者，乃蚌壳之寄生虫也。至当地邮政，只赖空运及少数之海船，故对外通信，甚感困难。环岛之公路与铁道，多为土匪破坏，故治安问题，实为海南岛建省之先决问题也。

七、西沙岛上

在榆林港避风逾半月，迄十一月廿六日因得气象报告，西沙风力已减，中建张舰长乃于午后一时将舰开出港口，以示决心。迨检查轮机、雷达、起锚机及淡水机等确在正常状态后，于次日即开足马力，驰赴吾人所期望而为吾南疆国防前哨之西沙群岛（英人称为Paraecl Island）！一路风平浪静，海天一色，但于廿八日中午望见西沙诸岛之边缘□，天色忽变，舰身动荡甚剧，笔者竟感晕船，有作呕急，急服榆林黄乙鸿医师所赠药粉，就卧即止。是日下午二时半安抵林岛（Woody IsLand）洋面，榆林至此约二百里，日半即达。林岛为西沙群岛中最大岛，面积亦仅一.五平方公里，因岛上无山，且周围多珊瑚浅礁，无法靠岸，俟舰抵相当水深，即须下锚，以免被风吹移而触暗礁。旋派二艇送海军一排先行登陆搜索，迄晚返舰，据报岛上无人，仅有碉堡、仓库、水池、小庙及数间破屋而已。廿九日餐后，笔者先邀省府测量人员登林岛运行测绘工作，余等沿铁链下小艇时，因急流汹涌，小艇不能紧靠舰身，而余等须相机跃进，偶一不慎，即堕入海，由岛乘小艇返舰时亦然。此幕如能摄入镜头，最属惊险可贵也。余等在测量休息时间，曾冒险入森林通过全岛，见鸟粪（天然肥料）遍盖地面，厚达一尺。树上海鲣（系鲣鸟科之一种，通称白腹鲣）鸟不避人，笔者以手枪击下数只，虽肥白可爱，然肉涩不可口。琼岛领航者且用铁条刺入沙滩探寻龟蛋，竟获数千只，大小浑圆若乒乓球，煮吃甚鲜，有已变成小龟，更为滋补。据云此非其时，若至明年四五月间来，则可捉大海龟，盖其有定期登岸作日光浴，捕者只需将其翻身，即可一一拾起而运返琼岛出售也。海鲣侵晨飞出觅食，傍晚可见自四方飞回，弥漫天空，阳光为之遮掩，积年累月，无怪岛上盛产鸟粪。林岛之北有一小石岛（Rocky Island），隔岸可见残余之房屋，询渔人知该岛近水岩石间出产鱼翅及燕窝，余等原思涉水过去，不料俟饶岛测量一周，而潮水已涨，致未如愿。三十日萧委员将国界石碑树妥，同时海道测量完竣后，全体举行进驻典礼，张参谋（照）摄电影，以留纪念。留宿岛上共六日，夜间曾闻犬吠声，但白昼遍搜无所得，咸疑岛上或有石洞可藏也。余等俟驻防人员将淡水机及电台架设完善后，为顾虑周全起见，皆与各士兵做个别谈话。有因未带家眷而思离守者，有因不服水土而请求随舰北返者，有因胆怯而要求同行回海南岛者；余等一一予以劝告，并晓以大义。盖此行为保卫南疆，垂名史册，壮志不应半途而废，何况半年即须瓜代一次耶？十二月三日因飓风又作，锚位松脱，舰小不支，危险万状，乃于午后四时许驶离林岛，经行林肯岛、孟买礁、柏苏奇岛、发现礁、金银岛、北砂岛，因多珊瑚险礁，如无雷达，虽有海图，亦不敢冒此大险。余等不畏颠簸，而惧触礁也。

至最近于台湾海峡发生伏波舰之被海闽轮撞沉一案，虽有雷达，竟遭不测，自三月十九日迄今，已逾三阅月，因主管机关有意拖延，致公断未开，冤魂莫伸，故笔者回忆西沙险状，真不寒而栗矣。

八、回京复命

十二月四日中午余等自西沙安返榆林港，因任务圆满达成，大众心情倍觉愉快，七日又接海军桂代总司令复电：

“姚副指挥官、刘舰长，戌俭电均悉：该员等不避艰难，达成任务，深堪驰慰，仍仰继续努力，以竟全功，特电驰慰！”

余等离京已有七周，不习航海者其辛劳勿论矣，然辛苦如能上达，即属宝贵代价。至中建张舰长对视察团各代表之隔阂以及伙食之粗劣，笔者认为系海军界之积病，不足道也。至赴南沙一组，因南沙气候迄未好转，同时太平舰又中途奉令赴海口所公干，延至十二月九日始启碇驶往南沙群岛。余等西沙组见渠等离榆林港后，亦于十日清晨告别榆亚区折向西北行。十一日下午抵海口……琼州省会巡视，原拟留市一宿，但以□□□□□□一带，土匪扰乱，入晚即戒严，街上行人不□，余等□提早返舰。十二日因舰上后锚断落海中，张舰长派人向海军码头索锚补充，致又耽搁一日。十三日清晨即准备起前锚，惟因前锚无搅机，泊至午前十时始开行。午后一时半出琼州海峡，渡过有名之木□□洋面，因多尖礁，暗涌甚剧，全舰震动，以□断裂，比任何风浪，尤为险恶！幸仅数小时，旋即平静。笔者因有事与永兴舰之姚副指导官谈商，乃入无线电室□“水怪”与“山神”斗法，因两舰□□有一定之距离，故清晰可闻，甚为有趣。十四日早经万山、蜘蛛二群岛，而入内伶仃时，碧绿之海水已变土黄色，咸知已抵珠江口，而航行等于内河行驶，平稳舒适极矣。下午二时半平安到达虎门，张舰长不肯派汽艇，而擅自发令在江内截商轮，载送笔者及粤省府诸专家回广州，临分手时且为伙食账与萧委员纠缠甚久，沿途又因商轮□器发生故障，迄午夜始抵麻涌，恐□□□，乃停泊焉。十五日在麻涌街上进早（餐）后，□□□□经黄埔到东圃，时已午后三时，乃登岸转乘长途小汽车返穗城。在广州逗留一周，承罗主席及省府有关人员之殷勤款洽，至为心感。笔者以十二年未归，又已廿五年未在家度岁，□乃趁机另行买舟过港经汕还里，乐叙天伦。此为胜利后首次回乡，心情特别愉快。笔者因喜□□，且对韩江流域之水利工程至感兴趣，□无日不□□于青山绿水间，一可□此强身，二可观察水深，期能触景而思有以根治韩江之道。诚以山河壮丽，爱之愈深，则改造之心愈切。迄卅六年一月廿九日叩别双亲，重作长征，罗县长博平特来送行，并书赠东坡句以志接收西沙群岛之事，句云：

“荣华肖天秀，谈笑安边隅！”

此行虽以“接收”与“进驻”二辞未能妥为定名，然而为国拓疆，宣抚边围，其意义□綦可贵也。笔者因在汕候轮，并绕道台湾基隆，抵京日已在二月中旬矣。值兹海南岛建省时期，以及西北边陲警报频仍之秋，本文□可引起国内关心国防建设人士之注意欤？

（录自《中央日报》1947年7月5日）

海军将再派舰巡逻西沙群岛

（中央社台北十五日电）海军司令部顷已决定，再派军舰赴广州，前往西沙群岛，作我国接收该岛以来第二次巡逻。该岛盛产鸟粪（即磷矿），乃制造化学肥料之重要原料，又闻海军司令部所派之军舰，将在本月内出发。

（录自《中央日报》1947年8月17日）

中央时事周报

粤南九岛问题

自法国于本月二十五日正式宣布：将法国在南中国海中菲律宾与安南间所发现之群岛，依国际法先占之法理，作为本国领土以后，连日电讯传来，中外注意。大抵中国认系中国所有，谓即系西沙群岛之一部；日本则因密迩台湾之故，声言该地曾被日人发现，且有日商在彼经营磷矿之事实，主张保持其既得权益。英美两国因与香港、菲律宾接近，在地理上亦有密切之关系，其甚瞩目，自无待论，惟表面尚无何种表示。查国际公法本有先占之法理，其客体须为国际法上无主之土地。易言之，即并不属于任何国家领土之土地是也。此项法国宣布先占之土地，如系中国所有，则法国当然无攘夺之可能，惟如何可以证明为中国土地，必须举出实据。再者先占之主体，须为国家，故纵令一私人或团体对当该地方，确有先占之必要的实际行动，然并非基于国家之委任，未尝以国家名义，实施先占者，则在国际法上不能发生先占之效力。要之，按国际法理：土地之有效的先占，须以国家具有取得领土权的意思，与树立国家实力的事实为条件。此所谓树立实力者，或为殖产之经营，或置守卫之人员，或为行政之治理，皆无不可。苟执此条件以相绳，则日本官方称“一九一九年七月十日有巨商贵族院议员桥本，曾向当时外相内田呈请，宣布该地归日本统治；是年十一月有日本探险队六人赴九岛调查，其中有莱杜锡岛，日名为双子岛。一九二〇年五月，又有日人发现十二岛，向海军省呈请收入版图。一九二七年又有日人向当时外相田中作同样请求”等等，皆不能成为日本争执各该岛权利之理由。盖纵令有私人发现，或在该处有所经营，要非基于国家之意思，自不得以先占论也。

就上述视察，法国先占权之能否成立，仍视中国在该岛等有无领土关系为断。查自兹案发生，中国官方表示殊嫌模糊不详，真相尚待续报。依吾人考查地图，西沙群岛系在北纬十六七度与东经一百一十、一百十一度中间，而此次成为问题之九岛则在北纬十度以北、东经一百十五度以西，相距殊为辽远，似难混为一谈。其海南岛即广东琼州则在北纬十八至二十度与东经一百零九度至一百十一度间，更觉不相关涉。尤可异者，据二十五日法国公布：九岛内之莱杜（Laito）系四月十一日占领，西杜（Thitu）系四月十二日占领。兹两岛之名称，早见于伦敦《泰晤士报·世界舆图之马来群岛图》内，其经纬度恰已成为问题之九岛相符。由此益可见此等小岛必有相当历史，断非法人所新发现者。今日问题焦点，惟在中国如何举证以明其他之属我版图耳。

抑吾人重有感者，发现无主之地，昔时尝盛行于非洲，至若交通便利之区，如南中国海，则除非中国放弃，卧榻之侧，谁能从而取得其先占权？今中国不自固其圉，一旦发生争议，犹复传信传疑，一无定说，宁不更令外人齿冷？且也，华府会议之时，英国声明不能放弃九龙而允交还威海，法人则于广州湾租借地之交还，游移其辞焉。今于广州湾外，进一步占领粤南九岛，是太平洋未来风云中英美日三国之外，法国显将所有准备。于此益可见远东大势险恶日甚，独不解供人鱼肉之中国，丁兹危局，何以不自奋发，依然一意内争，加紧自杀，于此而欲汲汲与人争穷海荒岛领土主权，抑有何益？言念及此，为之泫然！（《大公报》）

（录自《中央时事周报》1933年第2卷第31期）

再论南洋珊瑚岛

法占南洋九小岛事，始见于上月十四日欧美各通讯社，自巴黎、伦敦、马尼剌三地发出之电，当即遍载各报。次日我外部发出消息，谓：“未接正式报告，仅于报端阅及，将先电驻法使馆菲律宾领馆，调查其事，俟接电覆，再研究应付办法云。”（见十六日本报）自是消息沉寂，公私论坛，亦无复注意其事者。本报独曾推阐珊瑚岛之成因，虽原始为微渺织小之生物，然群策群力，构之营之，假以年岁，亦能蔚为峥嵘坚劲之海上堡垒。其说多采自地文学说，似不合社说体例，然亦以暗示海上一礁一

石，纵或穹远蕞尔，要未可以轻视也。（见上月十九日社评）

自本问题消息之初传，越十日为二十五日外电始传巴黎政府公报正式通告，谓："法国于今年四月七日至十二日间，占领法属越南、英属北婆罗洲与美领菲律宾岛间之九珊瑚小岛，自经通告之后，该数岛即在法国主权之下。"并举九岛之名称与其占领日期，Caye d'Amboise（四月七日）、Ituaba Deux Iles（四月十日）、La to（四月十一日）、Thitu Spratley（四月十二日）。又越四日，为二十九日，法半官机关哈瓦斯社，发表巴黎消息，谓"九小岛最大者曰史泼拉特雷Spratley者，系于一九三〇年九月十三日由炮艇麦里休士号占领。当时中国政府既未提抗议，亦未提保留"云。吾人得此消息，乃知问题之发生，言其至近，至少已三月矣。推其原始则三年有余矣。然而我外部则甫于半月之前，直待见诸报端，而始电询驻外使领也。我驻外使领，于三年之前无报告，三月之前无报告，直待部电询问，再隔十数日之时间，而始以"正在进行调查"之语，答复外部也（见三十日报载外部欧美司司长刘师舜谈话）。我海部果亦曾声言派舰调查矣，然而空谷足音，未知何时升火待发也。我民间舆论，我专家学者，自法政府公报正式通告之后，果亦曾著论文，发谈话，痛陈其得失利害矣。然始终附会以为西沙群岛，地望既张冠李戴，论调几何不隔靴搔痒也。

记者自始即致疑于西沙群岛说之非是，故于十九日之社评，有"西沙群岛之不沦于异族之手者幸也"一语。盖西沙群岛在北纬十五度至十七度，东经一百十度至一百十五度间，西名巴拉塞尔群岛（Paracel Islands），中包阿非特里特群岛（Amphitrite）、林肯岛（Lincoln）、觅出岛（Discovery）等大小十数岛，南至特里屯岛（Friton）。而本问题之诸岛，则在北纬十度，东经一百十五度间。考诸图籍，在菲律宾巴拉湾岛（Palawan）之西，英属北婆罗洲之北，海上堡礁，所谓珊瑚岛者，无虑数十百座，言其著者，北有North Danger Trident Shoal Thitu Loaitu Bank，西有Prince of Wales Bank, Prince Consort Bank, Vangtard Bank，南有North and South Laconia Shoal Lou sa Bank, Royal Charlotte Swallow Bank，中有Tizard Bank, Discovery Roefs Spratley Amboyna Rifleman Bank等。法人所占之九小岛殆即在其中。其时记者所以未敢以其所疑质诸国人者，盖以国人方断言为西沙群岛，以证实其为我国土，一有异说，诚恐群将斥我别有用心，使外人有所借口也。

然九小岛是否为西沙群岛之问题，初无碍于国土之应保障与海权之应力争之问题也。南疆海澨，吾渔民所出入，航路枢纽，往还轮舶所必经，人取之如珍宝，吾弃之如草芥。事隔三年，吾犹在瞢胧中，一朝成问题，吾且不能指明其地望，往者误额尔古纳河为黑龙江正流，以致弃石勒喀河于城外（黑龙江界约）。豆满江之名，日人强指以为非图们江（间岛交涉）。云南高黎贡山，英人强指为中缅界岭（片巴顿交涉）。凡此大错，一经铸成，千里疆土，弃如敝屣。外人利吾国防智识之贫弱，取吾边陲如探囊，拆吾藩篱如破竹，偌大东四省，蕞尔九小岛，以及前乎民国之若干次丧失土地之事，其导因虽不一，而其为国防智识之贫弱则一也。（《时事新报》）

（录自《中央时事周报》1933年第2卷第31期）

粤南九岛被占之严重性

粤南九岛之被法宣布占领，吾人默而未论，盖吾人深愿政府能作实际之应付，不忍凭恃客气，叫嚣喧嚷，以纷乱政府之沉着精神也。惟在此事发生未久，日本已先吾而扰攘于其间，危词恫吓，强图非分，见法不为所动，复转欲侵占我西沙群岛，大有步武一八九八年抢夺时期之故技。果我而谋沉着应付者，则经此数星期之搜查考虑，当已能出其具体方式，向法交涉。惟揆以现况，似当局于仅仅提出抗议后，并无其他方法为继者，则其危险性至大，不可忽略置之也。

查法方占领九岛之原因，据其报章所宣布，仅为："此类海岛，可供水上飞机、潜水艇、小舰艇等暂时休息避难之用，故此等岛屿主权，一经确定，则战争之际，对于法国海底电线之安全，殊足与以威胁。"则仅在谋消极的安全自保。十分显然，而其所以悍然出之者，则以该岛主权，尚未确定。虽不能断此等言论，即其真正意向，惟我若有确实明证，证明该岛确属我国，则我固爱好和平者，于法安全考虑，并无威胁，是其消极的保安政策，已失其意义，况主权早经确定，法又安能以片面之理由，强行侵占。故九岛一案，我外部之任务，不在如何严重其抗议声调，而在以事实取信于人。据《大公报》揭载，光绪三十三年，我曾派李直绳先生赴西沙群岛一带勘查，事后曾呈报海陆两部及军机处备案，可见我固有档案可资考证。今虽法态度顽强，日本乘机蠢动，我方均可置之不理，但就故纸堆中，速行检出此等档案，以为交涉之根据。揆以中法近顷之交谊，法苟无重大利害存乎其间，必不致以此失却华人之好感也。

外交方面，所贵者沉着，所忌者鲁莽。惟沉着非瞒盱之谓，主权明明属于我者，任人侵占，以不了了之。此瞒盱，非沉着也。若徒以喧嚷呼号，凭一时客气，内掩人民耳目，外遭国际齿冷，而终之束手无策，噤若寒蝉，则并瞒盱鲁莽之弊而兼之，其害将不可言。则不惟法之占九小岛，永成事实，日视我易欺，亦必实行侵占西沙群岛，而其他强国又何乐而不分一杯羹。防乱在于未萌，利害之机，期间不可以容发，近人多有以为东北四省，已经失却，又何苦为此区不毛之小岛，重与法交恶？斯真误国之言，愿国人群起痛阀之。（炎）

（录自《中央时事周报》1933年第2卷第32期）

法占南海九岛问题

本文载《四海半月刊》，曾为《大公报》转载，内容详实，可供参考。本刊三十一期曾予揭载未完，兹复将全文一并披露如次，希阅者注意。

——编者

尝谓法占南海九小岛问题，系中法问题，而亦可成为日法问题，究之且有成为中日问题之势。盖日本自侵略我国广大陆地以还，于海造成北急于南之势，以困迫我（此点本刊各期屡有文论及之），其野心之弥有已，思独为东亚之主人翁。故关于海，其足以为彼之称霸争雄于亚东之阻者，莫不思廓而除之，以遂其大欲。其视耽耽，其逐弥远。见于事者，如于南洋委任统治地，虽其已退出国联，而必欲保之以为己有，至百方劫持，亦在所不辞，此事之前途多险。其关于亚东海面者，则如前者日本窥伺荷属东印度之说盛传，虽一时未见为事实，要其心目中，实无时而或忘。又前者日欲劫取葡属提谟耳（Timay）岛之讯，亦时时传之，今始寂然。总之日之欲得志于亚东南迤之海，是固其独霸亚东根本政策之一。而于其处，毗英连法，触美，邻荷葡，成为各国海上势力交错纷纠之中心点。接此中心点而近之，则我国南部之海疆，实迫甚远。因考近者我国人之论我国海疆形势者，多谓我国海疆大体可分为两大段落，一自台湾海峡以南为一段落，二自海峡以北为一段落（关于此节，前者本刊尝伸其论）。今兹且舍其详而不论，要之自台湾海峡以北，我国海滨形势之被包围于日，所以成为我国海疆北危于南之势。至若台湾海峡以南，固为我国海疆，为被日本海上势力迫压绞杀之处。至少其处，为我国海疆非被日本包围。手足之弛，活动较灵。今之日有突破亚东南迤各国海上势力交错纷纠中心点之势，是直接即所以加紧迫薄我国南部海疆，以使之与我国迤北海疆形势相等，而非第有以排各国在亚东南面之所有海上势力。大气包举，铁桶成围。吁！宁非我国不第在陆，无以逃日本之暴力以自外，即在海亦已头头无道哉。又宁非纵日于陆在我国南部暴力为杀，而于海之方面，终将有以困我国之南部，以及其势于陆，使终无所逃，以补其陆力之杀哉。则又尝谓使日本在我国南部而如欲由海以凌转我国，则如台湾、澎湖列岛等，将为其得力之策动地。拟之于北，有如朝鲜、大连、旅顺等处之为满洲昔日肘腋之患，而延其势于西趋。若更益之于在南中国海（南海西名南中国海South China Sea）方面，而得其海上势力之根据地，则其某将倍巩固，形成不拔之势。虽然，自非若此，日固非与英、美、法、荷兰等国，先在亚东迤南方面，为其海上势力之争夺战不可。吁！斯日之所以殷图夫荷属东印度等处，欢迎夫美国菲律宾岛之独立，以与久据南洋委任统治地之谋相应，而近日且有与法争据南海九小岛之意向之所由来也欤！则有如近者（七月二十六日）东京电通社电文称云：

"关于法政府公布将法舰在南中国海中所发现之群岛，依国际法上先占之法理，作为本国领土事，日海军方面，以其足招致该国掌握南中国海全部制海权之势态，故颇为重视。盖法即已在西贡与广州湾，获有足容一万吨级巡洋舰之处，则依此项之占领，自可筑造飞机根据地，停泊潜水舰，而完全获得南中国海之制海权。如是，则势难免使现成为英国向东亚发展为坚垒之新嘉坡与香港间之海上交通，横被隔断，而至引起英法势力之冲突。"

又同日东京中央社路透电称：

"日外务省现正考虑，法国声明占领介于越南、菲律宾间九小岛之事件，或有提出抗争之可能。据外务省称：自一九一八年以还，注意该岛之日本商人，即呈请政府将该岛占领而管理之。但截至目前，日政府尚无任何表示。"

盖据此二电，日人意向已明。而如同月二十八日东京电通社所称：则日政府之意更显豁，即电文云：

"据驻法长冈大使致外务省报告，法政府已于二十四日（七月）向该大使通告，取得华南九岛屿。惟外务省方面，以该岛在先即住有日人，故拟于调查各种情形后，再事答复。”

再者上海二十七日（七月）电称：

“法领署讯，法国占珊瑚岛（即九小岛）后，将设灯塔于岛上，为求航海便利，别无作用。”

凡统以上各电（其余电多不录），是为法日两方，关于南海九小岛占有问题意见之表示。盖如七月二十五日中央社巴黎路透电称“法国政府二十五日正式宣称，已占领菲律宾与安南间之九岛”，并称“此后该岛，将属法国领土”云云。以知法之宣布占领九岛，已成事实。此后惟视日之对之之行动如何，以及我之对之之行动如何，以下兹事此后之推演奚若。要之三方交错之形势已定，中法之争、法日之争究之且成为中日间海上势力之争。如近日之台湾总督表示，欲效法法国办法，占领西沙群岛，其兆已露。循环激荡，利害迫薄。曰“法国已于西贡与广州湾，获有足容一万吨级巡洋之根据地”，斯固为法国于亚东南面发展其海上势力之凭借，要已为日人之所忌。又曰“法依九小岛之占领，自可筑飞机根据地，停泊潜水舰，而完全获得南中国海之制海权”，此尤为日人所忌。然其继乃曰势难免现成为英国向东亚发展的坚垒之新嘉坡与香港之海上交通，横被隔断，而引起英法势力之冲突。斯则明明系日之忌法也，而故借口于占领九小岛或致引起英法之冲突，以讽示法。是其言在此，而其意在彼，诚极外交辞令之灵巧，而卒乃曰“自一九一八年以还，注意该岛之日本商人，即呈请占领而管理之”，辅之曰“该岛在先即住有日本人”，借此以为其参与争占之地位，理由宁能充分。盖占领必以国家具有得取领土权之意思，与树立国家实力之事实为条件，宁日之对于九岛，今可语此？顾日昧此而不顾，斯则诚见夫日之欲争占南中国海南部九小岛，其志在排各国在其处之海上势力，紧其势以迫我南部海疆，因侵循以及陆，而于此先为之兆。斯岂法之在岛上不设军备之表示，所能释彼之疑于万一者哉？

抑谓法占南中国海南部九小岛，系属中法间问题者，以据报纸之所传称，似属九小岛所在地，我国当局亦尚未弄明白。盖一说谓法占九小岛，即系我国崖县东南海中之西沙群岛，距离海岸为一百三十余里，素由崖县管辖，亦称七洋洲，为我国领土之最南点。一说则谓法占之九小岛，系在北纬十度，东经一百十五度，其处介居于安南与菲律宾之中途上，距波罗洲北岸约为五百公里，距西贡一千海里，距马尼拉约一千一二百公里（有王谟君者，主此说）。其说孰是，现正调查。夫按海图言，法之所占九岛，其方位所在，当以后说当。则以法政府所自称其至占九岛所在地，系在北纬十度，东经一百十五度之故。至若西沙群岛所在地，其纬度为北纬十六度，而非属十度。以云经度，更为东经约一百十三四度，而属十五度。二地有判，其事显然。（有谓七洋洲亦非即为西沙群岛者，则以七洋洲在海南岛东北，西沙群岛系在其东南之故，其说待证。余参看后附争地略说。）而要之吾人有说者，则以为法之所占，如系属西沙群岛，则侵害我主权，我国自当严重抗议，以至其撤销占领为止。则以斯岛为我国之领土，为毫无疑义之故。乃至法所占非即为西沙群岛，而另有其所在，则如外电所传，九岛实国际所认为我国之属土，苟调查而得有我国先占之实据，则他国一纸宣告，自不能即成为法律上有效力之占领。我国仍当本诸调查所得之真相，据以为合理之折冲，如此非惟所以对法，抑且有以对日，然则宁又事之漫然已哉！

抑吾人因之有感者，以事之关于主权国土之得丧，乃至我国当局，临时至不能确定其系争地之何在。纵使事后周章，几何不令人齿冷。再者，国家之所谓负海上卫国之责者，平时不知何所务，乃不能派一舰以巡海，以周察海上形势，而知所保拊。独患至而始以派舰调查闻，其之为失，复无待论。最后吾人有一义以奉告政府与国人者，以溯自世界形势迭幻以还，每以国际政治之推荡，而使海之所重，频移其位置。更降自海军新兵器之日益发明以来，往往于海，在昔于军事上无若何价值，而于今转形其重要者。如寻其证，大之有如全太平洋，今已为全世界最高潮所在地，诡谲万分，昔非如是。近之有如我国之海疆，北危于南，乃至于今，即云南亦其势日迫。试再推之，有如日之南洋委任统治地，大有将利用之以为飞机、潜水艇活动根据地。而法之所占九岛，日视之以为具有同等性能，故每欲阻法有之。夫若斯之迁演，总之在今日，海之为国际之利害关系，激荡愈甚，尤关于我为然。则以前者我国对于海，多加忽视，以致海疆轻失，有海尽陆及之患。今者其势更迫，倘际此而犹不知所以惩之，则陆海互祸何已。曰，我国关于法占九岛问题，非惟对法，抑且对日，得失之间，所关者巨。苟政府国人而有以明其义，斯所望已。

二二，八，一〇

附法占九岛问题系争地略说

按法占九岛之非即为西沙群岛，近渐已证明。其重要之证据，是为两地之经纬度，皆相差颇远(外交部驻菲律宾领馆报告最足为凭)。顾有疑者，既两地之相去殊遥，何以多误指法占九岛，即为西沙群岛。此其故殆有二。即(一)当法占九岛之初，九岛之总名，未及详查，一般即谬以为即巴拉色尔群岛(Paracel Island)，以之相当。又此次法所占九岛，其地难航，多珊瑚岛。此则与巴拉色尔群岛情形相似。故巴拉色尔群岛，亦名Paracels Reets, Reets者西言多礁，而中名即为西沙群岛，故二地相浑。(二)则曩者我国与法关于西沙群岛(即巴拉色尔群岛)，向有领权之争，迄今尚未解决。此为事属连类，每可因此及彼，故多以法占九岛，即为西沙群岛，而不察其另有所在。乃至我国政府所持重者，亦在西沙群岛问题。

法占九岛，转成旁触。此外如报载法所占九岛，已有七岛，其名可知。即加夷、汉保夷、夷特拉巴、达齐尔斯、莱多、齐德，及史普拉勒是。而考西沙群岛，岛仅二十二，按之中外名称，无一与之相符者，此尤可为法占九岛与西沙群岛系属两地而非一之证明。

考法占九岛，总名提萨尔班克(Tizardbank)，距菲律宾爬拉湾(Palawan)岛二百海里，在我国海南岛东南五百三十海里，西沙群岛之南约三百五十海里，位置北纬十度十二度及东经一百十五度之间，前传九小岛即西沙群岛不确。如上系我国驻菲领事所调查，当较翔实。

乃至如日本台湾总督之见解，亦以为法国所占领之各岛，似非属与台湾关系较深之西沙群岛。

独有可注意者，如日本报纸所载，法之占九岛，日拟与之争。于是可问日拟起争者，为系对提萨尔班克，抑系对西沙群岛。盖如其实言之，日毋宁起争西沙群岛。有如台湾总督之所言，其意已显。惟如事实之所诏示，现日与法之所系争者，乃为提萨尔班克。所据理由，纷纭错杂。总之不外曰，日于是等岛上，已有其事实上之先占权，法已为后。其之指提萨尔班克(即法占九岛)，即以为西沙群岛(即巴拉色尔群岛)者，如一般所推测，或者彼意在以此淆彼，使我闻海疆之被占，而即起而与法相竞，以遂其挑拨之谋。次之则如最近台湾总督之所表示，谓如法占九岛，则彼亦拟采同样手段，占领西沙岛。倘是讯而果信，是日之指提萨尔班克，即以为西沙群岛，故入于系争漩涡，而以造其谋占口实。要之，与我之一时讹占九岛，即以为西沙群岛者，其命意全异。

最后关于法占九岛问题，有可注意者，即昨据巴黎哈瓦斯社电称，法国所占九岛中之最大岛，名曰史普拉勒（Sdarltey），系于一九三〇四月十三日由法国Malicieuse炮舰予以占领，其后次第及其他岛云云。顷检海图，载史普拉勒，实为英领，此外与之相邻者，尚有英岛Amboyna等。是知其处，各国关系复杂，其事固非仅为中法日三国间之问题已也。（完）

（录自《中央时事周报》1933年第2卷第32期）

中央政治会议广州分会月刊

西沙群岛调查记

方　新

一、位置

西沙群岛约距海南岛东南一百四十哩，当北纬十六七度附近，旧称七洲洋，西人名为普拉塞尔，乃往来香港南洋必经之途径，计大小岛屿沙礁共二十余座，远近不一，罗列海面，约方二百里，半概为珊瑚组成，故海水虽深，而暗礁特多。且常起飓风，为帆船畏途，分为东西两会，迄东一带，西人名曰莺发士莱特群岛，迄西一带，西人名库勒生特群岛。我国前清宣统三年，曾派员勘得西沙，称共有岛十五处，分为西七岛，东八岛，实则不止此数（按中华书局中学地理教本称，西沙岛数凡三四十，东西相距几千里，则又言之太过）。论其位置，应北起北礁，南至特里屯岛，东界林康岛，西接七洲洋，共大小岛礁二十余处。即概括言之，亦应将各岛礁分为二列，名为西沙东侧群岛，始能包括靡遗，以免外人觊觎。

二、历史

西沙群岛，西图作普拉塞尔岛礁，我国图籍虽未详其名，据海南人在此出入捕鱼，均以东海概括言之，然土人对于各岛，亦有其特定名称，如四江岛，西图译为都兰莽岛；大三脚岛，西图译为坛坚岛；小三脚岛，西图译为拔晤岛，在我国固有领土，何尝无土名著称。惟日人大肆阴谋，于前清光绪三十三年，由台湾日商西泽次潜往东沙岛，拆毁大王庙，驱逐渔户，据为己有，易名为西泽暗屿。我国发觉，几经交涉，始得收回，后我国因东沙之被占，引为深痛，遂注意及西沙。清宣统元年，粤督张人骏建议，派员调查西沙群岛，自宣统三年三月间，始成立筹办西沙各岛事务处，特派专员，切实调查。原拟由善后局拨款十万两，运司拨款十万两，作为开辟经费，未几，民国光复，事遂中止。迨民国十年间，日人以利诱商人何瑞年，向政府瞒承，托言举办西沙群岛实业公司，以为批准地步。讵知该商为虎作伥，将该岛私让与日人开采。于民国十一年七月间，有日本农学士福岛，自西沙林岛载运鸟粪二千吨回日，定名曰新南群岛。查其在该岛，则设立南兴实业公司，由日人坪田经理。今幸我政府当建设时期，毖后惩前，决议派员组织调查西沙群岛筹备委员会，切实详查一切，以定善后处理方针，否则西沙群岛，又复为西泽暗屿之故智矣！

三、名称

查西沙群岛，原我领土，我自有其地名。乃查童世享《七省沿海形胜图》，全将西文移译，语音既已不同，而后出之各种图志及最近商务、中华印行之本国地理，其地名亦多不对。即以何瑞年现称开办之图岛，及李德光承垦之吧注、吧兴两岛，于图无考，不知究何所指。夫以我国领土，应全用中名为宜，可否由粤政府审查确定名称，公布全国，以正观听，而备参考。兹将中西各名称表列如下：

中名	西名	附记
西沙东侧群岛	莺非士莱特列岛	一译晏非的利得群岛
树岛	托里埃伦	一作小树岛
北岛	挪司埃伦	
中岛	哨石埃伦	
林岛	活地埃伦	土人称此岛为巴岛，商务印书馆高中地理，译多树岛
石岛	乐忌埃伦	
东岛（一名玲洲岛）	林康埃伦	按林康是西人姓名，前清末查勘西沙，因该岛在东，改名东岛，商务高中地理，则注明玲洲岛
台图滩	台图滩	
高尖石	卑拉密石	有高大而尖之石，因以得名
则衡志儿滩	则衡志儿滩	一作怡亭芝

（续表）

中名	西名	附记
蒲利孟滩	蒲利孟滩	一作译勃利门礁
傍俾礁	傍俾礁	一译孟买岛
亦尔剔斯滩	亦尔剔斯滩	
西沙西侧群岛	库勒生特群岛	一译克鲁话桑群岛
珊瑚岛	八道罗埃伦	是岛一译巴图鲁岛，又译为隔陶尔，又作毕杜劳，商务《高中地理》作笔岛，因产珊瑚，故称珊瑚岛
甘泉岛	罗拔埃伦	一译作罗摆特，或作罗弼，以有甘泉，故称甘泉岛，商务馆《高中地理》作吕岛，因其地有甘泉，故称甘泉岛
金银岛	文尼埃伦	一译作莫泥岛，又译作钱财岛，又作银岛，以富有产物，故名金银岛
伏波岛	都兰莽岛	一译作都兰芬岛，又作杜林门岛，土人称为四江岛，商务《高中地理》作都岛
琛航岛	坛坚岛	一译作登近岛，土人称为大三脚岛，商务《高中地理》则作为登岛，因琛航舰初到其地，故改名琛航
广金岛	拔晤埃伦	一作掌岛，土人称为小三脚岛，后因广金舰到此，故改名广金岛
天文岛	阿卜苏未绳	一译押些威纯，又作测量岛
南极岛	土莱塘岛	一译特里屯岛，又作的利东岛，因在南海极南，故名南极岛
柏苏奇岛	巴徐崎	一译作巴生忌岛，但此次特派海瑞军舰查勘各岛，似应改名海瑞
核子牌浅	核子牌浅	
羚羊礁	晏的利礁	为著名之暗礁，一译晏的罗卜
觅出礁	地士加佛礁	一译发现岛
符勒多儿礁	符勒多儿礁	一译乌拉多岛
北礁	挪夫礁	一译作北砂岛

四、地质

诸岛地质，殆皆珊瑚虫窠所构成。惟他处珊瑚岛形状不一，而西沙群岛则皆自海隆起，多成环状者。其大约数十方里，小仅数方里，或竟小如拳石等。其地形又皆椭圆，缘边无非珊瑚礁所围绕，间有中涵海水，独缺一口，船舶可入以避风。至其地面或生细草，或生杂树，或有鸟粪堆积，最下层则无非珊瑚滩，独有白珊瑚、黑珊（瑚）之不同耳。

五、海流

南海沿岸各处海流之状态，每因洋海之深浅，气压之变化，风向之差异，不能一致，即水流发生之时率，亦颇不同。而西沙群岛之水流，尤无规则，恒因风向而变选。由十月至四月间，南海因东北风而生之西南水流，较之由五月至十月，因西南风而生东北水流，为大而有常。十月至四月之水流，以十二月及正月为最急，其速度由一海里至一海里半，普通向西沙群岛及由交趾支那间而南下，波罗沙、北得岛及西沙群岛间，亦间有西北或北西北之水流。又西沙群岛中间之水流，与其东西两侧，又自不同。东侧林岛及石岛附近，常有由西至西北之水流，其速度约〇.二海里，亦有由东而来极缓之水流。西侧甘泉岛及金银岛附近，亦常有西或西北之水流，但其速度为二海里。而东北水流，亦间有之，其速度则为〇.八海里。此西沙群岛水流之大略也。

六、气候

西沙群岛位在北纬十五度四十六分至十七度四分之间，正当赤道之下，气候本极炎热，虽冬季，寒暑表最低，亦在七十度以上。大率海洋气候一岁之中，无酷暑严寒，故早暮可穿夹衣，惟午间日光直射，热度较高，终年风多南来，时见骤雨。骤雨过后，暑气熏蒸，往往结为瘴疠，故行旅苦之。兹将最近调查气候统计，分别列表如下：

天候 月别（上半月）	雨	晴	云	天候 下半月	雨	晴	云
一月（上半月）	十一天	二天	二天	（下半月）	五天	七天	四天
二月（上半月）	五天	六天	四天	（下半月）	二天	六天	五天
三月（上半月）	二天	九天	四天	（下半月）	四天	十一天	一天
四月（上半月）	三天	十天	二天	（下半月）	一天	十三天	一天
五月（上半月）	一天	十三天	一天	（下半月）	二天	十三天	一天
六月（上半月）	五天	八天	二天	（下半月）	三天	九天	三天
七月（上半月）	二天	十天	三天	（下半月）	一天	十五天	无云

（续表）

天候 月别（上半月）	雨	晴	云	天候 下半月	雨	晴	云
八月（上半月）	二天	十一天	二天	（下半月）	一天	十二天	三天
九月（上半月）	二天	十天	三天	（下半月）	二天	十天	三天
十月（上半月）	二天	八天	五天	（下半月）	二天	十二天	二天
十一月（上半月）	二天	十天	三天	（下半月）	三天	五天	七天
十二月（上半月）	一天	七天	七天	（下半月）	二天	七天	七天

上表汇列晴雨或云天，间有午前雨或云，而午后晴者。

月别	风位	月别	风位
一月	东北	七月	西南或南
二月	东北或东北东	八月	西南或东南
三月	东北或东北东	九月	西南西北
四月	东南或南	十月	西南西北
五月	东南或南	十一月	北或西北
六月	东南或西南	十二月	东北或西北

按西沙群岛，每年以春季多东北风，夏秋多西南风，至冬期又复起东北风，而风力之大，则以七八月为最，且是时天气非常变化。

温度 月别（上半月）	最高	最低	温度 下半月	最高	最低
一月（上半月）	85	68	（下半月）	86	70
二月（上半月）	86	70	（下半月）	92	73
三月（上半月）	84	75	（下半月）	90	75
四月（上半月）	89	75	（下半月）	88	73
五月（上半月）	91	80	（下半月）	90	80
六月（上半月）	91	81	（下半月）	93	80

（续表）

月别（上半月）＼温度	最高	最低	下半月＼温度	最高	最低
七月（上半月）	93	80	（下半月）	95	80
八月（上半月）	91	80	（下半月）	96	81
九月（上半月）	98	81	（下半月）	95	81
十月（上半月）	94	76	（下半月）	93	70
十一月（上半月）	90	73	（下半月）	89	74
十二月（上半月）	87	70	（下半月）	87	66

按群岛逼近热带，全年温度相差不远，几无冬夏之辨，惟昼夜较差略大耳。

月别（上半月）＼气压	最高	最低	下半月＼气压	最高	最低
一月（上半月）	七六五粍	七六一粍	（下半月）	七六五粍	七六〇粍
二月（上半月）	七六五粍	七六一.五粍	（下半月）	七六六.五粍	七六一粍
三月（上半月）	七六五.五粍	七六一粍	（下半月）	七六六粍	七六〇粍
四月（上半月）	七六五粍	七五八粍	（下半月）	七六二.五粍	七六〇粍
五月（上半月）	七六〇.五粍	七五六.五粍	（下半月）	七五九粍	七五三粍
六月（上半月）	七五七.五粍	七五一.五粍	（下半月）	七五七.五粍	七五二粍
七月（上半月）	七五六.五粍	七五一粍	（下半月）	七五九粍	七五一.五粍
八月（上半月）	七五六.五粍	七五一.五粍	（下半月）	七五六.五粍	七五一粍
九月（上半月）	七五九粍	七五二粍	（下半月）	七五七粍	七五〇粍
十月（上半月）	七五六.五粍	七五二粍	（下半月）	七六一粍	七五二粍
十一月（上半月）	七六二.五粍	七五七粍	（下半月）	七六四粍	七六〇粍
十二月（上半月）	七六〇.五粍	七六〇粍	（下半月）	七六六粍	七六〇粍

以上各表，系根据经营西沙群岛实业公司最近日记撮要而成，亦可知年年气候之梗概也。

七、物产

（一）植物　诸岛杂树颇多，俱属野生，虽高约二三丈，其质极松疏，即用作燃料，大势亦极弱。蔓草则遍皆有，多不能变作绿肥，绝无可纪之乔木。惟椰树颇长成，惜每岛仅二三株，倘竭力经营，辟作椰林，土质与气候均甚合宜。更副之以番荔枝及波罗，必能生植，是亦有利之产品也。

（二）动物　岛中海鸟极多，羽色惟白黑两种，远见之其形如鹤，其掌趾实同于鸭，恰飞入水取鱼为食。每当夕阳西下，则千百成群，归宿林中，鸟身笨重。鸟肉粗而味腥，不中食。所产鸟卵，大如鸭蛋，其味仍腥，卵白稀而不结，热之依然，外壳颇厚，壳内则为绿色，与蛋又迥异。此外水产以海龟为多，海参、玳瑁、贝类等亦富。

（三）矿物　西沙群岛中之树岛、林岛、金银岛、甘泉岛等，均以产鸟粪著名，尤以林岛最富，由地面而下，深约二三尺，俱是数千年所积之鸟粪。再深则复为砂质，此种产物，即秘鲁所……

八、岛民生业

西沙群岛，绝无住民，来此谋生者，多属琼东乐会文昌人，俱以捕鱼为业，尤以捕取海龟为大宗。每年均自三月始来，六月即行回去，来时约三四十人为一队，每队雇船两三艘，分泊各岛，各自营业。最旺时亦不过渔船二三十艘，渔夫千数百人（商务《高级中学地理》，称琼崖人于秋末冬初扬帆而往采，至次年春间始乘南风满载而归，依此谋生者，不下数十万人，未免失实）。而渔人工值亦至廉，每人每月工资数元，日间工作，全在海上捕取海龟或海参等，并无别种鱼类，更无大规模之捕鱼方法。

九、建筑概括

各岛无居民，故鲜建筑，惟岛中往往有神庙一间，称为孤魂庙，大小不一，最大不过六七尺，小或三四尺，仍用砖瓦造成，系属迷信神权而设，是虽无可记载，然可见各岛之属我国固有领土。沿海疍民之所践食者，往年日人谋占东沙岛，先将岛上大王庙拆毁，以灭我遗迹，并将东沙到易名为西泽暗屿，其故可思。今西沙群岛中之林岛，建筑物独多，殆为承商何瑞年向政府承办以来，假手于日人所建设。计现有码头铁桥一度（座），长约一千二百尺，轻便铁轨，共长约九千尺，运送车约十架，另用锌盖货仓一所，办事处一所，工人住宿室二所，饭堂一所，伙食房一间，打铁室一间，家私房一间，养鸡室一间，蒸汽机一具，蓄水池一座。如该商历年欠饷，及有违法情弊，应将遗物没收公有，另行招商承办，或归政府自办。

十、交通情形

西沙群岛悬海外，交通至为不便，然由海口至树岛约二百四十里，由树岛至林岛约九里，由林岛至东岛约二十四里，由林岛至琛航岛约四十里，由琛航岛至金银岛约十三里，由金银岛至榆林港约一百五十里。倘将榆林港或三亚港辟作商市，多设海船与诸岛相往还，不难变为交通便利之域。

十一、各岛礁地志

东侧群岛礁

树岛（一作小树岛） 位西沙群岛东侧之极北，在北纬十六度五十八分，东经一百一十二度十一分至十八分间，全白沙质，中多杂树，亦有椰树数株，有井可作饮料，岛之西北与东南两方，深数十寻，均可停泊。

北岛 位在树岛东南，与中岛南岛浅滩一气相连，当北纬十六度五十四分、五十八分，东经一百一十二度十八分至二十分间，由西北斜趋东却，其地势西北渐高，东南最低。当海潮退时，北部之岩石露出水面，若南部则常伏在水中，然各岛矮树丛生，海鸟亦多，惟沿岸无适于下锚之处，且当东北角水流甚急，风浪大作，则航路混乱，最为危险。

林岛 在南岛之南，贝树岛约九海里，亦名多树岛，土名巴岛，位北纬十六度五十分至五十一分，东经一百一十二度二十分间，为西沙群岛中之主要岛，全积约四方里，高约四五十尺。概珊瑚质中多杂树，堆积鸟粪最富，从前日人私来此岛，竭力经营，曾将鸟粪采取三分之一，约计余存尚有二三十万吨。所有货仓、住所、栈桥、铁轨、运送车及小轮船种种俱备，一经整理，当可继续进行。岛中食井虽无，然有蒸汽水机一具，完全未用，闻当时工人饮料，悉仰给于天水，气候亦不甚恶劣，如使卫生得宜，当无意外危险。是岛东北、西北及西面，均可下锚。现有之铁造栈桥，即在此岛西便（边），其栈桥之东，有神庙一所，方约七八尺，沿海产海龟、海螺、海参、贝类等。

石岛 在林岛东北，长约二缆又四分之一（每缆为一海里十分之一，即六百尺计），阔一缆半，高约四十五尺，潮水稍退，完全露出水面。与林岛相连处，全白沙滩。此岛并无树木，杂草亦鲜。海鸟多在岛边产卵，渔人每于潮退时，在此取卵。此卵俯拾即是，为数至夥。

亦尔剔斯滩　在林岛西南，一作怡利石滩，位北纬十六度四十六分，东经一百十二度十三分间，长约三哩，阔约一哩半，为红色珊瑚集合而成，稍有风涛，而在水面上亦辨别之。

东岛　伍林岛之东南，约二十四海哩，即玲洲岛，以西人林康曾到此岛，西图译名林康岛，又作林肯岛，当北纬十六度四十七分七秒，东经一百十二度四十三分三十二秒间，阔半哩，高二十尺，四围俱珊瑚礁堆积，鸟粪亦多。上年商人何瑞年拟在该岛开采磷矿，已预定施工计划，迄未进行。岛之东北，矮树至密，中有椰树一株，树村（林）傍有井，其水甚佳；岛之北面及西面，均可停泊，亦视其风向如何。若遇南风时，则以岛之北岸最适停泊，如遇北风或东风时，则以岛之西南为宜。

台图滩　位林康岛东北，属珊瑚滩。

高尖石　在林康岛西南，位北纬十六度三十四分，东经一百十二度八分间，中有大而尖圆之石，高约十七尺，可为航行标志，天色晴朗时，在七英里外，即能见及。

则衡志儿滩　位高尖石东南，一作怡亭芝，当北纬十六度十九分至十六度二十六分间，为珊瑚滩，绝少林木。

蒲利孟滩　又在高尖石之南，一译勃利门滩，当北纬十六度十六分至十六度二十一分，东经约一百十度二十二分至一百十二度三十五分间，东西延长约十二哩，全属珊瑚滩。

傍俾礁　位蒲利孟滩之南，一译孟买岛，当北纬十六度一分至十六度六分，东经一百十二度二十四分至一百十二度三十八分间，为长环形，约十二哩，四围皆岩礁所围，绕水带青蓝色，其深度可知。岛傍有四大石，矗立海中，其水尤深，海上遗物时，漂流此间。

西侧群岛礁

北礁

在北纬十七度一分至十七度四分，东经一百十一度二十九分至一百十一度三十六分间，东西长约六哩，南北阔约三哩，高出海面二十六尺，处群岛之极北，地质俱属珊瑚礁，杂草丛生。岛之西边，有一小湾形，如湖沼船舶，能由此口驶入停泊焉。

核子牌滩　位北礁之南，当北纬十六度五十分，东经一百十一度三十分间，全白沙滩。

珊瑚岛　即逼陶尔岛，又作巴图鲁岛，当北纬十六度三十五分，东经一百十一度四十分间，长约五缆，阔约二缆半，高出海面约三十尺，全属珊瑚礁积成，矮树茂密，鸟粪亦多，中有椰树一株，可为指引路途之记号。下有济水井岛，南有浅滩，虽在潮退之时，而小船尚可泊岸。

甘泉岛　一译罗弼岛，在珊瑚岛西南，位北纬十六度三十二分东，东经一百十一度三十七分间，岛为椭圆形，长约三缆又四分之三，阔约二缆半，高出海面约三十尺。中有清水井，覆生卉草甚为繁密，亦多鸟粪。四围礁石，环绕海岸矗立，停泊颇难。惟东北三百密达处，水深有二十密达，可停泊大船，虽潮退亦无碍，较诸他处抛锚为妥善也。

钱财岛　即文泥岛，在甘泉岛西南，位北纬十六度二十八分，东经一百一十一度三十二分间，长约六缆，阔约三缆，高出海面约二十尺，杂树丛密，海鸟翔集，千百成群，卵育其间，所遗鸟粪甚富，且以产鲍鱼著名。此外海利亦饶，故称为钱财岛，又译为银岛。岛上有一水洞颇为凹入，设法整理，可作饮料。岛之西北，便于寄碇，海帕多由此登陆。

羚羊礁　在钱财岛之东南，位北纬十六度二十八分，东经一百一十一度三十七分间，南北长约三哩，东西阔约二哩，全属滩地，当水退时，完全露出海面。

广金岛　位羚羊礁之东，即拔晤岛，一作掌岛，土人称为小三脚岛，多黑珊瑚礁，成一高阜，独树木甚鲜。岛北水深三十余寻，可以寄泊。

琛航岛　位广金岛之东，即坛坚岛，一作登近，土人称为大三脚岛，当北纬十六度二十八分，东经一百一十一度四十四分间，大半为黑珊瑚礁所积，鸟粪甚鲜。岛阔约三分哩之二，长约一哩又四分之一，高出海面约十三尺，覆生短树，西半浓密，东半稀疏，中有椰树两株，附近有一井，但水味咸，不可饮。亦有孤魂庙一所，仅数尺高，可容一人。此岛与广金岛相连处，环以岩礁，其西南独开一口，时有渔船停泊其中。惟巨舰则在岛北下锚，以其水深约三十余寻，半边产海龟、海参、海螺特富。

伏波岛　又在琛航岛之东，一作都兰莽，又作杜林门岛，当北纬十六度二十八分至三十四分，东经一百一十度四十四分至四十八分间。岛北一带有查探滩延长，曲曲环绕，舟行至此，倍为戒心。至本岛则长约五缆，阔约二缆又四分之一。此岛与琛航岛间，有海道向南，阔约五英里，水深三十尺，皆可通航无碍，故岛之西南，便于停泊。岛上野草繁芜，中有清泉，鸟粪亦饶。其北连亘相接之沙滩，直至于天文岛，其中亦有满布荆棘者。沿岸海龟、海鳖、海螺亦多。

觅出礁　一作发现岛，位于伏波、琛航两岛之间，当北纬十六度九分至十六度十七分，东经一百十一度三十五分至一百一十度五十三分间，四周多盘石，为椭圆形，如两环相抱，长约十八哩，乃群岛中之最大浅滩。其南部有一大湾，北部有一小湾，惜缘边辄露出水面，不足以避风。

符勒多儿礁　位觅出礁东北，一作乌拉多岛，当北纬十六度十九分至十六度二十二分，东经一百一十五度五十七分至一百十二度四分间，长约七哩，阔二哩又四分之三，周围环以石礁，高低不一，半露水面，波涛颇大，海以贝类为最。

柏苏奇岛　一作已徐崎，又译巴桑吉亚岛，位觅出礁之南三十七里，为一浅礁，四周珊瑚环绕，长约五里，阔约三里。此次海瑞军舰过此，应将旧译之柏苏奇岛名，改称为海瑞，以期逐渐改革，一新我国海图之色彩。

南极岛　一作特里屯岛，又译的利东岛，又名土莱塘岛，我国以此岛为版图最南之点，因名为南极，当北纬十五度四十六分，东经一百十一度十四分间，由浮沙堆积而成，长可一里，阔约三分里之二。于潮涨时，地势高出水面仅三尺，其沿岸异常陡直，离岸仅六十尺，即有二百六十尺之深水，且沿边石礁颇险，往年曾有海轮在此失事，航行常视为畏途。全岛一片白沙，几等不毛之地，然海鸟在此生蛋者不计其数，虽在深夜，犹鸣声上下，翱翔不绝也。

以上诸岛礁情形，有为此次目击所及，有为平时调查所得，爰特连类报告，俾贡刍荛，亦愚者千虑一得之意耳。

（录自《中央政治会议广州分会月刊》1928年第10、13期）

整理西沙群岛善后之办法

此次奉派调查西沙群岛，政府几费踌躇，社会几许希望。今经调查完竣，似不宜苟且从事，区区顾及目前之小利，遽准商人专成鸟粪，在商人惟利是视，鸟粪采尽，直同弃地；应请政府从建设方面措意，先行决议具体之办法，然后能立久远之鸿规，所馨香以祝者也。不揣冒昧，兹拟善后办法三项，敬祈鉴核施行。

（一）关于移民　西沙群岛地近热带，水土极恶，瘴气亦盛，惟设法讲求卫生，未尝不可宁居。查群岛需用最要而最缺乏，是惟淡水，尽可用人工开凿深井，并多筑蓄水池，仰给雨水，当可足用。倘开办伊始，未易招徕，远道人民，莫如先由南区善后公署将收押人犯择一良岛，分别安插，施以教育，授以工艺，潜移默化，久之，自变良民。况林岛开矿、筑路、烧土、捕鱼种种操作不少，且又资以工值，使之趋向生活，实一举而数善备焉。至于如何管理，如何训练，应由南区善后公署另订章则。（查法人之于安南囚犯，亦配置于安南东岸芳梨湾外百余里海中之塞塞岛及克特围岛，建筑牢狱，不使囚犯在于内地。今西沙群岛位置，仿佛相似，当可仿行。）

（二）关于兴业　查西沙群岛，鸟粪为最大富源，其他树艺如椰子、波罗，海产如鱼类、贝类，均可经营。又各岛礁之珊瑚质，无论黑白，均可炉烧作灰土，运销各地，琼崖一切建筑，俱将珊瑚礁烧作石灰，用途最广，皆属有利可图之工业。倘更于三亚港大加整理，设一定期汽船或大帆船，来往西沙，时时联络，将来地辟民聚，发展海业，亦一良好之殖民区域也。

（三）关于领海　西沙群岛位在我国南海中途，形势虽不甚佳，岛屿虽非甚大，原无筑港屯军之价值（按地学专家姚明辉述东西沙形势，有曰“西沙东对台湾，西对安南，南对婆罗洲，实南海之中心点，将来规划南洋，可根据此地而图进取。东沙介台湾琼州间，与西沙相犄角，苟利用之，可东联金厦以谋台湾，北合潮汕以图南洋之发展”，未免言之过甚），然考金银岛迤西一带，为香港西贡航线之要冲，林康岛迤东一带，为香港南洋航行之孔道，一旦东西有事，以之屯煤、蓄水、储粮，设警游弋沿海，未尝无大作用。况迄今海运发达，各国对于海洋事业，无不尽力扩张。乃我西沙群岛，在南海方面，近若户庭，犹或放弃海权，将有起而谋我者（查法人在广州湾经营渔业，其渔界所及，竟至数百里外）。若虑西沙群岛中，苦无避风之所，每以辟港为最难问题，不知琛航与广金两岛相连处，控以岩礁，宛若长堤，中缺一口，海水甚深，此次目击所经有大渔船两艘，入此湾泊。苟将一带环礁，设法施工，加高岩堤，濬深内港，虽规模稍小，然水深风静，足停海舶，亦极安全，且复有群岛礁在外包罗，尤资屏蔽。更于岛中添一无线电机，时与东沙河岛及琼崖等处相联络（东沙岛已有无线电台设立，并有灯塔一座，发射光度可达二十里云），有事固足为各地消息传递之中枢，无事亦得为群岛交通集合之总汇。一俟各岛移民日盛，兴业日繁，领海之权，益形强固，何惧外人之日相窥伺耶？

（录自《中央政治会议广州分会月刊》1928年第13期）

后 记

民国时期是我国南海海域风云变幻的历史时期，西方列强利用中国海军力量衰弱、国内战争频繁的时机，不断对我国南海主权实施侵犯，对此中国人民进行了顽强的抗争。本文集所收录的史料，从不同侧面反映了这一历史过程。

在三十多年的海军史教学与研究中，我们积累了丰富的史料，其中民国报刊是极其重要的一类，把这些报刊中有关南海问题的史料整理出版，无论对推动国内南海历史研究、海军史研究，还是为维护我国海洋权益提供历史依据，都具有十分重要的意义。出于这样的动因，我们用了近四年的时间来完成这项工作，终于有了初步的成果。

本文集的出版，得到各方的大力支持，海军航空大学的各级领导给予诸多帮助和指导，山东画报出版社的怀志霄编辑付出了艰辛努力，对此，我们表示崇高敬意和衷心感谢！

由于我们水平有限，在本书的编辑、校订过程中难免存在错误和疏漏，万望读者批评指正！

编 者

2018年10月于山东烟台